POST-KEYNESIAN ECONOMICS:
NEW FOUNDATIONS

后凯恩斯主义经济学

新基础

马克·拉沃（Marc Lavoie） 著

孟捷 主译

I

Marc Lavoie

中国人民大学出版社

·北京·

自 2008 年全球金融危机爆发以来，主流经济学即新古典经济学受到了越来越多的质疑。马克·拉沃的书展示了，后凯恩斯主义理论如何通过聚焦于现实主义的假设，将实体经济问题与金融相结合，得以成为逻辑自洽并可替代主流经济学的综合性理论。本书基于经济世界的根本不确定性描述了另一种微观经济学基础，同时着重讨论了那些在真正的宏观经济分析中会出现的各式各样的悖论。

◇◇

马克·拉沃　加拿大渥太华大学经济学系教授。他著述颇丰，2006 年出版的《后凯恩斯主义经济学》曾被译成多种文字，并与韦恩·戈德利、马里奥·斯坦瑞秋等人主编了系列丛书，曾任《政治经济学百科全书》（1999）副主编，并在堪萨斯城、柏林等地的暑期学期开设后凯恩斯主义经济学课程。

经济学革命的领航者

——《后凯恩斯主义经济学：新基础》译者前言

加拿大学者马克·拉沃是当代著名的后凯恩斯主义经济学家，他的《后凯恩斯主义经济学：新基础》一书聚焦于后凯恩斯主义经济理论的最新发展，内容宏富，结构绵密，堪称当代后凯恩斯主义经济学的集大成之作。1992 年，该书第一版曾以《后凯恩斯主义经济学分析基础》（*Foundations of Post-Keynesian Economic Analysis*）为名出版。经过大幅改写和扩容后，2014 年新出了第二版，更名为《后凯恩斯主义经济学：新基础》。中译本根据英文第二版译出，由中国人民大学出版社出版。

一

后凯恩斯主义经济学发端于 20 世纪 50 年代中晚期。其时卡尔多（Kaldor）和罗宾逊（Robinson）等人提出了一种收入分配理论，以代替基于边际生产力的新古典理论。在很长一段时间里，这个基于有效需求的收入分配理论被视作后凯恩斯主义经济学最重要的学术贡献。20 世纪 60 年代，罗宾逊与萨缪尔森（Samuelson）等人围绕资本理论展开辩论，史称两个剑桥关于资本理论的争论，其结果是进一步暴露了罗宾逊等人所代表的新剑桥学派与新古典主义理论的差异，促进了后凯恩斯主义经济学作为一个学派的自我意识的觉醒。 自那时以来，尤其是自 20 世纪 80 年代以来，后凯恩斯主义经济学作为主流经济学的反对派，即作为一种非正统经济学（heterodox economics）得到发展，并与马克思主义经济学、演化经济学等相互借鉴和融合，成为西方世界最重要的非正统经济学流派之一。 拉沃在书中用表 1（见正文中的表 1-5）概括了历史上后凯恩斯主义经济学研究主题的演变，从中可以窥见一个学派理论发展的轨迹。

表 1 后凯恩斯主义经济学研究主题演变史

时间轴	主题
20 世纪 30 年代	失业
20 世纪 50 年代	关于增长和分配的新凯恩斯主义（剑桥）模型
20 世纪 60 年代	资本争论
20 世纪 70 年代	企业利润，价格，就业理论，范式定义
20 世纪 80 年代	关于增长的卡莱茨基主义模型，内生性货币理论，金融不稳定假说
20 世纪 80 年代晚期和 90 年代早期	对后凯恩斯主义经济学进行综合和编写教材的尝试
20 世纪 90 年代	方法论，批判实在论，经济思想史
21 世纪头十年	经济政策，全球化，金融化，实证和计量研究，货币政策与财政政策的关系，关于后凯恩斯主义经济学综合的新尝试
21 世纪第二个十年	存量-流量、实体-金融一致性，路径依赖，金融不稳定性，生态经济学

1972 年，罗宾逊曾在一篇文章里总结了凯恩斯革命的意义，同时批驳了在二战后被新古典经济学"庸俗化了的凯恩斯理论"。[①] 她提出，凯恩斯革命的实质在于：首先，以历史观代替了均衡观，

---

① 罗宾逊. 凯恩斯革命的结果怎样?. //罗宾逊. 凯恩斯以后. 北京：商务印书馆，1985：4-14.

从基于利润最大化的理性选择原理转向以推测或惯例为基础的决策。凯恩斯（Keynes）认为，未来实质上是充满不确定性的，严格的理性行为是不可能的。很大一部分活动是在公认的惯例基础上进行的，人们会努力顺从多数人的行为。正统经济学的问题恰好在于，它试图抽掉人们对未来知之甚少这一点来研究现状。与此相关联，罗宾逊还提到凯恩斯革命的其他要点：其一，货币的需求与不确定性是密切相关的。如果生息资产的未来价值是确定的，就没有人会需要现金。从这个角度来看，利息的性质就清楚了，它恰好反映了人们对未来不确定性的理解。其二，投资以及与投资相关的利润率的波动也是不确定的，投资的波动并不取决于储蓄，也不取决于有助于提高生产力的物质条件。

其次，罗宾逊提出，凯恩斯革命的另一部分是承认，在资本主义经济中，物价水平是由货币工资率支配的。罗宾逊认为，这个论点对正统经济学均衡观念的打击，甚至要比由变化不定的预期所支配的有效需求概念来得更大。货币工资率的决定，在任何国家都有偶然性，且受到劳动市场的力量对比，即阶级斗争的影响。这样一来，货币的均衡价值概念就丧失了意义，那些指望回归货币数量论，以论证自由市场经济有可能趋向均衡的想法就被颠覆了。罗宾逊还特地批评了著名的菲利普斯曲线，认为它试图将凯恩斯的物价理论纳入机械的轨道；失业和通货膨胀间的替代关系是纯属骗人的鬼话，经济衰退、失业和通货膨胀是可以并存的。罗宾逊的这一批评在 1974—1975 年发达资本主义经济战后第一次大衰退中得到了验证。

依照罗宾逊的解读，凯恩斯主义经济学是一种非均衡理论。然而，战后出现的新古典综合学派却从正统经济学的角度解读凯恩斯，这种解读也不无文本的根据。据凯恩斯的表述，他的理论关注的是非充分就业时的状况，只要经济回到充分就业状态，正统经济学的理论在他看来就依然是成立的。 凯恩斯将正统理论视为特例，视自己的理论为一般理论（所谓通论）。 他这样做，一方面意在开启新的理论，另一方面也意味着与正统学派的某种妥协。 20世纪70年代以后，作为新自由主义思潮主要代表的新古典宏观经济学反过来将凯恩斯的理论作为特例，将正统理论作为一般理论，开启了针对凯恩斯革命的"反革命"。 从此以后，后凯恩斯主义经济学就与正统学派决裂，成为一种"异端"。 反思这段历史可以发现，凯恩斯通过指认市场经济的核心机制存在弊端，在资产阶级经济学的大厦上洞开了一个无法修复的裂口，这就难怪在新自由主义时代要有一场针对凯恩斯革命的"反革命"，将凯恩斯的理论精髓作为"死狗"来看待了。

1983年，即在新自由主义刚刚崛起的时候，罗宾逊去世了。自那时以来，后凯恩斯主义经济学一直在不利于自己的外部环境下发展。 罗宾逊，以及与她同时代的卡尔多、卡莱茨基（Kalecki）（作为半个马克思主义者、半个后凯恩斯主义者）等人，属于后凯恩斯主义的第一代。 20世纪70年代以降，第二代、第三代学者逐渐登上舞台，涌现了如明斯基（Minsky）、帕西内蒂（Pasinetti）、戈德利（Godley）、古德温（Goodwin）、摩尔（Moore），以及最近因现代货币理论(MMT)而知名的兰德尔·雷（Randall Wray）等著名学者。 经过最近半个世纪的发展，后凯恩斯主义经济学在内容上不断扩展，逐步形成了日益完整而宏富的理论体系。 拉沃这本著作的最大优点，就是向读者全面展现了这一体系。 从内容来看，本书涵盖了经济学方法论、消费者行为理论、企业的生产（成本）理论、增长与分配理论、通货膨胀与内生货币理论、开放宏观经济理论等等。 通观全书，后凯恩斯主义经济学基本上完成了在结构和内容上与新古典经济学的"对标",构成了对后者的全面替代。

一般认为,后凯恩斯主义经济学最具影响力的理论,是宏观理论和货币金融理论。 在宏观理论中,有注重劳资分配的新剑桥学派模型,主张需求与分配共同引导投资的卡莱茨基主义模型,以及古典-马克思模型等。 这些模型不仅被用于研究经济增长和收入分配、长期和短期的关系、供给侧和需求侧的协调等主题,还在不同程度上被扩展到对宏观政策、开放经济、债务、租金、资源使用与排放等领域的分析。 在货币金融理论中,则有明斯基的金融不稳定性理论,摩尔等人的内生货币理论,戈德利、拉沃等人的存量-流量一致性模型,以及最近引起广泛关注的现代货币理论。

2008 年全球金融危机以后,后凯恩斯主义经济学产生了日益广泛的社会影响。 一个最佳例证大概要算明斯基的观点在 2008 年金融危机后的流行。 所谓"明斯基时刻"在危机后成为大众传媒的流行术语。 2016 年,英国《经济学人》(The Economist)杂志分六期评述了六种有代表性的经济学说,其中第二期就是对明斯基金融不稳定性思想的介绍。

为了说明后凯恩斯主义经济学社会影响力的增长,拉沃在书中还提到几个例子,其一是理查德·波斯纳(Richard Posner)在观念上的转变。 波斯纳是芝加哥大学法学院的资深教授,也是一位法官,他曾是米尔顿·弗里德曼(Milton Friedman)的拥趸,在金融危机后转向凯恩斯主义,批判新古典经济学。 在 2009 年问世的《资本主义的失败》(A Failure of Capitalism)一书中,波斯纳认为,由于银行部门具有其他产业部门所不具备的系统性意义,需要对其进行严格监管。 在《我是怎么变成凯恩斯主义者》(How I became a Keynesian)一文中,波斯纳写道:"自 2008 年 9 月以来,我们就发现当代经济学家对经济运行一无所知。"在他看来,凯恩斯的《就业、利息和货币通论》（*The General Theory of Employ-ment，Interest and Money*，简称《通论》）尽管有些内容稍显陈旧，但仍是理解金融危机的最佳指南，因为"凯恩斯竭力探索以务实的方式进行决策，而不是像一些经济学家那样无限假定人们以相当接近成本收益分析的方式进行决策"。

另一个例子是威勒·比特（Willem Buiter），他是伦敦政治经济学院的教授，一度是英格兰银行货币政策委员会的成员。 比特在金融危机后对新古典宏观经济学做了猛烈批判。 他写道："实际上在过去的 30 多年间，英国和美国大学的研究生所接受的宏观经济学和货币经济学训练已显陈旧，它使我们对总量经济行为的认真观察和对经济政策的理解倒退了几十年。 无论是对个人还是对社会而言，这都是对时间和资源的严重浪费。 自 20 世纪 70 年代以来，大多数主流宏观经济学的理论创新——小罗伯特·卢卡斯（Robert Lucas Jr.）、爱德华·普雷斯科特（Edward Prescott）、托马斯·萨金特（Thomas Sargent）、罗伯特·巴罗（Robert Barro）等引领的新古典理性预期革命和迈克尔·伍德福德（Michael Woodford）等构建的新凯恩斯主义——不过是自说自话，顶多是自娱自乐。 其研究动机源自现有研究纲领的内部逻辑、知识的沉没资本和美学困惑，而非出于理解现实经济运行机制的强烈欲望，更别提理解危机及金融不稳定时期的经济运行机制了……"

拉沃在书中还提到，2008 年之后，国际货币基金组织（IMF）发起了一项调查，以探究为何它的政策建议在许多国家导致了灾难性后果，最后它发现，错误正在于主流经济学家所捍卫的理论。 西方大学的学生，尤其是那些早在 2000 年就在法国等国家发起"经济学改革国际运动"的学生，在 2013 年又发起了"经济学多元主义运动"，他们抗议在课堂上被洗脑，因为教授只传授一种经济学理论，即新古典经济学理论，而没有告诉学生这个世界上还存在其他经济学理论。2008年11月，甚至英国女王也开始抱怨，为何没有人能预测全球金融危机的爆发。英国主流经济学家耗时一年半才给了女王一个回复，认为所有这一切都是由于他们自己缺乏想象力。①

二

后凯恩斯主义经济学是作为当代非正统经济学的一个分支而发展的，为了理解后凯恩斯主义经济学，有必要将其与其他非正统经济学相比较。哪些学派可以算是西方的非正统经济学呢？拉沃引用了弗雷德里克·李（Frederic Lee）在2009年出版的《非正统经济学史》（*History of Heterodox Economics*），该书列举了如下学派："后凯恩斯-斯拉法主义、激进马克思主义、制度演化学派、社会经济学、女性主义经济学、奥地利学派和生态经济学"。这些不同的思想流派尽管互有区别，但作为非正统经济学却有着共同的方法论特征。拉沃在书中以表2（见正文中的表1-3）概括了非正统经济学在理论预设和方法论上的共同点，以及它们与主流新古典经济学的区别。

表2　　非正统经济学研究纲领与正统经济学研究纲领的预设

预设	非正统经济学派	正统经济学派
认识论/本体论	实在论	工具论
理性	环境—致性理性、当事人满意	超级模型—致性理性、当事人最优化

---

① 对这些情况的介绍和与此相关的文献，还可参见：史正富，孟捷. 现代经济学的危机和政治经济学的复兴. 北京：社会科学文献出版社，2019；贾根良，等. "经济学改革国际运动"研究. 北京：中国人民大学出版社，2009。

续表

预设	非正统经济学派	正统经济学派
方法	整体主义、有机主义	个人主义、原子主义
经济的核心问题	生产、增长、丰裕	交换、配置、稀缺
政治的核心问题	有效调控的市场	不受约束的市场

拉沃认为，在区分非正统经济学和主流经济学的时候，要将下述两种人区分开来：一类是"主流外部的非正统经济学家"，另一类是"主流内部的非正统经济学家"。只有前一类学者才是真正的非正统经济学家。后一类学者，即主流阵营内部的非正统学者，其典型代表是克鲁格曼（Krugman）和斯蒂格利茨（Stiglitz）（他们也被称作新凯恩斯主义者），他们在批判主流经济学同行的时候往往言辞激烈，某些批评甚至与真正意义的非正统学者并无二致。然而，在拉沃和其他非正统学者看来，他们充其量只是"异教徒"。真正意义的非正统经济学家是"渎神者"。将异教徒和渎神者做比较可以发现，前者信奉主流理论的研究纲领，其批评仅限于对个别教条做出修正；相反，渎神者反对的是主流理论的研究纲领本身，他们的理论是主流理论的对立面，故而无法为主流经济学家所容忍。在读到拉沃的这些评论时，笔者不禁回忆起自己数年前在国外参加非正统经济学会议的情形。当时有一位渎神者、著名的斯拉法派经济学家库尔茨（Kurz）发表主旨演讲，他的题目是:《向堡垒进攻》（Attack the citadel）。这个堡垒，就是居于主流地位的新古典经济学。渎神者毫不妥协的斗争精神，给我留下了深刻的印象。

后凯恩斯主义经济学的发展与马克思主义经济学有着密不可分的联系。在凯恩斯的《通论》出版前，卡莱茨基——日后被看作后凯恩斯主义的代表人物——就在以波兰语发表的论文中，从马克思的理论出发，得到了与凯恩斯的有效需求理论类似的分析框架。凯恩斯的《通论》出版不久，中国学者樊弘注意到，凯恩斯的理论与马克思有着深刻关联，并发表了以此为主题的英文论文。樊弘此文是经济思想史上第一篇对马克思和凯恩斯加以比较的论文。在樊弘看来，凯恩斯实际上是以另一套术语表达了马克思业已表述的观点。①

在后凯恩斯主义者中间，罗宾逊对马克思的经济学说有过系统而深入的研究。她指出，马克思"提供了有效需求理论的原理，并且为资本主义运动法则的研究奠定了基础"②。今天，后凯恩斯主义者一般都承认这一点。所谓"成本悖论"是后凯恩斯主义宏观经济学的一个重要观点，它的意思是，如果更高的实际工资产生了更高的消费、更多的销售、更高的产能利用率以及更高的投资支出，利润率将会上升。成本悖论意味着，在危机中，尽管降低工资对个别厂商可能有利可图，但就整个经济而言往往是有害的。后凯恩斯主义者巴杜里（Bhaduri）明确指出，这些看法是从马克思的相关思想演变而来的。

不过，后凯恩斯主义和马克思主义相比，也有明显的区别。在比较马克思主义经济学与西方正统经济学时，罗宾逊曾指出，这两种经济学的根本区别，首先在于正统经济学家认为资本主义制度是永恒的自然秩序的一部分，而马克思则认为它是从过去的封建经济过渡到将来的社会主义经济的一个转瞬即逝的阶段。其次，正统经济学家主张社会各部分之间利益的调和，而马克思则以为在经济生活中，不从事劳动的财产所有人和不占有财产的劳动者之间的利益是冲突的。③今

---

①　樊弘. 凯恩斯和马克思关于资本积累、货币和利息理论的比较. //孟捷，龚刚. 政治经济学报：第 12 卷. 上海：格致出版社，2017. 原文为 Fan Hong，"Keynes and Marx on the Theory of Capital Accumulation，Money and Interest"，*The Review of Economic Studies*，Vol. 7，No. 1，1939，pp. 28–41.

②　罗宾逊. 论马克思主义经济学. 北京：商务印书馆，1962：39.

③　罗宾逊. 论马克思主义经济学. 北京：商务印书馆，1962：5.

天看来，作为非正统经济学的后凯恩斯主义理论，在罗宾逊所说的第二点上与马克思主义经济学是一致的，在第一点上则有分歧，正如拉沃在本书中所提及的："一般而言，后凯恩斯主义者并不想消灭资本主义；他们只想要驯服它，并承认资本主义具有重要的动态性质。"拉沃表述的这一立场意味着，后凯恩斯主义经济学与新古典经济学虽有深刻的分歧，双方却在一个根本问题上存在奇妙的一致性。 美国马克思主义经济学家谢克（Shaikh）针对这种一致性指出："新古典经济学从完全竞争的基础开始，然后引入不完全竞争作为对基础理论的适度修正。 非主流经济学（指凯恩斯主义经济学和后凯恩斯主义经济学——本文引者按）则通常接受完全竞争适合资本主义早期阶段的观点，但认为不完全竞争支配着现代世界。 在这两种情况下，这些方法实际上都服务于保护和维持以下理论基础：把完全竞争作为必要起点和基本参照，同时又在那个偏离真实世界的清单中不停地添加内容。"①从这个角度看，后凯恩斯主义经济学家并不像拉沃等人所说的，是彻底的渎神者，而是还留着一条异教徒的尾巴。

谢克的上述批判触及了十分重要的一点，即总体而言，后凯恩斯主义经济学缺乏一个独立的参照系理论，该理论的任务是解释现代市场经济的动态效率，即在发展生产力、解放生产力上的作用机制。 马克思主义经济学提供了这样的理论，这便是相对剩余价值生产理论。 新古典经济学通过完全竞争市场理论解释了资源配置的静态效率，这个理论也被看作参照系理论。 在新古典制度经济学家诺思（North）看来：现实中的产权结构与参照系理论所指的效率标准相一致，解释了"《共产党宣言》中所描述的资本主义"②。 值得

① 谢克. 资本主义：竞争、冲突与危机：上册. 北京：中信出版社，2020：6.
② 诺思. 经济史中的结构与变迁. 上海：上海三联书店，1994：29.

指出的是，新古典经济学的参照系理论事实上假设，资本主义市场经济是人类经济组织的最终形态。 与此相反，马克思主义经济学的参照系理论具有历史性的特点，这意味着，这一参照系理论只限于分析在特定条件下现代市场经济的动态效率及其历史正当性；一旦这些条件不再成立，参照系就将失效，资本主义市场经济就会走向历史性衰落。 在此意义上，马克思的参照系理论是历史唯物主义原理在经济学中的具体化。①

在当代经济学理论中，只有马克思主义经济学和新古典经济学有自己独立而明确的参照系理论。 其他经济学流派，无论是后凯恩斯主义经济学还是追随熊彼特传统的演化经济学，都缺乏这样一个理论。 这也意味着，从所谓范式或研究纲领的意义来讲，当代经济学流派中能够作为一种范式或研究纲领来看待的，事实上只有马克思主义经济学和新古典经济学。 其他流派，包括后凯恩斯主义经济学，都不具备成为一种独立范式的充足条件。

不过，尽管有上述缺失，马克思主义者依然有必要向后凯恩斯主义学习。 笔者曾经提出过一个观点，以后凯恩斯主义经济学、演化经济学等为代表的非正统经济学（笔者曾将它们概称为当代"新兴政治经济学"），是我们时代的"古典经济学"。 马克思区分了古典经济学和庸俗经济学，他向伟大的英法资产阶级古典经济学家配第（Petty）、斯密（Smith）、李嘉图（Ricardo）、西斯蒙第（Sismondi）等学习，从他们那里汲取营养，形成了自己的理论。 正是在此意义上，列宁将资产阶级古典经济学列入马克思主义的三大来源之一。 马克思认为，1830 年以后，古典经济学的丧钟敲响了，

---

① 孟捷. 相对剩余价值生产与现代市场经济——迈向以《资本论》为基础的市场经济一般理论. 政治经济学报：第 18 卷. 上海：格致出版社，2020.

庸俗经济学自此流行于世。 这个判断在当时是正确的，但不能教条地沿用到今天。 我们如今所面临的，不仅有以新古典经济学为主要代表的当代庸俗经济学，也有当代古典经济学。 包括后凯恩斯主义经济学在内的非正统经济学，就属于当代古典经济学。[①] 非正统经济学是 2008 年金融危机以来域外经济学革命的领航者。 在中国，学习和借鉴非正统经济学，则可为构建当代中国社会主义政治经济学增添理论的养料。

三

    本书的迻译是从 2016 年秋季开始的，2019 年春天竣稿。 翻译工作借助了读书会的形式，即在各章初译完成后，在读书会诵读，当场提出意见，再做进一步的修改。 各章的初译者如下：张雪琴（序言和第 4 章）、谢戈扬（中文版序）、马梦挺（第 1 章和第 7 章）、孙小雨（第 2 章和第 5 章）、秦蒙（第 3 章）、秦蒙和孙小雨（第 6 章）、余超（第 8 章和第 9 章）。 各章的校译者如下：袁辉（中文版序、第 3 章、第 4 章和第 8 章）、张雪琴（第 1 章和第 2 章）、李怡乐（第 5 章和第 9 章）、骆桢（第 6 章和第 7 章）。 孟捷监译了全书。

孟 捷

---

    ① 以斯蒂格利茨等人为代表的"异教徒"的理论，在某种程度上也可划归当代古典经济学的行列。

中文版序

欧洲演化政治经济学协会（EAEPE）①曾授予本书缪尔达尔奖（Myrdal Prize），称其为 2014—2016 年间出版的最佳著作。即便如此，我的这本关于后凯恩斯主义经济理论的专著却是个"大部头"，以致我从未奢望会有学者敢于尝试翻译它。所以，我要感谢中译者策划本书中译本的勇气！我对此深表敬意。同时也需要指出，我的前一本书——本书的简化版《后凯恩斯主义经济学》（*Introduction to Post-Keynesian Economics*，Lavoie，2006）——也被翻译成了中文。②

一直以来，我都认为，后凯恩斯主义经济学应该是最接近当代中国领导人经济哲学的思想流派，因为在过去的 30 多年中，中国的发展完全撇开了华盛顿共识所提倡的原则——这些原则与新古典经济学相关，而与后凯恩斯主义经济学相悖。大多数后凯恩斯主义者虽然支持资本主义经济模式，但却认为不能放任自由。后凯恩斯主义者进一步坚称，市场必须经过谨慎调节，并且受到严格监管，金融机构尤其如此。

---

① 欧洲演化政治经济学协会（European Association for Evolutionary Political Economy，EAEPE）成立于 1988 年，是欧洲最重要的非正统经济学家组织。——译者注

② 山东大学出版社，2009 年。——译者注

　　如下轶事或许最清晰地诠释了主流经济学信仰与现实的分歧——我相信它能逗笑中国的读者们。 这则轶事出自艾伦·格林斯潘的回忆录（Alan Greenspan, 2007），他掌舵美国联邦储备委员会将近 20 年之久，直到 2006 年卸任。 2003 年，格林斯潘会见时任中国银行业监督管理委员会主席刘明康。 在会晤期间，或许是想谈谈中国银行系统存在的压力，格林斯潘表示：“中国迫切需要金融方面的专业知识……（金融方面的）专家对于市场经济的日常运行至关重要”（p. 307）。 格林斯潘宣称，刘明康“认同中国的银行缺乏相关专业知识来判断何种因素确保贷款得以偿还”（p. 308）。 格林斯潘还不无吹嘘地说：“中国真正需要的是具有市场经济工作经验、敏锐双眼和不输于西方信贷员判断力的人才”（p. 308）。

　　格林斯潘的书于 2007 年——全球金融危机爆发之前出版，而这次危机恰恰源于抵押贷款的借贷者们不具有还贷能力。 显然，与格林斯潘宣称的相反，美国的信贷员们在合理评估客户信誉方面遭遇了惨痛失败，尤其是在次级贷款和次 A 级贷款上。 甚至可以不客气地说，信贷员们已经了解到这些贷款无法偿还但仍然发放了贷款，因为金融创新（这里指抵押贷款的证券化）、金融去管制化、监督缺位以及由此带来的欺诈行为的可能性为其提供了更广泛的机会。 这是一个表明市场自我监管无效和市场需要严格监管的极佳案例，而市场自我监管无效正是后凯恩斯主义经济学家们坚决主张的。

　　此次全球金融危机已经对经济学产生影响，越来越多经济学专业的学生们表达了他们对主流经济学的不满，并且开始寻求对一个货币化经济的运行的替代性解释。 我刚刚在巴黎索邦-西岱大学（Université Sorbonne Paris Cité）做了三年的高级研究主席（Senior Research Chair），欧洲大陆同样受到了欧元区危机的冲击，那里有关各种替代性经济理论流派的暑期学校不断涌现，大量研究生递交申请，试图获得更加多元化的经济学教育，接触那些在许多甚至绝大多数大学经济系里无法了解到的观点和概念。虽然抱有些许希望，但是非正统经济学家或者后凯恩斯主义经济学家的学术生涯仍然十分坎坷。维多利亚·齐克（Victoria Chick，2020）——著名的凯恩斯经济学解读者——在最近的一次访谈中也认同这种阻碍，不过，正如她所说："如果你深信后凯恩斯主义经济学是一种好的思考方式，是一种积极且富有成效的思考方式，那么就坚持下去！"确实，自全球金融危机以来，多位观察家或中央银行家都认识到，一些后凯恩斯主义者的经典著作——比如巴兹尔·摩尔（Basil Moore）和海曼·明斯基（Hyman Minsky）的作品——为货币经济以及金融危机的复杂性提供了更好的解读。

后凯恩斯主义经济学，顾名思义，旨在复兴和现代化改造凯恩斯在20世纪30年代和40年代形成的观点。尽管如此，正如明斯基（Minsky，1996，p.70）所说，后凯恩斯主义经济学"不是要吸收凯恩斯《通论》中的每一个原子，并将之奉为真理"。我相信，本书能够有效说明这一事实：经济学专业的学生以及他们的教授们不应盲从于那些伟大经济学家的著作——无论他们是谁——凯恩斯、马克思或者明斯基！在后凯恩斯主义经济学中，经济理论的许多方面仍然有待发展，比如价值链分析，又或者是技术进步的成就。我希望，在我的著作的帮助下，中国学者能够尽快为后凯恩斯主义理论做出原创性贡献，并且建立起自己的解读中国经济政策影响的话语体系。

马克·拉沃
加拿大渥太华大学荣誉教授
法国巴黎第十三大学荣誉教授

序　言

本书第一版于 1992 年以《后凯恩斯主义经济学分析基础》为题出版。十年后，即 2002 年，我受邀撰写一个新版本；实际上爱德华·埃尔加（Edward Elgar）出版社和阿兰·施蒂默尔（Alan Sturmer）建议提交一份完全重写的版本而非只是加以修订。最初，我认为我不可能在 2004 年 1 月之前开始这一工作。尽管在此之前没有什么重大事情需要处理，然而我正忙于和韦恩·戈德利（Wynne Godley）合作几篇文章以及共同撰写《货币经济学》（*Monetary Economics*）一书，在该书中我们试图以真实并一致的方式全面综合经济学模型的现实维度和金融维度。该书于 2007 年初出版，因此在 2007 年 2 月我感到有信心签下于 2009 年 9 月出版《后凯恩斯主义经济学：新基础》的合同。不过与此同时，我正与我的老同事马里奥·斯坦瑞秋（Mario Seccareccia）从事另一项耗费时间的工作，即针对加拿大市场状况改编鲍莫尔（Baumol）和布林德（Blinder）的本科教材，这项工作占满了我的休息时间。最后，任职于爱德华·埃尔加出版社的塔拉·戈尔文（Tara Gorvine）提醒我已经错过了合同约定的交稿时间，我答应尽量在 2012 年 12 月完成。此外，在参与马里奥·斯坦瑞秋领导的新思维经济研究所基金项目时，我才正式开始《后凯恩斯主义经济学：新基础》这本书的写作工作，这些需要加以修订的材料和问题差不多已经堆积了十年之久，这并非是我的懒惰所致。 在 2002—2012 年，除了上述著作以及《后凯恩斯主义经济学》这一《后凯恩斯主义经济学：新基础》的简略版，由我主编的著作已经出版了 4 本，另外，我还撰写了 35 个专书章节并发表了 42 篇学术文章。

在某种程度上，本书得益于之前发表的一些论文。 它也源自我在一些会议、研讨班以及暑期学校的讲座。 一些章节并没有多大改动，因为在过去的 20 年间，这些问题并没有发生多少变化，比如与价格和就业有关的章节就是如此。 但是，为了跟进与之相关的最新研究，这些章节仍需要做大量工作。 我补充了关于国际经济的章节，这在 1992 年的版本中被遗漏了。 当然，《后凯恩斯主义经济学：新基础》也反映了我的思想演进，其中部分是独立探索的结果，部分是与国际同行交流互动而成。

尽管有所改动，但是本书初衷不变：它的受众是高年级本科生和研究生，当然，博士生也能从中受益。 它可能也对那些虽接受过主流经济学训练但仍致力于寻找替代性经济学的青年教师有用。 本书旨在尽可能全面地介绍后凯恩斯主义经济学，呈现其内在一致性从而在各类著作中为读者提供一份指南。 因此，本书并非后凯恩斯主义经济学导论，我认为学生对经济学上的替代性理论已经有所了解。

新版本的提纲与旧版本大致类似。 在我编写最初在 2004 年为法国读者所作的《后凯恩斯主义经济学》（2006）时，该系列丛书的编辑不赞同我的章节编排，并给出了关于章节顺序的建议，这也成为《后凯恩斯主义经济学：新基础》一书的章节编排顺序，我认为这可能最符合本书目的。 读者可以看到，我从一般性概念开始，其次是单个消费者和单个企业，再次是货币和信用，最后是宏观经济学的导论性章节——就业、增长和通货膨胀。 同 1992 年的版本相比，关于通货膨胀的一章有所压缩。 并且如前所述，我补充了较有把握撰写的关于开放经济体的一整章，这部分得益于已故的合作者韦恩·戈德利。

我在 1992 年版的序言中感谢了我的妻子卡米尔（Camille），当时我们的第三个孩子尚未出生。 这也引起了少数读者的注意。如今三个男孩都已 20 来岁，已经上了大学，其中一个已经工作，两个尚未毕业。 我仍然同卡米尔住在一起，30 年前我与她相识于学校圣诞晚会，就而今的夫妻关系而言，这已经很了不起了，我非常感激她。

我与我的同事马里奥·斯坦瑞秋在渥太华大学一起度过了 35年，我向他所给予的智识激励和对第 9 章的评论表示感谢。 在此我也向下述指出错误并提供有价值的评论的同事们致谢：来自坎皮纳斯大学（University of Campinas）的安东尼奥·卡洛斯·马塞多·席尔瓦（Antonio Carlos Macedo e Silva），他对增长一章（第 6 章）做出了有益的评论；来自剑桥大学的约翰·麦康比（John McCombie），他对哈罗德开放经济模型（第 7 章）提供了有价值的帮助；以及来自美国阿肯色州（Arkansas）汉德里克斯学院（Hendrix College）的汤姆·斯坦利（Tom Stanley），他对元回归模型（第 1 章）做出了有益探讨。 来自柏林经济与法律学院（Berlin School of Economics and Law）的埃克哈德·海因（Eckhard Hein）非常耐心地阅读了大部分手稿并提出了建议。

我的学生或访问渥太华大学的学生也提供了诸多帮助：西玛·卡西米（Sima Ghasemi）非常仔细地阅读了全部手稿以确保参考文献不被遗漏，并且他编制了所有章节的注释列表；迪伦·高恩（Dylan Gowans）修改了注释的格式并且编制了索引；路易松·卡昂·富罗特（Louison Cahen-Fourot）对第 1 章、第 2 章和第 9 章加以点评；西蒙·尤莉塔（Simon Julita）对第 2 章和第 3 章进行了评论；并且我的博士后布雷特·菲比格尔（Brett Fiebiger）对第 4 章进行了细致的评论。最后，罗伯特·布勒克尔（Robert Blecker）修正了我关于马歇尔-勒纳条件的批评；来自坎皮纳斯大学的法布里西奥·皮通博·莱特（Fabrício Pitombo Leite）修正了第 6 章的六个公式；来自韩国庆北大学的王俊楠（Won Jun Nah）在 2015 年来渥太华大学访学时，仔细地阅读了全书并且标识了几处或大或小的错误，新版已经加以修改。

马克·拉沃

目 录

第 1 章
非正统经济学与后凯恩斯主义经济学概述 *

1.1 替代性理论的必要性

1.1.1 全球金融危机

全球金融危机将经济学家们从梦中惊醒。这原本应该发生在 20世纪 90 年代日本以及整个东亚遭遇严重金融危机之际，但是对于这些遥远国家所经历的困难，几乎没有多少经济学家给予过多关注。2006 年夏天，在美国的房地产价格由升转降之际，全球金融危机就已开始。但实际上，很少有人会想到这一地区性现象会引发世界危机。出乎意料并且反映了全球化的重要性的地方在于，当 2007 年初欧洲银行开始对其在美国金融市场的投资表露出忧虑之态时，欧洲银行间同业拆借市场呈现出了金融紧张的初步迹象。2007 年夏爆发了一场小型金融风波，尽管资产担保商业票据的发行商遇到了麻

---

    * 除了参考并拓展 1992 年版本外，很多词句摘自下述著作："History and methods of post-Keynesian economics", in E. Hein and E. Stockhammer (eds), *A Modern Guide to Keynesian Macroeconomics and Economic Policies*, Cheltenham, UK and Northampton, MA, USA：Edward Elgar, 2011, pp. 1 – 33; "Neoclassical empirical evidence on employment and production laws as artefact", *Economia Informa*, 351, March-April 2008, pp. 9 – 36; "The Global Financial Crisis：methodological reflections from a heterodox perspective", *Studies in Political Economy*, 88, Fall 2011, pp. 35 – 57.

烦，但是大多数人都坚信中央银行会起作用从而缓解局势。

这类幻觉持续至 2008 年 9 月，此时政府担保的房地美和房利美急需救助，华尔街银行接连陷落，华盛顿互惠银行和美联银行这两家大银行不得不合并，保险业巨头美国国际集团（AIG）、囊括冰岛和爱尔兰银行系统在内的欧洲银行均不得不接受政府救助。这在美国政府任由华尔街银行雷曼兄弟破产之际达到极致，并向整个银行界传递了令人沮丧的信号。随着常用融资渠道被切断，公司票据市场崩溃；由于银行难以向新旧客户提供信贷额度，房地产行业陷入困境；甚至通用汽车公司都需要美国和加拿大政府的救助。经济衰退是由轻率鲁莽的银行家和不能胜任或者说充满欺诈的信贷评级机构所引起的。随着税收减少，并且一些国家试图通过刺激性计划对抗经济下滑，这确实取得了一定成效，但却导致了巨额政府赤字。

诸如此类的麻烦并未结束。2009 年 12 月底，人们发现欧元区一个小国——希腊——的经济状况特别糟糕，并且官方统计还隐瞒了部分债务。人们开始担心希腊的偿债能力。投资者意识到欧元区存在一项专为不发生金融危机的世界所制定的特殊设计。即同其他中央银行相比，欧洲中央银行（ECB）并不能按照通常手段购买政府债券。这加剧了投资者对（部分）欧元区国家偿债能力的恐慌。由于不到最后关头，欧洲中央银行都拒绝干预并购买主权债券（sovereign bonds），以至于这类情绪从希腊向其他国家（爱尔兰、西班牙和意大利）蔓延，并引发了主权债务危机（sovereign debts crisis）。由于主权债务违约可能对持有主权债券的银行产生影响，并且所有欧洲国家都在推行财政紧缩政策，因此在本书写作之际，尚且看不出这场全球骚乱将于何时何地结束；一些经济学家预测恐怕"祸不单行"。

大体而言，经济学家对金融危机有三种看法。第一种看法，也就是持中的看法，认为现存的主流理论没什么问题，只是需要略微调整和改进，纳入之前所忽略的那些能够解释危机为何无法预测的因素即可。第二种看法源自新奥地利学派和新古典主义者或者那些被保罗·克鲁格曼（Paul Krugman）称为淡水学派①（fresh-water economist）的人。他们认为危机源自误导性的管制、糟糕的政府干预、中央银行欠考虑的决策、不健全的政府预算以及中国对汇率的操纵。第三种看法认为当前的制度、管制和经济政策建立在错误的经济理论的基础上，因此必须摒弃这类经济学理论。当然，最后一种看法一直为非正统学者，尤其是后凯恩斯主义学者所信奉。随着金融危机的到来，一些主流经济学家也转变了他们的看法，并对主流经济学理论展开了批判。

1.1.2　部分主流学者公开宣布放弃主流经济学

部分主流学者公开宣布放弃主流经济学的事例中最令人惊喜的可能来自理查德·波斯纳（Richard Posner）。他是一名法官，同时也是芝加哥大学法学院的资深教授。波斯纳曾经是自由市场和米尔顿·弗里德曼意识形态的坚定支持者。在《资本主义的失败》（Posner，2009a）一书中，波斯纳认为去管制化已经做得太过火，金融市场需要严加控制，因为同其他工业部门相比，银行部门具有它们所不具备的系统性意义。随后，波斯纳在《我是怎么变成凯恩斯主义者》一文中进一步提出，"自 2008 年 9 月以来，我们就发现当代经济学家对经济运行一无所知"（Posner，2009b）。波斯纳认为，尽管凯恩斯的《就业、利息和货币通论》有其过时之处，但它是理解

---

① 淡水学派即新古典宏观经济学。因为其主要成员来自芝加哥大学、卡内基梅隆大学、罗彻斯特大学、明尼苏达大学，而这些大学皆靠近五大湖区，所以被称为淡水学派。——译者注

危机的最好指南，因为"凯恩斯竭力探索以务实的方式进行决策，而不是像一些经济学家那样无限假定人们以相当接近成本收益分析的方式进行决策"。阿克洛夫和席勒（Akerlof and Shiller，2009，p.268）有着与波斯纳非常接近的观点，认为主流经济学家所提出的明显违反事实的人类行为假设极其荒谬。他们提出："为了厘清宏观经济学并赋予其科学性，主流宏观经济学家通过重点考察在人类仅有经济动机且完全理性的假设下经济将如何运行的方式，构建了一套研究话语。"凯恩斯的传记作家罗伯特·斯基德尔斯基（Robert Skidelsky，2009，p. x）断言，理解经济学最好不要成为一名专业经济学家，这样做的优势在于"不至于被洗脑得像大多数经济学家那样看待世界：我一直认为他们对人类行为的假设极其狭隘"。

诸如保罗·克鲁格曼和约瑟夫·斯蒂格利茨（Joseph Stiglitz）这样的诺贝尔经济学奖获得者而今已成为主流经济学毫不留情的批判者。他们批评了主流经济学的假设，以及主流经济学家对凯恩斯主义经济学基础知识的一无所知，甚至最著名的新古典主义者都在重提凯恩斯之前的理论以反对刺激性政策的合法性。对主流经济学最生硬粗暴的控诉当属威勒·比特，他是伦敦政治经济学院的教授，曾经也是英格兰银行货币政策委员会的一员。在下面这段很长的引文中，比特质疑了过去30年中宏观经济学狂热的有用性。事实上，他希望我们可以回到像托宾（Tobin）这样的老凯恩斯主义者，或者像明斯基这样的后凯恩斯主义者，又或者是像席勒、阿克洛夫和斯蒂格利茨这样具有独创性的学者那里，因为他们的作品所体现出来的关切与后凯恩斯主义者非常相近。

实际上在过去的30多年间，英国和美国大学的研究生所接受的宏观经济学和货币经济学训练已显陈旧，它使我们对总量经济行为的认真观察和对经济政策的理解倒退了几十年。无论是对个人还是对社会而言，这都是对时间和资源的严重浪费。20 世纪 70 年代以来，大多数主流宏观经济学的理论创新——小罗伯特·卢卡斯（Robert Lucas Jr.）、爱德华·普雷斯科特（Edward Prescott）、托马斯·萨金特（Thomas Sargent）、罗伯特·巴罗（Robert Barro）等引领的新古典理性预期革命和迈克尔·伍德福德（Michael Woodford）等构建的新凯恩斯主义——不过是自说自话，顶多是自娱自乐。其研究动机源自现有研究纲领的内部逻辑、知识的沉没资本和美学困惑，而非出于理解现实经济运行机制的强烈欲望，更别提理解危机及金融不稳定时期的经济运行机制了……

新古典主义和新凯恩斯主义的货币理论（以及一般意义上的总量宏观经济学）都坚持有效市场假说（efficient market hypothesis，EMH）。这一假说认为资产价格可以加总并完全反映所有相关的基本信息，因此提供了资源配置的恰当信号。在 20 世纪 70 年代、80 年代、90 年代以及 2007 年之前，有效市场假说在很多关键资产市场的失败对那些认知没有被当代英国和美国博士研究生教育所扭曲的人来说几乎都是显而易见的。但是大多数业内人士依然坚信有效市场假说，尽管始终存在一些有影响的另类主张，诸如詹姆斯·托宾（James Tobin）、罗伯特·席勒（Robert Shiller）、乔治·阿克洛夫（George Akerlof）、海曼·明斯基（Hyman Minsky）、约瑟夫·斯蒂格利茨（Joseph Stiglitz）以及行为主义金融分析法。（Buiter，2009）

实际上，到处都是对经济学理论和经济学家的不满。国际货币基金组织（IMF）发起了一项调查，以探究为何它的政策建议在许多国家导致了灾难性后果，最后它发现，错误正在于主流经济学家所捍卫的理论。政府和中央银行也始终对职业经济学家的建议持谨慎态度。大型投资基金的经理因为金融危机的切肤之痛，开始寻找经济学的替代性理论。西方大学的学生，尤其是那些早在 2000 年就在法国发起"经济学改革国际运动"的学生，在 2013 年又发起了"经济学多元主义运动"，他们抗议在课堂上被洗脑，因为教授只传授一种经济学理论，而没有告诉学生还存在其他经济学理论。他们进一步抱怨经济学全是在强调技术和形式，与实际的经济运行近乎无关（Fullbrook，2003）。2008 年 11 月，甚至英国女王也开始抱怨，为何没有人能预测全球金融危机的爆发（Earl，2010）。英国主流经济学家耗时一年半才给了女王一个回复，认为所有这一切都是由于他们自己缺乏想象力。

1.1.3 转向后凯恩斯主义替代性理论的必要性

我们认为，虽然对于经济学家而言预测极为困难，但是由于新古典主义经济学霸权，人们采纳糟糕建议的危险大为增加，也就是说，全世界的经济学系已被一元化的经济学理论所垄断。这与高校其他学科的发展状况，比如社会学或心理学，形成鲜明对比，在这些学科中，相异的观点也会得到尊重，并且出现在大学教科书中。在经济学系，异见者或者至少是某种类型的异见者却遭到镇压。然而，异见者对于一个有活力的学术环境而言必不可少。不过，异见者本人也必须超越批判主义，提出积极的替代性方案，这是本书的主要目的。

危机本身清楚地表明为政策制定者提供如此糟糕建议的主流经

济学理论一定包含着严重错误，事实上，几年前在华盛顿共识失败之后，我们就需要这种说明了。正如 2009 年，以保守主义著称的《金融时报》也坦承，"信用危机已摧毁人们对自由市场意识形态的信念"。然而，面对这些失败，作为经济学家，我们有责任发展出替代性的经济学体系，并且这类工作应该有很可观的社会效益。我们有责任坚持并发展非正统经济学，并质疑自由市场的有效性和稳定性。

　　在本书中，我希望更多地强调经济学中的后凯恩斯主义传统。接下来我们会看到，后凯恩斯主义学派可以被划分成若干流派。就目前而言，我们初步判定上述传统源自凯恩斯的激进的后继者们（因此有了"后凯恩斯主义"这一术语）对一些影响深远的理念的拓展和归纳。这最先萌芽于凯恩斯工作的剑桥大学。随着诸如尼古拉斯·卡尔多（Nicholas Kaldor）和琼·罗宾逊（Joan Robinson）等学者声名鹊起，这类颇具创意的思想在 20 世纪 50 年代已经展露。当然，剑桥大学还有诸如理查德·卡恩（Richard Kahn）、皮埃罗·斯拉法（Piero Sraffa）和莫里斯·多布（Maurice Dobb）这些非常著名的非正统经济学家。其后的一代学者，包括路易吉·帕西内蒂（Luigi Pasinetti）、杰弗里·哈考特（Geoffrey Harcourt）和韦恩·戈德利（Wynne Godley），尽管他们有其独到之处，但是也与剑桥大学后凯恩斯主义激进传统相关。非剑桥大学的学者也对此做出了贡献，尤其是波兰经济学家米哈尔·卡莱茨基（Michal Kalecki）。从 20 世纪 70 年代早期开始，一些美国经济学家也以特有的方式做出了贡献，并推动了后凯恩斯主义经济学的制度化。如今在全世界都可以找到对后凯恩斯主义经济学有所贡献的学者，其中，有些学者可能与其他学派有联系，比如约翰·肯尼思·加尔布雷斯（John Kenneth Galbraith）就经常被视为激进制度主义者。

1.2　非正统经济学

1.2.1　非正统经济学与正统经济学

在这一阶段我们需要给出一些定义。表1-1展示了经济学领域现存的两大经济学传统，我们将其称为正统经济学和非正统经济学，因此根据定义，一个不属于非正统群体的经济学家必然就是正统经济学家了。在下一节我们会看到可以通过区分主要的方法论特征和理论信条来对这两大传统加以定义。正统经济学通常指新古典经济学、边际主义、主流范式或者主流经济学。在过去十年或者更长的时间里，像戴维·科兰德（David Colander，2000）和约翰·戴维斯（John Davis，2006）这类学者认为这些术语不是同义词。尤其是，他们提出正统经济学传统中的很多重要工作并没有采用新古典经济学的核心假设，也没有使用边际主义工具，亦没有借鉴诸如博弈论、实验经济学、行为经济学、神经经济学以及非线性复杂经济学。事实可能确实如此，尤其是在微观经济学领域，尽管其与新古典框架在要素构成上一致，不过很显然，就目前而言，宏观经济学所采用的是带有理性预期的代表性行为人的概念（John King，2012a），

表1-1　　　非正统经济学与正统经济学：其他称谓

非正统经济学	正统经济学
后古典范式	新古典经济学
激进政治经济学	主流范式
非主流经济学	主流经济学
真实世界经济学	边际主义
新范式经济学	旧范式经济学

因此仍属于新古典范式。所以，除非给出令人信服的证据，否则我不认为将正统经济学与新古典范式等同有何不妥。

在本书 1992 年的版本中，我使用了"后古典"范式这个概念以对应于新古典范式，这也是因为后古典经济学家们的一些思想受到了诸如李嘉图（Ricardo）和马克思（Marx）这类古典经济学家的影响。与我一样，海因里希·博尔蒂斯（Heinrich Bortis，1997）建议使用"古典凯恩斯主义"政治经济学这个称谓。我偶尔也使用"非主流经济学"这个术语。马尔科姆·索耶（Malcolm Sawyer，1989）使用"激进政治经济学"以区别于"政治经济学"，前者表示多多少少具有同质性的一些非正统学派，后者还被用来表示研究公共选择和公共部门增长的右翼学者。爱德华·富布鲁克（Edward Fullbrook，2013）建议使用"新范式经济学"和"旧范式经济学"，并提出了用于区分彼此的十大特征。作为经济学改革国际运动（post-autistic economics movement）① 的继续，富布鲁克积极地团结那些对主流经济学感到沮丧的学者，并创办了《现实世界经济评论》（*Real-World Economics Review*），这是世界经济协会主要的出版物。因此，正统经济学的反面又被称为真实世界经济学。

我决定采用"非正统经济学"这一称谓。在很长一段时间里，尤其是 20 世纪 90 年代末期以来，"非正统"这一称谓越来越流行，2005 年之后则更加突出。它被用来表示那些认为自己有别于主流范式的经济学家。事实上，现在有一本很厚的《非正统经济学词典》（*Heterodox Economics Directory*，Jo，2013），它为所有志在寻求替代性理论的年轻学者提供了有用的信息。因此，我将使用"非正

---

① 本书采用了贾根良教授在另一文本中的译法。autistic 在此处表示一个与自闭症相关的心理学概念。——译者注

统经济学"这一称谓，弗雷德里克·李（Frederic Lee，2009）也曾如此建议。

有可能在一张表格中总结正统经济学和非正统经济学的区别吗？在这里我们先集中于经济学的定义，更多的内容留待下一节再做讨论。在所有的正统经济学教科书中，莱昂内尔·罗宾斯（Lionel Robbins，1932，p.16）的定义是被广为接受的。他将经济学定义为"把人类行为当作目的与具有各种不同用途的稀缺手段之间的关系来研究的一门科学"，概而言之，经济学是对"在稀缺性条件下的人类行为"（p.xxxi）的研究。一些学生在被问到这个问题时，将新古典经济学定义为对向右上方倾斜的供给曲线和向右下方倾斜的需求曲线的研究。相反，李（Lee，2013a，p.108）将非正统经济学定义为"研究社会生产生活过程的历史科学"，我认为这个定义还很模糊。我更喜欢约翰·威克斯（John Weeks，2012）的定义，他反对从稀缺性角度对经济学下定义，并提出"经济学研究的是社会将可利用资源投入生产以及产品在成员间分配的具体过程"。

1.2.2　非正统经济学流派

哪些人可以算是非正统经济学家呢？弗雷德里克·李（Frederic Lee，2009，p.7）在《非正统经济学史》一书中罗列如下："后凯恩斯-斯拉法主义、激进马克思主义、制度演化学派、社会经济学、女性主义经济学、奥地利学派和生态经济学"。表1-2给出了一个类似的名单，包括了我曾与非正统经济学联系起来的各种思想流派。后凯恩斯主义排在第一位，这并不是因为该学派在数量上占优势，而是因为它是本书的主题。需要指出的是，激进主义/马克思主义才是非正统经济学中人数最多的，其次是制度主义。

接下来我们会看到，这些不同的思想流派有着共同的方法论特征。这并不总是那么明显，因为不同学派的成员通常专注于各自不同的领域，并对正统经济学提出了不同形式的批评，这也导致不同学派之间鲜有交流。

金融危机促进了这些学派的发展，尤其是非正统凯恩斯主义经济学。在一些经济学系中没有非正统经济学课程，于是学生们创建了他们特有的非正统经济学课程。直到不久前，新闻记者对米尔顿·弗里德曼（Milton Friedman）尚且敬畏有加，如今却转向凯恩斯从而为正在发生的情况提供一些解释。后凯恩斯制度主义者约翰·肯尼思·加尔布雷斯的著作，尤其是1955年出版的《1929年的大崩溃》（*The Great Crash 1929*）再度流行。此外，金融危机将著名后凯恩斯经济学家海曼·明斯基的观点推到了台前，甚至《华尔街日报》等报纸都在引用"明斯基时刻"。莱维经济研究所组织的明斯基会议如今吸引了美国一些联邦储备银行的主席前来参加。这些围绕明斯基的活动使他的三本著作再版，一段时间甚至可以在机场书店看到这些书。

但是替代经济学思想的复兴远非如此。它涵盖了非正统经济学的所有流派（见表1-2），尤其是马克思主义和法国调节学派。实际上这些学派对危机的解释与不少后凯恩斯主义有着相似之处，这尤其表现在对货币生产型经济的研究上，比如罗伯特·布瓦耶（Robert Boyer）、雅克·梅泽尔（Jacques Mazier）、多米尼克·普利翁（Dominique Plihon）和弗雷德里克·劳尔顿（Frédéric Lordon）等后法国调节学派的成员；以安德烈·奥尔良（André Orléan）及其1999年出版的极富先见之明的著作为代表的法国公约理论经济学派；诸如美国的詹姆斯·克罗蒂（James Crotty）、杰拉德·爱泼斯坦（Gerald Epstein）或者法国的热拉尔·杜梅尼尔

（Gérard Duménil）和多米尼克·莱维（Dominique Lévy）这类与后
凯恩斯学派关系密切的凯恩斯主义的马克思主义者。这些源自不
同背景和学术传统的学者之所以对过去十年发生的事件有着相同
的见解，主要原因在于他们持有关于经济学究竟应该是什么的共
同图景。

表1-2　　　　　　　　　　非正统经济学流派

思想史流派	协会
后凯恩斯主义	后凯恩斯主义经济学研究小组（PKSG）
	凯恩斯主义研究发展协会（ADEK）
	凯恩斯理论研究院（AKB）
激进主义/马克思主义	激进政治经济学联盟（URPE）
	非正统经济学学会（AHE）
	国际政治经济学促进会（IIPPE）
（老）制度主义	演化经济学协会（AFEE）
	制度主义协会（AFIT）
演化政治经济学	欧洲演化政治经济学协会（EAEPE）
女性主义经济学	国际女性经济学协会（IAFFE）
社会和人类经济学	社会经济学协会（ASE） 经济活动政治和伦理知识协会（PEKEA）
（社会）生态经济学 （绿色经济学）	国际生态经济学学会（ISEE）
发展结构主义	国际发展政策塞尔索富尔塔多研究中心
熊彼特经济学/创新经济学/ 演化经济学	国际熊彼特协会
法国调节学派	研究与调节协会（ARR）
社会积累结构学派	
公约理论经济学	
货币循环学派	

续前表

思想史流派	协会
（老）行为经济学	行为经济学高级研究中心（SABE）
波兰尼经济学	卡尔·波兰尼政治经济学研究所
戈塞尔经济学	
甘地经济学	甘地基金会
乔治经济学	亨利·乔治研究所
新奥地利经济学（?）	奥地利经济学发展学会（SDAE）
	路德维希·冯·米塞斯研究所
基于行为人建模	
系统动力学	系统动力学协会

　　读者可能已经注意到表 1-2 中的制度主义和行为经济学都被加上了"老"的标识。这是因为行为经济学的一些内容仍然属于新古典传统，而新制度主义则是新古典经济学的变体。因此，老制度主义和老行为经济学也被称作原生制度主义和原生行为经济学。老制度主义传统的劳动经济学开拓了产业关系研究这一新领域，并且至今仍未受新古典主义影响（Kaufman，2010a）。新奥地利学派的后面带有一个"问号"，因为正如下节所述，尽管他们将自己视作非正统经济学家，但他们不具备其他非正统流派所共有的关键特征。在这个列表中，带有诸多标签的基于行为人建模的学者的出现可能会令一些读者感到惊讶。但是在与秉持这类方法的专业人士交流之后，可以得出结论：好些基于行为人建模的学者与后凯恩斯主义者对新古典经济学持一致看法，其模型的关键特征具有非正统经济学性质。至于系统动力学，迈克尔·莱德兹克（Michael Radzicki，2008，p. 157）非常有说服力地指出，系统动力学学者、制度主义者和后凯恩斯主义经济学家都使用相同的视角看待世界，并且系统

动力学提出的反馈回路和存量-流量分析与一些后凯恩斯主义主张的存量-流量一致性分析明显联系紧密。在最近的一篇文章中，基于将近 20 个标准，厄尔和彭（Earl and Peng，2012）尝试回答这八个学派再加上新制度主义和新行为经济学究竟在何种程度上更加符合非正统经济学而不是正统经济学。

1.2.3 异见者与非正统经济学家

区分非正统经济学和正统经济学的一个困难在于，一些主流经济学家，尤其是像克鲁格曼、斯蒂格利茨这类新凯恩斯主义者对其主流伙伴们相当批判，并且他们的一些批评与非正统学者并无二致。此外，他们的经济政策建议，尽管可能不太明显，但是有些也与后凯恩斯主义经济学的主张类似。因此，受罗杰·巴克豪斯（Roger Backhouse，2004）的启发，他致力于阐明不同意（disa-greement）、对立（controversies）和异见（dissent）三者在经济学上的细微差别，我们认为有必要做进一步的区分。

除了非正统与正统外，还可以把经济学家区分为两大群体：主流与异见者。主流的观点与教科书一致："它作为一个内在连贯的知识整体，一般在本科及本科以上的教材中得到了最有力的表达"（Colander et al.，2007 - 2008，p. 306）。正如巴克豪斯（Backhouse，2004）所指出的，异见者又可以分成两类：正统异见者和非正统异见者，这三个群体如图 1 - 1 所示，其中左侧是非正统异见者，右侧是正统主流经济学家，而正统异见者居于其中。诸如后凯恩斯主义、马克思主义、激进学派和老制度主义这样的思想流派显然属于非正统异见者。正统异见者是制度主义者奥利弗·威廉姆森（Oliver Williamson）这类学者。

戴维斯（Davis，2006，p. 27）在他有关非正统经济学和新古典

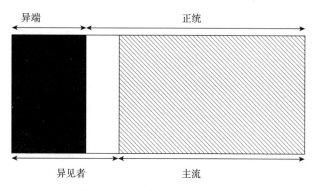

图 1 - 1 正统、异见与非正统

经济学本质的文章中并没有采纳巴克豪斯的术语，但我认为他心中是这样想的。他说："1980 年后的非正统经济学是一个复杂的结构，它由两种相当不同的非正统构成：传统的左翼非正统和因为其他科学的引入所导致的'新非正统'。"他的"传统非正统"就是指巴克豪斯的非正统异见，而他的"新非正统"（后来又叫作"正统非正统"，Davis，2008，p. 359）就是指正统异见。类似地，科兰德等人（Colander et al.，2007 - 2008，p. 309）所称的"主流外部的非正统经济学家"正是巴克豪斯的非正统异见者，而他们的"主流内部的非正统经济学家"正是巴克豪斯的正统异见者。劳森（Lawson，2009b，pp. 93 - 114）没有使用正统异见和非正统异见这样的术语，但显然他同意这种命名方式。他最后解释了为什么戴维斯的新非正统并不是非正统纲领的一部分，以及为什么正统异见隶属于主流经济学家所追求的方法论传统。

弗雷德里克·李（Frederic Lee，2009，p. 4）也使用了一种稍显不同但类似于宗教的具有煽动性的命名方法，这倒蛮贴合于经济学的现状，即他将巴克豪斯的正统异见者称为"异教徒"，而把非正统异见者命名为"渎神者"。这里，李对异教徒这一术语的使用与凯恩斯在《就业、利息和货币通论》中的提法有所不同。在经济学语境中，异教徒信奉主流理论和它的方法论，但他们主张对教条做出修正。因此，他们不构成真正的威胁，所以是可容忍的，并且这些人越是来自这一等级的上层，情况就越是如此。相反，渎神者本身不是信徒，他们反对主流理论的内核，否认它的有效性和真理性，教条修正与否并非他们所关心的。他们有自己的议程，而这与主流理论无关。他们是背教者，即背离并已完全放弃了主流理论。他们是非正统异见者。

因此，非正统经济学家是经济学中的异见者，但是异见者这个概念要比非正统更加宽泛。非正统异见者不可能成为主流的一部分。他们在现有等级中始终处于被边缘化的位置。不过，正统异见者既可能转变为非正统异见者，也可能通过他们自己的努力或者因为更多的人转向他们的立场而变成主流的一部分。巴克豪斯提供了一些正统异见者的例子，比如 20 世纪 70 年代晚期的法国的非均衡学派（French Disequilibrium School），如马林沃德（Malinvaud）和贝纳西（Bénassy）。米尔顿·弗里德曼在 20 世纪 50 年代完全是异见者，但随后在 20 世纪 60 年代晚期，他成为了主流的一分子。类似地，现在以动态随机一般均衡模型（DSGE 模型）著称的新共识模型（new consensus model），是以利息率而非货币供给存量为中央银行反应函数的基础，最初也属于正统异见理论。在 1936 年《就业、利息和货币通论》出版之际，凯恩斯很可能也被视为正统异见者。正如赫伯特·西蒙（Herbert Simon，1997，p. 14）所说："如果没有接受边际主义的思想方法，《就业、利息和货币通论》就不会对主流经济学家的思想产生如此巨大和迅猛的影响。"这就回到了弗拉迪米尔·安德瑞夫（Wladimir Andreff，1996）、厄尔和彭（Earl and Peng，2012，p. 466）所提出的问题：一旦未来部分非正统异见者的立场成为被普遍认可的研究纲领，会发生什么情况呢？
我们还能称他们为非正统异见者吗？这一问题很大程度上不过是一
种形式化设问，因为正如我们早就指出的，这在当下几乎没有任何
可能性。

正统异见者的其他例子可能还包括罗伯特·席勒（Robert Shil-
ler）、理查德·塞勒（Richard Thaler）、柯林·卡默勒（Colin Cam-
erer）、哈维·莱宾斯坦（Harvey Leibenstein）、丹·罗德里克
（Dan Rodrick）、赫伯特·西蒙（Herbert Simon）、罗纳德·科斯
（Ronald Coase）、瓦西里·列昂惕夫（Wassily Leontief）、阿马蒂
亚·森（Amartya Sen）、乔治·阿克洛夫（George Akerlof）、保
罗·克鲁格曼（Paul Krugman）、约瑟夫·斯蒂格利茨（Joseph
Stiglitz）、奥利弗·威廉姆森（Oliver Williamson）或者威廉·维克
里（William Vickrey），后 9 位经济学家都曾得过诺贝尔经济学奖。
一些人曾明确声明他们并不想砸穿主流经济学这艘大船。比如，行
为经济学家塞勒就曾说过他不想"玷污经济学家在二战后所建立的
整个精确的、坚固的科学工具"（Fox，2009，p. 187）。另一些学
者，像西蒙和维克里已经转向非正统经济学。

1.3　非正统范式和正统范式的预设

到目前为止，我们已阐明存在非正统和正统两类经济学家。有
些科学哲学家也将这些研究纲领［伊姆雷·拉卡托斯（Imre Laka-
tos）］称作"研究传统"［劳丹（Laudan）］或者"范式"［库恩
（Kuhn）］。这两种研究纲领遍及经济学的所有领域；在每个研究领
域内，它们都拥有多种学说或思想流派；而每一个学说也都包含了
一些模型。本节的任务是辨认这两种研究纲领的本质。莱荣霍夫德

(Leijonhufvud) 称其为研究传统的预设，也就是共同持有的一系列形而上学的信念。这些信念无法用具体的形式加以表示，并且先于具体模型的假设条件。它们是研究纲领的本质或者"元公理"，是蕴含于宇宙哲学信仰之中的更深层次的一般性（Leijonhufvud，1976，p. 72）。托尼·劳森（Tony Lawson，2006）将其表述为主流经济学家和非正统经济学家采用的不同的"本体论"，即二者在对自然和现实结构的先验认识上存在分歧。

尽管马克思主义者、制度主义者、演化主义者、社会经济学家、法国循环（circuit）学派、调节学派、斯拉法主义者和后凯恩斯主义者在诸如价值理论或者长期分析的有效性等很多问题上存在分歧，但我们认为他们持有共同的形而上学信仰。这先于构成他们各自学说内核的各要素。类似地，劳森（Lawson，2009b，p. 123）认为这些不同的非正统思想流派有着关于社会现象的相同概念，这反映在他们设问的方式上，所以"我们可以将这些不同的传统看成是一种分工"。把非正统经济学家联系在一起的不只是对新古典主义的反感。如果他们不喜欢主流经济学的理论，那一定是因为主流经济学的预设有悖于这些经济学家所持有的形而上学信念。这是他们成为非正统经济学家的原因。

说明非正统经济学家持有不同于主流的理论预设将有助于回答主要的反对意见。主流经济学家很少理解为什么会有经济学家想要在新古典经济学的框架之外展开研究。他们经常认为新古典理论提供了研究经济问题的唯一可行的方法。他们认为那些正统之外的经济学家处于科学的边缘地带。需要指出的是，经济学具有两种研究传统，它们各有各的预设，并且尽管正统研究纲领更加盲从于形式，也不能认为其中一个比另外一个更科学。

部分经济学家试图界定非正统经济学和正统或者新古典经济学

的区别。在过去三十多年里，我已提出可以通过四组预设来区分非正统和正统，最近我又添加了第五组，参见表 1-3。这五组条件来自我对两种研究纲领的理解以及对研究方法论这类著作的借鉴，其中诸如马尔科姆·索耶（Malcolm Sawyer，1989，pp. 18-21）、莫罗·布兰兹尼和罗伯特·斯卡泽里（Mauro Baranzini and Roberto Scazzieri，1986，pp. 30-47）等学者也列出了与我相同的标准。我并不是说表 1-3 代表了绝对真理，也并不是说不能改动或者提出新的标准。不过，我认为这是区分两种经济学的一种简便方法。事实上，在尝试验证这些预设是否适用于女性主义经济学和生态经济学这两个我涉猎不多的领域时，我发现这五组标准很好地描述了上述两大研究传统（Lavoie，2003a；2009a）。

表 1-3　非正统经济学研究纲领与正统经济学研究纲领的预设

预设	非正统经济学派	正统经济学派
认识论/本体论	实在论	工具论
理性	环境一致性理性、当事人满意	超级模型一致性理性、当事人最优化
方法	整体主义、有机主义	个人主义、原子主义
经济的核心问题	生产、增长、丰裕	交换、配置、稀缺
政治的核心问题	有效调控的市场	不受约束的市场

1.3.1　工具论与实在论

多数局外人都认同"经济学应该是关于经济现实的研究，因此必然和现实相关"（Werner，2005，p. 17）。一些研究经济学方法论的学者视实在论为唯一关键的预设，其中最著名者当属劳森（Lawson，1994）。劳森认为所有其他预设都源自实在论。情况可能确实如此，尽管劳森自己似乎密切关注另一个预设——原子主义，不过我认为应该把所有这些预设都讲清楚。

实在论与现实性

劳森在本体论方面的思考深刻地影响了研究经济学方法论的学者。很多后凯恩斯主义经济学家都明确地支持他关于先验的实在论和批判的实在论的哲学观点（e.g.Arestis，1996；Dunn，2008；Fontana，2009）。正如帕特里克·贝尔特（Patrick Baert，1996，p.513）曾经不无讽刺地写道："一个幽灵正徘徊在社会科学哲学领域。它被称为'批判的实在论'，毋庸置疑它正在学术圈中逐步扩散。"事实上，已经出现了好几本研究批判的实在论的经济学著作，还有一本专门研究劳森和他的批评者之间围绕本体论和经济学的争论的著作。该书著者富布鲁克（Fullbook，2009，p.1）认为劳森的主要观点是"科学成功与否取决于能否找到并使用包括推理模型在内的适合于现象本质的工具"。劳森认为，尽管一些典型事实可以被界定，但在分析经济和社会现象时，事件之间很难有固定不变的联系。因此，研究者必须深入现象内部去发现真实的结构和因果关系以解释观测到的现象，应该深入本质而非停留于一般性表象。劳森认为，主流经济学家并不是这样做的。

如果上述内容显得过于哲学化和艰深晦涩——毕竟，在我看来任何人都不会仅停留于表象——我们可以使用另外一个更切合实际的概念，即现实性。莫斯卡利·马基（Muskali Mäki，1989，p.179）在讨论理论的假设时指出："我们不应该说理论和假设的'实在论'，而应该说它们的现实性……'不现实'意味着与现实或观测物无关，是非本质的、假的、未经证实的、理想的、夸大的、过度简化的，并且与实践无关的。现实性和非现实性都是表现方法具有的特征。"劳森（Lawson，2009c，p.171）自己也同意这种区分。他说"现实性"适用于形容符合实际的理论，并且暗示大家不能认为主流理论缺少实在论，而是缺少现实性。

非正统学者认为在分析经济运动规律并为其建模时，假设的现实性至关重要。考德威尔（Caldwell，1989，p.55）认为后凯恩斯主义者对新古典经济学缺乏实在论或者"不现实"的指责算得上对新古典经济学家最强烈的批判。考德威尔进一步指出后凯恩斯主义者更看重解释而非预测，这当然也是制度主义者的特征，他们同样强调叙述方法。类似地，作为行为经济学中偏激进的学者，莫里斯·阿特曼（Morris Altman，2006，p. xvi）也宣称："行为经济学的至关重要之处在于经济模型假设在行为和制度上具有现实性。"因此，正如李（Lee，1994）所说，理论必须扎根于实践。事实上，史密森（Smithin，2009，p.56）也认为"强调宏观经济学模型假设的现实性与李提出的扎根于实践的观点相类似"。

工具论的运用

下面讨论新古典主义的工具论预设以作对比。米尔顿·弗里德曼（Milton Friedman，1953）在他那篇关于方法论的著名文章中曾为工具论进行辩护。工具论认为理论陈述是否具有现实性无关紧要。只要能够做出准确的预测，尤其是能找到并计算均衡时的价值，那么假设就是合理的。弗里德曼（Friedman，1953，p.14）甚至认为从"对现实粗略的、不准确的描述中"得来的假设更为有用；最后，预测是否正确也被认为无关紧要（cf. Taleb，2007，p.280）。内森·伯格和格尔德·吉仁泽（Nathan Berg and Gerd Gigerenzer，2010）将弗里德曼所采取的立场称为"弗里德曼的似乎教条"[1]，这使得新古典主义经济

---

　　[1]　弗里德曼在1953年的一篇论文中借用生物学类比为新古典主义经济学中的利润最大化假设做了一个辩护，大意是说不管企业在实际中是否追求利润最大化，经济演化作为一种自然选择过程，都为利润最大化假设奠定了基础。那些生存下来的企业"似乎"（as if）是在进行利润最大化。文中所称的"弗里德曼的似乎教条"即由此而来。——译者注

学家可以自由地从极端不现实的基础出发阐释理论。新古典主义经济学的创立者罗伯特·卢卡斯（Robert Lucas，1981，p. 270）继承了上述传统，并宣称："对经济学模型'实在论'的坚持将破坏其在思考现实时的有用性"。卢卡斯还认为好的模型"必然是人为制造的、抽象的、明显不现实的"。

相反，对（大部分）非正统经济学家而言，理论只有从具有现实性的假设出发才有可能是正确的。尽管假设总是抽象的和简化的，并排除了那些不必要的细节，但是我们不能选择被错误描述的假设。模型的结构不能建立在对经济的想象的基础上。我们需要的是抽象而非虚构。很多非正统经济学家都同意尼古拉斯·乔治斯库-罗根（Nicholas Georgescu-Roegen，1971，p. 319）的观点："一旦抽象脱离了实际，科学就将沦为教条。"非正统经济学对假设现实性的要求与非正统经济学家格外看重叙事方法有关。我们提供的解释应该经常与某种因果机制相联系，而不是简单地说供给或需求发生了变动，这件事或那件事发生了。我们需要透过表象去发现导致事件发生的机制或结构。我们需要对实践中的因果过程提供解释。很显然，如果我们需要讲一个故事或者提供一种解释，我们就必须花更多的心思去详细检验作为起点的假设是否被正确地描述。

非正统经济学家对反事实的经济学理论不感兴趣。这种经济学是阿罗（Arrow）、德布鲁（Debreu）或者弗兰克·哈恩（Frank Hahn）这类研究一般均衡理论的学者的理论基础，如今也成为所谓顶尖的正统模型的基本前提。例如，当布利斯（Bliss，1975，p. 301）展示其跨期一般均衡模型时，这个模型是今天流行的 DSGE 模型的孪生物，他声称："这个模型本就不是为反映现实服务的，这并非其目的。"当哈恩关于公共财政领域的研究工作被质疑脱离实际时，他也多次做出类似的回应。不幸的是，今天的新古典主义研究者并不知道这一点。他们坚持认为拉姆齐模型的一系列变体可以用于分析资本主义，然而拉姆齐模型最初是用来描述计划经济的。

对于新古典主义的工具论，我们再来看看"高斯连接函数"的例子。金融工程师用这个模型来对资产支持证券（ABS）转换和担保债务凭证（CDO）定价之间的相关性建模。担保债务凭证的定价由大量资产支持证券决定，双层担保债务凭证（CDO-squared）的定价由大量担保债务凭证决定（Salmon，2009）。我们知道，这些由证券化贷款派生而来的金融衍生品是金融危机爆发的关键。金融经济学家不是依靠借贷者的记录来获得真实的违约数据以评估相关性和风险，而是假定信用违约互换（CDS）市场可以正确地反映违约风险价格，从而依靠信用违约互换的价格演化——资产支持证券指数（ABX）——来进行评估。另一个例子是风险估值模型，该模型基于高频次和极为准确的校准估计。但是正如布瓦耶（Boyer，2005，p. 145）等人所指出的，这些模型的样本并没有包括灾难性事件，并且这些样本来自活跃度特别低的股票市场。这两个示例都是工具论起作用的典型。只有数据才是最重要的。像龙舌兰风暴这类金融危机已经表明市场并不一定会正确地对风险进行定价，这些事实被撇在一边；信用违约互换市场只能暂时存在，即只有在房价不断上升的时候才能存在，这一事实似乎也被遗忘；物理学家贝努瓦·曼德尔布罗特（Benoît Mandelbrot）已经指出正态分布尽管使用方便，但是不能被用于描述金融数据，因为它只会低估极端事件，这一事实似乎也没有发挥作用；最后，依靠过去无法确定未来这一事实也被无视。

正如保罗·戴维森（Paul Davidson，1984，p. 572）所指出的，相对于实在论，工具论是指"精确的错误要好过粗略的正确。"相反，后凯恩斯主义者"相信我们所构造的模型应该强调现实经济的特征，而非被精心雕琢得精确无比却与现实世界毫无关联"（Paul Davidson，1984，p. 574）。纳西姆·塔勒布（Nassim Taleb，2007，pp. 284-285）也表达过类似看法。他指出，非正统经济学家"想要大体上的正确而非精确的错误"，"从广泛的可能性中接近正确"而不是"在一个基于精确假定的狭窄模型里正确到完美"。叙述方法更少强调形式主义方法。例如，劳森（Lawson，2009a）曾经指出事实上在完全忽略形式主义经济学的情况下，我们也可以提出一种对全球金融危机的充分解释。

有人可能表示反对，他们提出在很多主流模型尤其是新凯恩斯主义模型中存在着大量的现实性。对此我们并不否认。现实性被整合进辅助性假设当中——信息不对称、信贷配给、家庭流动性约束、价格黏性。通过引入金融体系的摩擦力并假定银行存在（!），实在论现在也被添加进所谓顶尖的动态随机一般均衡模型当中。但是正如下文所述，建立在全知的行为人试图最大化其永恒的效用函数基础上的主要假设完全背离了常识。主流经济学家，甚至包括一些正统异见者，都是通过一些符合现实的辅助性假设来为其不具现实性的基础理论加以包装的。因此，接下来需要回答的问题就是：模型是否有可能通过添加具有现实性的辅助性假设达到对世界的充分描述？

尼古拉斯·卡尔多（Nicholas Kaldor，1966，p. 310）认为这不可能：尝试解除研究纲领中不符合现实的基础将令整个理论大厦完全倾覆。他指出，移除脚手架"已经足够导致整个结构像一副纸牌那样崩塌"。事实上，卡尔多认为新古典理论的这一缺陷是如此重要，以至于 6 年后他又重提此事。

移除"脚手架"的过程——换句话说消除不具现实性的基

础假设——并没有开始。实际上，随着理论的不断更新，脚手架反而更加粗壮和顽固。底下是否有坚实的基础呢？这种不安也在日益增长。(Kaldor，1972，p. 1239)

我们可以从新古典宏观经济学中观察到上述现象，它的基础始终特别不具有现实性。同样的说法也适用于行为经济学：虽然他们计划移除新古典模型关于理性人的最不具有现实性的特征，比如行为人可以没有成本地获知所有信息，但是他们不得不添加更加不具有现实性的假设，因为追求效用最大化的行为人现在还需要非凡的计算能力才能处理新的有成本信息的环境。

1.3.2　模型一致性理性与环境一致性理性

与实在论和工具论密切相关的是经济模型所假定的理性类型。在理性预期革命之后，主流宏观经济学家唯一允许的理性类型是模型一致性理性。我们也可以称之为不受限制的理性。经济行为人不仅被假定知道从今往后的所有可能性；由于理性预期革命，他们还被进一步假定通晓世界运行机制。尽管就经济的正确表现方式问题，经济学家已经争论了数个世纪，但模型构建者必须假定只有一种可被接受的经济学模型，并且所有人都同意其运行方式。这就是早已指出的新共识宏观经济学所采用的 RARE 假设。正如菲利普·米卢斯基（Philip Mirowski，2011，p. 503）所述，"正统宏观经济学家将'理性'等同于像主流经济学家那样思考。这就默认了行为人知道经济的唯一'正确模型'（从而可以毫不费力地确保它与新古典微观经济学一致）"。

确实，行为经济学家试图通过引入异质性行为人以对此加以调整，即依照趋势行动的交易者和图表分析师，并且假定理性投资者依然是关注基本面。但是这些进展并没有出现在那些更有名气的期刊中。在顶级期刊中发表文章的多数行为经济学家同意弗里德曼的"似乎"教条，并指出："模型的目的并不是要如实描述经济行为人真实决策的过程，而是为了预测结果"（Berg and Gigerenzer，2010，p. 159）。不过在我看来，行为经济学中更为激进的那部分——这些人仍然致力于描述具有现实性的决策过程而不是研究相对新古典理性而言的偏差——必须被归入非正统经济学。他们的做法正符合"环境一致性理性"。

这部分经济学家认为，经济行为人要么缺乏相关信息，要么被过量的不可靠信息包围。因此，他们必须在决策时遵循一些简单的规则以避免浪费过多的时间和资源。行为人会尝试达到标准，当他们无法达到时，就会调整他们的短期行为，进而对其所理解的非均衡状态做出反应。长期来看，如果他们持续无法达到标准或超过了标准，或者社会中的变动将从整体上影响通常所认为的经济正常状态，他们就会调整标准本身。一个很好的例子是正常股权收益被逐步接受的过程。金融投资者对公司经理通常要求的股权收益标准是不少于15%，但是正如普利翁（Plihon，2002）所指出的，这一标准与西方经济中的平均宏观经济条件不相容。关于合理理性的更多内容，将在第 2 章加以讨论。

1.3.3 原子主义与整体主义

第三组预设与方法论有关，即方法论个人主义或原子主义与方法论整体主义或有机主义。对劳森而言，基于孤立的原子个人的经济概念是正统理论缺乏实在论的基本特征。新古典经济学家对原子主义的践行已经有很长一段历史了。伏尔泰在其名著《老实人》（Candide）中对像莱布尼茨那样具有邦葛罗斯个性的人加以嘲讽。这些人认为不相互影响的"单子"确保我们生活于最好的世界。这与新古典主义当然有诸多类似之处。新古典主义宣称所有的分析都应该从追求最优化的孤立个体开始，并且自由的、原子化的厂商之间的竞争将形成帕累托最优。类似地，在新古典分析中，他们用服从随机布朗运动的亚原子个体来表示不确定性。在分析次贷危机时，原子主义表现为一种执念：风险分析只需要关注个体厂商和银行，不需要考虑宏观经济的条件与影响，也就是说可以忽略系统性风险。另一个例子与消费者行为有关：新古典主义假定消费支出几乎不受营销和广告的影响，并且消费者彼此独立。

相反，非正统学者采用了更具有整体主义的分析方法。在消费者理论方面，他们强调追随他人行为的倾向，对地位和象征地位的产品的追求以及消费信贷方面的创新这类因素。很多后凯恩斯主义学者将消费者之间的依赖关系视作全球金融危机的一股驱动力量。中低收入者的购买力多年维持不变，同期上层阶级的实际收入却快速增长。然而，中低收入家庭却努力模仿上层阶级的消费与房产购买行为（Brown，2008；Barba and Pivetti，2009；Zezza，2008）。与危机更为相关的可能是观察到金融市场的本质是羊群行为（Wojnilower，1983，p.179）。

在（几乎）所有的非正统经济学模型中，都有社会阶层、工人、资本家、企业家、银行家和食利者。从收入分配或有效需求的角度对这些阶级加以考虑源自下述预设，即对个人偏好的定义不足以理解整个社会。将个体视作社会存在而非原子化存在，不仅是为了直接引入具有支配性的、有效的制度，而且是为了反对主流经济学家将这类制度视作阻碍完全竞争的观点。非正统学者认为这些制度提供了某种稳定性（Hodgson，1989，p.116）。在一个充满不确定性的世界中，正是由于社会公约的存在，稳定性才随着社会成员之间的有机依赖而提升。

有人可能会想知道，为何基于行为人建模也会适合在原子主义/整体主义的二元论框架下进行讨论。一方面，基于行为人建模显然是从由原子化行为人、家庭或厂商构成的群体开始的。另一方面，建模者必须为他们的行为人设计彼此交往时应该遵循的规则。这些规则形成了社会结构，它比主流经济学的标准需求过剩规则复杂得多，更不要说浅薄的动态随机一般均衡模型中的单一代表性行为人了。而且，基于行为人建模的一个关键特征在于"展露"出宏观经济的属性，这无法由个体行为得出。从这个角度讲，显然，基于行为人建模或者至少它的一些版本属于非正统传统。

"展露"属性可被视为宏观经济学悖论，或者说合成谬误，这与代表性行为人加总相矛盾。非正统学者对此相当关注，他们总是对马克思关于资本主义的矛盾念念不忘。当所有的个体以相似的方式行动时，对单个个体或单个国家而言的理性会导致意料之外的后果，甚至非理性的集体行为。我们不妨以后凯恩斯主义的八个悖论为例（见表1-4）：节俭悖论；成本悖论；公共赤字悖论；债务悖论；

表1-4　　　　整体主义：一些后凯恩斯主义宏观悖论

节俭悖论（Keynes, 1936）	更高储蓄率导致产出减少
成本悖论（Kalecki, 1969；Rowthorn, 1981）	更高的实际工资导致更高的利润率
公共赤字悖论（Kalecki, 1971）	政府赤字增加了私人利润
债务悖论（Fisher, 1933；Steindl, 1952）	降杠杆的努力将导致更高的杠杆率
稳定悖论（Minsky, 1975）	稳定就是不稳定
流动性悖论（Dow, 1987；Nesvetailova, 2007）	创造流动性的手段以将流动性资产变为非流动性资产而告终
风险悖论（Wojnilower, 1980）	对个体风险的担保导致总体风险上升
利润引导型增长悖论（Blecker, 1989）	即使在经济看上去是由利润引导时，对工资的普遍限制也会导致增长下滑

稳定悖论；流动性悖论；风险悖论；利润引导型增长悖论。一些悖论，尤其是节俭悖论已经广为人知，不需要再讨论。所有这些悖论都与全球金融危机有关，它们要么是危机的原因，要么是其导致的后果。

三种正式的宏观经济学悖论

凯恩斯的节俭悖论是指储蓄倾向的增加导致产出减少。在家庭过度负债的情况下，节俭悖论将阻碍经济复苏，因为家庭将极力通过扩大储蓄率来恢复到过去的财富水平。不难发现，节俭悖论如今已经从经济学教科书的大多数原理中消失了。全球金融危机就表明对这一悖论的忽视，因为一些新古典经济学家似乎同意了哈耶克（Hayek）的看法，即认为额外的消费支出将增加失业（Robinson，1973，p.94）。幸运的是，一些政策决策者懂得节俭悖论：加拿大银行前行长、英格兰银行行长马克·卡尼（Mark Carney，2008，p.2）在金融危机期间的一次演讲中提到了节俭悖论。他认为，在不确定性的情况下，"个人储蓄更多是理性的"，但是如果所有人都这么做，这将"变成集体的非理性"。

成本悖论的静态版本指的是实际工资的下降并不会提高厂商的利润，反而会导致就业率下降。卡莱茨基（Kalecki，1969，p.26）在1939年用波兰语写就的一篇论文中解释了这类现象。他的结论是，"资本主义体系的一大特点在于，对单个企业家有利并不一定对整个企业家阶级都有利。"罗伯特·罗森（Robert Rowthorn，1981）提出了成本悖论的动态版本：（相对于生产力而言，）实际工资上升将带来更高的利润率。这与微观经济学提出的更低的边际利润导致更低的利润率的观点相悖。如果更高的实际工资产生了更高的总消费、更多的销售、更高的产能利用率以及由此带来的更高的投资支出，利润率将会上升。正如阿米特·巴杜里（Amit Bhaduri，1986）所强调的，这当然是从马克思利润实现问题演变而来的。在危机中期，抵制通过降低劳动力成本来改善个体厂商盈利能力的呼吁十分重要。尽管对那些实际工资降低最多的厂商而言，这确实有利可图，但就整个经济而言，这是有害的，并进一步危害到世界经济，后续章节会继续加以探讨。

公共赤字悖论直接归功于卡莱茨基（Kalecki，1971）。他发现，对企业利润而言，更高的政府赤字起着同更高的净出口类似的作用。正如凯恩斯所述，更高的政府赤字将导致更高的企业利润，更高的公共赤字将导致更高的国内生产总值（GDP）和就业。虽然主流学者经常探讨政府活动的挤出效应，一些政府还是基于李嘉图等价原则或者通过提高实际利率的方式在 2009 年出台了扩张型财政政策，以在金融危机期间维持总需求和企业利润。当情况极其糟糕时，新古典理论往往被抛诸脑后，代之以更符合实际的理论。不过，必须承认，这类实用主义不会维持很长时间，因为政府尤其是欧洲政府很快就开始寻求财政整顿计划。

与金融体系相关的四个悖论

接着是债务悖论。这一悖论也建立在有效需求这一概念的基础上，并且是由卡莱茨基的追随者约瑟夫·斯坦德尔（Joseph Steindl，1952，ch. 9）提出的。就严格的微观经济学的视角而言，只要经济行为人决定降低他们的债务水平或者杠杆率，就肯定能做到。虽然对于家庭而言，这可能是可行的，但对于厂商和金融机构而言，这可能就很困难了。为了降低负债，厂商有可能决定削减投资支出进而降低借贷规模。但是如果所有公司均削减债务和投资规模，那就未必是好事了，因为资本积累放缓将降低商业的整体盈利能力，从而影响留存收益的积累。结果是，实际杠杆率会提高，从而与企业家的预期相悖。这就是约瑟夫·斯坦德尔（Joseph Steindl，1952，p. 119）和简·托普罗斯基（Jan Toporowski，2005，p. 126）所提出的"强制负债"。债务悖论也可以应用于政府：一旦减少政府投资支出以及其他紧缩措施来降低公共债务，政府债务与 GDP 的比例反而可能上升。

当银行和其他金融机构竭力降低其杠杆率时，很可能也会发生类似的情况。这与欧文·费雪（Irving Fisher）的债务紧缩效应有关。随着银行出售一部分资产以降低杠杆或恢复流动性，这类强制性出售将引起资产价格下降以至于只能亏本出售，进而使银行自有资金萎缩，最终，杠杆率不降反升。正像在信贷紧缩期间所观察到的那样，降低贷款规模的其他措施将使得借贷者陷入财务困境，以至于他们会尝试着去杠杆（或者提高资本资产比），从而会导致完全相反的宏观效应。这就与我们提到的银行拒绝悖论（paradox of banking refusal）相关了。当经济减速或者进入萧条时期时，对单个银行而言，通过信贷配给以及拒绝新贷款等方式来防范贷款损失符合理性原则。但是，正如英格兰银行行长所承认的，如果所有银行都这么干，"这将加剧经济下行并增加它们的最终损失"（Carney，2008，p. 2）。

另一个与金融体系密切相关的悖论是稳定悖论。这是我在将近30 年前研究明斯基时创造的一个概念（Lavoie，1986a，p. 7）。根据明斯基的说法，稳定增长的经济是一个存在悖论的术语。快速增长的自由市场经济必然转化为投机盛行的经济。在充满不确定性的世界中，即便没有关于基本面的全部信息，连续几年的成功也将降低人们感知到的风险和不确定性。人们经常会忘记过去所遭遇的困难：转折点、下降的资产价格、信贷紧缩和衰退。随着时间的流逝，这些记忆衰退了，经济行为人将敢于承受更高水平的风险。或者，像流行的风险价值模型（VAR）这样的金融工程模型所计算的风险水平将逐渐变小，因为上一次的衰退不过是最近一系列成功年份中的一个遥远的观测值。经济越是长时间地处于稳定增长状态，继续保持这种状态的可能性就越小。正如明斯基所说，"每一个状态都会自己培育出摧毁自己的力量"（Minsky，1975，p. 128）。用三个词概括，稳定悖论即"稳定是不稳定"（Minsky，1982，p. 26）。应用到货币经济当中，这一悖论暗示了一连串成功的金融运作将导致银行陷入更具有风险的金融结构中。

如今来看，明斯基在30年前的论点相当有预见性，"在经济运行良好的时期，对于什么是可接受的债务结构的看法将会转变。在银行、投资银行和企业家之间的业务交往中，为各式活动和头寸进行融资所能接受的债务规模将会增加"（Minsky，1977，p. 24）。出于安全考虑的准备金——一些新的活动所能带来的额外的预期收入和财务负担之间的差额——将随着时间的推移而减小。对明斯基而言，不稳定性和金融体系增长的脆弱性是不受约束的资本主义经济的内生特点。这一不稳定的稳定，部分与金融创新相关，在状况良好的时候，这些创新将被引入或者得到扩展（ibid.）。关于金融体系的上述观点让人想起约翰·肯尼思·加尔布雷斯，他在很多著作中，尤其是《金融狂欢简史》（*A Short History of Financial Euphoria*，1990）中指出，在市场资本主义中，投机狂欢不可避免，因为投机者和银行家靠使用杠杆乘风破浪，并且相信是他们的聪明才智带来了财富。

毫无疑问，稳定悖论处于全球金融危机的核心。但是对于次贷危机而言，更重要的是流动性悖论。在当代新古典类型的金融学说中，尤其是在有效市场假说中，流动性几乎无须担心。上述理论假定全知的市场参与者始终能实现反映任意一个资产的正确基本价值的交易价格。真正起作用的只有预期报酬和预估的资产风险。相反，在后凯恩斯主义经济学中，流动性是关键要素（Davidson，2009）。投资者经常要担心其资产变现能力。当市场向某个方向发展时，必须有一些做市商来保证交易资产。这些做市商要么是具有银行信贷通道的交易商，要么是具有央行流动性通道的银行自身。

流动性悖论可以从两个角度来看待。首先，一个明显的事实是经济行为人追求流动性的行为本身将使得之前的流动性资产变得不那么具有流动性，这也与费雪的债务紧缩命题相关。抛售资产的狂潮会降低其价格并将其转变为没有买主的单向交易市场从而完全冻结，正如全球金融危机期间一些市场所发生的那样。就像希拉·道（Sheila Dow，1987，p. 85）所说的："尝试提高流动性资产的存量只能通过降低它才能成功；这是一种流动性悖论，等同于凯恩斯的储蓄悖论"。其次，还有第二种流动性悖论，这与我们刚才提到的金融体系的创新有关。金融创新只有在实际上降低流动性的时候似乎才能提高流动性。明斯基已经指出了第二种悖论，不过最近它又在一本书中被强调了。阿纳斯塔西娅·纳斯维塔洛娃（Anastasia Nesvetailova，2007，p. 78）宣称："对明斯基及其追随者而言，每一次制度创新都产生了新的融资业务和对现金资产的全新替代品，从而降低了为赎回由此产生的债务所需的流动性。"因此，她继续说道："在金融扩张的过程中，与表象相反的是，金融体系逐渐变得不具备流动性。"金融体系变得越来越分层化，每一个人都认为他可以轻易地取得支付手段，但实际上几乎没有人持有不存在资本损失风险的安全资产。

流动性悖论可以延伸到风险悖论。金融创新被设计用于在微观层面降低风险，其方式是通过大量的金融制度，例如证券化、担保债务凭证、信用违约互换、股权违约互换、利率互换和金融期货及金融衍生品，来分散风险，这导致了更大规模的宏观经济或者系统性风险。例如，现在人们普遍相信，过度使用数学模型以量化风险，制造了可以进行精确和客观评估的幻象，鼓励了银行和其他金融机构追求更具风险性的策略以及使用更多杠杆。诸如联邦储备银行前主席艾伦·格林斯潘（Alan Greenspan）这样的美国著名监管者以及纽约联邦储备银行前主席和美国前财长蒂姆·盖特纳（Tim Geithner），直到 2006 年还宣称信贷衍生品是金融体系中的稳定因素，因为它们降低了个体风险敞口的集中度，将信贷风险扩散给了那些最能处理它的机构。甚至像米歇尔·阿格列塔（Michel Aglietta，1996）这样的左翼经济学家也认为证券化对经济有着有利的影响。每一个微观经济行为人都认为他或者她能够完全对抗风险；但是风险仍然存在于交易的对手方。事实上，即使交易的对手方看上去是安全的，但是交易对手方的对手方就不一定了，而且他的失败将可能外溢。流动性幻象导致行为人采取更具风险性的策略。因此，降低风险的微观经济金融创新以制造更具风险的宏观经济环境而结束。衍生品类似于阿罗-德布鲁一般均衡模型中的未定市场。但是，我们并没有生活在那样的世界中。它是完全虚构的。我们生活在一个凯恩斯和奈特（Knight）所谓的具有根本不确定性的世界中。

衍生性金融产品无法稳定经济。虽然它们是风险管理工具，但是"衍生品市场事实上提高了信贷风险"，因为"在危机或者不稳定之初，第一件事就是流动性的蒸发"，但这本该是由此类工具提供的（McKenzie，2011，p. 212）。因此，从根本上来说，正如很久以前另一个明斯基的追随者，艾伯特·M. 沃伊尼洛尔（Albert

M. Wojnilower，1980，p. 309）总结的，"所谓的对金融风险的免疫总是被证明是虚幻的，并且风险和打碎这种幻象的成本可能是高昂的"。沃伊尼洛尔对此相当敏锐，因为早在 1984 年，他就从美国国际集团信用违约互换的销售中预言了对它的紧急财政援助：

> 大型保险公司最近涌入为银行和债券投资者的贷款违约加以担保这类业务领域体现了扩展安全网的又一努力。现在，可以预测，为了拯救保险行业，当局将不得不加以干预以阻断连续的违约事件。（Wojnilower，1985，p. 356）

开放经济悖论

表 1 - 4 中最后一个合成谬误是利润引导型增长悖论，该悖论与成本悖论有一定关联。虽然对于单个国家而言，通过削减名义和实际工资的方式获得竞争优势进而提高净出口和刺激经济活动有可能成功，但是如果所有其他国家都这样做，这项计划就无法成功。正如第 6 章和第 7 章将讨论的那样，当仅考虑国内需求而忽略国外需求时，所有国家都可以从实际工资的提高中获益，这主要是因为它们会对消费支出产生积极影响。因为地球是一个封闭经济体，一国的出口必然是另一国的进口，因此全球的净出口为零。虽然在其他国家不仿效的情况下，单个国家有可能单独从收入分配向利润的倾斜中获益，但是如果所有国家都采取工资限制，将对整体经济产生有害的影响。

1.3.4　稀缺与丰裕

我已经使读者意识到下述事实：正统经济学的定义是以稀缺性这一概念为内核，这是为非正统学派所反对的。稀缺性可以算是新古典经济学最重要的部分。正如帕尔盖（Parguez，2012 - 2013， p.55）所指出的，稀缺性在新古典经济学中的作用类似于宗教的禁欲，禁欲是"通过放弃尘世的欢乐以取得死后幸福的最高美德"。哈耶克（Hayek，1941，pp.373 - 377）在拒绝凯恩斯经济学的时候，正是求助于稀缺性的重要作用。像凯恩斯那样宣称存在充足的经济或者丰裕的经济学将否定正统理论的基础。加尔布雷斯（Galbraith，1958）在其《丰裕社会》（*The Affluent Society*）中持类似观点。在新古典主义的模型中，资本主义市场经济的主要特点在于正确分配实际资源和金融资源。正如哈耶克所强调的，由于价格是对稀缺性的度量，从而它被视为可以提供使市场体系发挥有效作用的所有信息，因此关于价格的充分了解允许行为人对稀缺性资源的变化做出反应。

但情况果真如此吗？回顾最近的这些事件，我们完全可以假定价格导致了金融资源的错配，因为证券化提供了误导性的价格并且导致过多的金融资源被投放到了房地产领域。2001 年的股票市场崩盘正是如此，世界范围内的股票市场都遭受重创，纳斯达克尤其糟糕并且从来都不曾完全恢复。紧随房地产泡沫的是商品、食品和原油的超高价格。仅仅几个月之后，此类价格就迅速下降，这充分表明此类价格的上涨只是不合理的投机活动的结果而非根本性变化所致。事实上，已经有人指出，高昂的食品价格源于金融经理们努力寻找与债券和股权报酬无关的投资渠道。基金经理们遵循多样化投资组合的策略对期货指数进行投机，使得资金流入原油、商品和食品期货市场，最终导致了这些商品价格的高涨（Wray，2008；Davidson，2008）。人们可能会认为这些衍生市场对真实世界并不会有影响；然而情况并非如此，为了更具有流动性，经济行为人不得不根据期货市场进行决策，结果是现货价格将取决于期货价格，而非期货价格（完全）由预期的现货价格所决定。

在资源禀赋固定的交换经济这一标准条件之外，正统模型还会引入各类其他条件以确保稀缺性：货币存量被假定为外生的；充分就业与充分的产能利用率被假定在任何时候都存在。大多数的现代正统宏观经济学中最关键且能由此得出所有标准结论和政策的假定是，存在唯一的自然失业率（或者单一的非加速通货膨胀失业率，NAIRU）。无论何种现实性特征被引入模型，唯一的自然失业率这一假定将消除任何其他可替代性政策的可能。自然利息率亦是同样道理；它遏制了央行政策的任何创造性。

稀缺性合法化了供给与需求分析，支配了经济学行为，解释了为何新古典经济学家如此重视资源配置或者为何他们中的许多人将约束条件下的最优化技术视为正统经济学的典型和科学探索的前提。一切资源都是稀缺的，并且这些资源都被充分利用，从而全部问题都将以如何正确使用现有资源为中心，而非以创造新产品为中心。稀缺性在纯粹交换模型中体现得尤其明显。在各种复杂的新古典生产模型中可以找到的追加假设都是为了确保纯粹交换模型的主要条件和结论（Rogers，1983；Pasinetti，2007，p. 20）。

新古典主义经济学的生产都采取非直接交换的形式。个体消费者行为人将拥有的资源传递给相同的个体行为人，然后将之命名为生产者。这些生产者不过是企图从现存稀缺资源中获利的套利者而已。

在非正统研究纲领中，尤其是在后凯恩斯主义传统中，稀缺性的概念被弃置一旁，再生产取而代之处于重要地位（Roncaglia，1978，p. 5；Pasinetti，1981，p. 24）。由于非正统经济学家非常强调生产，他们开始回归古典经济学研究传统，尤其是后者对社会进步和积累根源的思考。雷门斯（Rymes，1971，p. 2）在关于剑桥批判的综述中，清晰地指出了斯拉法对于再生产的考虑承袭了罗宾逊、卡尔多甚至哈罗德（Harrod）的传统。正如帕西内蒂（Pasinetti，1981，p. 7）所指出的，古典学者尤其是李嘉图关注再生产的永久性特征，认为产品生产可以不受限制地扩张，因而判定除了土地以外，稀缺性条件只是一个暂时性特征。因此，对于后凯恩斯主义者而言，价格并不是一般意义上稀缺性的指数；相反，价格反映了生产这些可再生产的产品和服务的单位成本。

在后凯恩斯主义的模型中，产出并不是分解的，对生产的强调表现为假设总体上无论是资本品还是劳动都没有得到充分利用。在这个意义上，资源并不是稀缺的。主要的问题并不是如何分配资源，而是如何提高生产或者增长率。提高产能利用率总体上是可能的并且存在着劳动力储备。稀缺性的原则为有效需求原则所取代。真正的限制并非供给而是有效需求。正如卡尔多所说（Kaldor，1983b，p. 6）："鉴于生产是由需求所决定的，额外的产能和没有被雇用的劳动力一定存在。"阿雷蒂斯（Arestis，1996，p. 112）同意上述观点，他认为，"后凯恩斯主义分析中的有效需求概念意味着现代经济所面对的其实是需求的稀缺性而非资源的稀缺性，因此产出一般受有效需求限制，尽管它承认在现代资本主义经济中，供给约束也存在。"

我预备指出，如果主流经济学是关于稀缺世界的研究纲领，非正统经济学则是关于丰裕世界的研究纲领（有时是处于贫困之境）。约翰·威克斯（John Weeks，2012）更加语出惊人："关于稀缺性的经济学愚蠢十足。相反，关于闲置资源的经济学才是现实的。两者的区别同炼金术与化学、占星术与天文学、神创论与进化论之间的区别如出一辙。"

1.3.5　不受约束的市场与有效调控的市场

这使我们进入第五组也是最后一组关键预设，即相对于国家作用而言的市场作用。主流经济学家对于不受约束的市场实现稳定和充分就业的能力以及解决任何经济和社会问题都显示了巨大的信心。新古典理论最极端的版本宣称不稳定和失业的盛行只能是因为政府干预了市场的运行，因此阻碍了市场机制达到均衡。在这个版本的主流经济学中，市场知道一切并且是真理的唯一来源。所有这些都被表达在下面这段引文当中：

> ［新古典经济学家的核心信念］是自利个体的追求会导向一个更好的社会，超出最基本的法律与秩序的维持的政府干预不是应该消除就是应该最小化，不受约束的市场力量应该在社会的几乎每个方面通行无阻，无论国内还是国外。出于这个目的，结构性改革应该是尽可能在更多的产业和层面实现去管制、自由化、私有化和对外开放，因为只要允许看不见的手自由发挥作用，它就可以改善人们的生活、创造财富、制造繁荣并且最大化人类幸福。（Werner，2005，p.3）

相反，非正统经济学家对不受约束的市场非常不信任。虽然后凯恩斯主义经济学家和他们的非正统学派同事承认在资本主义体系中企业家精神所赋予的动力作用，与约瑟夫·熊彼特一样，他们认为这是资本主义相对于僵化的计划分配体制的主要优点，但是他们质疑盲目地信任市场。他们怀疑市场是不公正的，不具备自我调节的能力，具有不稳定的趋势并且浪费资源。实际上，一些非正统经济学家，比如马克思主义者，更倾向于完全消灭资本主义。

此外，非正统经济学家相信不受约束的价格——极具弹性的价格——将造成不稳定而不是稳定。相反，具有某种惰性的黏性价格更容易形成稳定。因此他们相信无论在微观层面还是在宏观层面都需要国家调控，因为相对于不受约束的资本主义而言，这类政府干预成本更小。在非正统经济学家的眼中，自 20 世纪 80 年代去管制化在所有经济体中蔓延以来，整个世界金融危机，尤其是美国金融危机以如此激增的速度频繁发生的现象绝非偶然。金融工程师——数量分析师——将金融体系搞得一团糟，这在 2007 年显而易见。金融去管制化是基于主流经济学的下述观点：监管者应该让金融自我规制，因为市场知道风险的价格并能够进行有效分配，同时市场规律以及股东监管可以阻止过大风险的发生。这一知识大厦已然倾覆，这同基于自我调节机制的知识大厦在 20 世纪 30 年代的倾覆类似，但是绝大多数经济学家仍然秉持上述理念。

凯恩斯本人在 75 年前就已经相当清楚地阐述了第五组预设。他说：

> 我已经说过我们被分成了两个主要的群体。那么是什么引起了这一分裂呢？一部分经济学家们相信，就长期而言，既存的经济体系可以自我调节，虽然会有一些小问题，并且会被时滞、外在的干预与错误所打断……但另一部分经济学家则否认既存的经济体系可以实现任何有意义的自我调节。（Keynes，1973，xiii，pp. 486 - 487）

后凯恩斯主义经济学家明斯基对经济学家中的这一分歧也了然于胸。他主要侧重在金融方面：

> 在一个包含资本主义金融的世界中，每个单位追求自我利益将使得经济走向均衡，这显然不可能。自利的银行家、杠杆投资者和投资性生产者将导致经济通胀式地扩张，并且失业将制造矛盾。供给与需求分析——在这一分析中，市场机制将实

现均衡——并没有解释资本主义经济的行为，因为资本主义经济意味着具有内生的去稳定性力量。作为金融不稳定性先决条件的金融脆弱性从根本上说是市场过程内生的结果。（Minsky，1986，p. 280）

一些读者可能会问：理解经济稳定与否是否真的很重要？不妨这样思考：从一开始就假设金融市场不会犯错、可以稳定经济并且不会出现违约的理论有什么用处呢？这样的理论对于制定监管银行或金融体系的规则会有用吗？另一个例子是东欧国家向资本主义的过渡，这些国家的顾问和政治家们似乎并不懂得资本主义是需要被驯服的从而使强有力的制度成为必要（Marangos，2004）。

由凯恩斯和明斯基引起的分野在今天要比 25 年前或者 75 年前更为重要。今天的形势与凯恩斯描述的完全一样。凯恩斯认为，"自我调节学派取决于几乎整个有组织的经济学思想与教条体系"（Keynes，1973，xiii，p. 488）。这一有组织的体系由所有主要的美国大学以及那些试图模仿著名的美国经济学系的国外经济学系所组成，此外，还要再加上受到丰厚资助的致力于市场原教旨主义的智库。自我调节学派中的大多数都是主流经济学家，他们控制了几乎所有的经济学系；怀疑论者中的大多数则是非正统经济学家，他们只在少量经济学系占据多数，并且往往分布于经济学系之外的社会科学院和商学院中。

1.3.6　意识形态

第五组预设也可放在意识形态问题下加以讨论。法国的数理经济学家伯纳德·盖里彦（Bernard Guerrien，2009）赞同劳森以及其他方法论学者的观点，认为正统理论缺乏现实性。实际上，他在一定程度上比劳森还要彻底。他宣称主流的基准模型，即新瓦尔拉斯完全竞争模型，不仅不现实，而且完全无关紧要，因为正如我们已经指出的，这一模型依赖于类似中央计划经济的机制，而不是市场经济的调节机制。盖里彦对这种毫无根据的联系是如何被创造的感到很困惑。他的解释是主流经济学受意识形态所驱使。因为他们具有保守主义倾向，试图证明撇开摩擦和不完全竞争等因素，市场经济是有效的，即便这需要非常严苛的假设条件。马格林（Marglin，1984a，p. 481）也持上述观点。此外，毫无疑问，大量马克思主义经济学家都相信意识形态是将正统经济学家和大多数非正统经济学家区分开来的关键因素。

新古典理论通过引入辅助性的假设（外部性、不完全竞争、报酬递增、信息不对称）产生了大量的结论，以期提出各式各样的经济政策建议。新凯恩斯主义经济学是这一现象的一个范例。一些正统的异见者，如斯蒂格利茨，曾明确表示这是他们的学术策略。这或许可以解释为什么许多有左翼倾向的研究生并不反对新古典主义经济学的研究。因此，一个人的意识形态和他的经济学传统两者之间的关系可能并不会过于紧张。

从历史的角度来看，新古典主义理论及其今天的正统地位毋庸置疑地与意识形态有关。在19世纪下半叶的各种冲击欧洲的革命浪潮中，边际主义的出现抛弃了古典理论的诸多关注点和概念，为受到威胁的政治经济体制提供了一股可供喘息的清新空气。此外，就像当时所说的那样，边际主义可以替代马克思对古典学派的发展（De Vroey，1975；Pasinetti，1981，pp. 11 - 14）。因为马克思的前提在很多地方同古典理论类似，因此很难完全拒绝其分析和结论。欧洲资产阶级的解决办法是从边际主义着手，取消古典的价值理论和对利润起源的古典解释。由于马克思的出现，受到古典理论若干结论干扰的政治经济体制迫切需要找到一种不那么具有阶级意识并且更具有辩护性的替代方案。

经济学家也开始追赶这一潮流，从而到 20 世纪，边际主义已经席卷了经济学界。在当时（今天可能也是如此），新古典经济学的预设和议程同当时的政治和工业体制的利益日益趋同，这同今天经济学家和金融机构的利益趋同一样。正如昔日投机商乔治·索罗斯（George Soros，2010，p. 86）所说："到目前为止，赞成市场原教旨主义的最强大的力量来自自私自利的资本所有者和管理者。"实际上，在全球金融危机以及在此之前围绕应该采取何种经济政策的争论中，已经清楚地表明意识形态是理论立场非常关键的决定因素，尤其是那些围绕预算赤字的影响、减税还是增税以及金融管制的必要性的争论。"经济学家生产（他们）老板所需要的知识"（Mirowski，2011，p. 508）。

可能还有一种更简单的解释。正如电影《监守自盗》（*Inside Job*）所强调的，经济学家或者至少他们中的一部分为金钱所驱使。经济学理论的流行和应用更多地取决于潜在的金钱回报，而不是对真理的探寻。没有人像保罗·萨缪尔森（Paul Samuelson，2007，pp. ix-x）那样曾尖刻地指出一些理论之所以战胜另外一些是仰仗着政治风向和金钱回报的力量。他写道："经济学家所建立的东西经常是国王和政府想要接受的东西。"因此，萨缪尔森不过是将凯恩斯的话倒转了过来，凯恩斯有一句话经常被引用，即"生活在现实中的人，通常自认为能够完全免除于知识的影响，其实往往都还是某些已故经济学家的奴隶。在空中听取灵感的当权的狂人，他们的狂乱想法不过是从若干年前学术界拙劣作家的作品中提炼出来的"（Keynes，1973，vii，p. 383）。相反，保罗·克鲁格曼（Paul Krugman，2013）相信："当权者并不需要已故或健在的经济学家的帮助，就可以产生自己的想法。在严谨的学术表述之下，紧缩政策非常像是上层阶级偏好的简单表达。1％的人想要的变成了经济科学认为必须做的事情。"也或许，这是双向因果关系的一个例子。

1.3.7 第六组预设？

可能存在第六组预设吗？基于批判实在论的观点，劳森认为主流经济学准确地说已经破产，因为它所使用的形式主义工具不足以研究经济和社会现象。对劳森（Lawson，2009d，p. 340）而言，"对形式主义模型的依赖将主流经济学逼向了无关紧要之途"。更早之前，他说过"坚持在所有领域使用数学方法并不只是主流的教条，而且是整个学科持续病态的原因"（ibid.，p. 109）。劳森宣称主流经济学派的统一和稳定只是依赖于下述律令——要求以数学演绎的形式呈现观点。因此，如果我们在这一点上追随劳森，那么我们可以认为对形式主义的要求构成了主流经济学的第六组预设，"使非正统成为非正统的特征正好与主流只坚持形式主义的立场相反"（ibid.，p. 106）。根据劳森，与正统异见者不同，非正统学派的思想本应作为对正统经济学形式主义方法失败的一种回应。

追随劳森批判形式主义当然是富有吸引力的。实际上，新古典经济学已经逐渐促使非新古典学派的思想离开了经济学系，因为大多数非正统经济学家并不怎么关注形式化。我们知道，经济学专业已经空前技术化和数学化，从来都不曾有那么多抽象且不现实的假设占据经济学专业，这些假设经常只是为了保证在数学上易于处理，而不是出于研究主题的需要。斯基德尔斯基（Skidelsky，2009，p. x）也认可上述观点。他将经济学看作"在根本上倒退的学科，它倒退的实质为越来越复杂的数学和统计所掩盖"。很多诺贝尔经济学奖获得者也承认过度形式化是经济学的灾难。正如莱荣霍夫德（Leijonhufvud，1973，p. 329）多年前所想到的，数理经济学家是整个经济学研究中的最上层阶级。他们的技巧令其同事感到敬畏。实际上，正如比德和比德（Beed and Beed，1996）所提出的，被调查的经济学家中有 20％的人宣称自己熟知一本实际上是虚构的期刊——《经济学与统计理论》（*Journal of Economic and Statistical Theory*），并且将它排到期刊列表的前四分之一强。毫无疑问，这只是因为它听起来很数学而已。数学在过去常常用于增添文字表述的严谨性；现在它则扮演着范式保卫者的角色。形式化使得研究的关注点从更重大的问题转向了微小的细节。很多经济学研究生也认为，同对经济和整个经济学文献的理解相比，善于解决问题并且精通数学对于成功的学术生涯更为关键（Klamer and Colander，1990，p. 18）。显然，情况并没有任何改善，因为上述调查发生在 25 年之前。

就对数学工具的怀疑而言，非正统学者能够走多远，或者应该走多远呢？希拉·道（Sheila Dow，2000，p. 164）认为"主流经济学的主导原则是数学工具论"。但她又补充道，"非正统范式拒绝数学形式主义"，这样似乎就走得过远了。实际上，劳森（Lawson，2009e，p. 190）并不反对数学形式主义本身。他反对的只是对数学形式主义的滥用。因此，上述内容并不是针对经济学所有领域的数学形式化。形式主义本身不应该终结。形式化模型可以有助于理解，也提供了某种准则。因此，一些后凯恩斯主义经济学家的态度是"在经济学中可以谨慎地使用形式工具"（Fontana，2009，p. 39）或者认为"形式主义是好的，但它必须清楚自己的位置"（Chick，1998，p. 1868）。实际上，凯恩斯（Keynes，1973，xiv，p. 296）认为经济学是用模型进行思考的科学，也是恰当选择与当代实际相符的模型的艺术。

所有非正统学派都有接受过数学训练的经济学家。一些非正统经济学家还在一些研究领域处于领先地位，比如非线性和复杂动力学。一些非正统学者欣赏形式化，并且他们当中的一些学者汇聚在"分析的政治经济学"这一非正式用语的旗帜下。如艾米特瓦·达特（Amitava Dutt，2003，p.58）所指出的，重大的区别在于为主流和正统异见者所接受的唯一的数学建模方法从根本上取决于"使用最优化行为人"，而不是"有经验根据的行为关系"。非正统学者所拒绝的正是顽固地坚持建模和坚持个人最优化这件紧身衣。在劳森最近的作品中，尽管他明显地恼怒于那些赋予形式化以重要意义的学者，但他最反对的是基于孤立或原子最优化个人的建模方法，这看上去与达特的上述观点一致。

劳森（Lawson，1997）和道（Dow，2000）已提出主流经济学和非正统经济学的另一组对立预设，这可算是第七组预设的一个候选项。非正统信念蕴含在开放体系中，而正统处理的则是封闭体系。尽管一些著名作者同意上述二分法，但对于它是否有用，我尚不能确信。斯蒂芬·普拉顿（Stephen Pratten，1996）曾采用这一区别说明斯拉法主义经济学的基础是类似法律一样的封闭体系，因此并不是非正统的一部分。虽然众所周知，在斯拉法体系中，利润率还不存在明确的决定因素，这仍是被搁置的问题。事实上，米尔曼（Mearman，2006，p.69）认为斯拉法主义经济学中存在着大量的现实性。唐华德（Downward，2000）曾用封闭/开放的二分法说明目标报酬定价并不是真正的非正统理论，因为它产生了一个决定性的定价方程，即便目标报酬定价与卡莱茨基或加德纳·米恩（Gardiner Mean）的"开放"定价原则密切相关。这类看法明显有问题，因此它们的开放/封闭基础并不提供很多有用的信息。约翰·史密森（John Smithin，2004，pp.67－70）和米尔曼（Mearman，2006）也在早前提出过类似看法。

1.3.8　关于预设的再反思

上一节提出了新奥地利主义经济学家究竟属于主流经济学家还是属于非正统经济学家的问题。在此前讨论的形式化问题上，新奥地利主义经济学家显然属于非正统学派，因为新奥地利主义者对经济学中的形式主义也抱有相当怀疑的态度。毫无疑问，大量新奥地利主义经济学家将自己看作非正统经济学家。他们感到自己被其主流同事们所排斥，因为他们没有在顶级学术期刊上发表文章的途径。实际上，一些期刊，比如《政治经济学评论》（*Review of Political Economy*）明确将新奥地利主义归到非正统经济学传统；这份期刊在其封面内页有下述说明："《政治经济学评论》欢迎政治经济学所有领域富有建设性和批判性的贡献，包括后凯恩斯主义、斯拉法主义、马克思主义、奥地利主义和制度主义传统。"很多新奥地利主义经济学家都强调凯恩斯不确定性和奈特不确定性之间的相似性，这将弗兰克·奈特同新奥地利主义传统联系了起来。劳森（Lawson，1994，pp. 533–534）也将新奥地利主义置于非正统阵营。

尽管如此，如果依据前面所列的五组预设对正统经济学和非正统经济学加以区分，那么新奥地利主义至少在下述三组预设，即原子化、稀缺性和自我调整上更加接近正统经济学。此外，新奥地利主义的著名创立者路德维希·冯·米塞斯（Ludwig von Mises，1976，p. 228）对此有着清晰的认识：

> 我们通常谈论奥地利主义、英国-美国学派和洛桑学派（瓦尔拉斯主义）……这三个学派只是在表达同一个根本思想时的方式有所不同……它们彼此的分歧更多体现在术语和表达的特点上，而不是它们教义的实质。

　　表 1-2 所提及的大多数其他学派的思想却非常不同。这一点从对一些学术协会和期刊的描述上就可略窥一二。我们已经讨论了《政治经济学评论》的声明。《剑桥经济学报》（*Cambridge Journal of Economics*）又是如何呢？它的封面上写着："《剑桥经济学报》的创立基于马克思、凯恩斯、卡莱茨基、琼·罗宾逊和卡尔多传统，欢迎非正统经济学及其他社会科学学科的作品。"至于《激进政治经济学评论》（*Review of Radical Political Economics*），其简短的声明表明："本期刊提供基于激进政治经济学和其他理论传统的应用经济学文章——包括马克思主义、制度主义、后凯恩斯主义和女权主义。"现在来看看学术协会，或许最好的例子是欧洲演化政治经济学协会。在其网站上，陈述其理论视野时，该协会提出："协会接受下列作者中与制度主义和演化思想相关的内容：约翰·康芒斯（John Commons）、尼古拉斯·卡尔多（Nicholas Kaldor）、米哈尔·卡莱茨基（Michal Kalecki）、威廉·卡普（William Kapp）、约翰·梅纳德·凯恩斯（John Maynard Keynes）、阿尔弗雷德·马歇尔（Alfred Marshall）、卡尔·马克思（Karl Marx）、冈纳·缪尔达尔（Gunnar Myrdal）、伊迪丝·彭罗斯（Edith Penrose）、弗朗索瓦·佩鲁（François Perroux）、卡尔·波兰尼（Karl Polanyi）、约瑟夫·熊彼特（Joseph Schumpeter）、赫伯特·西蒙（Herbert Simon）、亚当·斯密（Adam Smith）、索尔斯坦·凡勃伦（Thorstein Veblen）和马克斯·韦伯（Max Weber）。"

　　这些都与表 1-2 中所列的前三个非正统学派思想有着紧密联系：马克思主义、后凯恩斯主义和制度主义。事实上，我们有时候会说制度主义为后凯恩斯主义经济学提供了微观部分，而后凯恩斯主义则为制度学派提供了宏观部分。从现在开始，我们将重点转向后凯恩斯主义学派。

1.4　后凯恩斯主义经济学的本质特征

1.4.1 后凯恩斯主义经济学简史

在我们叙述后凯恩斯主义经济学的本质特征，即相对于其他非正统流派，后凯恩斯主义经济学自己所独有的预设之前，首先，我们简单地回顾一下后凯恩斯主义经济学的历史，以为读者提供一些背景信息；其次，由于后凯恩斯主义经济学内部也不是同质的，所以我们将介绍后凯恩斯主义经济学的几个流派，以期能够帮助读者厘清文献的线索。

在《后凯恩斯主义经济学史》（*History of Post Keynesian Economics*）一书中，金（King，2002）相信后凯恩斯主义经济学开始于 20 世纪 30 年代，也就是当凯恩斯正在剑桥学术圈，尤其是与琼·罗宾逊和理查德·卡恩交流他关于萧条经济学的新想法之际。与此同时，卡莱茨基正在创建有效需求理论。卡尔多（Kaldor，1934a）当时已在讨论多重均衡和路径依赖这两个非正统经济学的关键概念。罗宾逊（Robinson，1937）已经写就温和版的《就业、利息和货币通论》。也可以认为后凯恩斯主义经济学开始于 1956 年，当卡尔多和罗宾逊提出后来被称为剑桥、英国-意大利或者新凯恩斯主义收入分配理论以代替基于边际生产力的新古典理论之际。在很长的一段时间里，这个基于有效需求的收入分配理论是早期后凯恩斯主义者最负盛名的贡献。或者也可以说后凯恩斯主义经济学开始于 20 世纪 60 年代，即正好是两个剑桥（英国的剑桥和美国马萨诸塞州的剑桥）围绕资本理论展开争论之际。正是在那时，剑桥学者开始真正意识到他们正在提出一个不同于新古典主义的经济学理论

（Mata，2004）。后凯恩斯主义经济学历史上的这些关键时期以及此后后凯恩斯主义者研究的主题如表 1-5 所示。

表 1-5 后凯恩斯主义经济学研究主题演变史

时间轴	主题
20 世纪 30 年代	失业
20 世纪 50 年代	关于增长和分配的新凯恩斯主义（剑桥）模型
20 世纪 60 年代	资本争论
20 世纪 70 年代	企业利润，价格，就业理论，范式定义
20 世纪 80 年代	关于增长的卡莱茨基主义模型，内生性货币理论，金融不稳定假说
20 世纪 80 年代晚期和 90 年代早期	对后凯恩斯主义经济学进行综合和编写教材的尝试
20 世纪 90 年代	方法论，批判实在论，经济思想史
21 世纪头十年	经济政策，全球化，金融化，实证和计量研究，货币政策与财政政策的关系，关于后凯恩斯主义经济学综合的新尝试
21 世纪第二个十年	存量-流量、实体-金融一致性，路径依赖，金融不稳定性，生态经济学

李在《非正统经济学史》一书中有着一个稍显不同的观点。李（Lee，2009，p. 11）认为："后凯恩斯主义经济学的历史不是开始于 1936 年凯恩斯《就业、利息和货币通论》的出版，而是开始于 20 世纪 70 年代，这时具有自我认同感的后凯恩斯主义经济学共同体在美国形成，他们汲取了部分凯恩斯的思想。"李认为，在整个 70 年代，为了创建后凯恩斯主义经济学共同体，很多人付出了大量有效的努力，尤其是美国的阿尔弗雷德·埃希纳（Alfred Eichner）、爱德华·内尔（Edward Nell）和保罗·戴维森（Paul Davidson）。尤其是在 70 年代美国学者访问剑桥和琼·罗宾逊访问了美国之后，后凯恩斯主义经济学家的社会网络开始形成。后凯恩斯主义经济学

的制度化也开始于 20 世纪 70 年代，尤其是《剑桥经济学报》和《后凯恩斯主义经济学杂志》（*Journal of Post Keynesian Economics*）两本期刊的创办。

当时另一个重大事件——这对我的思想有着深远的影响——是埃希纳和克雷格尔（Kregel）发表于《经济学文献杂志》（*Journal of Economic Literature*）的文章。在这篇文章中，作者（可能有些过于热情地）认为一个新的范式，也就是后凯恩斯主义学说正在形成；而且后凯恩斯主义经济学不仅仅是对新古典资本理论的消极批判，它正在为经济学研究提供积极的且具有原创性的贡献。他们声称后凯恩斯主义经济学的目的在于"按照观测到的经验去解释真实的世界"，而不是"在假定真实世界按照模型运作的前提下证明社会的最优化"（Eichner and Kregel，1975，p. 1309）。我是作为一个本科生在寻觅是否存在替代性理论的过程中发现这篇文章的。在我此后的研究生学习和早期的学术生涯中，这篇文章对我产生了强烈影响。在埃希纳和克雷格尔的文章中，一个有趣的地方在于他们不仅介绍了方法论和宏观经济学方面的替代方案，而且也介绍了微观经济学的替代方案。对公司和定价过程以及就业模型的研究构成了20 世纪 70 年代的主题。

20 世纪 80 年代见证了对后凯恩斯主义模型的坚定拥趸，即卡莱茨基主义的增长和分配模型的出现，取代了新凯恩斯主义的增长和分配模型。我们将在第 6 章加以讨论。同样属于 80 年代后凯恩斯主义理论前沿的是基于货币内生假定的货币经济学和在金融不稳定性假设下发展起来的金融经济学。自 80 年代末开始约 10 年时间内，好几位学者尝试过编撰后凯恩斯主义经济学的教科书（Reynolds，1987；Eichner，1987；Arestis，1992；Carvalho，1992；Lavoie，1992b；Palley，1996a；Nell，1998）。这些理论综合的努力促使杰

塞佩·冯塔纳和比尔·杰拉德（Giuseppe Fontana and Bill Gerrard，2006）在其有关后凯恩斯主义简史的著作中将这一时期形容为后凯恩斯主义经济学的"浪漫时代"。

随之而来的是冯塔纳和杰拉德所称的不确定性时代，因为后凯恩斯主义者的关注点开始转向方法论。正如我们已经讨论过的，劳森率先讨论本体论和批判实在论，开始重新审视凯恩斯的作品并分析其中的分析方法。与此同时，后凯恩斯主义者又重新燃起了对经济思想史的兴趣。这似乎是一些后凯恩斯主义者以及其他流派的非正统经济学家因为害怕卷入政治辩论，而寻找避免被其主流经济学家同事攻击的避难所。这实际上催生了冯塔纳和杰拉德的下述评价："后凯恩斯主义经济学家似乎更关心关于经济思想的批判、方法论和历史，而非理论本身的发展"。斯蒂芬·邓恩（Stephen Dunn，2000，p.343）的评价更为尖锐："后凯恩斯主义一般是指一种不成体系的研究，它更多的是为那些早就过世的经济学家的思想提供注释，而非为新的经济现象提供解释或者贡献新的政策建议。"

但是，如果我们参与了过去15年或者更长时间里世界范围内的各种后凯恩斯主义会议，那么很容易就会发现在21世纪，后凯恩斯主义者越来越关心国内和国际的政策问题。同时对经验研究和应用计量经济学的兴趣也与日俱增，毫无疑问这得益于新的不确定时间序列工具的出现——尽管后凯恩斯主义者对计量经济学的方法论仍有所质疑。后凯恩斯主义者已在货币政策与财政政策、货币操作和财政操作的联系（这在网上被称为"现代货币理论"），以及全球化、金融化这些问题上发表了很多文章。后凯恩斯主义的研究方法已经明显由抽象方法转变为具体方法。换句话说，今天的后凯恩斯主义经济学不同于20年前，一些批判对这种转变还不甚不解。

最近几年，尤其是由于全球金融危机，很多人开始对金融不稳定性假说重燃兴趣。他们尝试以有意义的方式将对实体部门和金融部门的分析整合在一起，特别是通过所谓的存量-流量一致性方法，这将在第 4 章予以讨论。后凯恩斯主义者也开始重视环境问题，尤其是生态问题。在这一方面，本书的内容不过是之前另一本书（Lavoie，2011a）的精简版，这也是我关于所谓后凯恩斯主义生态理论的继续，必须承认本书在这方面的内容只是建立在阅读、回顾和会议讨论基础上的梗概。冯塔纳（Fontana，2009，ch. 2）在其书中提供了与我非常类似的内容。

1.4.2 后凯恩斯主义经济学预设

如何确定后凯恩斯主义的外延持续困扰着后凯恩斯主义经济学家。一个反复出现的问题是斯拉法主义学派是否应该被纳入后凯恩斯主义。我们将在下一节回到这个问题。但还有其他一些关于概念的边界的问题同样具有吸引力。因为调节学派学者使用了大量取自剑桥凯恩斯主义者的行为方程，我们可以认为法国调节学派是后凯恩斯主义学派的一部分吗？或者相反，因为后者采用了更为广阔的历史和制度分析方法来分析经济系统，我们可以说后凯恩斯主义学派是调节学派的一部分吗？此外，激进马克思主义与后凯恩斯主义有什么联系？李（Lee，2009）认为两派学者在早期实际上有着密切的联系。可以认为激进学者集中关注周期问题，而剑桥的后凯恩斯主义者关注增长趋势吗？这并不是一个容易回答的问题。

自从埃希纳和克雷格尔首次尝试后，在确认后凯恩斯主义经济学的关键特征方面已经有了诸多提议。关于这方面尝试的调查如表 1-6 所示。

后凯恩斯主义分析的预设可以分成四组。表 1-6 中的前 5 个特征（实在论、有机主义、合理理性、生产、非均衡与不稳定性）符合我所说的非正统研究纲领的预设。这并不奇怪，因为后凯恩斯主义经济学作为非正统经济学的一部分共享其预设。例如，在实在论的问题上，明斯基（Minsky，1975，p. 4）曾抱怨道："学院经济学的研究显得内容贫乏并且脱离实际。在《就业、利息和货币通论》出现之前，这一学科就是如此。"这句话适用于四十年前，更适用于今天。在这 5 个特征中，唯一需要解释的是第 5 个特征。在表 1-3 中我们称之为"有效调控的市场"，这里则叫作"非均衡与不稳定性"。后凯恩斯主义学者通常认为经济中存在内生的不稳定性力量，而且价格机制一般无法平抑这些影响。于是就可能出现多重均衡，包括出现金融危机和失业的情况。这就需要政府干预并对市场力量进行调控。

表 1-6   后凯恩斯主义经济学的预设与关键特征

概念	认同这一概念的作者
实在论	Arestis (1990，1992，1996)，Arestis and Sawyer (1993)；Chick (1995)，Dostaler (1998)，Dow (1991)，Eichner and Kregel (1975)，Fontana (2009)，Holt (2007)，Jespersen (2009)，Norman (2008)，Pasinetti (2007)，Setterfield (2003)
有机主义	Arestis (1992)，Arestis and Sawyer (1993)，Chick (1995)，Dow (1991)，Jespersen (2009)，Pasinetti (2007)，Setterfield (2003)
合理理性	Arestis (1992，1996)，Brown (1981)
生产	Arestis and Sawyer (1993)，Dow (1991)，Henry and Seccareccia (1982)，Setterfield (2003)
非均衡与不稳定性	Arestis and Sawyer (1993)，Brown (1981)，Fontana and Gerrard (2006)，Galbraith (1978)，Lavoie (2006b)，Norman (2008)，Palley (1996a)

续前表

概念	认同这一概念的作者
有效需求原理	Arestis and Sawyer（1993），Arestis et al.（1999），Dunn（2008），Fontana and Gerrard（2006），Galbraith（1978），Jespersen（2009），Lavoie（2006b），Norman（2008），Palley（1996a），Sawyer（2010）
投资决定储蓄	Dostaler（1988），Henry（1993），Henry and Seccareccia（1982），Palley（1996a），Pasinetti（2007），Sayer（2010）
制度具有重大影响	Arestis（1990），Arestis et al.（1999），Danby（2009），Dow（1991），Fontana and Gerrard（2006），Holt（2007），Jespersen（2009）
货币化经济	Arestis et al.（1999），Carvalho（1992），Davidson（1982），Dostaler（1988），Dow（1991），Eichner and Kregel（1975），Fontana（2009），Jespersen（2009），Lavoie（2006b），Sawyer（2010）
时间的历史性和不可逆性	Arestis（1990，1992），Arestis and Sawyer（1993），Chick（1995），Danby（2009），Davidson（1982），Fontana（2009），Henry（1993），Henry and Seccareccia（1982），Holt（2007），Lavoie（2006b），Norman（2008），Robinson（1978），Pasinetti（2007）
根本不确定性	Arestis（1990，1992，1996），Arestis and Sawyer（1993），Danby（2009），Davidson（1982），Dunn（2008），Fontana（2009），Holt（2007），Jespersen（2009），Lavoie（2006b），Norman（2008），Pasinetti（2007）
非遍历性	Dow（2005），Dunn（2008），Pasinetti（2007）
特定的微观经济学理论	Eichner and Kregel（1975），Lavoie（2006b），Norman（2008），Sawyer（2010）
权力关系	Davidson（1982），Dostaler（1988），Norman（2008）
收入分配	Eichner and Kregel（1975），Norman（2008），Sawyer（2011）
开放体系	Brown（1981），Dow（1991，2005），Dunn（2008），Jespersen（2009）
多元主义	Dow（1991，2005），Lavoie（2006b）

　　我们可能需要在政府干预的问题上进一步展开。我已经指出，一般而言，后凯恩斯主义者并不想消灭资本主义；他们只想要驯服

它，并承认资本主义具有重要的动态性质。虽然毫无疑问，后凯恩斯主义者的政治观点并非同质，不过我认为在过去的 20 年间，这些观点更加统一了。大多数后凯恩斯主义者看到了自由主义和社会主义均存在一些异化，因此他们期待一种介于自由主义和社会主义之间的"人道主义"的政治体系（Bortis，1997，p. 33）。这种体制可以在斯堪的纳维亚国家看到。不过讽刺的是，在这些国家几乎看不到任何后凯恩斯主义者。

对后凯恩斯主义经济学而言，下一组预设特征为其特有。它由 3 个彼此联系的特征组成：有效需求原理；投资决定储蓄；制度具有重大影响。有效需求原理认为总需求是决定产出和就业的主要因素。虽然大多数经济学家都承认在短期内经济是需求导向的，但很少有人会同意在长期内经济也是需求导向的。因此断言无论在长期还是短期经济都是需求导向的，很可能是后凯恩斯主义所特有的。具体而言，这意味着后凯恩斯主义者相信，在长期增长中，经济调整所采取的实际路径将会对供给侧的决定因素产生影响。

投资决定储蓄的观点与有效需求原理紧密相关。因此一些作者将这一因果关系视为后凯恩斯主义经济学的关键特征。事实上，正如尼娜·夏皮罗（Nina Shapiro，1977）早已指出的，认为作为家庭跨期决策结果的投资具有自主性很可能是后凯恩斯主义经济学的一个革命性观点。在今天我们可以看得更加明白，因为所谓的最先进的正统宏观经济学重点分析的是代表性行为人及其跨期效用的最大化。这也与制度具有重大影响的信念密切相关，也就是说，在有效需求原理的狭义语境下，无论是长期还是短期，财政政策和货币政策都将对实际经济变量产生影响。

第三组预设可能同样为后凯恩斯主义所特有。它由四个概念构成：货币化经济；时间的历史性和不可逆性；根本不确定性；非遍历性。同样，要理顺这些不同的概念绝非易事。货币化经济的观点关系到有效需求原理，因为人们很难想象脱离货币化经济的投资函数。在主流经济学所谓的最先进的宏观模型，比如 DSGE 方法中，并不需要名义的量度和货币，可以用某一商品作为价值标准或记账单位。比如在新瓦尔拉斯主义模型中，一切结果在期末之前都以带有一定概率的形式被知晓。换言之，风险是存在的但不会有根本不确定性。在上述模型中，时间是一种人为的建构。所有的决策都在时间为零的时候做出。在这些模型中引入名义的量度和货币将会增加摩擦并降低福利水平——上述结果并不符合直觉，这表明该模型已经在很大程度上背离了事实（Rogers，1989；2011）。后凯恩斯主义模型由于考虑到了合约、债务和资产都表现为货币形式，并且不承认可以对跨期效用进行最大化计算，因此从一开始就假定了根本不确定性。实际上，任何模型只要拒绝这些所谓的最先进的建构，就会以一定的方式体现出根本不确定性。正如埃希纳和克雷格尔（Eichner and Kregel，1975，p.1309）所说：“只有过去是已知的，未来都是不确定的。”

后凯恩斯主义者在时间概念上非常谨慎地区分了历史时间和逻辑时间（Robinson，1980）。与逻辑时间相比，历史时间或者说长期时间均是不可逆的。卡莱茨基（Kalecki，1971，p.165）谈到过上述问题：“长期趋势不过是由一连串短期事件组成的缓慢变化；它并不具有独立的性质。”这对后凯恩斯主义者产生了很大影响。对罗宾逊而言，所有事情都发生在短期。在后凯恩斯主义者与其对手的争论中，后凯恩斯主义者强调有必要考虑并描绘从一个点转变到另一个点的过程：这一转变过程所依赖的条件可能会对最后的均衡点产生影响。正如哈利维和克里斯勒（Halevi and Kriesler，1991，p.86）所提出的，逻辑时间上的长期分析只有在下述情况下才是有效的:"从一个均衡点到另一个均衡点来回移动的动力调整过程必须对最终的均衡点不产生影响,即均衡不能由路径决定。"因此,后凯恩斯主义者将路径决定和时滞现象视为他们看待历史过程中的经济现象的独特视角。正如罗宾逊(Robinson,1956,p.58)所指出的,"在大多数经济反应中,市场为适应一个变化所遵循的路径对最终的结果有着长期持续的影响。"虽然可能并非全部事件都会起作用,但可以肯定,其中的一些事件会对结果产生影响。

时间概念的重要性还与戴维森(Davidson,1982-1983)提出的非遍历性概念相关。非遍历性是指时间和空间上的均值并不是一致的。我们不能依靠当前或过去的均值来发现未来发生的事情。随着次贷危机的发生,这个概念得到了一定程度的关注,因为它与黑天鹅和长尾效应以及预期和信心的逆转这些现象有关。这些现象使得理性预期和有效市场假说几乎不再有经验上的价值。

在本节的最后,我们来讨论后凯恩斯主义经济学的第四组核心预设。它们是:特定的微观经济学理论、权力关系、收入分配、开放体系和多元主义。显然,从支持者的数量来看,这些因素并没有像之前罗列的预设那样取得了广泛的共识。特定的微观经济学理论我们会在第2章和第3章,尤其是在讨论公司理论的时候,加以深入讨论。对企业内权力的重要性以及有关收入分配的经济活动进行解释并不是后凯恩斯主义经济学所特有的。这些内容在制度经济学和马克思主义经济学那里也非常重要。不过,功能性收入分配从20世纪50年代开始就是后凯恩斯主义经济学的中心问题之一。并且后凯恩斯主义者很早就将全球金融危机的产生归结为收入分配的变化——利润份额的增长和不公平的工资份额。后凯恩斯主义者实际上已对关于收入分配不平等对总需求的影响这一消费不足主义的过往思考进行了形式化。

对于开放体系建模的条件，我已经表达了我的不安。至于多元主义，不管它有多少优点，这依然不是凯恩斯主义经济学所特有的。过去，多元主义——道（Dow，2005）所谓的巴比伦方法——可以明确地与后凯恩斯主义学派联系起来，因为它是为数不多的接受各种方法论和理论的学派之一。但显然，今非昔比，而今多元主义已被各个派别所接受。

我们对到目前为止的内容做一个总结。后凯恩斯主义包含了与非正统经济学有关的所有 5 个预设。此外，后凯恩斯主义与其他非正统学派的区别在于：它更关注长期和短期内的有效需求原理；对货币化生产型经济的研究；具有根本不确定性的环境；以及强调时间的历史性和不可逆性。

计量经济学的地位

关于后凯恩斯主义经济学中计量经济学作用的问题被搁置了。在处理数学形式主义和非正统经济学预设时，我们探讨了模型化的问题，不过怎么看计量经济学呢？这里有必要再次提及劳森的观点。劳森提出，经济学研究的现象在本质上很少适宜运用标准计量经济学方法。现实世界不存在足够的事件规律以满足这些技术起作用的条件。后凯恩斯主义经济学的一个流派——在下一节中，我们将其称为原教旨主义流派——倾向于认同这一评价，并且凯恩斯本人曾用"统计学炼金术"来形容宏观经济学中计量经济学的滥用，表达了他的悲观看法。不过，我认为，客观地讲，后凯恩斯主义者，尤其是 2000 年以来已经欣然接受了计量经济学方法，尽管"坚决捍卫计量经济学在后凯恩斯主义中的运用"的后凯恩斯主义者一直都存在（Norman，2008，p.2），最早也是最佳的例子当属卡莱茨基。

作为非正统经济学家，并且因此很自然地对任何观点的真理性持怀疑态度，后凯恩斯主义者深知只有非常有限的计量结果是可靠的并且是可重复的，这要么是由于计算参数的稳定性存在问题，要么是由于过度的数据挖掘。他们也完全明白使用过去计量结果提供好的预测所面临的困难。"不过，后凯恩斯主义者应该对预测保持怀疑，并不意味着他们应该放弃整个实证研究工作"（Holt，2007，p. 101）。正如比尔·米切尔（Bill Mitchell，2007）所言，政策制定者需要用于决策的硬数据，这只能要么通过保守计算，要么通过计量经济学获得。此外，计量结果可以为思考问题和讨论问题提供分析重点。计量分析，作为实证分析的子集，为非正统经济学解释问题和因果分析机制提供了更多的弹药——二者显然并非不能相容。另一个重要并实用的反驳是计量经济学是思想战役的有力武器。正如戴尔得丽·麦克洛斯基（Deirdre McCloskey，1983）早已提出的，如果经济学完全是花言巧语，那么计量经济学就是编织花言巧语的有效工具。非正统经济学家不得不加入这场游戏，展示其技巧的纯熟，尽管实证证据很少给主流经济学带来变化（Mearman，2012b）。

最后，正如唐华德和米尔曼（Downward and Mearman，2002）以及比尔·杰拉德（Bill Gerrard，2002）所指出的，存在更契合于后凯恩斯主义分析范式的计量方法。这就是戴维·亨得利/LSE 方法，它是从时间序列的统计性质入手而非从强加一个结构开始，它是数据与理论发生交互作用的典型特征，并与非正统经济学关于实在论的理解相一致。上述观点尤其反映在卡塔瑞娜·朱塞尼斯（Katarina Juselius）的观点上，她提出从一般到个别的协整向量自回归（CVAR）表明后凯恩斯主义关心的是数据的非平稳性和短期动力的重要性。与之类似，吉尔伯特·利巴尼奥（Gilberto Libânio，2006）认为统计分析表明宏观经济学中的大部分数据都有单位根并且具有非平稳性，这增强了后凯恩斯主义关于均衡不能独立于所采取的路径从而时间的历史性至关重要的信念。因此，从后凯恩斯主义方法论的角度看，将这类统计性质纳入计量技术的考察范围应该是更合乎需要的。

1.4.3 后凯恩斯主义经济学流派

后凯恩斯主义内部并不完全相同。目前，可以很容易确认五大流派：原教旨主义、卡莱茨基主义、斯拉法主义、制度主义和卡尔多主义，正如表 1-7 的最后一列所示。

表 1-7　　　　　　　　后凯恩斯主义的不同流派

Hamouda and Harcourt (1988)	Arestis and Sawyer (1993)	Arestis（1996）	Lavoie（2011a）
美式后凯恩斯主义	马歇尔主义	马歇尔主义	原教旨主义
卡莱茨基主义	卡莱茨基主义	罗宾逊主义	卡莱茨基主义
斯拉法主义	斯拉法主义	（斯拉法主义）	斯拉法主义
	制度主义	制度主义	制度主义
			卡尔多主义

哈穆达和哈考特（Hamouda and Harcourt，1988）对后凯恩斯主义经济学的描述最为知名，这也可以在表 1-7 中看到。他们只区分了三个流派：两端是美式后凯恩斯主义和斯拉法主义，卡莱茨基主义居中。美式后凯恩斯主义也被称作马歇尔主义的后凯恩斯主义（Arestis and Sawyer，1993；Arestis，1996）、原教旨主义的后凯恩斯主义（Lavoie，2006b）或者凯恩斯学派（Davidson，1982）。这些作者主要关注对货币化生产经济的描述、金融体系的脆弱性和不

稳定性、与流动性偏好和根本不确定性等相关的问题。于是，他们也被称为金融后凯恩斯主义或者货币后凯恩斯主义（Fontana，2009），这可能是更加友善的叫法。原教旨主义的后凯恩斯主义是那些最反对形式化和使用计量经济学的人。他们主要关心的是阐释凯恩斯文本的真实含义和根本观点，因此其微观经济学［报酬递减和完全（不是完美）竞争假设］经常与凯恩斯的老师阿尔弗雷德·马歇尔相关。这就是他们被叫作马歇尔主义的后凯恩斯主义者的原因。

这个流派也被称为美式后凯恩斯主义，这是因为其最初的倡导者——西德尼·温特劳布（Sydney Weintraub）、保罗·戴维森（Paul Davidson）、海曼·明斯基（Hyman Minsky）、维多利亚·齐克（Victoria Chick）、巴兹尔·摩尔（Basil Moore）——都来自美国，尽管这个流派的支持者现在遍布全球。关于后凯恩斯主义方法论的很多工作都与这个流派有关，因为这些工作的绝大部分起源于凯恩斯文本中的方法论和概率理论。与奥古斯托·格拉齐亚尼（Augusto Graziani）和阿兰·帕尔盖（Alain Parguez）等相关的意大利-法国货币循环理论也与这个学派关系密切，尽管它具有鲜明的卡莱茨基色彩。所以，阿雷蒂斯（Arestis，1996）把货币循环学派归入下面我们要讨论的卡莱茨基学派。

卡莱茨基主义由下面这些学者组成：米哈尔·卡莱茨基、琼·罗宾逊、约瑟夫·斯坦德尔、汤姆·阿西马科普洛斯（Tom Asima-kopulos），同时也包括诸如阿米特·巴杜里（Amit Bhaduri）和马尔科姆·索耶（Malcolm Sawyer）这类现代学者，更年轻的还有艾米特瓦·达特（Amitava Dutt）、埃克哈德·海因（Eckhard Hein）、恩格尔伯特·斯托克哈默（Engelbert Stockhammer）、罗伯特·布勒克尔（Robert Blecker）和史蒂夫·法扎里（Steve Fazzari），后两位是唐纳德·哈里斯（Donald Harris）的学生。所有这些学者都和美式后凯恩斯主义者一样关心产出和就业，但同时也关注商业周期、增长理论和价格问题，尤其是成本加成、增长与收入分配之间的关系。有关收入分配的潜在冲突是一项重要的分析内容，另外一项则是马克思主义术语中的利润实现问题。阿雷蒂斯（Arestis，1996）称这个群体为罗宾逊主义者，并将货币循环学派归入其中，使得卡莱茨基主义流派具有更加鲜明的货币成分。托普罗斯基（Toporowski，2000）也是这样做的。我还将兰斯·泰勒（Lance Taylor）归入卡莱茨基主义，尽管他与表1-2中的发展结构主义有着紧密的联系，但他的很多模型事实上是卡莱茨基主义的。

　　斯拉法的地位

　　哈穆达和哈考特（Hamouda and Harcourt，1988）描述的第三个流派是斯拉法主义，即皮埃罗·斯拉法的追随者。他们经常被称为新李嘉图主义者，这个称谓在一定程度上带有讽刺的意味，因为斯拉法解决了李嘉图遗留的问题（也是马克思间接遗留的问题），比如不变的价值尺度。于是达特和阿马德奥（Dutt and Amadeo，1990）称他们为新李嘉图主义的凯恩斯主义者。很多著名的斯拉法主义者都是意大利人，如皮耶兰杰罗·加雷格纳尼（Pierangelo Garegnani）、路易吉·帕西内蒂（Luigi Pasinetti）、亚历山德罗·隆卡利亚（Alessandro Roncaglia）、内里·萨尔瓦多（Neri Salvadori），但也有一些不是，如伊恩·斯蒂德曼（Ian Steedman）、约翰·伊特韦尔（John Eatwell）、伯特伦·施弗尔德（Bertram Schefold）和海因茨·库尔茨（Heinz Kurz）。斯拉法主义尤其关注相对价格的决定、技术选择、联合生产和多部门生产体系的相互依赖性，如投入产出分析。根据加雷格纳尼（Garegnani，1990b，

p. 123）的说法，这些问题构成了斯拉法主义理论的核心，因为他认为斯拉法主义可以提供特定的答案。与产出和就业、产能和产能利用率或者货币和利率相关的问题则不处于核心，尽管这并不意味着这些问题不重要或不值得研究。事实上，现代斯拉法主义者几乎全在处理这些非核心问题。

几位后凯恩斯主义方法论者，例如斯蒂芬·邓恩（Stephen Dunn，2000，p. 350；2008，p. 45），认为斯拉法主义者应该从后凯恩斯主义学派中排除出去，理由是斯拉法主义经济学并不符合批判实在论的约束，将这个流派包括在内将引起方法论上的混乱。在他们的眼中，撇开斯拉法主义将使得后凯恩斯主义经济学更加连贯。甚至约翰·金（John King，2012b，p. 314）也认为"今天几乎没有人将'后凯恩斯主义-斯拉法主义'看作一个独立的具有内在一致性的思想学派"。我是为数不多的看到其具有内在一致性的学者，哈考特（Harcourt，2001a，p. 275）、安德鲁·特里格（Andrew Trigg，2008）和加里·蒙乔维奇（Gary Mongiovi，2012）也持这一看法，所以我需要详细解释这一点。

首先，如我们在上一小节所见，斯拉法主义在历史传统上与后凯恩斯主义分析有着紧密的联系。其次，在一些关键问题上斯拉法主义与后凯恩斯主义有着很大共识，如投资和储蓄的因果关系，在短期和长期中有效需求的作用，货币供给的内生性以及中央银行按需确定短期利率的可能性（Dutt and Amadeo，1990）。再次，斯拉法主义的观点并非同质，而是随着时间的演化，其与其他流派的区别已经不再那么明显。现代斯拉法主义者不再假设经济总是处于正常或全产能状态。很多人甚至不再假设在长期中经济会处于正常产能状态。又次，斯拉法主义在一个多部门框架下用一套等式解释了部门彼此依赖结构下的生产和分配，这一点在其他学派中一般是缺失的。斯拉法主义的价格理论可被视为理想化的管制定价理论，是基准定价的一种具体形式（Nell，1998）。这是由不完全信息、过去的非均衡、不一致的利润率或者目标报酬率以及债务结构等因素引起的。对相对价格研究感兴趣的学者可以根据自己的想法添加这些东西。最后，斯拉法主义对货币分析做出了贡献。斯拉法主义最早宣称利率趋势水平通过对正常利润率，也就是加成定价内嵌的目标报酬率的相应作用，来影响相对价格和实际工资。

斯拉法主义和后凯恩斯主义在政策问题和对政府干预的呼吁方面也存在广泛共识。冯塔纳和杰拉德（Fontana and Gerrard，2006，p.51）说明了他们所谓的"凯恩斯的三个具有相互关联特征的命题"：可能存在非自愿失业；产出和就业变化在宏观调整中发挥关键作用；经济政策是有效的并且经济将趋于稳定。当然，斯拉法主义同意所有这三个关键的凯恩斯主义命题，部分是因为他们与其他后凯恩斯主义者一样，认为产出决定与价格决定是分开的（Bhaduri，2011a，p.95）。斯拉法主义也能坦然接受帕利等人（Palley et al.，2012，p.3）所定义的凯恩斯主义的三个组成部分：（1）产出和就业通常受总需求的限制；（2）总需求不足与价格、名义工资和名义利率刚性无关；（3）拒绝实际工资等于劳动力边际负效用的说法。

出于上述原因，斯拉法主义仍然存在于我（表1-7的最后一栏）以及阿雷蒂斯和索耶（Arestis and Sawyer，1993）的分类中。斯拉法主义似乎并不能进入阿雷蒂斯（Arestis，1996）的三向分类法，但当他谈到定价时，阿雷蒂斯重新引入了列昂惕夫、斯拉法和帕西内蒂这些斯拉法主义者。

两个附加学派

从表1-7中我们可以看出，其他的分类方法增加了第四个流派，即制度主义。阿雷蒂斯（Arestis，1996）以及阿雷蒂斯和索耶（Arestis and Sawyer，1993）几乎没有给出他们心目中制度主义-后凯恩斯主义的示例。他们只提到索尔斯坦·凡勃伦，并引用了霍奇逊（Hodgson，1988）的著作，因此那时他们很可能相信制度主义传统能增强后凯恩斯主义的微观分析。由于约翰·肯尼思·加尔布雷斯是《后凯恩斯主义经济学杂志》的赞助者，我认为将他及其子詹姆斯·加尔布雷斯（James Galbraith，2008）作为制度主义的后凯恩斯主义者的主要代表是很合理的。也可以将法国公约学派（French Convention School）的一些研究归入该流派，他们的研究与习俗惯例之类相关。一些学者将明斯基与后凯恩斯主义学派的制度主义者联系起来（O'Hara，2007a；20007b；Whalen，2013）。

在制度主义的后凯恩斯主义分支中，还可以包括行为经济学或心理经济学中的一些更非正统的研究，其中一些已被后凯恩斯主义者认可或追随（Earl，1986；Harvey，1998；Fontana and Gerrard，2004）。还有大量与工业组织相关的研究，它们根据金融化进程和新信息通信技术的发展来考察公司的发展。这是马克思主义、制度主义和调节学派传统中的关键部分，后凯恩斯主义者当然也是如此。此外，所有关于管控定价的文献——与米恩斯（Means）、安德鲁斯（Andrews）和布伦纳（Brunner）、卡普兰（Kaplan）和兰齐洛蒂（Lanzillotti）相关——这也已被诸如埃希纳（Eichner，1976）和李（Lee，1998）这类后凯恩斯主义者所采纳。最后，雷（Wray，1998）所发现的新国家主义学派（neo-chartalist school）全部活动都可被视为后凯恩斯主义的制度主义的一部分，因为新的国家主义将其政策建议根植于对货币制度及其实施程序的详细分析上（Fullwiler，2003）。

哈穆达和哈考特（Hamouda and Harcourt，1988）想知道，在

他们的三向分类中，应该将诸如卡尔多、戈德利和古德温这类学者置于何处。表 1-7 中提供的一个办法是增加第五个流派，即卡尔多主义的后凯恩斯主义。这主要涉及考虑开放经济因素所带来的限制，例如国际收支限制或将私人金融储蓄、公共赤字和经常账户余额联系起来的基本恒等式。在 20 世纪 70 年代，这一流派被称为新剑桥学派。此外，人们当然可以通过约翰·麦康比和安东尼·瑟尔沃尔（John McCombie and Anthony Thirlwall，1994）关于开放经济问题的研究中得出他们与卡尔多、哈罗德和戈德利的思想源流关系，并且他们的实证研究也激励了大量的后继者。此外，卡尔多的技术进步方程及其对制造业增长和内生增长的实证研究催生了大量致力于生产力制度的分析，这再次涉及麦康比和瑟尔沃尔，以及诸如洛·纳斯迪帕德（Ro Naastepad）和萨瓦斯·斯托姆（Servaas Storm）等学者，也包括法国调节主义者罗伯特·布瓦耶（Robert Boyer）和帕斯卡·佩蒂特（Pascal Petit）。事实上，正如布瓦耶（Boyer，2011）所示，法国调节主义既包括卡尔多主义，也包括后凯恩斯主义的制度主义。也可认为是卡尔多在 20 世纪 30 年代和 40 年代发起了关于多重均衡、不稳定、路径依赖和滞后现象的研究，这在 20 世纪 70 年代由约翰·康沃尔（John Cornwall，1972）所推进，并由其学生马克·塞特费尔德（Mark Setterfield）在 20 世纪 90 年代加以继承，这就是卡尔多主义的传统，就像因果关系的累积一样。我还要将理查德·古德温（Richard Goodwin）及其学生维拉·韦卢皮莱（Vela Velupillai）归入卡尔多主义。卡尔多和古德温都构建了增长模型，他们都假设产能利用率等于正常产能利用率，这是诸如皮特·斯科特（Peter Skott）和汤姆·帕利（Tom Palley）这类现代后凯恩斯主义者所追求的研究传统。事实上，关于卡尔多主义增长模型的变量的文献汗牛充栋（Baranzini and Mirante，

2013)。

应该清楚的是，区分这些不同的流派只具有标示性意义。许多
不拘一格并且富有成效的经济学家可能属于上述所讨论的所有类别
或者至少其中的两个类别，因此他们并不一定完全符合某个流派。
菲利普·阿雷蒂斯（Philip Arestis）、杰夫·哈考特（Geoff Har-
court）、约翰·金（John King）、小巴克利·罗塞尔（Barkley
Rosser Jr.）和爱德华·内尔（Edward Nell）等重量级学者就属于
这种情况，或者像史蒂夫·基恩（Steve Keen）、马修·福斯泰特
（Mathew Forstater）、马蒂亚斯·贝尔嫩戈（Matias Vernengo）和
路易·菲利普·罗尚（Louis-Philippe Rochon）这类年轻学者也是
如此。很多年轻的后凯恩斯主义者对各个流派都无偏见，他们从每
个流派中汲取思想精华。有些人还寻求与其他非正统经济学传统的交
叉融合。然而，尽管会不可避免地遗漏一些重要的贡献者，表1-8
依然试图概括每一流派所处理的主题、给当今学者带来灵感以及使
后凯恩斯主义经济学发展至今的代表性人物。

表 1 - 8　　　　　　　　后凯恩斯主义流派的主题与学者

流派	主题	思想灵感来源	继承者
原教旨主义	根本不确定性	J. M. Keynes	Fernando Carvalho
凯恩斯主义	货币化生产型经济	Hyman Minsky	Victoria Chick
	金融不稳定	older Joan Robinson	Paul Davidson
	方法论	G. L. S. Shackle	David Dequech
		Sidney Weintraub	Sheila Dow Giuseppe Fontana
			Mark Hayes
			Jan Kregel
			Edwin Le Heron
			Basil Moore

续前表

流派	主题	思想灵感来源	继承者
卡莱茨基主义	收入和分配模型	Tom Asimakopulos	Amit Bhaduri
	遍历	Donald Harris	Robert Blecker
	有效需求	Michal Kalecki	Amitava Dutt
	阶级斗争	younger Joan Robinson	Eckhard Hein
	定价	Joseph Steindl	Steve Fazzari
			Peter Kriesler
			Malcolm Sawyer
			Engelbert Stockhammer
			Lance Taylor
			Jan Toporowski
斯拉法主义	相对价格	Krishna Bharadwaj	Roberto Ciccone
	技术选择	Pierangelo Garegnani	Heinz Kurz
	多部门生产体系	Luigi Pasinetti	Gary Mongiovi
	资本理论	Piero Sraffa	Carlo Panico
	联合生产		Fabio Petri
	长期地位		Massimo Pivetti
			Alessandro Roncaglia
			Neri Salvadori
			Bertram Schefold
			Franklin Serrano
			Ian Steedman
制度主义	定价	Philip Andrews	Stephen Dunn
	厂商理论	Dudley Dillard	Peter Earl
	货币制度	Alfred Eichner	Scott Fullwiler
	行为经济学	John Kenneth Galbraith	James Galbraith
	劳动经济学	N. Georgescu-Roegen	John Harvey
		Abba Lerner	Frederic Lee
		Gardiner Means	André Oreléan
		Thorstein Veblen	Charles Whalen
			Randall Wray

续前表

流派	主题	思想灵感来源	继承者
卡尔多主义	经济增长	John Cornwall	Robert Boyer
	生产力体制	Wynne Godley	John McCombie
	开放经济限制	Richard Goodwin	Ken Coutts
	实体-金融关系	Roy Harrod	Ro Naastepad
		Nicholas Kaldor	Neville Norman
			Tom Palley
			Pascal Petit
			Mark Setterfield
			Peter Skott
			Servaas Storm
			Anthony Thirlwall

1.4.4 关于后凯恩斯主义经济学内涵的争论

宽定义还是窄定义

尚未讨论的一个主题是"后凯恩斯主义"应该采用什么拼写，有或没有连字符："post-Keynesian"还是"Post Keynesian"。正如金（King，2002，p.9）早在 1956 年和 1959 年所想到的，卡尔多和罗宾逊一直使用带有连字符的拼写。如前所述，剑桥凯恩斯主义者的"post-Keynesian"一词被用来指称剑桥凯恩斯主义，而戴维森（Davidson，1972）和其他许多人使用"新凯恩斯主义"（neo-Keynesian）这一术语来指称同一批学者。不过，罗宾逊认为后一种表达方式适合新古典主义的凯恩斯主义者［萨缪尔森、索洛（So-low）、希克斯（Hicks）和托宾］，所以到 20 世纪 60 年代末和 70 年代初期，如李（Lee，2009，pp.81-82）所述，罗宾逊和埃希纳推动使用"Post Keynesian"来定义剑桥凯恩斯主义，这得到了克雷格尔（Kregel，1973）、埃希纳和克雷格尔（Eichner and Kregel，

1975）以及大多数英国学者的认可。戴维森和温特劳布（Davidson and Weintraub，1978）在创立期刊时提出了没有连字符的"Post Keynesian"。他们目的在于提出一些比剑桥凯恩斯主义更广泛和更被接受的东西，这与当时左翼的世界观有关，他们与斯拉法主义和卡莱茨基主义最为接近，不过也被或正确或错误地指责为未对货币经济学给予足够重视。结果，没有连字符的拼写被许多经济学家采用。

　　奇怪的是，这些说法最近发生了改变。《后凯恩斯主义经济学杂志》的资深主编保罗·戴维森（Paul Davidson，2003-2004）最近表达了一些令人沮丧的事情，因为他未能成功地让他的主流同事相信他所谓的后凯恩斯主义经济学的价值，并将其归咎于后凯恩斯主义经济学内在的不连贯，它包含了太多不同的观点。戴维森现在希望重新定义后凯恩斯主义经济学，希望通过将其意义限制在原教旨主义的凯恩斯主义（仅表1-7中的第一个流派）来消除其思想的边缘化，因此去掉了诸如埃希纳、明斯基、斯拉法主义和卡莱茨基主义。通过这种办法，戴维森（Davidson, ibid., p.262）希望避免使其沦为"巴比伦人语无伦次的喋喋不休"或"空中楼阁"。戴维森（Davidson, ibid., p.258）提到的"真正的后凯恩斯主义学派"就是他以前称之为凯恩斯学派的东西，"原教旨凯恩斯主义——我称之为后凯恩斯主义——的基础同凯恩斯在《就业、利息和货币通论》中一样，抛弃一些古典的元素"（ibid., p.263）。具有讽刺意味的是，达特和阿马德奥（Dutt and Amadeo，1990）在20多年前就已意识到了这种思想的转变，因为他们将原教旨主义的凯恩斯主义也使用"Post Keynesian"的拼写。因此，我们转了一圈，又回到了原点。在今天的分类中，"Post Keynesian"似乎是一个狭义的名称，而"post-Keynesian"具有更广泛的含义。这解释了本书中"后凯恩斯主义"使用"post-Keynesian"拼写的原因，哈考特（Harcourt，2012）也采用了这个拼写。

就个人而言，在分析后凯恩斯主义学派的轮廓时，我倾向于采用"广义"分析法。按照米尔曼（Mearman，2009）的说法，我是"合成器"而非"分离器"，或者用金（King，2002，p. 214）的话来说，我是"综合者"。在一定程度上，非正统经济学的本质是批判性的而非建设性的：这就是他们决定拒绝主流经济学的原因。这或许可以解释为什么一些非正统学者整天忙于批判其对手或主流经济学，甚至已过世的学者。帕西内蒂（Pasinetti，2007，pp. 38 - 39）认为，这个特征可以部分地解释后凯恩斯主义经济学为什么没有产生重大影响。他发现，很多后凯恩斯主义者一直在为"谁先提出了哪个特定想法"争论不休。尤其是，剑桥经济学家并没有花太多时间搭建桥梁。每个人都太嫉妒其他人的独立智识。他还指出，他们中有太多人表现出一种教条主义态度，拒绝与那些持不同观点的人进行富有成效的讨论。"最无意义之处在于追随不同的流派和方法的经济学家之间相互攻讦，反复强调彼此间的区别，忽视甚或拒斥存在的共同处"（Pasinetti，2007，p. 46）。

然而，这不应妨碍我们将基于相同精神的不同贡献联系起来。我们的任务在于对其进行概括并加以拓展。本书的目的之一就是证明可以对后凯恩斯主义经济学各种流派加以综合。尽管我的立场同哈穆达和哈考特（Hamouda and Harcourt，1988）不同，他们认为寻找连贯的愿景徒劳无益，但是众所周知，有些贡献不能轻易整合，或者将某些学者联系到一起可能令人感到奇怪，因而这里采用的方法是让各个流派各尽其用。本书并非旨在解读后凯恩斯主义某个流派的具体特点，而是致力于呈现后凯恩斯主义的一系列代表性观点和我所珍视的各个流派的最重要的贡献。

　　我的立场更接近埃希纳和克雷格尔（Eichner and Kregel，1975），他们呼吁采用一种新的范式，对斯拉法主义和后凯恩斯主义的主要概念加以统一。罗宾逊即使在否认资本争论的重要性之后，也认为后凯恩斯主义者的任务在于调和凯恩斯和斯拉法，并提出后凯恩斯主义理论具有"长期和短期分析的一般框架"，这使得它"能够将马克思、凯恩斯和卡莱茨基的见解统一起来"（Robinson，1978，pp. 14，18）。我的观点与阿雷蒂斯（Arestis，1996，pp. 129 - 130）相一致，后者将他对后凯恩斯主义经济学的观察概括为"借鉴了一种方法和理论，代表了一种一致的分析经济现象的方式"，并补充道，后凯恩斯主义经济学现在已经到了积极地构建内部连贯性的阶段。然而，这类主张可能需要放弃在综合的过程中无法被接受的极端观点，这类观点再怎么重大也只是其拥护者的视角的产物。

　　下面让我们对此加以阐述。戴维森（Davidson，2003 - 2004，pp. 254 - 255）在他关于如何定义后凯恩斯主义经济学的文章中，不明白为何诸如明斯基这样的同事会拒绝使用凯恩斯在《就业、利息和货币通论》中发现的总需求-总供给框架。温特劳布发展了这一框架，此后，戴维森接受该分析框架。我给出的理由是，大多数后凯恩斯主义者对这一框架并不满意。实际上，在如何恰当地表示总供给函数、什么是 Z 函数以及凯恩斯对就业的古典假定这些问题上存在无数纷争，这表明在后凯恩斯主义经济学中采用新古典的核心假设只会导致毫无意义的矛盾，即便这些假设一度具有启发性。事实上，多年来围绕凯恩斯总供给函数滋生的混乱已经非常严重，以至于《剑桥经济学报》的编辑认为有必要发表声明，希望以此"阻止进一步提交有关 Z 函数的评论"（Editors，2011，p. 635）。

凯恩斯与卡莱茨基

一些观察家抱怨说，包括后凯恩斯主义在内的非正统经济学家倾向于避免质疑奠基者，他们捍卫自己所尊崇的学者的真正信仰和神圣经典，并以"圣殿守护者"自居。正如卡尔多（Kaldor，1982，p. 21）和希克斯（Hicks，1982，p. 264）所指出的，如果凯恩斯没有放弃而只是修改了他在《就业、利息和货币通论》中的数量理论，从而对于当代后凯恩斯主义者而言过于货币主义，这并不意味着我们必须在"不变的"货币供给和"给定的"货币供给之间进行区分来加以拯救。正如乌尔里希·宾德塞尔（Ulrich Bindseil，2004b）所设想的那样，如果凯恩斯坚持准备金教条和《货币论》（*Treatise on Money*）中的货币乘数概念，这并不意味着我们必须盲从并无视新的操作程序所证明的强制准备金并非用于限制货币创造的所有证据。

如果凯恩斯在《就业、利息和货币通论》中讨论就业时假定报酬递减，这并不意味着我们必须在所有经验证据都与之背离的情况下继续盲从。正如西蒙（Simon，1997，p. 14）所提到的，"本书的很大一部分是对新古典分析的练习"。以这样的方式呈现他的分析，凯恩斯可能有充分的策略缘由。但这些原因已经不再奏效。凯恩斯的选择或许足以对新古典主义范式做出有说服力的批判。不过在我看来，当分析重点转向解释实际经济如何运行时，它们就无法被接受了（Sardoni，2002，pp. 10-11）。无论如何，这种策略最终失败了，因为正如凯恩斯作品的一位法国译者所指出的，用《就业、利息和货币通论》中的报酬递减原理文饰马歇尔的微观基础"有可能引发支持凯恩斯观点的权威当局直接反对他的根本理论"（de Largentaye，1979，p. 9）。

后凯恩斯主义经济学的目的在于"将理解现实作为其理论研究和发展的核心"（Jespersen，2009，p. 15）。因此，我们必须以经验观察的假设作为分析起点，也就是要使用具有现实性的假设。新古典主义的生产函数和报酬递减假设并非如此。当然，直到 1939 年邓洛普（Dunlop）和卡莱茨基向凯恩斯提出反对意见时，他才接受了这一假设。正如约翰·德普雷斯（Johann Deprez，1996，p. 141）所指出的那样：

> 关于劳动力市场的戴维森方法是凯恩斯方法（即用马歇尔工具建构的，并且尽可能借鉴了古典方法，但最终仍得出失业结论的方法）的一个真实例子。因此，它不是——也不应该是——对劳动力市场现实情况的完全正面的、描述性的方法。

为了理解实际经济运行，正如我们将在第 3 章中讨论的那样，必须放弃诸如公司和生产的主流假设。卡尔多（Kaldor，1983a，p. 10）就此提出过严厉的警告："只要还有一个人尚且坚持新古典微观经济学，凯恩斯主义的宏观经济学就还不太有影响力。"

正是基于此，大量的后凯恩斯主义者认为卡莱茨基经济学为替代正统理论提供了更好的基础，至少在处理与有效需求概念相关的问题时是这样。显然，哈考特（Harcourt，1987，pp. xi - xii）的下述观点在今天看来依然有效，即"卡莱茨基对资本主义政治经济学的分析是 20 世纪最深刻的"。这也是巴杜里（Bhaduri，1986，p. ix）的观点，他认为必须从卡莱茨基那里汲取凯恩斯主义的激进内容。同样，经济思想史家吉尔斯·多斯塔勒（Gilles Dostaler，1988，p. 134）认为"卡莱茨基可以被视为后凯恩斯主义理论的真正创始人"。即使那些为发展凯恩斯革命做出贡献的人也已认同类似判断。卡尔多（Kaldor，1983a，p. 15）指出："卡莱茨基的失业均衡模型以垄断竞争为出发点，这明显优于凯恩斯。"可以说，随着时间的推移，卡尔多和罗宾逊都从凯恩斯转向了卡莱茨基。罗宾逊认为，因为"卡莱茨基从凯恩斯未能摒弃的陈旧理论残余中挣脱出来"，能够更好地"将不完全竞争和有效需求的分析融合在一起，从而开启了后凯恩斯主义理论的研究方向"（Robinson，1977，pp. 14 - 15）。罗宾逊（Robinson，1973，p. 97）进一步认为，《就业、利息和货币通论》的卡莱茨基版本更为连贯，"在某种程度上更像是一般性理论"，因为它融合了投资对利润的影响。正如凯恩斯（Keynes，1973，xii，p. 831）曾经认为的那样，卡莱茨基的经济学并非"深奥的咒语"。

我在这里要说的是，后凯恩斯主义经济学不仅仅是凯恩斯经济学的现代版本。从某种意义上说，后凯恩斯主义经济学这个名称并不恰当，因为凯恩斯并非唯一的创始人。这就是后凯恩斯主义经济学可称为由五个不同的流派组成的原因。所有流派都为后凯恩斯主义经济学的发展做出了贡献。有些学派为一些领域的研究提供了更有力的基础。例如，虽然索耶（Sawyer，2001a）已经证明卡莱茨基货币理论的解释力，但全球金融危机表明原教旨主义的凯恩斯主义具有特殊意义，特别是明斯基对金融市场脆弱性和不稳定性以及流动资产的需求和流动性偏好所起关键作用的强调，这是同一研究传统下，凯恩斯、戴维森和其他几位学者共同发展的主题。各种历史事件凸显了不同流派的优势。

1.5 正统经济学的一些局限

在过去的 40 年间，正统经济学理论遭遇了三大挫折。在 1.1 节，我们已经讨论了其中的一个——目前最先进的新古典模型未能预测全球金融危机，并且在危机期间信奉这一模型的经济学家未能给政策制定者提供有用的建议。此外，这次危机表明市场也并非如美妙但虚空的正统理论所描述的那样运行。对此，我们已经说得足够多了。另外两大挫折发生在理论层面。理论层面的第一大挫折与一般均衡理论的稳定性有关，即著名的索南塞因-曼特尔-德布鲁定理（Sonnenschein-Mantel-Debreu theorem）。我们也将其称为不可能定理。理论层面的第二大挫折与斯拉法主义经济学家有关：它主要是关于总量模型中的生产理论，并且以剑桥资本之争闻名。剑桥资本之争的结论涉及实证研究，因此本节也会讨论计量经济学的一些问题，尤其是：如果正统理论如此依赖不具现实性的假设，为何如此之多的经验研究似乎还为其提供了支持性证据？我们会发现非正统经济学的学生无须对此感到恐慌。下面，让我们从剑桥资本之争开始。

1.5.1　剑桥资本之争

剑桥资本之争的双方中，一方是来自英国的剑桥凯恩斯主义者（罗宾逊、斯拉法及斯拉法主义者），另一方是来自毗邻波士顿剑桥的美国麻省理工学院（MIT）的经济学家。主流通常将资本之争视为某种总量问题，但这并不是剑桥凯恩斯主义经济学家的观点，后者将资本之争视为更具根本性的问题。比如琼·罗宾逊（Joan Robinson，1975，p. vi）就曾明确指出："真正的争论不是关于资本的度量，而是关于资本的含义。"尼古拉斯·卡尔多（Nicholas Kaldor，1957，p. 595）只是短暂地参与了争论，但是他也持有类似看法，他认为沿着生产函数移动和生产函数的移动两者的区别是完全任意的。

这场争论肇始于各种条件的结合。争论由新古典一方开局，保罗·萨缪尔森试图证明对罗伯特·索洛（Robert Solow）的增长模型和新古典生产函数的经验运用完全合理（Paul Samuelson，1962）。1961年，琼·罗宾逊访问了麻省理工学院，此后，萨缪尔森试图对此做出回应。我们可以推测这次难得的机会源自罗宾逊和萨缪尔森当时都在思考线性生产模型，于是主流经济学家在一定程度上还可以理解非正统经济学家所从事的工作。罗宾逊明白斯拉法的模型正在形成（Sraffa，1960），而麻省理工学院的经济学家尚且在进行线性规划和线性活动分析（Dorfman et al.，1958）。萨缪尔森宣称宏观经济学的总量生产函数是"含有多种异质资本品的准现实 MIT 模型的标准版本"。

　　这一争论使用了一个静态的模型，该模型以利润最大化为基础［年事已高的罗宾逊（Robinson，1975）因此认为争论的结果已经离题万里］，采用包含多种甚至无限多种技术的固定技术系数。除此之外，双方最终达成共识，认为总量生产函数的主要性质并不能从由异质资本构成的多部门模型中获得，甚至从使用一种机器但有多种技术可供选择的两部门模型中也无法获得。这使得新古典理论的一系列概念——衡量稀缺性的相对价格、替代效应、边际主义、自然利率、原始生产要素的资本——均陷入困境。

　　此次争论提供了很多证明新古典理论的结论不正确的事例（Cohen and Harcourt，2003）。例如，新古典经济学家利用总量生产函数提出，在经济系统中，利润率等于资本的边际生产力，同时资本劳动比与利润率实际工资比之间存在反比关系。而莫斯（Moss，1980）以及最近的拉扎瑞尼（Lazzarini，2011）与哈考特（Harcourt，2012，ch.4）都很好地举出了反例。这里我们谈谈下述三点：

再转换：一项技术在高利润率（或者低实际工资）的情况下是最优的。弃置该技术后，它将在低利润率（或者高实际工资）的情况下再次成为最优；不过实践证明，这是不可能的（Han and Schefold，2006）。

资本倒流，也叫逆资本深化或者实际维克塞尔效应为负：较低的利润率是与机械化程度较低的技术（即较低的资本劳动比）相关的，甚至在没有再转换的情况下也是如此；模拟实验表明这极有可能发生（Zambelli，2004）。

非连续性或拒绝离散性假设①：利润率上一个无限小的变化可能引起资本劳动比的巨大变化。

图 1-2 显示了这些结果对劳动需求理论所产生的影响。新古典主义学者认为一组数量为无限多的固定系数的技术将生成形如图 1-2（a）那样的标准的向右下方倾斜的劳动需求函数。然而，斯拉法的学生皮耶兰杰罗·加雷格纳尼已经证明存在反例：从连续性技术的事例中很容易构建出一条无法满足新古典主义理论家为维护其市场机制稳定性信仰所需要的向右下方倾斜的曲线。加雷格纳尼（Garegnani，1970）提供了一个生成如图 1-2（b）所示的向上倾斜的劳动需求曲线的数值例子，并且他（Garegnani，1990a）认为可能存在如图 1-2（c）那样的劳动需求曲线。由于新古典的价值理论和产出理论几乎完全是由定义所预设的，因此，很明显，这些结果不仅会对新古典的价格理论产生毁灭性影响，也会对新古典宏观经济理论产生致命打击，因为后者依赖于替代价格效应与相对价格效应。

---

① 这里的英文原文是 "Discontinuity or rejection of the discrete postulate"，直译为："非连续性或拒绝离散性假设"，"或者"前后似乎表示的是相反的意思。

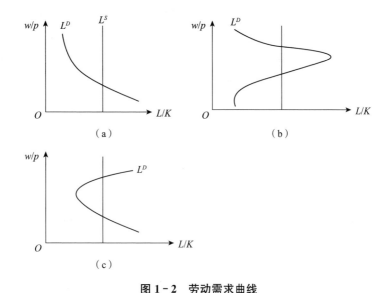

图 1 - 2　劳动需求曲线

（a）新古典劳动需求曲线；（b）加雷格纳尼（Garegnani，1970）劳动需求曲线；
（c）加雷格纳尼（Garegnani，1990a）劳动需求曲线

新古典主义者是如何回应剑桥-斯拉法理论的呢？他们的回应可以概括为下述 6 点：

（1）新古典主义者以微观经济学中的吉芬商品为类比，试图最小化资本悖论的影响，从而避免撼动整个新古典大厦；

（2）他们寻找确保生产函数表现完美的数学条件，或者声称资本悖论是一个简单加总问题，能够得到解决；

（3）他们声称他们拥有"信仰"；

（4）他们完全忽视了可能存在的资本悖论；

（5）他们声称瓦尔拉斯一般均衡理论不受资本悖论的影响；

（6）他们依靠经验主义（它的确起作用，因此它是存在的）。

后面三点是今天最普遍的回应方式；"新古典经济学理论取决

于信仰"的批判已经屡见不鲜（Ferguson，1969，p. xvii）。无知盛行：带有标准新古典特征的总量生产函数大行其道，丝毫不顾剑桥资本之争所提出的批评。接下来的两节将探讨最后两点。

1.5.2　新古典理论的稳定性噩梦

上述剑桥之争的结果有时也被理解成威胁新古典总量生产理论结论的稳定性问题。斯拉法主义者的一些表述也呈现出这种倾向。比如，加雷格纳尼（Garegnani，1983，p. 73）认为剑桥之争"以巧言善辩的方式否认了经济在长期将趋向于充分就业的传统观点"。柯林·罗杰斯（Colin Rogers，1989，p. 33）将长期均衡的解决办法称为"有问题的稳定性"。然而，斯拉法主义者更倾向于强调如果整个劳动就业曲线如图 1-2（b）和图 1-2（c）所示，那么我们就不能以这种方式讨论需求。斯拉法主义者接着宣称，基于价格弹性的需求和供给条件既不能解释工资水平也不能解释就业水平（Mongiovi，1991，p. 28）。除了基于这些价格方程的解释外，其他一些基于规范、习俗或者公正观念的解释也切中肯綮。换言之，既然斯拉法主义者已证明从标准的供给和需求分析的角度看，可能存在不稳定的均衡点，而且在现实世界中我们也观测不到这样的不稳定性，那么真正起作用的机制必定存在于标准的供给价格理论和需求价格理论之外。

进一步的讨论涉及剑桥资本之争所提出的批评是否适用于新古典跨期模型，也就是仍被视为新古典巅峰之作的瓦尔拉斯一般均衡模型。我们在上文已谈到，针对剑桥之争所提出的批评，新古典主义者的主要防卫措施在于声称一般均衡模型不受此影响。不过，正如加雷格纳尼（Garegnani，2011）已证明的，即便是新古典理论最复杂的版本也无法逃脱剑桥资本之争所提出的批评，因为究其根本，经济行为人需要通过处理资本总价值来进行决策。谢弗德（Schefold，2011）则更深刻地指出，再转换与资本倒流是导致跨期一般均衡模型不稳定的原因，这一模型本身不过是"一个由非常初步的结果所支持的假设罢了"。

无论如何，从模型内部对新瓦尔拉斯一般均衡模型造成巨大威胁的研究来自三个彼此独立的作者。他们质疑了模型的稳定性。索南塞因（Sonnenschein）以及其他一些学者（Kirman，1989；Guerrien，1989；Rizvi，2006）证明，从常见的个体最大化行为及为证明阿罗-德布鲁一般均衡存在所要求的假定条件出发，在一个交换经济中满足瓦尔拉斯法则的超额需求函数可以采取任何形式。这会对新古典理论形成冲击，因为后者预设的超额需求函数是向右下方倾斜的。它可以确保当商品价格过低，以至于存在超额需求的时候，中间拍卖人可以通过试错过程不断地抬高价格，使超额需求减小，如图 1-3（a）所示。所谓的索南塞因-曼特尔-德布鲁定理或不可能定理证明，在标准的个人行为假定中没有任何因素可以排除超额需求函数形成如图1-3（b)那样的形状。我们可以看到，在图1-3（b）的超额需求曲线中存在多个均衡点，而且从 A 点到 B 点，随着价格的提高，超额需求也随之提高。数据值的微小变动可能引起价格发生巨大变化。剑桥之争在讨论长期总量生产理论时已经明确强调此点。函数图形唯一需要满足的条件在于当价格很高时，超额需求函数为负；当价格接近于零时，超额需求曲线趋向于无穷大。

新瓦尔拉斯主义者可以证明均衡的存在，但是甚至在一个没有生产的交换经济中他们也无法证明均衡点的唯一性和稳定性。同样的问题也困扰着阿罗-德布鲁跨期模型和短期均衡模型。在这类模型中，对未来价格的预期增加了更多的任意性，因此所有相对性的结果都没有用处。这同时也暗示即便价格是完全弹性的，看不见的手

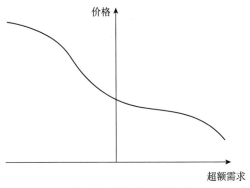

（a）基于新古典模型的理想关系

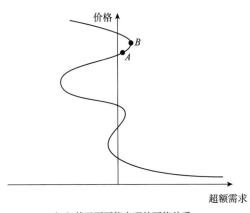

（b）基于不可能定理的可能关系

图 1 - 3 一般均衡理论中的超额需求曲线

也无法促成均衡的形成，更遑论形成一个均衡点了。或许正是如此，阿布·利兹维（Abu Rizvi，2006，p. 230）指出由于阿罗-德布鲁研究计划陷入绝境，主流经济学家几乎已经放弃了关于一般均衡理论的所有研究，而转向研究博弈论与实验经济学。正如沃尔什（Walsh，2011，p. 463）所言，"权威的阿罗-德布鲁模型的大厦已然倾覆，聚会结束了，严谨的学术态度为死尸般的僵化气息所取代"。新瓦尔拉斯经济学甚至已在研究生课程中消失了。更具摧毁力的可能在于，摆脱这些质疑的唯一方法是至少放弃整座理论大厦的四大支柱之一，即方法论上的个人主义。

我们已经指出走出上述僵局的方法之一，在于假定所有经济行为人都具有一致的偏好和相等的收入。这样我们就回到了在动态随机一般均衡模型中非常流行的单一代表性行为人理论。这进而意味着撇开微观经济学领域并放弃了从独立个体来构建经济学基础的这一方法论假定。这类定理的消极作用被一位参与者很好地总结如下：

> 要从经济理论中导出任意超额需求函数，个体行为彼此独立的假定至关重要。一旦这个假定被放弃，能够导出的函数就非常有限……如果我们想进一步向前推进，我们就不得不将拥有集体一致行为的群体理论化。那种认为我们应该从孤立个体出发进行分析的思想可能是我们不得不放弃的。（Kirman，1989，p. 138）

剑桥之争的意义在于对新古典理论形成了冲击，但据说这类影响仅限于总量意义上的新古典理论。它们影响的是稳定状态下的生产经济。索南塞因等人证明的不可能定理成为新古典理论的主要挑战。新古典理论模型，无论复杂程度如何，其高级版本或者通俗版本都无法证明它的稳定性。这意味着在标准的新古典供给需求分析框架下，相对分析方法无法用于研究任何总量水平上的市场机制。此外，在宏观经济学或微观经济学的局部均衡中所做的标准假设也不合理。除了各种各样的缺陷之外，价格弹性也不能保证形成最优的瓦尔拉斯均衡。这并非个别缺陷，而是整体结构性问题。

为了同不可能定理相一致，并避免一般均衡理论的完全空虚化，主流经济学家采用了特有的代表性行为人概念。为了回应剑桥之争对新古典总量模型的批评，他们究竟采取了何种做法？他们采用了声称新古典生产模型之所以合理是由于它"在经验中起作用"的实用主义方法。

1.5.3　作为赝品的新古典生产法则

经验主义成为新古典经济学家最后的防线，但我们将说明连这也是非常虚弱的。在 1966 年《经济学季刊》（*Quarterly Journal of Economics*）研讨会上，麻省理工学院的学者承认了他们在剑桥资本之争中的失败，随后新古典主义者立刻转向了经验主义。一些主流经济学家认为新古典理论的有效性是一个经验问题而非逻辑问题。有学者认为新瓦尔拉斯理论的隐含立场是，在实践问题上它并不能提供多少解释，但是在为实践提供建议时人们又不得不依赖于空洞无趣的新古典理论。因此，这些学者认为剑桥之争的批评就其形式意义而言是正确的，但他们否认它对现实世界的影响。支持上述立场的经验证据来自各种各样的回归分析。这些回归分析给出了各种新古典生产函数所期望的系数。一些主流经济学家最初是极富批判性的。来自英国剑桥的新古典经济学家弗兰克·哈恩（Frank Hahn）至少在初期是不赞同经验主义式辩护。他宣称新古典总量理论的简洁性"以牺牲逻辑的严密性为代价"；"它在实践中起作用的观点听上去有点像是伪造的；并且无论如何，证明的责任应由支持者承担"（Hahn，1972，p.8）。尽管如此，经验主义观点最终盛行开来。

现代主流经济学家以对新古典生产函数回归分析的既往功绩合理化他们对总量生产函数的使用。正如诺贝尔奖得主普雷斯科特（Prescott，1998，p.532）所指出的，"新古典生产函数是新古典理论的基石并且几乎被运用于所有的应用型总量分析"。一旦失去该生产函数，几乎所有主流经济学家追求的应用型总量经济分析都不再可能。他们也无法再提供任何政策建议，因为正如普雷斯科特（ibid.）再次指出的，"在公共财政分析中，总量生产函数被用于评估替代性税收政策的影响"。这就是为何总量生产函数对于主流经济学家如此重要。甚至像哈默梅斯（Hamermesh，1986，pp.454，467）这类著名学者也宣称："所估计的系数看上去证实了劳动需求函数，并且这一系数并不完全是总量数据的产物……在描述生产关系时，柯布-道格拉斯生产函数并没有严重偏离现实。"

然而，情况果真如此，是因为这个世界真的如新古典柯布-道格拉斯生产函数那样运行吗？是否还存在其他更为可信的原因？

大家可以列出一大串使用各种方法多多少少提出这一问题的学者的名单，他们认为新古典生产函数（比如柯布-道格拉斯生产函数，固定替代弹性函数，或者超越对数生产函数）之所以经常能够提供好的经验结果，原因在于它们不过是将国民收入核算账户的潜在特征加以再现。这也适用于截面分析和时间序列分析。此类观点可以追溯到菲尔普斯-布朗（Phelps-Brown，1957），以及诺贝尔经济学奖得主保罗·萨缪尔森（Paul Samuelson，1979）和赫伯特·西蒙（Herbert Simon，1979a）。赫伯特·西蒙甚至在诺贝尔奖获奖演说上提及此事。一些非正统经济学家更是在无数场合提到上述观点：安瓦尔·谢克（Anwar Shaikh，1974；1980a；2005），约翰·麦康比（John McCombie，1987；1998；2000 - 2001；2001），麦康比和狄克逊（McCombie and Dixon，1991）。菲利佩和麦康比（Felip and McCombie，2001；2005；2006；2009；2011 - 2012）曾就此发表了大量文章，并在其合著中对此加以概括（Felip and McCombie，2013）。我本人也在两本书中简要谈及该问题（Lavoie，1987；1992a），并在另外两篇文章中做了更深入的阐述（Lavoie，2000a；2008）。

　　对资本和劳动的产出弹性进行估计的结果经常令正统学者都感到惊讶，它们几乎与国民收入中的利润和工资份额相等。新古典经济学家预测，在一个产出边际递减和规模报酬不变的竞争性经济中，追求利润最大化的企业将以边际产品价值购买生产要素，从而资本和劳动的产出弹性将分别等于国民收入中利润和工资的份额，于是他们通常得出下述结论：即便我们知道现实世界是由垄断和工会以及很多其他不完美因素所构成，最终它也还是要服从于竞争机制。这一论断并不是那么容易被人接受，但是各种各样的理由会被用于证明它的合理性，比如竞争性市场理论，新的竞争者进入的威胁就足以确保行业内的成员以竞争性的方式行动。因此，（表面上）对新古典生产函数的成功估计强化了很多新古典经济学家将理想化供求分析运用于现实世界的信心，因为经济行为人会像在纯粹竞争性市场中那样运行。类似地，在劳动经济学领域，他们相信只要利润最大化条件下的新古典生产函数（边际劳动产品递减，完全竞争，要素以产品边际价值定价）的一阶条件得到满足，莱亚德等人（Layard et al.，1991）创造的劳动需求等式（也被称为定价等式）就会产生符合经验的参数值。从而，研究者对新古典理论如此好地描述了经验事实大为赞叹。

　　然而，事实是同样的劳动参数可以从国民收入核算账户的特征中得到（Lavoie，2000a）。类似地，谢克（Shaikh，1974）证明基于不变价格对生产函数的估计不过是再现国民收入核算账户的特征，并且对资本（劳动）产出弹性的伪似然估计的确非常接近利润（工资）份额。后者可以通过重写柯布-道格拉斯函数和对数形式（或者增长形式）的国民收入恒等式得到。从带有技术进步的柯布-道格拉斯生产函数开始，q 代表实际产出，L 代表工人数量，M 代表机器存量：

$$q_t = A_0 \mathrm{e}^{\mu t} L_t^\alpha M_t^\beta \qquad (1.1)$$

与标准形式一样，α 和 β 分别代表劳动和资本的产出弹性。假定规模报酬不变，于是 $\alpha+\beta=1$。现在考虑人均产出和人均资本，$y=q/L$，$k=M/L$，取对数，柯布-道格拉斯生产函数变成：

$$\log y = \mu t + \beta \log k \qquad (1.2)$$

或者使用增长形式：

$$\hat{y} = \mu + \beta \hat{k} \qquad (1.3)$$

其中，上方带有插入符的变量表示其增长率。

现在我们将等式（1.2）、等式（1.3）与从国民收入核算账户中得到的等式做一个比较。我们从国民收入恒等式开始，见等式（1.4）：

$$pq = wL + rpM \qquad (1.4)$$

其中，q、L 和 M 的定义与前面相同，p 和 w 分别表示价格和名义工资率，r 表示利润率。因此 pq 是名义 GDP，wL 是工资总额，rpM 是名义利润总额。在等式两边同时除以价格和工人数量，得到单位工人产出：

$$q/L = w/p + r(M/L) \qquad (1.5)$$

或者

$$y = \omega + rk \qquad (1.6)$$

其中，y 代表人均产出或劳动生产率，ω 表示实际工资率 w/p，k 表示单位工人拥有的机器数。等式（1.6）两边对时间求导：

$$\mathrm{d}y/\mathrm{d}t = \mathrm{d}\omega/\mathrm{d}t + k.\,\mathrm{d}r/\mathrm{d}t + r.\,\mathrm{d}k/\mathrm{d}t$$

也可以写为：

$$\mathrm{d}y/\mathrm{d}t = \omega(\mathrm{d}\omega/\mathrm{d}t)/\omega + kr(\mathrm{d}r/\mathrm{d}t)/r + rk(\mathrm{d}k/\mathrm{d}t)/k$$

在等式两边同除以 y，$(\mathrm{d}y/\mathrm{d}t)/y$ 表示人均产出的增长率，我们得到：

$$\hat{y} = \left(\frac{\omega}{y}\right)\hat{\omega} + \left(\frac{rk}{y}\right)\hat{r} + \left(\frac{rk}{y}\right)\hat{k}$$

记国民收入中的工资份额为 $\pi = rk/y$，对等式（1.6）两边取对数导数，结果是：

$$\hat{y} = \tau + \pi\hat{k} \tag{1.7}$$

其中，

$$\tau = (1-\pi)\hat{\omega} + \pi\hat{r} \tag{1.7A}$$

或者通过积分，得到对数形式：

$$\log y = \tau t + \pi \log k \tag{1.8}$$

从国民收入核算账户特征中得到的等式（1.7）和等式（1.8）与从柯布-道格拉斯生产函数中得到的等式（1.3）和等式（1.2）非常相似。因此，只要等式（1.2）和等式（1.3）中的技术进步系数 μ 被充分取值，这些等式在计量研究中表现得非常出色就不足为怪了。安瓦尔·谢克已经证明即使一个虚假的生产关系也可以通过索洛（Solow，1957）所主张的方法用柯布-道格拉斯生产函数加以表示。因此，继费雪（Fisher，1971）之后，只要保证收入份额相对稳定，任何技术关系都可以生成类似的柯布-道格拉斯生产函数，这是非常清楚的。

不过，正如卢卡斯（Lucas）、罗默（Romer）和索洛（Solow）等学者为了合理化其经验检测所指出的那样，在一些条件下柯布-道格拉斯生产函数没有意义，因而是无效的，但在没有技术进步的时候并不会发生这种情况。谢克（Shaikh，2005）指出，问题在于有时候技术进步被描述成一个线性趋势，但实际上劳动生产率的增长是易变的。技术进步并不能用某一线性函数来表示；我们必须引入傅立叶级数或者某种三角函数方程形式的非线性函数，因为技术进步以非常混乱的形式波动。

　　在索洛（Solow，1957）研究增长核算那篇曾风靡一时的论文中，他通过构造一个衡量技术进步的变量来克服这个困难。索洛最喜欢对数形式的柯布-道格拉斯生产函数，也就是上文中的等式（1.2）：$\log y = \mu t + \beta \log k$。然后，在每个时期他都引入一个变量 μ 来表示技术进步，他定义 μ 的方法与等式（1.7A）类似。于是他直接从国民收入核算账户中得到参数 μ 的估计值［更准确地说，他是从等式（1.7A）的特征中得到的］。换言之，索洛不过是证实了国民收入核算的特征，却宣称已经证实了新古典收入分配理论和新古典生产函数，并且还宣布找到了区分总量生产函数本身的移动与沿着生产函数移动的简单方法。所以难怪他得到了一个符合经验的结果！

　　事实上，检验柯布-道格拉斯生产函数的新古典经济学家对数据做了调整。他们通过考虑产能利用率而降低了资本存量，而这其实与技术进步有着紧密关系。于是他们的回归结果都拟合得很好。否则，带有技术进步的柯布-道格拉斯生产函数的回归结果将一团糟。如果技术进步被错误地表示（比如通过时间上的线性方程而不是非线性方程），产出弹性将不会等于利润和工资份额，产出弹性甚至可能为负。这就解释了为何柯布-道格拉斯生产函数有时候似乎曲解了生产关系，给人一种幻觉，好像新古典生产函数可以通过经验研究来予以伪造。

　　总而言之，谢克和索洛所做的事情证明卡尔多对新古典经验研究的评价切中肯綮。主流学者经常通过调整对理论加以包装，他们并不想加以证实，更别提证伪了。

　　　　在经济学中，有悖于流行理论的观测事实普遍被忽略了……而且在为了迎合理论模型而引入经验材料的领域，比如计量经济学，经验检验的作用是为了"叙述"或者"包装"理论，而不是为基础假定提供支持（例如，大量试图估计生产函数系数的研究即属此列）。（Kaldor，1972，p. 1239）

1.5.4　批判新古典经验主义的"归谬法"证据

仅靠上一小节的内容很难完全说服学生。他们还需要更深刻的证据。下面我们将介绍三个基于归谬法的证据，它们全都与新古典生产函数的使用有关。

来自谢克的证据

我们从谢克（Shaikh，2005）提供的证据开始。他虚构了一个经济模型，其中变量数值由戈德温周期模型的数据产生，并假设采用列昂惕夫技术（固定技术系数）、哈罗德中性技术进步和成本加成定价。可见，该模型并不存在通常的新古典结构（报酬递减、边际生产力、边际成本定价）。但是我们将会发现，只要充分地引入技术进步，任何数据实际上都可以由柯布-道格拉斯生产函数进行很好的拟合。谢克对美国数据所做的拟合正是如此，同新古典理论一样，谢克得到了近乎完美的 R^2，所估计的资本产出弹性也近乎完美地等于实际利润份额；更令人惊讶的是，这也是戈德温数据所拟合的结果，而这显然是完全违背标准的新古典假定的。

为了便于理解，让我们参阅图 1-4，它展示了具有固定系数的生产函数，并且每个时间点都对应着一种主导技术。随着固定资本产出比（v_0）下技术的进步，即哈罗德中性技术进步，实际工资-利润边界（为了简化，这里假定是线性的）将向右上方转动，如图中的左半部分所示。在图的右半部分，我们可以看到单位产出与单位资本的真实关系。它是一条直线，$y = (1/v_0)k$。新古典分析假定存在一个规模报酬递减，并具有标准曲率的标准的生产函数。于是

它需要辨别从 k_0 到 k_2 是生产函数本身的移动，还是沿着生产函数的移动。正如图 1-4 所示，即便是列昂惕夫类型的技术，新古典经济学家也可以对平减之后的变量进行拟合，"证明"存在一个表现良好的伪新古典生产函数。

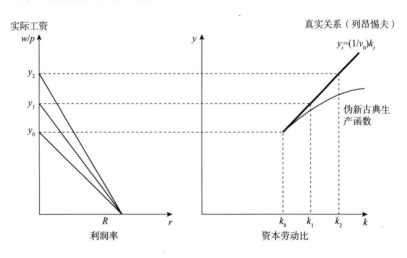

图 1-4　列昂惕夫技术和拟合的新古典生产函数

资料来源：Shaikh，1990，p. 193.

来自麦康比的证据

现在我们来看来自麦康比的证据。麦康比在这个问题上花了不少心思。他（McCombie，2001）假定存在两个厂商（记为 i），分别以柯布-道格拉斯函数的形式进行生产。

$$q_{it} = A_0 L_{it}^{\alpha} M_{it}^{\beta} \tag{1.9}$$

其中，$\alpha = 0.25$。

其他变量的含义与之前相同，因此 α 仍然表示劳动产出弹性，并且两个厂商的劳动产出弹性均为 0.25。类似地，对两个厂商而言，资本产出弹性 β 均为 0.75，因为两个弹性之和被假定为 1（即规模报酬不变）。两个厂商的投入产出结构是完全一样的。于是，这里并不存在富兰克林·费雪（Franklin Fisher，1971）所说的加总问题。费雪认为柯布-道格拉斯生产函数之所以拟合得很好，原因在于工资份额在现实中大致保持不变，而非相反。

麦康比（McCombie，2001）虚构了下述经济模型，在该模型中，不存在技术进步的情况，L 和 M 会随时间推移而增长，并伴有一定的随机扰动。对这些人为构建的物量数据（q、L 和 M）进行计量回归分析，可以得到 α 系数接近预期的 0.25。对取对数后的变量进行回归分析，麦康比得到了下述结果（括号里为系数的 t 值）：

$$\log q = -0.02 + 0.277 \log L + 0.722 \log M$$
$$(22.5) \qquad\qquad (55.5)$$

这个例子使用的都是物量数据，因此并不存在问题：回归估计得到的产出弹性几乎等于其设定值。基于这种结果，新古典经济学家就会得出结论，认为这证明新古典理论是正确的。然而，一旦采用价值数据，情况就会完全不同。

麦康比（McCombie，2001）仍然使用上面所构建的经济模型，同样是两个厂商，并且具有相同的产出弹性。但这一次他试图用平减之后的价值数据估计总量生产函数。这是宏观经济学和大多数产业层面的应用微观经济学使用的方法。为了做到这一点，他假定厂商利用简单的成本加成等式进行定价。于是价格取决于单位劳动成本（wL/q）之上的边际成本百分比 θ。关于成本加成定价，我们将在第 3 章做更多的讨论。

$$p = (1+\theta)w\left(\frac{L}{q}\right) \tag{1.10}$$

麦康比假定厂商的加成等于 1.33（边际成本百分比 $\theta=0.33$）。这意味着工资份额是 75%，利润份额为 25%。基于平减价格数据进行回归分析（我们用下标 d 表示），得到的 α 系数——显然这是劳动产出弹性——为 0.75，如下面的回归方程所示。

$$\log q_d = +1.8 + 0.752\log L + 0.248\log M_d$$

$$(1\ 198) \qquad (403)$$

因此，根据已知的物量数据，代入生产函数，可以得到劳动产出弹性 α 为 0.25，不过，对总量生产函数的估计表明弹性为 0.75——这也是收入中工资所占的份额。换言之，对总量生产函数的估计——无论是在产业层面还是在宏观层面，只要是基于不变价格而非物量数据——测度的只是要素份额。同新古典学者希望我们相信的相反，总量生产函数度量的并不是生产要素的产出弹性。

这些对总量生产函数的估计完全不能提供有关技术或者有关产出弹性和替代弹性的任何信息。麦康比（McCombie，2001）还提供了进一步的证据。他从上面的基年数据开始，假定此后这些厂商的投入和产出完全以随机的形式进行。毫无疑问，当对每个厂商的物量数据进行回归分析时，相关系数接近零，估计得到的产出弹性在统计上并不显著。这是因为我们本来就假定投入和产出不相关。

相反，假定厂商用相同的加成率进行定价，从而得到价格，并接着假定工资份额为 75%，利润份额为 25%。如果用价格将同样的物量数据加总，回归分析就会产生很好的结果，相关系数接近 1，工资份额和利润份额的回归系数在统计上也非常显著：

$$\log q_d = constant + 0.751\log L + 0.248\log M_d$$

$$(514) \qquad (354)$$

于是，正如麦康比（McCombie，2001，p.598）所总结的：

> 无论微观上采用何种生产函数，只要平均的成本加成率大致保持不变（于是要素份额不变），我们就总是能够找到可以

拟合的柯布-道格拉斯生产函数。然而，这一生产函数并没有提供任何有关技术的内容。

假设有一种来自火星的技术，火星人可以不用投入就能够形成产出。即使是这种技术，只要火星的厂商也用成本加成定价的方式，对加总数据的回归分析就会表明火星人正在使用柯布-道格拉斯模型的生产技术，要素报酬递减，规模报酬不变，并且要素定价遵循边际主义原理。

为何会如此呢？正如上节所指出的，对生产函数的价值变量进行回归分析，在正确的估计下，它只是再现了国民收入核算的关系。如果工资份额几乎不变，并且没有技术进步，或者技术进步被充分地估计到了，柯布-道格拉斯生产函数就总能产生良好的拟合效果。固定替代弹性生产函数以及超越对数生产函数也同柯布-道格拉斯生产函数一样，有着同样的问题（McCombie and Dixon，1991；Felipe and McCombie，2001）。

来自安雅迪克-丹尼斯和戈德利的证据

现在我们来看最后一个证据，这是由迈克尔·安雅迪克-丹尼斯和韦恩·戈德利（Michael Anyadike-Danes and Wynne Godley，1989）提出的。这些后凯恩斯主义经济学家质疑了经济学家对过高的实际工资和欧洲的高失业率之间所做的回归分析（尤其是 Layard、Nickell 和 Jackman，下文简称为 LNJ）。戈德利及其同事试图证明，即便在虚构的经济模型中，失业率和实际工资没有任何关系，基于最小二乘法估计的标准经济分析也会得出就业与实际工资存在负相关关系的结论。

在介绍他们的计量结果之前，我们首先说明得到 LNJ 模型中的劳动需求定价方程（简称 PS）是多么容易。从厂商的利润最大化行为和其他标准的新古典条件可以得到 LNJ 的 PS 等式，即：

$$(\log w - \log p) = U + (\log q - \log N) \tag{1.11}$$

其中，U 表示失业率，N 表示活动人口（与 L 不同，L 表示就业人口），其他变量与之前的定义一样。等式（1.11）通常被用于解释为何更高的失业率是由更高的实际工资引起的，对于经合组织而言，尤其如此。

我们只想证明，从麦康比的成本加成定价方程出发也可以得到LNT 的 PS 等式。对成本加成等式（1.10）取对数，可以得到：

$$\log p = \log\theta + \log w - \log q + \log L \tag{1.12}$$

去掉常数项，可以得到：

$$\log L = -(\log w - \log p) + \log q \tag{1.13}$$

等式（1.13）提醒我们，对于给定的产出水平，只要价格采用成本加成定价，我们就可以自动得到就业率和实际工资之间的负相关关系，但这一负相关关系只是反映下述事实，即在给定的边际成本下，如果劳动生产率（用 $\log q - \log N$ 衡量）更低，实际工资就会更低。这与劳动需求函数没有任何关系。它只是由成本加成定价方程得到的一个代数关系。等式（1.13）也可以写成：

$$(\log w - \log p) = \log q - \log L \tag{1.14}$$

LNJ 则是从失业率 U 的定义中得到了 PS 等式，他们使用等式（1.15）：

$$U = \log N - \log L \tag{1.15}$$

合并等式（1.14）和等式（1.15），可以得到 LNJ 的 PS 等式，也就是等式（1.11）。于是，从简单的成本加成定价等式出发，无需任何边际主义的内容，就可以得到 PS 等式，从而将高失业率归因于过高的实际工资——新古典主义经济学家将其归结为追求利润最大化的厂商实施雇佣决策的产物。菲利佩和麦康比（Felipe and

McCombie，2009，p. 165）表明，通常根据价值数据对劳动需求函数所做的估计只是再现了国民收入核算的关系，因此"就业水平和实际工资之间总会产生负相关关系"。

安雅迪克-丹尼斯和戈德利（Anyadike-Danes and Godley，1989）做了更深入的研究。他们首先假定，名义工资、产出和就业各自独立地增长。价格则由在当前和滞后的单位劳动成本之上进行加成得到（假定75%的销售来自当前产出，25%的销售来自上一期产出形成的库存。于是在下面的定价方程中，$\varphi=0.75$）。工资率、产出和就业都以特定的比例增长（7%、5%和1%），并伴有随机的波动。因此：

$$\log w = (1.07 + \text{random}) + \log w_{-1}$$
$$\log q = (1.05 + \text{random}) + \log q_{-1}$$
$$\log L = (1.01 + \text{random}) + \log L_{-1}$$
$$\log p = \log \theta + \varphi(\log w - \log q + \log L)$$
$$+ (1-\varphi)(\log w_{-1} - \log q_{-1} + \log L_{-1})$$

随后，安雅迪克-丹尼斯和戈德利对模拟得到的数据进行了回归分析，得到了下面的结果：

$$\log L = 1.3 - 0.94(\log w - \log p) - 0.12 \log L_{-1}$$
$$(7.4) \qquad\qquad (1.0)$$
$$+ 0.73 \log q + 0.01t$$
$$(1.0) \qquad (4.2)$$

从回归方程可以看到，就业和实际工资具有显著的负相关关系［系数接近1，这正是等式（1.14）所预期的结果］，同时时间趋势为正。这恰好是 LNJ 及其主流经济学同事所希望看到的。此外，与后凯恩斯主义观点相反，就业似乎并不取决于实际产出，也不取决于上一期的就业水平 L_{-1}，因为这两个变量的系数在统计上并不显著。

但是我们知道，在所构建的经济学模型中，就业是完全独立于实际工资的，并且只与上一期的就业水平相关。这本是回归分析应该反映的东西。正如安雅迪克-丹尼斯和戈德利（Anyadike-Danes and Godley，1989，p. 178）所指出的，"虽然在构建的经济学模型中，实际工资对就业并没有直接的影响，但结果表明实际工资同就业之间呈现非常显著的负相关关系"。于是我们知道了，即便在一个与新古典理论完全无关的经济模型中，经验分析也可以得出支持新古典主义劳动需求理论的结论。

主流工具论：连错误都算不上

这里所阐述的建立在错误观念之上的相关性是经济学中的一个重要问题。彼此绝对不相关的随机游走序列也可以产生非常高的相关系数，这已一再被证明。例如，格兰杰和纽伯德（Granger and Newbold，1974）证明将一个随机游走变量与另外 5 个随机游走变量做回归分析可以取得 R^2 为 0.59 的平均值。彼此完全不相关的变量可以表现出一定的经济相关性。实际上，亨德里（Hendry，1980）幽默地指出，他可以为一个新的通胀理论提供经验证据：英国的价格指数与英国累积的降雨量这一外生变量相关！幸运的是，在过去的三十多年间，时间序列计量经济学取得了巨大进展，通过协整技术我们可以识别出哪些才是合理（长期）的关系。

我们已经指出，谢克、菲利佩等人的研究表明，在宏观和产业部门层面，通常基于平减货币价值或不变价格（而不是直接使用物量数据）对新古典生产函数所做的计量经济学估计，纯粹是赝品，也就是纯粹虚构的产物。这将对所有或多或少依赖于表现良好的生产函数和利润最大化条件的新古典总量分析产生影响：对非加速通货膨胀失业率的测算、劳动需求函数和工资弹性；投资理论；对多要素生产率或全要素生产率增长率的测算；对内生增长的估计；经济增长理论；收入分配理论；对劳动产出弹性和资本产出弹性的分别测算；对成本函数的估计；对潜在产出的测算；真实商业周期理论；对最低工资、政府工程及税率变化的估计。即便不考虑加总问题，这些估计要么偏离了分析对象本身（如果这个世界由新古典生产函数组成），要么是虚幻的（如果经济如大多数后凯恩斯主义者所相信的那样是根据固定技术系数运行的）。正如菲利佩和麦康比（Felipe and McCombie，2013）合著的标题所表明的，新古典生产理论"甚至连错误都算不上"：它差劲到你甚至不能证明它是错误的！

正如上文所述，主流经济学家依赖于工具论。他们宣称假设并不需要符合现实，只要它有助于预测即可。他们将理想化的虚构模型作为分析起点的能力与诉诸经验的需要相结合。在表现良好的生产函数与其中隐含的劳动需求函数这一问题上，经济学家将工具论发挥到了极致。他们认为重要的是这些函数基于价格弹性的预测能力，即便这些预测毫无意义，因为这些估计并非真的测算产出弹性，而仅仅是衡量要素份额！新古典经济学家真正测算的是与他们所宣称的完全不一样的事物。诸如实际工资和就业必然负相关这类理论，看上去是有数据支撑的，然而这一负相关是直接从国民收入核算账户的特征中得到的，并没有解释更高实际工资对就业的具体影响。

我与一些新古典主义同事谈过这类问题。最诚实的回答是如果不存在这些弹性估计，他们可能寸步难行。但是他们不会放弃任何提议，依然会基于错误的信息继续提供政策建议。换言之，他们宁愿准确的错误，也不愿近似的正确。正如菲利佩和麦康比（Felipe and McCombie，2011 - 2012，p. 290) 所概括的：

> 这一批判的重要性不言而喻，但令人惊讶的是它被完全忽视和歪曲了，甚至招致主流学者彻底的敌意。但细想一下也不难理解。很少有人愿意承认自己所做的大量学术工作可能是毫无意义的。

斯拉法的书出版至今已逾 50 年（Sraffa，1960），看上去斯拉法基于归谬法的经验主义批判仍然最具摧毁性。建立在斯拉法理论基础上的理论批判为经验发现所削弱，通过对实际投入产出表的处理，工资-利润曲线几乎是线性的，很少表现出有效技术的样子，资本倒流和再转换也成为不可能的现象（Schefold，2013）。然而，我们认为，这类批判本身也为不能从物量数据中直接得到的投入产出技术系数所削弱。相反，它们是直接从对不变价格的计算中得到的，因此它们也潜在地受制于总量生产函数度量问题（Felipe and McCombie，2013，p. 42）。

1.5.5 主流经济学的其他局限

发表偏倚

大量研究证据表明新古典理论在经济学的各个领域都是有效的，对于那些对主流方法感到不满意的学生而言，这使他们感到非常困惑。虽然新古典模型背后的假设缺乏事实根据和现实基础，但是这些模型的成功检验却令学生疲于应对。现实世界似乎就是按照这些荒谬的假定运行的。

本节我们将阐明，非正统经济学家及其学生无须畏惧那些支持新古典理论的经验证据。这类经验证据的绝大多数乃至全部都是"赝品"。大量对新古典生产函数的回归分析只能用于估计模型的参数，丝毫无助于为理论本身提供依据。新古典生产理论及其派生物并不能被计量研究所证伪，因此，按照科学哲学家卡尔·波普尔（Karl Popper）的观点，它们并不是真正的科学。更严重的是，诸多经验证据表明，基于不变价格的估计结果是与新古典经济学家声称要测算的完全不一样的事物。建立在这些估计之上的政策建议也完全是伪造的。

造成这种经验研究泛滥的第二个原因在于他们所采用的方法。这既适用于正统学者，也适用于其他辩护论者。该方法的典型过程是，描绘理论，并以能够进行实证检验的简化函数形式加以表示，再加入几个可能显著的次级变量。然后，在计算机和一些随机算法的帮助下找到最好的方程。要找到合适的回归方程可能需要重复好几轮这样的过程，其间可能需要检验一些变量和参数并加以适当的丢弃，这往往要求对理论做些修正。此外，可能还需要对数据加以分期，一部分数据要舍去，并需要对数据赋予不同权重，还可能需要引入虚拟变量，诸如此类。最后，需要检验的理论实际上同最初的理论相去甚远。这被称为数据和理论之间的交互作用。一些人更希望称之为"数据挖掘"（data mining）、"数据渔猎"（data fishing）或"数据美化"（data massaging）。

瑞恩哈特和罗戈夫（Reinhart and Rogoff，2010）的一项著名研究为我们提供了一个非常好的关于数据挖掘的示例。这两名新古典经济学家计算发现，公共债务占国内生产总值的比重超过 90％时，这些国家的增长速度远低于债务比例更低的国家。这项研究为全球金融危机后财政紧缩和企业合并提供了依据。尽管存在相反的因果关系——低增长或者负增长造成了高债务，而非相反——赫恩登等人（Herndon et al.，2014）的研究表明：如果考虑到编码错误、账目遗漏以及采取更加传统的加权方法，公共债务占国内生产

后凯恩斯主义经济学： 新基础

总值较高比值的国家的增长率会从—0.1%增加至 2.2%。

我们想指出，这是经济学中普遍存在的问题，诸多支持正统理论的实证结果都是可疑的。在本书 1992 年的版本中，我提出了下述问题：为什么新古典理论总能得到经验证据的支持？为什么主流经济学期刊中的实证结果似乎总是对正统理论的证明？这是我当时给出的回答：

> 首先需要注意的是，期刊通常并不发表尚无定论的结果，除非这些结果可以从反面强调编辑所钟爱的理论。结果，学者不会自寻烦恼地提交尚无定论的研究。于是被发表的研究不过只是所有实证工作的一个有偏样本。大多数不成功的尝试不会引起人们的注意，而且很多对已发表的实证模型进行重复的失败尝试，也不会出现在学术期刊中。(Lavoie，1992b，p. 21)

自此以后，大量工作与上述问题相关，这一问题被称作发表偏倚，有时也叫报道偏见、意识形态偏见或者文件抽屉问题。在心理学中，这被称为证实偏见。在医药行业，这个问题广为人知，因为对药物有效性的研究关涉制药公司的巨额利润。一个更进一步但也与之相关的问题是，不同的研究者在评估同一个现象时经常会有不同的发现。典型的应对办法很可能是排除那些结果不好的研究，或者比如以对水的需求价格弹性（按绝对价值计算）较低的文献数量和对水的需求价格弹性较高的文献数量进行比较的方式来对这些结果进行文献综述。不过这些方法还是相当初步的，因为如果经济理论表明价格弹性应该很高，那么很可能很多研究者就会发现这样的结果。类似问题也出现在自然科学中：在自然实验中，对于一些科学常量而言，研究者倾向于找到相同的数值，直到技术突破允许某位研究者断言已经找到了某个新的数值，最终其他研究者也会得出相同的数值，比如光的速度就是这样一个例子。

元回归分析

多年以来，汤姆·斯坦利（Tom Stanley）都主张经济学家需要采用元回归（meta-regression，MRA）分析。在心理学、教育研究和医药领域，元回归分析已经得到广泛发展。元回归就是对回归结果及其特征进行回归分析。经济学家已经发展了这种方法。"在经济学期刊上发表的计量模型是从一堆估计模型中挑选出来的。期刊会根据其编辑方针进行筛选，这反过来也会影响模型发展的方向"（Stanley and Jarrell，1989，p. 161）。

有关实证结果的报告存在两大问题。第一大问题在于："研究者、审稿人和编辑都倾向于'统计上显著'的结果；于是这些结果就更容易发表。而那些表明关系很弱和'不显著'的研究则会被遗留在'文件抽屉'中。诸如此类发表偏倚或者选择偏见放大了实证研究的效果"（Stanley，2005a，p. 310）。非正统经济学家更关心的是第二大问题："审稿人和编辑可能更倾向于接受与传统观点一致的文章。研究者可能使用与传统预期结果是否一致作为模型选择的依据"（Stanley，2005a，p. 310）。换言之，研究者会对数据进行处理，寻找新的技术参数，直到他们得到与传统观点或者自身观点相一致并且在统计上显著的结果。

如何判断参数估计值的真实性？评估是否存在选择偏见？理解发表偏倚的关键在于，依靠更小样本、更少自由度的研究者会面临更大的标准差。于是，他们估计的参数的精确度会很低，从而分散于整个图中。进而，为了得到统计上的显著效应（例如大于 1.6 的 t 值），他们需要寻找影响力较大的因素（t 统计值是系数除以标准差），这要求在不同的技术参数下进行多次尝试。相反，如果有更

大的样本，估计就会更加准确，标准差也会更小，从而得到统计上
显著的结果，不过此时参数的估计值会更小。

这都可以借助漏斗图予以说明。图1-5中有两个这样的漏斗
图，横轴表示估计值的大小，纵轴表示估计值的精确度，用标准差
的倒数$\left(\dfrac{1}{SE}\right)$来度量。$(e，SE)$的分布呈现为金字塔形状的集合，
当精确度较低时（这时标准差很大），参数估计值的分布将更加分
散。图1-5（a）显示了不存在发表偏倚的情况：参数的估计值（在
横轴上显示）将对称地分布在给定真值的两侧。相反，图1-5（b）
显示了发表偏倚的情况：估计值将呈现非对称的分布。这时，大多

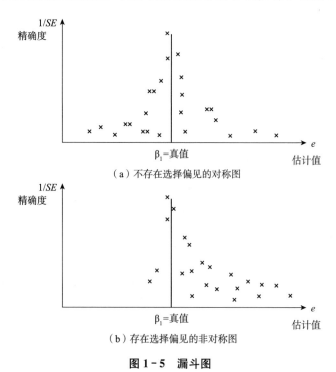

（a）不存在选择偏见的对称图

（b）存在选择偏见的非对称图

图1-5　漏斗图

数研究得到的估计值要远大于假设的真值（显然，我们也能够发现大多数估计值远远低于给定真值的情况）。关于最低工资上涨对就业影响的研究就是这种非对称分布的一个示例。如果我们用对数来表示这些变量，那么参数的含义是最低工资上升 1 个百分点，就业率将上升多少百分点。戴维·卡德和艾伦·克鲁格（David Card and Alan Krueger，1995）认为最低工资的上升几乎不会造成就业下降，之前的研究完全是发表偏倚的结果，这一主张引发了一场经济学地震。

虽然漏斗图非常有用，但它们不过是可视化工具。此外，由于研究者采用不同的变量、不同的技术或者选取了不同的国家和时间段，从而可能出现不同的估计值。因而，这些元解释变量都可包括在元回归分析中，用以解释参数估计值的变化。不过，这里我们只关注标准差（SE）和参数估计值（e）之间的关系。如果我们将漏斗图转置，即用纵轴表示参数估计值，用横轴表示标准差，结果就如图 1-6 所示。

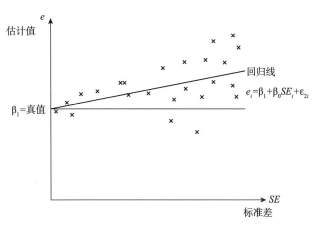

图 1-6　选择偏见情况下的简单元回归分析

后凯恩斯主义经济学： 新基础

图 1-6 是等式（1.16）表示的简单元回归分析的图示，其中 ε 表示随机项：

$$e_i = \beta_1 + \beta_0 SE_i + \varepsilon_{1i} \tag{1.16}$$

这一元回归分析中的系数 β_1 和 β_0 表示什么意思呢？如果标准差（SE）为零，那么参数估计值（e）就等于 β_1。因此，β_1 表示估计参数的真值。然后，我们可以进行标准检验，来看是否可以拒绝零假设 H_0：$\beta_1 = 0$。如果不能拒绝，就表示原先模型中的解释变量对被解释变量没有影响。在对最低工资影响的研究中，杜库里格和斯坦利（Doucouliagos and Stanley，2009）发现：使用卡德和克鲁格（Card and Krueger）以及更多之前经验研究的数据，元回归分析表明最低工资的上涨对就业没有影响。于是，"尽管有 678 篇报告宣称最低工资与就业之间呈现负相关关系在统计上是显著的"（Stanley et al.，2010，p.75），但实际上这种影响并不存在。

这本身是非常有趣的，但现在我们将注意力转移到 β_0 上。这个参数度量了发表偏倚的程度。如果不存在发表偏倚，那么无论多大的样本规模和标准差，各种经验研究估计得到的 β_1 都应该随机分布在真值 β_1 周围。于是我们能够检验是否可以拒绝零假设 H_0：$\beta_0 = 0$。如果可以拒绝，就表示在该领域的研究中不存在发表偏倚，或者也可能是各种导致发表偏倚的原因正好相互抵消。如果 $\beta_0 \neq 0$，这意味着精确度较低的估计会偏向某个方向，这是存在发表偏倚的证据。杜库里格和斯坦利（Doucouliagos and Stanley，2009）的研究表明，这恰恰就是那些关于最低工资对就业有影响的研究的情况。

实际上，由于等式（1.16）给定的回归方程存在异方差的问题（一些观测值偏离回归线的程度更大），这在图 1-6 中非常明显，所以元回归分析使用等式（1.17）。它是由等式（1.16）两边同除以标准差（SE_i）得到的，其中 t_i 表示原模型解释变量系数的 t 值。

这消除了异方差问题，但参数β_0和β_1依然保留了之前的含义。

$$(e_i/SE_i) = t_i = \beta_i(1/SE_i) + \beta_0 + \varepsilon_{2i} \qquad (1.17)$$

发表偏倚的证据

等式（1.17）中β_0的绝对值越大，发表偏倚也就越大。杜库里格和斯坦利（Doucouliagos and Stanley，2013）观察了经济学研究的 87 个领域。他们的结论是其中大约 60% 的领域都存在严重的发表偏倚。在微观经济学领域，对居民用水、烟草、啤酒、医用酒精和含酒饮料需求价格弹性的研究都存在严重的选择问题。他们同样证明所有这些弹性都被高估了，这些弹性都在 1 以下，所以作为主流经济学核心之一的替代效应其实要比通常描述的小很多。

在宏观经济学领域，除了最低工资之外，下面这些领域都存在严重的发表偏倚：在货币政策领域泰勒等式中通胀和产出之间的相关系数；工资曲线（失业率和工资之间的关系）；商业周期的相关性；以及工会化程度和生产力增长之间的（负向）关系。在中央银行独立性与通胀之间的关系，经济改革和经济增长之间的关系以及有效工资这些领域，也存在比较严重的发表偏倚。克拉索伊-皮奇和斯坦利（Krassoi-Peach and Stanley，2009）研究发现，产出的工资弹性，在经过元回归分析修正之后，其数值只有通常文献中的一半（即是 0.3 而非 0.61）。这使得该估计与利润最大化的假设相矛盾，因为利润最大化假设要求该弹性等于工资份额（类似于之前关于新古典生产函数的讨论）。

即便在不存在明显的发表偏倚的领域，元回归分析也是有用的。例如，在对李嘉图等价定理（即声称更大的财政赤字会造成更低的家庭消费支出）的研究中，发表偏倚就很微弱。但是元回归分析可以用来证伪这一主流信条（Stanley，1998）。在全球金融危机之后关于刺激支出政策的讨论中，这一分析起了很大的作用。

类似地，在关于失业率的研究中，元回归分析确凿地证明最好的研究（标准差最小的研究）得到的持久性系数接近1。这意味着在简单自回归方程中，正如等式（1.18）所示，系数β_1是1或接近1，其中U表示失业率。

$$U_t = \beta_0 + \beta_1 U_{t-1} + \varepsilon_3 \tag{1.18}$$

这暗示这里存在失业的滞后效应，因此并不存在一个使得实际失业率收敛的自然失业率。这同另外一项元回归分析一起，否定了非加速通货膨胀失业率假设的主要假定（预期通胀会导致通胀率相应地增长）（Stanley，2005b）。根据这两项假设，斯坦利（Stanley，2004，p.605）得出了已从实证角度证伪并拒斥自然失业率假设的结论。

杜库里格和斯坦利（Doucouliagos and Stanley，2013，p.318）发现研究者经常遵循"停止法则"。同其他个体类似，他们会"满足"，即当他们得到"他们想要的'真理'或者非常接近它的时候"，他们就会停止尝试其他可能性。然而，真理或者可接受的结果完全取决于经济学理论。在一个存在理论竞争或者存在多元观点的领域，能够接受的结果的范围越广泛，选择偏见就会越少。事实上，这正是杜库里格和斯坦利（Doucouliagos and Stanley，2013）的发现。这再次说明在经济学理论中多元主义的重要性。多元主义将会产生更好的经济学。他们进一步发现宏观经济学和计算需求弹性的研究尤其容易出现发表偏倚。既然诸多调查表明，宏观经济学领域的一致性意见为数不多（Fuller and Geide-Stevenson，2003），那么这只能归咎于意识形态在宏观经济学中所起的重大作用了，而这也为全球金融危机所证实。

另一个非常有趣的结论是，等级越高的期刊，发表偏倚越严重。科斯塔-丰等人（Costa-Font et al.，2013）通过元回归分析发现，影响因子最高的期刊（这类期刊的文章最常被引用）过高地估计了对医疗和处方药的需求弹性。虽然这一结论还需要更多此类元回归分析加以证实，但我们不难明白其中的逻辑。顶级期刊吸引的学者越多，从而拒绝的比例也越高。因此，这些期刊的编辑和审稿人需要更加令人惊叹的实证研究。向这些期刊投稿的作者也深谙此道，因此他们也会采取相应的行动。于是像数据挖掘、规范搜索和报告偏见这类问题会更加严重。因此，最被看重的期刊结果往往是最差的！

1.5.6　小结

大多数后凯恩斯主义学者都对经验和计量研究提出了质疑。但是，人们不能不震惊于为正统理论提供支持的实证工作的数量。本节的分析表明，对正统计量研究的怀疑有据可依，很多研究都证实了正统理论不过是赝品（artefact）。什么叫赝品呢？它最常见的定义与科学相关，指的是由错误程序所导致的虚假结果。元回归分析表明：正统理论的诸多经验证据都是从错误程序中得出的欺骗性结果。"赝品"这个词也经常出现在玄幻志怪类小说中。在那里，"赝品"指的是具有强大力量的魔法工具，例如一根魔杖。这一定义看来很适合新古典生产函数，因为即便我们知道其前提条件不成立，所有从完全竞争中得到的预测也都无法被证伪。

非正统经济学家和后凯恩斯主义经济学家由此发展了其研究纲领和基础理论。它们同正统理论一样具有科学性，实际上，非正统理论可能更为科学，因为它们建立在具有现实性的假设的基础上。

1.6　别无选择论者的解药

全球金融危机令紧缩政策和低工资政策是否为实现可持续性繁荣的必要条件这类重大争论成为公众注目的中心。争论一方是声称我们已经别无选择（TINA）的人；这曾是占主流的观点，不过在危机袭来、灾难爆发之际，这种观点在几个月内迅速败北。争论的另一方则认为存在其他选择；这些异见者既包括正统异见者，也包括非正统异见者。

诸如约瑟夫·斯蒂格利茨这类正统异见者反对 20 世纪 80—90 年代实行的自由市场政策，以及在金融危机期间及其后所倡导的紧缩政策，他们毫不迟疑地承认这类政策建立在过分简单的新古典理论上。"斯蒂格利茨承认他的使命在于破坏市场原教旨主义的内部根基"（Mirowski，2011，p. 497）。正统异见者认为采用更为可靠、美妙但虚空的假设的新古典模型有力地证明了这些政策的限度和谬误。这些批评从主流模型和其脆弱的理论基础出发，加入了一些更具现实性的辅助性假设。然而，上述方法只会产生更难以理解的模型。尽管该方法会引起大型研究机构中的权威经济学家的注意，不过，我并不认为对主流理论进行冗长费解的批判是一个好策略。

本书的目的在于提供一套简洁明确的替代性方案。后凯恩斯主义经济学是别无选择论者的解药。它不仅是对主流经济学的批判，而且为那些具有可行性的替代性政策提供了更具现实性的基础。

第 2 章
选择理论 *

本章旨在阐明在后凯恩斯主义理论中，经济当事人如何决策。由于大多数决策是在不确定条件下做出的，而后凯恩斯主义者又非常强调不确定性，因此本章将谨慎地定义不确定性。此外，尽管后凯恩主义者以有机的方式看待世界，我们仍将特别关注作为经济当事人（economic agents）行为基础的理性。最后，我们将处理在很大程度上被忽视的消费者选择，略微令人惊讶的是，我们发现后凯恩斯主义者在此问题上存在共识。

2.1 根本不确定性

在研究当事人如何决策之前，有必要先描述其通常所处的环境。就某种程度而言，这一做法正好属于第 1 章所定义的本体论层次。我们发现只有根据决策做出时的环境才能对理性行为进行评价。

正如第 1 章所指出的，很多学者将根本不确定性——也被称为

* 除了采用 1992 年的版本并对其拓展外，本章的一些语句还出自下述出版物："Post-Keynesian consumer theory: potential synergies with consumer research and economic psychology"，*Journal of Economic Psychology*，25（5），2004，pp. 639 - 649；"Post Keynesian consumer choice theory and ecological economics"，in R. P. F. Holt, S. Pressman and C. L. Spash（eds），*Post Keynesian and Ecological Economics*：*Confronting Environmental Issues*，Cheltenham，UK and Northampton，MA，USA：Edward Elgar，2010，pp. 141 - 157.

真实的不确定性、彻底的不确定性或不可约的不确定性——视为后凯恩斯主义经济学的关键特征。它是使后凯恩斯主义学者近乎形成共识的少数特征中的一个。根本不确定性这个概念尤其与后凯恩斯主义经济学中的原教旨主义派别紧密相关，特别是明斯基（Minsky，1975，chs 3 and 6）和戴维森（Davidson，1972，ch 2），他们强调了根本不确定性所起的作用，尤其是与货币和货币经济学相结合时所起的作用。在后凯恩斯主义经济学中存在一个争论：不确定性是货币使用的结果，抑或货币的使用是不确定性的结果，不过我们在这里不对此进行讨论。确切地说，本部分的目的是要清楚地区分风险和不确定性，前者经常被主流经济学学者所论述，后者是后凯恩斯主义世界中的当事人所面临的。我的目的就是要消除不确定性这一术语所导致的困惑。

2.1.1　不确定性与风险

尽管后凯恩斯主义者建议将根本不确定性的相关性纳入经济学分析，但这并未引起大多数主流经济学家的重视。事实上，当后凯恩斯主义者指出主流经济学家没有讨论不确定性的时候，主流经济学家经常感到愤怒。他们指出在主流经济学期刊到处都是以《这个或那个不确定性的经济学》为题的论文，这些文章讨论了信息不对称或不完全、某种随机因素和概率密度函数等等。对主流经济学家而言，不能确定的就是不确定性。鉴于后凯恩斯主义经济学家和主流经济学家都使用不确定性这一术语，但各自赋予了其不同的含义，因此就产生了一种语义上的混乱。真正需要指出的是，这些主流经济学文章论述的是风险问题或确定性等价问题。[①] 因此，被惹

---

① 在财务理论中，确定性等价是指在完美的和完全的资本市场中，有风险的未来收益可以转化为现值。——译者注

恼的主流经济学家没有意识到风险和不确定性之间的区别。

除了新奥地利学派（Lachmann，1977）或与新奥地利学派有紧密联系的经济学家以外（Shackle，1971；1972；Loasby，1976），也有一些正统经济学家已经意识到对风险和根本不确定性加以区分非常重要。例如，罗伊·温特劳布（Roy Weintraub，1975，p. 530），也许受父亲西德尼·温特劳布的影响，在这个问题上，他注意到一般均衡理论并没有解决根本不确定性问题。他写道："凯恩斯对不确定性的处理是非常重要的创新，近三十年来，这被大多数经济学家忽视了，而且可能仍将继续被许多经济学家忽视。"他补充道："不确定性问题绝对不能被简化为与风险有关的问题"（ibid.，p. 532）。这样，即使那些很少使用风险和不确定性这一区别的学者也意识到了它的意义和重要性。稍后我们将会讨论为什么明智的新古典学者将根本不确定性问题搁置一旁不加考虑。

现在我们看一下不确定性是如何在三向分类法中被定义的（Lavoie，1985a）。

（1）确定性是指每一种选择总是导致一个特定的结果，而这种结果的价值是已知的。

（2）风险或确定性等价是指每一种选择导致一系列可能的特定结果，每一种结果的价值是已知的，且每一个结果都有一个特定的发生概率。

（3）不确定性是指每一种结果的价值是未知的，每一种结果发生的概率是未知的，一种选择所导致的可能的结果是未知的，或可能选择的范围是未知的。

这样，就有三种类型的不确定性。第一，价值的不确定性。当一个人不考虑不同结果的价值（假定为货币价值）时，很容易运用敏感度分析①回到对风险的分析。第二种不确定性是指概率的不确定性，这经常在经济学文献中被讨论。这个问题的核心是如何对这些概率进行恰当的估计。主流经济学并未将其视为一个真正的问题。对概率的估计总是可以通过逻辑观点或主观看法推演获得。或者，也可以指定一个可能的概率密度函数。德奎奇（Dequech，1999）利用行为经济学术语，将这种概率不确定性称为"模糊性"。然而，正如德奎奇所指出的（ibid. ，p. 415），"模糊性问题的一个重要特征就是尽管决策者不能确定未来世界中每一种状态的概率，但他或她知道世界所有可能的状态"。这种模糊性问题的一个典型例子就是一个人被告知瓶子里有红色和黑色两种球，共有五个，但他并不知道每一种颜色的球的数量。显然，可能出现的事件是预先被决定的，但是取出一个红球的概率是未知的，尽管如果我们知道红球数量的信息，那么将很容易计算取出红球的概率。

第三种不确定性就是我们所说的根本不确定性，指个人不知道可行的行为方案或未来世界的状态。这种不确定性导致了未知的概率，或者凯恩斯和其他人所称的难以测量的概率。正是这种概率是最不可能被标准理论所分析的。这才是后凯恩斯主义者所谓的根本不确定性、真实的不确定性、奈特式不确定性或凯恩斯不确定性。

我们不难想象出一些情况，其中问题的关键是要寻找可行的选择，并且所有的未来前景都是不能列举出来的。技术进步就是根本不确定性的一个很好的例子，正如熊彼特所强调的，我们不知道新奇的事物将会是什么、它什么时候将出现以及它对社会的影响将有

① 敏感度分析是指从众多不确定性因素中找出对投资项目经济效益指标有重要影响的敏感性因素，并分析、测算其对项目经济效益指标的影响程度和敏感性程度，进而判断项目承受风险能力的一种不确定性分析方法。——译者注

多大。凯恩斯和奈特强调了根本不确定性，因为他们认为它是经济环境的一个重要因素。当事人是根据不确定的知识进行决策的，他们面临的通常是不确定性而非风险。正因为此，凯恩斯和奈特坚信必须对风险和不确定性加以彻底区分，并且指出经济学分析要将这种区分考虑在内。明斯基（Minsky，1995，p.203）也这样认为，他提出："每一个经济当事人都生活在一个充满棘手的不确定性的世界：不仅他们的预见是不完全的，而且有感知的当事人知道他们的预见是不完全的。"

以下美国前国防部长唐纳德·拉姆斯菲尔德（Donald Rumsfeld，2003）的话很好地表现了不确定性的多种概念：

> 我总是对那些描述还未发生的事情的报告感兴趣，因为正如我们所知，存在已知的已知；我们知道有一些东西我们已经知道。我们也知道存在已知的未知，即我们知道有一些东西是我们不知道的。但是还存在未知的未知——我们不知道有一些东西我们还不知道。

一个行为未知的价值或者它们未知的概率都是已知的未知。这接近模糊性的概念。未知的未知对应于某一给定行为的未知的结果，或者我们不知道的世界的可能状态。我们甚至不知道它们是否可能或者是否存在。那么显然，未知的未知属于根本不确定性的范围。为什么会这样呢？

2.1.2　根本不确定性的范围

本体论不确定性与认识论不确定性

一般来讲，我们可以说有两种根本不确定性：本体论不确定性（ontological uncertainty）和认识论不确定性（epistemic or epistemological uncertainty）。这大概可以对应于罗德·奥唐纳（Rod O'Donnell，2013）所提出的遍历/非遍历的研究和人类能力特征的研究。原教旨主义后凯恩斯主义者强调本体论的不确定性，尤其是戴维森（Davidson，1996）、邓恩（Dunn，2001）以及冯塔纳和杰拉德（Fontana and Gerrard，2004）。对这些学者而言，真实的根本不确定性意味着下述事实：由于当事人的创造性、企业家的创新以及当事人做出的有可能改变未来的决策，因此未来是不能被预知的，现实也是不断变化的。由于未来是有待被创造的，当一个人正在进行决策时，是无法预知未来的；的确，每一经济主体的选择行为可能会导致一些他当初在做出改变时所未曾预见到的变化。这种本体论的不确定性与沙克尔（Shackle，1972）的观点紧密相关，他强调关键性决策，即能够摧毁现在和更改未来的决策的存在。戴维森（Davidson，1996，p.485）谈到了由于"蜕变性事实或创造性事实"的存在，从而"未来经济的一些方面将会被今天或不远的将来的人类行为所创造"。这种观点也与为人类能动性提供可能性的重要性以及第1章提到的开放体系相关。人们的决策可以改变未来。"个体的选择自由只能与非遍历的路径依赖的世界兼容，这个世界可能持续地经历难以预测的结构性变化"（Fontana and Gerrard，2004，p.623）。

上述引言向我们引出了非遍历性这个概念。在我们讨论后凯恩斯主义经济学的关键特征时，我们已经提到了它。戴维森在其作品中通过非遍历性概念进一步发展了根本不确定性的本体论观点。戴维森（Davidson，1982-1983；1996）认为世界在本质上是非遍历性的，这个概念借自统计学和物理学。一个非遍历的环境是一个充满根本不确定性的环境。粗略来说，遍历性意味着不管选取哪些样本，一个变量的时间序列和横截面（空间）的平均数是向彼此收敛的。"如果一个随机过程是遍历的,那么空间和时间的平均数将在趋于无限时收敛"(Davidson,1993a,p. 310)。研究者就可以有把握地将从过去数据中发现的经验法则应用于未来,而未来仅仅是过去统计的投影(Davidson,2009,p. 38)。或者,如巴兹尔·摩尔(Basil Moore,2006,p. 114)所说,"过去的数据可以被视为未来数据的一组抽样"。戴维森断言,尽管一些经济过程在短期内是遍历性的,或者可能看起来是遍历性的,但一般而言,经济过程是非遍历性的。这有助于解释为什么原教旨主义后凯恩斯主义者不愿意使用计量经济学。戴维森(Davidson,1982 - 1983,p. 189)认为对凯恩斯关于不确定未来分析的最好理解就是将其视为基于非遍历性随机过程的分析。

然而,还有一种建立在认识论基础上的根本不确定性。这一认识论上的解释本身又可以分为两种不同的根本不确定性,即实质性不确定性和程序性不确定性,这与赫伯特·西蒙(Herbert Simon,1976)在讨论理性时所提出的术语类似。实质性不确定性是信息缺乏所致;程序性不确定性是信息超载所致。这个区别首先由多西和埃吉迪提出(Dosi and Egidi,1991,p. 49),他们认为实质性不确定性产生于"为做出导致某种结果的决策所缺乏的所有必要信息",而将程序性不确定性定义为"当事人没有能力去识别和解释相关信息,即使这些信息都是可获得的"。实质性不确定性存在信息差距;程序性不确定性存在能力差距,用罗纳德·海纳(Ronald Heiner,1983,p. 562)的话说,就是"在当事人的能力和解决决策问题的困难之间存在差距"。

学者有时争论道,如果认识论不确定性不与包含可蜕变未来的本体论不确定性相关联,那么认识论不确定性是缺乏解释力的。事实上,这就是当新奥地利学派经济学家认为他们和后凯恩斯主义者关于不确定性的观点相似时，戴维森驳斥新奥地利学派的观点。戴维森宣称，就长期而言，现实最终是不变的，经济当事人或者将获得足够的信息，或者将获得处理已有信息的能力，这样就排除了认识论不确定性。但这是一种奇怪的论证。正如第 1 章所讨论的，长期仅仅是短期的一个延续。在每一个时期，数据和环境都已经发生变化，需要做出新的关键性决策。在真实世界中，即使世界是遍历性的，很多重要的决策都是不能被重复的独一无二的事件。此外，为了让认识论不确定性消失，我们需要假定当事人拥有不切实际的能力，这种假定通常在主流经济学中出现但却被非正统经济学拒绝。因此，根本不确定性一直包含认识论不确定性，这样就可以仅要求人们拥有常人的判断力，而非无所不能的判断力（O'Donnell，1991，p. 85）。

基于对人类心智有限性和世界复杂性的理解，我认为认识论不确定性和本体论不确定性一样，都有利于对根本不确定性的分析。事实上，一些学者竟然认为本体论不确定性不可能存在；仅存在认识论不确定性。他们的论点是"如果一个事件是不可能的，那么它在任何条件下都不可能成为可能"（Wilson，2010，p. 52）。如果我们不知道一些可能发生的事件，那么一定是因为我们缺乏某些知识。奥唐纳（O'Donnell，2013，p. 134）的说法稍微不同，他指出我们没有能力知道世界是否是遍历性的。那些仅仅支持本体论不确定性的学者宣称："我们知道的是我们不了解未来，因为我们知道正是现实的非遍历性特征才使我们无法获取这种知识。"相反，那些支持认识论不确定性的学者宣称："我们知道的是我们不了解未来，并且我们知道我们没有方法获取这种知识。"他们提出，我们没有能力去评价世界是否为遍历性的。

混沌动力学和黑天鹅

另外一个争论的主题是混沌动力学模型（它产生于非线性模型，也被称为复杂系统理论）是否能被包含于根本不确定性领域。摩尔（Moore，2006，p. xxv）坚信这是可以的，他主张将经济学视为一个复杂系统（而非建立在非遍历性分布上），这将会为必要的范式变化提供更具有说服力的基础，并最终使后凯恩斯主义者得以提供更具有说服力的典型事例。相反，戴维森（Davidson，1996，p. 492）反对将混沌理论与根本不确定性联系起来。他正确地指出，混沌动力学模型是确定的。一旦你知道了方程和初始条件，你就能精确地发现哪条路径将会被选择。因此，就这个意义而言，并不存在本体论不确定性，唯一的问题就是认识论不确定性，这与评价复杂世界的方程以及初始点的困难紧密相关。

然而小巴克利·罗瑟（Barkley Rosser Jr，1999）持不同观点。混沌系统的主要特征是他们对初始条件的敏感性依赖。众所周知，初始条件或过渡时期的普遍条件的一个微小变化可能使两个几乎完全相同的系统出现很大差异。尽管混沌系统是确定性的，但是却表现出了不可预知性：一是通过随着时间的运动，伴随着分叉、非连续性、耗散结构和分形；二是通过外部冲击可以完全地改变它们的轨道。这种不可预知性很容易与随机性混淆。因此，小巴克利·罗瑟（Barkley Rosser Jr，1999，p. 299）总结道：因为一些混沌动力学模型产生了遍历性的混沌结果，因此即使不具备非遍历性，根本不确定性也会存在。初始条件或现存条件的微小变化可能引起与初始轨道无关的大的变化，这个事实表明混沌动力学甚至可能是本体论上有效而非仅仅是认识论上。我认为这个争论是相当没有意义的，因为我们已经承认根本不确定性既与本体论不确定性相关，也与认识论不确定性相关。此外，混沌系统通常是非遍历性的，因此它们看起来满足戴维森的主要标准。

一个关于黑天鹅的相似争论爆发了，因塔勒布（Taleb，2007）的书，关于黑天鹅的讨论变得很流行。塔勒布认为，主流经济学和金融学假定正态（高斯）分布，然而世界的特征是幂律分布，在这种分布中有一个长尾。这样，特别的事件——黑天鹅——将会对经济学和人们的生活产生永久性的结构性影响，这比高斯分布预测到的事件更有可能发生。塔勒布依赖于贝努瓦·曼德尔布罗特的研究成果，笔者在第 1 章已经提到，他声称竞争性市场中的价格移动是不连续的，他引入了分形几何的概念，因此他基本上依赖于混沌动力学。毫不惊奇的是，安德里亚·特尔齐（Andrea Terzi，2010）和戴维森（Davidson，2010）再次宣称，塔勒布的黑天鹅理论是认识论不确定性的新变种，产生于对概率分布的分析。它与本体论不确定性不兼容，因此不属于真正的根本不确定性。我对黑天鹅的观点与混沌动力学相似：认识论不确定性也是根本不确定性。事实上，塔勒布（Taleb，2007，p. 272）强调并非所有的极端事件都可以被预知，"灰天鹅涉及的是可被建模的极端事件，而黑天鹅是关于未知的未知"，这和拉姆费尔德（Rumfeld）所说的一样！当塔勒布（ibid.，p. 239 - 240）说"相关性的测量可能会显示出极端的不稳定性；它将依赖于选择的计算时期"，并补充说明"每一个样本都有一个不同的标准差"时，他实际上描述了一个非遍历性的世界，尽管他并没有使用非遍历性这个术语。

为了对以上争论进行总结，表 2 - 1 列举了不确定性的不同程度，以此来对迄今为止的讨论进行总结。我们可以以罗伯特·斯基德尔斯基（Robert Skidelsky，2009，p. 88）的话作为总结："凯恩斯讨论的是认识论不确定性还是本体论不确定性？这是不明确的。"

如果即使是凯恩斯的主要传记作者对其关于不确定性的观点也含糊不清，那么我们可以认为根本不确定性既可以是认识论意义上的不确定性，也可以是本体论意义上的不确定性，二者都是后凯恩斯主义理论的代表。

表 2 - 1　　　　　　　　　　不同程度的确定性

确定性		
风险		
模糊性		
根本不确定性	认识论不确定性	程序性不确定性
		实质性不确定性
	本体论不确定性	复杂性
		未知的未知

2.1.3　观点的权重或信息的可信性

多年以来，一些学者力图强调凯恩斯和奈特关于不确定性观点的差异。相反，这里我主要关注两位作者在分析中的共性。我认为凯恩斯和奈特的观点基本上一致。一方面，他们都意识到对一些经验或决策而言，正统经济学关于风险的计算是恰当的，尤其是在科学实验中。奥唐纳（O'Donnell，1991）称其为确定性领域。基于已经确定的犯错误的概率（显著性水平），我们可以计算出标准差，对于点估计而言，我们甚至可以得到置信区间。这与奈特（Knight，1940，p.226）所说的"犯错误的概率"、凯恩斯所谓的"可能的错误"紧密相关。二者都认为在重复性情形中，这些可能的错误是有用的。

另一方面，凯恩斯和奈特都主张一般而言，即使标准差和概率可以估算和计算，这些数据也是无意义的，人们不得不在这样的条件下进行决策。这就是奥唐纳所说的不确定领域。这当然也是大多数长期商业决策的情形。为了阐明这个问题，凯恩斯在 1921 年的《概率论》（*Treatise on Probability*）中提出了一个新概念，他将其称为"观点的权重"。正如伦德（Runde，1990）所示，凯恩斯好像在对观点的权重的两个定义之间摇摆。我们的观点和伦德相同，接受了其中一个观点，即认为权重代表决策时可获得信息的相对数量。它代表的是相对于我们的相对无知而言，我们的相对有知（Keynes，1973，viii，p. 77），或者是我们知识的相对完整度（ibid.，p. 345）。很多学者都赞同与观点的权重这个概念等同的概念。乔治斯库-罗根（Georgescu-Roegen，1966，p. 266）将其称为与一系列概率期望相关的可信性。其他人提到了对"性质"、"可接受性"或"认识论的可信度"的测量（Anand，1991，p. 200）或者信任（Gerrard，1995）。我们可以将权重定义为当事人对自己观点的信任度。

在一些情形中，统计学的标准差和观点的权重可能是紧密相关的。当使用大数定理的时候，在不改变结果概率的条件下，相对知识的增加倾向于减小标准差。这就是为什么在某些情形中我们可以将标准差的倒数同观点的权重联系起来，如同我们在第 1 章讨论元回归分析时所假定的那样。概率的可信性随着样本规模的扩大而增加。这就是二者的实际联系。然而，正如凯恩斯（Keynes，1973，viii，p. 82）所述，额外的证据也会导致标准差增加。一般而言，权重和标准差或标准误差的演变因此是发散的。凯恩斯认为前者而非后者是关键。当概率完全是主观的时，标准差就没有意义了，因为它仅仅反映了当结果的价值接近最有可能的价值的时，当事人是否给予了高概率。高概率不意味着其标准差小。

最相关的因素是据以估计结果和概率的信息的质量或相对数量。在真正不确定的情形中，进一步的信息可能在不必改变评估的概率条件下减小置信度，比如政治危机中就是如此（Minsky，1975，p.65）。新信息的确出现了，但是它摧毁了一部分过去积累的知识，或者它揭示了未知的未知的一些新的方面。因此，相对于无知来说的相对信息的存量就减少了。证据的权重可能随着新证据的获得而减少，因此可以被定义为对相对知识和相对无知的绝对数量的权衡，概率基于这个权衡而确定（Runde，1990，p.290）。证据的权重可以是一个比率，相对信息是比率的分子，相对未知是分母。

我们怎样把关于证据权重的定义与之前对认识论不确定性的讨论联系起来呢？回顾一下，我们将实质性不确定性定义为缺乏信息，将程序性不确定性定义为缺乏处理信息的能力，这涉及信息差距和能力差距。伦德提供的上述定义好像可以更好地描述信息差距的特征，这个差距是对相对未知的一个测量。然而，将两种差距融入单一的对权重概念的定义中是有可能的。我们因此提出了以下定义：

$$证据的权重 = \frac{能够处理的可获得的相对信息的数量}{想要拥有的并且能够处理的信息的数量}$$

这个定义将信息差距和能力差距结合在了一起。分子是可以获得的并且实际上可以被处理的相对信息的规模；这是经济当事人可以获得的知识的数量。分母是当事人想要获得的并且能够处理的信息的数量。二者的差距是对未知的测量，未知既是因为信息的缺乏，也是因为有待解决的问题的复杂性。这样，我们对自己观点的信心取决于我们拥有的且能够处理的信息的数量与我们想要拥有的且能够处理的信息的数量的比值。当然，这个对证据权重的测量是主观的；它存在于经济当事人的心智中。除非我们处于模糊性情形下，正如之前所定义的，否则我们将永远难以确定我们信息的完整度。

凯恩斯认为"在决定一个行为方案时，将不同期望的权重和概率都考虑在内貌似是合理的"（Keynes，1973，viii，p. 83）。这个问题的要点在于不确定的情况不能被简化为风险的情况。在一个不确定的世界进行决策时，一个理性当事人不能仅仅依赖于产生于过去的相似事件或产生于主观自省的概率分布。可获得信息的可信度或可靠度、评估概率的置信度也都必须考虑在内。乔治斯库-罗根（Georgescu-Roegen，1966，p. 267）进一步主张，如果观点缺乏权重，那么即使赋予主要结果一个高概率也不能弥补权重缺乏所导致的误差。否则，概率和权重可以用一个指数进行总结，那么我们就倒退到了对期望效用函数的一种修正形式。在根本不确定性的情形中，概率和观点的权重是具有独立性的。奈特在1921年的书中得出了相同的结论。他也强调在不确定的情况中，观点的权重和概率分布具有独立性。他的话后来被凯恩斯在《就业、利息和货币通论》以及后续著作中引用。

> 生意人不仅尽其所能对其行为的结果进行最好的估计，而且可能对其估计准确的概率进行估计。其对达成结论的确定性程度或置信度不容忽视，因为它具有最显著的实践意义。根据观点采取的行为既取决于对这个观点的信心，也取决于这个观点本身是否有利……为了与这种情况要求的实际心理相符合，我们必须识别出这两个不同的判断行为，即形成一个估计和对这个估计的价值进行估计（Knight，1940，p. 227）。

因此，我们可以看到奈特将观点的权重称为可信度、置信度或概率估计的价值。众所周知，当凯恩斯在《就业、利息和货币通论》中提到不确定因素或不确定性时，他引用了之前《概率论》中涉及观点的权重的那一章。之后，观点的权重被翻译为经济当事人对其情形估计的"信心"。以下引文清楚地显示出奈特和凯恩斯做出了相同的区分。

> 我们根据长期期望的状态进行决策，因此这种状态不仅取决
> 于我们做出的最有可能的预测。它还取决于我们做出预测的信
> 心——我们如何评价我们最好的预测最终是错误的的可能性。如
> 果我们预测有大的变化，但是我们并不确定这些变化将呈现的确
> 定的形式，那么我们的信心就很弱。(Keynes，1936，p. 148)

德奎奇（Dequech，1999）指出，我们必须谨慎对待信心这个
词。它有两种含义。一方面，我们可以将估计中的信心描述为证据
的权重，正如上述定义所示；另一方面，尤其是凯恩斯谈到信心状
态时，利害攸关的是商业心理，即经济当事人（企业家、银行家、
投资者）的乐观或悲观的性情，他们无意识的行为推动力和动物精
神。企业家可能是高度乐观的，对未来的预期很高，尽管这些可能
是建立在低权重的观点上，相对信息很少，也因此是建立在并不非
常稳固的惯例上，容易出现剧烈的变化。

2.1.4 对根本不确定性的反对观点

在现实生活中，根本不确定性看起来是一个普遍现象。为什么
主流经济学家通常要否认它的存在呢？他们的一个观点是概率构成
了理解不确定性世界的内在一致的代码。所有的情形都可以运用主
观概率分布来描述。如果未来的结果或选择是未知的，如同根本不
确定性的情形那样，通过依赖于不充分理由原则[①]，即为所有不确

---

① 对于一系列事件我们的认识不足，不知道具体事件发生的概率是多少，就是所
谓的"不充分理由（insufficient reason）"，这时我们只好认为每个事件发生的概率是相
等的。例如 n 个事件，我们没有充分的理由来赋予每个具体事件发生的概率值是多少，
即我们对 n 个事件认识不充分，这时我们只能或最好认为它们的概率都是 n 分之
一。——译者注

定的结果赋予一个相等的概率，他们依然可以开展风险分析和运用期望效用理论。在这种原则下，一个给定的概率分布可以对应于每一种情况。

当被进一步追问时，新古典学者认为如果一个人不得不报价，那么他将对任何一种结果押注一个赌博系数。

我们现在理解了为什么奈特和凯恩斯要如此强烈地坚持对风险和不确定性进行区别：他们二人都拒绝了不充分理由原则，因为在一个不确定的世界，这个原则不能导致理性决策（Knight，1940，p. 222）。正如布拉特（Blatt，1982，p. 267）所说："这是一个可能规则。但它是一个傻瓜规则。"凯恩斯非常明白这一点，这在其《概率论》和《就业、利息和货币通论》中都有所体现。如果未来的结果和选择是未知的，即已知的一系列选择不能囊括所有可能出现的结果，那么不充分理由原则就是不适用的，因此不确定性情况不能被简化为风险情况。

> 我们要意识到这个事实，即不是所有的概率都可以用数字表示，这就限制了无差别原则（不充分理由原则）的应用范围。只有当现实可以被简化为一系列排他的和彻底的等概率选择时，我们才可以得到对概率的数字化测量……所以进行数字化测量的前提是当且仅当结果是诸多等概率的、排他的和彻底的选择之一，而非其他。（Keynes，1973，viii，pp. 70，122）

> 对一个处于无知状态的人而言，我们不能声称其在每一个方向上犯的错误在概率上都是均等的，并以此来证明行为是理性的……很容易证明，如果数学上等概率的假设建立在无知状态上，这会导致很多谬论。（Keynes，1936，p. 152）

凯恩斯甚至说在这种环境中，决策不能依赖于严格的数学期望，因为进行这些计算的基础不存在（Keynes，1936，p. 163）。主流分析恰好相反：他们假定决策建立在数学期望的基础上，好像信息的可信度并不成为一个问题。如果他们接受了凯恩斯对不充分理由原则的批判，那么他们这样做的理由必定与正统经济学拒绝考虑根本不确定性的最后一条防线有关。主流学者声称，如果一个人要讨论根本不确定性的情况，而不是风险情况，经济学就会陷入虚无主义。罗伯特·卢卡斯（Robert Lucas，1981，p. 224）以上述主张著称，他断言："如果考虑不确定性，经济理性将毫无价值。"卢卡斯进一步宣称经济周期应该被视为反复发生的，并且从本质上而言是相似的事件，这样变化才能被视为风险事件。这让人联想起萨缪尔森（Samuelson，1969a，pp. 184-185）的论点："通过将遍历性特征强加给现实，我们的理论家希望将经济学从'真实历史的领域'移动至'科学领域'。"

这样，正统经济学家就继续假定未来的信息是完全的或者所有的不确定情况都可以被简化为风险情况。他们这样做好像当事人真的能设想所有可能的事件并为其赋值，事实上是他们为当事人提供了这样的能力。他们更愿意走一条在分析结果上更多产的道路，而不愿意面对期望的脆弱性和复杂性，也不满足于更微小但更相关的发展（Georgescu-Roegen，1966，p. 242）。读者也许已经意识到了第 1 章所提及的正统研究纲领的工具论态度。

在不确定情况中，对这种工具论立场的辩护就是在任何时候都不接受不确定性这个现实主义概念。

霍奇逊（Hodgson，2011）注意到在顶级的主流期刊中，根本不确定性实际上并不存在，他将这归咎于正统经济学对预测而非解释的痴迷。我们必须承认对根本不确定性这个概念的一些辩护者，尤其是沙克尔（Shackle，1984，p. 391）给读者留下了这样的印象，即真正的不确定性仅仅允许虚无主义的结论。但这不是大多数后凯恩斯主义者的立场，当然也不是本书的立场。不确定性对经济分析和经济结果的影响取决于"如何假定个体对不确定性事实的应对"（Coddington，1982，p. 482）。正统经济学依赖于一种特定的理性——超理性，即基于约束的最大化选择。下一部分，我们将会指出一旦将一种不同的理性引入当事人行为，根本不确定性不会阻碍经济建模，也不会导致虚无主义结论。

2.2　理　性

既然我们已经定义了经济当事人所处的多样化的环境，强调了大多数情况下，经济当事人是在不确定性的世界中进行决策的，这里的不确定性指的是模糊性或根本不确定性，接下来是时候讨论个人、家庭、企业家、银行家或投资者如何在这个环境中进行决策了。我们需要讨论理性。在第 1 章，我们用了几段来讨论理性的概念，提出对理性的不同观点是用以区分正统经济学和非正统经济学五个预设中的一个。在表 1-3 中，我们将非正统经济学提出的合理理性和正统经济学提出的超理性、模型理性和一致性理性加以对比。现在，我们需要更明确地区分这两种理性。

2.2.1　理性的定义

在第 1 章，我已经指出"旧"行为经济学是非正统经济学的一部分，而"新"行为经济学不是。我的观点是"新"行为经济学是正统经济学中属于异见者的部分，这是它在过去 30 年左右时间里可以成功吸引经济学家注意的原因。正如艾瑟-米里亚姆·森特（Esther-Miriam Sent，2004，p. 753）所概括的，"行为经济学已经到来"。我们对理性定义的讨论将会使这一点更加明显。尽管如此，似乎很少有后凯恩斯主义经济学家非常关注行为经济学的研究。也有例外，尤其是彼得·厄尔（Peter Earl，1983；1986），他的两本书致力于将行为经济学和后凯恩斯主义经济学进行综合，尤其是围绕消费理论。更近的是哈维（Harvey，1998）、冯（Fung，2006）以及冯塔纳和杰拉德（Fontana and Gerrard，2004），他们写文章鼓励后凯恩斯主义经济学家利用新行为经济学的研究成果。森特（Sent，2004）和托莫（Tomer，2007）对行为经济学的不同流派以及他们与非正统经济学的联系做了两个卓越的调查。再近一点，金对后凯恩斯主义经济学和行为经济学的联系进行了简要的调查（Jefferson and King，2010‐2011；King，2013）。同我一样，金认为研究旧行为经济学大有裨益，而研究新行为经济学获得的成果是更不可靠的。至于戴维森（Davidson，2010‐2011），他宣称凯恩斯是第一个（旧）行为经济学家，赫伯特·西蒙（Herbert Simon，1997，p.16）也在更早的时候谨慎地提出凯恩斯"是主张经济学有限理性的真正发起人"！

现在，我们就来定义四种理性。这里使用的分类法体现在表2‐2中，它受到了德国心理学家格尔德·吉仁泽（Gerd Gigere-nzer）的启发，我认为他对此问题的理解非常深刻。吉仁泽（Gigerenzer，2008，pp.3‐4）将经济学家和心理学家关于如何处理理性的方式分为四种：（a）建构一个无限理性的虚拟理论；（b）建构一个约束条件下的最优化理论；（c）证明不理性的认知错觉；（d）研究生态理性（即进化论理性主义——译者注）。

表 2-2 四种人类理性

理性分类	学派/个人
（a）无限理性	理性预期（rational expectations），一般均衡理论（general equilibrium theory），有效市场假说（efficient market hypothesis），动态随机一般均衡模型（DSGE models），卢卡斯（Lucas），阿罗（Arrow），伍德福德（Woodford）
（b）有限最优化	伪行为主义者（pseudo-behaviourists），搜寻理论（search theory），斯蒂格勒（Stigler），萨金特（Sargent）
（c）认知错觉	偏误（heuristics and bias），卡尼曼（Kahneman），卡默勒（Camerer），塞勒（Thaler），史密斯（Smith），阿克洛夫（Akerlof），席勒（Shiller）
（d）环境一致性理性	凯恩斯（Keynes），吉仁泽（Gigerenzer），厄尔（Earl），西蒙和卡内基学派（Simon and the Carnegie School），卡托纳和密歇根学派（Katona and the Michigan School），纳尔逊和温特以及演化经济学（Nelson and Winter and evolutionary economics），卢茨和人文经济学（Lutz and humanistic economics），牛津价格研究（Oxford price studies）

无限理性

宏观经济学现在经常使用"无限理性"（unbounded rationality）这个词，当经济周期理论和理性预期革命采用这个词时就将其一般化了。当事人具有超模型一致性理性（hyper-model-consistent rationality）。一般均衡理论和动态随机一般均衡模型（DSGE models）也使用了无限理性。正如第 1 章所述，在所有这些模型中，直至时期结束，每一件事情都是已知的，并有一定概率。在所有这些模型中，个人必须收集所有信息，包括所有可能的行为、自然的所有可能状态以及前两者导致的所有可能结果。必须确定每一个结果的概率，经常是复杂的条件概率，并且每一个结果都必须被赋予一个数字化（货币）价值。此外，通过一个有或者没有效用测量的偏好体系，如果具有传递性等性质会更好，当事人必须选择其最偏好的行为，这个行为可以使其效用最大化。因此，当事人必须考虑各种可能的最终结果，这些结果都有与之对应的数字以便找到每一种初始行为所产生的可能结果，然后进行比较从而发现产生最优化可能结果的行为。最优化依赖于要求大量计算的逆向归纳法的推理（Hey，1982）。在确定性的环境中，例如当消费者在不同商品之间做选择时，也要求有同样的巨大计算能力。

这种对人类能力的强调并不限于概率性的或不确定性的情况。它也影响了大多数确定性的情况。从某种程度而言，这是一个比不确定性的概念更具有破坏性的批判，因为它并不依赖于信息的稀缺性，反而依赖于信息过多（Hodgson，1988，p. 83）。

正如吉仁泽（Gigerenzer，2008，pp. 4 - 5）所指出的，具有无限理性的经济当事人被赋予了三种特征：他们是无所不知的（他们拥有完全信息，即可以无成本地获得所有信息）；他们是无所不能的（他们具有无限的计算能力，可以处理最复杂的信息）；他们力求最优化（他们使一些方程取得最大化结果，比如货币所得或效用方程）。无限理性，或超模型一致性理性，显然不是现实。它完全对应于米尔顿·弗里德曼所倡导的工具主义哲学，这是将其视为"虚拟"理论的原因。它的目的不是为了描述实际决策过程；相反，它是为了回答下述问题：如果人们无所不知、无所不能并能最优化其机能，那么他们将做出什么决策呢？对一些主流经济学家而言，这是理性唯一可能的定义：不进行最优化的当事人被定义为不理性的人。

有限最优化

第二种理性，即有限最优化或者约束条件下的最优化，也是一种虚拟理论，陷入了同样的工具主义陷阱。有限最优化（bounded optimization）这个术语，是赫伯特·西蒙在 20 世纪 50 年代中期研究的遗产。正如之前简要提到的，西蒙普及了这个观点，即经济学家应该抛弃"实质理性"或"总体理性"，这对应于上面描述的无限理性，而应该接受"程序理性"或"有限理性"。如果决策者必须寻找替代选择，并且对行为的结果拥有惊人的不完全和不正确的知识，而且选择行为是为了令人满意而非追求效用最大化，那么这种有限理性与实际的人类选择行为相一致（Simon，1997，p. 17）。西蒙的有限理性可以用三种不同的方式来理解，分别对应于我们提到的另外三种理性的不同定义。

因此，有限最优化理性可以被视为正统理论为了将一些现实主义成分引入其理论大厦的一种尝试，这种尝试的一个典型例子就是搜寻理论，支持该理论的人将其视为对西蒙批评的一个回应。有限理性意味着在信息收集的成本约束下进行最优化。但是这种搜寻的最优化要求的计算和信息甚至是更加复杂的。讽刺的是，经济当事人必须变得更加聪明（Sargent，1993，p. 2）。"每一个新的现实主义约束均使最优化的计算更加困难，并且最终使其变得不可能"（Gigerenzer，2008，p. 6）。即使不收集具体的数据，理论家也可能需要几个月时间去找到模型的最优解。尽管支持有限最优化模型的人声称他们的新模型摆脱了完全信息的假设，但他们事实上使新古典纲领更加远离现实主义。"原因在于为了应用传统的最优化概念，当事人的能力已经隐含地被提升，以至于其可以处理由不可预知的未来导致的额外的复杂性"（Heiner，1983，p. 571）。当理论家建构模型的时候，他们一般要赋予当事人一定的计算能力和信息收集能力，以至于其可以发现均衡解且最好是一个唯一解。这样的话，理性就会按照建模者所追求的目标而被相应地定义。

此外，最优化方法导致了无限回溯的问题（Gigerenzer and Selten，2001，p. 5）。为了知道信息搜寻是否已经最优化，当事人需要预先知道收集到信息的价值。当事人对收集到的信息要有一个概率性观点，这就使这种最优化计算在实践上更加不可能。这意味着"新的无所不知，即能够预见进一步的搜寻将会带来什么额外的信息、搜寻成本和当事人在搜寻过程中将要放弃的机会"（Todd and Gigerenzer，2003，p. 146）。的确，有限最优化理性可以被视为伪装的无限理性。这当然不是西蒙所谓的理性，并且不是后凯恩斯主义者寻找的理性。事实上，有限最优化理性是卡尔多所描述的围绕主流理论大厦的脚手架的一个典型例子。

认知错觉或新行为经济学

第三种理性与高度活跃的"认知错觉"（cognitive illusions）的研究纲领有关，这种纲领最接近我们所谓的新行为经济学。这是由认知心理学启发的、由特沃斯基（Tversky）和卡尼曼（Kahneman），以及许多知名的研究者比如科林·卡默勒（Colin Camerer）、理查德·塞勒（Richard Thaler）、马修·拉宾（Matthew Rabin）、赫什·舍夫林（Hersh Shefrin）和弗农·史密斯（Vernon Smith）研究的直觉和偏差纲领。当后凯恩斯主义者羡慕行为经济学有能力影响正统经济学和金融的时候，他们心中考虑的正是这种版本的有限理性。认知错觉纲领提供了一个改良过的实证实在论（empirical realism），拥有更实在主义的假设。直觉和偏差学派的主要目标是"理解既可以产生有根据的也可以产生无根据的判断的认知过程"。第二个目标（或者达成第一个目标的方法）是证明判断的错误，即与理性的系统性偏差（Gigerenzer，2008，p. 6）。

很多实验总结得出，个人并不是按照标准新古典理论的方法来做出决策，尤其是期望效用理论。它们已经证明，很多被认为近似于认知错觉的现象会出现，比如偏好逆转、自负、框架效应①、锚定效应②、代表性和可得性。"众多直觉和偏差学派的经验心理学家和经济学家已经表明在不确定性下的理性行为模型不仅是非常不正确的，而且作为现实的描述是完全错误的"（Taleb，2007，p.185）。因此，主要的结论就是当事人基本上是不理性的，而且从本质上也是不理性的。有限理性在这里被理解为"人们具有内在的认知限制"的事实，"这使其在判断和决策中出现错误"（Todd and Gigerenzer，2003，p.146）。无论阿克洛夫和席勒（Akerlof and Shiller，2009）在宏观经济学方面所做的工作多么有趣，他们强调凯恩斯的动物精神、自信、公平和欺诈，这使其掉入了同样的陷阱。对他们而言，改良宏观经济学意味着重视不理性的反应，并且处理那些不受经济驱动和不完全理性的当事人。

从后凯恩斯主义角度看，这种方法的问题在于与"疯狂的"标准理论之间存在的系统性偏差不应该被自动地认为是判断错误（Gigerenzer，2008，p.86）。这种对所谓的非理性的证明或认知错觉产生于与标准的比较，这个标准以新古典的最优化为基础，并且建立在一个对所有相关信息碎片进行权衡和平均化（即综合）过程的基础上（Berg and Gigerenzer，2010，p.136）。换言之，标准的新古典决策模型是这类文献的比较基准。森特（Sent，2004，p.743）清楚地发现了这个问题，指出新行为经济学开始于新古典经济学的理性假设，接下来分析了对这种尺度的偏离，而没有发展

---

① 框架效应是指一个问题的两种在逻辑意义上相似的说法却导致了不同的决策判断。——译者注

② 锚定效应指的是人在做决策的时候，会不自觉地给予最初获得的信息过多的重视（由心理学家特沃斯基和卡尼曼提出，且卡尼曼曾因该发现而获诺贝尔奖）。——译者注

出一个替代理论。新行为经济学并没有质疑主流经济学的理性行为
标准。

因此，尽管塔勒布从直觉和偏差研究中得出了刻薄的结论，认
知错觉方法依然能够获得正统经济学的支持，正如以上分析所示，
这是其中的原因所在。事实上，那些的确质疑了正统经济学的理性
描述并寻找替代理论的旧行为经济学家并没有得到主流的很多关
注。相反，正统经济学家愿意接受新行为经济学的心理学观点，因
为这些观点不会威胁到正统经济学。换言之，回到我们第 1 章的分
类法，直觉和偏差这类异见者是正统异见者中的一部分。正如伯格
和吉仁泽（Berg and Gigerenzer，2010，p. 153）所指出的，新行为
经济学家很快发现"能够获得主流更广泛认可的最简单的方法就是
基于约束条件下的最优化提出的稍微修改过的新古典模型……它接
受的是弗里德曼的虚拟信条"。这可以由几段森特的引文来证明
（Sent，2004，p. 743）。例如，森特（Sent，2004，p. 749）引用卡
默勒、勒文斯坦（Loewenstein）和拉宾来断言新行为经济学的核心
是一种信念，即相信为经济学分析增加实在论的心理学基础将会改
善经济学本身……这种信念不意味着全盘否定新古典的经济学研究
方法……新古典的方法是有用的。森特（Sent，2004，p. 743）也引
用了卡默勒的观点，根据卡默勒，直觉和偏差方法支持的新心理
学为有限理性提供了一种建模方法，这更倾向于标准经济学而非
西蒙所考虑的更激进的背离。直觉和偏差方法不再被认为是激
进的。

森特（Sent，2004，p. 750）同样认为西蒙的观点在新行为经济
学的发展中被迅速地清除了出去。西蒙如何对待直觉和偏差方法的
发展本身就是有趣的。西蒙最初"为与期望效用的系统性偏差得到
证明而喝彩"（Gigerenzer，2008，p. 86），他得到了这种印象即新

行为经济学已经证明了标准理性模型的虚假性。直至后来他才意识到直觉和偏差方法盗用了他关于有限理性的概念，因为尽管新行为经济学家反驳了最优化理论可以描述理性行为，但他们依然将其视为标准。

一些后凯恩斯主义学者也许和西蒙最初的反应相同；他们需要进一步转换到西蒙后来的反应，要意识到必须超越认知错觉的观点，厄尔（Earl, 1988）将其与伪行为经济学方法联系起来。因此，我们必须介绍环境一致性理性的观点。

2.2.2 环境一致性理性

上述三种理性的定义都依赖于模型一致性理性，这种理性是描述实际行为、虚拟行为或行为规范。奥唐纳（O'Donnell, 1991, p.81）认为这种正统的理性观点指的是超理性、极端理性或伪理性。与此相对，他提出了"合理的"或"可察觉的"理性，他将这种理性定义为当当事人面临含糊性或根本不确定性时，即奥唐纳所称的不确定性领域时，凯恩斯所倡导的理性观点。但是我们必须更进一步。有限理性应该描绘所有情况的特征，即所有既不是过度简单，其解决方法也不是过度明显并且包括不确定性情况的所有情况。正如已经指出的，西蒙将正统观点视为总体理性或实质理性，他提出了替代性观点即有限理性或程序理性。

旧行为经济学

对西蒙而言，一个策略是否理性取决于当事人面临的环境。西蒙提出了一个马歇尔式的类比，即决策过程有两个方面，仿佛两个刀刃：人类心智的内在局限性；任务的复杂性以及决策所处环境的复杂性。一个理性的决策过程必须将这两个方面都考虑在内。良好的决策机制必须主动适应信息环境。这样，现实主义的理性概念就是环境一致性理性（environment-consistent rationality），也就是吉仁泽所称的生态理性。这种理性一定是生态的有两个原因：第一，它将信息环境考虑在内；第二，当事人遵循的决策规则可以使其节省时间并且获得有限的信息。事实上，吉仁泽（Gigerenzer，2008，pp. 14 - 15）提供了一张表，列出了直觉和偏差学派所谓的认知错觉的 12 个例子，一旦将信息环境考虑在内，这些例子也可以被重新评价为理性决策。

吉仁泽主张决策者使用的适应工具箱依赖于"快"和"节约"的直觉。直觉是走捷径般的决策过程。"如果直觉能在很短时间内解决问题，那么它是快的；如果它能使用很少的信息解决问题，那么它是节约的……直觉是在充满自然复杂性的现实世界环境中起作用，其中的最优策略往往是未知的或者在计算上是不可追溯的"（Gigerenzer，2008，pp. 7 - 8）。人类的直觉是生态理性的主体。它所需要的所有东西就是寻找、停止和决策规则。人类理性依赖于考虑到问题复杂性和信息负载量的合理理性。当事人认为最优化就是"紧身衣"或者"一种枯燥的建模"，既没有时间进行最优化，又认为最优化没有用处（Taleb，2007，p. 184）。在大多数情况下，尤其是在存在多元目标或者并不熟悉要解决的问题的情况中，最优化是不可追溯的。相反，程序理性仅需要恰当的理性。詹姆斯·马奇（James March，1978，p. 590）认为当事人发展出了在给定约束下"可察觉的"程序。相似地，理查德·西尔特（Richard Cyert）和西蒙提供了以下在商业中的关于程序理性的扩展性定义。

商业企业中的理性是一种将其知识、信息、计算能力和理论理解的局限性考虑在内的理性。

这种理性对经验原则进行了扩展性应用，但对其进行更精确的理论应用是不可能的，或者因为对理论不理解，或者难以获得用于估算参数的数据，或者因为必须在不确定性的条件下进行决策。（Cytert and Simon，1983，p. 104）

吉仁泽所倡导的研究纲领与后凯恩斯主义在讨论理性时所提出的相同。他想要提出一个关于经济当事人行为的实在论理论，一个基于实际行为和实际信息环境、没有最优化假设的理论。

赫伯特·西蒙在研究理性规则时强调真实的人的行为，真实的人并不进行最优化，在大多数情况下也并不计算效用和概率，该纲领发展了西蒙的这种观点。我们可以回想起这个纲领不同于最优化纲领的地方就在于它分析的是实际过程——直觉——而非在方便的数学结构基础上建构虚拟模型。不同于认知错觉纲领，它直接分析了决策过程而非试图去证明现实对作为虚拟模型基础的假设的偏离。（Gigerenzer，2008，pp. 89 - 90）

除了后凯恩斯主义者，尤其是彼得·厄尔（Peter Earl）之外，谁会支持这样一个纲领呢？正如表 2 - 2 所示，很多行为经济学的派别支持环境一致性理性。这些学派通常都与所谓的旧行为经济学有联系。这当然包括在卡耐基梅隆大学与西蒙有关的那些人，比如西尔特和马奇。不过，这也包括托莫（Tomer，2007）定义的其他行为经济学派别，特别是乔治·卡托纳（George Katona）和密歇根学派，他们强调了消费者和商业信心在支出决策中的重要性，以及理查德·纳尔逊（Richard Nelson）、西德尼·温特（Sidney Winter）的演化理论，他们运用生物学的类比去解释商业演化。一些学者也应该被归入此类，例如莫里斯·阿特曼和托莫本人，他们从哈维·

莱宾斯坦（Harvey Leibenstein）的 X -非效率论① （X - inefficiency thesis）中汲取灵感。制度主义者（例如霍奇逊的研究）与吉仁泽提出的研究纲领也有明显的联系，他们与演化经济学、人道主义经济学以及社会经济学的研究紧密相关。我们认为支持多主体建模的学者也支持生态理性，他们使用的是非最优化行为规则。最后，正如我们将在讨论定价理论时发现的，以及正如李（Lee，1998）所示，至少有两个研究传统支持非最优化定价规则，即英国的牛津价格研究团队和美国的与行政定价相关的研究者，因此他们与环境一致性理性紧密相关。

快速与节约优于复杂精妙的最优化程序

吉仁泽提出的快速和节约直觉与直觉和偏差学派相比，包含几个令人惊奇的特征。第一，它宣称人们在进行惯例决策或者重要决策时依赖于直觉。第二，这样的行为规则之所以被使用，是因为它使经济当事人即使面对棘手和复杂的问题，也能够节省时间以做出决策。第三，一个人遵守简单的规则通常比利用复杂的最优化规则能够获得更好的结果，后者常出现重大的估计错误。第四，结果证明忽视一部分相关信息可能是更加节约的：少比多更好。后一种特征的一个明显的例子就是第 1 章结尾所讨论的元回归分析。斯坦利等人（Stanley et al. ，2010）已经表明，当真实的实证效应伴随发表偏倚②

①　X -非效率是美国哈佛大学教授莱宾斯坦提出的反映大企业内部效率及水平状况的一个概念。他认为，大企业特别是垄断性的大企业，外部市场竞争压力小，内部层次多，关系复杂，机构庞大，加上企业制度安排方面的原因，使企业费用最小化和利润最大化的经营目标难以实现，导致企业内部资源配置效率降低。莱宾斯坦称这种状态为"X -非效率"（X - inefficiency）。——译者注

②　发表偏倚是临床医学文献中的一个广为人知的现象。阳性的研究结果发表的机会更多，发表的速度更快，所发表刊物的影响因子更高。获得发表的研究是获取结论的主要依据，因此，过分强调阳性结果可能造成误导。——译者注

时，最好是抛弃其中 90% 的研究，计算最精确的 10% 的研究的平均影响。这将会得到对真实影响的最精确的估计。

运用直觉规则处理更少的信息获得的结果为何比运用一些最优化程序处理所有信息获得的结果更好呢？吉仁泽（Gigerenzer，2008，pp. 40‒41）提供了一个预测高中辍学率的示例。在该示例中，存在很多解释变量，直觉规则或最优化规则可以从这类高中的半数的统计数据中得到，预测结果可以由另一半数据进行评估。最优化规则通过对所有变量进行多元回归得到。一个直觉规则是建立在唯一的最优预测变量上，即"选择最优"规则；另一个直觉规则是选择所有变量，然后给予其相同的权重。图 2‒1 显示了这种实践的结果。最优化程序获得了最好的拟合度，在预测第一部分时其预测的准确率最高。相反，当通过预测另一半高中的辍学率来检测这三种程序时，最优化程序的准确性不幸下降了，并且其预测准确率下降至低于两种直觉规则。当用其他几个相似的问题来重复这个试验时，获得了相似的结果。

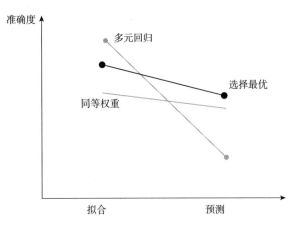

图 2‒1 最优化程序、直觉规则的拟合和预测

我们从这种实验中得到的教训就是，同多元回归一样，复杂策略在预测过去时很有效，但它们并不擅长预测未来。这与凯恩斯对时间序列计量经济学的批判相似。这也与 2008 年全球金融危机爆发时中央银行发现动态随机一般均衡模型存在的问题相似。

因为动态随机一般均衡模型被几个自由变量调整过，因此它们在拟合过去的数据或者预测很近的未来时表现很好。然而，随着金融危机的出现，这些最优化模型却被证明毫无用处。我们可以对很多试图取代期望效用理论的模型提出相似的批评。除了后悔理论①（regret theory），这些模型中最著名的就是由卡尼曼和特沃斯基（Kahneman and Tversky，1979）提出的前景理论②（prospect theory），它与其声称要替代的模型同属于"似乎教条"类别，因为它假定风险选择就是权衡和整合所有可获得信息的结果。新行为经济学的模型比期望效用理论包含更多自由变量，因此毫不意外的是它们可以解释更多样化的选择。但是一旦这些自由变量被固定下来（比如通过更早的实验），比起简单的直觉规则，如没有可调节参数

① 圣克拉拉大学的梅尔·斯特曼（Meir Statman）教授是研究"害怕后悔"行为的专家，即由于人们在投资判断和决策上经常容易出现错误，而当出现这种失误操作时，通常感到非常难过和悲哀，所以，投资者在投资过程中，为了避免后悔心态的出现，经常会表现出一种优柔寡断的性格特点。投资者在决定是否卖出一只股票时，往往受到买入时的成本比现价高或是低的情绪影响，由于害怕后悔而想方设法尽量避免后悔的发生。——译者注

② 前景理论是描述性范式的一个决策模型，它假设风险决策过程分为编辑和评价两个过程。在编辑阶段，个体凭借框架（frame）、参照点（reference point）等采集和处理信息，在评价阶段依赖价值函数（value function）和主观概率的权重函数（weighting function）对信息予以判断。价值函数是经验型的，它有三个特征：一是大多数人在面临获得时是风险规避的；二是大多数人在面临损失时是风险偏好的；三是人们对损失比对获得更敏感。因此，人们在面临获得时往往小心翼翼，不愿冒风险；而在面对失去时会很不甘心，容易冒险。人们对损失和获得的敏感程度是不同的，损失时的痛苦感要大大超过获得时的快乐感。——译者注

的词典序性质的规则，前景理论预测到的主要选择的比例更低
(Berg and Gigerenzer，2010，p. 143)。能够对过去进行一个很好的
拟合不等同于能够预测未来。

与其试图去评价当事人应该做什么，我们应该评价他们实际上
如何进行决策。人类不是尽力去最优化；相反，他们进行有根据的
推测，这与生态理性相一致。托德和吉仁泽（Todd and Gigerenzer，
2003，pp. 148 - 149）主张人类依赖于四个主要的直觉去做出恰当的
决策。第一，他们基于对品牌名称、企业名称等的识别做出选择。
第二，他们可能根据唯一的线索抉择，比如"选择最优"的直觉。
第三，他们可以通过排除法进行决策，比如特沃斯基（Tversky，
1972）提出的通过视面模型（aspect model）的排除。第四，个人
设置了期望水平，当期望水平达到的时候就停止了对替代物的搜
寻。这是西蒙（Simon，1955）著名的"合意"（satisficing）[一个
结合了满意（satisfy）和满足（suffice）两个词的新词]的概念，
它是最优化的对立面。"越来越多的实验证据表明人类的确是以生
态理性的方式、运用简单的直觉进行决策，他们运用的信息尽可能
少，并且使他们的信息和搜寻选择与其所处环境中的结构相适应"
(Todd and Gigerenzer，2004，p. 154)。

2.2.3 程序理性规则

为了应对不确定性和缺乏处理已有信息能力的情况，生态理性
因此包括可以避免复杂计算和考虑的方法，以及即使信息不完全也
可以进行决策的程序。这些程序中有一部分是有意识的，我们可以
称其为规则；而另外一些是无意识的，我们可以称其为习惯
(Hodgson，2004)。例如，我们作为消费者的很大一部分支出都是
基于习惯。此外，为了进行快速决策，我们要使用捷径。因为这些

程序不依赖于最优化行为，所以它们经常被视为市场失灵的例子，以及有时被蔑视地称为经验法则。然而，在一个充满物质和复杂性的世界，这些经验法则是理性的，因为"它们是企业（或个人）在一个充满不确定性和不完全信息的复杂环境中进行决策的行为模式的指南"（Cyert and Simon，1983，p. 105）。

真实世界中存在大量经验法则的例子：投资决策的偿还期；企业或零售商的成本加成定价策略或全成本定价策略；正常的产能利用率；所有类型的财务比率，包括目标收益率、杠杆率、现金比率、企业的流动比率；对想要借款的家庭而言，其利息支出与毛收入的比率；所有的官僚规则。这类案例不计其数。规则使个人或组织可以在不必考虑或不必重新考虑所有可得信息的条件下进行决策。

就更一般的程度而言，凯恩斯和西蒙已经提出了很多程序来应对决策过程的复杂性，尤其是在根本不确定性的情况中。它们是：

（1）当达成一个令人满意的解决方法时，停止搜寻。

（2）将现在和最近的过去视为未来的指南。

（3）假定现在对未来的评价是正确的。

（4）遵循大多数人的观点。

（5）当现有行为存在太多不确定性时，寻找替代行为。

（6）采取可以减少不确定性的行为。

（7）当不确定性太大的时候，推迟决策。

（8）进行局部调整。

规则 1 已经在之前谈过，它事实上是生态理性的核心。它假定决策者设定了一个期望水平，以此来区分哪些是可接受的，哪些不是。然而，既然当事人是要寻找可接受范围内的一个解决方案，而非所有解决方案中最好的一个，因此就避免了对所有可能性进行排序的问题。当事人不必详细地考虑所有的选择。这是合意规则的最大优势。

接下来三个处理根本不确定性的规则由凯恩斯于 1937 年在《经济学季刊》（*Quarterly Journal of Economics*）发表的著名的文章中提出，在这篇文章中他强调对经济行为的描述必须融入根本不确定性这一概念。规则 2 和 3 或多或少能让我们联想起运用适应性预期进行的经济预测，它将最新的信息纳入了预期。这恰恰是预测机构一般会提供的信息，也是企业寻找的信息。凯恩斯（Keynes，1936，p. 152）表明这是一个惯例，但是一个不稳定的惯例。

规则 4，即依赖于大多数人的意见，也许是含义最为重要的规则。当可获得的信息不是非常可靠或者难以处理时，理性的反应好像是依赖于其他人的观点，我们或者认为其他人是更加知情的或者他们代表了应该在市场上盛行的主流观点。正如凯恩斯（Keynes，1973，xiv，p. 114）在 1937 年那篇文章中所说，"当我们知道自己的判断毫无价值时，我们就试图求助于世界上其他也许更加知情的人的判断"。在非常不确定的情况下，强烈理性的错觉将这样通过模仿其他人而被保护起来（Orléan，1999）。正如凯恩斯所说，当个人模仿其他人时，社会发展出了一种惯例判断。我们这里所说的是一种超级惯例，一种依赖于其他人的惯例观点的社会惯例。

这里的理性是如果我们随波逐流，我们可能有更小的概率葬身火海。例如，除非一个人是更知情的投机者，否则当其他人是乐观的时，即当人们预期有效需求很强烈时，发布一种新产品就是理性的。我们对自己的观点越不自信，我们就会越依赖于其他人的判断。此外，正如凯恩斯（Keynes，1973，ix，p. 156）所说，假如一个银行家遵守所有的规则和专业传统，并且和他的少数同事一起破产，那么这个被摧毁的银行家是一个完美的银行家。这种说法确实被全球金融危机所证实。"人情世故教导我们与其不按照惯例地让声誉提升，不如按照惯例地让声誉下降"（Keynes，1936，p. 158）。

这种模仿性行为具有重大影响。我们已经提到的规则、财务比率等将会通过模仿而正常化。它们不仅构成了对决策有帮助的指南，而且成为了必须被推崇的规范和惯例。这些规范不一定是所有人观点加总后的平均，因为一些人的观点被认为比其他一些人有更大的权重。结果就是这些规范代表了很大程度上由一些有权势且德高望重的群体所决定的观点。我们已经将生态理性和现实主义的预设联系了起来。现在我们发现生态理性或程序理性与有机论的预设相一致（Lawson，1985；Winslow，1989）。当企业家和家庭进行决策或设定偏好的时候，他们依赖于习惯、风俗、惯例和规范。这意味着在很大程度上，当我们继续分析总体经济时，我们不必再深入探究个人行为的错综复杂的细节，而只需要研究在被认可惯例基础上的社会不同群体和阶级之间的相互作用。因此，方法论有机主义和生态理性的预设就相一致了。当我们考虑信息处理的局限时，个人主义方法论的局限性甚至会更加显著。

但模仿导致了第二个重要结果。惯例的观点改变了社会，也改变了经济。索罗斯（Soros，2010）通过反身性（reflexivity）这一概念尤其强调了这一点，谢克（Shaikh，2010）对这一概念加以规范化。在根本不确定性的世界中，现实和未来的自然状态是未知的，反身性的存在——模仿其他人的观点和行为——将会使一个原本不确定的世界变得更加不确定。沙克尔所谓的关键决策将会变得更具有决定性，它们的比例也变得更大。

我们已经认识到惯例是对不确定性和过量信息的主要反应，还有待说明的是这些惯例什么时候会变化。规则 5 意味着如果旧的惯例难以提供令人满意的答案，它们就必然被替换。尤其是当旧惯例意味着不确定性水平太高时，我们就必须收集新信息并且发现一些新的思维方法。必须设计带来更多信心的行动。例如，当政治危机和经济危机爆发的时候，不确定性经常会增加，结果就是现在必须抛弃之前被认为是合理的惯例。这当然就是后凯恩斯主义者分析的困难所在：在确定规范和管理的重要性以后，问题是这些规范什么时候变化；这些惯例什么时候被替代？一定有一些机制来解释习惯的演化，但是除了外部冲击因素和一些内生的创新因素之外，后凯恩斯主义者几乎没有提供什么解释（Bianchi，1990）。这当然是熊彼特学派以及制度主义和凡勃伦演化经济学的贡献：解释惯例为什么和如何变化，即为创造性理性提供一个理论（Fernández-Huerga，2008，p.721）。

规则 6 和 7 是对不确定性和能力不足的基本反应。一般而言，当事人会尽量避免在充满大量不确定性的情况下进行决策。在特级替身演员的情形中，他们尽力去排除不可计算的事物（不确定性），同时他们知道不能根除所有的风险，因此企业试图通过签订合同和扩展它们的控制领域来降低不确定性的程度。我们认为可以用一个企业对不确定性的控制程度来衡量它的权力。最后，当怀疑太大的时候，人们总是可能推迟抉择（Pasinetti，1981，p.234）。这是规则 7。从某种程度而言，它解释了经济的波动。投资需要有意识地选择增加或者替代现有的资本存量。此外，当消费者收入增加而又不确定要购买何种产品时，他们总是可以通过储蓄的方式推迟其消费决策。这与基于习性的总消费理论相一致（Marglin，1984a，chs 17 - 18）。如果不论出现什么情况都必须进行决策，那么决策策略可能随着不确定性水平的提高而变化。例如，古典决策理论通常假定风险厌恶型当事人遵循一个最大化策略；即他们的选择行为可以使其可能的最大损失最小化，而非追求一个可以使其最小所得最大化的策略。我认为这些策略的选择与个人的心理特征没有关系，而是在可获得的相关信息的相对水平足够高的时候，更冒险的策略看起来更具有吸引力。当不确定性更大时，人们往往遵循更谨慎的策略。

最后，规则 8，也就是局部调整规则，说明了当事人将不会因为条件的变化而彻底改变原有的策略。或者是因为他们知道这个变化是暂时的，或者是因为他们不确定信息的质量，因此他们的反应仅导致了规则的局部调整。杜梅尼尔和莱维（Duménil and Lévy，1993，p. 184）尤其提倡这一规则，他们主张"当经济当事人面对不均衡时，调整是重要的方法"。尽管当事人可能也结合一些前瞻性因素，但他们基本上必须依赖于客观的后顾性变量。这被新凯恩斯主义者所质疑，他们宣称在其关于新菲利普斯曲线的经验研究中，预期通货膨胀率是实际通货膨胀率的一个显著的决定因素。但是当调整项（误差校正项）被考虑在内的时候，前瞻性预期通货膨胀率的显著性就消失了，只有过去的通货膨胀率可以决定现在的通货膨胀率（Bjørnstad and Nymoen，2008）。

2.2.4 对理论分析的启示

现在是时候评价凯恩斯或奈特的不确定性观点以及西蒙的程序理性观点对经济建模的启示了。我们在上一部分已经看到，主流经济学家从根本上拒绝了根本不确定性的观点，因为他们害怕经济建模的虚无主义后果。他们不仅害怕标准的最优化模型不能被使用（它们当然不能），同时他们也害怕引入不确定性会撕毁建立法律法规时的任何伪装。此外，对新古典经济学家而言，如果模型没有建立在约束条件下进行最优化的微观基础上，那么该模型是不科学的，因为它们不依赖于个人理性。本部分接下来要证明这些恐惧不过是杯弓蛇影。

我们首先来解决根本不确定性的虚无主义成分的问题。正如我们已经指出的，我们必须承认那些强调不确定性的重要性的学者一般而言过高地估计了不确定性对经济分析的破坏性结果。我们可以追溯两个破坏性的路径：一是基于当事人非理性的假定；另一个是基于资本主义经济体系的不稳定性。到目前为止，读者应该已经确信，本体论和认识论的不确定性不一定引起不理性的行为。事实上，刚好相反，在《概率论》和《就业、利息和货币通论》中，凯恩斯都努力基于人类知识和能力的有限性来定义关于程序理性的一个现实的实践理论。当事人没有任何知识时，理性不可能建立在简单的概率基础上，而是必须转向基于惯例和其他程序的可替代策略。关于此点，"我们可以认为凯恩斯将整个经济学理论建立在了一个单一的、显而易见的、非新古典的当事人理性概念的基础上"（O'Donnell，1989，p.272）。

第二条路径遵循了凯恩斯的一些观点，但通向了虚无主义的结论。因为长期的决策取决于脆弱的基础并且受到突发性变化的影响，因此他们假定不确定性导致不稳定性（Keynes，1973，xiv，p.114）。对一些人而言，这意味着可以以历史时间设定一个合适的理论，因为历史上这些观点的急剧变化已经被记录在册，但这样一个理论却超越了经济学的研究范围。目前我们仍然坚持凯恩斯的观点，众所周知，他也认为不确定性对经济的影响是稳定的，因为多样化的观点和持有观点的信心确保了对消息的总反应的缓和（Keynes，1936，p.172）。我们这里的立场是除了在异常的危机（分叉点①等等）中，根本不确定性与程序理性的结合会产生正常模式。

---

① 对于某些完全确定的非线性系统，当系统的某一参数 μ 连续变化到某个临界值 μc 时，系统的全局性性态（定性性质、拓扑性质等）会发生突然变化。——译者注

　　本书基本的观点是程序理性的规则和惯例使当事人免于对经济环境的每一次扰动做出反应。因为当事人没有被假定对一些目标函数进行最大化，因此他们不必对方程参数的每一次小的变化都做出反应，不管这些变化可以被客观确定，还是从歇斯底里的主观视角被评价。假定新信息可以使当事人处于满意的范围，当事人会继续遵循现有的程序。正如我们之前所说，不确定性的影响是否稳定取决于当事人如何反应。不确定性本身既不是一个破坏稳定的力量，也不是一个可能促进稳定的力量。只有在危机中，当所有的规则或惯例都被弃置时，不确定性才成了破坏稳定的力量。正如海纳（Heiner）所说，在正常的环境中，不确定性是规则的根源。他总结道："不确定性越大，由规则支配的行为表现出来的可预测的规则越多，因此不确定性成为可预测行为的基本根源"（Heiner，1983，p. 570）。其他后凯恩斯主义者也各自得出了同样的结论："在真实世界中，经济体系互相耦合地运行，之所以如此，恰恰是因为不完全信息造成的界限，而不是如同传统理论那样忽视不完全信息"（Earl，1983，p. 7）。

　　海纳的结论建立在下述命题的基础上，即不确定性越大，做出错误决策的风险也越大；即当改变程序导致损失的时候决定改变，而当改变程序能增加所得的时候反而决定不改变。如果世界是确定的，一个人总是可以在合适的时间做出改变。然而，当世界是不确定的且存在不完全信息时，人们会接收到很多错误信号，结果就是只有预期所得很高时，即所得（或者是与不改变的情况相比的净所得）和概率都很高时，改变现有行为看起来才是有价值的。这样的话，海纳的观点就建立在某种对事件的概率和观点的权重进行补偿性计算的基础上。凯恩斯在《概率论》中提出了相似的观点，他认为为了进行决策，"我们应该考虑权重和不同预期的概率"（Keynes，

1973，viii，p. 83)。

上述所讨论的建立在经验规则基础上的模型（比如成本加成、目标收益定价法、正常的财务比率、标准产能利用率、消费倾向和字典序规则等等）的启示是完全合理的，因为它们依赖于与正常经济环境相适应的理性。在一个充满不确定性和有限计算能力的世界中，除了最简单的问题以外，经济当事人不得不接受程序理性。建立在经验规则基础上的模型不是特别的理论建构，主流经济学认为它们是特别的，是因为它们不是从一些不证自明的最优化体系中推导出来的。相反，它们反映了有理智的当事人的理性。同样地，就实在论而言，它们比标准主流经济学模型拥有更加坚实可靠的微观基础。事实上，当我们思考这个问题时，你觉得哪一个是更特别的呢：是假定经济当事人遵循一些经验规则，并且一旦达到某个临界值他们就会满意；还是假定当事人无所不知、无所不能，并且在宏观层次上具有代表性的当事人在既充当消费者又充当生产者时，还能够最大化一些彼此毫不冲突的效用函数？在驳斥这些谴责的时候，非正统经济学肯定感到轻松安乐；正是正统理论才使用了特别的模型（Amable et al.，1997）。运用生态理性是完全合理的，因为人们正是按照这种方式来进行决策的。

2.3 家庭选择理论

尽管后凯恩斯主义者花费了大量努力来研究宏观经济学、货币问题和方法论问题，但是他们很少关注微观经济学，表面上看起来尤其是在避免消费者选择问题。例如，在两本关于后凯恩斯主义经济学的入门书籍中，尽管二者出版时间间隔长达 20 年，但依然没有一章讨论消费者理论（Eichner，1979；Holt and Pressman，

2001）。然而，尽管后凯恩斯主义理论明显忽视了这个理论，但是后凯恩斯主义依然有消费者选择理论，这个理论建立在最著名且最高产的后凯恩斯主义学者，诸如琼·罗宾逊、路易吉·帕西内蒂、爱德华·内尔、菲利普·阿雷蒂斯和阿尔弗雷德·埃希纳的基础上。这类消费者选择理论显示出很大程度的一致性，而且在我看来，他们与后凯恩斯主义的其他理论非常契合。德拉科普洛斯（Drakopoulos，1992b）甚至主张凯恩斯本人心中所想的就是非正统经济学的消费者选择理论。

本部分旨在分析后凯恩斯主义消费者理论的研究纲领，以及表明这样一种纲领与制度主义者、社会经济学家或人本经济学家、生态经济学家、营销专家的研究计划，经济心理学文献，以及一些主流经济学中的异见分子的研究存在诸多协同之处。

2.3.1　后凯恩斯主义关于消费者选择理论的一致性观点

一般而言，我们可以认为与新古典经济学家相比，后凯恩斯主义经济学家非常不信任市场价格机制有能力解决当代经济问题。这个怀疑建立在驳斥或者至少是质疑主流学者赋予价格配置资源作用的基础上。后凯恩斯主义经济学家怀疑替代原则的一般稳健性。这些怀疑是因为他们认为生产要素一般是互补的，而非相互替代的，以及大多数活动是因为合作与信任才获得了成功。这种对替代选择的怀疑应用至消费者理论意味着后凯恩斯主义学者并不认为价格通常是购买选择的关键决定因素，因此他们质疑消费者或者个人是否基于补偿原则进行决策。正如阿雷蒂斯所说（Arestis，1992，p.124），"后凯恩斯主义关于家庭需求的理论始于下述基本假设：收入效应而非替代效应是最重要的"。上述说法是正确的，不仅因为缺乏替代效应，而且也因为消费选择会随着收入增加而扩张

(Rassuli and Rassuli，1988，p. 461)。

厄尔的两本书（Earl，1983；1986）对一个可能的后凯恩斯主义消费者理论做了最详细的考察，上述提到的观点在书中相当明显。阿洛斯（Arrous，1978）、埃希纳（Eichner，1987，ch. 9）、德拉科普洛斯（Drakopoulos，1990；1992a；1994；1999）、拉和苏珊（Lah and Sušjan，1999）、加勒兹（Gualerzi，2001）和费尔南德斯-韦尔加（Fernández-Huerga，2008）的研究也为后凯恩斯主义消费者选择理论做出了特别的贡献。很显然，这些研究与厄尔起初定义的后凯恩斯主义消费者理论存在大量重合。然而，我认为为了了解后凯恩斯主义消费者理论，读者应该首先阅读一篇雷内·罗伊（René Roy，1943；2005）——一个与非正统经济学无关的学者——写的文章。

在他鲜为人知的文章中，罗伊（Roy，2005）提出了几个预设，这可以构成后凯恩斯主义消费者选择理论的核心，与后凯恩斯主义的其他理论也兼容。例如，罗伊驳斥了消费者的偏好（需求）可以解释消费品的价格，这样就否定了新古典基于稀缺性的价值观点。他也驳斥了无差异曲线可以普遍应用，因为他认为这样一个抽象表述不能真正代表人类的需求。他主张从某种程度而言，商品可以根据共同的性质划分为几个商品组，替代效应可以在一个组内发挥重要作用，但不能在不同组间发挥作用。此外，他认为这些商品组可以按照层级制进行排序，随着消费者最迫切的要求得以满足以及收入不断提高，他们可以从一个商品组移向另一个。核心组商品（必需品）价格的变化将影响对外围组或自由决定组（奢侈品）商品的需求，但相反的是自由决定组商品价格的变化并不影响对核心组商品的需求。

很明显，罗伊的观点与后凯恩斯主义消费者理论的共同立场有紧密的联系，可用如下七个原则表示（Lavoie，1994；Drakopoulos，1999）：

（1）程序理性原则；

（2）需要满足原则；

（3）需要可分原则；

（4）需要从属原则；

（5）需要增长原则；

（6）非独立性原则；

（7）遗传原则。

尽管这七个原则本身不言自明，接下来我们依然要对它们进行简要的解释。同时，以下是摘引自过去和现在后凯恩斯主义领域领导者的几段引言，它们清楚地阐明了引言中提到的不同观点的趋同。引言里括号中的数字表明上述七个原则中与引言对应的原则。

【6】消费中存在一种竞争，这种竞争产生于与同邻居比富有的愿望，它使每个家庭都努力让自己的生活至少看起来和身边的人一样，因此一个家庭的花费引致了另一个家庭的花费……【4】一般而言，需求处于层级制中（尽管每一个层次都有相当大的重叠），【5】并且如果一个家庭的真实收入增加，它不会利用增加的收入将同一层级的每一种商品都多购买一些，而是使自己降低层级。（Robinson，1956，pp.251，354）

【4】尽管给定任何一个真实收入水平，商品之间当然有可能存在替代，但需求是有层级的。【5】更确切地说，消费者需求中存在确定的优先次序，因此当真实收入增加的时候，这种次序会在不同商品和服务组中体现出来。（Pasinetti，1981，p.73）

【3】我认为购买多种多样的消费品是为了满足不同的物质需要，因此替代只有在极其狭窄的子类别里才会发生。【6】第二，替代的可能性受限于社会惯例和已有品味……【4】家庭支出遵循字典式排序。(Arestis，1992，p. 124)

【3】我认为，所有的需求和满足理论（除了新古典）都否定了替代的一般性，并且假定需求和满意都处于层级制中……【4】既然需求是分层次的，那么建构一个具有恰当替代性质的效用函数的偏好体系是不存在的……只有最基本的需求被满足之后才会有更高级的需求；就极端情况而言，任何不同层次的需求之间是不可替代的（尽管在满足同样需求的商品之间可能存在替代）。(Schefold，1997，p. 327)

【2】这个故事的寓意是价格变化对很大范围的商品而言都几乎没有影响或根本没有任何影响，并且可能出人意料地有很大的影响……【6】当然，即使给定生活方式，也存在很多种满足某种社会功能的方式，这些方式可以相互替代，因此价格变化将会导致消费变化。【3】但是这些替代只发生在同种商品和服务之间……在同一种类内，替代可以发生，但是在不同种类间，互补性是规则……商品越特殊，替代的可能性就越大，商品的种类越一般，互补性就越固定。(Nell，1992，pp. 396 - 397)

【5】后凯恩斯主义者一般假定在随着时间推移不断扩张的经济体中，收入效应将比相对价格或替代效应更占支配地位……【3】只有在相当狭隘的子范畴中，替代才会发生。【4】就这种意义而言，消费者偏好是字典式排序……【6】因此，在任何给定的时间点上，家庭的消费模式均反映了构成其社会偏好群体的生活方式。(Eichner，1986a，pp. 159 - 160)

所有这些引言都表明后凯恩斯主义者对消费者理论有共同的观点，这些观点体现在以上所列的七个原则中，我们将在下一节对其进行讨论，并在后续章节举一些例子。需要注意的是，接下来我将交替使用单个消费者（individual consumer）和家庭（household）两个术语，如果考虑到女性主义经济学家的观点，这种用法也许并不恰当（Danby，2004，p. 62；Hanmer and Akram-Lodhi，1998）。

2.3.2 后凯恩斯主义消费者选择的原则

程序理性

我们已经用整整一个小节来讨论了程序理性或生态理性，因此这里将不再过多讨论。在这里我们能够补充的是消费者使用的大量快速而节约的规则是建立在非补偿程序的基础上，如果达到某个阈值，他们就只会考虑某些因素或某个可能的单一因素，从而在某一给定目标下得到合意的结果。规则常常建立在层级制的基础上。非补偿原则的主要优势，正如达尔（Dhar，1999）所说，是导致了比补偿性原则更多的决策：当不存在决定性优势的时候，人们不会进行任何决策，购买决策会被推迟。

需要满足

第二个原则即需要满足原则，这可以类比新古典边际效用递减原则（或不满足原则），但它在后凯恩斯主义消费者理论中具有特殊的意义。这里满足产生的同时价格为正且收入有限。存在不同消费水平的临界值——满足水平——在超过这个临界值以后，商品或者它的性质不会给消费者带来任何满足。在超过这个临界值以后，不管商品价格如何，消费者都不会再购买这种商品。

正如卢兹和卢克斯（Lutz and Lux，1979）所做的，我们必须谨慎地区分想要（wants）和需要（needs）。心理学家亚伯拉罕·马斯洛（Abraham Maslow，1954）与罗伊（Roy，1943）提出的分类观点相同，他们都认为需求存在层级，其中一些需求比另一些更加基本，这意味着它们必须优先被满足。因此，一切需要都是不平等的。一些需要一定会比其他需要更早地被满足。需要受限于层级制分类，这是消费者行为的动力。相反，想要是从需要演化而来的。它们可以相互替代，并且构成了"在相同类别中或在共同需要水平下的多样化偏好"（Lutz and Lux，1979，p. 21）。在定义后凯恩斯主义消费者理论的后两个原则时，这个区分将非常有用。

在标准经济学中，任何一种东西都被贴上效用的标签。每一种想要都可以与所有其他想要进行比较，从而所有的想要都是平等的。将多样化的想要进行排序是可能的，但这个排序仅仅依赖于每一种想要创造效用的能力。然而，这不是古典经济学家的观点，也不是边际主义经济学家的原初观点（Drakopoulos and Karayiannis，2004）。卡尔·门格尔（Karl Menger）和阿尔弗雷德·马歇尔（Alfred Marshall）都考虑了需要的层级，即不同组的想要彼此之间可以相互区别。门格尔提出了一系列具有不同重要性的需要：水，食物，衣服，住房，交通和烟草（!），从最必需的到不太必需的（Lutz and Lux，1979，p. 18）。马歇尔也意识到存在多种多样的需要，一些需要比其他需要更为基本。根据他的讨论，我们可以确定以下不同层级水平的需要：生物需要（食物，衣服，避难所）；健康，教育和安全；友谊，情感，归属感，与社会习俗保持一致；差异；卓越；道德（Haines，1982，p. 111）。

上述罗列看起来与马斯洛及其人本主义心理学派提出的需要金字塔惊人地相似。这一金字塔由五个系列的需要构成，从最基本的需要到最高级的需要：生理需要（空气，水，食物，性，睡眠）；安全需要（健康，教育，避难所，稳定，保护）；社会需要（又被分为两个子系列，一方面是归属感和爱的需要，另一方面是自尊和他人的尊敬）；最后是道德需要（马斯洛称为自我实现，即寻求真理、公平、美学、生命的意义和成就感）（Lutz and Lux，1979，p. 11；Lea et al.，1987，p. 499）。毫无疑问，尽管这个列表是各自独立完成的，但确定的需要却是按照相同顺序排列的。因此，我们可以猜想上述提到的顺序是重要的。这不意味着所有人的排序都相同，也不意味着所有的需要不会相互渗透，但我们无疑可以假定每个人都接受上述某种排序。事实上，后来的研究似乎证明了需要主要集中于两个或三个层级水平：较低的水平是马斯洛的前两种需要；较高的水平包括爱、尊敬和自我实现（Lea et al.，1987，pp. 146，501）。这两个需要层次可以相应地被概括为我们想要拥有的东西和我们想要成为什么样的人。

需要可分

需要可分原则主张需要的种类或支出的种类彼此之间可以相互区分。在开尔文·兰开斯特（Kelvin Lancaster，1971）讨论的例子中，商品用具有多种性质的消费技术矩阵来表示，可分的需要与商品的子矩阵以及由可分解矩阵产生的性质有关。需要可分原则在消费者需求的计量模型中被广泛使用，它假定支出的多种类别分别进入总效用函数。在史托斯（Strotz，1957）的效用树分析方法中，需要可分原则得到进一步发展，因为这些支出的多种类别被进一步划分为几个子分支。

需要可分使消费者可以将决策过程划分为一系列更小的多阶段决策，并且与西蒙（Simon，1962）为了解决复杂体系或复杂问题而主张的层级制原则保持一致。消费者首先将他的预算分配于不同的需要，然后不管其他需要发生什么，都将该分配的预算支出到多种想要之中或者每一种需要的子集中。在给定某个想要的类别的条件下，商品的相对价格的变化对不同需要之间的预算分配没有影响，然而当一种给定需要的商品组的总体价格下降时，将会影响所有需要的预算分配。需要可分原则对新古典的价格替代原则（并非不予考虑）强加了大量的限制，因为需要可分原则严重地限制了不同商品组之间的替代度。

事实上，大量的实证研究表明，消费支出的一般类别自身价格弹性和交叉弹性很低。埃希纳（Eichner，1987，p. 656）指出大部分弹性并非显著地不等于零，并且他从技术的立场出发主张所有的系数（它们的绝对值）可能是实际值的过高估计。这与第 1 章中讨论的通过元回归分析得到的结果相一致。

需要从属

如果我们超越了需要可分原则，引入第四个原则即需要从属原则，那么就增加了进一步的限制。这一原则表明效用不能用一个独一无二的全方位的效用测量来代表；它只能用一个向量来表示，并且不再具有连续性。需要的从属性原则经常与人本主义心理学派所描述的需要的金字塔概念或需要的层级水平相关（Lutz and Lux，1979）。需要的可分原则和从属原则的融合可以推出乔治斯库·罗根的不可约原则。需要是不可约的。它们是协调一致或不能比较的；即一种度量标准（价格或效用）不能完全体现这个性质。

在效用树分析的案例中，通过假定货币首先分配给必需品其次是自由决定的需要上，就解决了第一个阶段的预算问题。分配给必需品的预算类别与自由决定需要的预算类别不能相互替代。之前讨论的所有原则最终都指向了层级制：需要是可分的，并且最基本的需要在优先顺序中最先被考虑，直至它们在某个临界值得到满足。

一些研究为不可约原则提供了一些支持，尽管它们仅仅考虑了物质商品。例如，约翰逊（Johnson，1988）已经表明，在进行决策的时候，不管价格如何变化，具有很少共性的商品更有可能按照字典序排列；消费者基于基本的支出类别来排除商品。相似地，希佩尔（Sippel，1997，p. 149）发现："每一个调查对象对一些商品都表现出显著的偏好，而其他商品即使价格很低也根本不被选择。"正如我们所预期的那样，只有在能够满足相似需求的商品中才会发生频繁的替代，比如可口可乐和橙汁。一般而言，调查对象都不遵守"显示性偏好公理"，该公理建立在预算约束条件下消费者进行效用最大化的新古典理论的基础上。此外，他主张这些消费者是易于犯错的或非理性的，摆脱这些结果的一个方法就是假定这些消费者是根据需要可分和从属原则进行选择的。

尽管严格的字典式排序是不可能的，但是更复杂的字典式排序的方法已经被提出来了，该方法选定消费者目标和临界值，即加入了后凯恩斯主义消费者理论的第二个原则，合意原则（Earl，1986）。这些非补偿性的排序机制不仅是合理的，而且与程序理性兼容，因为我们并不要求完整的效用映射。消费者在对最基本的需要进行决策时不用考虑更高水平需要的信息要求。消费者不需要知道作为更高水平需要一部分的商品的价格，不需要对不能实现的或超越其满意水平的替代选择进行排序（Drakopoulos，1994）。

新古典学者否认需要具有从属原则。我们推测，这主要是因为需要的不可约将对新古典理论及其替代原则造成毁灭性后果。不可约的需要意味着它们是不可比较的，因而不是所有的东西都有一个价格。交换并不总是可能的。如此流行于选择理论家中的阿基米德公理就不能成立了（Earl，1986，p. 249），流行于一般均衡理论家中的总替代公理亦会破产（Eichner，1987，p. 632）。

很多经济学家试图将乔治斯库-罗根的需要不可约原则与兰开斯特的特征研究路径相联系。兰开斯特（Lancaster，1991）本人已提出了这样一个步骤，他称之为"统治"（dominance）。艾恩芒格（Ironmonger，1972）已经提供了这样一种比较综合研究。在后凯恩斯主义学者中，阿洛斯（Arrous，1978，p. 277）和拉沃（Lavoie，1992b，pp. 78-85）对与不同性质的商品组相联系的不可约的需要进行了分析。其他后凯恩斯主义学者比如帕西内蒂（Pasinetti，1981，p. 75）和内尔（Nell，1992，p. 392），建议接受兰开斯特关于特征分析的极端形式。

如果用规范语言来叙述，那么从属原则的一个重要结果就是，效用指数不能再用一个标量表示，而要代之以向量（Encarnación，1964；Fishburn，1974）。对新古典经济学非常重要的总替代和交易的概念成为了无足轻重的现象，只有在狭义范围内才会起作用。尤其是处理道德问题，例如诚实、宗教和生态问题时，从属原则或层级制特别有意义。生态经济学过去的研究的确已经表明，当涉及生物多样性、野生动植物和森林时，很大一部分个人拒绝用物质商品进行交换。基于支付意愿或者接受补偿性意愿的成本-收益分析试图将生态或森林保护的非市场价值考虑在内，但正如我们将看到的，从属原则和层级制对这种成本-收益分析有很大影响。

需要增长

在假定需要有不同层级水平的条件下，消费者如何向金字塔上方移动，从核心的基本需要移向更高但更外围的需要水平？基本的答案就是个人可以因为收入效应而移向更高层级的需求水平。（琼·罗宾逊认为消费者会降低层级，意思是基本需要或者生存需要有很高的优先性，而自由决定的需要有较低的优先性！）在满足原则之后还有需要增长原则——后凯恩斯主义消费者选择的第五个原则。

当一种需要被满足的时候，或者更确切地说，当那种需要的临界值已经达到时，个人开始致力于满足更高层级水平的需要。总会有新的需要等待被满足。如果需要还不存在，消费者将会通过创新将它们创造出来，但是这需要时间（Gualerzi，2001）。然而，通常要有收入才能满足需要。为了从一种需要水平移至另一种，个人的真实收入要增加。因此，新需要的满足、新商品或服务的购买与收入效应密切相关。只有在消费者的收入大于某个临界水平时，他们才会购买具有特殊性质的商品（Chattopadhyay et al.，2009）。这是后凯恩斯主义者考察有效需求这一宏观经济学收入效应的微观经济学基础。可以断定在解释商品支出变化时，收入效应比替代效应更加重要。只有在涉及相似的商品或者可以满足相同需要的商品时，替代效应才对消费者行为的静态分析起很小的作用。事实上，相对价格的变化只有在对真实收入有影响时才会影响不同需要之间的预算分配。正如帕西内蒂（Pasinetti，1981）和埃希纳（Eichner，1987）所认为的，恩格尔曲线——需求的数量和真实收入之间的关系——也许能够为对多样化商品需求的演化提供最佳解释。

许多社会学和心理学的研究可以用来解释为什么消费者想要超越其生理需要和最基本的物质需要。这通常建立在与其他消费者进行某些比较的基础上。根据基于符号学的消费理论，消费商品是一种可以向外部世界显示其所处阶层的标识（Baudrillard，1972）。这引起了人们对归属感或常态化的渴望。消费者想要证明他或她属于社会的某个阶层，属于消费者层级的某个群体。这能够为消费者带来满足感。

传统理论对替代效应的强调使其忽视了对消费层级和收入效应的研究。除了生理需要以外，习俗也是具有相似文化的人拥有或多或少相同需要层级的主要原因。一个家庭的消费模式"反映了构成其社会偏好群体的其他家庭的生活方式"（Eichner，1986a，p. 160）；即"给定其在社会金字塔所处的位置，每一阶层的消费都将受到其恰当的生活方式概念的指导"（Nell，1992，p. 393）。因此正如经验研究所显示的，个体家庭的消费模式受到与其收入或工作类型相似的家庭的需求结构的影响（Alessie and Kapteyn，1991）。

与需要增长原则相关的另一个问题是物质需要和道德需要进行对比的问题。这是卢克斯和卢兹（Lux and Lutz，1999）在合作时所强调的，也是艾齐奥尼（Etzioni，1988）的研究所强调的。尽管很多人依然怀疑在物质商品领域中字典式排序的可能性，大量学者认为除非一个人是理性的傻瓜，正如森（Sen，1977）所说，当道德问题利益攸关因此道德问题和物质商品不能比较时，人们将会采用字典式排序。现在，在环境研究中，字典序偏好的应用主导了对标准新古典意愿价值测量的批判（Gowdy and Mayumi，2001；Spash and Hanley，1995）。对那些支持绿色选择的人而言，后凯恩斯主义消费者选择理论可成为其强大的（学术）论据。

非独立性

接下来要讨论的是非独立性原则。传统理论对替代效应的强调也使其忽视了消费者理论中的学习过程。消费者怎么排序他们新的支出机会？他们如何学习花费其额外购买力？消费者观察并模仿其他的消费者。偏好并非与生俱来的；消费者通过经验，通过模仿其朋友或处于更高消费层级的人的消费模式获得偏好。一时的风尚可以使一种特定商品大量销售，这可以被邻居、亲戚、朋友或熟人消费的信息内容所解释。社会经济联系对购买的影响强化了哲学家皮埃尔·布迪厄（Pierre Bourdieu）所主张的观点，即需求的构成取决于社会经济阶层（Trigg，2004）。人们的决策和偏好依赖于其他当事人的决策和偏好。一个家庭的消费模式能够反映构成其社会偏好群体中其他家庭的生活方式。市场营销部工作人员试图通过广告宣传来诱使人们遵循"恰当的"生活方式（Hanson and Kysar，1999a；1999b）。企业确保家庭要消费它们生产的商品。企业不想确定需求；它们创造需求。

非独立性原则这一术语要归功于约翰·肯尼思·加尔布雷斯（John Kenneth Galbraith，1958），他在《丰裕社会》（*Affluent Society*）中提出了这一概念。但是，正如梅森（Mason，1998）所说，非独立性与大量的关于炫耀性消费和生活方式的社会经济研究有关，这些研究受到了索尔斯坦·凡勃伦（Thorstein Veblen，1899）、杜森贝里（Duesenberry，1949）和哈维·莱宾斯坦（Harvey Leibenstein，1950）以及他们所提出的虚荣效应和从众效应的启发。消费者的选择依赖于其他人的选择，财富和消费与其他人相比的相对水平是影响我们满意度和幸福感的关键因素。

处于更高层级消费水平的人试图通过炫耀性消费将自己和他人区别开来，而处于中等层级的消费者试图跨越其所在层级的界限。在这种情况下，上层阶级制定的规范将会定义短期的消费构成。本着这种精神，莱宾斯坦（Leibenstein，1950）提出了虚荣效应和凡勃伦效应：前者指对某种商品的整体总需求越大，消费者对这种商品的需求就越小；后者指商品的感知价格越高，消费者的需求量就越小。相反，其他家庭将试图模仿所谓的消费规范，以显示自己属于恰当的层级。这就是莱宾斯坦所说的从众效应。所有这些被营销专家概括为三个标题。所有消费者都属于实属群体（家庭，朋友）；

所有消费者都有参照群体，他们将自己和这个群体进行比较；所有消费者都有梦想群体，这个群体是他们渴望属于但实际上并不属于的群体（Goodwin et al.，2009，p. 255）。

雷内·吉拉德（René Girard）的"嫉妒"是对定制化消费者行为的另一种社会学解释。吉拉德的"嫉妒"与郎西曼（Runciman）的相对剥削概念非常相似。当个人想要某个参照群体所拥有的商品并认为他们应该获得这种商品时，他们会有相对剥夺感。嫉妒（envy）就是一种希望获得别人所拥有的东西的渴望。因此它和妒忌（jealousy）相区别，妒忌是一种希望保留自己所拥有东西的渴望。广告宣传的目的除了创造购买习惯以外，就是激发人们嫉妒的感觉。广告宣传使人们意识到与自己社会地位相同的人在从事什么，并且指出应该如何抑制嫉妒的不快乐的感觉：消费者仅仅需要购买与自己社会地位相同的人的消费结构中的商品即可（Dumouchel and Dupuy，1979，p. 47）。因此，模仿和嫉妒决定了消费规范。不管产生行为的原因是什么，结果均是相同的：需要的层级制对所有人而言都是相同的，因为所有消费者都试图模仿那些处于社会更高层级的人的消费模式。这些消费精英决定了趋势。"模仿效应通常遵循社会层级制；富人和名人的消费方式确定了其他人渴望追求的标准（或者有时这些消费方式确定了其他人反抗的标准）"（Nell，1992，p. 396）。

通过研究市场营销、模仿和嫉妒，关于非独立性效应的文献在过去几年间大量出现。最近经济繁荣以及作为其后果的金融危机可以解释为家庭试图和与自己社会地位相同的人保持一致，尤其是暂时地通过信贷在不动产市场上购买房产（Brown，2008；Cynamon and Fazzari，2008）。此外，幸福经济学试图去解释一些悖论，比如只要达到了某种生活水平，真实收入更多增加并不一定增强幸福感。德拉科普洛斯（Drakopoulos，2008）对此进行了解释，他认为因为真实收入增加带来的基本需要（金字塔底端的需要）的满足将会增强幸福感，但如果超过了基本需要，情况就不是如此，因为除了收入以外，生活多样化的因素将会变得更加重要。这个基于嫉妒和相对收入位置分析的另一个结果就是幸福是其所处消费者层级的函数。属于更高收入阶层的人一般认为自己比那些收入更低的人更加幸福（Scitovsky，1976，p. 136）。

遗传或禀赋效应

第七个也就是最后一个原则是乔治斯库-罗根（Georgescu-Roegen，1950，p. 130）所称的遗传假设。与标准新古典假设相比，在现代行为经济学中的一个更加被认可的事实是决策的顺序（或者决策的方法）会对决策产生影响。事实上，行为经济学家已经重新发现了遗传原则，他们将其称为禀赋效应而广为人知（Kahneman，2011，p. 292），并将其与其他行为理论，即预期理论和损失厌恶联系起来。品位不是给定的。偏好是内生的并且具有特定的背景。决策取决于参照点。在损失厌恶的情况中，他们主张人们不喜欢损失自己已有的东西，即使他们被提供了更高的价值作为交换。遗传原则将历史事件融入了选择理论。这意味着有某种程度的路径依赖。选择中存在迟滞现象，正如克里韦利（Crivelli，1993，p. 119）所指出的，这也许是经济学中讨论的第一种迟滞现象。

乔治斯库-罗根敏锐地指出非独立性原则必须与遗传原则区分开，后者严谨地分析了时间即历史问题对决策理论发挥的重要作用。

　　然而，应该强调的是，刚才谈到的遗传机制绝不能同其他人采取的外生经济行为（从个人的观点来看）对个人偏好的影响相混淆，比如广告、创造虚假社会区别的阴谋等等。正确的遗传效应是指个人与生俱来的特征。它们与外生因素是否起作用无关。（Georgescu-Roegen，1950，p. 128）

遗传效应也能与学习联系起来。消费者学习如何使用某种商品。他们所掌握的知识或者他们知识的缺乏限制了他们使用和购买的商品的类别。莫尼尔和万（Munier and Wang，2005）认为这限制了非独立性效应在知识经济中的力量。

2.3.3 字典序性质的选择

我们假定需要是呈金字塔形状的。在每一种需要里，比如家具，都有很多可能的选择。理性的家庭如何在这些可能性中进行决策？我们之前主张经济当事人遵循经验规则以避免进行耗费时间的决策。在消费者行为中，大量的消费支出都具有重复性质，我们可以认为这些支出的大部分是遵循惯例的。也有一些支出项，通常是半耐久或耐久性商品，不是惯例决策的结果而需要进行有意识的选择。后凯恩斯主义认为一般而言，经验规则是某种非补偿性的选择。这些具有字典序性质的规则事实上可以应用于三个层面。第一，我们已经发现需要是可以被排序的，一些需要比另一些有优先性。第二，在一个给定类别的需要里，可能有几种子需要，例如可以满足住宿需要的家具。首先，消费者必须决定哪种家具具有优先次序：床，卧室家具，桌子，餐具，厨房用具，书架，沙发，画，多种家庭电器用具和小配件。其次，我们可以谈到次级需要中的想要。在这个层次上，我们已经证明家庭建立了一套消费模式（Paroush，1965；Clarke and Soutar，1981 - 1982）。人们总是会先选择一些商品而非另一些。最后，正如已经详细讨论过的，字典式排序也影响了实际的商品决策。这就是厄尔（Earl，1986，p. 183）所说的非补偿性过滤程序。

字典式排序可以采取几种形式。最极端的形式就是天真的字典序规则，它指的是基于某种单独的特征进行选择（Earl，1986，p. 233）。不管商品的其他特征如何，只要这种特征的商品得分最高，它就会被选择，除非出现平局，那样的话在优先次序上排名第二的特征就成为关键因素。图 2-2 阐述了这种排序，相对于点 A，消费者更喜欢点 B，因为特征（或需要）z_1 比特征 z_2 具有优先性，但相对于 B 消费者更喜欢 C，因为在特征 z_1 上二者相等，而 C 在特征 z_2 上大于 B。虽然如此，看起来更合理的更多非补偿性过滤原则也是可能的。它们可以被称为行为字典序程序。图 2-3 阐述了这样一种可能，它依赖于一种饱和或满足水平 z_1^*。不管 z_2 的大小，只要 z_1 更大，消费者就会更喜欢这种商品。在图上，基于优先次序，相对于点 A，消费者更喜欢点 B，但点 B 和点 C 是无差异的。因此我们可以写为：

$$\text{若 } z_1 < z_1^*，\text{则 } S = S(z_1) \tag{2.1}$$

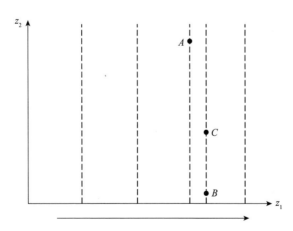

图 2-2 天真的字典式排序

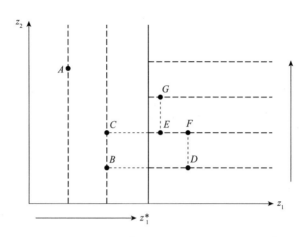

图2-3 字典式排序，具有饱和点

现在，我们转向图2-3的右半部分。我们假定超过了z_1^*的饱和水平，满意度取决于饱和水平z_1^*和第二个特征z_2。图中不同组合的偏好的排序可以用以下不等式表示：$G>F=E>D>C$。注意消费者对组合F和E是无差异的，因为我们假定一旦超过了饱和水平z_1^*，特征z_1的大小就对选择没有影响。满意水平为：

$$若 z_1 \geqslant z_1^*，则 S=S(z_1^*，z_2) \tag{2.2}$$

在图2-4中，我们假定z_1^*不是饱和水平，而是一个临界值。这意味着尽管消费者超过了这个临界值，使特征z_2变得对满意度有影响，但z_1的增加依然能增加满意度。在超越z_1^*之后，我们面临的是通常的补偿性无差异曲线，对此可以运用标准分析。以下等式或不等式会满足：$F>D=E>C=B>A$。满意水平可以写为：

$$若 z_1 < z_1^*，则 S=S(z_1) \tag{2.3}$$

$$且若 z_1 \geqslant z_1^*，则 S=S(z_1，z_2)$$

最后，我们可以展示另一种由乔治斯库-罗根（Georgescu-Roegen，1954）提出、由恩卡纳西翁（Encarnación，1964）加以规范化并且与罗伊（Roy，1943）的消费者选择观点有关的字典式排序。图 2-5 阐释了这种排序，它对应的是临界水平而非饱和水平。在小于临界水平 z_1^* 时，对应第一种优先次序，偏好根据特征 z_1 水平的高低进行排序。然而，对给定的 z_1 而言，当事人更喜欢特征 z_2 更高的点而非更低。在大于临界水平 z_1^* 以后，情况相反：偏好根据特征 z_2 进行排序，但是对给定的 z_2 而言，当事人更喜欢特征 z_1 更高的点而非更低。这样建构的曲线代表了准无差异曲线，有时也被称为行为曲线。现在这些曲线上所有的点都可以被清楚地排序。这就是使用箭头所代表的含义，这也是准无差异曲线与标准的水平或垂直的代表上瘾行为的曲线的区别。假设有两种商品，A 和 B，提供了特征 z_1 和 z_2。我们可以写为：

当 $z_1 < z_1^*$ 时，若 $z_1^B > z_1^A$ 则 $S(z_1^B, z_2^B) > S(z_1^A, z_2^A)$

当 $z_1 \geqslant z_1^*$ 时，若 $z_2^B > z_2^A$ 则 $S(z_1^B, z_2^B) > S(z_1^A, z_2^A)$

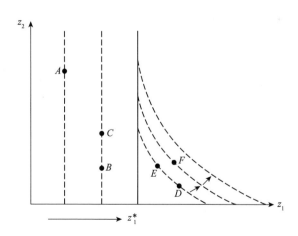

图 2-4　字典式排序，无差异曲线超过临界值

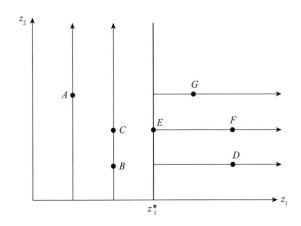

图 2-5　字典式排序，具有乔治斯库-罗根的准无差异曲线

图 2-5 满足以下偏好：$G>F>E>D>C>B>A$。标准的效用分析现在不足以代表这种排序。从数学角度来看，当所有特征或所有商品都可以相互替代时，这种对偏好的向量表示将比标准的效用分析更加复杂。然而从决策的角度来看，事情会更加简单。个人不必评价金字塔形的可能性来进行决策，不需要试图计算一种特征的损失是否可以通过另一种的增加来补偿。没有补偿也能完成决策。个人仅仅需要评价是否到了临界水平。此外，当某个家庭重组时，字典式选择可能是解决内部冲突的主要规则，从而保证做出家里所有人都接受的决策（Earl，1986，ch. 6）。

2.3.4　字典式排序和生态经济学

生态选择能够为图 2-5 表示的那种字典式排序提供一个很好的例子。后凯恩斯主义选择理论与生态经济学有诸多相同之处，两者都强调大多数选择具有多维度的特征。彼得·伯德（Peter Bird，1982，p. 592）在也许是第一篇后凯恩斯主义学者研究生态经济学的文章中主张，与新古典经济学相反，"可替代性环境政策之间的选择必须在超过一维的条件下来决定"。这个主题在可持续发展和森林管理的支持者中一再出现。戴维·本斯顿（David Bengston，1994，pp.523-525）宣称"多维或多极观点坚信人们普遍认为的价值不能被减少到只有一个维度，并且所有的东西不能在同一天平上被赋予价值——价值固有地具有多重维度"。这当然是社会经济学的一个重要特征（Etzioni，1988），一些生态经济学家对此也表示支持。

爱德华兹（Edwards，1986）、斯蒂文斯等人（Stevens et al.，1991）、洛克伍德（Lockwood，1996）、斯巴什和汉利（Spash and Hanley，1995）、斯巴什（Spash，1998）、范登博格等人（van den Bergh et al.，2000）、高迪和真弓（Gowdy and Mayumi，2001）以及康德（Kant，2003）都已经在生态领域明确提出字典式选择。前五个学者运用图表展示了字典式选择，指出字典式选择抛弃了新古典经济学的无差异公理（我们将其称为阿基米德公理或总替代公理）。这些学者并没有宣称所有当事人都会表现出字典式选择行为。相反，他们主张绝大部分人——有时被称为伦理学家或利他主义者——展现出了同环境密切相关的行为，用新古典经济学的代表性当事人来解释这些消费者是具有误导性的，也会不恰当地阐释人们对环境的观点。这尤其适用于意愿价值评估①研究。

众所周知，在标准的新古典选择理论框架中，支付意愿和接受意愿（或销售意愿）明确地用于测量希克斯消费者剩余，二者应该相等（微小的收入效应除外）。然而，大量研究已经表明对接受意愿的估计大大超过了对支付意愿的估计。这个差异很可能有 3～10

---

① 意愿价值评估法（contingent valuation method，CVM）是当前世界上流行的对环境等具有无形效益的公共物品进行价值评估的方法，是主要利用问卷调查方式直接考察受访者在假设性市场里的经济行为，以得到消费者支付意愿来对商品或服务的价值进行计量的一种方法。——译者注

倍（Knetsch，1990，p. 228），当环境问题纳入考虑之后就变为 3～50 倍（Gowdy，1993，p. 236）。洛克伍德（Lockwood，1996，p. 91）指出，在被评估商品之间几乎不存在替代时，即对应于需要的不同层级水平时，这些差异会非常大。

关于这种现象存在多种解释。第一个明显的解释是遗传原则，指相比于我们还未得到的东西，我们更加看重已经拥有的东西（Knetsch，1990；Gowdy，1993）。遗传原则无疑可以通过图 2－6 反映出来。假设正如卡尼曼（Kahneman，2011，p. 290）所提出的，雇佣工人有机会增加工资或增加闲暇或者某种可被接受的二者组合。这些可被接受的组合通过图 2－6 所示的标准无差异曲线 BB′ 表示出来，初始情况在 A 点。假设两个代表性工人分别选择了点 B 和点 B′。遗传原则认为，一旦工人经历了 B′ 或 B，他们就都不会想移向无差异曲线 BB′ 的其他任何一点，甚至不愿意移向诸如点 C 的其他点，理论上点 C 处于某条高于 BB′ 的无差异曲线上。原因就是处于点 B′ 的工人不愿意降低工资，尽管这可以伴随着闲暇的延长，而处于点 B 的工人同样不愿意缩短闲暇，尽管他的工资会提高。

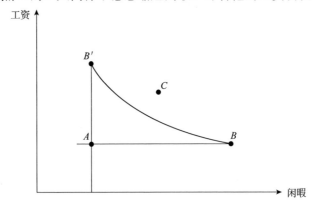

图 2－6　对遗传原则或禀赋效应的描述

　　第二个解释与字典式排序有关。消费者可能愿意支付少量货币来改善环境；但他们要求无限的货币补偿才能接受同样的环境质量下降。事实上，他们不愿意接受导致环境质量下降的任何交易。

　　这就将意愿价值评估研究中遇到的大量零出价或者无限出价以及拒绝出价凸显出来。零出价或者拒绝出价经常被视为没有兴趣改善和保护环境。同时，特别高的出价被清除了，因为它们不符合新古典的消费者剩余理论。然而，这些异常反应仅仅在严格的新古典框架中才会显得异常。正如爱德华兹首先指出的（Edwards，1986，p. 149），对于持字典序偏好的当事人而言，只要收入超过了最低收入标准，销售意愿就是无法定义的。因此，"对致力于保护野生动植物和子孙后代福利的利他主义者而言，当他被问及最低销售意愿时，不论他是拒绝出价、零出价还是给出一个特别高的出价，都恰恰是对未定市场的抗议"。

　　一些研究者已经调查了这些可能性。洛克伍德（Lockwood，1996，p. 99）总结道，他的试点研究表明"一些个人的确拥有复杂的偏好地图，其中包括保护天然森林免遭砍伐的字典序偏好"。斯蒂文斯等人（Stevens et al.，1991，p. 398）宣称大多数回应者给出的答案既不与新古典的交换理论相一致，也不同于字典序偏好。"然而，余下 80％的回应都与字典序偏好相一致。"斯巴什和汉利（Spash and Hanley，1995）研究了零出价背后的动机。他们发现几乎所有的零出价都不意味着认为环境的价值是零。相反，一些研究的参与者说他们没有能力支付任何东西，而大多数零出价的人主张生态体系的权利应该不计代价地得到保护，因此应该受到法律的保护。这与卡尼曼和尼奇（Kahneman and Knetsch，1992，p. 69）的观点相一致，他们认为参与意愿价值评估研究的人看到要使现有的原始风貌受到更多污染的问题时一定会感到愤怒，这种愤怒通过"将交易视为违法或者给出极高的出价"表达出来。

生态经济学中字典式选择重要性的图解

为了与字典式选择进行比较，我们首先说明标准新古典经济学的无差异曲线。我们假定消费者既关注用于个人消费的收入水平，也关心环境质量，例如附近原始森林的规模。图 2-7 受到了爱德华兹在其开拓性文章中提出的图表的启发，假定存在两条无差异曲线，消费者最初处于 U_0 无差异曲线上的点 A。假定环境品的规模从 E_0 减少至 E_d。众所周知，接受意愿由（Y_d-Y_0）的距离来测量。消费者对点 A 和点 D 的偏好无差异。为了与环境品的减少量（E_0-E_d）相交换，消费者愿意接受（Y_d-Y_0）的货币补偿。或者，如果消费者需要支付货币来保护环境质量的话，消费者或者放弃环境品，那么点 A 将水平移至点 B（处于更低的无差异曲线 $U-$ 上）；或者消费者愿意支付（Y_0-Y_c）的数量从而使环境质量保持在 E_0，在这种情况下消费者从点 A 垂直移动至点 C（同样处于更低的无差异曲线 $U-$ 上）。在比较规整的无差异曲线上，支付意愿和接受意愿大约相等，边际替代率递减的情况除外，正如图 2-7 所示。

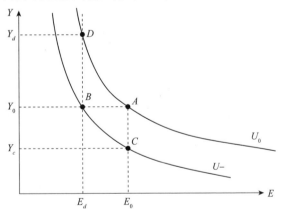

图 2-7　具有无差异曲线的新古典意愿价值评估

现在我们来研究字典序选择。我们举一个除了纯粹字典序选择之外的最简单的例子。在收入水平小于 Y^* 时，选择的主要因素是收入水平。这意味着对于任何低于 Y^* 的收入水平而言，不管环境品的规模如何，消费者都更加喜欢具有更高收入水平的组合。选择的第二个要素是环境品的规模或质量 E，只有组合的收入水平相等时，它才会有影响。相反，一旦达到了临界水平 Y^*（参见 Stevens et al.，1991，p.398），选择的主要因素变为环境品的规模，私人收入转变为第二个因素，只有组合的环境品相等时，才会对选择有影响。这个代数模型由洛克伍德（Lockwood，1996，p.89）提出，这与爱德华兹提供的图表案例相对应（Edwards，1986，p.148）。图 2-8 所示的 E 是这种情形。除了坐标轴互换外，它与图 2-5 表示的情况以及方程（2.4）相同，因为我们假定特征 z_2，这里指收入，在临界水平达成以前是选择的主要因素。

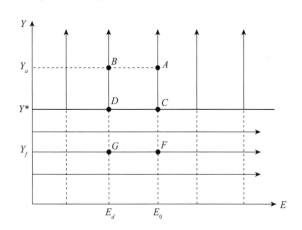

图 2-8 具有字典式排序和准无差异曲线的意愿价值评估

收入水平低于临界水平 Y^* 时，准无差异曲线是水平的，这意味着不管环境品提供的数量有多大，消费者都更喜欢更高的私人消费而非相反（相比于 F 更喜欢 D）。准无差异曲线越高，消费者越幸福。然而，对给定的收入水平，比如 Y_f，消费者更喜欢更多的环境品而非相反（相比于 G 更喜欢 F）。当收入水平超过 Y^* 时，环境品的规模成为排序的主要因素。准无差异曲线变为垂直曲线。准无差异曲线越向右，消费者效用越高（相比于 B 更喜欢 C）。但是对给定的环境品，比如 E_0，收入水平越高，消费者满意度越高（相比于 C 更喜欢 A），这是每一条垂直的准无差异曲线上的箭头的含义。

这样一种偏好对意愿价值评估研究的影响是什么呢？假定消费者开始于组合 A，收入超过了临界水平。如果消费者的环境品从 E_0 被要求减少至 E_d，这个人的支付意愿将是 $(Y_a - Y^*)$，即消费者收入水平与临界水平的整个差额。消费者将降低至组合 C。然而需要注意的是图 2-7 中新古典分析假定消费者对组合 B 和 C 是没有偏好差异的。这样，测量的支付意愿就低估了环境品在消费者心中的真实价值。此外，还需要注意的是不管提议环境品如何减少，消费者愿意放弃的收入都是相同的，除非环境品的减少非常少以至不会对消费者产生任何负面影响。同时，如果消费者开始于组合 F，低于收入的临界水平，支付意愿将为零，或者接近零，因为在这个区域内消费者总是偏向更高的收入水平。

那么接受补偿的意愿如何呢？从高于临界水平的组合 A 开始，接受意愿是无法定义的，因为不论多少货币都不能补偿环境质量的哪怕一点降低（Edwards，1986，p. 148；Spash and Hanley，1995，p. 193）。即使无限数量的货币也不能补偿环境品规模的损失，从而不能维持消费者原有的满意度。在收入超过临界水平以后，环境成为选择的主要因素，因此，这时环境品的任何减少都会降低消费者的满意度。

因此，字典式排序的选择就解释了为何征求支付意愿和接受意愿估计的意愿价值评估研究获得了差异巨大的结果。当另一种方法更合适的时候还是用一种更不合适的方法,这就不是一个无关紧要的问题了。此外,支付意愿估计没有准确反映消费者的交易意愿。正如洛克伍德(Lockwood,1996,p. 92)所指出的,"这种牺牲不被调查对象视为一种基于自由交换的交易,而是为了重获一种有价值的东西而付出的勒索赎金"。有鉴于此,难怪意愿价值评估研究中的一些受访者"或者拒绝参与调研,或者提供一个抗议性回应,或者试图通过夸大其反应以将非补偿价值引入其中,或者提出一个不同于希克斯福利变化的支付意愿"(Lockwood,1996,p. 91)。

因此,我们已经证明生态经济学与后凯恩斯主义经济学在谈到方法论和选择理论时存在紧密的联系,米尔曼(Mearman,2005)和瓦滕(Vatn,2009)尤其意识到了这一点。其他研究也强调了这两个传统之间的可能联系(Kronenberg,2010;Kesting,2011)。

2.3.5 特征和层级制

消费技术

现在的问题是:就某种程度而言,我们如何将前一部分发展的原则体系化?主流经济学之外的很多学者已经或明或暗地提出了各种体系化方法。卢兹和卢克斯(Lutz and Lux,1979)在人本经济学中将马斯洛的需求金字塔和乔治斯库-罗根使用的字典式排序或者字典式排序的一些形式放在一起讨论。阿洛斯(Arrous,1978)在寻找消费者行为更恰当的基础时,提出将乔治斯库-罗根的字典式排序与兰开斯特关于商品特征的分析放在一起讨论。这种方法与厄尔的一篇研究消费者行为的最新文章(Earl,1986,p. 234)相一致,而帕西内蒂(Pasinetti,1981,p. 75)推荐使用兰开斯特关于商品组的定义来确定某种需要。因此,我们试图将依赖于字典式排序的需要放在一起讨论，其中消费者基于非补偿性的优先性来进行决策。商品的特征而非商品本身将是关键的区别因素，不过，我们假定商品可以组合为不同的商品组。

我们必须意识到这种观点并非都是新的，也不是后凯恩斯主义所独有的。利等人（Lea et al.，1987，pp. 496-501）在心理经济学教材中，将兰开斯特的经济学和马斯洛的需求理论结合起来。兰开斯特（Lancaster，1971，pp. 146-156）在他自己的论证中指出需要层级的重要性由某些早期的边际主义者提出，他们将这些需要同商品的一系列特征联系起来。当价格为正并且收入有限的时候，兰开斯特通过饱和效应的可能性来解释层级。他建立了个人饱和需要和所属收入层级之间的关系，假定需要是部分地采用字典式排序方法（这就是之前指出的兰开斯特所提出的"统治"）。相似地，艾恩芒格（Ironmonger，1972）在乔治斯库-罗根关于效用和需要的区别的基础上继续分析，他使用的方法与兰开斯特相似。在艾恩芒格的书中，商品满足需要（兰开斯特所称的特征）需要采用字典式排序方法，有多种饱和水平和收入水平。然而，这些非正统观点在主流之中传播很少，因此可被视为典型的后凯恩斯主义观点。

我们首先考虑消费技术，即商品与其所包含的特征之间的关系。作为第一个近似，我们可以将这些特征视为各种各样的需要。我们假定一个很简单的消费技术，拥有三种特征 z_1，z_2，z_3，以及四种商品 x_1，x_2，x_3，x_4。我们可以得到技术矩阵 T，t_{ij} 指每单位商品所能提供的特征的数量。这时我们暂不考虑价格。因此，我们可以用矩阵形式表示为：

$$z = T \cdot x \tag{2.5}$$

更明确地，这个方程如下：

$$
\begin{vmatrix} z_1 \\ z_2 \\ z_3 \end{vmatrix} = \begin{vmatrix} t_{11} & t_{12} & t_{13} & t_{14} \\ t_{21} & t_{22} & t_{23} & t_{24} \\ t_{31} & t_{32} & t_{33} & t_{34} \end{vmatrix} \begin{vmatrix} x_1 \\ x_2 \\ x_3 \\ x_4 \end{vmatrix}
$$

如果所有的 t_{ij} 都是正的，这意味着这四种商品都包含三种特征。这四种商品可以提供相同的特征，但除非 t_{ij} 是成比例的，否则每种商品提供的这些特征是不同的。注意这里已经假定消费技术是线性的：如果商品的数量增加一倍，那么它提供的特征的数量同样也增加一倍。这个假设是简化的，不是很重要，除非我们试图基于最优化和选择的商品的独特性，从中推导出需求曲线的形状（Watts and Gaston，1982－1983）。

现在我们假定不是每种商品都能满足所有的特征。我们进一步假定可以根据特征满足情况将商品分开，即可以满足给定系列特征的商品不能满足其他特征。因此，这些商品构成一个固有的群体，即它们满足于非常精确且有限的需要。那么消费技术矩阵可以被分解为子矩阵。运用之前的符号，这样一个可分解矩阵的例子如下：

$$
\begin{bmatrix} t_{11} & t_{12} & 0 & 0 \\ t_{21} & t_{22} & 0 & 0 \\ 0 & 0 & t_{33} & t_{34} \end{bmatrix}
$$

将矩阵展开，商品和特征的关系如下：

$$z_1 = t_{11} \cdot x_1 + t_{12} \cdot x_2$$
$$z_2 = t_{21} \cdot x_1 + t_{22} \cdot x_2$$
$$z_3 = t_{33} \cdot x_3 + t_{34} \cdot x_4$$

在这个例子中，有两个本质上不同的商品组。第一个商品组由 x_1 和 x_2 构成，因为它们都满足特征 z_1 和 z_2，没有其他的商品可以满足这两种特征。我们也可以看到只有商品 x_3 和 x_4 可以满足特征 z_3，并且这两种商品不能满足其他的任何特征。因此，商品 x_3 和 x_4 也构成了一个与前一商品组不同的商品组。兰开斯特的观点是我们必须区分两种类型的替代效应。在一个商品组内，一种商品价格的上升可能导致其被所有消费者抛弃，因为其他的所有商品可以更有效地满足同样的特征，即具有更低的价格。兰开斯特将其称为效率替代。所有的消费者应该以相似的方式对待一个商品组的商品。上述例子中，在第二个商品组中，假设 t_{33} 比 t_{34} 大。这意味着如果两种商品都是消费篮子中的一部分，那么商品 x_4 的价格应该同比例地低于 x_3，否则商品 x_3 可以比商品 x_4 以更低的成本满足特征 z_3，那么消费者不会购买商品 x_4。效率替代纯粹建立在技术参数的基础上。它们与个人的偏好无关。当比较同一商品组内商品的特征或不同商品组之间商品的特征时，个人偏好会有影响。例如，如果当事人对特征 z_1 有强烈的偏好，而 x_1 能以更低的价格提供这种特征，那么相比于商品 x_2，消费者会更加喜欢 x_1，即使 x_2 可以更有效地提供特征 z_2。厄尔（Earl，1995，pp. 52 - 80）分别在存在和不存在字典序偏好条件下，为使用基于特征的分析提供了几种可视化的案例。

因此，我们可以看到个人效应和效率替代效应的结合可以提供主流理论通常依赖的价格替代效应。尽管当消费技术是非线性时，我们可以质疑商品组内商品的替代效应是否存在，但是正如上文所指出的，商品组的概念可以向某个方向拓展从而严格限制价格替代效应的程度。兰开斯特的分析可以被一般化为包括需要的概念和不可约性。事实上，子矩阵本身可以分解为子商品组（Arrous，1978，p. 259）。因此，我们可以认为效率替代效应仅仅存在于子商品组的商品之间。这些子商品组包含的商品从本质而言是相同的，即不同品牌（由不同生产商制造）的相同商品。个人偏好替代只能在相同商品组的子商品组之间发挥作用，而两种替代效应在不同商品组的商品之间不存在。因此，不可约的需要可以规范地表示为一系列商品组特征，这些系列之间不存在可通约性。这样一种消费者理论彻底减小了价格替代的影响范围和影响力。

对不可约性和需要的重叠的图解

图 2-9 表示了沿着预定线对消费技术矩阵的分解。在技术矩阵里，矩阵 A 的子矩阵 A_1、A_2 和 A_3 代表三个子商品组。在每一个子矩阵里都存在效率替代和个人替代。然而，在 A_1 和 A_2 的系列特征之间仅存在个人替代。同时，矩阵 A、B、C、D 和 E 正如马斯洛需求层级一样是按照主导顺序排列的；即矩阵 A 的特征满足的需求比矩阵 B 更基本，矩阵 B 的特征满足的需求比矩阵 C 更基本，依此类推。对应于矩阵 A 的需求必须被满足；即在消费者考虑属于矩阵 B 商品组的商品之前，矩阵 A 的多种临界水平和饱和水平要先被满

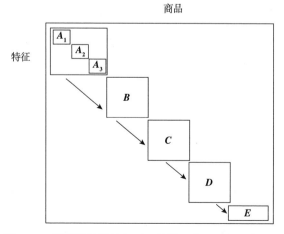

图 2-9　需要的从属性和不可约性：商品组和子商品组

足。对消费技术矩阵中的五个矩阵而言，我们可以认为这五个层次水平的需要对应于马斯洛的理论。因此在我们对术语进行区分后，我们可以认为矩阵 A、B 等代表不同层级的需要水平，子矩阵 A_1、A_2 等代表很大程度上可以被补偿的多样化的想要。

我们知道在现实中事情不会如此简单。我们已经发现马斯洛的需求层级没有被很好地证明，我们只能区分两种或三种可能的需要水平：一个对应于物质需要及其社会派生品，从中我们也许能将最必需的商品分离出来；而其他的商品符合更高的道德需要，两种水平真正地不可约并且相互独立。暂时先不考虑道德需要，我们认为消费者会为多种支出设置临界水平，例如交通、住房、假期和娱乐等，然后在每一个种类中决定字典式顺序，正如埃希纳（Eichner，1987，p. 648）在论证决策树时所做的那样。我们将按照层级制排序的各种各样的消费支出称为子需要。消费者将花费在字典式排序的子需要上的可能的支出进行排序，每一种子需要对应于一系列特征。尽管我们知道顺序不是不可逆的，但是只有最接近的子需要才能彼此替代。收入的每一次增加将会调整临界水平，因此随着收入的增加，每个消费者都会在很多场合下调整相同的需要。

这种行为可以在图 2-10 中表示出来。三个主要矩阵中的每一个都代表一种支出，比如食品、住房和娱乐。每一种支出的种类代表的特征彼此相关。A、B、C 等多个子矩阵代表多种子需要，每个字母代表子需要的排序。因此，消费者首先满足物质需要，这里就是食品，其次是其他必要的需要，比如住房。娱乐是最后被考虑的，但是当一些低临界水平被满足后，消费者就会调整评估需要是否正在被满足的标准，然后就会考虑新的特征。消费者可能寻找具有更加精致特征的食品（子矩阵 D），而非仅仅确保卡路里的摄入量。随着收入继续上升，可接受的房子的标准，例如将会提高，消费者可能开始寻找一些完全不同类型的房子，试图满足对应于矩阵 **E** 的子需要。所有的子需要因此都采用字典式排序方法，但因为不同需要之间存在相当数量的重叠，正如这部分开头所引用的琼·罗宾逊的表述，消费者可能会多次浏览每一种主要的需要。如果正如我们所预期的，顺序不完全是字典式排序，我们可以想象一种情况，其中子需要 **H** 要先于子需要 **G** 被满足，但是不能先于子需要 **F**。因此在相毗邻的两种需要的子矩阵间，个人偏好可能存在有限的替代效应，而效率替代只有在每一种子矩阵内部才有可能。

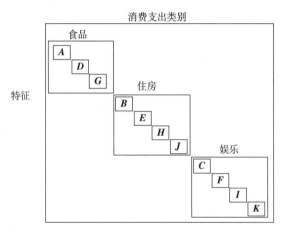

图 2 - 10　需要的从属与重叠：决策树和子需要

2.3.6　价格理论的重要性

价格替代的次要作用

正统经济学对静态行为的强调导致其对替代效应进行了过多研究。同时，收入效应或者被忽视或者被清除。尽管过去曾经对收入效应加以认真考察，恩格尔曲线就是这种动态效应的一个著名例子，但它们的重要性在大多数研究者的眼中已经消失。那些试图估计纯粹替代效应对一般种类的消费支出的影响的学者，发现如果考虑了伴随着时间的收入效应，价格弹性和交叉价格弹性是非常微不足道的（Deaton and Muellbauer，1980，p. 71）。尽管正如预期的那样，食品、燃料、饮料、旅行、娱乐和其他服务的价格弹性为负，但这些弹性的绝对值绝不大于 0.05。就数据而言，衣服和住房的价格弹性不等于零且是不显著的。这些发现对应于前一部分中描绘的消费者行为。在后凯恩斯主义框架中，这些小的替代效应之所以能够存在，是因为消费支出的大的类别已经满足了不能相互补偿的重要需要。其相对价格的变化不能引起消费者行为的变化，或者只能引起很小的变化。只有在每一个大的支出类别内，我们才有可能观察到更加重要的替代效应。因此，我们可以推测，越分解这个分析，我们越有可能发现价格弹性的高绝对值。然而，霍萨克和泰勒（Houthakker and Taylor，1970）发现，即使在分解层次更高，即消费品超过 80 个类别的情形下，消费支出也主要由习惯和收入效应决定，价格替代效应仅有相当小的影响。

　　这里的一个重要问题就是商品价格的波动，除非波动非常大，否则对商品销售的数量几乎没有影响。这个预测的一个重要例外就是被引荐给消费者的新商品。即消费市场的创新或者是创造新需要，或者是满足之前未被满足的已有需要。除了这些创新商品以外，相对价格的波动之所以对需求几乎没有影响，是因为所有的商品对应于一种需要（或一系列需要）。假定这些需要、子需要按照给定顺序排列，商品价格的降低对那些已经达到那部分需求金字塔的消费者而言会更有吸引力。所有那些试图满足基本需要的临界水平的消费者都不会关心这种价格下降。此外，因为相当大数量的支出是基于习惯和习俗，因此除非价格下降被大量宣传，否则价格下降可能难以引起人们的注意。商品价格的下降只能影响可以满足同种需要的替代商品，或者更确切地说是我们所谓的同种想要。这是传统的替代效应，然而仅限于具有相似特征的商品。在古典理论中，出于实用目的，这些商品被视为是相同的（Schefold，1985a，p. 112）。

与上述推论相似的后果是满足更高层级需要水平的商品价格的变化对处于更低层级水平上的商品的消费没有影响（Roy，1943）。原因是对那些还未满足更低需求的临界水平的消费者而言，处于更高层级水平的商品不是其消费篮子或假设的消费篮子的一部分。这些更贫穷的消费者不关心有助于满足其更高需要水平的商品价格，因为这些商品在其预算约束下是不可能获得的。同时，如果有助于满足其更基本需要的商品的相对价格提高（或下降），这将影响处于更高层级水平上的商品的销量。更低的相对价格将增加所有家庭的真实收入，这将增加满足其更高需要水平的所有商品的消费。

谢克（Shaikh，2012）为这种层级制提供了一个有趣的例子。他假定有两组商品，必需品和奢侈品，消费量分别为 x_1 和 x_2，价格分别为 p_1 和 p_2，预算约束为收入 Y。可以购买必需品的最大数量因此为 $x_{1max} = Y/p_1$。然后谢克假定不管价格如何，必需品都有一个最低数量 x_{1min}。但如果消费者的收入高于 $p_1 x_{1min}$，消费者将购买多少必需品呢？谢克假定消费者将增加（$x_{1max} - x_{1min}$）这一可行域中 的 α 比例到必需品的篮子中。因此，对必需品的需求为：

$$x_1 = x_{1min} + \alpha\left(\frac{Y}{p_1} - x_{1min}\right) \tag{2.6}$$

至于奢侈品的消费，可以很容易从预算约束中计算出来，因此我们可以得到：

$$x_2 = -\left(\frac{p_1}{p_2}\right)(1-\alpha)x_{1min} + (1-\alpha)\left(\frac{Y}{p_2}\right) \tag{2.7}$$

图 2-11 显示了这样一个消费者所有可能的选择。很显然，从

方程（2.6）到方程（2.7）我们可以发现必需品 x_1 的数量取决于 p_1 而非 p_2，而奢侈品的数量取决于 p_1 和 p_2。根据这些方程，谢克（Shaikh，2012）计算了两个商品组的多种弹性——价格弹性、交叉弹性和收入弹性——实证结果发现必需品的价格和收入弹性小于 1，而奢侈品的收入弹性大于 1。

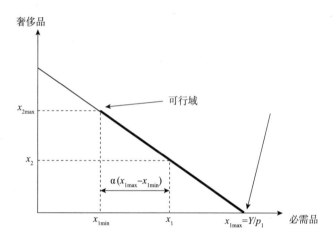

图 2 - 11　必需品与奢侈品选择的非对称性

与古典经济学和斯拉法分析的联系

我们这里的非对称关系与古典学者讨论必需品和奢侈品时的观点相似（Roncaglia，1978，p. 52）。根据古典经济学的分类，奢侈品是不被工人消费的非必需品。只有地主和资本家可以将其收入用于奢侈品的支出。同时，工人阶级和上层阶级都要消费必需品。根据李嘉图，这样的结果就是奢侈品生产条件或价格的变化不影响总体利润率和必需品的生产成本。然而，必需品价格和生产条件的变化将会影响总体利润率和奢侈品的生产成本。斯拉法主义者也从斯拉法基本品和非基本品的分析中得出了相似的结论，打个比方，基本品扮演了必需品的角色，而非必需品取代了奢侈品。斯蒂德曼

(Steedman，1980）将古典理论和斯拉法的研究方法结合起来，表明在异质劳动的世界，利润率不取决于总体平均工资率，相反，只有生产由工人消费的商品的工人的实际工资率才是利润率的一个决定因素。

因此，在古典经济学和斯拉法主义的非对称经济概念以及后凯恩斯主义的消费者行为理论之间存在稳固的联系，消费者理论建立在需求层级制的基础上，因此建立在商品的层级制基础上，即从更基本的必需品到高层级的奢侈品。然而斯拉法主义着眼于这个非对称关系对相对价格决定性因素的影响，而在后凯恩斯主义理论中，非对称性主要影响消费品的数量。斯拉法主义运用相同的框架，区分了满足更低水平和更高水平需要的商品，告诉我们生产条件的变化和工人需求构成的变化如何通过成本影响了相对价格和消费者的购买力。同时，后凯恩斯主义的理论表明购买力的变化如何增加多种商品的消费量，以及因为层级制需求和子需求的存在导致相对价格的变化引起的替代效应很小。

我们因此可以推断，当相对价格的变化很小时，它们引起的替代效应可以被忽略，或者是因为它们在满足不同需要的商品中没有引起人们的注意，或者出于实用目的，它们涉及的商品被视为是相同的。此外，商品相对价格的巨大变化通常与创造新需要的新产品有关。在这种情况中，纯粹的替代效应并不存在，因为这种消费创新也要融入需要和想要的层级制中。消费者行为理论中替代效应缺乏重要性的观点当然与斯拉法主义学者的观点相一致：

> 如果价格效应对购买商品的数量的影响不可感知，那么这种效应可以在没有重大误差的条件下被忽略。或者，当效应非常重要以至需要被普遍考虑时，这种效应通常构成了不可逆变

化，这与对需求函数的处理是不协调的。即这种影响将会引起消费者习惯的永久变化，对此，即使边际主义学者也不得不将其视为一种品位的变化。(Garegnani，1990b，p.131)

如果你接受构成后凯恩斯主义理论大厦中关于消费者理论的原则，那么宏观经济学的建立主要侧重于阶级和当事人群体就显得更加可靠。我们已经发现新古典理论中交换经济的稳定性最终取决于假定的代表性当事人的存在，即取决于所有当事人都有相同的偏好和相同收入的假设。后凯恩斯主义的分析坚信属于同一收入阶层的当事人或家庭会有相似的消费结构。然而，我们知道当事人并非拥有相同的收入。因此，在宏观经济学中运用收入阶层而非代表性行为或大量不同的个人是更加合理的。此外，因为收入变化而非价格变化是调整消费支出结构的主要原因，因此我们会在宏观经济学中重申收入效应研究的重要性。

讽刺的是，艾瑞克·肯普-本尼迪克特（Eric Kemp-Benedict，2013）主张这里介绍的后凯恩斯主义消费者理论为第1章讨论的索南夏因-曼特尔-德布鲁的不可能定理提供了一个答案。肯普-本尼迪克特宣称消费和所有人共同的基本需要之间相互依赖，即使在工业化国家，基本需要的家庭支出也占很大的比例，这为集群问题提供了一个解决方法。

第 3 章
厂商理论[*]

3.1 共同的图景

经济学专业的新生通常对主流微观经济学的对称性印象深刻。正如假定家庭追求最大化效用，而假定企业追求最大化利润。在消费理论的章节中掌握了总效用曲线以及无差异曲线的形状后，学生们需要简单地重构这些曲线来获得生产理论中的总产量曲线以及等产量线。然后派生出 U 形成本函数。在这一阶段，教师必须是最警惕的，因为有工作经验的学生们将会反对"总平均成本最终会随销售量而增长"的暗示。为了使这一暗示保持成立，必须反复强调报酬递减规律。[①] 然而，当学生们进入中级微观经济学的学习后，这些关于理论与现实间一致性的疑虑将会被处理所需的数学和拉格朗

---

* 除了参考并拓展 1992 年版本外，很多词句摘自下述著作："Pricing", in Ric Holt and Steve Pressman (eds), *A New Guide to Post Keynesian Economics*, London: Routledge, 2001, pp. 21 - 31; "Should Sraffians be dropped out of the post-Keynesian school?", *Économies et Sociétés*, *série Histoire de la pensée économique*, 45 (7), June-July 2001, pp. 1027 - 1059.

① 边际报酬递减规律：在短期生产中，在其他条件不变的情况下，随着一种可变要素投入量的连续增加，它所带来的边际产出先是递增的，达到最大值后就递减。相应地，边际成本先是递减，再是递增，带来的平均总成本应先是递减，再是递增。

日问题的必要性所清除。

　　本章的目的是提出一个关于代表性厂商的更现实的观点，并且展示这一观点被所有的后凯恩斯主义者共享。四个主要方面将会被解决：厂商的目标；成本曲线的形状以及为什么会有过剩产能；企业的定价程序和做出定价决定时边际成本的可能决定因素；以及与斯拉法生产价格的联系。

　　为了回答这些问题，不同非正统学派作者的贡献应该被考虑。虽然这些作者对厂商理论的细节并没有一个必然的统一意见，但他们共享一个观点。至少从 20 世纪 60 年代后期开始，后凯恩斯主义学者们以相似的理由构想了厂商理论的图景。卡尔多和罗宾逊偶然绘制的图景与卡莱茨基以及卡莱茨基主义者们如斯坦德尔①提出的关于厂商理论的图景是一致的。他们的观点也与牛津大学厂商理论领域的专家——牛津经济学家研究小组成员们如霍尔和希契（Hall and Hitch）、哈罗德（Harrod）、安德鲁斯和布伦纳（Andrews and Brunner）的当代观点，以及后来与剑桥应用经济学系的专家们如戈德利、库茨（Coutts）和诺曼（Norman）相关的观点有很大的一致性。事实上，埃希纳（Eichner，1978，p. 1436）写道："当传统理论的替代理论——后凯恩斯主义理论的历史被书写时，应该注意到

────────

　　①　斯坦德尔在其《美国资本主义的成熟和停滞》（*Maturity and Stagnation in American Capitalism*，1965）一书中认为，大公司都试图提高利润率，但总是受到有效需求不足的威胁，原因在于收入分配的不平等和以工资为基础的消费所具有的弱点。新投资可以缓和萧条局面。但是，这又会增加生产能力，也就是说，会扩大潜在的商品供应。但是，在现有的生产能力得不到充分利用时，大公司是不会进行新的投资的。面对呈下降趋势的最终需求，垄断公司就不会降价，而是削减生产量、降低生产能力和减少新的投资。这样，它们就会尽可能地保持现有的价格和利润率。因此，与自由竞争体制下的情况相比，垄断市场体制下的大公司倾向于扩大利润率，产生大量过剩产能，从而产生走向经济停滞的强大趋势。

这一理论的微观经济学的根源来自牛津，而不仅仅是剑桥。"

关于厂商理论的观点也与美国制度学派——管理价格的专家们如米恩斯（Means）、兰齐洛蒂（Lanzillotti）、加尔布雷斯（Galbraith），甚至那些马克思主义学者们如巴兰（Baran）和斯威齐（Sweezy）的观点有很大的一致性。近来，后凯恩斯主义的作品，主要是埃希纳和李的作品，强调了厂商理论非新古典主义基础的重要性，这效仿了西洛斯·拉比尼（Sylos Labini）的做法。我们也应该看到所有这些经济学家们提出的厂商理论的框架与第 2 章提出的不确定性概念和有限理性的概念相当一致，并且在西尔特和马奇（Cyert and March）提出的所谓的企业行为理论或在纳尔逊和温特（Nelson and Winter）提出的企业演化理论的情况下得到了发展。当然可以找到其他一些可能不太知名的作者，他们已经发展了后凯恩斯主义厂商理论的各个方面。我们不想严格处理经济史的问题，而仅考虑上面提到的作者。

在我们转向问题的关键之前，考虑一个与经济思想史有关的可能的争论是值得的。李和欧文-莱斯曼（Lee and Irving-Lessmann，1992）、马尔库佐和圣菲利波（Marcuzzo and Sanfilippo，2009）都指出，有一些讽刺意味的是，那些通常被认为是后凯恩斯主义学派的创始人——卡恩、罗宾逊和卡莱茨基批判了牛津价格定价学习小组成员在 20 世纪 30、40 年代提出的非边际主义方法，也就是说，安德鲁斯、霍尔和希契以及卡莱茨基有一段时间都依赖于边际主义。也许更具有讽刺意味的是，正是在 20 世纪 50 年代牛津经济学家的定价观点逐渐被经济学界拒绝与边缘化的时候，卡莱茨基拒绝了边际主义和利润最大化的假设，而罗宾逊却慢慢走向了安德鲁斯式的定价观点，她在她的《资本积累论》（*Accumulation of Capital*，1956）中以"主观正常价格"的概念完全赞同这一观点

（Lavoie，1996a）。事实上，李（Lee，2011，p.5）认为"一旦忽略意识形态，安德鲁斯的竞争程度与卡莱茨基的垄断程度差不多是同一个方面"，这也与埃希纳的观点相一致："如果卡莱茨基将同一组因素标记为'竞争程度'，安德鲁斯是不会反对的。"如今，埃希纳（Eichner，1978）补充道："任何阅读过安德鲁斯作品，并将其与后凯恩斯主义文献做比较的人都将很难找到任何差异——除了在各种思想的术语、重点以及相对重要性方面。"

3.2 竞争和后凯恩斯主义厂商

3.2.1 后凯恩斯主义厂商的范围

为了阐明问题，在现阶段使用阿尔弗雷德·埃希纳的现代相关厂商（他称之为大型厂商）的四个重要特征的描述似乎是恰当的。正如这类厂商名字所暗示的那样，它是一个大企业：管理权和所有权相分离；边际成本近似不变；并且公司至少在一个寡头垄断型行业中经营。我们对后凯恩斯主义厂商特征的讨论将围绕这四个特征进行。

与非出清价格相关，争论的重点在于后凯恩斯主义描述的典型厂商是否有必要设置在寡头垄断的行业之内。需要认识到，研究寡头垄断行业价格领导者的行为可能比研究在没有主导行为者的行业中开展经营的小厂商的行为有更令人满意和更确定的结果。除了埃希纳，其他一些后凯恩斯主义者也注意到，寡头垄断形式构成了代表性的后凯恩斯主义厂商。比如，卡尔多多次表示，他研究的产业模式是"一种寡头垄断与价格领导理论"（Kaldor，1970a，p.3），是一个假设不完全市场和寡头垄断竞争普遍性的理论，在这种情况下，领导企业根据成本设定价格 (Kaldor, 1978a, p. xxi)。

为了说明后凯恩斯主义厂商主要在寡头垄断行业运营不必要地限制了后凯恩斯理论的范围, 米恩斯已经否定了成本加成定价, 或他所称的只适用于垄断的管理定价:"管理价格不应与垄断混淆, 一般来说垄断行业都有管理价格, 但竞争对手少的许多竞争激烈的行业中也有管理价格" (Clifton, 1983, p. 24)。类似地, 我们可以否认成本加成价格仅仅适用于垄断和寡头垄断。一些经济学家已经认识到, 后凯恩斯主义企业的一个重要特征——加价定价的现象"在美国经济中太过于普遍以至不能简单地归因于寡头垄断" (Okun, 1981, pp. 175-176)。刚性成本加成定价不仅能够在汽车或计算机行业中观察到, 也可以在大型企业不占主导地位的零售业中看到。这是霍尔和希契调查中的一个突出的结果。

> 结果也表明, 一方面, 垄断与垄断竞争的区别, 另一方面, 垄断与混合有寡头垄断元素的垄断竞争间的区别都不是很重要……这表明在实践中区分寡头垄断企业与其他企业是非常困难的。这似乎完全是一个程度上的区别, 因为所有企业都能在某种程度上意识到竞争对手的存在以及它们对价格和产出政策变化的可能反应……不管寡头垄断的因素是否存在, 商人们都有一个强烈的倾向——直接把价格固定在他们认为是"全部成本"的水平上。(Hall and Hitch, 1939, pp. 30-31)

因此, 这里的观点与可竞争市场的倡导者所提出的观点相反 [Baumol, 1982; 参见 Davies and Lee (1988) 的一个批判]。所有的市场, 除了即将要阐述的, 都可以回到不完全市场的框架下, 在这个市场中, 根据加价定价法或全成本定价法, 价格在短期内基本上取决于成本。

3.2.2 区分市场的替代方法

更知名的市场区分方法是由希克斯（Hicks，1974）提出的灵活价格与固定价格市场二分法。后者与正常成本有关，主要存在于制造业中。西洛斯·拉比尼（Sylos Labini，1971，p. 245）把第三产业加进了固定价格市场。所有这些都与卡莱茨基的观点保持一致，根据他们的观点，农产品和原材料的价格由供求的相互作用决定，这主要是因为任何产量的增长都需要很长时间，而且也因为矿产品都是同质的，它们受期货市场的投机影响。同时，成品和工业品的价格由成本决定，因为存在能够灵活应对需求变化的产能储备。卡莱茨基（Kalecki，1971，pp. 43 - 45）补充道，在这些市场中，长期内必须有某种形式的不完全竞争才能获得过剩产能。虽然对于第二产业甚至第三产业是否处于不完全市场以及后凯恩斯主义厂商的范围有一个清楚的共识，但第一产业的情况不太清楚。就矿产品甚至一些农产品（通过经销机构）来说，竞争并不总是占优势，因此我们应该期望价格独立于需求而被固定。因此，我们可以说，代表性后凯恩斯主义厂商在任何领域都占优势，除了那些分批生产的产业，比如一些农业领域；或者除了那些不容易再生产的产业，比如艺术品市场或一些商品市场；或者除了那些在拍卖市场定价的产业。

也可以把这个后凯恩斯主义厂商与可再生产品这个概念联系起来：产品是可再生的，我们应该预期边际成本是线性的，直到生产限度；也就是说，我们应该看到倒 L 形的平均可变成本曲线。不可再生的产品，如自然资源，或产量增加需要很长时间的产品——如农产品——对应的是标准新古典主义企业的 U 形边际成本曲线。固定价格的能力，米恩斯将它称为管理价格，依赖的不仅仅是垄断能力。它依赖于所使用的技术类型固有的成本的形状。这个观点由米恩斯（Means，1936，p.35）本人提出，他把相对于灵活价格的管理价格的出现与现代技术的出现联系起来。我们可以将这与卡莱茨基的成本决定部门与需求决定部门的区别联系起来，在这里，"很显然这两种类型的价格形成起因于供给的不同状态"（Kalecki，1971，p.43）。根据卡莱茨基的观点，成本决定价格或固定价格、过剩产能、不变边际成本以及不完全竞争间存在联系。同时，对需求变动敏感的价格与递增的边际成本以及同质的产品有关，后者是传统竞争的一个因素。管理价格与可再生产品的现代生产条件的相同关联性已经由卡恩提出（Kahn，1977）。

正如我们能从表 3-1 中看到的，除了已经讨论的前四个方法之外，还有很多方法可用于评估市场及其产品。库茨和诺曼指出，当产品是异质的且存在产品差异时，后凯恩斯主义价格理论可能更适用，这是布林克曼（Henk-Jan Brinkman，1999）经验证明的一个特征。其他提到的作者——索耶、奥肯、钱德勒（Chandler）以及梅尔梅斯（Melmies）——都将他们的区分方法与所涉及的市场的种类联系起来。因此，我们可以假设在集中市场中，拍卖市场价格是有可能存在的，所以我们将遵守市场决定的价格，企业成为价格接受者，因此人们会留下价格由市场上看不见的手决定的印象。相反地，分散市场将与价签市场相联系，价格由企业决定，因此价格由管理层的看得见的手决定。索耶（Sawyer，1995，p.310）进一步指出，管理定价是一个长期策略的结果，古和李（Gu and Lee，2012，p.463）以及夏皮罗和索耶（Shapiro and Sawyer，2003）都赞同这个观点。当我们讨论成本利润率的决定因素时，我们要回到这个话题。

表 3 - 1 评估市场的不同方法

作者	后凯恩斯主义理论	正统理论
卡莱茨基（Kalecki，1971）	成本决定价格	需求决定价格
米恩斯（Means，1936）	非灵活价格	灵活价格
	管理价格	市场出清价格
希克斯（Hicks，1974）	固定价格市场	灵活价格市场
斯拉法主义	可再生产品	不可再生产品
索耶尔（Sawyer，1995）	企业决定价格	市场决定价格
	长期战略价格	短期价格
奥肯（Okun，1981）	价格制定者	价格接受者
	价签市场	拍卖市场价格
钱德勒（Chandler，1977）	管理层的看得见的手	市场的看不见的手
梅尔梅斯（Melmiès，2010）	分散市场	集中市场
库茨和诺曼（Coutts and Norman，2007）	异质产品及产品差异化	同质产品

因此，我们可以这样总结后凯恩斯主义厂商的有效域问题——后凯恩斯主义者断言除了金融市场之外，几乎没有任何市场的价格不是由企业管理的。管理定价是一种超出寡头垄断结构的普遍现象。

3.2.3 非价格竞争

对于后凯恩斯主义者来说，通过定价发生的竞争并没有那么多。相反，人们可能认为竞争是通过成本发生的，也就是通过尝试减少单位成本以及实现比竞争对手更大的利润率发生的。竞争活动"可以在企业间创造巨大的成本差异，所以很多都是由市场驱动的"，并且它们"集中于投资决策、广告决策，集中于关于研发的决策，集中于生产决策和控制生产过程"（Lee，2013b，p. 169）。巴斯克（Baskoy，2011；2012）也认为竞争通过金融资源的获取以及可支配支出的使用（如广告、营销、研发以及投资在更大更有生产能力的产能上）发生。企业通过产品差异、产品改进以及新的创新性产品的制造来提高竞争地位和市场份额。一个很好的例子就是手机市场，创新产品的出现完全改变了手机市场的份额。

因此，我们这里持有的是一种新熊彼特竞争观，其中厂商数量根据三个主要特征上升或下降。梅特卡夫（Metcalfe，2013，p. 119）提出的这些特征是："所生产的商品的质量、价值以及生产方法的差异；企业扩张的欲望和产能的差异；为了改进产品和方法而创新的欲望和能力的差异"。

竞争是一个动态过程，并不是一个最终状态或静止状态。因此，竞争主要以非价格手段发生，因为价格竞争——价格战——可能会挤压商业利润，具有破坏性，并导致破产。另外，价格竞争也可能带来过度风险的行为。因为孤注一掷地试图减少单位成本，过多的竞争可能导致产品质量低下。换句话说，太多的竞争，也就是说太多的价格竞争并不是最优的。因此，后凯恩斯主义者对竞争的价值的态度是非常模糊的。后凯恩斯主义者对竞争有一个演化的观点，类似于熊彼特（Schumpeter，1943，p. 639）的观点："完全竞争不仅仅是不可能的，也是不合乎人们意愿的，同时也没有资格被设置为一个理想效率的模型"。

3.3　厂商的目标

3.3.1　权力

如果有人尝试简单描述一下厂商目标的普遍观点，那么他将会描述以下图景：小型厂商在竞争性市场经营，并试图最大化利润，更具体地说是最大化短期利润；大型厂商，由于它们在不完全市场中经营且管理权与所有权分离，一般追求的是利润最大化以外的目标，因此，必须制定薪酬激励机制以使经理的利益与所有者的利益保持一致。我在这里要指出的是，不论规模、控制类型，厂商的目标均是相同的，都不是利润最大化。在利润动机发挥重要作用的范围内，人们会认为利润是手段而不是目的。

关于厂商的目标或经理的目标的问题已经引起了经济学家们的大量关注。他们已经提出了各种最大值，比如销售量、管理者效用以及估值比率，更不用说满意度类型的目标，比如正常收益率或市场份额。在这一系列目标之前，唯一理性的回应就是假设企业有多重目标。这是很多实证研究者在承认实证证据含糊不清之后采取的一种观点（Koutsoyiannis，1975，p. 258）。实际上，在企业目标的调查中，企业家们往往会提出除了标准的最大化利润假设之外的几个目标（Shipley，1981，p. 442）。在后凯恩斯主义者之间，当约翰·肯尼思·加尔布雷斯（John Kenneth Galbraith，1975，p. 124）表明寻求对企业行为的单一解释是一个严重的错误时，琼·罗宾逊（Joan Robinson，1977，p. 11）认为企业有多方面的动机，因此"永远不能得到一个压倒一切的答案"。除了没有理由假设不同的企业将表现相同或现代企业不同成员追求相同目标的明显事实，这些令人沮丧的结果的主要原因是企业的最终目标只能用很笼统的术语来定义。其结果是，用于实现那个最终目标的各种中间目标要么由理论家提出，要么由商业世界本身提出。

我的观点是权力是厂商的最终目标：无论是经济、社会还是政治环境的权力。"权力是个体或团体将自己的目标强加给他人的一种能力"（Galbraith，1975，p. 108）。企业想要拥有对材料供应商、消费者、政府、立法以及投入使用的技术类型方面的权力。商业企业"在不确定性下做出战略决策以追求定价权、决策权和融资权"（Baskoy，2011，p. 124）。无论是大型厂商还是小型家庭厂商都想要控制未来的事情，包括它的融资需求、劳动力质量、行业价格以及收购的可能性。"企业被认为能够通过研发、市场开发、企业间合作以及进入壁垒对其环境进行一定程度的控制"（Davies and Lee，1988，p. 21）。一些人证实了"权力是后凯恩斯主义厂商理论的中心议题"，因为在"市场中生存需要市场势力；在市场中生存的企业是那些能够影响其结果的企业"（Shapiro and Mott，1995，p. 38）。

权力和根本不确定性

在邓恩（Dunn，2011）关于加尔布雷斯经济学的书中，他提出了根本不确定性在解释大型厂商以及权力上的重要性。"加尔布雷斯关于企业的观点是，它是为了应对围绕重大、复杂和长期的投资的不确定性而出现的"，因此，企业是"一个积极应对或摆脱市场不确定性的机构"（ibid.，p. 183）。企业"代表了对不确定性未来的一个持久的制度回应，专门用来减轻其影响"（p. 203）。"为了实现蓬勃发展，企业试图控制市场，通过收购和控制供应链实现增长。因而大型企业作为市场不确定性的一个规则响应而出现"（p. 333）。事实上，邓恩（ibid.，p. 217）甚至认为大型跨国企业的兴起是对"国际贸易的特殊不确定性以及需求的一种回应"。在没有不确定性的世界里，权力的概念就会消失并失去它的重要性。在这样一个世界中，例如，企业总是知道它们的投资项目是否会成功，并且在假设投资项目预期是有利可图的条件下它们能够得到所有需要的金融资本。融资的来源是无关紧要的并且莫迪利亚尼-米勒定理（MM 定理）[1] 将是适用的。

---

① MM 定理：在具备完全资本市场的经济中，企业的市场价值与它的资本结构有关。——译者注

　　然而，在一个根本不确定性盛行的世界，企业必须寻找确保获得金融资本、所有物质投入以及关键信息的手段。权力关系使得企业能够获得稀缺信息，没有这些信息企业将寸步难行。而且，对事件的控制构成了企业避免在充满不确定性的情况下不作为的手段。权力允许"企业控制自己决策的结果，以防止它们的意图被他人阻碍"（Dixon，1986，p. 588）。因此所有企业都想要在它们所处的环境中拥有更多的权力。也许，在一个更基本的层面上，寻找权力为个人或组织带来了安全。企业想要确保它们的长期生存，它们自己机构的永久性。"对于任何组织，就像对于任何有机体，自然而然优先假设的目标就是组织的生存。对技术结构阶层（technostructure）来说似乎也是如此"（Galbraith，1972，p. 170）。对事件以及人类行动的有力控制为这样的长期生存目标提供了条件。

　　权力的概念，与完全垄断相关的情况除外，在经济学中被故意忽视，只受到制度学派和马克思主义者的关注。在前者中，加尔布雷斯可能是倡导权力在经济学领域中的重要性中最有名的人。如上所述，企业试图获取的权力并不限于市场范围：它可以扩展到政治和社会领域。除了实施新的过程、旧产品的差异化以及新产品的营销，企业也试图逃脱既定的市场结构并通过游说公共权威和形成社会规范来行动。有趣的是，这些策略是由法国经济学家马沙尔（Marchal）在《美国经济评论》（*American Economic Review*）上发表的一篇文章中概述的，文章的审稿人反对权力斗争涉及欧洲，但不涉及"具有最纯净的竞争"的美国（Marchal，1951，p. 565）。然后，就很容易理解为什么加尔布雷斯对于美国工业状况的看法在同行经济学家那里引起了如此多的负面反应，正如邓恩（Dunn，2011，pp. 3，54，174）回忆的那样。加尔布雷斯沿着马沙尔提出的路线强调了权力对大型厂商的重要性。但是，人们不应该忘记，寻求权力对于试着起步的小型创业公司以及技术结构阶层同样重要。

　　控制环境的需要——为了排除异常事件——鼓励企业获取更大的规模。企业规模越大，它的产业也就越大。因此，它在设置价格和成本上的影响也就越大。并且一般来说，它对消费者、社区和国家的影响也越大——总之，企业规模越大，其影响力，即规划其环境的能力就越大。更重要的是，随着组织的发展以及变得更复杂，其对外部干预的自由就越大。(Galbraith，1975，p. 56)

对权力和增长的追求在组织层面上和在个体工作层面上同样有效。而成功地追求权力将赋予企业稳定性和永久性，这同时也会给予个体一个成功的职业生涯、晋升的机会、可获得的更好的社会地位以及同行的尊重——所有这些都构成了马斯洛需求金字塔的上层。因此，我们可以理解许多强调管理者满意度最大化的研究，也就是所谓的企业管理理论；然而，一个更有权力的企业的收益并不仅仅局限于管理者，它们也适用于整个技术结构阶层。加尔布雷斯继续说道：

　　当组织获得权力时，它会使用那个权力为参与其中的人的目的服务，这不足为奇。这些目的——工作安全感、薪水、晋升、声誉、企业飞机和私人洗手间、集体行使权力的魅力——都是通过企业的成长达到的。所以企业的成长既增强了企业在价格、成本、消费者、供给者、社区以及国家方面的权力，也以非常个人的方式奖励了那些促成企业成长的人。(Ibid.)

管理权、所有权和金融化

这里带来了关于管理权和所有权分离问题的前沿，这个问题自伯利和米恩斯（Berle and Means，1933）出版的经典研究而出名，并被制度学派称为凡勃伦的"不在所有权"（absentee ownership）。一个仍然由所有者控制的企业经理人的行为是否与管理者控制的企业经理人的行为有所不同呢？埃希纳和加尔布雷斯都认为他们的行为是不同的，坚持他们认为的所有权与管理权分离带来的后果。我的观点是没有必要强调那个分离。并没有证据表明所有者控制和管理者控制的企业存在绩效差异。大部分研究似乎表明两者在销售和资产的增长、广告、薪酬、投资和股息变动方面并没有差异。更重要的是，在利润变动，比如每股收益、股本回报率以及每股股利方面也没有差异。然后我们可以提出一个论证，类似于支持可竞争市场假设，竞争的力量强制管理者控制的企业表现得与所有者控制的企业一样有效率。然而，在集中的产业中经营的企业以及在市场上占主导地位的企业与在竞争更激烈条件下经营的企业相比并没有表现出更大的差别，因此必须得出这样的结论：竞争力不太可能是管理者与所有者绩效相似的根本原因（Kania and McKean，1976，p. 288）。

　　加尔布雷斯关于企业的观点受到了企业治理理论和实践发展的质疑。在理论层面，金融经济学家提出了代理理论，该理论中有一个委托人和一个代理人，委托人是股东，代理人是企业管理者。这导致了股票期权薪酬计划的倍增，以期实现管理者和股东的利益一致，从而产生公司治理的原则，管理者应该根据这个原则最大化股东价值，这个原则甚至得到了经济合作与发展组织（OECD）的支持。企业治理和战略发生了一系列变化和创新，包括恶意收购（最初在垃圾债券的帮助下），创立私募股权基金，并且大型金融机构——银行、养老基金和共同基金的重要性和影响力不断上升。

　　伴随着企业状态的变化，积累制度也从"利润留存和再投资"

战略向"裁员和再分红"战略转变,由此,美国企业试图通过削减大量工人来降低成本,尝试以更少的努力实现更高的股本回报率(Lazonick and O'Sullivan,2000;Dore,2000)。这些变化与金融化现象有关,金融化现象也被称为市场化或证券化,或被称为货币-管理者资本主义(Wray,2008;2009)。这与经理资本主义形成了对比,在经理资本主义中,高层管理人员的主要目的是实现长期再生产、增长以及企业自身的安全性,而且"股东利益并不是管理者追求的目标,管理者追求的反而是限制它"(Crotty,1990,p.533)。

与此同时,可以发现加尔布雷斯本人似乎对这些理论与实践的发展并不感兴趣。在2004年,也就是当货币-管理者资本主义制度似乎充分有效时,加尔布雷斯(Galbraith,2004)仍然认为股东对公司的控制是一个谬论——一个无知的骗局。对于加尔布雷斯来说,董事会会议或年度股东会议是一场作秀。尽管有金融部门的力量以及机构投资者的压力,权力仍然存在于企业(金融和非金融)管理者。根据加尔布雷斯,关于这个观点的证明就是高层管理人员仍然决定他们自己的薪酬并且现在榨取更高的报酬和奖金,并且这种螺旋式上升的薪酬似乎与企业获得的利润无关。

同样,佩蒂特(Petit,2005)补充道:"公司治理的金融化在很大程度上由金融部门的管理者触发,他们从中获得优势,尤其是通过重组操作。"加尔布雷斯的技术结构阶层也许失去了一些影响力,但核心或高层管理人员并没有失去影响力。正像布瓦耶(Boyer,2005,p.8)所指出的,"管理者们利用机构投资者的压力,并将它们转化为自己的利益",并补充道,甚至收购行动也是主要对高层管理人员有利,而不是对股东有利。邓恩为加尔布雷斯的观点提供了支持,也对新时期的金融化和货币-管理者资本主义是否真的改变了所有者和管理者之间的关系表示怀疑。邓恩(Dunn,

2011，p. 9）认为："还不太清楚的是，目前现代企业是否受到投资者和股东的有效监管。"所有关于新资本主义兴起的怀疑者们都认为，企业管理层在 21 世纪初发生了大量内部欺诈行为，包括安然、世通、泰科、帕玛拉特、北电以及它们的会计师事务所。或许更重要的是，改变和下行的是对经济活动的监管以及企业经营者的道德，这些经营者们现在更专注他们自己的财富而不是企业的财富。

高管薪酬的研究也为加尔布雷斯的企业观点提供了一些支持。众所周知，"对于首席执行官来说，平均来说，他的薪酬随着企业规模对数的上升成比例上升"（Simon，1992，p. 67）。研究也表明，对于金融和非金融企业来说，"与高管薪酬相关的主要因素似乎是企业规模"（Gregg et al.，2012，p. 117）。虽然通常认为高管薪酬制度过于接近短期目标以及企业股票市场的表现，但事实证明，最重要的激励，正如格雷格等人（Gregg et al.）的回归分析所反映的，仍然是企业的资产应该尽可能大。此外，令人惊讶的是，这些学者们发现没有证据表明工资绩效弹性随时间推移有一个上升的趋势。

管理者的报酬更多地取决于企业的规模而不是金融状况，这可能并不是一件坏事。最近的实验显示大的金融风险会导致大的错误。过度的货币奖励会导致操作技能、记忆力以及创造力（而不是纯体力）表现的下降。因此，基于绩效奖金以及股票期权的薪酬方案有可能有负面影响，所以，在代理理论中，就像艾瑞里等人（Ariely et al.，2009，p. 467）所表示的，过度激励的主体（股票市场的投资者）已经意识到了对其代理人（经理人）的"高激励的绩效削弱效应"。

3.3.2 增长

假设权力确实是所有类型的企业（或许除了小型家庭企业，仅仅为了努力生存）的最终目标，那么这个目标怎样才能实现呢？答案很简单：为了变得有权力，企业必须变大；为了变大，企业必须实现增长。作为第一种近似说法，人们可能会说，如果企业试图最大化任何东西，它们将试图最大化它们的增长率。加尔布雷斯（Galbraith，1972，p. 174）认为，迫切的生存需要要求"实现以销售额衡量的最大可能的企业增长速度"。因此，他总结道，"技术结构阶层的主要积极目的是企业的增长"（Galbraith，1975，p. 116）。这并不足为奇：企业越大，就越容易推翻市场力量，从而"经济活动有意识规划的范围也就越大"（Penrose，1959，p. 15）。除了加尔布雷斯以及历史学家钱德勒（Chandler，1977，pp. 8－10）之外，管理学派的几个经济学家也强调了增长作为企业主要可衡量目标的重要性，马瑞斯（Marris，1964a）就是最好的例子。

增长也是后凯恩斯主义经济学反复出现的主题。后凯恩斯主义者一直坚持认为，企业要在受到各种限制的条件下实现增长率最大化，或者说企业的主要分析目标是增长。与新古典主义的观点相对立，生存和增长经常被联系在一起。这在微观和宏观经济学层面上都是成立的。对于后者来说，比如，罗宾逊（Robinson，1962，p. 38）表明"积累的中心机制就是推进企业生存和增长"。在卡尔多（Kaldor，1978a，p. xvi）那里可以找到一个相似的观点，他认为："独立的企业——由于马克思首先提到的原因——必须不断扩张以保持其在市场中的份额。"马克思以及扬（Young）认为的原因都是规模报酬递增的存在，规模报酬递增为拥有大量市场份额的企业带来了成本优势。规模报酬递增这一概念排除了最优企业规模的新古典主义概念。当企业越来越大时，管理协调活动也可能变得越来越难，但这在很大程度上可以通过其他投入带来的报酬递增以及通过权力得到补偿。然后，增长确保那些已经拥有它的人的经济权力不低于正在努力获得增长的人。事实上，增长同时为企业的生存、管理者的满意度以及技术结构阶层内员工的希望提供了条件。

> 对于有效控制大型企业的高管人员来说，随着时间的推移，由于企业的增长而带来的权力、声望以及报酬的增长是最重要的愿望。结果证明，最有可能在长期生存下来的大企业是那些试图通过不断多样化和扩展到更新、更快速增长的行业以得到最高速率增长的大企业。那些未能扩张经济空间的企业很可能在许多方面处于越来越不利的位置。（Eichner，1987，pp. 360 - 361）

我以前说过，企业的控制结构不会对企业的行为或目标产生任何明显的影响。为了获得权力，实现这个最终目标，现代大型企业的决策者试图尽可能快地实现扩张。无论企业规模的大小，增长的目的是占主导地位的，而不是利润的消费。一个后凯恩斯主义经济学家阿德里安·伍德（Adrian Wood），也强调了增长动机的普遍性，这对小型企业以及大型企业、所有者控制的企业以及管理者控制的企业都有效。

> 那些管理企业的人的基本目标是使销售收入尽可能快地增长……但我并不同意马瑞斯提出的观点——这种行为模式是由所有权与控制权分离所造成的。相反，我相信它反映了一个事实（就两个冲突而言）：权力的欲望比金钱的欲望要更强烈。因此，增长最大化是一种能够在（所有的除了规模最小的）未注册企业和私营企业，以及在所有权广泛分散的大型上市公司中观察到的现象。（Wood，1975，p. 8）

然而，这种类型的行为并不是一个全新的东西。"在资本主义发展的所有阶段，企业的增长一直是竞争性企业生存的必要条件"
（Clifton，1977，pp. 147‑148）。如凡勃伦所描述的，以前的企业巨
头也要追求权力和增长；我们甚至可以认为增长是过去小型家庭企
业的主要目的，尽管这是新古典主义竞争和自由市场的思想。琼·
罗宾逊在一个很长的段落中很好地总结了这一观点，值得完整地在
这里再现一下。

　　企业为什么会增长？一些当代学者将增长视为一个特殊的
现代现象——这个现象源起于现代企业中控制权和财产权的分
离，这个现代企业在法律上由流动股东人口所有，但由一批有
薪酬的管理者经营；他们似乎暗示了教科书式的计划适用于过
去一个时期。尽管很显然的是，19 世纪早期的成功家族企业必
须和任何现代企业一样对增长感兴趣。商业中的任何人都自然
地想要生存（特别是如果他自己的继承人和接班人参与其中），
想要生存就要增长。当一个企业繁荣时，它正在获利；由于这
个原因，它受到竞争的威胁，将全部净利润分配给家庭消费是
没有价值的；净利润的一部分必须用于再投资以增加产能来供
应一个不断增长的市场，以防止他人进入；或者如果原有市场
不扩张就要进行多样化生产。任何人，通过增长，正在威胁其
他人的地位，这些人通过扩张他们自己的产能、降低生产成
本、改变产品的设计或者引进新的推销设备来还击。因此，每
个人都必须跟上其他人的步伐。（Robinson，1971，p. 101）

3.4　增长的制约因素

目前，后凯恩斯主义厂商的主要目的已经确立，这些目标是权

力的获得和企业的扩张，那么，新古典主义关注的利润最大化是什么呢？利润在后凯恩斯主义厂商理论中扮演什么样的角色？如果有股东，股东的角色又是什么？

3.4.1 留存收益的重要性

合意和程序理性

对新古典厂商理论的一个标准批判就是利润最大化是不可能的，因为在一个不确定性的环境下缺少相关知识。这就是说，家庭企业和企业管理者两者都不试图最大化任何东西，而是努力获得各个期望水平的目标。这就是与西蒙（Simon，1979b）、西尔特和马奇（Cyert and March，1963）相关的所谓的厂商行为模型。正如库索叶尼斯（Koutsoyiannis，1975，p.389）所总结的，"行为理论中的厂商寻求合意，即获得一个'令人满意的'总体绩效，这被定义为一组期望目标，而不是最大化利润、销售量或其他"。这可能包括一个令人满意的生产水平，一个令人满意的市场份额，一个令人满意的利润水平，一个令人满意的研发投入，一个令人满意的公众形象，以及一个令人满意的津贴数量和其他"松动的"付款。满意发生，第一是因为企业是一个有利益冲突的团体联盟，第二是因为管理者必须根据难以获得且难以处理的信息做出调和这些利益的决定。管理者是"拥有有限的可支配时间、有限的和不完美的信息以及有限计算能力的人。因此，对于他们来说检验所有可能的选择是不可能的……于是他们在给定的有限时间、信息和计算能力的情况下，转而选择'最好的'"（Koutsoyiannis，1975，p.390）。问题并不完全在于信息的稀缺性；相反，问题在于在一个不确定性环境下过多的复杂信息，以及评估哪些信息真正相关的困难。我们在第2章讨论了这些方面。

　　这种厂商理论的观点当然是有效的。特别地，它反映了管理者需要达到足够高的回报率以应对投资者的压迫，并为股东提供源源不断的股息以使他们保持安静。然而，这个令人满意的利润观点必须在增长的背景下被重新评估。后凯恩斯主义者的共识是利润是允许企业实现增长的手段。由于金融的必要性，利润并不能脱离投资和增长。由决策者设定的增长目标受到了过去和预期的利润的金融要求的限制。因此，这里强烈反对了完全资本市场的新古典主义观点，根据这个观点，所有需要证明的是预期投资的重要性及其未来预期盈利能力。这听起来很像"新经济"热潮，其互联网和软件初创公司的自由融资一直持续到 2000 年纳斯达克崩溃。

　　后凯恩斯主义者认为银行家只向有钱人提供贷款。在确定性或确定性等价的新古典世界之外，圣经的原则——"凡是多的，还要给他"（赢家通吃，马太效应）——是普遍适用的。正如卡尔多（Kaldor，1978a，p. xvi）所指出的："外部提供的融资——无论是贷款形式还是股本资本形式——都是对留存资本的一种补充，而不是一种替代。"为了得到外部融资，企业必须证明它们有能力产生利润。比起给成熟的企业融资，银行更不愿意给即将成立的企业融资，因为成熟的企业已经证明了它们成功经营项目并获得利润的能力。这是程序理性的一个典型案例。银行家利用的是第 2 章确定的经验法则之一。未来的不确定性，以及团队管理能力和项目盈利能力相关知识的缺乏，迫使银行家只能依赖于企业过去的表现，也就是说，依赖于企业过去产生的利润。正如将要在第 4 章讨论的，这并不意味着在总量上，投资客观地受到通过留存收益获得的储蓄基金的限制。相反，这意味着企业可以通过为自己的扩建项目创造必要的资金，或者通过坚持金融系统设置的借贷准则来保护它们的金融独立性。简单地说，增长是目标，利润是实现这个目标的手段。

　　当竞争对手关注相对增长率和相对市场份额时，关键战略变量就变成了源于企业投资计划的资本支出水平。企业不是将短期利润最大化本身视为目的，而是将利润视为达到目的的一种手段，使其能够随着时间的推移而扩张，最好是通过增加市场份额的方式。后凯恩斯主义学者认为在一个最小的约束下，企业的行为目标是最大化销售收入的增长。（Kenyon，1979，pp. 37 - 38）

增长最大化与利润最大化

　　人们可能想知道后凯恩斯主义者的增长最大化假设与新古典主义的利润最大化假设是否有实际的差别。事实的真相是，从长期看，部分是因为不完全和不确定性将任何最大化行为转化为了事后满意的行为，于是在利润最大化的结果和增长最大化的结果间并没有太大的实际差别，也不能根据经验区分这两种最大值。这已经被一些后凯恩斯主义和制度学派的作者欣然接受（Eichner，1976，p. 24；Sylos Labini，1971，p. 251；Harcourt and Kenyon，1976，p. 451；Galbraith，1975，p. 132）。凯尼恩（Kenyon，1979，p. 38）认为：“当然，产业经济学家发现很难在经验上区分以销售收入衡量的增长和以其他方式衡量的增长——比如说以随时间推移的利润作为衡量方式。”

　　管理者自己说些什么呢？一个虽然有点过时但是最有趣的研究是弗朗西斯（Francis，1980）的研究，他是第一个提出长期内什么目标最重要这一问题的学者。前两个目标显然是最大化总利润增长以及最大化资本回报率。位列第三的，几乎同样重要的，有各种目标：最大化员工的薪酬；最大化销售和资产的增长；最大化公司股息和股价的增长。但是，出人意料的是，当管理者被要求在竞争目标中做选择时，他们中的大部分会说他们将最大化业务的增长而不是最大化资本回报率。弗朗西斯进一步探究为什么企业有兴趣追求一个高水平的盈利能力（高利润率）。显然，到目前为止，主要原因是为扩张提供资金。因此，销售增长和盈利之间存在一个循环关系，因为当管理者被问到为什么他们的企业有兴趣追求一个高的销售增长率时，他们提供的最主要的原因是这可以帮助保证或增长未来利润，并且，没有增长就意味着最终衰退。因此，盈利能力与扩张是紧密相关的。因为企业可以获得利润，从而允许它们为扩张融资，所以企业可以实现增长。但是，反过来，企业的增长使它们能够盈利。显然，在现实中很难分清长期利润最大化与增长最大化。

　　在这个阶段提出一个简单的模型来说明这个部分的命题可能是最好的。为了能够这样做，作为一个初步问题，我们必须解决股东的股息问题。在加尔布雷斯式的公司里，股东扮演了一个完全被动的角色。这种服从主要有两个原因，根据企业的规模每一个原因都更为切合实际。对于大企业来说，信息的缺乏肯定是最关键的因素。大型企业的决策制定依赖于不同的委员会，需要很多天来收集必要信息。股东或他们选出的董事没有时间掌握这些连全职员工都需要几个月或几年时间来吸收的必要信息。在小企业的情况下，股东会很快明白，没有留存收益，企业扩张的可能性就会被严重限制，因此，股息支付必须是企业财富的体现，而不是所有者重要收入的体现。混合这两种原因的结果就是股息支付与借款资金的利息支付并没有很大的区别（Robinson，1956，pp. 247-248）。"根据这种观点，股息被视为一种成本，这个成本要保持在不高于保持投资者满意所需的水平上"（Penrose，1959，p. 28）。股息率是一个公约（Robinson，1962，p. 38），但自 20 世纪 80 年代起可能已经向上调整了。

正如已经指出的，加尔布雷斯式的企业与现代资本主义之间的关联受到了一些后凯恩斯主义者的质疑。现在的问题是，金融投资者正在关注股息之外的东西，以期在股票市场获得资本收益。新的公约不再是股息率，而是企业应该获得足够高的股本回报率（ROE），就是著名的15%的 ROE 标准。在这个意义上，股东并不是被动的，与之前的情况相反。

3.4.2 金融边界

在这里，我们现在要分析后凯恩斯主义企业的利润目标与增长目标之间的关系。如前所述，这种关系是基于这样的假设——企业只有在自己的金融投资手段已经积累到一定程度才敢借款，类似地，银行和其他金融机构只有在它们的企业客户在过去已经在一定程度上盈利才会同意贷款或融资发行股票或债券。企业可以或者愿意只借贷与之前累积的内部资金相关的有限数量的金额，这一事实在后凯恩斯主义的圈子里被称为卡莱茨基的"风险递增原理"。关于这一原理的一些解释大量存在于一些文献中，我们采用的是卡莱茨基后来的版本。

风险递增原理是基于直观的概念，即资产负债比或杠杆比率越高——外部资金融资投资的比率就越高——利息净额的潜在波动就越大。一般来说，只要企业仍然关注企业自身的持续发展，企业的管理者就将自我实施更加严格的限制，在借款方面就会比贷款人更加谨慎。这意味着，企业可以在它们自己设定的限度内自由借贷，这个限度大概为它们留存收益的一定倍数。

在危机时期，可能会发生相反的情况。在这种情况下，企业可能借不到它们想要的数额，它们会受到银行认为的可以接受的杠杆率的限制，因此企业要面临信贷配给。① 不管企业的计划投资的预期盈利是多少，也不管企业愿意支付多少借款利率，企业借款者都将是不满意的。在传统的经济学文献中，银行及其客户，或资本市场面临的问题被称为道德风险。在标准情况下，金融供给是无限弹性的，直到达到企业留存收益的一定倍数，到达这个倍数时，金融供给变为无限无弹性。当我们在第 4 章讨论货币和信用时会更多地涉及这些方面。目前，需要注意的是，早在 1937 年，卡莱茨基就已经明确了道德风险的存在，而他后来坚持把留存收益的必要性以及利率的无害性作为一个市场机制。

　　企业不可能借入高于一定数量的资本，这个数量由企业资本金决定。举个例子，如果企业想要发行债券，而这个债券发行相对于企业资本来说太大了，那么这个发行可能就不会被全额认购。即使企业承诺以高于当时利率的水平发行债券，债券的销售量也不会提高，因为较高的利率本身可能会引起对企业未来偿付能力的担忧……从上面可以看出，企业的扩张取决于其从当前利润中积累的资本。这会使得企业能够在避免有限资本市场障碍或"递增风险"的情况下进行新的投资。节省出的利润不仅可以直接用于商业投资，而且企业资本中的节省利润的增长也会使签订新的贷款合同成为可能。（Kalecki，1971，pp. 105 - 106）

戴维森提出了一个非常相似的说法：

① 所谓信贷配给，是指在固定利率条件下，面对超额的资金需求，银行因无法或不愿提高利率而采取一些非利率的贷款条件，使部分资金需求者退出银行借款市场，以消除超额需求而达到平衡。——译者注

　　在一个不确定的世界中，企业必须防范流动性不足，而债权人担心的是企业不能履行长期义务。因此，企业家和贷款人都急于看到由内部供资的一部分投资。所以，在一个不确定的世界中，内部融资和外部融资是相互补充的，而不是相互替代的，并且企业进入新发行市场的机会通常会受到关于资产负债比的制度规则的限制……（Davidson，1972，p. 348）

　　我们现在可以按照西洛斯·拉比尼（Sylos Labini，1971）建议的方式正式确立可用于金融扩张的总资金与企业实现的利润之间的关系。令 P 为企业的总利润，也就是在股息和利息被支付之前的利润。令 K_S 和 K_B 分别为股东持有的资本以及通过贷款或发行债券接入的资本，即企业的债务，令 i_S 和 i_B 分别为股票股息率和借贷资本利率。企业的留存收益，实际上就是除去股东拥有的那部分资本，也就是等于：

$$\Delta K_S = P - i_S K_S - i_B K_B \tag{3.1}$$

　　为简化起见，让我们假设股息率和利率是相等的。这并不是一个过于不切实际的简化，因为我们已经说过股息支付是企业的准契约义务。对企业来说遵守这个公约是安全的，其中一个公约肯定是债券的利率。根据这个假设，等式（3.1）就变为：

$$\Delta K_S = P - iK \tag{3.2}$$

　　然后，卡莱茨基的风险递增原理告诉我们，可以新借入的最大资本额是当前留存收益水平的一个倍数：

$$\Delta K_B = \rho(P - iK) \tag{3.3}$$

　　乘数 ρ 是常规经验法则的一个例子，就像第 2 章所描述的，这个经验法则是由银行或其他金融主体认为的贷款人风险和非金融企业管理人认为的借款人风险的相互作用决定的。让我们假设企业借款达到最大值，并且所有的金融资源都被用于购买固定资本品（没有金融资产）。在那种情况下，根据前两个等式，我们就可以得到投资（I）和利润的关系，也就是下面的等式（3.4）。用 K 除以这个方程，我们就得到了动态等效关系，也就是企业增长率（$g=I/K$）与其利润率（$r=P/K$）的关系。

$$\Delta K = I = (P - iK) + \rho(P - iK) \tag{3.4}$$

$$\frac{I}{K} = g = (1 + \rho)\left[\left(\frac{P}{K}\right) - i\right]$$

$$r = i + \frac{g}{1 + \rho} \tag{3.5}$$

等式（3.5）作为企业的金融限制而被熟知；在马瑞斯（Marris，1964a，p.9）那里也可以发现一个相似的限制。这告诉我们，如果企业想要以一个更快的速度增长，它就必须在给定资本应付利息的平均利率以及可接受的杠杆率 ρ 的情况下获得更好的利润。顺便说一句，可以注意到，一个更高的利率需要更高的利润率才能保持同样的增长率，而更高的可允许的杠杆率（在这里由 ρ 衡量，代表可以接受的资金与留存收益的比率）则允许一个更低的所需利率。

图 3-1 说明了金融约束的含义。金融约束曲线（这里是一条直线）下的阴影区域企业是不能进入的。偶然处于这一区域的企业无法维持其增长率，因为在这一区域，将不再有外部融资。企业扩张它们金融能力的边界将依赖于金融约束曲线。长期来看，企业因此必须在金融约束曲线上或在约束曲线以上的区域，也就是在有一些金融空间的区域（这意味着，要么企业借款少于它们或它们的借款人认为合理的最大值，要么企业将超额金融资源储存在了金融资产里，例如银行存款或国库券）。

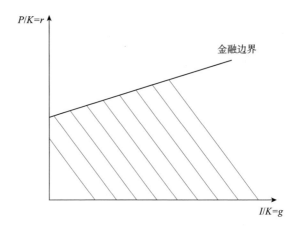

图 3-1 企业的金融边界

然而，更为知名的金融约束是由伍德（Wood，1975）提出的一个稍做修改的版本。在他的等式中，关键参数是企业的留存收益率 s_f。留存收益率就是留存收益除以总利润，也就是：

$$s_f = \frac{P - iK}{P} \tag{3.6}$$

在这个等式中，留存收益等于：

$$\Delta K_S = s_f P = P - iK \tag{3.7}$$

仍然假设借入的资本是留存收益的一个乘数，也就是说，联合等式（3.3）和等式（3.7），我们就可以得到另一个金融限制的形式：

$$I = (1 + \rho) s_f P$$

$$r = \frac{g}{s_f (1 + \rho)} \tag{3.8}$$

等式（3.8）非常类似于伍德的金融边界等式，这个等式还可以在卡尔多（Kaldor，1966）和莫斯（Moss，1978）的宏观经济学模型中看到。在这些模型中，假设企业决定或被允许从外部融资的

投资比例为 x，在卡尔多的案例中，可以更确切地说为股票发行。因此，投资支出中部分是由留存收益（$s_f P$）融资，部分是通过借贷（xI），于是投资支出就等于：

$$I = xI + s_f P \tag{3.9}$$

将等式除以 K，并且重新整理后，产生了卡尔多的著名的新帕西内蒂定理（neo-Pasinetti theorem）的描述，但这仅限于企业微观经济学领域：

$$r = \frac{g(1-x)}{s_f} \tag{3.9A}$$

如果我们还想假设——一个高度现实的假设——企业想要投资一个新的金融资产，比如说金融资产占实物资产的比例为 f_f，那么，投资支出就等于：

$$I + f_f I = xI + s_f P \tag{3.10}$$

所以，金融边界就变成了：

$$r = \frac{g(1-x+f_f)}{s_f} \tag{3.10A}$$

这是伍德（Wood，1975，p.81）的金融边界的准确形式。比较等式（3.8）和等式（3.9A），我们可以看到内部资金供资的投资份额为（$1-x$），等于比率 $1/(1+\rho)$，也就是以可以与净留存收益相匹配的外部资金比例来表示。由于等式（3.9A）与将宏观经济利润率和总体增长率相联系的标准剑桥方程非常相似，正如我们将在第 6 章看到的，因此，这个等式通常是后凯恩斯主义学者们描述金融边界时首选的版本。等式（3.5）的一个好处就是利率显然是金融边界的一个决定因素，因此表明货币政策的一个可能影响。等式（3.10A）也同样有趣，因为它强调了金融化的作用，这里指的是企业要通过参数 f_f 获得大量金融资产。达勒里（Dallery，2009）提出了一个更复杂的金融边界。

我们可以用下面的方法将所有前面金融边界的形式组合起来。企业的债务有一个利率 i，我们称之为 B，由银行贷款和债券组成。企业会留存它们利润的一定比例 s_f，但是这个利润比例是扣除债务利息支付所占的比例。我们进一步假设，就像在等式（3.9A）中，企业发行的新的股票占有形投资的比例为 x，并且要获得的金融资产占有形投资的比例为 f_f。企业不能从留存收益以及新股票发行中获得的资金可以从银行或债券市场借贷得到。于是，企业的金融约束就变成：

$$I + f_f I = xI + s_f(P - iB) + \hat{B}B \qquad (3.11)$$

其中，$\hat{B}$ 是企业债务的增长率，因此，$\hat{B}B$ 就是企业债务的增长。这个等式也将在第 6 章的一个宏观经济学框架中被使用。

现在假设企业处于一个长期均衡增长路径，有一个不变的资本负债比，即 $l = B/K$。这个比率的恒定性表明债务 B 和资本以同样的速率 g 增长，所以 $\hat{B} = g$。将上式除以 K，我们可以得到长期金融边界：

$$r = il + \frac{g(1 - x - l + f_f)}{s_f} \qquad (3.11A)$$

金融约束并不是一个牵强的概念。法扎利和莫特（Fazzari and Mott）已经表明在一个横截面研究中，有高的内部融资（扣除股息支付）的企业有一个高的投资额。他们表明，"内部融资对于解释为什么不同的企业在任何时间点均有不同的投资额非常重要"（1986－1987，p. 184）。他们也表明利息支付以及产能利用率对投资决策的重要性。许多其他的经验研究也得出了相似的结果，尤其是恩迪库拉马（Ndikurama，1999）的研究。最近，布朗等人

（Brown et al.，2009）表明，为这样一个观点——现金流对投资以及获得外部融资很重要——提供的经验证据是相当令人信服的。

3.4.3 扩张边界

我们现在转向企业面临的其他主要限制。观察图 3-1，最大化利润率的目标和最大化增长率的目标间似乎并没有区别。然而，金融约束并不是企业面临的唯一约束。企业也进一步受到伍德（Wood，1975，p.63）所称的机会边界的限制，这个机会边界也被马瑞斯（Marris，1964a，p.250）称为有效需求增长曲线。我们可以称它为"扩张边界"。金融边界表明了维持增长战略所需的各种利润率，而扩张边界则将关系到每个增长战略的可实现的最优利润率。图 3-2 呈现了一个企业的典型扩张边界的形状。

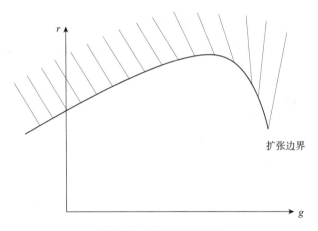

图 3-2 企业的扩张边界

在某种意义上，企业的扩张边界是对传统的企业观点的一种否定。后者认为，在标准 U 形长期总平均成本曲线的情况下，企业会达到有限最优规模。这种曲线形状的理由是管理生产要素在大型组织内协调活动能力的局限性。这个命题很早就被不同的后凯恩斯主义者否定了：卡尔多（Kaldor，1934b）和卡莱茨基（Kalecki，1971，p. 105）都认为，适当的决策分配和权力下放可以实现管理协调。对此，我们可以添加层次结构和日常程序进行分析。因此，尽管每个工厂可能有一个从技术上定义的最优规模，但一个多工厂厂商的最优规模不是不确定的就是无限大的。经验证据似乎表明，并没有规模不经济。在约翰斯顿（Johnston，1960，p. 168）概述的证据中，他指出，最明显的因素就是"L形模式的长期平均成本的优势，这种模式经常出现在长期分析中"。因此，管理协调的界限并不能在企业的绝对规模中找到，却能在扩张速率中找到。虽然没有管理的规模不经济，但是增长伴随着成本递增。因此，如图 3 - 2 所示的扩张边界为负的部分部分地是由于管理层有效解决变化和扩张所固有的困难。

　　相对于一个组织的绝对规模来说，因为伊迪丝·彭罗斯（Edith Penrose，1959）是第一个清楚地说明管理者在处理扩张速度时的局限性的人，因此，增长率和利润率的负向关系被称为彭罗斯效应。成长型企业必须将新的管理人员纳入组织中，并训练他们处理复杂业务的能力。这种纳入过程是浪费时间的，特别是对现有管理体制而言，因此对于企业来说代价很高。还有更进一步的原因，这些原因部分地与这些管理限制有关。当企业扩张时，它们要么在内部进行扩张，要么在外部进行扩张。在后一种情况中，向国外市场的多样性投资以及向其他产品的多样性投资受限于管理者对这些新的市场和产品的知识的匮乏。事实上，许多白手起家的百万富翁由于冒险进入了他们并不了解的市场而破产。当企业进行内部扩张并试图增加其主要市场的份额时，边际利润以及因此导致的利润率必须降低。当企业参与费用很高的广告、促销、产品创新和研发时，更有可能使用非价格形式的竞争（Wood，1975，p. 66）。与竞争对手相比，这些支出可能增加单位成本，并导致单位利润降低。

读者们可能想要知道如何解释扩张边界的上升部分。有三个原因可能推进了这一现象，都主要与内部增长有关。第一，投资允许引进新的更有效率的生产方式。成长型企业将会发现，当它们取代旧工厂或建立新工厂时，会更容易吸收技术进步。与增长缓慢的竞争对手相比，这将允许企业有更低的成本，同时这也会导致更高的利润率。第二，在具有不确定性的寡头垄断环境中，这描述了真实世界的特征，企业的盈利能力和生存及其对项目的控制完全取决于规模。因而，企业对项目的控制取决于其市场份额。增长缓慢意味着市场份额的减少，这也会使"单个企业的利润率可能与竞争对手的增长率负相关"（Moore，1973，p.539）。第三，当企业通过多样化扩张时，它们可能会遇到可以赚取临时垄断利润的新产品（Marris，1964a，p.251）。增长率对利润率的这些积极影响完全被处于扩张边界顶部的彭罗斯效应平衡了。

像之前一样，图 3-2 中的阴影区域表示了单个企业无法获得的增长率和利润率的组合。从销售和生产的角度看，那些有效率的企业将处于扩张边界线上。那些遭受 X-非效率，即满足莱宾斯坦（Leibenstein，1978）或只试图简单地满足西蒙的要求的企业将处于扩张边界线以下。

现在假设企业试图最大化它们的积累率，我们可以看到，通过组合两个边界，即使在中期，增长最大化的假设和利润最大化的假设也是不一样的。图 3-3 将金融边界和扩张边界组合在了一起。利润最大化将导致点 R 处于扩张曲线上，在这一点利润率是最大的，为 r_r。同时，增长率为 g_r，小于可能的最大增长率 g_g，g_g 是在金融边界与扩张边界的交点 G 处。我们可以看到两种类型的企业——一个最大化利润率而另一个最大化增长率——的区别，就是前者并不会去尝试利用所有可用的借贷杠杆，因为它处于金融边界线之上。
这意味着，一方面，利润最大化的企业尽管可以获得资助这些支出
的借款，但是拒绝参与回报率低的投资或广告支出。另一方面，增
长最大化的企业会参与所有扩张项目，只要这些项目足以产生提供
内部和外部融资的利润率。

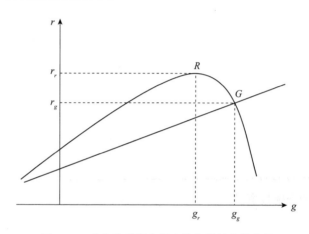

图 3-3　企业的利润率最大化和增长率最大化

此外，可以总结一下这一部分，一个增长最大化的企业的概念为
我们提供了定价理论的一些要素。尽管图 3-1、图 3-2 和图 3-3 是
根据利润率来描述的，我们也可以使用边际利润来标记纵轴。然
后，有一点就会变得很清晰——由企业设置的边际利润是两种与增
长最大化相关的相互矛盾的压力的结果。一方面，企业为了从它们
的竞争对手那里争夺消费者，会愿意降低它们的边际利润，主要通
过广告以及新产品的设想。另一方面，边际利润必须足够高以产生
足够的留存收益并保证企业从外部资源中借贷的能力。最终选择的
边际利润必须在这两个因素之间取得平衡（Wood，1975，p. 86；
Shapiro，1981，p. 88）。在一个不确定性和讨价还价的世界里，上

述行为当然可以仅是近似的。为了达到它们的目标，企业将制定目标，尽管知道这些目标通常达不到，并且在很大程度上完成不了。

3.4.4　对加尔布雷斯式厂商的替代

如前所述，一些学者已经开始质疑上面描述的加尔布雷斯式厂商是否仍然与当前的金融化世界相关，在这样一个世界中，金融投资者对企业管理者施加压力从而获得足够高的股本回报率，并且拒绝保持被动。这些学者认为，管理资本主义是一种特定历史下的构想，因此，管理资本主义下的厂商理论不适用或者需要修改，以考虑到朝向一种新的金融资本主义模式的现代发展。正如斯托克哈默（Stockhammer，2004，p.133）所提出的："我们期望管理者以及随后的非金融企业越来越多地以食利者的身份出现，并且也会表现得如此。我们也期望非金融企业有更高的股息支付、更低的增长率以及更多的金融投资。"

对向金融化或货币管理者资本主义的转变的解读有几种方式。例如，斯托克哈默（Stockhammer，2005－2006）依赖于管理者的效用函数，其中的参数是增长率和利润率，每个组成部分的权重取决于股东权力。在这里，我们通过依托达勒里（Dallery，2009）提出的两个提案开始。第一，我们可以简单假设走向金融化并不会改变加尔布雷斯式增长最大化厂商的基本特征，它仅仅改变的是金融边界参数的值。在这种情况下，就像斯托克哈默所论证的，我们预计股息支付率会上升（或者补充来说，留存收益率 s_f 会下降），而金融资产的投资比例 f_f 会上升。金融化对比例 x 的影响不太清楚，因为企业可能希望通过外部借款来提高它，以提高股本回报率，而当管理者们决定回购股票，想要提高企业的股票市场价值时，他们也可能希望降低它。不考虑比例 x 的模糊的变化，金融化的影响体现在金融边界的向上位移，如图 3-4 中的虚线所示。只要企业运作于扩张边界曲线向下倾斜的部分，金融化将会提高企业的利润率（从 r_1 到 r_2），并且会导致增长率下降（从 g_1 到 g_2）。企业将会从点 G 移动到点 G'。

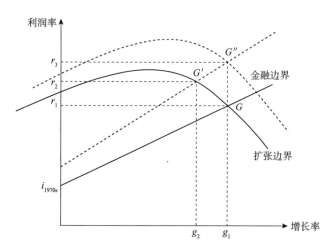

图 3-4　金融化的两种可能影响

　　然而，第二，这并不是金融化唯一可能的影响。正如斯托克哈默所指出的，转变为货币管理者资本主义以及实现股东价值将会使管理者减少偷懒或 X-非效率，并且会继续推进对公司资源更加严格的利用，也即加大对普通工人的剥削。我们已经开始了朝"裁员和再分红"方向的发展，意味着管理者试图通过缩减劳动力以及降低工人们的相对工资来达到他们的利润目标。换句话说，管理者将会在一个给定的增长率上，通过将机构投资者的压力转嫁给工人们而提高他们企业的边际利润。这将通过游说使得劳动法发生改变，从而规避工会的议价能力，实现劳动力成本的降低。正如由达勒里（Dallery，2009，p.504）提出的一个例子所表明的，或许管理者仍然想获得像以前一样的增长率 g_1，但是在金融约束的新的参数条件下，他们需要向上移动扩张边界，从而获得更高的利润率 r_3，实现原来的增长率 g_1。因而企业要从点 G' 移动到点 G''。

最后，让我们考虑第三种金融化可能的影响。在前面两个例子中，金融化与增长最大化厂商面临的约束的变化有关，现在，让我们考虑金融化导致目标改变这样一种情况，也就是说，放弃加尔布雷斯式厂商的主要目标——增长，企业目前的主要目标是利润率。股东真正感兴趣的是股本回报率，但我们假设企业管理者将利润率作为它的一个代表，因此企业要以可实现的增长率为 g_r、利润率为 r_r 的方式经营，其中，这个 r_r 是扩张边界上可以找到的最大的利润率。我们可以说些什么？这种新情形可以在图 3-5 中看到。实现的利润率是 r_r，融资增长率 g_r 所需的最低利润率仅仅是 r_f，就是可以从金融边界上可以看到的那一点。

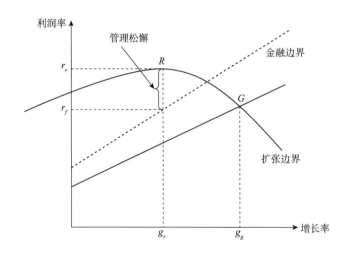

图 3-5　股东治理与管理松懈支出

利润率 r_f 足以支付债务利息，支付公平的股息，并且能够留存足够数量的收益以获得对有形投资进行融资所需的剩余贷款，也能获得新的金融资产的目标金额。企业因此有一个剩余量 $(r_r - r_f)$，这个剩余量可以用于股票市场份额回购，或者是被高级管理人员以股票期权、奖金和过高的薪金的形式进行分配。这就是图 3-5 中被称为管理松懈的部分。这个图因而帮助解释了基于股东价值治理方案的悖论。一方面，可以说金融和股东已经更好地控制了企业及其管理者，所以管理资本主义已经是过去的事了。另一方面，企业高管比以前骗取了所有者更大数量的金额（Black，2005）。在新的治理方案实施之前，高层管理人员领取的工资已经远远超出了可以想象的程度（Stockhammer，2005-2006，p. 199）。

如果企业采取裁员的战略，巨大的管理薪酬甚至还会增加，因此企业会使它的扩张边界向上移，就像图 3-4 那样，并且会提高最大利润率以及最大利润率与最低限度要求的支持增长的利润率之间的差别。然而，另一个相反的影响也可能会发生。就像之前提到的，艾瑞里等人（Ariely et al.，2009）已经表明，加大经济奖励来提高努力也可能会导致业绩下降，也就是说，金融资本主义下管理者的错误决定最终可能会导致企业扩张曲线下移，例如由于管理者采取了过于冒险的决策。

3.5　成本曲线和过剩产能

3.5.1　一些必要定义

就像在这一章的导言中所提到的，与商业直觉和经验不一致的一个特征就是基于标准 U 形成本曲线的新古典主义的假设，这种形状的成本曲线表明当盈利的企业增加销售量时，它们面临递增的平均成本。在这一部分，我想指出后凯恩斯主义厂商的三个典型事实，当讨论宏观经济学时，这三个事实是至关重要的。这三个事实

（生来就限于以前确定的后凯恩斯主义厂商的有效性领域）是：第一，短期平均成本通常是下降的；第二，边际成本，从而产生的平均可变成本在达到全产能之前，大致保持不变；第三，企业一般在有产能储备的水平上生产。尽管这三个典型事实已经被重复观察到——这导致折中主义作者们，比如库索叶尼斯（Koutsoyiannis，1975，p. 114），把它们称为现代成本理论，或现代微观经济学——它们还没有被纳入传统经济学理论。

在这个阶段，可以借鉴安德鲁斯（Andrews，1949），设立一些定义或许是个不错的主意。英国学者们经常提到的"直接成本"或"主要成本"，因而可以被称为"单位直接成本"，我们可以写为"UDC"。这些成本包括工资、原材料成本以及与生产产品相关的中间产品成本。只要它们是保持不变的，UDC 和边际成本就是相等的。事实上，我们可以认为 UDC 与传统微观经济学中的平均可变成本几乎一致。

为了得到"单位成本"，表示为"UC"，我们需要考虑一般车间和企业支出。这些支出我们通常称为"管理费用"或"间接成本"。这些成本包括监督生产过程的费用、管理费用以及与产品制造相关的其他可能成本，比如将产品出售给买方而产生的费用。单位成本因而是"单位直接成本"与"单位间接成本"之和。在达到全产能之前，单位成本会一直降低。单位成本和传统经济学中的平均总成本（它是平均可变成本和平均不变成本之和）很相似（但并不一样）。与平均总成本相反的是，单位成本并不包括单位生产的正常利润，正常利润至少应该可以支付固定资本的摊销。

正如在正统理论中，成本曲线的形状基本上取决于使用的技术。在传统意义上，无论在短期还是在长期，各种投入间的替代总是可能的。在短期内，例如，主流教科书声称，通过使更多的工人在同一台机器上工作来增加产量总是可能的，因而资本劳动比降低了，并且因此降低了劳动的边际实物产出。这被早期的后凯恩斯主义学者所否定。比如，卡尔多（Kaldor，1938）指出，生产要素表现出专用性和互补性，因此，如果雇用更多的劳动力，也会需要更多的原材料和更多的机器。

在后凯恩斯主义理论中，通过创新和技术进步，在长期中可以考虑某种形式的替代，但是在短期内却不可替代。无论是考虑可变要素还是不变要素，都以固定技术系数为准。正如埃希纳（Eichner，1976，pp. 28 - 30）所指出的，设备，或者更准确地说，设备的一部分是被设计用于让一个工作团队使用最有效数量的原材料进行运作。即使机器是由工程师设计的，考虑了操作员数量的变化后，管理层强加的官僚规则也通常会导致一个组合投入的标准比率。一旦这些标准是已知的，并且已经赢得相关工人的默许，它们就成为工作规则，通过集体谈判强制执行。当然，企业会希望进行新的组合的试验，尝试发现更有效率的组合。但是，这可能与替代效应本身无关，而且这也不能解决短期内的状况。

因此，从这些固定的技术生产系数中产生的是一组设备组合，每一个组合都被设计用于在每单位时间最有效率的产出水平上运营。考虑到生产中需要必要的中断以进行维修和定期维护，这个产出水平因而被称为"工程师额定产能"或"实际产能"水平。斯坦德尔（Steindl，1952，p. 7）将实际产能定义为"正常工作时间长度获得的产出，伴有足够的停工时间以保证维修和维护，并且不会干扰生产过程的正常运行"。

这个实际产能必须与"理论产能"区分开来，理论产能是在定期维护及其伴随的停工不会妨碍生产，并且设备或其一部分以高于设计的速率运作时没有发生故障的条件下，可以获得的最高生产程度。虽然低于实际产能的任何产出水平均对应于相对容易确定的边际成本，并且由于系数固定，边际成本是不变的，但是实际产能与理论产能间的产出水平则与传统的递增边际成本相关。成本上升是由于加班费，加速操作而导致的机器破损，以及缺乏维修而导致的设备使用寿命不成比例的减少（Steindl，1952，p.7）。边际成本上升的准确值实际上是很难估算的，因为企业家一般没有在那些高生产率下生产的经验，而且他们也不能提前测量由过度使用机器带来的成本，也不能提前衡量对于因这种过度工作而发生的错误工作、故障或事故所做的补救措施带来的成本（Harrod，1952，p.154）。

一个企业，除非它是小型家庭企业，否则它将由一些设备组成，每个设备都由许多具有自己实际产能的部分组成。因此，一个设备的实际产能是它的各个组成部分实际产能之和；而且一个企业的"全部产能"将是它所有设备的实际产能之和。设备在局部使用中并没有灵活性，除非有人准备超越实际产能，或者除非有人在一周中的某天或一个月中的某些周关闭设备的一部分，在该水平上的企业或设备才会有大量的灵活性。原因就是管理层可以通过重新开启或关闭设备的一部分或整个设备来提高或降低产出。

3.5.2 短期成本曲线的形状

图 3-6 表明了在给定不同设备或者不同设备组成部分的实际产能水平，以及给定每个设备的固定技术条件的情况下，边际成本（或者同样可称为平均可变成本或单位直接成本）和企业产出水平的关系。企业的全产能状态，表示为 FC，也就是每个设备组成部分的工程师额定产能——表示为 PC_i——的总和。在不同设备可以在不同时间点被建造的假设下，边际成本曲线被表示为阶梯函数（Eichner，1987，p.292）。除非没有技术进步，或者说除非技术改

进可以同时表现在旧设备上，否则这样一个阶梯函数必然会流行
（Eichner，1976，p. 34；Rowthorn，1981，p. 37）。然而，从一个
设备转到另一个设备的效率差异可能并不重要，因为部分技术改进
会扩散到旧的设备上去。出于这个原因，并为了简化目标，我们会
假设放弃边际成本函数的向上移动，并将边际成本，因而产生的单
位直接成本在本书的其余部分设置成一个常数。这种简化的相关性
将会在这个部分的结尾进一步讨论。

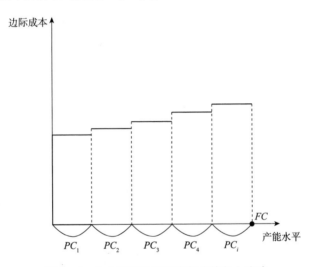

图 3 - 6　企业不变边际成本部分的向上移动

　　现在我们可以表示出典型后凯恩斯主义厂商成本曲线的形状
了。假设在达到全产能之前，单位直接成本曲线保持不变，因此在
短期内，在达到全产能之前，单位成本（平均总成本）一定会下
降。只有超过全产能那一点，边际成本和单位成本才会以传统的方
式增加。超越完全产能，也就是图中的点 FC，只有通过过度使用
超过实际产能的各种设备和机器，才能生产更多的产出。点 FC 之
后可以一直这么做，直到达到理论完全产能水平，也就是图 3 - 7 中

的点 FC_{th}。边际成本曲线是不连续的，这是因为，就像上面所提到的，这里假设过度使用机器将大大增加更换成本，而且也因为工人们将很有可能被支付加班工资。当然，是否存在不连续性并不重要。

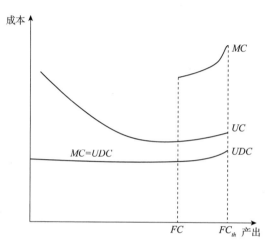

图 3-7　后凯恩斯主义企业的边际成本（MC）、单位直接成本（UDC）以及单位成本（UC）

更重要的是，企业一般不会以边际成本递增——因而单位成本递增的产出水平生产。在传统微观经济学中非常重要的边际成本曲线的上升部分，却与后凯恩斯主义企业的分析并不相关，在这里提到只是出于实用目的，因为企业将绝对避免在这个区域从事生产活动。一般来说，企业将在单位直接成本保持不变或者单位成本递减的产出水平上运营，也就是说，在低于全产能——就像我们所定义的——水平经营。这意味着，企业通常在有产能储备的情况下运营。大型企业会计划过剩产能，它们会以在 65% 和 95% 之间波动的实际产能利用率运行，并旨在在 80% 和 90% 的范围内实现正常产能利用率（Eichner，1976，p. 37；Koutsoyiannis，1975，p. 273）。正常产能利用率也被称为"产能负载系数"或者"标准运营比"。它被定义为在整个商业周期内企业总实际产能占全产能的比例（Eichner，1976，p. 62）。企业计划在未来一段时间内运作的产能利用率是预期产能利用率。

正如上面所提到的，长期以来，在英国和美国有很大量的实证文献，涉及数据和计量研究、案例研究和基于问卷的研究，证明了新古典成本曲线 U 形假设的无关紧要性，同时支持了 L 形长期总平均成本曲线以及不变平均可变成本曲线［参见约翰斯顿（Johnston，1960）和李（Lee，1986）以及许多其他人的调查］。这些调查和原始研究的典型结论就是"绝大多数答案支持可变成本和产出成正比的观点，而相当多的人则认为至少在接近产能前，可变成本可以适当递减"（Fog，1956，p. 46）。约翰斯顿（Johnston，1960，p. 168）坚定地认为，各种研究揭示了不变的边际成本以及递减的平均成本似乎是最好地描述数据的模式。

这些结果最近已经由布林德等人（Blinder et al.，1999）进行的访谈研究证实，他在一项美国联邦储备委员会资助的研究中接触了 200 名销售量超过 1 000 万美元的企业的高管，致力于了解价格黏性。由于被测试的一个假设是价格黏性是否归因于不变的边际成本，所以布林德等人尽力寻找边际成本曲线的形状，询问受访者关于"随着产量上升，生产额外单位的可变成本"的反应（ibid.，p. 216）。这个问题比布林德等人预期的更难回答，因为一些高管拒绝回答或者是被迫提供一个答案。最终，只有 11％ 的人回答边际成本是上升的；40％ 表明它们是下降的；49％ 表明它们是不变的。令人惊奇的是，那么多人回答边际成本是下降的，但由于很多高管理解这个问题存在困难，很可能一些受访者将边际成本或平均可变成本与平均总成本，也就是图 3 - 7 中的单位成本曲线 UC 混淆了。布林德等人（Blinder et al.，1999，p. 105）得出结论，管理者的回答"描绘了一个典型企业成本结构的图像，这个图像并不同于一直记录在教科书上的那个图像"。具有讽刺意味的是，尽管如此，当鲍莫尔和布林德（Baumol and Blinder，2006，p. 126）根据他们一年级教科书中的报酬递减规律呈现出 U 形成本曲线时，他们断言："这个所谓的规律只是简单地根据观测到的事实得出来的，经济学家并没有通过数值解析的方法推断出这个关系！"

相比之下，后凯恩斯主义学者们非常热衷于接受和传播关于成本曲线形状的实证研究结果。因而，"现代"成本理论的图形表示可以在戴维森（Davidson，1972，p. 37）、克雷格尔（Kregel，1973，p. 139）、罗宾逊和伊特韦尔（Robinson and Eatwell，1973，p. 168）、哈里斯（Harris，1974）和埃希纳（Eichner，1976）的作品中找到。然而，图 3-7 中呈现的成本曲线最著名的支持者是卡莱茨基（Kalecki，1969，p. 51），他早在 20 世纪 30 年代就提出了一个建立在微观经济基础上的宏观经济理论，这种微观经济基础是具有过剩产能的不变边际成本。牛津大学也有这样的传统，那里的研究者也开始接受不变单位直接成本的假设，就像能在哈罗德（Harrod，1952，p. 154）以及安德鲁斯（Andrews，1949，p. 102）和他的助理布伦纳（Brunner，1975）的作品中所看到的那样。除了卡莱茨基，卡尔多是另一个这样的后凯恩斯主义者——从很早的时候就尝试在现代微观经济学的基础上重建宏观经济学。卡尔多（Kaldor，1961，p. 197）假设"在达到最优产能利用率那点之前，平均或边际主要成本是保持不变的"，画出了类似于图 3-7 的成本曲线的图像。

3.5.3 计划过剩产能的成因

当卡尔多长期以来一直明确承认在全产能产量水平下直接成本

是不变的时，他也明确地说明企业在任何情况下都要保持产能储备的必要性。仅仅表明边际成本对于某种规模的生产可能是不变的是不够的：必须说明当企业处于全产能水平的点之下的区域时，它的边际成本是不变的。

> 在不完全竞争的情况下，促使企业保持产能高于产出的动机——能够利用任何机会提高销售能力的动机——在充分就业时和其他时候都一样有效……在长期均衡中，完全一致的假设是，产出和产出能力应当以相同的速度增长，但这并不意味着两者相等。(Kaldor，1970a，p.4)

> 制造业是固定价格市场的典型案例……在这种类型的市场中，关于未来需求增长的不确定性主要影响产能利用的程度；它支持制造商保持产能超过需求，并且使产能的增长与需求的增长保持一致。(Kaldor，1986，p.193)

由于随机变量或季节性波动，除了抓住销售能力增长的机会，已经有各种理由被提出以证明产能储备的持续存在。对于西洛斯·拉比尼（Sylos Labini，1971，p.247）来说，过剩产能是对新的或外部企业进入的一种威慑。它是限制进入行业的防御策略的一部分，因为任何潜在生产者都知道现有企业有能力增加产出并降低价格，且不一定招致损失。因此，琼·罗宾逊（Joan Robinson，1969，p.261）将不完全竞争的存在与过剩产能的存在联系在一起，并且将后者与一个"对于个体卖家来说完全不能预测的"市场联系起来。

斯坦德尔（Steindl，1952，p.2）将产能储备的存在与根本不确定性的存在联系起来，并且这可能是对过剩产能的最好解释。家庭持有现金以满足其流动性偏好，而企业持有过剩产能以面对一个不确定的未来。很显然，过剩产能的存在允许企业很快地应对产品需求的激增。当然，这种灵活性也可以通过存货的存在而获得。此外，当消费者需求的变化需要销售产品的风格进行微小变化时，产能储备允许企业继续生产标准产品，同时修改闲置设备的设计。因而，产能储备为面对未来需求的确切组成的不确定性提供了灵活性。"需求分布在不同种类和质量的产出之间，这个产出需要独立的设备，而且不同种类间的需求分布是不能被准确预测的。因此，产能储备有必要注意需求模式的可能变化"（Steindl，1952，p.8）。正如帕西内蒂（Pasinetti，1981，p.233）所指出的，未来需求的组成是不确定的，不仅仅是因为对于管理者来说，很难预测消费者的偏好，而且也因为消费者自己，当他们的收入增加时，他们对于接下来想要买什么也可能是不确定的。在这个意义上，过剩产能确实类似于预防性流动性需求。

过剩产能普遍存在还有其他原因。它们与技术方面相关。有一些不可分割的设备和器械。最有效的设备或设备组成可能要求一个最低实际产能水平，因为规模经济要求达到这个最低水平。因此，一个新的设备的安装可能暂时带来产能超过需求，这种暂时的过剩之后会通过需求的长期增长而消除；但出于上述原因，暂时性的储备实际上将是一个永久性的储备，企业不断确保其产能超过需求，以避免将客户流失给更有远见的生产商的风险。生产商拥有过剩产能的事实也和生产需要时间的技术事实相关：工厂不能被立即建成；机器不能堆放在库存中，因为机器通常是特定于手头的任务的，因此是需要定制的。因而，产能不能在一夜间增加。时间的不可逆性在于生产，而不在于需求。闲置产能所需的量表明了管理者对因过度延迟交货而失去消费者信誉的可能性的关心。企业知道它们的消费者对交货滞后和延期没有耐心。

有人认为企业总是可以利用超过实际产能的过剩的理论产能，并且以最低成本的生产水平为运营目标，也就是在图 3 - 7 中的 FC 点运作。为了避免由于设备的不可分割性造成的产能过剩，企业因而通常会努力在全产能水平运作，并最小化单位成本。如果需求随机增加并超过了全产能，这种需求的增长通常可以通过超过实际产能的理论产能的过剩，就是沿着边际成本曲线上升的部分被解决。除了西洛斯·拉比尼对这样一个短期策略持反对意见，这里还有一些实际技术原因来解释为什么企业不会追求这样一个策略。

第一，集体议价可能会禁止大范围加班或夜班的可能性。就像马瑞斯（Marris，1964b，p.22）所指出的，"实际上，大部分社会是做集体决议的……并在相当低的资本利用率水平上生活，从而确保轮班工作是一个少数现象"。第二，当机器过度负荷时，机器由于缺少定期维护很有可能会损坏，而且事故也更容易发生。由于生产过程的中断，无法响应需求，因而一旦再次失去市场份额和消费者信誉，企业就会遭遇危险。就像唐华德和李（Downward and Lee，2001，p.469）所指出的，在布林德等人的调查中，"85％的销售量代表了重复业务"，所以大部分活动发生在这些商业业务之间。因此特别重要的是，要通过总是能够响应订单来避免引起消费者的反感，并保持商誉。

此外，即使不担心这种生产中断，产量增加也只能在一个更高的单位成本下实现，除非价格会上升，否则利润会下降。当扩张最需要资金时，企业扩大其潜在产出的金融能力就会被削弱。没有产能储备的企业相对于其竞争对手处于成本劣势，并且提高价格的替代解决方案将再次面临失去消费者的信誉风险，客户可以以不增加的价格在其他地方找到相同的产品。这些所有方面都导致很多学者将理性行为，包括长期利润最大化和过剩产能联系起来（Skott，

1989a，p. 53）。与上述引文相比，甚至卡尔多（Kaldor，1961，
p. 207）有一个观点认为："在不完全竞争情况下，假设代表性企业
将维持相当数量的剩余产能，这完全与'利润最大化行为'兼容。"

对过剩产能做个总结，我们可以说，有理论和实践的理由，以
及好的策略和技术理由来解释为什么企业通常旨在在远低于它们的
全产能水平以及不变单位直接成本的范围内运营。无论我们怎样看
待这种行为的合理性，我们都必须认识到，就像后凯恩斯主义者们
所认识到的，企业始终在有大量的产能储备的情况下运营，对任何
企业的分析都必须考虑这一事实。

3.5.4　边际成本不变：谬论抑或典型事实？

在结束关于企业成本的章节之前，我们应该澄清一个在以前的
讨论中被忽视的问题。更具体地说，我们需要回到代表企业边际成
本曲线的阶梯函数的问题上，就像图 3 - 4 中表现的阶梯函数。正如
所讨论的，成本曲线从一段上升到另一段是由于企业所拥有的不同
设备的效率的差异，这些差异是由不同年份的设备造成的。此外，
正如之前所提到的，布林德等人的调查发现，相当多的企业表明边
际成本是递减的。李（Lee，1986；1988；1994）多次表明，假设
单位直接成本不变是错误的，因为一些案例研究已经表明，单位直
接成本或者边际成本在个体设备水平上不是递减就是递增的。因
而，把企业的总边际成本在达到全产能之前描述成不变的，就像使
用传统的 U 形曲线一样，也会起到误导作用。

我们在后凯恩斯主义经济学中对核心假设的批判是什么？对于
单个工厂，约登（Yordon，1987）已经做出回答：支持边际成本递
增的证据是相当脆弱的。同样在边际成本递减的情况下，如果根据
福格（Fog，1956）和布林德等人（Blinder et al.，1999）获得的结

果判断，那么这是一个重要的情况，约登解释了事实上它们是怎样与边际成本不变保持协调的。当后凯恩斯主义者声称在达到全产能之前，边际成本、单位主要成本、单位直接成本或平均可变成本是不变的时，他们从这些成本中排除了管理劳动力成本。这些管理劳动力包括管理人员，也包括分配到工厂各个部门的主管和工头。在管理劳动力成本方面存在一定的模糊性。这些薪酬并不是固定成本，因为如果企业要倒闭，它们可以被大幅削减，但它们也不是可变成本，因为一旦工厂启动，它们"在各种产出水平上保持大致稳定"（Kalecki，1971，p. 44）。正如斯坦德尔（Steindl，1952，p. 8）所述，并被布伦纳（Brunner，1975，p. 32）所证实的，管理劳动力的薪酬代表了劳动收入的很大一部分，因而它们不应该被忽视。

我们稍后会看到，直接劳动和间接劳动之间的区别，根据布伦纳（Brunner，1975，p. 32）的观点，这是一个被低估的区别，它可以在宏观经济学的收入分配中发挥关键作用。然而，在经验研究中，以及对于会计人员来说，常常很难区分支付给管理人员的薪酬以及支付给直接参与生产的工人的工资。因为管理人员并不会随生产增加，而是随产能增加，区分直接劳动和一些管理劳动的实际不可能性将导致平均成本明显地小幅下降，虽然纯粹的直接成本的确是不变的。有些学者称之为"现付"或"现金"成本（ibid.）。其他一些学者则称之为启动成本，表明主要成本由边际成本和管理启动成本组成。正如罗宾逊（Robinson，1969，p. 261）所说的，"总是存在一些准固定成本，这些成本在工厂保持正常工作时一定会发生。因此，平均主要成本随产量增加而下降，直到全产能"（cf. Asimakopulos，1970，p. 172；Kaldor，1964b，p. xvi）。在正确区分真实可变成本和启动成本的基础上，我们可以得出结论：在特定的设备水平下，有强有力的证据表明边际或纯直接成本是不变的。

那么各个设备间生产力的差异呢？卡尔多（Kaldor，1961，p. 198）很早之前就表明，由于管理劳动力的存在，劳动生产率的提高准确地补偿了各年份设备生产率的下降。但是，如果我们想继续区分直接劳动和间接劳动，那么这些对李的反对边际成本不变的回应是不能被接受的。埃希纳（Eichner，1986b）对李的批判的回应是为了表明，没有技术进步，在达到最大产能之前，总的边际成本曲线将是水平的，并且这样假设也是有用的。李（Lee，1986，p. 409）对那个回应的预期回答是，工具主义并不是后凯恩斯主义企业理论的一部分。

然而，对李的批判有一个更有效的回应。约登（Yordon，1987，p. 596）表明，当厂商减少产量时，它们不一定会关闭效率最低的设备。由于运输成本的原因，企业产品需求量的普遍减少将通过关闭所有设备的一些部分来满足，而不是关闭最低效率工厂的所有部门。因此，图 3 - 6 对边际成本的分段是一个抽象的表示。在历史时期对边际成本的更具体描述是由图 3 - 7 提供的，因为它对应于企业增加或减少产出水平时边际成本和单位成本的实际连续变化行为。

类似的反对意见，以及类似的答案，可以在产业层面得到。正如戴维森（Davidson，1960，p. 53）所回忆的，即使所有企业的确面临不变的边际成本，这也并不意味着产业供给曲线是水平的，卡莱茨基传统的后凯恩斯主义者认为这是因为既存在低成本企业也存在高成本企业。在接下来的章节中，我们仍然假设产业供给曲线是一条水平的成本曲线，因为我们假定公司以平行方式运行，分担总产出的变动。例如，当需求下降时，产量的减少几乎按比例分摊给所有企业。效率最低的企业不会首先承受产量的减少，除非它们被迫去承受。低效率反映在单位利润上，而不是价格上。相对地，当需求扩大时，每个企业的单位成本会下降，因此，"生产率提高，是因为伴随需求增加而增加的产量是由所有企业共享的，而不是集中在边际企业中"（Kaldor，1985，p. 47）。是过剩产能的存在允许了这样的行为以及边际定价规则的无关性。

这带来了最前沿的定价问题，也是我们必须解决的问题。

3.6　定价理论

3.6.1　一些初步陈述

遵循埃希纳（Eichner，1987，p. 338）提出的区别，后凯恩斯主义学者喜欢区分定价理论和价格理论。一方面，价格理论是相对于其他价格，确定产品价格的理论。它是一个经济范围内的相对价格理论。它会产生一个价格的均衡配置，如果可以免除所有调整和各种时间滞后，这种配置将会发生。价格理论的近期成果是处理了动态稳定性问题：在其他条件保持不变的情况下，有没有这样一个机制推动实际价格走向均衡配置？另一方面，定价理论是关于价格制定代理人行为的陈述。它讨论了如何实际采取价格决策；它涉及价格制定过程；它还可以明确采取的定价决策的信息基础。可能存在一些后凯恩斯主义价格理论，但所有这些理论都是基于相同的定价理论——成本加成定价方法。什么是定价的最终决定因素是另一个问题，关于这一点有较少的一致性。

企业需要做两种类型的决策：成本计算和定价。因此，不同学者之间的一致或分歧可能来自成本计算和定价方面：

　　成本计算是指商业企业在实际生产之前，采取的用于设定商品销售价格所用的成本的过程，因此实际生产成本是已知的……定价是指商业企业用于在产品被生产和在市场上售卖之前设定产品价格的程序。也就是说，从成本计算过程决定的成本开始，然后企业会在成本上增加一个边际成本或者提高成本来设定价格。（Lee，1998，p. 10）

新古典主义定价理论依赖于边际成本和边际收益的相等，而后凯恩斯主义者则依赖于"成本加成定价"的一般原则。有几种不同的成本加成定价，但它们都共有一些显著的特点（Shapiro and Sawyer，2003；Gu and Lee，2012）。

第一，价格是由厂商制定的；它们并不是由看不见的市场力量或者一个虚构的、无所不知的拍卖者决定的。价格是成本支付者，而不是资源分配者；它们并不是稀缺的指标。第二，管理者根据他们认为是正常成本的一些衡量标准来固定价格，然后对其增加一个加价或一个边际成本；价格并不是取决于实际成本。第三，价格是再生产价格。它们的目的是收回企业的支出（Shapiro and Mott，1995，p. 36）。企业必须保证足够的收益以维持融资以及实现增长。第四，价格是稳定的。它们并不是以一次性的利润最大化事件被设定；而是通常在与买者重复交易的框架内被设定，在这个框架内，企业必须避免留下过度收费的印象。为了帮助保持商誉，价格通常会在一段时间内保持不变。此外，价格的稳定性也减少了价格战的可能，价格战总是毁灭性的。事实上，遵循布林德等人（Blinder et al.，1999）的研究，几家中央银行进行了价格黏性调查；这些研究证实，"价格很少被审查，更少被改变"（Melmiès，2010，p. 450）。第五，与前一个特征并非无关，企业似乎独立于假定的反向的价格-销售量关系来确定价格，这意味着似乎价格弹性非常低。第六，价格不是市场出清价格。在企业可以确定实际的成本或需求条件之前，产生事后"边际利润"（实现的利润）的"边际成本"是在事前增加的。价格由市场管理并在交易发生前确定。因为成本的很大一部分来自中间投入，所以当企业确定自己的价格时，中间投入品价格可能无法确定，边际成本很有可能偏离实际边际利润。中间产品在企业成本中的重要性强调了价格的相互依赖性——这也是后凯恩斯主义定价的第七个属性。例如，这反映在斯拉法的投入产出模型中，或者说反映在其他多部门定价模型中。第八，我们可以认为后凯恩斯主义价格是策略价格，企业制定价格是为了实现一些时间上、空间上不一样的目标。这也适用于成本计算，尤其是管理支出，可以以策略方式分配给企业生产的不同产品，安德鲁斯称这个特征为管理成本的"可塑性"。

我们可以提及库茨和诺曼（Coutts and Norman，2013）强调的成本加成定价的两个附加特征。间接税会全部转移到价格上，因为它们对于企业来说是一个成本。相比之下，至少在发达工业化国家，国内价格将不会受汇率变化或竞争对手进口货物的关税的影响。

3.6.2 多种定价程序

成本加成定价法，或者奥肯（Okun，1981，p.153）所谓的成本导向定价法，包括五种变形：加价定价法（mark-up pricing），全成本定价法（full-cost pricing），正常成本定价法（normal-cost pricing），历史正常成本定价法（historic normal-cost pricing）以及目标收益定价法（target-return pricing）。我会认为在这五种变形之间并没有根本区别，而是有很多相同之处。这些变形的扩展介绍可以在李等人（Lee et al.，1986）、雷诺德（Reynolds，1987）、李和唐华德（Lee and Downward，1999）的文章中找到。

加价定价法

最简单的成本加成定价法就是卡莱茨基的加价方法，或者直接成本定价法。它假设单位直接成本或平均可变成本需要加上一个总边际成本。因而定价等式就等于：

$$p = (1+\theta)UDC = (1+\theta)DC/q \tag{3.12}$$

价格变量是 p，UDC 就像之前所说的，代表单位直接成本（或平均可变成本）；直接成本加价的比率为 θ；总边际成本是 $\theta(UDC)$。DC 和 q 分别代表了直接成本和产量水平。图 3-8（a）表示了等式（3.12）的加价过程。

尽管简单加价定价法——也被称为直接成本定价法——在后凯恩斯主义宏观经济学家之间很流行，一些学者，尤其是李（Lee，1985；1994）已经表明，因为企业内会计技术的复杂性越来越高，加价程序在现在已没过去那么盛行。而较早时，会计师只是对单位管理成本，包括折旧费用，进行了非常粗略的估计，但这没有持续很长时间。大部分企业，尤其是大型企业，已经精确估计了单位管理成本，这是因为它们已经找到了将所生产的间接车间成本和工厂成本归给每个分公司或每个产品的方法。李（Lee，1998，p.206）指出，只有 20% 被调查的企业使用直接成本定价法，而且它们中的大多数是小型企业。

因为很多学者假设在达到或接近全产能之前，单位主要成本保持不变，并且因为大部分企业努力避免在超过全产能的情况下运营，因此在这个产能利用率水平上计算的单位主要成本并不重要。还有，加价定价法假设单位主要成本要加上一定的总边际成本，从而产生相关产品的价格，但是如果这个边际成本要支付管理成本和一些利润目标，那么总边际成本必须以某种方式与特定产出水平相关（Brunner，1975，p.29）。因此，就像之前所表明的，即使在直接成本定价的情况下，企业也需要根据一些标准或正常产出水平确定价格。就像安德鲁斯（Andrews，1949，p.110）所指出的，对于定价，"平均直接成本的正常水平才是重要的"。然后，至少在微观经济学层面上，单位直接成本曲线是否平坦成了次要问题。正如李（Lee，1994，p.314）所指出的，"由于用于定价的成本是基于估计的产量或正常产能，因此平均直接成本曲线形状的问题对于定价目的来说并不重要"。如果单位直接成本曲线在相关分段上不平坦，等式（3.12）中的 DC 和 UDC 就会被 NDC 和 NUDC 替代，NDC 和 NUDC 分别代表正常直接成本和正常单位直接成本，q_n 代表正常或标准产出（Gu and Lee，2012，p.456）。所以，加价定价等式就变成了：

$$p = (1+\theta)NUDC = (1+\theta)NDC/q_n \tag{3.13}$$

李（Lee，1994，p.305）已经表明，在大多数总量模型中，就像西德尼·温特劳布（Sidney Weintraub，1978）教条中的那些模型，价格加价是强加于单位劳动成本之上的，因而忽略了原材料成本。这可能是一个误导性的简化，因为至少在多部门的框架内，比起劳动力成本，中间投入的成本构成了更大比例的直接成本。我们可以通过首先计算销售总利润的份额、其次计算总利润在增加值中的份额来确定上述说法。

销售总利润的份额，相当于卡莱茨基术语中的垄断程度，等于：

$$m = \frac{\theta}{1+\theta} \tag{3.14}$$

价格加价比率 θ 可以被认为是衡量销售总利润份额的指标，因为前者可以写作后者的函数：

$$\theta = \frac{m}{1-m} \tag{3.15}$$

然而，如果我们观察总利润在增加值中的份额，情况会略有不同（Hein，2012，pp. 22 - 23）。现在，随着加价定价等式变为以下方程，我们必须区分单位直接劳动力成本（UDLC）和单位原材料成本（UMC）：

$$p = (1+\theta)(UDLC + UMC) \tag{3.16}$$

那么，总利润在增加值中的份额m_{va}，就是总利润率与总利润和直接劳动成本之和的比率，即：

$$m_{va} = \frac{\theta(UDLC + UMC)}{\theta(UDLC + UMC) + UDLC} \tag{3.17}$$

将以上等式右边上下同除以 UDLC，并且令原材料成本与直接劳动力成本的比值 $j = UMC/UDLC$，于是上式变为：

$$m_{va} = \frac{\theta(1+j)}{1+\theta(1+j)} \tag{3.18}$$

方程（3.18）相对于 j 的导数总是正的：

$$\frac{dm_{va}}{dj} = \frac{\theta}{\{1+\theta(1+j)\}^2} > 0$$

因此，随着一个保持不变的单位直接成本上的加价比率 θ，原材料成本与直接劳动力成本比值的增大将会增大总利润在增加值中的份额 m_{va}。所以，在加价比率 θ 保持不变的假设之下，工人们可以通过谈判获得更高的名义工资率以减少利润在增加值中的份额。这将会降低等式（3.18）中的 j 值，并且导致一个更低的 m_{va} 值。更重要的是，如果企业接纳了成本增加但并没有进行成本加价，即使物质单位成本上升，积极的名义工资谈判也可以成功地增加工资在增加值中的份额，这可能会发生在 20 世纪 70 年代（McCombie，1987，p. 1132）。

全成本定价法

成本加成定价法的第二种变形是全成本定价法，由霍尔和希契（Hall and Hitch，1939）第一次提出。使用这个方法时，企业通过考虑所有成本，而不仅仅是直接成本来确定价格。在全成本定价法中，就像最初所定义的，价格取决于实际单位成本。事实上，霍尔和希契（Hall and Hitch，1939，p. 20）表明，大约有一半的受访公司使用实际或预期产出。但由于在达到全产能前，单位成本是递减的，于是这个想法就失败了，因为这样就意味着价格需要随着递增的产量或者更高的预期销售量而下降——是米恩斯（Means，1992，p. 326）的所谓错误定价的一种情形。正如罗宾逊（Robinson，1977，p. 11）所回忆的：“旧的全成本法则……似乎认为，当需求增加时制造品价格……会下降，因为间接成本被分摊在一个更大的产出上。”这似乎太令人惊讶以至无法接受。此外，全成本定价法在严格意义上意味着需要提前知道实际单位成本（主要成本加上间接成本）：这被认为是不可能的。一些学者偶尔仍然会使用全成本定价法的表述，这一方法最好不要使用，而应转向另一种方法。

正常成本定价法

目前，占主导地位的定价程序是全成本定价法以及加价定价法的一个非常接近的替代，也就是由安德鲁斯（Andrews，1949）、布伦纳（Brunner，1952）以及安德鲁斯和布伦纳（Brunner，1975）所描述的正常成本定价法。正常成本定价法强调了企业通过将一个边际成本加到某些正常产出水平下计算的单位成本上而确定价格的事实（Lee et al.，1986，p. 24）。因此，价格不根据实际成本确定，而是取决于一些传统的成本测量标准——正常或标准成本。在安德鲁斯自己的作品中，他假设，在一个标准产出水平上确定的单位直接成本要加上一个总边际成本。然而，安德鲁斯和布伦纳发现，许多大型企业通过在标准单位成本上增加一个净边际成本来确定价格，即以在正常产出水平上估算的，且包括直接和间接单位成本的成本测量标准来确定价格。如今，正常成本定价法趋向于与后者有关而不是与前者的观点有关（Rowthorn，1981，fn4；Bhaduri，1986，p.76；Lee，1994）。

因此，正常成本定价法在其现代化过程中类似于全成本定价法，但单位成本是在某些常规产出水平上计算的。这个常规水平要么是全产能产出水平，要么是一个基于标准产能利用率的标准产出水平。管理者并不需要知道所有产出水平的单位成本的价值，他们只需要知道常规产出水平上单位成本的价值。

当一些行业协会设定公约时，例如通过提供可用于计算间接单位成本的当前产能利用程度的价值，成本计算程序就变得容易了。

结果显示，大部分支持正常成本定价法的学者都基于一个正常产出水平考虑单位成本，这个正常产出水平与我们上面所说的标准运营比率或者正常产能利用率一致（Brunner，1975，p.27；Sylos Labini，1971，p.247；Harrod，1972，p.398；Wood，1975，p.61；Lee，1985，p.206），正如哈罗德（Harrod，1952，p.165）所说，这是对"严格意义上的全成本规则的修改"。包含有净边际成本的正常成本定价通过图 3-8（b）表示出来。正常成本定价被理解为在正常单位成本 NUC 上施加一个净边际成本的百分比 Θ，就像等式（3.19）所展示的：

$$p = (1+\Theta)NUC \qquad (3.19)$$

正如李（Lee，1998，p.205）所指出的，事实上，企业可能会施加两个价格加价，一个用于支付间接成本［在等式（3.20）中表示为 θ'］，另一个用于支付利润［在等式（3.19）中表示为 Θ］，因此正常成本定价可以被表示为：

$$p = (1+\theta')(1+\Theta)NUDC \qquad (3.20)$$

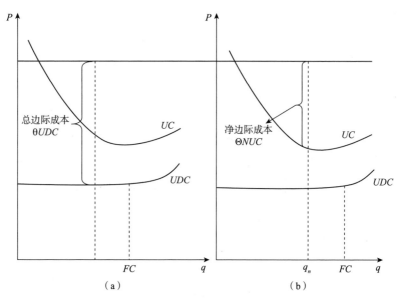

图3-8 **（a）加价定价法以及总边际成本；**

（b）正常成本定价法以及净边际成本

历史正常成本定价法

这是全成本定价法或正常成本定价法的一个复杂变形。这一变形由诺德豪斯和戈德利（Nordhaus and Godley，1972）、库茨等人（Coutts et al.，1978）以及之后的戈德利和拉沃（Godley and Lavoie，2007a，ch.8）提出。库茨等人（Coutts et al.，1978，p.1）依赖于他们所谓的"正常价格假设"。对于他们来说，这意味着"如果产出在其趋势路径上，且其他条件不变，则一个变量的正常价值被定义为该变量将采取的价值"（Nordhaus and Godley，1972，p.854）。因此，这对应于计算一个正常成本，即在正常产出水平上的单位成本。历史要素起源于这样一个事实，即他们认为"产出价格是以正常平均历史成本上的一定百分比被确定的"，其中，历史成本是"不同投入品成本的总和，是购买时计算的每一类投入品成本的综合"（ibid.）。

由于企业持有生产商品的存货，因此任一期间的销售量均会反映前期或当期生产的货物。一个特定单位的生产成本取决于何时产品被生产出来。例如，在工资和商品价格通胀以及没有技术进步的情况下，在上个季度生产出来的产品将会比当期生产出来的同样的产品有一个更低的成本。本季度售出的产品将由两个不同时期生产的产品组成，而所有这些当期出售的产品的单一价格都应该反映这个构成。

在本季度出售的所有产品中，上季度生产的产品的正常比例是多少？答案非常简单：它将对应于一个目标比率，由相对于预期季度销售流量的期末库存量给出，表示为 ι^T。因此，如果价格被审查且每季度都有可能变化，则基于正常历史单位成本的价格将取决于前期和当期的标准单位成本的加权平均值，就像下面的等式所表示的：

$$p = (1+\Theta)[\iota^T NUC_{-1} + (1-\iota^T)NUC] \qquad (3.21)$$

历史正常成本定价法的一个有趣结果就是成本的变化并不会完全转移到价格上，因为存在之前生产的产品库存所造成的滞后。

目标收益定价法

第五个也是最后一个成本加成定价法的变形是目标收益定价法。这也是一个正常成本定价法的变形。这个定价程序是由卡普兰等人（Kaplan et al.，1958）在他们的大型企业的研究中确定的，但也被发现在很多小型企业中使用（Haynes，1964；Shipley，

1981，p. 430）。这个定价方法似乎是最流行的。在目标收益定价法中，给定单位直接和间接成本，每当销售对应于以标准产能利用率生产的产量时，设定价格是为了能产生企业资本资产上的目标利润率。正如兰齐洛蒂（Lanzillotti，1958，p. 923）所指出的："假定标准量是长期平均设备利用率，利润增加到标准成本上是为了产生投资的目标利润率。"巴杜里和罗宾逊（Bhaduri and Robinson，1980，p. 107）提出了一个相同的定价程序："每条生产线上的总利润以这样的方式被确定下来以支付成本以及在一个标准产能利用率水平上产生一个'主观-正常'的净利润。"这也与罗宾逊（Robinson，1956，pp. 185 - 186）之前定义的"主观-正常价格（即总利润被纳入其中计算是为了产生一个资本家认为可实现的利润……且它是基于一个平均或标准产出率计算"）十分符合。

目标收益定价法的优势在于它提供了一个关于净边际成本的解释。因此，目标收益定价法是最复杂的方法，所以会计师必须准确地了解资本的价值或新建工厂的价值。关于目标收益定价法的一个有名但有点过时的例子就是通用汽车公司，它的单位成本，包括一定比例的间接成本，是在一个标准量的基础上计算的，这个标准被假设为生产能力的80%；然后在这个正常单位成本上加上一个边际成本确定价格，以便在扣除投资资本税后达到15%的目标回报率。

可以看出，目标收益定价法是正常成本定价法的具体表现。假设目标回报率或标准利润率为r_n，资本存量的价值为p_iM，其中M是机器的数量，p_i是机器的价格。其间所需利润为r_np_iM。假设资本与全产能产出的比率(M/q_{fc})为v。如果标准或正常产能利用率为u_n，对应的这一时期的产出水平为q_n，这一时期的所需利润一定等于$r_nvp_iq_n/u_n$。这一定等于标准产出水平q_n上的产品销售量与净边际成本的乘积得到的利润，而净边际成本本身是净边际成本百分比与标准单位成本（即标准产能利用率下的单位成本）的乘积：$\Theta(NUC)(q_n)$。然后我们就有以下等式：

$$r_n v\, p_i\, q_n / u_n = \Theta(NUC)(q_n)$$

有了这个等式，我们就会发现等式（3.19）中的加价比率 Θ 一定等于：

$$\Theta = (r_n v / u_n)(p_i / NUC) \qquad (3.22)$$

目标回报率以及资本产能比越大，所需的净边际成本百分比 Θ 就越高。

3.6.3　哪种定价变形最好？

会计角度

成本加成定价法在企业间很流行，因为它构成了一个便利的经验法则，以避免在不确定的世界中做出复杂和困难的决定。这在零售商那里尤为明显，它们没有经常利润，会被迫做出上千决策。西尔特和马奇（Cyert and March，1963）已经指出，在知道不同产品单位成本的情况下，他们能够在一些简单规则的帮助下非常准确地预测一个大型零售商店设定的几乎所有价格，包括一个固定的边际成本。新古典企业理论假设企业家们知道企业家们自己声称不知道的事情（边际收益，递增的边际成本计划，他们面对的需求曲线的准确形状）。相反，后凯恩斯主义者使他们的定价理论基于这样一个知识——企业的管理者很有可能会在一个不确定和复杂的环境中集聚。正如消费者做出选择时的情况一样，在企业的价格决定中有一个很强的约定因素。根据惯例，定价是"对一个可能非常复杂的任务的不可避免的简化"（Galbraith，1952，p.18）。

那么，哪一种定价变形是最好的呢？企业选择的准确的定价形式取决于会计过程以及决策制定者可获得的信息。事实上，不同的成本加成定价规则，比如加价定价法、全成本定价法、正常成本定价法以及目标收益定价法，已经被使用或者仍然在使用的都与可获得的成本信息以及可以将间接成本分配到适当的生产线上的会计惯例有关。从这个角度看，更加明显的是，这些定价等式都是相同的一般程序的变形，并且"它们之间的差异可以完全根据其形成过程中使用的成本会计程序来解释"（Lee，1985，p. 206）。例如，在只有直接成本数据可用或可靠时——在不太发达的会计状况的情况下——人们会预计加价定价法是流行的，而不是全成本定价法。

不同的后凯恩斯主义者或者其他折中主义者已经使用了成本加成定价法中的一个或其他等式。李（Lee，1998，ch. 12）通过混合定价程序构建了一个多部门模型，他称之为经验的定价模型：一些产业依赖于一个加价方法，其他则依赖于正常成本方法的各种简化等等。如今的加价定价法主要与卡莱茨基（Kalecki，1954）、温特劳布（Weintraub，1958）以及奥肯（Okun，1981）的名字联系在一起。此外，李（Lee，1994）还表明，大部分后凯恩斯主义宏观经济学模型都是围绕单位直接劳动力成本上的固定加价的概念建立的。新凯恩斯主义者也依赖于相同的方法，当他们构建不完全竞争的宏观经济学模型时，会在不变的边际成本上加上一个加价。这是因为大部分宏观经济学家更喜欢简单的加价方法，因为这个方法可以让他们解决复杂的宏观问题，且不受更复杂的定价程序的约束。李一再重复表示，那些仅仅使用加价定价的学者们对实际定价做法并不理解，因为企业现在使用的是更复杂的包括单位原材料成本和单位间接成本的会计程序，也因为有铁一般的证据表明企业大多依赖于正常成本定价法或者目标收益定价法。此外，大型企业，也就是最有可能在寡头垄断产业经营的企业，也很有可能使用的是正常成本定价法。因此使用加价定价法来描述不完全竞争是有矛盾的。

252

那么，是否应该抛弃所有简单的加价定价模型？

加价定价模型和其他成本加成模型间的差异不应该被夸大。例如，当卡莱茨基（Kalecki，1971，p. 51）自己试图区分他的加价模型和全成本模型时，他指出，在他的模型中，企业价格受其他企业价格影响，并且它可能（并不是一定）被间接成本的变化所影响。对于这种影响，他甚至提到在萧条时期，加价有上升的趋势。但是，一旦间接成本的影响被接受，加价程序就和其他成本加成规则没什么区别，尤其是和正常成本定价法的所有变形没有什么区别。一个典型的例子就是当阿西马科普洛斯（Asimakopulos，1975，p. 319）在单位直接成本上加上一个他所谓的卡莱茨基加价时，他认为加价定价法所采取的价值与目标收益定价法的类似，他的解释是："这些加价是被用来支付间接成本和利润的。因此，它们的价值取决于用于计算标准成本的标准产能利用率以及某些预期回报率。"

不过，正如拉沃（Lavoie，1996b；2009b）、拉沃和拉米雷斯-加斯顿（Lavoie and Ramírez-Gastón，1997）以及金和拉沃（Kim and Lavoie，2013）所指出的，使用目标收益定价法来构建和运行宏观经济模型是有可能的。他们的模型也表明，在一些问题上，使用正常成本定价法会产生与使用简单加价模型截然不同或相互矛盾的结果。一个两部门模型中目标收益定价法的例子将在这一章的后面部分提到。

难点

一些经济学家已经开始质疑成本加成定价的有效性，可能是因为它似乎削弱了资本主义的优势以及企业间竞争的基本信念。毕竟，似乎很难相信，只要单位成本发生改变，所有企业总是能随时决定改变它们的价格。事实上，夏皮罗和索耶（Shapiro and Sawyer，2003，p.356）坚持认为，"价格并不仅仅取决于成本"，并且"成本并没有自动转化为价格"。加价可能会被调整，这是因为，就像我们之前所指出的，价格也是策略选择的结果。但是，库茨和诺曼（Coutts and Norman，2013，p.446）坚持认为："成本变动，意味着 NUC 移动，总会导致价格的同方向调整。"

在本阶段的讨论中，我们需要区分价格领导者——确定价格的企业，以及价格接受者——跟随价格领导者的企业。价格领导者可能是一个行业中最大的企业（主导企业），也可能是最具有创新性的企业，或者可能是企业轮流担任。价格领导者企业也可能是一个"气压式"企业，即它代表了行业成本，且方便其他企业追随。成本加成定价程序解释了价格领导者——那些主导市场或者担任领导者的企业——是怎样确定价格的。更小的企业，或者那些被认为是价格接受者的企业，也许能很好地采取相同的程序，但是它们也必须考虑价格领导者确定的价格。

这有助于解释为什么国外企业可以或者不可以转嫁更高的成本，这取决于它们在国外市场上是价格领导者还是价格接受者。一方面，在产品是同质的、以国际价格交易的行业中，与在国外企业占主导地位的行业中相比，后者倾向于将国内成本增加以及汇率变化的影响转嫁给国外客户——这就是所谓的传递效应。国内企业则需要根据那些国外竞争者的价格调整它们的价格，在这种情况下加价是灵活的。另一方面，在国内企业占主导地位的行业中，国内企业的加价是不变的，国外企业根据国内价格确定价格。这些国外企业在汇率波动时要么承担风险要么赢得暴利（Bloch and Olive，1996）。在对在英国制造业市场经营的国内外企业的一项重要的计量经济学研究中，库茨和诺曼（Coutts and Norman，2007）表明，即使在国外企业改变价格时，大部分国内企业也很难对汇率的变化做出反应。因此，他们认为，即使是在全球化经济下，具有相对稳定的加价的成本加成定价法也依旧成立。换句话说，国际贸易理论方面的主流经济学家认为的非常重要的一价定律①并不成立。

面临更高单位成本的效率低下的企业怎么样呢？像这样的企业，它们将无法以产生正常目标回报率的方式设置边际成本。它们不得不提出与它们的竞争对手类似的竞争性价格。因而在短期，它们能够保持它们的市场份额以及应对需求的任何突然增长。但在中期以及长期，市场力量将会让它们付出代价，除非高成本企业能以某种方式重新设计产品并降低它的单位成本。只有这样之后，低效率的价格接受者才能够施加正常边际成本。否则，竞争将通过限制低效率企业在生产力或者研发方面进行投资的能力，而对其施加金融限制（Steindl，1952；Kaldor，1985，p. 47）。由于金融限制，高成本企业将被迫降低它们的增长率，从而减少它们的市场份额，并最终导致它们消失。

在梅尔梅斯（Melmiès，2010，p. 455）对 12 家中央银行定价研究的回顾中，他发现，价格上涨最常见的原因是原材料成本的变化，其次是劳动力成本的变化。这是因为，"竞争者之间的隐含共识是它们都有相似的成本状况，因此当成本变动时就调整价格，风险会很小"（Coutts and Norman，2013，p. 446）。价格下降的最重要因素是竞争对手的压力，其次是原材料成本的变化。这使得卡莱茨基的观点具有一定的可靠性；他表明，价格基本上取决于单位直接成本，并且价格由对手企业确定。事实上，在竞争性和寡头垄断

---

①　一价定律（绝对购买力平价理论）：当贸易开放且交易费用为零时，同样的货物无论在何地销售，用同一货币来表示的货物价格都相同。

竞争环境下，所有企业都将趋向于为给定产品设定一个类似的价格。

在关于价格黏性的央行研究的回顾中，梅尔梅斯（Melmiès，2010）也给出了价格黏性的两个主要解释：基于成本的定价以及隐性契约理论。因此，企业自己解释说，当需求增长时它们并不改变价格是因为定价是基于单位成本的，单位成本在需求变化时并不一定会发生变化，正如我们将在下一小节讨论的那样。而且，当需求上涨时，企业并不愿意提高价格，因为它们与消费者间有一个隐性契约，这意味着"生产者试图与消费者建立长期关系"（Melmiès，2010，p. 448）。通过保持价格稳定，它们最小化了消费者转向其他企业的风险。因此，企业定价行为的一个重要方面是它们并不想得罪消费者，这是布林德等人（Blinder et al.，1999，p. 308）强调的一个特征，这一特征正如唐华德和李（Downward and Lee，2001）所指出的那样，也一直被霍尔和希契（Hall and Hitch，1939）提到"商誉"时所强调。

商誉，或者说品牌忠诚度，是一个经验法则——就是说只要当前价格是公平的且产品是令人满意的，就没有必要尝试其他的供应商。这对消费者和采购商都适用。企业必须避免给人以过度收费的印象（Okun，1981，p. 178；Kaldor，1985，p. 48）。为了保持公平的价格，企业试图寻找与竞争对手相似的价格或者根据单位成本努力稳定价格，从而保持不变的边际成本百分比。为了设定公平的价格，企业依赖于公平或合理的投资目标收益率（Lanzillotti，1958，p. 931；Shipley，1981，p. 432）。价格黏性因此扮演两个角色：它们帮助保持商誉；并且它们帮助避免价格战——旁观者通常称之为恶性竞争或破坏性竞争，强调了价格战的不良特征。在经济衰退期这种恶性竞争尤为明显。

3.6.4　价格和需求变化

我们已经知道价格通常是怎样确定的。当经济条件使企业始终在低于预期产能利用率或标准产能利用率生产时，会发生什么？如果实际产能利用率高于标准产能利用率呢？换句话说，在商业周期内，价格和边际利润会发生什么？后凯恩斯主义定价模型的预测是什么？这一切都取决于使用什么样的定价程序。答案也可能根据所考虑的变量是价格还是加价而改变。

首先，让我们假定一个行业中企业的销售量的变化不会影响企业直接单位成本；也就是说，原材料的价格和名义工资率不会被这些产量的变化所影响。因此，行业价格的任何变化是价格加价或平均间接成本变化的结果。让我们考虑一下经济下滑的情况。可以考虑四种定价模型。在加价定价模型中，由于总边际利润仅仅加在主要成本上，因此产出变化不应影响价格，除非价格加价改变。在全成本模型中，严格意义上说就是在它的旧版本中，由于间接成本被分摊在较小的产出水平上，单位成本因而在经济下滑情况下是上升的。于是，在给定净边际成本的情况下，我们应该预期价格在经济衰退中会上升。在正常成本模型中，有一个在正常或标准单位成本上计算的净边际成本，那么带有一个不变价格加价的衰退期应该会带来不变的价格。这是因为，根据定义，标准单位成本独立于产出的变化。如果经济下滑对决定价格加价的约定的回报率和约定的利用率没有影响，那么可以说目标收益定价也是如此。如果经济衰退被认为是经济或行业增长率的长期性衰退，那么净边际成本可能会变化。这是埃希纳特别强调的效应，他推测，销售量的长期增长率的下降可能会通过目标回报率的向下调整而导致一个更低的价格加价。但是，这种对定价等式的影响可以通过正常产能利用率的同时下降来补偿。

因此，产出变化对价格的所有三种可能的影响可以在不同的后凯恩斯主义定价模型的变形中体现。从这一快速评估中得出的主要观点是，成本加成定价法通常会带来这样一种信念——产出波动对边际成本没有影响。如果价格在经济衰退期下降，这可能仅仅是由于直接成本，即工资和原材料成本的下降，这一事实已经被卡莱茨基（Kalecki，1969，p.53）注意到了。各种实证研究似乎证明了产出变化对边际利润的所有三种可能的影响。库茨等人（Coutts et al.，1978）、索耶等人（Sawyer et al.，1982）以及德莫维茨等人（Domowitz et al.，1986）进行的实证研究都强调了这样一个事实——边际利润可以在经济衰退期保持不变、上升或下降。在经济扩张期间会发生相同的多种变化。然而，这些研究得出的结论是，需求对价格或利润的影响很小，并且总体而言，在经济衰退期间价格下降情形的数量抵消了价格上涨情形的数量。对需求变化的响应主要是一个数量响应，而不是一个价格响应。库茨等人得出的结论清楚地支持了正常成本定价法或基于标准成本的任何其他类似的定价方法。

> 这些估计的集中趋势，以及最极端估计的绝对大小均表明，在整个商业周期内，相对于正常成本，价格没有一般或经济意义上显著的变化趋势……相关证据并不支持相对于正常单位成本，需求会影响价格的观点：需求对价格加价的影响在统计上和经济上都不显著。（Coutts et al.，1978，pp.72，139）

从这一切中得出的教训是，企业通过在按照约定的产能利用率和目标回报率计算的正常单位成本上增加一个不变的百分比加价来确定价格——是一个很好的近似假设。这么说的原因是价格并没有被设计为市场出清价格，而是再生产价格。价格的目的是确保高效或平均水平的企业在整个周期中产生足够的利润来满足所需的投资融资。当企业在商业周期内保持边际利润恒定时，它们的利润流和当前需求成正比。当产能达到极限时，利润总额和利润份额都很高；当生产低于标准产能时，利润总额和利润份额都很低。因此，当需求变动时，尽管价格和边际利润可能保持不变，总利润和留存收益将顺周期移动。这是由于不变或略有下降的直接单位成本，以及固定成本在更大产量中的分摊。

图 3-9 阐明了当价格加价不变时产量与销售价值利润或销售价值利润份额的直接关系。在正常产量水平 q_n 上，正常单位直接成本等于 OD，间接单位成本等于 DF，正常单位成本等于 OF。净边际成本设定为 Fp，价格设定为 p。如果销售量等于标准产出，单位实现净利润将等于净边际成本。销售利润份额恰好等于净成本份额，Fp/Op。利润值就等于大的矩形阴影区域的面积。然而，当实际销售量与标准产出不对应时，单位净利润和边际成本两者也不对应。图 3-9 阐释了经济衰退的情况，当企业的产出水平下降到 q_r 时，单位直接成本保持不变，但单位固定成本增加到 DR，产出值中的间接成本份额增加到 DR/Op。因此，单位产量的净利润下降到 Rp。销售额的实现利润份额降低到 Rp/Op，并且总利润缩小到由较小的双阴影矩形覆盖的区域。产量增加的情况与之相反。与正统理论相反，只要企业保持在全产能水平之下，当企业产出水平增加时，利润必然增加。

产能利用率变化的这些影响将在第 5 章借助一个简单的代数形式进行进一步分析。同时，我们可以利用库茨和诺曼（Coutts and Norman，2013）提供的图表。在图 3-9 中，我们假设没有劳动力成本或原材料成本的移动。而在图 3-10 中，我们考虑经济周期性波动导致劳动力和原材料成本变化的情况。正如库茨和诺曼（Coutts and Norman，2013，pp. 447 - 448）所指出的，"工资率可能随着劳动力市场在较高水平的经济活动中收紧而上升。整个经济需求的总体增长也会使原材料价格在价格随需求显著变化的市场上有一个上涨压力。"如果增长发生在世界范围内，尤其会如此，因此，在世界市场中确定的原材料的价格很可能会上升。

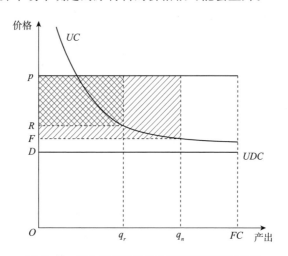

图 3 - 9 成本加成定价法中利润的周期性变化

说明：OD = 正常直接单位成本（$NUDC$）；DF = 正常间接单位成本；OF = 正常单位成本（NUC）；Fp = 净边际成本（$\Theta \cdot NUC$）；Fp/OF = 净边际成本百分比（Θ）；Dp = 总边际成本（$\theta \cdot NUDC$）；Dp/OD = 总边际成本百分比（θ）；Rp = 实现净边际利润；Rp/OR = 实现净利润率百分比；Rp/Op = 实现销售净利润份额。

这种工资通胀和原材料价格通胀将会导致实际单位成本和在正常产出上计算的单位成本上升。由于一个固定的边际成本或一个固定的百分比加价，正如正常成本定价，这种通胀导致的成本上升将会反映在更高的产品价格上，这是一种温和的周期性行为，正如图3 - 10所示。相反，由于实际成本大多反映产能利用率的变化，实际单位成本显示为反周期性，所以这反映了间接单位成本的反周期变化。因此，像图 3-9 中的情况，尽管在正常单位成本上有一个固定的加价，实际边际利润将按顺周期移动。这与新共识声称的边际成本或边际利润在扩张期间下降完全不一致。

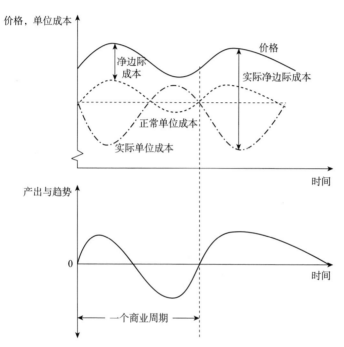

图 3-10　商业周期内的价格、正常单位成本和实际单位成本

资料来源：Coutts and Norman，2013，p. 448.

3.6.5　边际成本的决定因素

拒绝利润最大化的隐性形式

我们还没有讨论边际成本的决定因素，只是说它们应该取决于目标回报率。从新古典主义看，对成本加成定价法的主要批判就是它只不过是变相的利润最大化。这一论断在 20 世纪 40 年代早期被提出，也就是在所谓的边际主义论战激烈展开的时候（Lee，1984）。当新凯恩斯主义者在其宏观模型中使用加价定价法时，这个论断就已经复苏了。正如克里斯勒（Kriesler，1987）所解释的那样，卡莱茨基本人在某些时候也是接受利润最大化方法的，尽管他很快又明确地拒绝了它。甚至在今天，一些对成本加成定价法表示理解的后凯恩斯主义者（Cowling，1982；Moore，1988，p. 213），以及一些折中主义经济学家都表明，这一方法是利润最大化反复试验的或常规的版本。其他人也表明，因为卡莱茨基总是否认间接成本对定价的重要性，他就必须一直假设短期利润最大化（Carson，1990）。成本加成定价法的缺点之一就是它早期的支持者对加价的决定因素避而不谈。这一回避导致卡尔多（Kaldor，1956，pp. 92 - 93）一开始就拒绝将成本加成定价视为某种恒真等式，并且这有助于新古典主义批评家将成本加成定价法归到边际学派。我们先介绍怎么会成为这样，然后我们再讨论加价的可供选择的决定因素。

边际主义定价与加价定价的等价性的证明非常简单。利润最大化要求边际收益等于边际成本：

$$MR = MC$$

众所周知，边际收益也可以表示为价格和需求价格弹性 e（绝对值）的函数：

$$MR = p(e-1)/e$$

由于成本加成定价法的支持者通常假定不变的边际成本，且直接单位成本等于边际成本，所以利润最大化条件可以被重新写为：

$$p(e-1)/e = UDC$$

利润最大化价格因此可以被表示为：

$$p = [e/(e-1)]UDC = (1+\theta)UDC$$

我们回到了成本加成定价法的变形——加价定价法，由等式

（3.12）给出。从上式求解 θ，我们有 θ＝1/(e－1)，或者也可以求解 e，得到 e＝(1＋θ)/θ。边际主义者表明，需求价格弹性越低，即需求对价格变动越不敏感，企业最终通过反复试验采取的利润最大化加价越高。因此，新古典主义学者认为，尽管管理者表明他们在使用成本加成程序，他们实际上使用的是正统边际主义方法的利润最大化而不自知。边际成本和边际收益在恰当的总边际利润处相等。

然而，价格加价与边际价格相等需要需求价格弹性大于 1。否则，边际收益为负，并且因此边际收益就不会等于边际成本，因为边际成本必须为正。但结果显示，在许多寡头垄断产业中，需求价格弹性的实证估计低于 1（Koutsoyiannis，1984）。如果我们假设在这些产业中有一个价格领导者，并且其他企业追随领导者，从而保持市场份额不变，那么这些产业衡量的价格弹性恰好等于单个价格领导者面临的需求价格弹性，因而整个产业的需求价格弹性也远低于 1。新古典主义学者这样回应这一问题：如果寡头垄断行为表现为与 N 个企业的竞争行为，每个企业面临的需求弹性将是 eN，因此，低于 1 的产业弹性并不意味着与利润最大化不兼容。然而，这一回应是高度可疑的，因为布林德等人（Blinder et al.，1999）的调查显示，超过 80％的受访者表示他们的需求价格弹性低于 1。因此，我们可以得出结论：价格领导者的当前价格的边际收益是负的，因此价格最大化作为假设不能被接受（Steindl，1952，pp.15-17；Eichner，1976，p.48）。加价方程不能被解释为反复试验的利润最大化。

我们还没有谈到正常成本定价。它是否也能归入隐性的利润最大化？答案是明显不能。边际主义意味着固定成本的变化对定价决策没有影响。在全成本定价法、正常成本定价法或者目标收益定价法中，间接成本的增加意味着价格的上升。因此，正常成本定价法与边际主义和利润最大化完全对立。由于大部分大企业都实行正常成本定价法，利润最大化和变相的边际定价的假设不能持续。

再次考虑扩张和金融边界

如果加价不取决于利润最大化因素，是什么因素决定它？目标收益定价法提供了一个解答思路。等式（3.22）表明，净边际成本百分比取决于目标收益以及资本产能比，或者更精确地说是资本与正常产出比（v/u_n）。资本产能比越高，单位成本的加价就越高。或者，就像埃希纳（Eichner，1986a，p.49）所指出的，当仅仅考虑新增加的产能来支付固定资本成本的情况时，增加的资本产能比越高，单位成本的加价就越高。从马克思主义角度看，价格加价取决于资本的有机构成。

虽然有关资本产能比或资本与正常产出比几乎没有异议，但目标收益定价法的主要组成部分——目标收益率本身——的决定因素更具争议性。在抽象的情况下，答案在于金融和扩张边界的交叉点，就像前面图3-3所描述的交叉点。只要企业试图尽可能快地实现增长，它们的管理者就意识到，在现有约束（金融，以及竞争、技术、知识、工会）下，对于所有要满足的约束，可以并且必须实现一定的利润率。这一利润率对应于图3-3的利润率 r_g。这个受约束的利润率是定价等式中的标准收益率。

什么决定目标收益率？后凯恩斯主义者已经提供了四个答案，在表3-2中列出，这四个答案与四种传统相关联。这四个答案可能与我们的扩张和金融边界模型有关，每个传统的答案都与两个边界的特定组成部分相关。所以，在微观经济学层面，一个企业可以获得的利润率与其扩张边界有关，由其市场力量和控制成本的能力决定。因此，这些决定因素与卡莱茨基主义和马克思主义的目标收益率的决定因素相关，即与前者的垄断程度、后者的阶级斗争相关联。

表 3 - 2 目标收益率的不同决定因素

传统	决定因素
马克思主义	阶级斗争
卡莱茨基主义	垄断程度以及防止潜在竞争者进入的能力
剑桥学派	资本增长率
斯拉法主义	中央银行利率

接下来的两种解释更好地与金融边界联系在一起，为了方便，我们将在下面复述这两个解释。剑桥学派的解释表明，企业的增长率决定其目标收益率，而斯拉法学派则表明，长期趋势利率是目标收益率的主要决定因素。如果我们相信金融边界，我们可以说，增长率 g 和利率 i 都是实现金融边界所需的利润率的决定因素，因此都应该作为企业目标收益率的决定因素。但类似地，正如等式（3.11A）所示，一些其他因素，如允许的或认为是安全的趋势负债率 l，以及其他变量如留存收益率 s_f，以及发行新股或购买新金融资产的倾向 x 和 f_f，都将会影响所需利润率。

$$r = il + \frac{g(1-x-l+f_f)}{s_f} \tag{3.11A}$$

对目标收益率的权威解释

后凯恩斯主义经济学中占主导地位的观点仍然是将成本加成价格视为"再生产价格和增长价格"的观点（Lee，1985，p. 209；cf. Lee，2013b）。定价与投资决策相关。当兰齐洛蒂（Lanzillotti，1958，pp. 938 - 940）介绍他对企业价格行为的调查结果时，他将定价与投资和增长所需的计划利润联系起来。这一观点在伍德（Wood，1975）、埃希纳（Eichner，1976）、哈考特和凯尼恩（Har-

court and Kenyon，1976)、夏皮罗（Shapiro，1981) 以及卡波格鲁
(Capoglu，1991) 的模型中得到了发展。所有这些学者都提出了之
前的企业模型的一种变形，其中企业的增长受到金融边界与扩张边
界的交叉点的限制。这种思维方式与 20 世纪 80 年代中期旧的剑桥
增长模型以及罗宾逊和卡尔多的模型一致。在这些模型中，较高的
增长率被认为伴随着较高的实现利润——这是由改善的需求条件所
导致的较高边际成本的结果。在这里提出的框架内，更高的边际利
润并不是商品市场供求力量的结果，而是在长期增长率改善前景的
基础上，价格领导者对边际成本自主决策的结果。利润和增长之间
的这种联系也与帕西内蒂（Pasinetti，1981；1993) 开发的"自然
系统"一致，且在他的每个超垂直综合部门中，利润率和增长率被
假定是相等的。

所有这一切都没有打动罗宾逊（Robinson，1977，p. 11)，她
认为："这些理论永远不能令人信服，因为商业动机是多维的，不
能被压缩成一个简单的公式。"因此，这与她之前的观点保持一致，
她认为，边际利润"在很大程度上取决于历史偶然性或取决于商人
关于合理性的传统观点"（Robinson，1966，p. 78)。然而，卡尔多
赞成一个基于金融边界和扩张边界的价格加价的描述。

这个目标——最大化可达到的增长率——可能意味着一些
事情。第一，它意味着要瞄准一个要维持的价格，并且如果可
能，提高它们的市场份额。这种考虑意味着它们应该选择一个
价格，并因此选择一个尽可能低的加价。

第二，它们必须选择一个加价，这个加价允许它们通过尽
可能多地再投资利润增加资本……做这些的所有动机都是为了
防止出现由于金融限制而在扩张中受限的状况……这第二个考

虑本身意味着要尽可能高地设置加价，因为在给定的再投资率上，加价越高，资本积累率就越高……因此，这些对立的考虑可能会决定企业对最优加价的判断。（Kaldor，1985，pp. 50 - 52）

当然，企业不会准确地知道它们的金融边界和扩张边界的形状，因此也不知道受限制的最优利润率 r_g 的准确值。而且，可以假定约束的强度是经常改变的，从而可以根据变化在图 3 - 3 中修改边界的斜率和形状。因此，出于这些考虑产生的目标收益率是一个约定俗成的利润率，不能假定其与实现利润率在短期或长期内相等。这就是为什么琼·罗宾逊（Joan Robinson，1971，p.94）会这么说：全成本定价程序中的利润率"是被设定在一定水平上，以便在某些正常或标准平均产能利用水平上产生一个令人满意的回报"。企业只能知道过去的收益率；它既不知道现在的也不知道未来的利润率。它必须依赖于一些传统的收益率测量标准，这些传统的测量标准将完全覆盖一部分过去和未来扩张的成本。

具有讽刺意味的是，应该提到的是，尽管目前一些后凯恩斯主义者认为通过金融边界重新定义的目标收益定价法主要适用于寡头垄断行业及其价格领导者，早期目标收益定价法的代表者却认为它更适用于竞争力更强的制造业。当讨论一个有大量小生产者的产业时，斯坦德尔（Steindl，1952，p.51）表明，给定可接受的资本负债率，竞争压力使得利润率正好足够充足以支付扩张的金融成本。在寡头垄断的情况下，斯坦德尔认为，由于企业拥有一定的垄断力量，它们可以保持在金融边界之上，既不会最大化利润，也不会最大化增长。

目标收益率的其他解释

这给我们带来了关于直接成本或单位成本加价的决定因素的其

他后凯恩斯主义者的观点。斯坦德尔试图在书中证明的定价理论，基本上就是更高的利润率可能与更高的产业集中率有关（Steindl，1952，pp. 70 - 71）。当然，这是对卡莱茨基的垄断程度的一种发展，即发展成由不完全竞争或寡头垄断导致的"半垄断影响"（Steindl，1971，p. 160）。每个产业加价的高度取决于其企业的垄断权力，垄断权力由产业集中率及其代理权衡量。这一观点，现在被称为垄断权力模型（Dutt，1987b，p. 65），或者垄断资本模型（Baran and Sweezy，1968），依赖于以微观经济学为基础的经验证据，表明了加价和集中率间有一个正向关系（Weiss，1980）。

关于加价决定因素的垄断权力观点的一种变形也来源于卡莱茨基（Kalecki，1971，pp. 51，156 - 164）和新激进学派的作品，它们同样可以被整合。在这一变形中，垄断权力和集中率无关，而与企业在整个经济中的企业权力有关（Dutt，1987b，p. 71）。正如一些评论家所指出的，在后来的作品中，卡莱茨基不仅将垄断权力的程度与竞争性企业间的斗争联系起来，而且将它与社会阶层间的斗争联系起来（Jossa，1989）。直接成本加价的大小与工会的议价能力呈相反关系。与此对应，从工人的角度看，阶级斗争越成功，实际工资率越高且加价越低（Dutt，1987a）。这可以很容易地从成本加成定价法的加价版本中看出，如等式（3.11A）所示。如果假定平均可变成本只包括工资（等于工资率乘以工人数），固定价格上较高的工资率必然需要一个更低的加价和更高的实际工资。再次，从单个企业的角度看，这个垄断权力视角的阶级议价的变形可以解释为图 3 - 3 中扩张边界的变化。在其现代化形式中，阶级议价还扩展到间接成本上，因为管理者薪酬通过间接成本的增长而增加，因此总边际成本增加。

最近有一个关于目标收益率价值的最终解释。这一解释主要得

到了一群斯拉法学派学者的支持，尤其是加雷格纳尼（Garegnani，
1979，p. 81）以及皮维蒂（Pivetti，1985），即根据斯拉法的建议，
利润率"很容易从生产系统外部确定，特别是通过货币利率水平确
定"。他们表明，目标收益率，或者是他们通常所称的正常利润率，
在很大程度上取决于由中央银行制定的货币制度产生的实际利率。
在其他条件相同的情况下，当利率上升时，价格就会上升。斯拉法
学派学者认为，正常利润率由两个部分组成：需要支付给贷款人并
构成机会成本的利率以及净创业溢价，它是一种流动性溢价，旨在
补偿从事创业活动的麻烦和风险。尽管溢价会因产业而异，且取决
于收益变动或进入壁垒的高度，但利率会影响所有产业。一个伴有
非常高的实际利率的货币制度，正如我们在 20 世纪 80 年代和 90 年
代的大部分时间所知的那样，将有利于提高目标收益率。简单来
说，利息支付被视为企业的成本，一个被纳入目标收益率的成本。

　　这个观点在非正统经济学中有着悠久的历史：托马斯·图克
（Thomas Tooke）和 19 世纪的银行学派（Banking School）；哈罗
德、卡尔多、西洛斯·拉比尼、格拉齐亚尼（Graziani），甚至在一
段时间内罗宾逊都持有这一观点。史密森（Smithin，1997）、泰勒
（Taylor，2004，pp. 88 - 90）以及海因（Hein，2008）也提出过利
率对收益率和价格的影响。卡尔多（Kaldor，1982，p. 63）表明，
"利息成本以更高的价格传递，且与工资成本的方式大致相同"，而
哈罗德（Harrod，1973，p. 111）通过他与牛津经济学家研究小组
的合作，给出了这样的说法："长期来看，持续的低利率可能会降
低正常利润率。"

　　从上面的结果看，目标收益率的四个解释是不相容的。所有四
个解释可能会同时影响目标收益率的实际值。更重要的是，所有这
些解释都与边际主义相关。

3.7 成本加成价格和生产价格

3.7.1 相似性

在第 1 章，我们指出，斯拉法学派经济学家关注相对价格和多部门模型。但我们也注意到一些方法学家不愿意把斯拉法经济学包括在后凯恩斯主义经济学内。那么，成本加成价格与斯拉法学派经济学家的生产价格之间的关系是什么？

关于成本加成价格与生产价格间的联系有四种基本观点：（1）两种价格的设想都是以成本为导向的；（2）它们是再生产价格；（3）市场出清不是一个问题；（4）价格是基于正常的条件。

第一，非常明显的是，这两种价格都不会使边际成本等于边际收益。在成本加成价格以及生产价格中，关注的中心是生产成本。正如维勒斯（Wiles，1973，p. 386）所指出的，"价格的主要功能不是资源分配者而是价格承担者"。成本加成价格以及生产价格都不是反映暂时稀缺的指标，这与新古典主义的价格相对立。正如在帕西内蒂（Pasinetti，1981；1993）的模型中所清楚指出的，生产价格是劳动力成本的正确加权指数。需求并不起作用，除了在特殊情况下，例如联合生产，或者说需求的作用是间接的。例如，需求的增长率可能对目标收益率或统一的利润率有影响，这可以解释为对更多的超间接劳动力的需要。

第二，成本加成价格和生产价格具有再生产能力。我们已经知道成本加成价格与短期利润最大化没有关系。我们特别强调了扩张和金融限制对企业加价决策的重要性。价格必须允许增长。在斯拉法模型中，再生产也是关键因素。再生性通过各种产品之间明显的相互依存的联系进行：通过商品再生产商品对斯拉法分析非常重要。技术矩阵——投入产出矩阵——将这个相互依赖考虑了进去。一些产品的产出是另一些产品的投入，因此这些产品的价格变化具有反馈效应。在成本加成定价中，相互依赖是隐含的：每个企业被假定根据成本来确定价格，也就是说，根据其投入品的价格来确定价格；但这些投入品价格本身是加价程序的结果。

　　第三，我们知道，成本加成价格是非出清价格。因此，它们不是市场价格，而是管理价格。成本加成价格并不受短期需求变化的影响。而且，它们必然不能确保短期内需求将等于标准产能利用率；但是，正如通用公司的例子所表明的，在长期内这两者也不会相等：平均实际产能利用率不一定是标准产能利用率。斯拉法价格也有类似的说法。当它们被解释为给定时刻的图像时，且在给定产出水平下，"没有理由假定长期内生产价格应该使任何商品的需求量都等于供给量"（Roncaglia，1978，p. 16）。

　　成本加成价格和生产价格之间的相似性在目标收益定价法中最为明显（Reynolds，1987，p. 179）。在规范版本的斯拉法的生产价格中，假设最佳实践技术系数是在标准产能利用水平上计算的，并且假设固定资本（或可变资本）上的利润率在不同产业是统一的。这一利润率因此是正常利润率，并且产出对应于正常产能利用率，每一个设备以及设备的组成部分在其最佳工程师额定产能上运营。这与目标收益视角非常相似：标准或正常产出，即正常产能利用率，帮助决定单位成本和加价；后者还取决于企业希望从其长期投资和资本中获得的正常利润率。因此，目标收益率与生产价格的统一利润率具有相似的作用。但是，并不一定要强制实行一个统一的利润率。一些学者处理过既不假设统一的利润率也不假设统一的产业增长率的生产价格模型。这也是帕西内蒂（Pasinetti，1981）以及埃希纳（Eichner，1987，ch. 6）提到过的情况。事实上，从一开始，很多学者就已经表明，利润率的统一只不过是为了方便而做出的一个假设，并且由于寡头垄断条件和进入壁垒导致的差异化利润率与斯拉法模型完全兼容（Sylos Labini，1971，p. 270；Roncaglia，1978，p. 29）。

基于目标收益率的价格是斯拉法价格的行为对应物，它们是内尔（Nell，1988，p. 195；1998，p. 394）所称的"基准价格"。考虑对应于每个企业或产业的差异化目标收益率的不同利润率，并且假定技术系数为价格领导者企业的技术系数，斯拉法多部门价格模型就是相对价格版本的目标收益定价方法。在一个系统范围的模型内，关于目标收益定价模型的性质的研究已经由博吉奥（Boggio，1992）具体分析了。他的结论是，在这些目标收益定价模型中，与在标准斯拉法模型中获得收敛所需的条件相反，相对价格向不变价值的收敛需要很少的假设。然而，一些后凯恩斯主义者对这些研究的相关性提出异议，因为收敛需要很多个时期，而在这期间，假定的不变数据集——生产条件和目标收益率——是极有可能不断变化的（Lee，1994）。

3.7.2 目标收益定价和生产价格

这一小部分的目的是说明斯拉法生产价格和目标收益定价间的代数相似性，这些相似性由许多学者提出（Earl，1983，ch. 2；Semmler，1984；Eichner，1987；Levine，1988）。为了说明这种相似性，我们将基于目标收益定价构建一个两部门模型。我们以对斯拉法生产价格的一个简单描述开始，该价格不包含中间产品，但具有固定资本（Pasinetti，1977）。这些斯拉法价格由下式给出。这个式子表明，一个产品的价值等于劳动力工资和资本利润成本的总和：

$$p = wn + r\mathbf{M}p \tag{3.23}$$

粗体字母表示一个向量或一个矩阵：p 是一个价格的列向量，w 是工资率，n 和 $\mathbf{M}$ 分别代表每单位产出劳动力的技术系数向量和每单位产出每种类型机器数量的技术系数矩阵。最后，r 是统一的利润率。我们可以将上述等式重新表示为：

$$p = wn\,[\mathbf{I} - r\mathbf{M}]^{-1} \tag{3.24}$$

我们可以通过整合等式（3.19）和等式（3.22）从我们的目标收益定价程序中获得一个非常相似的单部门等式，并假定所有商品都有单独的价格，即 $p = p_i$，以及正常单位成本降低至直接单位劳动成本，于是有 $NUC = wL/q = wn$，在这里 n 是每单位产出劳动，$n = 1/y$，y 被定义为每个工人的产出，正如等式（1.6）所示。在这种情况下，我们得到：

$$p = u_n wn(u_n - r_n v)^{-1} \tag{3.25}$$

一旦我们注意到在这些类型的等式中斯拉法学派假定正常产能利用率 u_n 等于 1，后两个等式在本质上就是相同的。另外，斯拉法的统一利润率也就是斯拉法学派所称的正常利润率，这与正常成本定价程序中的目标收益率 r_n 并无不同。通过构建一个包含有消费部门和投资部门的两部门目标收益定价模型，可以进一步显示目标收益定价之间的相似性（Lavoie and Ramírez-Gastón，1997）。投资部门提供了两部门中需要用于生产商品的机器，所以投资品是斯拉法学派所称的基本品。做出我们为得到等式（3.25）相同的假设，并且使用几乎相同的符号（现在正常值 n 为上标，而不是下标），我们可以写出两个部门 j 的定价等式，用下标 i 表示投资品，用下标 c 表示消费品，单位劳动成本为 $w_j n_j$，每个部门均有自己的边际成本百分比 θ_j，类似于第 1 章的等式（1.10）：

$$p_j = (1 + \theta_j) w_j n_j \tag{3.26}$$

正如之前所提到的，每个部门的加价必须使得对应于正常产能程度（q_j^n）的销售额为实现目标收益率（r_j^n）提供足够的利润。正如巴杜里和罗宾逊（Bhaduri and Robinson，1980，p. 107）所提出的，"每一条生产线上的总利润率均以这样的方式确定，以支付成本并在标准产能利用水平上产生一个'主观正常'的净利润率"。在一个给定的时期内，可以从等式（3.26）中得出 j 部门的标准利润流，可以写为：

$$p_j^n = \theta_j\, w_j\, n_j\, q_j^n \tag{3.27}$$

也可以写为：

$$p_j^n = r_j^n\, p_i\, M_j \tag{3.28}$$

这里的符号仍然和之前使用的很相似。对于每个部门 j，将资本与全产能产出比定义为 $v_j = M_j/q_j^{fc}$，标准产能利用率定义为 $u_j^n = q_j^n/q_j^{fc}$，等式（3.28）可以写为：

$$p_j^n = \frac{r_j^n\, p_i\, v_j\, q_j^n}{u_j^n} \tag{3.29}$$

联合等式（3.27）和等式（3.29），我们可以得出：

$$\theta_j = \frac{r_j^n\, p_i\, v_j}{u_j^n\, n_j\, w_j} \tag{3.30}$$

当等式（3.30）和等式（3.26）适用于投资部门时，将等式（3.30）代入等式（3.26），我们得到了投资部门的边际成本百分比：

$$\theta_i = \frac{r_i^n\, v_i}{u_i^n - r_i^n\, v_i} \tag{3.31}$$

在模型的假设下，投资部门的边际成本百分比 θ_i 仅仅取决于自身的标准产能利用率、目标收益率以及资本与全产能产出比。为了得到消费部门的边际成本百分比 θ_c，我们必须首先知道投资品的价格 p_i，这从等式（3.30）中可以得出。知道了 θ_i 以及 p_i，即机器的

价格，我们可以计算出该部门企业需要的消费部门的边际成本百分
比，以实现当销售额对应于标准产能利用率时达到目标收益率所必
需的利润。通过将等式（3.26）和等式（3.30）应用于消费部门，
利用等式（3.31）以及 $p_i=(1+\theta_i)\,w_i\,n_i$ 的事实，可以得到加价，
因此，可以得出消费部门的边际成本百分比：

$$\theta_c=\left(\frac{r_c^n\,v_c}{u_i^n-r_i^n\,v_i}\right)\left(\frac{u_i^n}{u_c^n}\right)\left(\frac{n_i}{n_c}\right)\left(\frac{w_i}{w_c}\right) \tag{3.32}$$

伊恩·斯蒂德曼（Ian Steedman，1992）通过等式（3.32）对
卡莱茨基模型的批判提供了一个回答。他指出：不同部门的加价不
能彼此独立。在这里，等式（3.32）反映了部门间的相互依赖性。
消费部门的边际成本也取决于投资部门发生了什么。基本产品的边
际成本的决定因素，或其工资成本的决定因素的任何变化都会影响
所有边际成本，从而影响所有价格。显然，即使两个部门目标收益
率相等，并且两个部门都支付相同的工资率，两部门的加价也没有
理由会相等。

上述结果表明，完全有可能根据目标收益定价法构建一个相互
依赖的多部门相对价格模型。在规范的斯拉法模型中，嵌入价格的
目标收益率被假定是统一的。但并不需要如此，特别是如果不同部
门或产业以不同的速度增长。另一个问题是实现利润率是否符合目
标收益率。为了达到这一点，必须存在一些驱使实际和正常产能利
用率互相接近的机制。

3.7.3　是否存在趋势？

剩下的问题是生产价格或其目标收益版本是否已经形成。这是
生产价格的趋势或收敛问题。很多斯拉法主义学者和马克思主义学
者认为，竞争力带来了整个产业正常利润率相等的趋势，而且这种
趋势通过生产量对实际利润率和正常利润率之间的差异的反应而运

作。目前，正如金（King，1995，p. 246）所总结的："人们对于作为短期或市场价格应该趋向的趋势中心的长期'生产价格'的任何概念的热情并不大。顽固的'新李嘉图学派'，其中最坚定的代表是皮耶兰杰罗·加雷格纳尼，在这个问题上日益受到孤立。"

古典经济学家认为，市场价格收敛于生产价格，斯拉法学派如加雷格纳尼也这么认为。需要一些时间来提出对这种过程的有条件的证明。杜梅尼尔和莱维（Duménil and Lévy，1990）对已经提出的各种收敛过程做了一个清晰的总结。第一个收敛模型主要由法国学者提出，该模型假定在一个给定时期内市场价格是出清价格，也就是需求等于期间给定的供给的价格。市场价格与自然价格之间的差异，或者说实际利润率与统一的正常利润率间的差异，会产生资本流动，从而产生数量调整。由于这些"经典的"收敛模型听起来很像瓦尔拉斯的模型，于是收敛模型逐渐被交叉双模型取代，出清价格被基于前期价值以及观察到的数量不均衡（过度需求）的价格取代。然后，这些交叉双模型被各种机制补充，包括过度需求情况下凯恩斯式供给的增长。

这些收敛模型的问题是它们破坏了自己的基础。这是斯拉法学派经济学家谢弗德（Schefold，1984，p. 1）提出的。他认为：

> 古典经济学家有时会采用新古典概念性工具来分析单个市场的供求（例如，在市场价格朝向生产价格的趋势的分析中），然后被引导到至少与新古典一般均衡表面相似的模型上，目的是试图分析各种市场的相互依赖性。

因此，"现代古典经济学家们对关于市场价格向生产价格收敛的工作往往会通过产生供求是主导力量的系统而破坏其自身的基础"（ibid.，p. 2）。这在基于出清市场价格的收敛模型中非常明显，而非互补的交叉双模型则必须依靠需求替代效应来实现收敛——这是一个相当讽刺的特点。博吉奥（Boggio，1986，p. 84）也提出了这些批评。他提到，经典收敛模型的"整体不平衡过程"由"超额需求的价格反应和价格变化的消费反应决定"，就像在主流模型中一样。此外，博吉奥（Boggio，1990，p. 56）也表明，一些模型假设经济主体知道价格和数量的长期或均衡值，这是一个相当非凯恩斯主义的假设，因为这意味着在实际短时期价值发生之前，长期状态是已知的。这些形式化模型也暗示数量会恢复到它们的"正常"水平或者它们的正常产能利用率上。总之，收敛总是有条件的。

因此，如果有人想将斯拉法经济学与后凯恩斯主义经济学的其他部分联系起来，就需要以不同的眼光审视生产价格，而不是将其作为市场价格倾向的长期或长周期的趋势中心。这种替代观点与博吉奥（Boggio，1980，1986，1990）的贡献密切相关。他的相对价格模型是全成本模型。和尼斯迪克（Nisticò，2002）一样，他假设，企业根据工资成本和前一期商品价格设置产出价格，这个价格带有一个加价以获得一个外部给定的目标收益率（正常利润率）。这些模型都非常稳健，从这个意义上说，它们收敛到一组稳定的相对价格，而几乎不需要施加任何限制。从一开始就可以假定目标收益率在每个部门是相同的；或者我们可以假定目标收益率是不同的，在这种情况下，人们可能希望添加一个缓慢的反应过程以解释这些目标收益率的演变，这可能类似于斯拉法学派主流分支所描述的过度需求机制（Boggio，1986）。

博吉奥的全成本价格与隆卡利亚对斯拉法价格的解释非常相似。对于隆卡利亚（Roncaglia，1995，p. 114）来说，"斯拉法的'产出'不应与在经济的历史发展中任何时间点实际观察到的产出一致"。相反，成本应该在"一个'正常'的产能利用程度上，而不是在当前产出水平上"计算出来（ibid. , p. 115）。这和琼·罗宾逊（Joan Robinson，1978，p. 16）的一个观点一致："假定每个企业根据其设备的标准利用率估算其成本"。当然，它也与如兰齐洛蒂（Lanzillotti，1958）所述的目标收益定价一致，根据兰齐洛蒂，单位成本是根据标准产能利用率来评估的，而标准产能利用率只与实际产能利用率大致相关。

因此，有必要重新考虑生产价格，采纳一个更接近持不同意见的斯拉法学派分支的观点。对于像帕西内蒂、隆卡利亚或者谢弗德这样的学者，从某种意义上说，生产价格在短期和长期都会出现；它们不需要一个统一的利润率。可再生产品和服务市场上的价格是准生产价格。领导企业管理价格，考虑以正常产能利用率评估的成本，以及一些目标收益率。供需不平等主要通过存货库存或利用率的变化来解决，而不是通过市场价格的变化。当然，在真实世界中，管理价格并不完全等于生产价格。但是，它们不相等的事实与各种摩擦（不正确的信息，过去的不平衡，非独立价格，债务结构，非正常产能利用率，差别化利润率，对社会产品的不相容要求）相关，而不是与供求之间的差异相关。实际价格不是可以在每个时期出清过剩需求的市场价格（Arena，1987，p. 105）。实际价格是不完美的生产价格，其水平由企业根据正常成本管理。如果有人避开了所谓的趋势过程，那么很明显，生产价格和成本加成价格彼此兼容并且是相同概念框架的一部分。下面引用著名的斯拉法学派学者的观点试图说明这一点：

> 单位成本的加价必须使得在正常的产能利用水平上获得与当前利润率相对应的正常利润。这种方法可以给出一个全成本定价规则的解释，但仅限于一个非常简单的情况。这一应用的

优点是说明了全成本定价与一个经典长期状态中给定利润率（或者在明显的扩展中，有可能是一个分层的利润率……）一致的条件。有人可能会说，这里的正常价格是在给定的正常产能利用水平基础上计算的，并且产能的变化被用来使供给适应不变价格上的需求。因此，实际价格等于生产价格，但利用率在正常水平附近波动。（Schefold，1984，p. 4）

希克斯（Hicks，1990，p. 102）提出了类似的解释，他认为斯拉法价格是"基于'正常'产出的成本，而不是实际产出的成本"。根据希克斯的说法，这一点有助于解释"斯拉法系统中（明显一致的）利润率"的奥秘——它必须被视为"一种按惯例建立的加价"（Hicks，1990，p. 100）。希克斯（Hicks，1985，p. 306）在更早的时候对此做了一个类似的陈述，如下所示：

[斯拉法价格]似乎是由生产者根据一些规则确定的产品价格。现在完全属实的是，我们如今熟悉那种通过"加价"确定价格的方法；但是当使用该方法时，用于建立加价的利润率是约定俗成的。现在可能是斯拉法希望我们把他的利润率视为约定的；并且整个系统中的利润率是统一的，他做了这么多，就是想让我们认为他所做的只是一个统一的公约。

因此，在这里，希克斯将斯拉法价格解释为成本加成价格，其中通过产能过度利用或产能利用不足进行调整，这在我看来应该是对生产价格的正确解释。只要避免了所谓的趋势过程，就会明白生产价格和成本加成价格是相同的概念，只是设置在了不同的抽象层次。

第 4 章
信用、货币和中央银行 *

现在，我们进入宏观经济学的研究，从处理关于信用和货币的问题开始，这看上去有些奇怪。接受主流经济学教育的学生们通常习惯在处理完所有的真实情况以后再开始处理货币问题。这里所建议的处理问题的顺序并不是最合理的。有效需求原则是后凯恩斯主义经济学的根本特征之一，其因果关系是从投资到储蓄，这一原则最好在关于货币性生产型经济的宏观解释框架下加以理解。尽管投资不受储蓄的限制，但是生产需要融资，这就是为何将宏观经济学的货币维度放在解释就业和增长之前更为适宜。事实上，在第 3 章，我们已经触及企业在试图扩张生产的过程中存在借入可能性的问题。一个企业也许可以避免借入，但是从宏观经济学层面而言，所有企业必须负债才能扩张。本章主要处理封闭经济问题；国际范围的货币将在第 7 章讨论。

---

* 除了以 1992 年版本为基础并对其进行拓展外，一些段落来自下列出版物："Money, credit and central banks in post-Keynesian economics", in Eckhard Hein and Engelbert Stockhammer (eds), *A Modern Guide to Keynesian Macroeconomics and Economic Policies*, Cheltenham, UK and Northampton, MA, USA: Edward Elgar, 2011, pp. 34 - 60; "A primer on endogenous credit-money", in L. P. Rochon and S. Rossi (eds), *Modern Theories of Money: The Nature and Role of Money in Capitalist Economies*, Cheltenham, UK and Northampton, MA, USA: Edward Elgar, 2003, pp. 506 - 543.

4.1　背景信息

4.1.1　处于最核心地位的内生货币

回顾后凯恩斯主义关于货币和信用的观点将会使我们再次有机会注意到后凯恩斯主义经济学内在的一致性。后凯恩斯主义的所有分支学派都认为货币是核心，无论他们是斯拉法主义者（Sraffians）、法国和意大利的循环学派（French and Italian circuitists）、卡莱茨基主义者（Kaleckians），还是原教旨主义的凯恩斯主义者（Fundamentalist Keynesians）或者新名目主义者（Neo-chartalists）——这一后凯恩斯主义分支的货币经济学由于提出以现代货币理论（MMT）闻名的理论和政策建议已经在世界上引起了极大的关注。这些经济学家都同意货币的供给是内生的并且是需求引导的。事实上，早在 60 多年以前，一位意大利后凯恩斯主义者拉比尼（Labini，1949，p.240）就已经提出，在超过 200 年的时间里货币都是内生的。戈德利（Godley，2012，p.91）更为犀利地阐释了内生货币理论："政府不再能够像园丁通过抓住喷水器控制水管的方向一样控制银行货币或者现金的存量。"这完全与货币数量理论、货币主义以及几乎所有在当代主流教科书中显而易见的理论相对立，它们认为货币的供给是外生的，在货币和利率的图形中被描述为一条垂直于横轴的线。

货币供给的内生性，以及由此导致的货币与收入之间的反向因果关系已经由卡尔多（Kaldor，1970b）在回应弗里德曼观点的文章中进行了详细介绍。内生货币理论在卡尔多（Kaldor，1982）和摩尔（Moore，1988）的书中得到了进一步阐释，摩尔对比了水平主义和垂直主义——前者认为货币供给是内生的，后者认为货币供给是外生的。后凯恩斯主义对内生货币理论的其他重要贡献还包括法国经济学家雅克·勒布瓦（Jacques Le Bourva）在 1992 年、1959 年和 1962 年的作品，以及温特劳布和戴维森（Weintraub and Davidson，1973）、埃希纳（Eichner，1986a）和雷（Wray，1990）的作品。事实上，剑桥后凯恩斯主义学者们均明确表示了对货币数量理论的反对以及对内生货币假说的赞同，这反映在下述学者们的研究中：罗宾逊（Robinson，1956，chs 22－23；1970）、卡恩（Kahn，1972，chs 4 and 7）、克兰普（Cramp，1971）、戈德利和克里普斯（Godley and Cripps，1983）以及卡尔多和特里维希克（Kaldor and Trevithick，1981）。希克斯（Hicks，1982）也可以被归入这一阵营。我对后凯恩斯主义货币和信用理论的研究（Lavoie，1984；1985b），部分受到了法国循环学派对传统理论批判的影响。

现在不再需要像过去那样用大量的篇幅论证货币供给内生性理论。这主要基于下述两个理由。第一，许多中央银行已经转变了实施货币政策的方式。它们的行为现在更为透明，并且不存在阻碍其执行货币操作的障碍。尤其是，中央银行设置目标利率的操作流程现在是明确公开的，这与一些后凯恩斯主义者一直以来的呼吁相一致。因此，已经很难反驳关于货币供给是内生的和需求引导的这一理论。第二，实际上，甚至是著名金融机构的研究者现在也全力支持后凯恩斯主义的货币理论（Sheard，2013）。紧随这类操作程序变化的是主流经济学内部货币理论的变革。尽管这类变革尚未进入我们在第 1 章称为主流经济学——主流理论的教科书呈现的理论之中，但是越来越多的高级宏观模型已经为内生货币理论留出了余地。

这就是所谓的新共识模型，它也被称为新-新古典综合。该模型出现于 20 世纪末 21 世纪初，它将真实周期理论的超级理性行为与新凯恩斯主义理论的刚性（正如在 DSGE 模型中呈现的那样）结合了起来。在这些模型中，实际利率由中央银行的反应函数决定，并且货币的供给被假定为能够调整以适应给定利率条件下的货币需求。从内生货币理论出发，正如在冯塔纳和塞特菲尔德（Fontana and Setterfield，2009a）编著的书中杜林（Dullien，2010；2011）所指出的，新共识模型中的货币观点与后凯恩斯主义四十多年以来所提倡的货币观点存在很大的相似性，尽管作为新共识模型基础的主要机制与后凯恩斯主义完全不同。比如，后凯恩斯主义者和新共识主义者都相信更高的实际利率将会减缓经济增长速度。不过，后凯恩斯主义者认为更高的实际利率会抑制投资或者对收入分配会产生有害影响；而新共识主义者认为更高的利率会确保当前储蓄在未来拥有更高的收益，从而削弱了现在工作以获取收入的必要，因此，劳动供给量的减少导致当前产出下降。此外，尽管在新共识模型中货币是内生的，但是它并不起作用，只不过是记账货币而已。

4.1.2　历史背景

新共识主义者通常并不将内生货币理论的重新发现归功于后凯恩斯主义，相反，他们将之归功于布莱克（Black，1970），他是现今在金融领域频繁被用于计算衍生品价格的布莱克-斯科尔斯期权定价模型的提出者之一。布莱克描述了一个没有中央银行货币的世界。更有见识的新共识主义者们有时也将他们的货币观点与 20 世纪早期奥地利传统即米塞斯（Mises）、熊彼特（Schumpeter）以及哈耶克（Hayek）和他们的瑞典前辈维克塞尔（Wicksell）的内生货币观点联系起来（Seccareccia，1994；Bellofiore，2013）。事实上，剑桥学派也持有类似观点。因为 20 世纪 30 年代早期在伦敦政治经济学院，哈耶克曾经教过卡尔多，而卡恩将维克塞尔的作品从德语译为英语。但是随着凯恩斯《通论》中外生货币供给观点的出现、弗里德曼的货币主义及其所倡导的货币供应增长目标的提出，以及他对央行控制准备金以及央行允许银行创造信用和货币的货币乘数理论的完全接受，关于内生货币的这一奥地利学派观点近乎消失了。

关于内生货币理论的多种阐释不应该令经济思想史专业的学生们觉得惊奇，因为他们知道经济理论常为时髦所浸染。曾经被长久弃置的想法可能会突然重现。正如克兰普（Cramp，1971，p. 62）曾经指出的，"剑桥经济学家亨德森（Henderson）曾经评论道，经济思想总是循环往复：如果你在一个地方待得足够久就会发现曾经被抛弃的思想会再次重现……并且对于货币理论以及与之相联系的货币政策理论而言尤其如此"。

在主流经济学（尤其是货币主义）与后凯恩斯主义经济学之间存在的关于现代货币问题的诸多争论可以追溯至19世纪早期通货学派与银行学派的争论（Arnon，2011）。李嘉图和通货学派提出，只有硬币和英格兰银行券能够被视为货币，即这类货币存量决定了总需求，并且总需求决定了物价水平，从而支持了货币数量理论。银行学派的主要代表是富拉顿（Fullarton）、图克以及穆勒（Mill）。与通货学派相反，他们提出货币的定义是更为复杂的，总需求决定货币存量，并且如果需要采取措施影响价格，这类措施应该着重于信贷总额。银行学派的代表也提出了"回流原理"，他们认为如果太多的银行券被创造出来，其持有者会将其返回给创造这些银行券的发行者，从而过剩的银行券会消失。因此，同后凯恩斯主义一样，银行学派也认同内生货币、反向的因果关系，认同需要关注信用而非货币总额（Panico，1988；Wray，1990）。

另外一个引起普遍关注的争论发生在20世纪50年代晚期英国雷德克里夫委员会的听证会上。该听证会主要反映了两种彼此对立

的观点，可以分为学术派和中央银行派。一方面，学术派学者捍卫
主流的观点，提倡货币当局通过准备金的拨备控制货币供给，声称
货币流通速度和货币乘数是常数或者是可预测变量，并且提出因果
关系应该是从货币到物价水平。另一方面，与之相反，受到后凯恩
斯主义者卡尔多和卡恩支持的中央银行派学者则提出中央银行的操
作工具是利率，它对货币总量只具有间接影响。他们进一步提出货
币流通速度是不稳定的，从而更偏好于强调"一般流动性"的重要
性。他们补充道，货币政策对于通货膨胀只具有微弱的影响，因为
它依赖于许多其他因素，并且带来信用控制的必要性。雷德克里夫
委员会对主流观点不予理会，赞同中央银行派和后凯恩斯主义者的
观点。正如中央银行派的学者宾德赛尔（Bindseil，2004b）所指出
的，现在看来这一选择是正确的。但是在当时，这一选择曾被诸如
萨缪尔森（Samuelson，1969b，p.7）这类主流凯恩斯主义者所痛
斥，萨缪尔森将其叱责为"有史以来最没用的操作之一"，为货币
数量理论的复活和 20 世纪 70 年代弗里德曼的货币主义打开了大门。
但是后来一位英格兰银行的高级官员回忆道："在二十五年以前，
货币当局致力于隐瞒它们控制利率的事实"（Tucker，2004，
p.369）。这种情况不仅出现在英国，整个世界都是如此。

　　直到 1970 年，尚不十分清楚后凯恩斯主义所持有的货币理论与
主流理论究竟有何不同。直到那时，对货币数量理论的批评主要建
立在货币流通速度的不稳定性或者货币乘数的基础之上（Minsky，
1957；Kaldor，1964a）。只有卡恩（Kahn，1972，ch.7）在 1958
年提交给雷德克里夫委员会的意见和罗宾逊（Robinson，1956）在
她《资本积累》（*Accumulation of Capital*）一书中清楚地认识到关
键点究竟在何处。不幸的是，罗宾逊对现代后凯恩斯主义货币理论
的阐释被放在了该书的结尾部分，在她对增长理论、价值理论和技

术变迁做了一番复杂的描述之后，这时读者已经精疲力竭以至无暇顾及其货币理论。但是正如前文所提到的，作为对货币主义崛起以及中央银行派和学术派对货币主义理论的广泛接受的直接回应，关于反向因果关系这一更为重要的问题与此同时也被后凯恩斯主义学者和小部分中央银行派学者置于重要地位（Holmes，1969；Lombra and Torto，1973；Goodhart，1984；McLeay et al.，2014）。

从那之后，并且自从1992年我写作本书的第一版以后，在我看来，就理解货币经济学而言，出现了下述三个重要贡献。首先，罗尚（Rochon，1999）提供了对后凯恩斯主义货币经济学的拓展研究，发现它与部分新凯恩斯主义学者尤其是新范式凯恩斯主义学者存在一些相同点和不同点（Stiglitz and Greenwald，2003）。其次，循环学派强调生产和商业银行之间的联系，后凯恩斯主义强调商业银行与中央银行之间的联系，雷（Wray，1998；2012）关注政府、中央银行与清算和结算系统之间的关系，提出了著名的现代货币理论（modern monetary theory，MMT）。最后，戈德利（Godley，1996；1999a）已经提出了一个能够将经济体的实体层面与金融层面综合起来的分析框架，极大地提高了后凯恩斯主义理论的全面性，并提供了一个关于货币性生产型经济的现实研究，提出了著名的后凯恩斯主义存量流量一致性分析方法（post-Keynesian stock-flow consistent approach），即SFC方法。除了这类后凯恩斯主义的贡献外，还应提到宾德赛尔（Bindsil，2004a；2004b），他为我们理解中央银行在最近100年货币政策的实施提供了极富启发性的洞见。

4.2　主要观点

我已经提出后凯恩斯主义货币理论存在一个共同的内核。但是当然，正如主流经济学中存在争论一样，后凯恩斯主义关于货币理论也存在某种程度上的争议。特别是，在"水平主义的"后凯恩斯主义与"结构主义的"后凯恩斯主义之间早已发生过一场争论。我认为，可以公正地说，大部分关于货币内生性的早期说明是由"水平主义"后凯恩斯主义做出的：罗宾逊、卡恩、勒布瓦、卡尔多、温特劳布、摩尔、戈德利以及法国循环学派学者（Parguez and Seccareccia，2000）。然而，随着各式学者对上述后凯恩斯主义学者所提出的替代性货币理论的研究愈益深入，他们的一些观点和简化方式受到了质疑。随着泼林（Pollin，1991）的介绍，这一内部批判渐渐作为"结构主义"为人所熟知，之所以称之为"结构主义"，是因为他们提出货币内生性主要源自金融状况的结构性变革，只有极少的来自中央银行的适应性行为（因此"适应主义"有时也被用于指代"水平主义"的后凯恩斯主义）。结构主义的后凯恩斯主义者包括齐克、道、豪威尔斯（Howells）、勒赫伦（Le Héron）、帕利和雷，他们中的许多人都从明斯基（Minsky，1957）和罗西斯（Rousseas，1986）的作品中汲取灵感。结构主义与水平主义之间的争论产生了大量文献，此后很多人试图在此基础上对上述两种观点加以综合（Rochon and Moore，2014）。

摩尔将这一争论称为"茶杯里的风波"（Moore，1991，p. 405）或者"典型的小题大做"（Moore，2001，p. 13）。我宁愿更加积极点，接受冯塔纳（Fontana，2003，p. 18）对此的评价，他认为"在水平主义的后凯恩斯主义者研究停止的地方，结构主义的后凯恩斯主义者把问题接了过来"。结构主义为水平主义者的基本理论做出了一些澄清并且提供了一些新的细节。比如，他们坚持利率之间的利差能够很快变动，尤其是在违约、不确定性、信心和流动性偏好突然变动之际。雷（Wray，2006a，p. 271）现在相信"在大多数情况下，这场争论至多不过是误解而已"，希望"争论能够及时止步"。在很大程度上，这场争论已经停止，因为大多数结构主义的后凯恩斯主义者意识到由于近来货币政策实施上的变化，尤其是那些使得不透明的中央银行操作透明化的改革，中央银行的行为已经转变。我在之前的著作中阐述了对此的看法（Lavoie，1996d；2006d），那些希望获取更多详细信息的读者可以参考该书，以及罗尚（Rochon，1999，2001）和雷（Wray，2006a）的著作，关于这场争论的部分内容在本章稍后部分还会提及。

4.2.1 信用与货币

尽管如此，我冒险设计了三张表以试图总结后凯恩斯主义和主流经济学货币理论的主要区别。正如已经指出的，一种需求引导的内生货币供给的概念属于后凯恩斯主义，这使后凯恩斯主义货币理论与主流货币理论区别开来。然而，由于新奥地利主义和新共识主义经济学家现在也认识到货币是内生的，因此货币内生性不是后凯恩斯主义货币经济学的唯一典型特征。表4-1提供了一些其他区别。后凯恩斯主义学者们，尤其是在 SFC 方法出现以后，对货币存量的对应物，特别是银行体系所产生的贷款和信用尤为关注。相反，主流学者通常将货币存量扔进其模型之中，正如弗里德曼曾经说过的一句名言——这些货币存量就好像被从直升机上丢下来一样——或者说是天赐之物。这部分解释了为何后凯恩斯主义对金融体系的主要关注是用于生产活动的信用的可得性以及不同经济主体所持有的债务存量（因为债务会导致金融不稳定性）；相反，主流学者主要关注的是财富的实际平衡效应或者货币平衡效应，即认为它们能够稳定整个经济体系。

表 4 - 1　　　　　　　　　货币与信用的主要特征

特征	后凯恩斯主义学派	主流学派
货币的供给是……	内生的和需求引导的	外生的
货币……	在（簿记中）有对应项	从直升机坠落
主要关注是……	负债，信用	资产，货币
与货币紧密联系的是……	生产和社会关系	私人交换
货币因果关系	贷款创造存款	存款创造贷款
银行是……	信贷流量的创造者	仅仅是金融中介
存款准备机制起作用的方式（如果起作用的话）	除数	乘数
信贷配给是因为……	缺乏信心	信息不对称

　　后凯恩斯主义学者与主流学者的另一个关键区别与第 1 章已经讨论的其中一个假定有关。关注生产而非交换是非正统经济学区别于正统经济学的一个根本特征。这在关于为何需要货币的解释中有所体现。在主流叙事中，货币是作为交换关系的推动者、理性的个体所发明的物物交换的促进者的角色而出现的。主流理论的故事由此开始，在这一框架下货币商品和硬币是自发出现的，然后金匠逐渐意识到他们能够以自身信用为基础发行多于黄金的期票，从而导致了部分银行准备金制度。在主流叙事中，建立在金或银基础之上的商品货币是最早出现的，然后是硬币和铸币，最后出现诸如银行存款这类符号货币，而银行存款现在已经作为惯例被接受了。许多主流经济学家渴望回到符号货币像稀缺的商品货币那样运行的体系之中。

　　相反，后凯恩斯主义学者在支付手段符号化的基础上，将银行家几个世纪以来所发展的货币体系加以理论化。实际上，经济史学家认为符号化的信用货币提供了一个一般化的会计单位并且能够记录信用和贷款，从而要优于不能兑换的纸币和硬币（Innes，1913；Copeland，1974；Courbis et al.，1991）。货币是作为清算债务的一种工具而产生的。对上述论点的证明在于，很多建立在符号操控基础上的所谓现代金融创新自古以来已为人所熟知，并且在文艺复兴时已被付诸实践。在后凯恩斯主义方法中，货币是一种社会关系，这主要是基于两个略有不同的理由。第一，信用货币以基于产权的社会为前提，在这一社会中，以合法产权为基础的承诺——抵押品——带来了借贷合同的增长（Heinsohn and Steiger，1983；de Soto，2000）。第二个理由以税收驱动为基础，这一观点也在克纳普（Knapp，1924）之后被称为货币主义视角，它是现代货币理论对货币理论进行重建的内核。它提出对非金属形式货币的普遍接受基于下述事实：国家要求税收以这种手段支付（Wray，2000）。国家货币的有用性源于国家征集税赋的权威。

　　无论我们接受后凯恩斯主义两种解释中的哪一种，货币都要求有集权性质的公共机构：最初是在牧师的教堂，在这里信用和债务账户得以安全保有；后来是在国王的宫殿，在这里铸币被分配下去并且税赋得以征集；现在是政府及其立法机构，铸造货币的专许文件被授予了某些特定机构——银行——授予它们创造货币的权力。凯恩斯（Keynes，1930a，pp. 4 - 5）本人采取了中间立场，声称现代货币是"由国家创造的"，并且"无可争议是国家主义的货币"。这意味着国家不仅能够强制货币合约的执行，而且能够决定"就货币账户而言，按照法律和习俗规定，何种合约可以被执行"，这不过是对税收义务的简单注解。戴维森（Davidson，1994，p. 223）同意上述分析，他指出"对清算合约的内部协调不仅关涉那些被国家所规定的法定货币，也包括国家或者中央银行同意从公众那里接受的支付手段"。

同样，根据表 4-1，我们发现，对于后凯恩斯主义者而言，主要的因果关系是从信用到存款，这意味着银行存款是在发放新的银行信用贷款时创造的。这里存在着反向的因果关系。这也与银行不仅仅是在短期资产和长期资产之间进行套利的金融中介的观点联系了起来，而许多主流经济学家仍然认为银行只是金融中介。在后凯恩斯主义看来，银行是信用和购买力的创造者——这一观点也为熊彼特所持有（Schumpeter，1934）。当银行通过发放贷款增加它们的资产和负债时，它们创造了新的支付手段。这些可以被用于增加总需求。这超出了主流经济学认为银行不过是将资金从渴望储蓄和积累更多存款的充满毅力的个人手中转移到渴望支出超出其收入甚至不惜贷款的毫无毅力的个人中去的教条。

此外，与银行存款准备金相联系的因果关系也转变了，由于存款准备金是内生的并且是需求引导的，从而存款与银行存款准备金之间是除数关系而非乘数关系（这已经不再是几个国家的情况了）。后凯恩斯主义学者因此反对标准的货币乘数理论，这也被称为信用创造的部分银行存款准备金制度。这将在后续章节加以详细讨论。最后，对于后凯恩斯主义学者而言，如果存在信贷配给，它主要是因为银行或者金融系统缺乏信心，而非信息不对称所致。实际上，在一个能够使用互联网的世界，将信息不对称作为信贷配给这一反复发生的现象的主要原因着实令人吃惊。信贷配给也将在后文中加以讨论。

4.2.2　利率

表 4-2 概括了利率的主要特征。后凯恩斯主义将利率视为在某

种程度上能够被货币当局控制的分配变量，从而利率的整体水平并不仅仅是市场力量的产物。利率的整体水平部分地取决于收入在借款者和贷款者之间进行分配的政策选择。很明显存在一个外生的基准利率，也就是中央银行能够根据其政策选择的水平所确定的基准利率。正如后文所示，就绝大部分情况而言，中央银行是价格制定者和货币数量的接受者。基准利率是中央银行的目标利率。基准利率通常是短期利率。因此，能够被视为外生利率的是这个短期利率。在过去，它通常是一个月或者三个月国库券收益率。现在目标利率是隔夜拆借利率——在美国是联邦基金利率、在欧洲是欧元隔夜拆借利率。在通常情况下，所有的私人资产短期利率都密切跟随隔夜拆借利率的变动，而后者非常接近中央银行制定的目标利率。在非常时期，私人资产的短期利率的变动可能不同于隔夜拆借利率和政府资产利率的变动。主流学者信奉由长期利率所衡量的市场利率是基准利率的决定性因素，然而，一些结构主义的后凯恩斯主义者提出这类市场力量限制了中央银行制定选择目标的能力。

短期目标利率与长期利率，尤其是与私人部门所发行的证券利率之间的联系是非常松散的。因此，尽管短期利率从实际上看可以被视为是外生决定的，但是对其他利率比如银行贷款利率，尤其是长期利率而言，并非如此。流动性偏好表现为诸如银行贷款利率与央行制定的目标利率之间的利差。与利率决定的教科书模型不同，流动性偏好并不影响基准利率，除非我们将流动性偏好的概念扩展至中央银行的利率设定行为。

表4-2最后一行考察了自然利率的概念。自然利率是在不存在货币的情况下存在的利率。它是由资本生产率与经济主体的时间偏好之比决定的。正如凯恩斯的朋友亨德森所指出的，"利率（同价格一样）是由供给曲线和需求曲线的交点决定的……需求曲线的背

后是投资的资本的生产率；供给曲线的背后是储蓄倾向以及储蓄能力"（Keynes，1973，xxix，p. 226）。自然利率是新共识模型的关键。对于主流学者而言，经过预期价格通货膨胀调整后的长期利率是自然利率的近似度量。因此，正如维克塞尔所提出的，短期利率不能过分偏离长期利率，否则实际利率将偏离自然利率，从而导致经济非均衡，尤其是导致通货膨胀率的变动。因此，维克塞尔主义者主张中央银行在选择基准利率时是受到严重约束的，自然利率通过长期利率和其他由市场决定的利率决定了基准利率——这一观点类似于泼林（Pollin，1991）对水平主义的后凯恩斯主义的批评。实际上，正如史密森（Smithin，1994，p. 112）一针见血地指出的，"关于中央银行不能影响实际利率的流行看法建立在存在一个不会偏离自然利率的金融实际利率的假定的基础上"。

表 4-2　　　　　　　　　利率的主要特征

特征	后凯恩斯主义经济学	主流经济学
利率……	是分配变量	源自市场规律
基准利率……	由中央银行设定	受市场力量的影响
流动性偏好……	决定了相对于基准利率的差值	决定利率
自然利率……	可多重取值或者根本不存在	是独一无二的，建立在节俭和生产率的基础上

正如塞卡莱西亚（Seccareccia，1994，p. 70）所指出的：我们不能仅仅根据"货币供给的内生性原则就将新古典与后凯恩斯主义的货币理论区分开来，还存在将二者区分开来的其他更为重要的原则"。真正将水平主义的后凯恩斯主义与主流异见者（比如新共识主义学者——他们也认为货币供给是内生的）区分开来的是后凯恩斯主义对自然利率概念的拒绝（Rogers，1989）。对于这一观点，在我的研究中，最开始只是简要提及（Lavoie，1985b），后来做了

更为详细的论述（Lavoie，1997）。凯恩斯（Keynes，1936，p. 243）也指出，他"不再接受自然利率的概念……自然利率没有什么特别的意义"。后凯恩斯主义者要么完全反对自然利率的有效性，要么认为存在多种多样的自然利率。对自然利率概念有效性的认同与否，关系到是否允许中央银行为所有利率设定标准，并且追求充分就业政策而不只是追求通货膨胀目标。正如史密森（Smithin，1996，p. 93）所一再指出的：

> 在自然利率不存在的情况下，可以认为中央银行控制短期利率，最终将影响经济体的整个利率结构，包括长期利率……最终，实体经济必须适应由政策决定的利率，而非相反。因此这完全与自然利率教条相反。

4.2.3 宏观经济含义

表4-3总结了两种货币理论研究方法对宏观经济学的启示。较之于统治主流理论的真实分析，后凯恩斯主义名副其实地吸收了熊彼特（Schumpeter，p. 277）和他的学生明斯基所提倡的货币分析方法。正如已经指出的，后凯恩斯主义是关于货币化的生产型经济模型，在这一模型中，货币不是中性的，也不是无关紧要的面纱。后凯恩斯主义相信，无论在短期还是长期，限制性的货币政策都将对经济产生负面影响，这意味着有可能导致失业率增加并且很可能会降低实际增长率。类似地，金融动荡可能具有短期和长期影响。具有讽刺意味的是，秉持货币中性论假说和新共识主义教条的中央银行家向来坚信：抑制通货膨胀的紧缩性货币政策不会对经济产生长期影响，并且中央银行能够帮助经济实现完全的潜在增长率的最好措施是将通货膨胀率维持在低位且保持其稳定。但是，2008年金融危机之后，中央银行家的态度转变了，他们开始声称危机已经降

低了潜在产出的增长率，这在危机之前是不可能的。在实际增长率仍然较低且失业率高企时，抑制通货膨胀的政策，被主流学者以自然失业率高于危机之前的自然失业率的方式证明是正当的。

表 4-3　　　　　　　　　**主要特征与对宏观经济学的启示**

特征	后凯恩斯主义经济学	主流经济学
熊彼特的区分	货币分析	真实分析
金融动荡……	对短期和长期均有影响	只对短期有影响
通货膨胀的因果关系	产出和价格的增长导致货币总量的增长	货币过量供给导致价格通货膨胀
宏观因果关系	投资决定储蓄	储蓄（可借贷资金）决定投资

正如表 4-3 所示，后凯恩斯主义对反向的因果关系持有下述两个理由。通过观察货币总量与价格膨胀之间的数学关系，后凯恩斯主义将货币总量的增长归因于产出和价格的增长，从而反对主流经济学所提出的价格通货膨胀是货币现象的观点。这将在第 8 章详细讨论。最后，正如在本章开头所提出的，后凯恩斯主义认为投资并不受上一期的储蓄制约，相反，投资决定储蓄——这一观点被视为后凯恩斯主义的关键假定。这一反向的宏观经济学因果关系显然与货币化的生产型经济模型密切相关，在这一模型中银行能够不借助之前的存款而贷款。正如克雷格尔（Kregel，1973，pp. 159-160）所提出的，"超过收益（不依靠储蓄）的融资的可得性使得投资可以成为体系中的一个真正独立并且自主的变量"。

或许有必要详细阐述最后一点。在第 3 章，当我们讨论处于微观经济水平的企业时，我们提到了单个企业所面临的金融约束问题。这里，在宏观层次上，我们提出投资决定储蓄。乍一看，这两个论断似乎矛盾，实际并非如此。融资并不是储蓄。家庭储蓄，或者企业积累留存收益，并不意味着将会有更多的投资。凯恩斯曾竭

尽全力解释这一点。我们已经提到节俭悖论，这将在第5章进一步
论述。储蓄倾向的增加只会导致在短期内堆积更多未被出售的商
品，并且当产出重新适应总需求时，产出水平会下降，短期储蓄也
不会增加。个人希望储蓄更多绝不意味着企业希望或能够进行更多
的投资。凯恩斯（Keynes，1973，xiv，p. 222）在回应其批评者时，
引入了融资动机的概念：

> 公众能够在事前或者事后或者任何时候储蓄，直到他们气
> 急败坏，但丝毫不能缓解问题……投资市场可能因为缺乏现金
> 而出现堵塞。投资市场永远不可能因为缺乏储蓄而变得堵塞。
> 这是我在这一领域的最为基本的结论。

此处"现金"的含义是如果企业拥有货币余额，或者银行准备
发放贷款，企业就能投资。公众拥有的更多的储蓄并没有什么用。
实际上它只能使情况变得更糟。

如果价格是灵活的呢？这对解决节俭悖论有什么作用吗？凯恩
斯（Keynes，1930a，pp. 176 - 177）在提出"香蕉隐喻"时回应了
这一问题。凯恩斯的回答很关键：如果推行节俭，对香蕉需求的削
减将会导致香蕉价格下降，香蕉生产商出现货币损失。美德似乎是
有回报的：家庭将把储蓄作为存款积累在银行账户上。但是这些存
款将会成为银行发放给香蕉生产商的贷款的相应部分，以用于弥补
其损失。香蕉消费者增加的储蓄将会通过香蕉生产商的金融损失而
抵消，因此就整个社会而言并没有净财富的增加。因此，再次证
明，储蓄并不能有助于投资。很难设想亏损的生产商会相信现有家
庭储蓄能够产生未来的消费和对新设备的投资（Skidelsky，1986，
pp. 323 - 325）。

4.3　理解内生货币

当学生们开始学习关于货币经济学的后凯恩斯主义部分时，他们的思维已经被货币存量的外生供给这一新古典神话扭曲了，以至于他们甚至很难理解关于需求引导的内生货币的最简单的理论。本节篇幅很长，其目的在于阐释关于现代宏观金融体系的基本特征，以解释内生货币供给的具体含义。为了达到这一目的，对于银行与中央银行的丁字账户——在该账户中资产与负债必须平衡——的理解，我们将会从最简单的拥有单一银行和没有中央银行与现金的纯信用经济开始，系统地进行阐释。在此基础上逐步复杂化，比如引入竞争性的私人银行、中央银行及其准备金要求，随后在更复杂的阶段，引入拥有金融要求以及发行政府债券的国家。银行在近年的发展，诸如资本充足率、零准备金要求以及电子货币，也会在丁字账户的框架下加以讨论。

4.3.1　拥有单一银行的纯信用经济

我们从一个纯粹的信用经济开始，在该经济模型中，存在一个单一的银行从事信用和储蓄操作，并且记账单位已经由国家决定。不存在其他的金融机构，并且生产性企业不允许发行股票、债券以及商业票据。这一单一银行可能是获得国家特许许可的、由一些私人企业家创立的私有银行；或者是由国家设立的一个机构。无论是哪种情况，我们均假定国家没有财政预算，从而它也没有开支和税收收入。不存在国家发行的货币资金、没有准备金要求、没有金融市场和中央银行。经济体是一个封闭体系：没有外贸交易、外汇储备以及汇率。黄金和白银都不能构成储备资产。最后，在这一"完

后凯恩斯主义经济学：　新基础

美"世界中，同 2008 年崩溃以前的动态随机一般均衡模型一样，被挑选出来的借款者永远不会违约。

在这一金融体系中，所有金融交易将通过这一单一银行进行。除了银行拨付的新信用外，不存在资金的流出与流入。该经济体中的每个成员都在这一单一银行拥有一个账户。这一账户要么是储蓄账户，在这种情况中银行将贷款 B 贷给家庭部门或者企业部门；要么是信用账户，在这种情况中家庭部门或者企业将会持有货币量为 D 的银行储蓄存款。因为不存在漏出，所以信用账户始终是等于储蓄账户的，即 $B=D$。

在某种程度上，今天我们接近于上述描述的情况。许多国家都没有强制性的银行存款准备金；很少的交易是通过现金，绝大部分是通过电子交易、信用卡或者储蓄卡。存在多个银行，但是所有的交易最终都汇聚到一个单一的机构——结算中心。此外，在一些国家，所有银行都正如凯恩斯（Keynes，1930a，p. 26）所提出的在"逐步向前推进"，因此，"对于银行能够稳定创造的银行货币的数量是没有限制的"。

现在让我们假定一些当事人，主要是企业，不过可能也有家庭部门的消费者，希望能够增加他们借入的货币量。那么这些新增的贷款从何而来呢？在主流叙事中，完全来自贷款银行，新的信用只有在当银行是新的储蓄的接受者时才能被准许，这种情况在中央银行在公开市场上（从银行或者公众那里）购买政府债券时会发生，从而导致超额准备金的出现。但是在纯信用经济模型中，既不存在政府债券，也不存在中央银行。那么这些银行如何创造新增贷款呢？

后凯恩斯主义对问题的回答是相当简单的。贷款是从无中创造出来的，就好像钢笔随手一划，或者按下电脑的一个按键那么简单，前提是只要借款者是有信用的，即只要借款者能够提供一些抵押品。对这一过程的唯一限制是能够拨付给有信用的借款者的贷款量。这取决于借款者的借款意愿、借款者能够提供的抵押品的数量以及银行对客户信用良好状态的认可程度。最后一项可能会受到银行的流动性偏好的影响，这将会在后续章节予以界定。总而言之，贷款并不真的是从无中创造出来的，因为它们通常需要抵押品。

对银行及其客户的最简单的安排是设定信用额度或者透支额，凯恩斯（Keynes，1930a，p.41）将其定义为"一种与银行的安排：借方账户在任何时候都必须不能超过一致同意的数额，利息的支付不是根据一致同意的借方账户的最大值，而是根据借方账户的实际平均值"。当信用额度扩大时，给予借款者的额外的贷款立刻会在银行的债务项上通过创造等值的额外存款的形式拥有一个对应物。因此，在表 4-4 中，无论贷款还是存款都同时会增加相同的数额。只要借款者使用新创造出来的存款以支付物品或者劳务，额外的存款就会转手。

表 4-4　　　　　　　单一银行的简单资产负债表

资产	负债
贷款 B	存款 D

我们现代世界与凯恩斯那时一样，并不需要拥有能够被支出的货币存款。"银行的客户可能会从他的存款中签发支票，因而降低了他在银行的信用；但是同样地，他也可能签发支票以兑付他的投资额，从而导致他在银行的借方账户余额增加"（Keynes，1930a. p. 41）。罗宾逊（Robinson，1956，p. 19）也得出过类似的结论，她提出"透支额仅仅是跟银行存款一样的支付权力来源之一"。类似地，支票的接受者可能使用资金以增加他们在银行的信用账户余额，也就是他们的存款；或者他们可能使用资金以降低他们的借方账户余额，也就是他们信用额度的已使用部分。

这就是使用储蓄卡时经常会发生的情形。比如，当客户使用他们的储蓄卡购买物品时，他们可能没有持有银行存款（没有货币），并且因此只要交易发生，他们信用额度的已使用部分将会提高。类似地，相对于银行而言，一些卖方也可能处于借方，并且因此收到的支付将会被自动地用于降低到期的债务金额，如表4-5所示。在这些情况下，每个交易者自己持有的存款数量并不会发生任何变化。这是银行学派和卡尔多所强调的回流准则的一个明显例证（Kaldor and Trevithick, 1981）。

表4-5 **通过借方余额支付**

银行资产	银行负债
买方的借记额＋100 卖方的借记额－100	

因此，有支出意愿的经济当事人可以有两种做法。他们要么通过减少其货币余额（银行存款）的方式支出；要么维持其货币余额但是增加他们在银行的债务。正如凯恩斯所指出的，购买物品和劳务的潜力或者他所谓的现金渠道由两部分组成，持有的货币存款以及未使用的透支额，也就是尚未使用的信用额度。"严格来说，尚未使用的透支额——因为它们代表的是银行的贷款——应该出现在该账户的两边"（Keynes, 1930a, p. 42）。如果我们记录这些未使用的透支额，正如一些政策制定者所建议的那样，那么银行账户将会如表4-6所示。

表4-6 **信用额度账户解析**

银行资产	银行负债
贷款（已使用的透支额渠道） 未使用的透支额渠道（潜在贷款）	存款 未使用的透支额渠道（潜在存款）

尽管未使用的透支额渠道仍然被视为资产负债表以外的贷款承诺，一些国家，比如美国也有一些相关数据（Moore，1988，p. 25）。在美国，未使用的信用额度当时是狭义的货币存量的近乎一半，并且是已经使用的透支额的两倍。在英国，"大约有 60％的透支额渠道在任何时候都在被使用"（Howells，2010，p. 171）。因此，很明显那些拥有信用额度安排的国家可以利用信用货币的内生性来源。实际上，国际清算银行（BIS）认为正式的备用渠道和银行的信用额度需要在评估最低流动性要求时被加以考虑（BIS，2013a，p. 32）。

4.3.2　拥有私人发行的纸币的纯信用经济

现在让我们假定单一银行的客户在进行交易时能够从银行券提供的便利中获益。换言之，与将所有交易都通过符号化的账户体系进行相反，有些交易，尤其是比较小额的交易，我们通常习惯于通过受中央银行或者中央政府财政部支持的银行券来进行。这里，这类机构都还不存在。那么这些银行券是从哪里来的呢？它们是私人银行发行的。

过去，私人发行的银行券是相当普遍的。国家将会授予一些银行发行银行券的权利。实际上，一些经济学家相信银行而不是政府应该发行银行券，这就是有名的自由银行。在我们这一纯信用经济模型中，银行券将会由我们的单一银行根据需求状况发行。换言之，无论何时，只要客户想将存款转变为银行券，这些银行券就会被银行创造出来。银行券完全是内生的。它们的供给是需求导向的。关于这一银行的新的丁字账户参阅表 4-7。

表 4-7　　　拥有银行券的单一银行的资产负债表

资产	负债
贷款 B	存款 $D'=D-H$ 银行券 H

单一银行发行的银行券是该银行的负债。银行将它的债务的一种即存款转变为另一种类型的债务即银行券。对于银行能够创造的银行券的数量并没有限制。如果银行的客户将银行券带回银行，它们只能在同一个银行与存款进行交易。根据卡尔多、罗宾逊（Kaldor，Robinson，1956，p.227）和勒布瓦（Le Bourva，1992）所强调的回流原则，不能过度创造银行券。然而，在信用被用于对抗通货膨胀或工资增加时，这是可能发生的。这就解释了为何最著名的对回流原则的阐释者——图克，在他整个经济学研究中都支持自由的企业——在他晚年的作品中提出，尽管银行券不需要被管制，但是信用和贷款是应该被管制的（Arnon，1993）。

应该注意的是银行应该非常赞成私人银行券的发行。鉴于银行券不会带来利息，银行存款则会或者说很容易带来利息。所以，就给定的贷款利息与存款利息之间的差额而言，如果银行券形式的货币占比更高，银行就拥有更多的利润。因此，可以推测银行会赞成任何能够将银行存款转变为私人发行的银行券的技术变革。这就是智能卡、电子钱包的情形。留存在贝宝（PayPal）账户的货币余额是更为模棱两可的。贝宝被用于处理诸如在易贝（eBay）上的网上交易，但是初始的货币量肯定是来自标准的银行账户或者信用卡的保证金。贝宝账户也可以被视为一种电子货币，尽管在这一情况下铸币税被贝宝占有了，因为它需要用大约五天时间将贝宝账户的资金转移到相关所有者的银行账户。

4.3.3 银行的利润和不良贷款

到目前为止，关于银行利润的问题尚且是被忽略的。显然，在一个金融交易可以被无成本执行、借方不存在违约风险的完美世界中，银行零利润的情况相当于所收取的贷款利息等于支付给存款者的利息。在真实世界中，借款者有时不能偿付债务从而必须对其债务违约。因此银行必须在贷款利息和存款利息之间设定一个差价以补偿这类风险的发生。此外，银行同企业一样，必须为其员工支付工资，它们必须维修其固定设备并且为其所有者上缴利润。实际上，银行同所有企业一样，拥有一个确定的目标收益率，并且贷款利息与存款利息之间的差额（暂时不考虑服务费，服务费现在是银行利润的一个关键组成部分）在通常情况下等于资本所有者所实现的目标收益率扣除贷款违约所导致的净损失。

如果所有利润都被分配给拥有银行账户的家庭部门，那么表4-4的简单等式将是有意义的。这可以在表4-8的帮助下得以理解。假定贷款利息率为i_B，而存款利息率比前者低，为i_D。在一年末，除非借款者和贷款者的利息已经被偿付，总贷款现在是$B(1+i_B)$。在资产负债表的负债项下，总存款额增加至$D(1+i_D)$。这意味着，假定初始状态时，该经济体的存款和贷款是相等的，那么银行的利润为$D(i_B-i_D)$。这些利润，正如表4-8第一行所示，将会被加入银行的自有资金中去，也就是加入它们的权益资本中去。如果所有被作为红利分配的利润现在是作为银行存款被银行所有者持有，那么我们就得到了表4-8的第二行，其中存款与贷款又一次相等，正如它们在表4-4中一样。

表4-8　　拥有作为红利分配的自有资金的银行

资产	负债
贷款 $B(1+i_B)$	存款 $D(1+i_D)$ 自有资金（权益资本）$OF=D(i_B-i_D)$
贷款 $B(1+i_B)$	存款 $D(1+i_B)$

应该明确的是，尽管贷款和存款看上去都会按照等同于贷款利

息率i_B的比率增长，但是并不需要贷款和存款按照这一比率增长。比如，如果作为银行所有者的家庭决定不按照存款形式积累它们的红利，而更愿意将其用于消费品的开支，非金融企业的贷款到期额将会同比例减少，因而总贷款额并不会增加。因此，尽管后凯恩斯主义一直强调"贷款制造存款"，这意味着允许新的贷款将会导致新货币存款的创造，读者们也需要注意如果家庭部门决定增加它们的消费，购买者的货币账户上的货币额将会流向售卖者的货币账户。如果厂商宁愿降低它们的存款货币额，这也将允许厂商出售它们的商品以使用它们新获得的银行存款去减少它们在银行的债务规模，从而降低总贷款额。因此，银行贷款与银行存款之间存在两种可能的联系方式。总结而言，银行的营业利润被加入银行的自有资金之中，而对银行贷款的偿付可以通过银行存款的削减实现。

总之，人们可能会期望银行的管理者留存部分利润，以增加它们的自有资金并且建立一个对抗预期损失的缓冲区。留存利润被加入银行所有者的初始投入资金之中。一般来说，这是银行的净值，尽管在现实世界中这会更为复杂（参阅 Fullwiler，2013，p. 174）。银行的自有资本构成了它本身的负债。它代表了企业应该归还给其所有者的资金。通常，银行的自有资金与所有者手中的存款起着类似的作用。这些自有资金，同存款或者信用一样，是一种会计分录，但是与存款不同，它们不能被所有者取回。一旦银行支付红利或者借款者对贷款违约，自有资金就会减少。在稍后的案例中，当坏账需要被勾销时（即当银行的会计师认为借款者不能为其贷款支付利息并且不能偿还贷款时），相同的数量被从贷款资产和其自有资金负债项下扣除了。

这反映在表 4-9 中，根据假定，有相当于 $BLWO$ 数量的坏账被勾销。当存在太多坏账时，自有资金的数量，即银行的净值，可能会变为负数。这将在违约贷款数量超过银行的自有资金的数量时发生，从而将资产价值降低到其债务之下，在这些案例中银行将变得资不抵债。然而，这对现今银行的日常业务没有影响，除非有人注意到了银行的资不抵债。换言之，尽管资不抵债的银行按照法律应该破产，但是只有在无偿债能力或者无偿债能力的危险使得银行无流动性时，即不能应对其客户取回存款也不能在支付系统中进行清算时，它才会发生。因此，一个无流动性的银行将会被迫对其支付产生违约。在 20 世纪 30 年代大萧条时期，关于美国银行变得资不抵债的担心导致了成百上千的银行挤兑（也就是银行的顾客取回其存款以及贷款者收回贷款并且拒绝开工）。在欧洲和加拿大，许多银行毫无疑问是无偿付能力的，但是没有人大声呼喊"起火了"，因此没有出现蜂拥在出口的现象（即没有银行挤兑），并且银行最终在经济情况好转时恢复了。

表 4 - 9　　　　　　　　拥有自有资金和违约贷款的银行

资产	负债
贷款 B	存款 D 自有资金 OF
贷款 $B'=B-BLWO$	存款 D 自有资金 $OF'=OF-BLWO$

在拥有对金融资产和债务完全垄断的单一银行的经济体中，很难设想为何资不抵债会导致流动性问题。单一银行是支付系统，并且客户只有在银行本身发行这些银行券时才能够取出银行券。其当事人没有其他地方投放其储蓄。中央银行的情况与我们的单一银行的情况非常类似，因此对一个资不抵债的中央银行违约的可能性的恐惧似乎是没有根据的。

4.3.4 银行流动性、偿付能力以及资本充足率

在商业银行账簿上不存在政府债券（这实际上是世界上几个金融体系的典型代表）的纯信用经济模型的另一个有趣的特征是银行的流动性是很难用标准观点加以评定的。在标准观点看来，银行的流动性是由安全资产相对于整个资产的比率或者流动性资产与非流动性资产的比率衡量的。这一关于流动性的标准观点已经受到一些学者的批评，他们指出：通过流动性管理，大银行始终有可能获得需要用于清算其账户的资金（Moore，1988，p. 33）。

在纯信用经济模型中，不存在安全资产，因为银行不持有政府债券并且没有存款准备金和中央银行的现金。因此，银行的借贷行为或者流动性不能根据现金或者政府债券在银行所持有的资产组合中所占的比重这一通常情况进行决定。因而，度量银行流动性的唯一选择是通过其自有资金的比率。正是银行的自有资金而不是它的准备金或者安全资产在内生性货币理论中起着关键作用（de Boyer，1998）。衡量风险的相关指标将是贷款与自有资金之比，即 B/OF。或者，如果考虑银行的真实资产，那么这一比率将是资产与自有资金之比。

近来，这一比率，或者说其反向关系，即自有资金与资产之比已经在国际清算银行的指导下成为加强监管的科目。国际清算银行在中央银行或其监管机构的指导下设计了私人银行需要遵循的"资本充足率"指标。国际清算银行建议的最低比率是 8%，但是现在它已经变得相当复杂。大致说来，它是银行自有资金（它们的资本）与对其资产加以权重之后的比率，加权需要根据对与每类资产，甚至表外业务的相关风险的惯常评估（BIS，2013b）。

一些经济学家已经提出由最低资本充足率的实施而产生的资产

与自有资金的比率的最大值，可能会取代准备金乘数在没有准备金要求的经济模型中的作用（Dow，1996，p.499；Descamps and Soichot，2003）。对博里奥和迪斯雅塔提（Borio and Disyatat，2010，p.77）而言，"对信用扩张的主要外生限制是最低资本要求"。这一新的乘数可能与获得许可的资产和自有资金之比相同。比如，据说日本经济无法走出20世纪90年代以来的经济停滞的主要原因在于日本银行的低资产净值，这是这些银行不得不自己承担大量违约贷款（这主要与对土地和建筑的投机相关）造成的巨大损失而产生的。由于银行的低资产净值，据说日本银行被禁止根据资本充足率批准新的贷款。自从2008年金融危机以来，根据欧洲银行和美国银行的实际情况，也可以得出类似的观点。

就这一观点而言，可以提出一些反对意见。首先应该注意到，资本充足率被设定为只用于极具风险的银行。其次，有偿付能力和盈利能力的银行积累了能够被加入其净值的留存收益，并且它们在引导经济当事人放弃存款或利用贷款购买新发行的银行股份上没有阻碍，从而导致这些银行会提高其自有资金相对于资产的比率。最后，正如一位中央银行专家所告诉我的，国际清算银行规则在如何评估资产风险上给予了灵活性，从而使得会计师有可能想办法将银行资本充足率转化为好看的比率。银行对资本充足率的勉强接受可能更多的是与它们试图在股票上获取更高的收益率有关，而不是与它们不能批准新的贷款的恐惧有关。

然而，如果所有银行都蒙受大量损失，致使资产与自有资金的比率超过其最大值，但是还没有丧失债务偿付能力，因而没有私人当事人愿意购买银行股份时会发生什么呢？在这类情况下，只有一个解决办法。政府或者中央银行有责任购买银行所发行的新股票，从而推行部分或者全部的国有化。如果中央银行采取这类举措，银行将会增加它们的自有资金以及它们在中央银行的准备金。正如我们在后续章节将会看到的，这将会准许银行要么减少它们从中央银行的借款，要么迫使它们购买诸如政府债券这类安全资产。从而它们将会重新开始给有信用的客户发放贷款的工作。

一些后凯恩斯主义学者提出当银行批准新增贷款时，它们会自动降低其流动性以及它们的流动性偏好，因为贷款相对于自有资金的比率立即增加了（Wray，1995；Fontana，2009，p. 103）。这将会是导致向上倾斜的信用供给曲线的可能原因之一。在一些情况下，这确实是正确的，这可以从表4-9的第一行看出。在批准新增贷款的特殊场合，银行会把自己置于更为缺乏流动性的状态。贷款数量会增加，然而自有资金保持不变。因而在批准新增贷款的特殊场合，银行处于更具风险性的状态。

然而，这一情形仅仅只是暂时的，因为更为大量的贷款和存款将会允许银行攫取额外的净利息收益（除非新增贷款以极不寻常的比率被违约了），如表4-8所示。这些额外的收益，当它们到期并且与留存收益混在一起时，将会使得B/OF恢复到初始水平。在一年末，虽然银行的资产负债表在规模上增加了，但是银行的流动性保持不变。换言之，在宏观水平上，不存在当额外贷款被批准时银行对其贷款所收取的利息率上升的压力。

4.3.5　拥有两类银行的纯信用经济

存在两个或者更多的银行时，会发生什么样的变化呢？新机构将会被创造出来：清算中心和银行间市场。让我们仍然假定不存在中央银行并且没有政府支出。让我们进一步假定存在两类银行：一类主要从事向公司贷款的业务；另一类主要从事从家庭部门收集存款的业务。总而言之，这是符合许多金融体系的制度框架的。比如，在美国，位于纽约的银行主要从事收集存款的工作。这在法国也类似，很长一段时间专业化分工都是由商业银行和储蓄银行组成的（Marchal and Poulon，1987）。戈德利和克里普斯（Godley and Cripps，1983，p.77）将其称为贷款银行和存款银行。

由于对银行业务进行分工，所以不可能使得每个银行都能够在负债与资产之间实现绝对的平衡。存款银行（银行 D）通常拥有过剩的存款，而商业银行（银行 B）相对于存款而言，通常拥有过剩的贷款。换言之，在每一天结束时，贷款银行 B 发现其客户给存款银行 D 客户的支出是超过它通过其他方式获取的支票数额的。在清算中心，存款银行 D 的正向账户余额恰好与贷款银行 B 的负向账户余额相等。在每一天结束时，为了解决已经结清的支付，贷款银行 B 必须从存款银行 D 贷款。因此，随着时间的推移，相比于存款银行 D，贷款银行 B 是负债的，从而存款银行 D 持有贷款银行 B 的资产，如表 4-10 所示。在一个只拥有两类银行的体系中，这不能被颠倒过来。此外，如果存款银行 D 同意批准贷款给贷款银行 B，清算中心的账户将会在一天结束之后处于平衡，并且这一情形能够自我持续下去。正如戈德利和克里普斯（Godley and Cripps，1983，p.77）所说，"一旦银行间信用体系存在，对于整个银行系统能够提供额外贷款将不再有任何逻辑或者制度上的限制，从而同时扩张了公众持有的货币存量"。

表 4-10　　　　　　拥有两类银行的纯信用经济模型

贷款银行 B		存款银行 D	
资产	负债	资产	负债
向非金融当事人的贷款	存款 应该付给存款银行 D 的资金 自有资金	向非金融当事人的贷款 给存款银行 B 的预支款	存款 自有资金

贷款银行和存款银行这两家银行或者两类银行只需要弄清楚它们能否在对其双方都能盈利的利息率水平上达成一致。换言之，银行间的利息率，也就是存款银行 D 向贷款银行 B 在规定日期收取的利息率必须介于存款银行 D 付给储蓄者的存款利息率与贷款银行 B 向其贷款者收取的贷款利息率之间。如果银行间利息率被恰当地设定，两个银行的回报率都将是一样的，并且因此两个银行的自有资金对其资产的比率也将会是一样的。类似地，两个银行的贷款对自有资金的比率也将是一样的，其中贷款现在包括借贷给其他银行的部分。两类银行都将进行长期安排，这将会在下文予以讨论。

4.3.6 定期存单和证券化

尽管上述银行之间的直接借贷安排是完全合法的，一些对银行状况的观察者发现一个非常令人担心的状况：一些银行相对于别的银行和金融机构而言，负债很重。隔夜拆借只适用于一天，并且需要天天更新，因此，寻求长期安排是更为稳妥的。除了吸引更多的存款，尤其是更多的长期存款这一最为显而易见的解决办法之外，一系列的举措已经被设计出来，我们将会简要介绍其中的两种举措。

对于商业银行即专业从事贷款给企业的银行而言，一个选择是发行定期存单（certificates of deposit，CDs）。商业银行 B 吸引的存款不够充足。因此，商业银行 B 可能发行定期存单，这将被拥有正向账户余额的存款银行 D 所购买。因而发行的定期存单将会取代到期归还给存款银行 D 的数量，出现在商业银行 B 的资产负债表的负债项，而被购买的定期存单将会取代贷给商业银行 B 的贷款，出现在存款银行的资产负债表的资产一栏。如表 4-11 所示，这完全不同于表 4-10。但是至少从法律的观点来看，现在商业银行 B 不再从存款银行 D 借入，并且在很多情况下，定期存单确保资金能够被使用不止一天。

表 4-11　　　　　　　关于两类银行的定期存单

贷款银行 B		存款银行 D	
资产	负债	资产	负债
向非金融当事人的贷款	存款 售出的定期存单 自有资金	向非金融当事人的贷款 购买的定期存单	存款 自有资金

上述介绍厘清了建立在信用价值基础上的信用关系。只要存款银行 D 相信商业银行 B 能够按照其承诺支付利息，那么存款银行 D 就没有理由拒绝为借贷给商业银行 B 的贷款进行展期，或者购买来自商业银行 B 的定期存单。同样的情况发生在银行的客户身上。只要银行对借款者支付利息的能力有信心，它就会批准贷款并且更新其信用额度。类似地，储蓄者只要相信他们能够及时转移存款，他们就会毫不迟疑地将他们的存款存放在银行。因此，一个银行的信用价值最终取决于其借款者的信用可靠程度和其储蓄者的信心。信用可靠程度和信心是金融体系的关键要素。

应该强调的是在一个纯信用经济模型中不存在安全资产。当存款银行向商业银行贷款时，无风险政府债券形式的抵押品并不能被提供出来，因为根据定义，它们根本就不存在。银行批准的贷款的信用可靠程度是唯一可能的抵押品。建立在信用和信心基础上的惯例统治了银行系统。

定期存单的出售通常是银行债务管理的最主要手段。一般来讲，债务管理指的是银行通过借入呈现在其资产负债表的负债项下的资金数额，而不需要被迫出售其可交易资产——主要是国库券——以增加其自身的贷款能力。这导致了另一个非常时兴的债务管理方式即"证券化"的出现。值得注意的是，证券化具有两层含义。在住房按揭贷款的情况下，证券化在旧的概念下意味着银行将会继续将住房按揭贷款归在其资产项下，但是与寻求存款相反，银行将会根据这些贷款发行证券，从而以住房按揭贷款为基础的证券现在出现在其负债项下。证券化在第一层含义上因此是债务管理的一部分。为了为其贷款融资，与寻求新的存款或者发行定期存单这些相对短期的措施相反，银行可以发行长期债券，这些长期债券能够在对抗长期风险上带来额外的有利条件。这类安排在 19 世纪的德国被放在首位，潘德布雷夫证券（Pfandbrief bonds）非常有名，并且它在美国被视为帮助抵押贷款发放机构、互助储蓄业以及业主的一种手段，以降低住房按揭贷款的利息率。只有遵守严格的标准并且为一些政府机构所保证的住房按揭贷款才适合诸如兑换等交易活动，因而对于投资者而言，基本不存在什么风险。就其本身而言，第一层含义的证券化是不具有多少风险的并且已经成功运转了数十年——现在仍然如此。

现在，证券化主要是按照其第二层含义理解的，这涉及资产管理。证券化可被定义为：之前不能进行市场交易的资产被转变为可以交易的资产。换言之，资产的证券化意味着这一资产现在可以在一些市场上被出售。证券化的一个典型例子是最初为商业银行或者住房按揭贷款银行所批准的一组贷款出售给投资银行——在美国它们是华尔街银行（摩根士丹利、贝尔斯登、雷曼兄弟以及高盛）——它们此后再将其转变为证券化的资产［建立在资产支持证券（asset-based securities，ABS）以及担保债务凭证（collaterized debt obligations，CDO）］。这些长期资产最终是通过短期资产——资产支持商业票据（asset-based commercial paper，ABCP）——进行融资的。购买者是其他金融机构，诸如养老基金、信托公司以及保险公司之类能够从家庭部门收集大量储蓄的非银行金融中介机

构。众所周知，这一过程，即"放款加转销模式"，导致了 2006 年
美国住房市场的崩溃并且引发了 2008 年的华尔街银行危机。明斯基
（Minsky，1991）将证券化视为内生货币的另一个示例，从而金融
创新有助于创造出看上去具有安全性和流动性特征的财富形式。

　　再一次，这类安排是分工的产物。其他银行或者非银行金融机
构专业从事从家庭和公司收集长期存款以及其他长期储蓄。贷款银
行专业从事寻求那些看上去有信用的借款者。这一分工导致了银行
和金融中介的资产负债表的不平衡，类似于表 4 - 12 第一行所示。
这一不平衡可以通过银行发行定期存单的方式得到解决，这将会为
金融中介所购买，当时证券化很快成为金融领域的新风尚，使得金
融女巫能够充分施展其法术。

表 4 - 12　　　　　　　　　　　证券化

贷款银行 B		金融中介机构	
资产	负债	资产	负债
向非金融当事人的贷款＋100	存款＋30 向金融中介机构借入资金＋70	贷款给商业银行 B 的预付款＋70	存款＋70
贷款给非金融机构＋30	存款＋30	证券化贷款（金融基础产品）＋70	资产支持商业票据（金融衍生品）＋70

　　在证券化的情况下，银行主要是将它们的一部分贷款出售给收
集了大量定期存款或者在资产负债表的负债项下具有类似特点的金
融中介机构。因而，这些贷款从银行的资产负债表上消失了，出现
在金融中介机构的资产负债表上。在表4 - 12 的示例中，70％的贷
款最终被证券化了。银行的最终结果是其资产负债表规模下降：贷
给非金融机构的贷款已经消失，但是同时对于金融中介机构的负债
而言也是如此。银行停止了未来从借款者那里获取利息收益，但是

它在最初批准和出售贷款时已经收取了前期费用。此外，正如之前已经讨论的，就资本充足率指标而言，银行已经处于更好的状态。它在发放贷款时已经收取费用，并且它无须再担心国际清算银行所强制规定的资本充足率从而无须不断重复该操作过程，因而绕过了资本充足率。

同银行之间的借贷类似，证券化需要以信心为基础。大量的贷款可以被重新打包，并且只要对这些贷款的购买者按期归还贷款和利息有信心，它们就能够被售卖。

4.3.7 多个银行、清算中心、中央银行和回购

在多银行体系下，情况会略微复杂。支付凭证将会在通常由国内银行家所组成的联盟运营的清算中心得到结算，或者中央银行会充当清算中心的角色。在第一种情况下，结算系统很可能是一种延期净结算（deferred net settlement，DNS）系统，在该系统中支付会按多边方式进行结算，但是最终结算只发生在这一天的最后时刻；在第二种情况下，很可能是建立在实时全额结算（real-time gross settlement，RTGS）基础上的系统，其中参与者需要为每一笔支付在中央银行持有足够的余额，其中结算在支付发生的同时进行，并且结算账户余额从中央银行的一个银行账户转移到另一个银行账户。显然，延期净结算系统不要求在中央银行拥有准备金，而实时全额结算系统使得相当大量的准备金成为必要（或者正如在美国银行体系中存在的来自中央银行的大量每日透支额）。也存在混合体系，正如加拿大的大额转账系统（large-value transfer system，LVTS），其中支付是在最后时刻被结算的，然而净值是按照多边方式发生的。我们下面描述的是由私人清算中心运营并且中央银行只在每个交易日的最后时刻起作用的体系。

　　某个银行可能同时既欠另一个银行的钱，也被另一个银行欠着钱。清算中心被设计用于计算这些账户之间的净值，并且将所有这些主要的参与者聚集于结算系统。在交易日的最后时刻，每一个参与银行都知道它的结算账户余额，即它能够借给那些已经是赤字的银行的数额或者能够从盈余的银行借入的数额。因此，清算中心充当的是赤字银行与盈余银行之间的中介。关于四个银行，以及它们的总支付流的示例参见表 4-13。值得注意的是，只要商业银行发行它们自己的银行券并且只要这一交易只涉及商业银行而不是中央银行，那么当一个银行拥有清算中心的赤字账户时，一定存在另一个银行或者一组银行拥有相同的盈余账户。换言之，在加总的情况下，所有这些银行的总账户净值始终为零。在表 4-13 所呈现的情况中，商业银行 B 需要在交易日的最后时刻在银行间市场从其他三个银行借入 15 个货币单位以使得其支出得到结算。

表 4-13　　　　　　　　　　　多银行系统中的清算中心

借入→ 贷出↓	银行 A	银行 B	银行 C	银行 D	银行贷出总额（储蓄）	银行借入总额（信用）	结算后的账户余额
银行 A		15	20	20	55	60	+5
银行 B	30		40	35	105	90	-15
银行 C	20	50		10	80	85	+5
银行 D	10	25	25		60	65	+5
银行借入总额	60	90	85	65	300	300	0

　　现实中，在整个交易日，银行会在清算中心估计它们自己的处境，并且与在隔夜市场上的借贷相反，它们可能会决定参与回购协议，也被称为 repos 或者 RPs。比如，当商业银行 B 发现它在清算中心会出现赤字账户时，它将会卖出一些在其资产负债表上的证

券，但是在出售的时候它承诺会按照事先商定的价格买回这些证券——可能是在一周或者两周内。从批准流动性的机构（即购买这些证券并且承诺再出售它们的一方）的角度来看，这一协定被称为逆向回购协议。这与由抵押品所保障的贷款是一回事。实际上，这就是国际清算银行看待回购协议的方式（BIS，2013a，p. 41）。一周的回购协议等同于一周有抵押品的贷款。但是对于回购协议而言，抵押品是被持有的并且在回购协议期是由贷方而不是借方持有。对于这类资产而言，由于资本充足率没有附加任何风险，因此建立在回购协议基础上的贷款完全可以规避资本充足率的要求并由此十分流行。在表 4 - 13 的示例中，如果商业银行 B 试图将价值 15 个单位的货币出售给其他银行，它将设法使得清算中心的账户重新回归至零（Rochon and Rossi，2004）。

事实上，回购协议通常是以政府债券为基础，尤其是国库券，但是我们目前尚未引入政府和中央银行，因此，这里我们假定它们是以私有的当事人发行的证券为基础！按照定义，商业银行在清算中心总是处于赤字状态，因此它们将会缺少安全证券，并且由此它们需要其他手段以弥补在清算中心不断出现的现金流不足的问题。

4.3.8　透支经济中的中央银行

由几位后凯恩斯主义学者所强调的一个有趣的划分是"透支经济模型"与"自动经济模型"，这一分殊最早由希克斯（Hicks，1974，p. 54）提出。在自动经济模型中，经济当事人将他们的流动性资产出售以为新的风险投资募集资金，或者他们发行新的债券或者股票。出于这一原因，这类经济模型通常被称为"金融市场经济"，但是我们应该称其为"建立在资产基础上的经济"以强调在这类经济模型中，企业需要拥有做出投资支出所必需的金融资源，而银行需要出售其流动性资产（主要是国库券）以获取中央银行货币。

相反，在透支经济模型中，当企业或者家庭部门需要新的融资手段时，它们会增加其在商业银行的信用额度。在透支经济模型中，当分析集中在中央银行的资产负债表时，透支经济模型与自动经济模型之间的分殊就取决于中央银行是否对国内金融部门提出要求。"因此，透支经济模型通过双重负债水平得到了界定：这类经济模型中企业对银行负债，而银行对中央银行负债"（Renversez，1996，p. 475）。这一区别在下述讨论中将会十分有用，尽管无论是透支经济模型还是自动经济模型，关于现代金融体系的最终功能均是类似的。

那么，让我们从这两个模型中的较为简单的一个，即透支经济模型开始。透支经济模型是纯信用经济体系的扩展，即在其中加入了中央银行。在透支经济模型中，除了中央银行外，中央政府的操作暂不考虑，并且这也是为何相对于建立在资产基础上的银行，透支经济模型更容易描述。

那么让我们假定现在存在中央银行以及商业银行网络，出于简化，将其整合为一个单一的集团。在更为现实的金融体系中，我们假定私人银行不再能够发行银行券。只有中央银行能够发行银行券。假定我们从表4-4中描述的情况出发。私人银行集团在其资产项下有贷款，并且在负债项下有存款（出于简化，不考虑自有资金）。现在储蓄者希望将他们的货币分别投向银行的存款和银行券。那么这些银行将如何向它们的客户提供由中央银行提供的银行券呢？

主流经济学的回答建立在以资产为基础的金融体系框架下，认为银行必须向中央银行出售它们持有的一些政府债券，从而获得它们所需的银行券。这些银行券，据说是货币供给的一部分，也是所谓的高能货币，即由中央银行发行的货币的一部分。但是在纯粹的透支经济模型中，不存在政府部门（中央银行除外）并且不存在由之产生的政府债券。正如我们所假定的，与（通常情况下）目前的机构类似，中央银行并不会购买私人发行的资产。此外，银行被要求获取银行券，因为如果它们不能为其客户提供他们想要的银行券，那么这些客户将会对银行体系丧失信心。那么这些银行如何获取银行券呢？

如果银行不能向中央银行出售任何资产，它们获取银行券的唯一方式是通过从中央银行借贷。这就是过去非常有名的"贴现窗口操作"，即通过这种方式银行从中央银行借贷，就是现在所谓的长期借款便利。这反映在表4-14中。借入的数量完全等于所需要的银行券的数量，即中央银行货币的数量。中央银行对银行券的供给具有垄断权。只要存在银行客户对中央银行银行券的需求，商业银行就被迫变为中央银行相对应的负债方。商业银行只能是中央银行的负债方。

表4-14 **拥有银行券的透支经济模型**

商业银行		中央银行	
资产	负债	资产	负债
贷款 B	存款 $D'=D-H$ 从中央银行借入的资金 H	给商业银行的预付款 H	银行券 H

4.3.9 债务管理与透支经济

透支经济模型是债务管理的最佳范例。一些学者提出债务管理是银行体系发展的最后阶段，其中货币被视为一种进化过程的产物（Chick，1986）。在债务管理到来之前，银行将被动地等待存款，并且只有在新的储蓄者出现时才能扩张其贷款活动。被吸收的存款被视为是资金池，可以用于借贷。

然而，存在另一种关于债务管理的视角——这是一种激进的观点，接近罗尚和罗西（Rochon and Rossi，2013）所谓的内生货币革命的观点。根据这一新视角，债务管理并不是能够转变银行中介过程的一种创新。相反，债务管理是一个持久的特征。银行正连续不断地从事被动的债务管理，因为它们必须首先答应贷款，并且随后寻找用于为当前货币流融资的资金（存款变成了银行券）。所有的透支模型都被迫将实施债务管理作为逻辑上的必要。调整都主要发生在负债项下，仅仅是因为从资产项下进行调整基本不可能。银行作为一个整体，当它们需要用于满足其客户需要的银行券，或者需要强制性的准备金时，正如我们很快会看到的，银行整体上是不能通过出卖流动性资产给中央银行以获取银行券或者准备金的，这要么仅仅是因为银行不持有国库券，要么是因为中央银行拒绝购买政府证券，这就是 2010 年 5 月之前欧洲中央银行的情况。银行必须通过从中央银行借款来获取高能货币。

许多欧洲银行系统曾经是并且仍然对中央银行负有结构性债务。发展中国家的许多银行系统是透支经济模型（Lavoie，2001）。传统观点中所认为的债务管理可能是金融系统发展的一个新阶段的看法，因而似乎并不是对全球金融系统实际演变的正确评价。

关于透支经济模型的一个有趣的特征是它清晰地展现出货币和高能货币是不被中央银行控制的内生性变量。在目前的透支经济模型中，由于对中央银行银行券有需求，银行券必须被提供并且中央银行除了向商业银行提供它们所要求的贷款外别无选择（除非中央银行希望引起经济紊乱，比如导致 ATM 变空）。然而，中央银行还有一个有力的工具被保留了下来：设定商业银行必须被迫借入所需要的银行券数量的利息率。

在考虑强制性准备金时情形是类似的。假定我们处于银行客户希望仅仅使用符号货币并且不存在银行券的经济状态之中。中央银行仍然有可能强迫私人银行负债吗？对于中央银行而言，最显而易见的解决方案是推行强制性准备金要求。准备金被加诸存款上（这是大多数国家尤其是美国的情况），还是被加诸贷款或者其他资产上［这通常是法国和其他欧洲国家的情况，也是帕利（Palley，2006）现在所建议的情况］是无关紧要的。准备金要求与处于银行的账户结构上的中央银行银行券具有类似的效果。再一次地，因为在透支经济模型中不存在出售给中央银行的资产，因此银行除了按照中央银行要求的利息率水平借入其所需要的准备金外别无选择。正如表4-15所示，对强制性准备金要求的调整是通过负债项做出的。

表4-15　　　　　　拥有强制性准备金的透支经济模型

商业银行		中央银行	
资产	负债	资产	负债
贷款 B 准备金 H	存款 D 从中央银行借入的资金 H	给商业银行的预付款 H	银行的存款（准备金）H

4.3.10 拥有两个或两类银行的透支经济

最后，让我们考虑透支经济模型中两个银行或者两类银行的情形。为了简化分析，让我们暂且不考虑所有与强制性最低存款准备金和由中央银行发行的银行券以及银行的自有资金相关的情况。在前一节，我们也考虑了在不存在中央银行的情况下，关于两类银行的情形。每类银行在净借贷额上的全部差异必须通过银行之间彼此借入或者贷出资金以抵消，这通常是借助于一些清算中心实现的。现在，让我们考虑清算中心为中央银行，并且不存在银行间市场的情形。

这类体系的优势在于商业银行不需要彼此之间订立合约。换言之，借款给其他银行的风险现在由一个公共机构承担了，即中央银行。再次假定存在下述两种类型的银行：商业银行和存款银行。商业银行在清算中心中总是表现为赤字性的资产负债表，而存款银行将总是积累盈余。现在清算中心是中央银行，并且与私人的清算机构相比，中央银行能够做的是：它自身成了每个交易日账户必须被结算时，所有银行的借入和贷出的数量的对应物。

这可以由表 4-16 看出。对于商业银行而言，贷款与存款之间的差额等于存款银行的存款与贷款之间的差额。并且这一差额正好在中央银行的账户上平衡。鉴于对结算结果为负的账户收取的罚款率（由中央银行提供给银行的预付款表明了资金的不足）同中央银行向结算结果为正的银行账户所提供的利息率（拥有多余资金的银行将资金存在中央银行账户中所获得的利息率）之间只存在微小的差异，因此银行没有动力去寻求表 4-10 中所描述的诸如隔夜拆借这类私下协定。换言之，鉴于中央银行在经营清算中心时满足于赚取少量的利润，因此对于商业银行而言，没有必要在中央银行进行最终结算之前事先进行账户结算。

表 4-16　拥有两类银行且不存在隔夜拆借市场的透支经济模型

商业银行 B		存款银行 D		中央银行	
资产	负债	资产	负债	资产	负债
对非金融当事人的贷款 +100	非金融当事人的存款 +80	对非金融当事人的贷款 +70	非金融当事人的存款 +90		
	来自中央银行的预付款（结算账户为负）+20	中央银行的存款（结算账户为正）+20		对商业银行 B 的预付款 +20	存款银行 D 的存款 +20

没有隔夜拆借市场且拥有中央银行的这一透支经济模型的一个有趣特征是它明确地表明，高能货币（这里排除了银行券而只包括中央银行持有的存款的数量，即准备金）的数量与货币总量或者该模型中的货币存款无关。这类高能货币的数量主要取决于私人银行在发放贷款和吸收存款活动方面的专业化程度。当所有银行都同时推进它们的贷款和存款业务时，对高能货币的需求量是相当低的，甚至可能接近零。当银行高度专业化时，高能货币的数量在经济活动中将占很大比重。

当隔夜拆借市场崩溃时，准备金的总量相对于经济活动而言也会增加，因为参与者对彼此失去了信心。这就是2010—2012年欧元的情况。投资者将他们在位于欧元区南方的银行的存款转移到了位于北方的银行之中。因为对欧元区南方银行的偿付能力缺乏信心（希腊、西班牙、葡萄牙和意大利），隔夜拆借市场并不能正常运行，因此位于欧元区北方的银行（主要是德国）宁愿将它们正向的银行结算账户作为存款放在欧洲中央银行（ECB），也不愿意将它们在隔夜拆借市场上借贷。类似的情形也于2008年9月在美国发生了，银行不愿意在没有抵押的联邦基金市场上进行隔夜拆借，这导致美联储的存款增加（通过那些拥有正向的结算账户的银行）及其预付款增加（这些预付款是付给拥有负向的结算账户的银行）。

4.3.11 以资产为基础的经济中的中央银行：新名目主义者的观点

现在让我们暂时离开透支经济模型，分析以资产为基础的金融体系。在以资产为基础的经济中，存在大量公共债务。在过去，中央政府通常具有财政赤字，并且因此存在大量的政府债券，而这是由中央银行和非金融性和金融性私人机构，尤其是银行持有的。

当过去的债券到期后新的债券发行了，并且中央政府不能偿还持债者：这就是延期付款的情形。当政府是赤字的时候也会发行新债。对于政府赤字的融资有两种看法。根据第一种看法，国库，即政府的财政部门，最好被视为从其在中央银行的账户上取出支票并且将债券卖给中央银行以填补其在中央银行的账户余额。这种看法尤其为关于现代货币理论的后凯恩斯主义倡导者——也称新名目主义者所赞同（Wray，1998；2012；Mosler and Forstater，1999；Bell，2000）。根据第二种看法，最好设想国库将国债出售给商业银行（或者更准确地说是初级市场交易商）。第二种看法——出于分类学的目的让我们将其称为后名目主义观点——认为政府支出类似于私人企业支出。政府发行并由银行购买的债券起着类似于银行向企业支付的预付款的功能（Lavoie，2003d）。

让我们从网络上流行的新名目主义观点开始。假定政府正处于赤字状态，赤字额为 100 单位，并且因此发行了这一数量的国库券（短期的政府债券），根据新名目主义，该数量的国库券将被中央银行购买。表 4 - 17 概述了这一新名目主义理论。表 4 - 17 的第一行反映了国库券最初出售时中央银行账户的变动。这一出售对货币供给和私人经济并没有任何影响，只要新获得的政府存款不被用于政府支出。一旦政府支出确实发生了，政府在中央银行的存款现在就被家庭或企业作为在私人银行的存款持有。但是因为支票是从中央银行取出的，银行也就是接收支票的消费者，可以在清算中心看到它们的结算账户增加了 100 单位。如果没有其他情况发生，那么在交易日结束时，这些账户将会作为中央银行的存款，从而它们就将中央银行的准备金扩大了 100 单位，正如表 4 - 17 第二行所示。

表 4 - 17   新名目主义理论: 国库券最初被售给中央银行

中央银行		商业银行	
资产	负债	资产	负债
国库券+100	政府存款+100		
国库券+100	银行存款+100	准备金+100	家庭存款+100
国库券+10	银行券+10	国库券+90	家庭存款+90

银行现在补充了 100 单位的额外准备金。在主流叙事中, 这100 单位额外的准备金将使得商业银行提供新的贷款并且开启货币乘数过程。然而, 后凯恩斯主义的叙事完全不是如此。在后凯恩斯主义看来, 银行首先提供了贷款, 并且在随后寻找准备金。银行并没有像等待天赐之物那样等待额外的准备金被提供。它们只要发现了有信用的客户就发放贷款。结果是, 当银行有了额外的准备金时, 它们已经发放了它们能够发放的贷款的最大限度。它们现在拥有额外的准备金或者正向的结算账户的事实并不会令它们潜在的客户显得更有信用。

那么银行将怎么处理它们的额外准备金即它们在中央银行的额外存款呢? 那些持有额外存款的银行将会尽力将其借给在那些准备金数量不充足的或者在结算时已经处于赤字状态的银行: 它们将会尽力在隔夜拆借市场上将其贷出。但是, 正如我们在前一节已经看到的, 只要不存在涉及政府或者中央银行的交易, 所有银行在清算中心的净值只能为零。这意味着, 当政府通过其在中央银行的账户支出时, 所有银行在清算中心的总净值必然会是正的。整体来看, 银行没有理由借入准备金。结果是, 隔夜拆借利率 (美国是联邦基金利率) 必然下降 (Mosler, 1995)。为了阻止其下降, 并且将隔夜拆借利率维持在目标水平, 中央银行必须采取反向操作。存在几种可能性, 包括教科书上的那种, 其目的都是追求中央银行出售政府债券的公开市场操作。公开市场操作发生在二级市场上：它们处理的是间接的证券，这些证券是已经发行并且被出售的。

如果不存在准备金要求并且没有银行客户对额外的中央银行银行券的需求，银行将会使用 100 单位的全部准备金去购买国库券。在目前的情况下，让我们假定家庭部门现在希望持有 10 单位的额外银行券，而 90 单位是作为银行存款的形式持有。那么中央银行将出售 90 单位的国库券给银行，而后者需要使用 10 单位的额外准备金以获得家庭部门需求的银行券，正如表 4－17 第三行所示。一旦家庭获得了银行券，它们的存款将会减少到 90 单位。

4.3.12　以资产为基础的经济中的中央银行：后名目主义者的观点

让我们再次假定政府处于赤字状态，赤字额为 100 单位，并且因此发行了这一数量的国库券，这一国库券被商业银行购买，这就是所谓的后名目主义理论（我们忽略了由于国库券可能被与银行有关联并且需要银行预付款的券商购买这一事实可能带来的复杂性）。与这一购买相对应的是，存款现在是支付给政府的信用贷款。这可以从表 4－18 的第一行看出。然而，在第二阶段，只要计划的政府支出顺利进行，存款将会被归还给家庭，如表 4－18 第二行所示。我们可以再次假定家庭希望以银行存款的形式持有它们额外货币的 90％，而以中央银行发行的银行券的形式持有 10％。

问题再次出现，即商业银行如何能够获得消费者需要的银行券。在这一建立在资产基础上的金融体系下，银行并不需要从中央银行借款以获得银行券；它们仅仅需要卖给中央银行一些作为它们资产的国库券。在目前的示例中，由于家庭需要 10 单位的额外银行券，银行将出售价值 10 单位的国库券给中央银行，从而获得中央银行 10 单位的存款。商业银行将会使用它们的准备金作为提供给其消费者所需要的 10 单位银行券，并且因此它们的准备金将会降低至零而家庭持有的存款也从 100 单位降低至 90 单位，正如表 4 - 18 第三行所示。对银行系统的最终要求而言，无论被用于为政府支出融资的国库券最初是出售给中央银行还是商业银行都是没有区别的。

表 4 - 18　　　后名目主义理论：国库券最初被售给商业银行

中央银行		商业银行	
资产	负债	资产	负债
		国库券＋100	政府存款＋100
		国库券＋100	家庭存款＋100
国库券＋10	银行券＋10	国库券＋90	家庭存款＋90

　　哪一种理论更好地描述了政府与银行体系之间的金融关系：是表 4 - 17 的新名目主义理论还是表 4 - 18 的后名目主义理论？这实际上并不重要。两种理论都充分地反映了现存的制度安排。在加拿大，中央银行直接购买由联邦政府发行的债券的 20％。因此，新名目主义理论可以应用于加拿大。相反，后名目主义理论更适用于欧元区和美国。在欧元区，直到 2010 年发生主权债务危机时，欧洲中央银行拒绝购买任何的政府债券，无论是直接来自政府（这是为其所禁止的）还是间接来自金融机构。欧元区政府都必须将它们的债券出售给商业银行，并且这些银行必须从欧洲中央银行取得预付款以获得准备金或者银行券，正如表 4 - 14 和表 4 - 15 所示。在美国，对美联储——美国的中央银行——直接购买政府债券也是有限制的。"美联储通过直接购买国库券以增加其净值的做法是被禁止的，也就是说，美联储没有权利直接贷款给财政部。结果是，中央银行在国库券拍卖时所获得的国库券至多等同于国库券到期时所持有的数额"（Akhtar，1997，p. 37）。然而，与欧元区不同，美联储对能

够在二级市场上购买的政府债券的数量并没有任何限制。

实际上，事情甚至会更为复杂，并且既不与所谓的新名目主义理论也不与所谓的后名目主义理论相关。首先，新发行的证券并不必然由银行购买，还可以由券商购买。其次，很多被政府按照这种方式获得的资金通常被返回到中央银行的账户上，因此金融部门必须从中央银行借入资金才能再结算其账户。因此，最终的资产负债表可能介于新名目主义与后名目主义之间，正如表4-19第二行所示。

表4-19　　　　　　　　后名目主义理论

中央银行		商业银行	
资产	负债	资产	负债
		国库券+100	政府存款+100
贷款给银行+100	政府存款+100	国库券+100	来自中央银行的贷款+100

新名目主义者已经引起了相当大的关注，也因为提出诸如"财政部不需要为了赤字支出借入"（Wray，1998，p.117）或者"税收并不为支出融资"（Forstater and Mosler，2005，p.538）这类观点从而导致了人们的困惑。这类观点建立在表4-17所描述的新名目主义理论的基础之上。但是它们暗中忽略了该表中的第一次交易，即财政部首先必须借入资金，更准确地说必须向中央银行出售债券或者国库券。新名目主义通过诉诸中央银行的操作使得政府融资活动很牢固，从而为这一忽视和他们的令人惊奇的观点寻找借口。据说出售给中央银行的政府证券对经济没有影响，只要政府不将这一出售的收益支出——这肯定是正确的——因此这种牢固性被论证了。很多后凯恩斯主义经济学家都通过提出这一牢固性及其与政府为支出融资的相关描述是反事实的并且可能导致困惑的观点去反驳

对他们的指责（Fiebiger，2013；Lavoie，2013）。

4.3.13　反向操作与政府存款的转移

在前一节我们看到，只要不存在与中央银行的交易，商业银行整体上在结算时净值为零。当商业银行需要准备金或者中央银行发行的银行券时，这类交易就会发生。一旦政府在中央银行的账户发生变动，也就是，当政府通过从中央银行取出存款用于政府支出时，或者当私人部门有税收支出并且这类支出被政府存入中央银行的账户时，这类交易也会发生。在固定汇率体制下，这将会在第7章进行讨论，中央银行对外汇市场的干预也会产生中央银行与商业银行之间的交易。当政府债券到期并且这类债券必须被履行时，涉及中央银行与商业银行之间的支出也会发生。无论何时，只要这类交易发生了，它们就会影响整个银行在清算中心的总净值，以及银行体系中可支配的银行准备金的数量。这类各种各样的交易以及它们对准备金和隔夜拆借利率的影响可以从表4-20中看出。

正如豪威尔斯（Howells，2010，p.169）所提出的，"在正常交易日中，存在私人部门和公共部门大量同时的资金流"。这些支付涉及大量货币并且因此能够对总准备金产生相当大的影响。如果中央银行不干预，这些支付可能会导致隔夜拆借利率产生巨大的波动。正如欧洲中央银行市场操作部主任、德国联邦银行原中央银行家宾德赛尔（Bindseil，2004a，p.17）所提出的，"如果中央银行不系统地使外生的货币市场冲击减轻，短期利率将会有规律地表现为要么是零要么是非常高的状态"。因此，与主流学者所信奉的相反，中央银行的主要作用是防卫性的，我们在后续章节会更清楚地认识到这一点。中央银行必须评估每天进行交易的支付的规模和幅度并且随时做好采取补偿措施的准备。

表 4 - 20　　　　　在可能的补偿措施条件下，各类交易对
准备金和隔夜拆借利率的影响

行动	准备金 （结算账户）	隔夜拆 借利率	可能的补偿条件
市民与公司支付税收，这些税收会被存放在政府在中央银行的账户上	下降（银行进行涉及中央银行的支付流出）	倾向于上升	中央银行出售政府或中央银行证券或其他已有资产
中央银行向银行出售银行券			中央银行为银行提供预付款
政府向私人部门出售证券同时将其存入其在中央银行的账户			中央银行为银行和券商提供回购债券协议（创造流动性的反向操作）
银行希望获得更多的准备金			
政府超出其在中央银行的账户资金购买物品和劳务	增加（银行收到涉及中央银行的支付流入）	倾向于下降	中央银行购买政府证券或其他金融资产
政府证券到期并且中央银行将其在中央银行的账户兑现			中央银行向银行和券商提供反向的回购协议（流动性吸收逆向操作）
中央银行在外汇市场上购买外汇			中央银行将银行的政府存款转入中央银行的政府账户
			中央银行向银行和券商出售央行票据

在一些国家，比如加拿大，中央银行是知道每日交易的净支付的规模的。结果，因为在加拿大不存在准备金要求，中央银行能够在结算时处于净值为零的状态，所以私人银行体系的净值也在交易结束时回到了零。在这种情况下，中央银行几乎能够完全实现其目标的隔夜拆借利率。在其他一些国家，比如美国和英国，情况更为复杂，因为中央银行对必须进行补偿的准备金的数量并不具有完全信息。它们也对自由的准备金需求以及对贴现窗口借款的幅度缺乏足够的信息。结果是，这些中央银行不能充分地使得对准备金的供给和需求在目标利率下相等，因而实际的隔夜拆借利率偏离了其目

标的隔夜拆借利率。

正如表 4 - 20 最后一列所示，中央银行可以采取多种补偿措施来吸收由于中央银行和银行系统在日常交易中所导致的准备金的波动。主流教科书强调前面所提及的公开市场操作。公开市场操作通常被理解为由中央银行直接购买或者出售政府证券。然而，就不同的术语而言，大部分公开市场操作都是建立在逆向操作的基础之上，而我们已经在讨论单个银行如何在清算中心实现净值为零时对其进行了界定。回购协议为货币政策的执行增加了灵活性和安全性。在回购协议下，中央银行能够增加或者减少金融体系的流动性，但这仅仅是暂时性的，比如一周。因此，如果在一周结束时，中央银行想要收回之前注入的流动性，它们什么都不需要做；调整将会是自动的。"在回购协议下，中央银行会从同意在某个具体的价格和日期回购它们的券商那里购买证券"（Akhtar，1997，p. 37）。流动性吸收回购协议则正好相反：它们允许中央银行在暂时出现流动性过剩时降低流动性，并且在购买结束和再次出售协议时自动地对此进行逆向操作。

回购协议操作应该被按照它们的本质进行理解：不论中央银行还是其他银行都非常愿意从事这类公开市场操作。比如，在流动性吸收的回购协议的情形中，中央银行想吸收额外的准备金以维持其目标选择水平的隔夜拆借利率。相反，银行想摆脱那些既不带来利息（比如美国 2008 年之前的情形）又会在当其被存入中央银行时会使得利率低于市场利率（比如加拿大）的额外资金。回购协议操作已经取代了公开市场操作。

然而，除了公开市场操作之外，还存在其他手段，中央银行可以通过回购协议或者直接的预付款增加或者减少金融市场的流动性。一些中央银行，比如英格兰银行，已经发行了它们自己的银行券，它们将这些银行券卖给其他银行或者券商。一些中央银行——尤其是加拿大银行——现在使用在中央银行资产负债表和商业银行资产负债表中进行政府存款转移作为最主要的工具，以控制经济系统中结算账户的平衡。为了增加银行的流动性，政府存款从中央银行转移到了私人银行；为了减少流动性，政府存款被按照相反的方向转移。这些政府存款转移通常被用于补偿源自政府支出和税收的资金流。根据表 4 - 17，我们可以看到，由从中央银行获得的支票进行融资的政府支出会自动导致准备金的创造。相反，从私人当事人那里收取并且作为政府存款存入中央银行账户的税收则收回了来自银行的准备金。中和这类影响的最显而易见的一种方法是用其他方式转移政府存款。比如，在接近所得税上缴的截止日期时，家庭向政府税收机构支付的税收已经在清算中心被结算了，银行的流动性可以通过中央银行将政府存款转入商业银行而得到补充。

这可以从表 4 - 21 看出。假定家庭已经用支票支付了 100 单位的税收。那么与之相应，商业银行就失去了 100 单位的准备金或者结算资金，正如表 4 - 21 第一行所示。但是损失可以通过政府存款从中央银行自发转移至私人银行而得到弥补，正如表 4 - 21 第二行所示。从而准备金恢复到了零。

表 4 - 21   政府存款的转移

中央银行		商业银行	
资产	负债	资产	负债
	政府存款＋100 银行存款－100	准备金－100	家庭存款－100
	政府存款 0 银行存款 0	准备金 0	家庭存款－100 政府存款＋100

4.3.14 中央银行的防守作用

现在是时候对我们已经学过的东西进行总结了。因果关系恐怕是经济学最关键的一个方面：在很多情况下，这是某个理论能够与其他理论进行区分的核心。已经提供的丁字账户必须根据下面的因果关系进行理解。这一因果关系强调从之前存在的银行存款中自动进行信用创造的重要性。所描述的金融系统的一致性也取决于回流法则、信用额度的存在以及自有资金的获得。

我们对银行系统的研究也表明，银行之间的借贷是金融体系必不可少的特征之一。银行系统是完全依赖于信用的系统。银行必须贷款并且购买金融资产以获取利润。除了银行家的谨慎和借款者的自我限制外，没有什么能够限制信用和货币的创造。当信心下降时，金融机构将拒绝进行借贷，并且金融市场，尤其是银行同业拆借市场将会冻结。因此，在危机时期存在对能够作为最后贷款人——中央银行这一特殊操作者——的需要。

平常，中央银行进行日常操作的作用也是防卫性的。中央银行必须中和或者消除结算或者清算系统的净流入或者净流出。否则将会导致总准备金和隔夜拆借利率的剧烈波动，正如100多年前白芝浩（Bagehot，1873）所指出的：

> 每日货币政策的执行意味着针对高频率、部分暂时的冲击可以通过不断调整数量以维持某一水平的短期利率，这与宏观发展没有关系或者仅仅只有微弱的关系……任何试图在短期控制基础货币的措施都会导致利率的极端波动，因为根据对基础货币的需求的随机波动或者季节性波动，市场总是缺少准备金，而这已经被白芝浩（Bagehot，1873）所观察到了。（Bindseil，2004b，p.18）

为什么在历史上，除了货币主义之外，中央银行家将重点放在利率目标而不是货币目标上？据此提出了两种解释。最有名的一种是普尔（Poole，1970）提出的。这是一种宏观上的解释。它指出：如果 LM 曲线同 IS 曲线相比更为不稳定，这意味着对货币的需求是不稳定的，利率目标相对于货币目标而言将会导致更少的产出波动。另一种是上述引证所提供的微观解释；它与后凯恩斯主义有关。正如前一节已经解释的并且也为中央银行经济学家所提出的，它涉及清算与结算系统的内在运行，并且与中央银行的日常操作密切相关（Bindseil，2004a 于欧洲中央银行；Clinton，1991 于加拿大银行；Holmes，1969 于美联储）。正是这一微观解释与我们相关。正如富尔维勒（Fullwiler，2013，p. 178）所指出的，"当分析货币政策时，最好的分析起点是现代中央银行在国家支付系统中的作用"。

多亏了新名目主义学者们的工作——莫斯勒（Mosler，1997 - 1998）、雷（Wray，1998）以及富尔维勒（Fullwiler，2003；2006）——后凯恩斯主义者现在更好地理解了中央银行所执行的防卫性操作，以及当税收被收集和公共支出增加时在财政部与中央银行之间的互动中所涉及的技术性。然而需要指出，第一个深入理解中央银行的防卫性作用的后凯恩斯主义者是埃希纳。

埃希纳在他的实证工作中发现美联储持有的政府证券与商业银行的准备金之间的变动不存在相关性。

> 无论在估计方程中纳入何种其他变量，或者无论方程被如何具体化（比如一阶差分、增长率等等），在对商业银行系统的非借入性的准备金与美联储持有的政府证券进行回归分析时，不可能获得一个大于零的 R^2。（Eichner，1986a，p. 111）

缺乏相关性的发现导致埃希纳去寻求对中央银行资产负债表变动的其他解释——他在隆伯拉和托尔脱（Lombra and Torto，1973）的文章中发现了这一解释，他们的文章涉及中央银行的防卫性操作，此外还有后凯恩斯主义学者所提出的内生性货币以及反向因果关系。他们的解释完全为埃希纳所认同，埃希纳（Eichner，1987，p. 849）声称，"美联储对政府债券的购买和出售主要是为了抵消国内货币金融系统中资金的流入和流出，并且因此保持银行准备金不变"，这正是我们这一节已经提出的。

正如更早指出的，中央银行措施的执行已经发生了变化并且越来越透明化，这也反映了中央银行家的真实行为。那些跟随这些变化的银行家完全意识到了中央银行并不试图对银行存款准备金施加数量限制，而一些后凯恩斯主义的结构主义者仍然认为中央银行会这样做。正如已经为埃希纳（Eichner，1987，p. 847）和罗尚（Rochon，1999，p. 164）所揭示的，调整应该按照其内涵进行，而与数量无关。它应该指的是无论经济情形如何，中央银行是否钉住目标利率。当中央银行没有调整时，它们追求的是齐克（Chick，1977，p. 89）所谓的"动态操作"，提高或者降低目标利率。这是下一节的主题。

4.4 货币政策执行中的新发展

4.4.1 目标利率

意识到货币主义从 20 世纪 70 年代中期到 20 世纪 80 年代早期的整体性失败，中央银行家认真地思考了货币政策战略和货币政策执行应该如何加以改变。最著名的变化也许是大量中央银行或明确或暗中将通货膨胀目标作为新的货币政策战略。然而，同样重要的是，货币政策执行也发生了变化，尤其是对利率目标的明确承认。尽管新的措施同之前的并没有很大的不同，但它更容易穿透面纱从而让人知道。比如，就美国而言，泰勒（Taylor，1993）对中央银行实际运行的描述证明（这就是著名的泰勒法则），美联储的行为可以被理解为利率设定的一种，这远远早于被宣布为官方目标的时间。正如莫斯勒（Mosler，2002，p. 419）所指出的，"联邦公开市场委员会的目标利率在之前的美联储政策下也是各种活动的核心，区别在于，在 1994 年之前这一目标利率只为美联储所知，而现在它对整个社会公开了"。一些中央银行的措施比其他中央银行的措施要更为透明，这使得垂直主义更为明显，比如加拿大、新西兰或者瑞典。在其他情形中，比如 2008 年之前的美国体系，需要一些更进一步的调查，但是很快能够证明其运作逻辑与那些更透明的中央银行是一样的。

罗伯森（Robertson）所提出的剑桥野兔（Cambridge hare）是非常现实的：今天中央银行的原理同货币主义兴起之前没有什么两样。"今天关于货币政策执行的理论和实践，尤其是对操作目标的选择已经回到了经济学家在 100 年之前所提出的短期利率目标上"（Bindseil，2004a，p. 10）。继富尔维勒之后，这些原理可以被总结为下述五点：

（1）操作目标是利率目标。

（2）中央银行的日常运行是关于支付系统而不是准备金要求。

（3）中央银行的操作通过抵消与这一调整不一致的资产负债表的变动调整了银行对准备金的需求。

（4）强制性准备金是缓和对准备金需求的手段；它们与控制货币总量无关。

（5）一种新的隔夜拆借利率目标的执行并不要求准备金供给的任何变动。

第五条原理我们随后会进行解释。我们还可以加入第六条原理：中央银行固定利率的能力与其发行高能货币的能力没有多少关系；相反，它与中央银行是结算制度安排的一部分相关，并且因此最终银行和其他直接的结算人按照法律被要求根据中央银行资产负债表结算其账户（Lavoie，2003d，p.538；Rochon and Rossi，2011，p.111）。中央银行拥有垄断市场的权力，迫使所有银行按照目标利率水平从中央银行进行借贷。因此，与大量经济学家，甚至一些非正统经济学家所声称的相反，电子货币的出现，对强制准备金要求的摒弃以及私营货币的重新引入并不能破坏中央银行控制隔夜拆借利率的能力。

四种不同类型的操作机制可以被设计用于通过利率目标控制利率：对称性走廊机制（a symmetric corridor system）、准备金无利率的机制（a no-interest-on-reserves system）、下限机制（a floor system）与上限机制（a ceiling system）。在全球金融危机发生之前，对称性走廊机制似乎已经成为货币政策执行的标准。但是由于危机，一些中央银行也或暂时或永久地转向了下限机制。

4.4.2 对称性走廊机制

在对称性走廊机制下，中央银行宣布一个有对称性走廊围绕其中的目标隔夜拆借利率。对称性走廊机制也被称为渠道体系。居于顶端的是贷款便利利率——旧有的贴现率——鉴于商业银行拥有足够的抵押品，它们可以根据自己的愿望自由地通过隔夜拆借借入资金。当支付通过清算中心时，银行也可以自由地获得公开的预付款。居于底端的是支付给那些将隔夜拆借款存放在中央银行的商业银行的正向结算账户（准备金）的利息率；这是存款便利利率，美国人将其称为准备金利息率。对称性走廊机制如图 4-1 所示。这里它假定不存在平均准备金。加粗曲线表示的是隔夜拆借利率在作为非借入的准备金供给和准备金需求之间的差异（在加拿大被称为结算账户，在很多其他国家被称为清算账户）的函数时，是怎样变化的。加拿大尤为典型，其走廊机制从 1994 年以来已经被执行，并且 1999 年就已经不存在准备金要求，银行并不希望在通常情况下持有任何准备金，因此日常对准备金的需求为零。结果是，准备金的供给通常被设定为零。

但是，如果在交易日结束时，加拿大银行没有完全抵消私人部门和商业部门整体上的交易影响，从而银行在清算中心表现为净负值，缺乏足够的结算账户以进行支付，因而在横轴上处于零的左边时怎么办呢？在这种情况下，一些银行会被迫从加拿大银行借入资金。在清算中心处于净负值的银行，正如表 4-11 所示，将会彼此竞争以从有额外的结算资金的银行借入结算资金。然而，并不是所有的银行都能获得成功，一些将会被迫按照贷款便利利率从中央银行借入资金。成功的银行将会试图在隔夜拆借市场上借入资金，但是这一利率可能介于目标利率和贷款便利利率之间。如果准备金的不足是很大的，隔夜拆借利率将会达到贷款便利利率，如图 4-1 所示。

如果私人银行体系在交易日结束时拥有正向的结算资金，对称效应会发生，因此银行系统正好处于零点的右边。额外的数量越多，隔夜拆借利率将越有可能低于存款便利利率，因为更多的额外的结算资金会找不到借款者从而会被作为隔夜资金存入中央银行。注意这里所涉及的因果关系。并不是如美国学者以及宾德赛尔所声称的反向的因果谬论那样，相对于贷款便利利率而言，隔夜拆借利

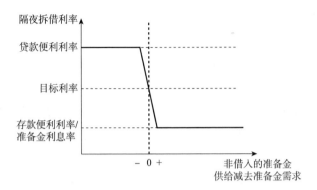

隔夜拆借利率

贷款便利利率

目标利率

存款便利利率/
准备金利息率

— 0 +　　　　非借入的准备金
供给减去准备金需求

图 4-1　对称性走廊机制

率越高，越会导致银行更多地利用借款工具利率或者中央银行的贴现窗口；相反，正是由于缺乏可用的结算资金，迫使银行从中央银行借入资金，从而在这个过程中，当银行彼此竞争以获取更多的结算资金时，推高了隔夜拆借利率。

图 4-1 所示的曲线的斜率主要取决于技术性特征，诸如一个银行是否拥有一些市场势力——比如在清算中心，当某个银行拥有过剩的准备金，而很多银行处于赤字状态时。它也取决于结算参与方就目标利率而言坚持约定的程度。比如，如果银行相信中央银行有将隔夜拆借利率维持在目标利率的能力和信息，斜率会更为平坦：准备金的供给（非借入方）与对它们的需求之间的差异不得不足够大以将实际的隔夜拆借利率提高至走廊机制的上限或者降低至走廊机制的下限。

在通常情况下，隔夜拆借利率将会位于走廊的中部，略微偏离目标隔夜拆借利率。这是因为隔夜拆借市场的参与者们知道，如果它们拥有正向的结算资金，它们能够信赖位于走廊下限的存款率，相反，如果它们拥有负向的结算资金，它们能够信赖位于走廊上限的贷款率。在竞争充分和参与者对清算中心有信心时，隔夜拆借市场利率应该位于中部，即围绕中央银行设定的目标利率在几个基点的范围内浮动，加拿大就是如此。目前在加拿大和英国，上限和下限之间的差距在 50 个基本点，然而这时目标利率很少能够达到。

正如富尔维勒（Fullwiler，2013，p. 182）所注意到的，即使在并不完全了解货币市场状况的情况下，"中央银行仅仅通过缩小贷款利率与其薪酬率之间的走廊机制就能够非常准确地实现其目标"，比如将差异降低至 10 个基点。然而，中央银行家不太愿意这样干，因为他们害怕银行会远离货币市场，相反，由于银行坚信货币市场能够为其参与者的健康发展提供信息，因而它们会采用中央银行的经常性融资工具。相反，莫斯勒（Mosler，2010，p. 103）提出"银行间市场毫无用处"，因此我们还是以一个单一的目标利率——一种类似于退化的走廊机制——的方式将银行的剩余资金存入中央银行的结算账户并且从中央银行借入其所需要的资金为好。

宾德赛尔（Bindseil，2004a，p. 252）声称："控制短期利率的最简单机制是拥有一个围绕目标利率的对称性的经常性融资工具的走廊。"其理由在于在对称性走廊机制中，对货币政策立场的转变，即关于目标短期利率的货币政策立场，可能在准备金市场没有任何变动的情况下，仅仅通过平移固定的走廊就可以实现（ibid.）。换言之，正如博里奥和迪斯雅塔特（Borio and Disyatat，2010，p. 56）所承认的，"至关重要的是，利率可能被设定为完全与银行准备金的数量无关。相同数量的银行准备金可能与几个不同的利率水平并存；相反，同一个利率也可能与不同的准备金数量并存"。这是他们所谓的"解耦原理"（decoupling principle）。当我们讨论自从全球金融危机以来已经被一些中央银行采用的特别措施时，我们会回到这一原理。同时，我们能够注意到，在对称性走廊机制中，为了改变短期利率，中央银行只需要公布一个新的目标隔夜拆借利率。

实际的隔夜拆借利率将会立刻调整到新的隔夜拆借目标利率的水平。

4.4.3 2008 年之前的美国体系

在准备金无利率的机制中，事情没有那么简单。在 2008 年之前，美国所遵循的操作策略是图 4 - 2 所阐释的这类非对称机制的一个典型案例。这一机制是以银行能按照贷款便利利率借入的贴现窗口的有效性为主要特征，并且银行准备金或者银行在中央银行的存款不会收取报酬。当隔夜拆借利率达到贷款便利利率时，如果银行真的能够自由地从中央银行借入资金，那么隔夜拆借利率不能超过贴现率。美国从 2002 年以来几乎是如此，其贴现率被重新标注为"主要的信贷利率"。在此之前，因为在贴现窗口借款是不被允许的，实际隔夜拆借利率能够超过贴现率，如虚线部分所示，两个利率之间的差额是用"不允许成本"的价值来衡量的。这也部分反映了联邦基金利率是没有抵押品（即银行在贴现窗口借款时必须拥有恰当的抵押品）的利率的事实。

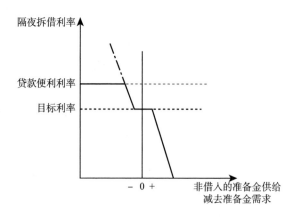

图 4 - 2 准备金无利率的机制

图 4 - 2 中的曲线再次反映了在隔夜拆借利率条件下，对非借入的准备金的供给与准备金需求之间的区别。曲线被分成了三个部

分。除了在零利率条件与贷款便利利率条件之间平坦的部分，在拥有平均的准备金要求时，该曲线在目标隔夜拆借利率水平处（甚至是在预期隔夜拆借利率水平处）是平坦的。然而，在平均周期的最后一天，对准备金的需求应该变得无弹性并且这一平坦的部分应该消失（Whitesell，2006；Ennis and Keister，2008；Fullwiler，2013）。无论在哪种情况下，图 4-2 力图展示的是在这一机制下利率目标不是一个容易的任务，除非中间平坦的部分足够大，否则中央银行需要提供充足的准备金以实现其目标利率。

可能的隔夜拆借利率的范围较大，如果存在加之于贴现窗口的"不允许成本"，其隔夜拆借利率的范围则更大。另一个困难之处在于目标隔夜拆借利率通常被设定在接近贷款便利利率的水平，由于目标利率不是能够被实际隔夜拆借利率所采用的两种可能的极端值的中间值，因此存在不对称。这一方法"对于中央银行是更具有挑战性的并且具有更少的透明性，尤其是如果中央银行的目标不对外公布的话"（Bindseil，2004a，p. 87）。也应该注意到的是，为了实现目标利率的变动，中央银行需要调整准备金的供给。正是在美国货币体系中解耦原则的缺失，加上准备金地位原则的深远影响（由凯恩斯、美国学界甚至美国中央银行家们提倡，在诸如 1979—1982 年美国部分地区执行的"被借入的准备金目标"的操作策略中反映出来）可能导致一些结构主义的后凯恩斯主义者提出中央银行能够对银行准备金加以数量限制的观点。

4.4.4 下限机制与上限机制

次贷金融危机以及雷曼兄弟投资银行破产所导致的恐慌迫使美联储调整其操作策略。这次危机引起联邦基金利率的大幅波动。为了重新恢复对短期利率的适当控制，美联储在 2008 年 10 月采纳了对称性走廊机制。但是仅仅在一个月之后，它转向了一个新的机制，即"下限机制"，该机制在我 2013 年写作本书时仍然发挥着作用。这最终变成了零利率政策，因为下限被设定为零（其幅度是 0～0.25％）。

在这一下限机制中，中央银行将目标隔夜拆借利率设定在中央银行存款利率的水平上。实际上，下限机制并不新鲜：它曾经于 1933—1951 年，当短期利率被迫降低至零时，在美国被执行。日本为了走出其资产负债表衰退（Koo，2009），从 1996 年以来已经采用了下限机制。最近，下限机制也被新西兰和挪威在金融危机之前采纳。加拿大从 2009 年 5 月开始使用了该机制一年左右，英国从 2009 年 3 月至今一直在使用这一机制。我们也可以说欧洲央行从 2011 年 12 月以来一直使用该机制，它推行了一种新的长期再融资操作，对任何银行都提供无限制的固定利率三年期贷款，从而供给了大量超额准备金。

在图 4-3 中，结算账户的供给是被设定的，因此它极大地超过了对准备金的需求（在垂直零线的右边）。因而实际的隔夜拆借利率始终等于或者近似等于在中央银行的存款便利利率，现在也是目

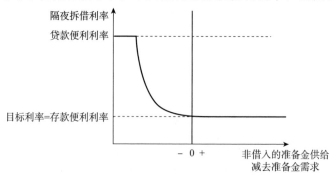

图 4-3 下限机制

标利率。这一操作策略具有两个好处。第一，中央银行不需要在它们的行动中担心需要精确抵消的自主支出流，而这在走廊机制中是需要的。鉴于它已经足够大，准备金的供给可以是任意数量。第二，中央银行可以让它们的资产负债表膨胀并且迫使银行使用它们的存款便利而无须担心其对隔夜拆借利率有影响。这在金融危机中，当中央银行希望使用各种可能的工具时，尤其有用。

此外，下限机制保留了对称性走廊机制的一些优点。它保持了解耦原则。目标利率可以被提高或者被降低，这时，实际隔夜拆借利率完全响应其变动而无须干预准备金的供给。应该注意的是，下限机制在美国实施之前，已经被后凯恩斯主义学者们（Fullwiler，2005）和中央银行家（Keister et al.，2008）所提倡。下限机制的唯一缺点在于，它引发了无知的投资者和主流经济学家的担忧，这些人相信大量的超额准备金会导致价格通货膨胀。

下限机制的对称性替代是"上限机制"。在这一利率设定的机制中，中央银行迫使全体商业银行使用贷款便利。这是通过随时供给清算账户的不足而实现的，这迫使商业银行从中央银行借入（这一机制始终位于垂直零线的左边，如图 4-4 所示）。这实际上是透支模型的典型特征，银行并没有将证券出售给中央银行，而是被迫从中央银行取得预付款，并且因此正如之前所提到的，"在银根紧缩时向银行贷款"。许多欧洲大陆国家就是处于这种情况，直到以资产为基础的体系开始流行，而透支经济模型被视为更具有通货膨胀倾向。对于借款银行可以索要不同的利率，这取决于它们已经借入的数量。

图 4-4 展现了这一上限机制，其中准备金的供给被设定在很低的水平从而所有银行都被迫求助于中央银行。在目标利率等于贷款便利利率的条件下，这确保了实际的隔夜拆借利率接近利率上限。

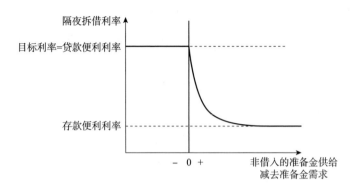

隔夜拆借利率

目标利率=贷款便利利率

存款便利利率

－ 0 ＋　　非借入的准备金供给
减去准备金需求

图 4－4　上限机制

尽管欧洲中央银行通常被描述为在走廊机制中运行，相反，我认为欧洲中央银行在其主权债务危机之前都是在上限机制中运行。这是因为欧洲中央银行的目标利率是最低基准利率，也就是说，在这一利率水平下，在主要的再融资操作上，银行可以与欧洲中央银行进行回购操作。正如更早指出的，回购协议相当于贷款。因此，所有欧洲银行在结构上都是对欧洲央行负债的，不算借入的部分，实际的准备金供给量等于图 4－4 所示的准备金供给量。

上限机制，同下限机制或者对称性走廊机制一样，都表现为解耦原则。目标利率可以在不改变准备金总量的条件下加以调整。尽管明斯基（Minsky，1986，pp.282，361）倡导回到上限机制，今天的很多学者相信相比于上限机制，下限机制更受欢迎，因为在下限机制中商业银行持有的是中央银行的资产而非其负债。

货币政策在最近二十多年的最新发展及其作为金融危机的后果，已经确定地证明了关于货币内生的后凯恩斯主义理论的正确性。这一理论的最简单表述是在目标隔夜拆借利率水平处绘制一条水平的高能货币供给曲线。这一表述也可以在一些非正统经济学教科书中看到（Cecchetti，2006，p.463）。这意味着下述声明是正确的，即在中央银行利率设定委员会的会议中（比如在美国是美国联邦市场公开委员会），货币当局会供给与它们试图实现的目标隔夜拆借利率相一致的任何数量的准备金。这一供给曲线的形状是后凯恩斯主义经济学家激烈争论的一个主题，很多学者提出当考虑几个时期时，中央银行的反应函数曲线应该是向上倾斜的（Fontana，2009，p.115）。相反，人们能够根据这里的观点提出，从日交易的角度看，结算账户的供给曲线是一条垂直的曲线，因为中央银行对非借入的准备金具有实质性的甚至是完全的控制权。

在后凯恩斯主义学者过去的著作中，包括我自己的，都没有对此进行明确的区分。同其他学者一样，我过去认为中央银行对准备金的总体供给是没有什么控制权的（即借入和非借入的准备金之和）。比如，在图 4-2 零线的左边，银行从贴现窗口融资并且获得它们所需要的准备金。这已经一再被时间所检验，尤其是美联储试图通过削减非借入的准备金的数量来降低全部准备金的数量时却发现整体数量没有什么变化，这是因为银行可以利用贷款便利。如果太多的（非借入的）准备金被提供，之前从中央银行获得预付款的银行将使用它们的超额准备金以减少其在中央银行的负债——这是拥有上限机制的透支经济模型的情况——从而使得准备金的供给等于其通过某种卡尔多回流机制对准备金的需求。但是，在下限机制条件下，中央银行能够在实现其目标利率的同时确定它所选择的超额准备金的数量。

4.4.5　信用宽松和量化宽松

美联储战略一览

余下的令人感兴趣的是在以资产为基础的经济模型中，当中央银行向银行系统供应了超额准备金时，下限机制的情形。在这种情形下，不能说准备金的供给是需求导向的。银行并不必然希望持有数量如此庞大的准备金。在这个意义上，准备金的供给并不必然等于银行对准备金的需求。只要银行不对中央银行负债或者只要它们没有强制性准备金，那么银行就不能从总量上减少超额准备金。因而我们的货币原则需要略微加以调整：准备金的供给可以被称为是需求导向的，但是只有在目标利率不是作为走廊机制的最低值时这一命题才能成立。

下限机制通常伴以量化宽松政策，这在经济学家和公众中引发了诸多问题。后凯恩斯主义理论对此如何看待呢？首先，一个显而易见的问题与量化宽松政策的目标和效率有关。具有讽刺意味的是，这些建立在货币总量基础之上的政策，也就是货币主义政策，现在被称为非惯例性政策，因为它们并不取决于利率目标。在某种程度上，它们似乎是货币数量理论这种学术信仰的一种残迹。

一些学者对信用宽松（credit easing）和量化宽松（quantitative easing）进行了区分。在信用宽松的情形下，中央银行继续进行交换，借入或者购买缺乏流动性的私人资产或者较少流动性的长期政府证券以与高流动性的国库券进行交换。这有助于缺乏流动性的银行和其他金融机构，因为现在它们可以使用具有流动性的短期国库券以通过回购操作从更具有流动性的银行借入更多的资金。这一交换对应的是表 4-22 中的情形 A：国库券和私人资产在中央银行与商业银行之间进行交换。这是美联储在 2007 年 8 月至 2008 年 9 月之间曾经进行的操作。这一交换对准备金没有影响，因为中央银行所购买的私人资产被出售给商业银行的国库券所对冲了。然而，这不能再继续发展了，因为在某个时刻，中央银行会用完所有的国库券。

这就是为何美联储采用了一种新的信用宽松政策。它在继续从金融市场购买（或者借入）私人资产的同时，请求美国财政部的合作，要求它拍卖与已经出售给金融机构的国库券总量相等的部分。这就是所谓的"财政部补充融资项目"（Supplementary Financing Program，SFP）。出售国库券的收入会再次以政府存款的形式返回到美联储，从而吸收了中央银行通过利用各种信用工具所创造出来的准备金。其他的中央银行，诸如加拿大银行，实行了相同的业务。这一机制导致了与前一种机制没有什么区别的交换活动：中央银行取得缺乏流动性的私人金融资产，而私人部门取得具有流动性的短期政府证券。但是这一次，与曾经发生过的相反，美联储的资产负债表的规模陡然增加：持有的私人资产的增加并不能够完全为其所持有的政府证券的下滑所抵消；相反，它伴之以债务的增加——联邦政府在中央银行的存款的增加。这对应的是表 4-22 中的情形 B。

表 4-22　　　　全球金融危机中资本负债表的变动

中央银行（美联储）		商业银行	
资产	负债	资产	负债
（A）国库券：-100	（B）政府存款：+100	（A，B）国库券：+100	存款
（A，B，D）私人资产或者长期证券：+100 （C）预付款：+100	（C，D）准备金：+100	（C，D）准备金：+100 （A，B，D）私人资产或者长期证券：-100	自有资金 （C）美联储信用：+100

然而，这一新的机制仅仅持续了几周，因为美国政府当局开始担心即将到来的美国政府债务上限。就在采用下限机制之前，美联储放弃了对冲操作，因为银行和其他金融机构开始从美联储大量借入，从而创造了准备金并且导致其资产负债表规模的增加。这就是表 4-22 中的情形 C。由于信用项目使用的下降，美联储在 2009 年通过购入大量私人资产转向了量化宽松，从而创造了准备金，并且

仍然不打算对它们进行对冲操作。这是表 4 - 22 中的情形 D。只要美联储感到美国经济在远离经济复苏，量化宽松就会被使用。自从 2009 年以来，英国也推行了量化宽松政策。此外，日本在美国主流经济学家的鼓励下，于 2001 年对其进行了第一次尝试，并且令人惊奇的是，在 2013 年 4 月做了第二次尝试。

量化宽松的目标与解释

尽管信用宽松操作具有支持摇摇欲坠的私人资产价格和为金融部门提供流动性以避免完全的崩溃这一显而易见的目标，但是在经济已经恢复稳定的情况下，量化宽松政策的理由却不是那么清楚。比如在美国和英国存在的下限机制中，一旦在私人银行系统中存在大量的准备金确保隔夜拆借利率保持在走廊机制的下限，没有显而易见的理由将超出要求数量 20 或 30 倍的准备金拿出来。

英格兰银行为量化宽松提供了三个理由 (Joyce et al.，2011)。政府债券或者私人金融资产的购买支持了这些资产的价格，从而降低了长期收益并且使得公司得以以较低的成本为其投资融资而发行债券和股票。购买也可能产生对于食利者而言的资本利得，或者帮助他们避免资本损失，从而诱使他们增加消费。从凯恩斯主义的角度来看，上述两种与信用宽松类似的观点没有什么错，尽管效果可能并不显著。量化宽松的第三个假定的效果，并且因此也是这类货币政策的第三个理由是，私人资产的出售者将会把货币存入银行，从而中央银行会有更多的资金和准备金用于发放贷款。因此，量化宽松的支持者们依赖于标准的货币乘数理论，而货币乘数理论本身建立在部分准备金制度这一虚构的设想之上，量化宽松的支持者们声称新增存款将会使得信用和货币得以按照乘数扩张。根据后凯恩斯主义理论视角，第三个理由是错误的。

与量化宽松相关的两个现象使得关于货币总量的主流观察者们困惑不已。第一，由于曾经有更大规模的准备金积累在中央银行，观察者们抱怨商业银行正在拒绝合作或者在某种程度上被限制住了并且不能用它们去提供新的贷款。这是美国的典型情况。相反，在拥有透支经济模型的欧元区，量化宽松并不必然与准备金的增加联系在一起，因为几个欧洲银行用它们新获得的结算账户资金来减少它们相对于其他银行的负债，从而使得后者能够降低其在欧洲央行中的透支额。

第二个令人困惑的特征，尤其是在英国，是官方定义的货币供给的增加，无论如何度量，似乎都比银行准备金的增加要少。这是令很多观察者困惑的，因为他们认为"央行必定能增加经济中货币和信用的供给，比如通过自主决定其对私人部门资产的购买（诸如国库券、商业汇票、债券、股票、房地产等等）"（Werner，2005，p.59）。但是，如果他们知道由银行学派和卡尔多所提出来的回流原则的话，第二个困惑是比较容易解决的。这可以参阅表 4 - 23，其中假定非银行当事人是中央银行购买的金融资产的卖方，这里假定是政府长期证券（government long-term securities，gilts）或者资产支持证券（ABS）。实际上，在现实中，非银行当事人而非银行是中央银行的量化宽松政策的主要交易对手。

表 4 - 23 量化宽松操作下商业银行和非流动性资产卖方的资产负债表

商业银行		金融资产的卖方	
资产	负债	资产	负债
准备金＋100	存款＋100	政府长期证券和资产支持证券－100 存款＋100	
准备金＋100 贷款－90	存款＋10	政府长期证券和资产支持证券－100 存款＋10	贷款－90

当中央银行购买金融资产时，卖方会将出售所获得的收益存入他们的商业银行，并且银行通过清算中心获得了准备金。这是无可争议的，如表 4 - 23 的第一行所示。但是为什么私有的当事人能够对出售其金融资产表示接受呢？这可能是因为他们因能以他们认为的理想价格处理掉这些缺乏流动性的资产而感到非常开心。也有可能是因为他们想去杠杆或者减少负债。这类决策的后果反映在表 4 - 23 的第二行。尽管银行仍然持有 100 单位的准备金，这可能是 90% 的客户决定使用其新获得的存款以减少他们之前在银行的贷款的结果。在这种情况下，1 000 亿英镑对冲操作的量化宽松政策只会导致货币供给总量增加 100 亿英镑。作为为金融公司工作的反传统主义经济学家，库（Koo，2009）解释道，正如日本、美国和英国曾经发生的那样，这在当事人力图降低负债的资产负债表衰退时期更有可能发生。因此，在这里没有任何谜一般的存在。

量化宽松看上去似乎是货币当局和一些仍然执迷于货币主义的经济学家试图证明货币政策始终有效的最后一搏，尽管必须承认凯恩斯本人也认为量化宽松是一种"非常规方法"（Keynes，1930b，p. 370）。量化宽松通常被信贷官员在发放新的贷款前要检查银行准备金状态的信念所证实。在 2001 年之前，日本中央银行家都不情愿采用量化宽松操作，因为"日本银行认为这类政策是无意义的"（Koo，2009，p. 73）。正如库所解释的，理由在于"借款者——而非贷款者，正如学术型经济学家所提出的——是日本衰退的主要障碍"（ibid. ，p. 75）。这印证了下述说法："你不能反方向发力"或者"牵马到河易，强马饮水难"。这就解释了上面提到的第一个困惑。正如富尔维勒（Fullwiler，2013，p. 184）所指出的，"因此经济学家是时候考虑，也许货币乘数模型和货币数量理论存在错误的因果关系，而非通常所责备的将由于日益增加的超额准备金的缺乏影响归诸准备金利息"。

奇怪的是，甚至是一些后凯恩斯主义者也同意这种观点，他们认为给存在中央银行的存款支付利息会增加银行利润从而阻止银行发放新增贷款，因为这些利息支付会增加发放贷款的机会成本（Palley，2010a；Pollin，2010）。因此，很多经济学家建议对超额准备金征税，以鼓励银行发放更多的贷款。但是这一建议本身已经表明这一观点是错误的。此外，无论是就整个银行还是单个银行而言，是不能避免准备金的，因为准备金只能用于结算，对准备金征税不会鼓励银行向非银行部门发放更多的贷款。它只会导致隔夜拆借利率的下滑，相应地将超额的结算账户出借给其他银行，即，在中央银行拥有结算账户的银行现在拥有更低的——甚至为负的——回报率。实际上，准备金的负利率可能会降低那些在中央银行持有大量资金的银行的盈利能力，因为对银行存款的利率已经为零并且不能被进一步降低，从而诱使银行增加中央银行目标基准利率与基本放款利率之间的差价。

与量化宽松相关的最后一个问题是超额准备金的存在是否会导致价格通货膨胀。显然，如果量化宽松只在诱使非银行当事人减少其杠杆上成功了，它既不会导致额外的总需求，也不会导致价格的通货膨胀。但是，如果经济回升，借款者涌向银行呢？那么中央银行有可能按照逆向法则推行量化宽松，首先通过公开市场操作吸收流动性，接着提高隔夜拆借利率和中央银行的存款利率。

4.5　流动性偏好

有效市场假说认为金融市场上的当事人是会在发现金融市场上价格出现微小的背离时进行干预的仲裁者。他们是确保金融资源有效配置的当事人——注意这里没有什么被创造出来。这些仲裁者确保价格始终能够平稳运行。在福克斯（Fox，2009）对理性金融市场的出色批判中，他回顾了萨默斯（Summers，1985，p.634）是如何描绘理性市场假说的。其追随者认为 2 夸脱瓶装的番茄酱始终是 1 夸脱瓶装的番茄酱的两倍……他们忽略了对很多人来说更为重要的一个问题：到底是什么决定了资产价格的整体水平？

另一个似乎完全被有效市场假说排除的因素是：流动性。正如主流学者所做的那样，声称市场始终能够调整价格是很好的。他们说，让我们假定价格下降并且有人愿意购买。但是这只在有足够的流动性的情况下才会发生（Davidson，2009）。如果所有订单都是单向进行的，比如每个人都想出卖资产，市场将会冻结，除非存在一个愿意逆潮而上的做市商。流动性的重要性可以通过乔瑞恩（Jorion，2008）所讲述的下述故事得到阐明。假设现在有一个养牛商人，他欠银行 10 000 美元，现在贷款已经到期。他没有现金支付贷款，因此他向银行提议他将通过拍卖一些牛以募集资金。拍卖市场上有很多养牛商人。然而，没有人愿意以 10 000 美元购买牛，也不愿意以 9 000 美元或者 8 000 美元购买。银行告诉养牛商人放弃这种拍卖。养牛商人坚持认为很快会有人以合适的价格购买他的牛。银行说，"难道你不知道吗？所有的养牛商人都欠我钱！"正如凯恩斯（Keynes，1936，p.155）所说，金融市场的很多参与者的目的是"将坏的或者贬值的半克朗转卖给下家"，这在次级金融危机中是相当明显的。

到目前为止，我们的重心主要放在银行系统与中央银行之间的关系上。并没有太多谈及商业银行的行为或者利率的决定——中央银行的目标利率以及其他利率。并且也几乎没有谈及流动性偏好的概念。我们将在这一部分对此进行介绍。

4.5.1　关于流动性偏好的争议

利率，但是应该是哪一个呢？

在我看来，结构主义的后凯恩斯主义与水平主义的后凯恩斯主义之间的很多争议的出现，源自两个彼此关联的误解。第一个是对利率含义的混淆；第二个是对流动性偏好含义的混淆。我认为，一般来说，公正地讲，一方面，水平主义的后凯恩斯主义者在谈论利率的时候，他们说的是中央银行的目标利率。对他们而言，这是基础利率——央行基准利率。另一方面，结构主义的后凯恩斯主义者将长期利率视为"特定利率"。显然，谈论"特定利率"是一种简化，并且这一可能的混淆只是很好地表明，正如托宾（Tobin，1982）所强调的那样，经济学家应该更加谨慎和明确地区分这两种利率，甚至是更多的利率。

关于"特定利率"存在的混淆或许可以归咎到凯恩斯身上（Keynes，1936，p.167），凯恩斯发现"用特定利率指代关于利率的各种复杂形式是很方便的"。因而，当凯恩斯本人提出流动性偏好决定"特定利率"时，他究竟是指短期利率、长期利率还是介于长期利率与短期利率之间的利率，这是不清楚的。我倾向于上述三种可能性中的第三种，因为尽管凯恩斯（ibid.）提出他假定"货币等同于银行存款"，但他也意识到他可以将国库券等货币符号包括进货币的定义中。

比如，凯恩斯关于流动性陷阱的概念并不适用于短期利率，因为我们知道短期利率可能会为零；相反，它更适用于长期利率或者介于短期利率与长期利率之间的利率分布。因此，对流动性陷阱的恰当看法是调低基准利率并且不能对其他利率施加影响的一种情形。流动性陷阱的原因，正如凯恩斯所揭示的，主要有两层：当利率很低时，债券收益很小的变动也会导致资本的大量损失（Godley and Lavoie，2007a，pp. 167 - 168）；此外，尽管中央银行在零利率时提供了预付款，然而银行存款是在零利率时获取收益的，银行仍然面临通过长期贷款以及其他收费支付其固定成本的问题。

因此，凯恩斯关于流动性陷阱的观点不同于主流的解释，后者认为流动性陷阱与"零下限"——短期名义利率不能低于零（Krugman，1998）——密切相关。诸如摩尔（Moore，1988，p. 264）等后凯恩斯主义者早就认识到，由于"名义存款利率的下限为零时意味着名义银行贷款利率的下限为正"，因此，在价格下滑期间，扩张性货币政策被认为是无效的。

当水平主义的后凯恩斯主义者声称"特定利率"是外生的时，他们指的是中央银行设定的目标利率，以及受目标利率影响的短期利率。这令结构主义的后凯恩斯主义者不安，因为对他们而言，最关键的利率是长期利率，并且这一利率显然既不是外生的也不是中央银行能够控制的。类似地，当诸如卡尔多（Kaldor，1982，p. 26）这样的结构主义的后凯恩斯主义者声称"流动性偏好不过是一个转移注意力的话题"时，这导致一些后凯恩斯主义者抱怨结构主义的后凯恩斯主义者没有为"流动性偏好在利率决定中预留位置"（Wray，1989，p. 1187），其实这时结构主义的后凯恩斯主义者指的是中央银行设定的目标利率。这一利率并不为公众的流动性偏好所决定。道和道（Dow and Dow，1989，p. 148）对此理解得很准确，他们指出：如果流动性偏好被狭义地理解为关于短期资产利率的决定性因素，那么"这与利率没有什么关系"并且"与关于利率的流动性偏好理论也没有什么关系"，因为"货币当局能够，并且通常会设定短期利率"。

为了理解流动性偏好的作用，它的含义必须像凯恩斯在其《货币论》（*Treatise on Money*）中所做的那样被放到整个经济的所有当事人以及所有金融工具的背景下加以理解，而非仅仅像在《通论》或者标准的 IS - LM 模型中那样被限定在家庭和货币的范围内。诸如这种一般化很早就被一些后凯恩斯主义者以各种不同的方式提出（Kregel，1984 - 1985；Mott，1985 - 1986；Le Héron，1986；Wray，1992；Brown，2003 - 2004）。除了对银行的贷款活动以及贷款利率有影响（这将在稍后的章节予以讨论）外，一些学者也在希克斯（Hicks，1974，p. 45）的基础上提出，一般而言，流动性偏好是由短期利率和长期利率之间的差额衡量的："流动性偏好并不决定长期利率，而是决定了短期利率和长期利率的差额"（Wells，1983，p. 533）。正如道和道（Dow and Dow，1989，p. 148）所再次正确指出的那样，"因此，流动性偏好实际上决定了对更具有流动性的存款与较少具有流动性的替代物之间的差额。货币当局设定了短期利率的取值范围；流动性偏好（同其他因素一起）决定了长期利率的溢价部分"。

因此，看上去在这一点上并不存在很多争执。不过，关于基准利率本身的决定的争议还是存在的。尽管它可能被视为货币当局设定的一种目标利率，它也可以被理解为"市场的看法"，或者金融游说，决定了中央银行期望建构的常规利率。实际上，很多年以来，尤其是 20 世纪 80 年代以来，当中央银行对名义利率和实际利率施加影响时，在很多国家，中央银行都将贴现率设定为等于国库券利率加上一定的基点，从而试图装作它们绝不对过高的国库券利率负责。这导致摩尔（Moore，1991，p. 412）反驳道："无论中央银行如何抵赖，它们都应该对控制短期利率负责。"

哪一个利率决定了其他利率？

缺少透明加上上述谈及的混淆，导致关于因果性的争论。摩尔

（Moore，1988）和泼林（Pollin，1991，1996，2008）都进行了格兰杰-希姆斯因果检验，检验结果表明长期市场利率与贴现率或者联邦基金利率之间存在双向因果关系。泼林（Pollin，1991）也对联邦基金利率与贴现率进行了格兰杰-希姆斯因果检验，可以说后者扮演的是目标利率的角色。泼林（Pollin，1991，p. 390）因此提出"联邦基金利率与贴现率之间存在显著的因果关系"，并且根据他进一步的检验，得出了存在支持交互式因果关系的结论，"市场对美联储具有显著影响"（Pollin，1996，p. 510）。泼林（Pollin，2008）最新的检验再次表明在长期利率与联邦基金利率之间存在双向因果关系，并且通常是前者对后者具有更大的影响。

采用一种不同的方法，阿提瑟格鲁（Atesoglu，2005）得出联邦基金利率与 AAA 债券收益率以及 30 年期国库券收益率之间存在单向因果关系，这一结果类似于佩恩（Payne，2006 - 2007）所提出来的联邦基金利率与按揭贷款利率之间的单向因果关系。最后，泼林（Pollin，2008）和阿提瑟格鲁（Atesoglu，2003 - 2004）都同意最低贷款利率（即银行将资金贷放给优质客户的利率）自从 20 世纪 90 年代中期以来已经明显地由联邦基金利率决定。这并不令人奇怪，因为自从 20 世纪 90 年代早期以来，美国的银行已经通过在目标联邦基金利率的基础上增加 300 个基点的方式设定了最低贷款利率。

摩尔（Moore，1991）和帕利（Palley，1991）对泼林（Pollin，1991）结果的理解正如关于长期利率的希克斯期望理论那样，长期利率部分反映了预期的短期利率，并且这是它们带来了关于未来联邦基金利率的信息的原因。正如泼林（Pollin，2008）所指出的，这看上去是对短期利率与长期利率双向因果关系的相当牵强的解释。如果我们接受这一双向因果关系，一个可能的替代性的解释是这两个利率都会对第三个变量，比如通货膨胀做出反应。正如在次级贷款金融危机中已经表明的那样，一个更好的解释是当经济正在衰退时，由于日益增加的不稳定性和违约风险，长期利率和资产收益倾向于上升。这导致中央银行倾向于降低目标联邦基金利率以试图降低长期利率和资产收益。长期利率"导致"短期利率的事实并不必然意味着上升的长期利率使得中央银行应该将短期利率作为目标；相反，它可能意味着上升的长期利率会引发来自中央银行的反馈机制，即中央银行试图通过进一步降低短期利率阻止大部分利率的上升。

当我们试图理解在过去有些时候，为何联邦基金利率似乎决定了贴现率时，建立在期望基础上的论点看上去更有道理。正如莫斯勒（Mosler，2002，p.420）所指出的，"市场预期美联储的行动"。然而，正如他继续指出的，"这与通常为媒体所支持的理念形成了鲜明的对比，后者认为市场利率，而非预期美联储的行动，包含关于美联储应该把联邦基金利率作为目标的信息"，而那时泼林认为应该将贴现率作为目标（Pollin，1991）。泼林（Pollin，p.389）看上去在某种程度上接受了媒体的看法（即市场的看法摆布着中央银行），他因此做出了下述令人惊奇的声明："尽管美联储自主设定贴现率，但是它这样做并不仅仅是为了影响市场，而是试图与其保持一致。"

在他关于这一问题的最新评述中，泼林（Pollin，2008）似乎已经认识到，尽管有关于双向因果关系的证据，联邦基金利率能够被视为一种处于美联储控制下的外生变量。但是他补充道，这一利率对长期利率，尤其是对私人资产利率几乎没有影响，它们从根本上是由诸如违约风险评估等流动性偏好特征决定的。因此，再一次地，结果似乎不存在什么争议。水平主义的后凯恩斯主义者可能会提出，如果货币当局能够充分坚持和保持一致，利率差值的变动只能是暂时性的。这令我们想起凯恩斯所描绘的货币当局，可以说建立在普遍的差价之中的习俗"不会永远过度反抗一种由货币当局提议的具有持久性和一致性的温和举措"（Keynes，1936，p. 204）。在这种情况下，当长期利率相对于短期利率较高时，金融操作者将会意识到可以通过借入短期资金贷出长期资金而获取大量利润。最终，除非"货币当局"的神经为这次熊市会将其整个吞噬的狰狞咆哮所震动，否则基准利率中被奉为圭臬的习俗将会盛行，以及流动性溢价将会回归到常态水平（Robinson，1952，p. 30）。实际上，库克（Cook，2008）估计从联邦基金利率到按揭贷款利率存在一个完全的流转。

富尔维勒（Fullwiler，2013，p. 192）表明：如果中央银行打算宣布长期利率目标，朝向长期利率的货币传递将会被改进。实际上，凯恩斯（Keynes，1936，p. 206）提出了同样的建议，他写道："或许可以通过中央银行提供的在金边债券到期的规定价格上进行购买和出售这一复杂的出价，取代针对短期国债的单一银行利率，这或许是在货币管理技术条件下能够做出的最现实的改进方式。"目前，泼林（Pollin，2008）的看法是去管制化和金融化已经削弱了如上文所述的凯恩斯和罗宾逊所强调的货币当局影响长期利率的能力，正因为如此，规章制度应该被引入以帮助中央银行引导长期利率朝向能够与短期目标利率相兼容的方向。

4.5.2 关于中央银行的反应函数

现在让我们假定实际上中央银行有权在其可以选择的水平上设定目标隔夜拆借利率。在前一节，我们考察了中央银行可以实施的操作程序以确保实际隔夜拆借利率等于中央银行所设定的目标利率。但是我们还没有讨论这一目标利率应该是什么。在后凯恩斯主义理论中，基准利率应该被视为外生的，这一事实并不意味着它始终应该处于一个固定的水平。自从泰勒（Taylor，1993）关于中央银行反应函数的论文发表以来，学界更多关注的是中央银行如何设定其目标利率。在后凯恩斯主义术语体系下，在结构主义的后凯恩斯主义所建议的一般化的流动性偏好方法内，中央银行的反应函数可以被理解为中央银行流动性偏好曲线。罗尚和塞特费尔德（Rochon and Setterfield，2008）已经对中央银行设定目标利率的多种方式做出了精彩调查。本小节就深受他们这篇文章的影响。

反周期政策

在全球层面，中央银行要么遵循反周期政策要么采取收入分配法，这被罗尚和塞特费尔德不是很恰当地称为"激进主义"和"停止"方法。反周期政策意味着中央银行试图通过转变目标名义利率（很可能这会改变实际利率）的方法对经济总量进行微调。在"停止法"中，中央银行设定了名义利率或者实际利率而不试图对宏观经济状况进行微调。反周期政策与中央银行目前的行为相适应。收入分配法更切合后凯恩斯主义者的下述观点，即他们视财政政策而非货币政策或利率政策为对经济进行微调的主要工具。

目前，许多中央银行看上去都在追求建立在通货膨胀目标基础上的激进主义政策。尽管如此，比如欧洲中央银行和加拿大银行这些中央银行的法则并没有对这一激进主义政策加以详细说明。相反，美联储自从 1977 年以来已经对其双重任务有详细说明，它建立在价格稳定和最大化就业的基础上，并且可以认为这在泰勒对美联储反应函数的评估中已经有所反映（Taylor，1993）。乔万诺尼（Giovannoni，2008）甚至通过实证研究表明，产出预期而非通货膨胀预期导致了联邦基金利率的变动。正如读者现在所期望的，很多后凯恩斯主义者已经提出中央银行应该关注失业率和产能利用率，而非通货膨胀率。他们还建议应该考虑目标利率，或者应该考虑汇率以及资产膨胀率的变化，尤其是关于股票市场。全球金融危机也强调了不考虑金融稳定的货币政策体制的弱点。

罗尚和塞特费尔德指出，通常被认为假定存在一个不变的目标利率的摩尔可以被视为是激进主义政策阵营中的一员。他们提出，摩尔（Moore，1989，p. 487）赞成"中央银行反应函数中作为因变量的短期利率"将取决于"国内经济（需求因素）的未来状况"，以及货币当局的"充分就业、价格稳定、增长、收支平衡、贸易状况、汇率以及收入分配等"目标。摩尔（Moore，1988，p. 264）认为，除此之外，外汇储备以及汇率也是决定中央银行反应函数的因素。实际上，摩尔（Moore，1988）对中央银行能够实现对经济的微调是相当自信的，尽管他在约二十年后不再那么自信了（Moore，2006）。

如果中央银行追求反周期政策，它应该以实际利率还是名义利率作为目标呢？在关于中央银行反应函数的新共识主义分析中，目标在于将实际利率设定在围绕自然利率上下波动，这一目标是设定在自然利率之上还是之下取决于中央银行是希望减少还是增加价格膨胀率。相反，海特（Haight，2007 - 2008）提出，对抗高通货膨胀率并不需要实际利率的提高；通过名义利率的提高幅度低于通货膨胀率的增加程度就足以做到。名义利率的上升足以让经济增速慢下来。

那么为什么会这样呢？正如我们在第 6 章将要提到的，在北美，经济的周期性行为很大程度上是为房地产所驱动的。在房地产市场上，谨慎的借款者依赖的是月收入支出比率，而它又取决于名义利率而非实际利率。此外，直到次级贷款危机以及三无贷款（NINJA loans，即无收入、无工作以及无资产作为抵押的贷款）爆发之前，该行业根据月收入支出比率决定最大可能的按揭贷款是标准惯例。结果是，"更高的名义利率导致（正如很多房地产经纪人所知道的）更小的按揭贷款和更少的新房"（Haight，2007 - 2008，p. 262）。因为个人名义收入通常是随着时间的推移而不断增加的，大多数违约风险发生在按揭贷款的早期，因此考虑名义利率而非实际利率是合理的，因为债务负担将会提前发生。因此，房地产市场是为这些按揭贷款支付相对于其收入的比率和名义利率所驱动的。实际上，法扎利等人（Fazzari et al.，2008，p. 560）等提出在实际利率不变时，名义利率也会减缓投资，因为企业依赖的是内部资金流以为其投资融资，并且与债务相关的更高的名义利率会减少其现金流。

因此，可以得出下述两个结论：第一，中央银行反应函数并不如新共识主义所描绘的那么陡峭。第二，低通货膨胀目标以及相应的低利率为掠夺性贷款创造了条件，因为它们可能会导致过量的抵押贷款。

收入分配法

后凯恩斯主义目前似乎倾向于收入分配法。原因有三：第一，这已由阿雷蒂斯和索耶（Arestis and Sawyer，2006）在一些文章中发展，即货币政策对通货膨胀率仅有间接效应，因此通货膨胀控制只有以经济活动的巨大牺牲为代价才能实现。第二，反周期方法与自然利息率有关，自然利息率是后凯恩斯主义所反对的一个概念，并且已经被证明不能为中央银行决策的实际应用提供充分精准的测量。第三，正如在本章开始所指出的，后凯恩斯主义将利率视为一种分布变量。当埃希纳（Eichner，1987，p. 860）提出基准利率

"是一种受政治决定的分布变量决定而非由市场决定的价格"时，他对此相当清楚。通货膨胀目标所导致的实际利率的变动会导致收入分配的变动，尤其是影响流向食利者的收入的比例。因此，货币政策应该将重点放在实现与恰当的收入分配相一致的利率水平上。正如罗尚和塞特费尔德（Rochon and Setterfield，2008）所指出的，过去至少有三条准则为人们所推崇。

第一条准则被称为"堪萨斯城市准则"，因为其支持者来自堪萨斯城的密苏里大学，简单来说就是隔夜拆借利率应该为零。在其最初版本中，这一规则的目标是"一个低且稳定的基准利率"（Wray，1997，p.569）。弗斯泰特和莫斯勒（Forstater and Mosler，2005）提出利用在表4-17推动下所发展的新名目主义理论，即如果政府的赤字由中央银行融资，隔夜拆借利率将倾向于零，并且这将会是常态，其他利率将根据这一零基准利率进行调整。他们的观点也得到了其他新名目主义者诸如蒂莫格尼（Tymoigne，2009，p.114）的赞同。这一提议存在三个问题。首先，根据我们对新名目主义理论和后名目主义理论的讨论，并不清楚隔夜拆借利率的常态是否为零，尽管政府处于赤字状态。其次，在通货膨胀不是无干扰的世界中，这一提议可能会带来食利者的安乐死。尽管凯恩斯（Keynes，1936，p.376）认为这可能会发生，然而出于其他原因，自从全球金融危机以来很多经济体已经历了低利率状况，这显然已经给工人的养老基金造成了很大的困难。最后，在通常情况下，在一定的价格通货膨胀下，接近零的利率将会诱使当事人购买和持有耐用品（住房、贵金属等），而非持有诸如对冲基金这类金融资产以对抗通货膨胀，而这可能会导致真实资产的通货膨胀。

另外两条准则是为了确保实际利率为正。罗尚和塞特费尔德（Rochon and Setterfield，2008）将这两条准则中的第一条称为"史密森准则"。这是因为史密森（Smithin，1994，p. 199）二十年来一直强调，"中央银行应该遵循的最明智的建议是将实际利率稳定在为正的低水平上"。史密森认为，当货币当局进行反周期政策操作时，它们倾向于引发实际利率的大幅波动，这使实际利率从低水平（比如 20 世纪 70 年代的情形）变为高水平（只是 20 世纪 80 年代、90 年代的情形，转折点发生在 1979—1980 年左右）。我们或许可以补充下述一点：全球金融危机已经导致许多中央银行采用零利率政策或者准零利率政策以及为负的实际利率政策。史密森相信，尤其是当一种高水平的实际利率体制被采用时，这类体制的转换会对经济造成损害。他认为，这是多年来债券收益的实际利率为零或者为负的产物，而这与食利者的安乐死相一致。然而，当高实际利率盛行时，取而代之的不得不是这些年来"食利者的复仇"。

因此，对于史密森（Smithin，1996，p. 86）而言，应对办法在于中央银行放弃通货膨胀目标，并且相反地，

> 将税后实际利率维持在尽可能低但是仍然为正的水平（比如不超过 1% 或者 2%）……在这类体制下，已经富裕起来的人就不会变得更为富有，但是只要实际收益仍然为正，至少他们不会遭受资本的侵蚀，而后者是反抗通货膨胀扰动的初始源泉。

索耶（Sawyer，2011，p. 286）提出了一种替代性办法，将实际利率设定在等于或者稍微低于实际产出增长率的水平，从而为财政政策提供一些空间而无须担心爆炸性的债务比率。海因（Hein，2012，p. 138）建议通过提出"略微为正的实际利率，低于长期生产增长率"以对准则二和三进行折中。

三条分配准则的最后一条是建立在公平利率基础上的准则。该准则由拉沃和塞卡莱西亚（Lavoie and Seccareccia，1999）提出。

公平利率的概念在帕西内蒂（Pasinetti，1981，ch. 8；1993，ch. 6）关于自然利率这一（不幸的）称谓下再次出现，帕西内蒂对其给出了精确的定义。根据帕西内蒂（Pasinetti，1981，p. 174），公平利率"源自所有人，只要他们处于债务/信用关系之中，就应该获得就其劳动而言的不变的购买力（一种关于收入分配的劳动理论）"。因此，就其对劳动时间的控制、借入和贷出的货币量而言，公平利率维护了购买力，从而保护了借款者和贷款者之间的跨期的收入分配。从而，公平利率意味着"就劳动而言的零利率"（Pasinetti，1993，p. 92）。就实际量而言，公平利率应该等于劳动生产率的增长率。在任何利润份额大致维持不变的经济体中，这一增长率都应该仅仅相当于实际工资的增长率。在价格上涨条件下，公平利率在正常条件下等于工资上涨的平均速度，即劳动生产率的增长率加上价格上涨率。在形式上，我们可以写为：

$$i_{fair} = \hat{y} + \hat{p} \tag{4.1}$$

其中，正如第 1 章所指出的，$\hat{y}$ 是劳动生产率的增长率，$\hat{p}$ 是价格上涨率。因此，在不存在技术进步和通货膨胀的情况下，正如契尔奇（Church）所提出的，当这些条件大致满足时，名义利率应该等于零。

一个数值例子可能有助于阐明公平利率的概念。以经济中存在 5% 的价格上涨率为例。假定平均工资最初是每小时 10 美元。进一步假定有人借入了 10 000 美元。因此，这个人相当于借入了 1 000 个劳动小时。现在假定劳动生产率该年增长了 2%，平均实际工资购买力也增加了 2%。因而名义工资增加了 7%，达到了每小时 10.7 美元。如果向借款人收取的利率也是 7%，即如果等于劳动生产率的增长率加上价格上涨率，借款者必须在年末归还 10 700 美元。然而，由于平均名义工资现在增加至每小时 10.7 美元，借款者归还的数量仍然等于 1 000 个劳动小时。只要实际利率等于上文定义的公平利率，借款者和贷款者之间购买力的暂时变动在劳动时间上将会保持不变。

实际上，史密森准则与公平利率准则并没有多大差异。在大部分工业化国家，劳动生产率年均增长 1％～2％，这就是史密森所提议的溢价。显然，相比于公平利率准则，史密森准则更具有可实施性，因为不需要计算当前的劳动生产率增长率或其历史趋势。在实际利率等于零时，看上去凯恩斯（Keynes，1936，p.221）也有一个更简便的准则。凯恩斯曾经提出："人们仍然可以自由积累其收入，只要他在稍后的时期进行消费。但是他的积累并不会增长。"另外一个现实的困难在于对我们所谈论的利率进行界定。凯恩斯和帕西内蒂似乎都指的是"纯利率"，即不存在违约风险的利率。这可能意味着短期国债利率，以及与之接近的利率，比如目标隔夜拆借利率。

4.5.3　公众的流动性偏好

在全球金融危机时期，风险评估或者严重被低估的风险是新闻中频繁出现的术语，后凯恩斯主义将流动性偏好概念与根本不确定性的氛围联系在了一起。在这种氛围下，经济当事人并不知道概率分布，他们意识到事件过去发生的顺序可能不会再现，他们希望在最近的将来吸取更多的教训，并且因此延缓了决策制定。这类流动性偏好与信心的程度、信仰的可靠性以及我们在第 2 章中提出并且也为伦德（Runde，1994）所特别指出的凯恩斯的一个论断以及动物精神的重要性负相关。因此，关于流动性偏好的一般理论与在不确定性主导下的氛围中理性行为的一般理论紧密相关。但是我们如何以一种更为简化的方式对其进行详细说明呢？流动性偏好的增加将如何表现其自身？这些涌向流动性资产的货币将如何被吸收？这里我们考虑公众的流动性偏好的情况，主要考察对家庭部门（或者它们的典型代表）投资组合的资产的管理。

关于投资组合决策的价格调整机制

一般而言，我们可以认为对上述这类问题存在两种解答。公众的流动性偏好的增加，即对安全和流动性资产的需求的增加，可以要么通过资产价格的变动以及这些资产的收益的变动进行控制，要么可以通过对这类资产的供给进行控制。家庭部门的投资组合的资产主要是不动产、股票、债券、国库券、货币市场工具、银行存款和现金。现金在这里特指中央银行发行的银行券。我们知道现金是银行根据需求提供的，以用于交换银行存款。我们还发现，除非中央银行希望在经济中制造混乱，否则下述做法应该被实施：银行可以通过从中央银行获得预付款或者出售国库券给中央银行（或者通过回购市场）向客户提供现金。因而对现金需求的增加将会为现金供给的增加所抵消。

那么公众的投资组合的其他组成部分呢？存在两种方式来认识由流动性偏好变动所要求的必要的投资组合的调整。第一种分析框架，也是最简单的一种，是由帕尼科（Panico，1985）提供的。它主要是受到了凯恩斯《通论》第 17 章的启发。核心思想在于，通过考虑投资组合和流动性不足的风险（包括资本损失的风险）发现，所有资产回报率需要相等。因而任何一种资产都具有风险和流动性不足的贴现，我们称之为 σ。在货币存款的情况下，风险和流动性不足的贴现实际上可能是数值为正的流动性溢价。一旦投资组合被调整到反映风险和流动性不足的贴现，从单个投资者的角度看，下述等式得以成立：

$$i_{CB} = i_D - \sigma_D = i_{ST} - \sigma_{ST} = i_{LT} - \sigma_{LT} = i_s - \sigma_s \qquad (4.2)$$

其中，i_{CB} 是中央银行的目标隔夜拆借利率，i_D 和 σ_D 分别是银行存款的利率和对银行存款的流动性不足贴现，i_{ST} 和 i_{LT} 分别为短期证券和长期证券的收益，i_s 是股票的回报率，σ_{ST}、σ_{LT}、σ_s 分别为其各自的流动性不足贴现。

等式（4.2）可以按照下述方式加以理解。中央银行设定了 i_{CB}，这是整个体系的基准利率。其他利率都要根据它进行调整，自变量是与每种资产相联系的风险和流动性不足的贴现 σ_i。与长期资产相关的流动性不足贴现的增加将会导致长期资产收益 i_{LT} 的增加。因此，如果流动性贴现不变，基准利率 i_{CB} 的下降将会成功地降低长期利率；但是如果基准利率的下降导致长期资产的流动性不足贴现增长更快（比如出于对通货膨胀的恐惧），它也会导致长期利率的增加。在金融危机之前，所观察到的低水平的长期利率可以通过下述方式得到解释：长期债券流动性不足贴现很低并且在下降。

因此，我们是同意阿姆斯达特和马丁（Amstad and Martin，2011，p.2）的下述分析的。他们提出，如果"信用风险溢价……以及利率的期限结构足够稳定，对隔夜拆借市场的干预……将会使得中央银行控制长期利率"。相反，"在市场紧张时期……稳定隔夜拆借利率并不能阻止更为长期且与经济运行更相关的利率跟随信用风险和流动性溢价而波动"。

关于投资组合决策的替代性调整机制

存在构建投资组合选择与投资组合调整的第二种方式。第二种分析框架最早由托宾（Tobin，1969）提出，随后为戈德利（Godley，1996）所修正。这一分析框架与雷（Wray，1992）所提出的资产价格模型有一定的相似之处。他们在模型中暗中假定资产是不完全替代的，并且人们不会把所有的鸡蛋都放在同一个篮子里，即使净流动性不足贴现的回报率不同。现在，为了简化，我们提供一个只存在三种资产的示例：银行存款 D、短期资产 A_{ST} 以及一定数量的长期证券 A_{LT}，其价格是 P_{LT}，它与其收益负相关。我们可以将对这些资产的需求用矩阵表示如下：

$$\begin{bmatrix} D \\ A_{ST} \\ p_{LT}A_{LT} \end{bmatrix} = \begin{bmatrix} \lambda_{10} \\ \lambda_{20} \\ \lambda_{30} \end{bmatrix} V + \begin{bmatrix} \lambda_{11} & \lambda_{12} & \lambda_{13} \\ \lambda_{21} & \lambda_{22} & \lambda_{23} \\ \lambda_{31} & \lambda_{32} & \lambda_{33} \end{bmatrix} \begin{bmatrix} i_D \\ i_{ST} \\ i_{LT} \end{bmatrix} V + \begin{bmatrix} \lambda_{14} \\ \lambda_{24} \\ \lambda_{34} \end{bmatrix} V$$

$$(4.3)$$

λ_{ij} 表示不同资产的流动性偏好的指标。如果对矩阵不太熟悉，第一行可以理解为对银行存款 D 的需求等于：

$$D = (\lambda_{10} + \lambda_{11} i_D + \lambda_{12} i_{ST} + \lambda_{13} i_{LT})V + \lambda_{14}Y \qquad (4.4)$$

这意味着对银行存款 D 的需求是财富 V 和收入 Y（对货币的交易需求）的一定比例，并且对财富的比率是由系数 λ_{10} 给定的，但是这一比率是通过银行存款的利率、短期资产利率以及长期资产利率加以调整的。λ_{11} 为正，因为一个更高的存款利率应该会诱使投资组合持有者持有更多的存款；而 λ_{12} 和 λ_{13} 为负，因为对其他资产的更高的利率会诱使投资人减少其持有的存款形式的财富。λ_{14} 也为正，因为更高的收入很可能要求更高价值的交易并且因此使得银行账户拥有更大的余额。另外两行可以按照类似的方式加以理解。对于 λ_{ij} 存在下述限制：也就是所谓的求和约束条件。这可以被分为列约束条件，正如托宾所描述的：

$$\lambda_{10} + \lambda_{20} + \lambda_{30} = 1$$

$$\lambda_{11} + \lambda_{21} + \lambda_{31} = 0$$

$$\lambda_{12} + \lambda_{22} + \lambda_{32} = 0$$
$$\lambda_{13} + \lambda_{23} + \lambda_{33} = 0$$
$$\lambda_{14} + \lambda_{24} + \lambda_{34} = 0$$

而其行约束条件，正如戈德利（Godley，1996，p. 18）所描述的：

$$\lambda_{11} = -(\lambda_{12} + \lambda_{13})$$
$$\lambda_{22} = -(\lambda_{21} + \lambda_{23})$$
$$\lambda_{33} = -(\lambda_{31} + \lambda_{32})$$

第一个列求和约束条件表示所想要的每种资产的比例之和加起来等于 1。换言之，需求之和必须等于财富 V，从而 $D + A_{ST} + p_{LT}A_{LT} = V$。可以在减少一种的同时增加另一种。另一个列约束条件源自同样的限制。行的求和约束条件意味着：在其他利率保持不变的情况下，某种资产的利率增长所产生的效果不应该同在自身利率保持不变的情况下，其他利率相同幅度的下滑所产生的效果存在区别。在满足行的求和约束条件下，行的求和约束条件可以被对称性约束条件所取代。对称性意味着，在矩阵中，对于所有 $i \neq j$，我们均有 $\lambda_{ij} = \lambda_{ji}$，这由卡拉考格鲁（Karacaoglu，1984）提出。比如，等式 $\lambda_{12} = \lambda_{21}$ 意味着短期资产利率的提高会导致对同样规模存款的需求的下降，因为对短期资产的需求的下降是由对同样的存款利率的上升所导致的。所有这些求和约束条件都是为了确保分析的一致性。

在戈德利和拉沃（Godley and Lavoie，2007a）的模型中，对资产的需求，如等式（4.3）所示，会遇到对资产的供给的问题。与等式（4.2）相反，其调整被假定是通过价格发生的，即通过利率所采取的价值形式，这里对投资组合偏好的调整可以要么通过对资产的供给实现，要么通过价格实现。在等式（4.3）中，这意味着利率的变动，以及长期资产价格的变动。比如，考虑等式（4.4），如果在当前利率水平i_D、i_{ST}、i_{LT}下，存在流动性偏好迫使家庭部门希望持有更多的银行存款，而经济体中的其他当事人并没有通过调整其相应的资产的供给以适应这种变化，那么对银行存款的需求将不得不通过存款利率的下降和相应的其他两种资产的利率的提高来调整自身以适应现有的银行存款。雷（Wray，1992，p.79）相信这是流动性偏好增加最可能的效果，"因为私人机构不可能发行更多的货币以响应流动性偏好的增加"。

很自然地，值得强调的是，这里我们考虑的是投资组合的即时变动。我们并没有考虑家庭部门通过它们的支票以及跨期的存款所获得的银行存款的情况，或者通过购买物品而使其货币账户余额减少的情况，而企业通过用这类销售的收入降低其总债务从而减少其货币账户余额——这种情况与卡尔多回流机制有关。

在戈德利和拉沃（Godley and Lavoie，2007a）2007年的文章中，他们假定除了股票市场的情况外，对流动性偏好的调整主要是通过资产供应的变动发生的。除了股票市场价格的情况外，通过价格的调整也可能发生，但只是辅助性的行为。这主要有两个理由。第一，它们的模型假定银行管理存款利率和贷款利率，而中央银行是将国库券利率作为目标。第二，这些模型声称是为了展现货币当局，在与政府的合作下，能够设定短期利率和长期利率。因此，银行和货币当局在它们所控制的目标利率的实际价值偏离其可接受范围时才会对其进行调整。这之所以发生是因为流动性偏好的变动［等式（4.3）中的λ_{ij}，尤其是λ_{i0}］以及实体经济的变动。

关于公众流动性偏好发生变动的示例

让我们考察在家庭部门修正其流动性偏好系数时会发生什么。假定家庭部门希望将他们的投资组合转向货币（现金和银行存款），并且避免短期资产和长期资产，这里我们主要指的是国库券和债券。进一步假定，银行存款有 10％ 的强制存款准备金率，称为关于现金和准备金的高能货币。因此，假定在资产现有收益水平下，所有家庭都喜欢获得 10 单位的额外现金和 90 单位的银行存款，从而减少 20 单位的国库券和 80 单位的债券。这可以参阅表 4 - 24 的第一行数字。注意资产持有的增加用"＋"表示，而资产持有的减少用"－"表示。还需要注意到的是债务的增加用"－"表示，债务的减少用"＋"表示。为了有助于读者理解，债务被放在方括号内。

表 4 - 24　　　　　　　家庭部门流动性偏好的适应性增加

资产	家庭部门	政府	中央银行	银行	合计
高能货币	+10[1]		(−19)[9]	+9[7]	0
银行存款	+90[2]			(−90)[6]	0
国库券	−20[3]		−61[10]	+81[8]	0
债券	−80[4]		+80[5]		0
合计	0	0	0	0	0

资产存量变动的矩阵账户是通过各部门之外的实际交易绘制的。它不包括资本利得，因此，矩阵的行列之和都为零。换言之，只有在某个家庭购买另一个家庭放弃的债券时，整个家庭部门才会减少其投资组合中持有的债券的比例，但是只有在产生债券的资本损失时，其价格才会下跌。换言之，债券价值的下降意味着家庭部门财富的下降，并且不允许家庭部门持有更多的其他资产。我们在学习下面的例子时就会明白这一限制是何等重要。

在表 4 - 24 中，我们假定中央银行在当前利率水平下，作为销售的交易对手采取必要的措施吸收对债券和国库券的需求的任何变动 [5]，这使得家庭部门能够获得它想要的现金和存款。因而，银行获得了 90 单位的额外的存款债务 [6]，这迫使它们需要额外获得

9单位的准备金 [7]。银行也需要获得 81 单位的国库券 [8]。为何会如此呢？这可以通过下述清算等式进行理解。由于家庭部门最初出售了 100 单位的债券和国库券，它们被中央银行购买，正如之前已经表明的，银行在清算中心就获得了 100 单位的清算账户余额。然而，银行必须将 9 单位作为准备金存入中央银行，并且它们必须获得 10 单位的现金以支付给其存款客户，因此它们在清算账户上就剩下用于购买国库券的 81 单位了。对于中央银行而言，它必须增加 19 单位的准备金和银行券债务 [9]。在中央银行购买 80 单位的债券之后，其资产负债表的合计情况因而表明它必须有 61 单位的国库券的净销售 [10]。这与它从家庭部门所购买的 20 单位以及出售给银行的 81 单位相适应。因此，正如比博（Bibow，2009，p.122）所指出的，投资者的悲观和增加的流动性偏好"对利率的影响仅次于银行对利率的影响"，并且在这里货币当局"不能通过扩大流动性将其影响加以抵消"。

表 4-24 可以被视为是对在"9·11"恐怖袭击后美联储活动的概略性描述，这已经证明中央银行可以"通过降低用于出售给普通大众的证券供给的总量来避免价格的大幅调整。公众从而能够通过增加其货币持有量而对日益增加的悲观趋势感到满意，从而避免为失序状态下的金融资产市场价格感到沮丧"（Davidson，2009，p.91）。

对表 4-24 的解释也存在几个问题。如果银行拒绝购买国库券，将它们 81 单位的清算账户余额作为超额准备金呢？一旦如此，隔夜拆借利率将会迅速下滑，显然这是个蹩脚的建议。如果中央银行开始抛售国库券，将其全部出售了呢？一旦如此，我们就需要政府的担保。政府需要通过买回家庭部门希望出售的债券，并且发行（会被银行和其他交易者购买的）等值的国库券以重新调整其投资组合

债务的结构。这与罗宾逊（Robinson，1952，p.29）给出的描述相
一致：试图确保长期利率下降，当局"需要发行国库券以购买债
券，货币的数量需要被调整到使国库券利率保持在最低点的水平"。
这可以从表 4-25 看出。在这种情况下，中央银行获得了 19 单位的
国库券，而不是在前一种情况中仅仅限制在将它们售出上。

表 4-25　　在中央银行完全售出国库券的情况下，家庭部门
流动性偏好的适应性增加

资产	家庭部门	政府	中央银行	银行	合计
高能货币	+10[1]		(−19)[10]	+9[8]	0
银行存款	+90[2]			(−90)[7]	0
国库券	−20[3]	(−80)[6]	+19[11]	+81[9]	0
债券	−80[4]	(+80)[5]			0
合计	0	0	0	0	0

　　如果银行考虑获得相对于其银行贷款而言更大数量的安全资产
（国库券），也就是为戈德利（Godley，1999a）所考虑的那种情况
呢？一旦如此，它们可能会决定进一步降低银行存款的利率以鼓励
家庭部门持有它们的国库券，从而通过间接的价格机制进行调整。
类似地，在表 4-25 中，政府可能会觉察到其国库券与债券的债务
比率已经完全朝向短期负债。然后，它们可能会决定维持支持长期
债券的价格，从而让长期利率上升。因此，通过等式（4.3），利率
的变动将会诱使家庭部门削弱其转向更具有流动性的资产的欲望。

　　也可以设想到这种考虑的另一种情况。倘若只是一个关于投资
经济的模型，中央银行并不持有任何政府证券呢？一旦如此，银行
将不得不购买这些证券，并且从中央银行获得预付款。从这里我们
可以看到主权债务问题如何在欧元区出现，在欧元区，欧洲中央银
行和各国的中央银行通常并不购买任何政府的证券。通常条件下，

后凯恩斯主义经济学： 新基础

银行购买投资者不想持有的国库券和债券，并从中央银行获得它们需要的预付款，正如表 4 - 26 所示。但是如果银行拒绝购买证券，比如因为它们害怕出现主权违约，那么所有对流动性偏好变动的调整都将会集中在资产价格和利率上。关于价格和收益的调整将会如下所述：家庭部门被诱使持有在它改变其偏好之前的相同比例的资产。

表 4 - 26　　在透支经济模型中，家庭部门流动性偏好的适应性增加

资产	家庭部门	政府	中央银行	银行	合计
高能货币	+10[1]		(−19)[9]	+9[8]	0
银行存款	+90[2]			(−90)[5]	0
国库券	−20[3]			+20[6]	0
债券	−80[4]			+80[7]	0
预付款			+19[10]	(−19)[11]	0
合计	0	0	0	0	0

最后一个值得考虑的情况是在同一个部门内存在意见分歧的情形。让我们将家庭部门划分为空头和多头两方，空头希望卖出他们手中的债券；多头希望能够购买债券。这一情形与比博（Bibow，2009，pp. 103 - 104）在凯恩斯的《货币论》的基础上所讨论的情况相一致。比博指出："银行系统……向'多头'提供预付款（金融贷款），而多头随后会购买空头手中的债券，从而在一般公众内部形成不同程度的意见分歧……后者会暂时满足于在证券价格上升时持有更多的储蓄存款。"这一情形参阅表 4 - 27。银行同意向多头提供预付款，从而多头有了购买债券的必要的资金。因此，根据比博（Bibow，2009，p. 122），我们再一次发现"银行系统在决定金融状况中起着非常关键的作用"。

表 4 - 27　　　多头获得银行预付款以购买空头不想持有的债券

资产	空头	多头	中央银行	银行	合计
高能货币			(−10)[9]	+10[7]	0
银行存款	+100[5]			(−100)[6]	0
国库券			+10[10]	−10[8]	0
债券	−100[4]	+100[3]			0
贷款		(−100)[2]		+100[1]	0
合计	0	0	0	0	0

实际上，人们可以认为表 4 - 27 描述了一种标准情形，如果我们将多头重新解释为专业交易员，因为正如克里斯托弗·布朗（Christopher Brown，2003 - 2004，p. 334）所指出的：

任何大规模的廉价出清……都将迫使专业交易员评估通常以与商业银行预先商谈好的信用额度形式存在的"或有资本"。因此，当专业交易员获得投资特权以制造买卖兴旺的假象时，出售的压力很可能会使得货币供给内生性扩张。

戴维森（Davidson，2009，ch. 6）得出了下述结论：在全球金融危机时期，正是这类流动性安排的崩溃导致了混乱的金融市场，因为制造买卖兴旺的做市商不愿、也不能吸收这些销售。

我们也可以按照一种完全相反的方式理解表 4 - 27。可能是多头现在希望购买债券，他们通过银行获得这样做的资金。在这种情况下，表 4 - 27 所描述的交易只有在债券价格上涨时才会发生，由于空头只有在他们能够获得资本利得时才会出售其债券，他们的投资组合系数并没有发生变化。在这种情形下，经济体中债券的价值和货币的数量都将增加。这种情形清楚地揭示了当金融投资者能够很容易地获得银行信用时，资产价格膨胀是如何发生的（Toporowski，2000)。

4.5.4 银行的流动性偏好

在讨论公众的流动性偏好时，我们提到了银行的行为。银行的流动性偏好能够并且已经按照两种方式被理解。第一种方式与家庭的流动性偏好类似。勒赫伦和莫阿奎（Le Héron and Mouakil，2008）因此提出了类似于等式（4.3）的一系列等式，其中银行在贷款和购买公司股票、国库券以及债券之间进行选择。流动性偏好也可以通过其他一些指标加以评估。这是在提出银行可能也希望实现一系列安全资产对存款的比率时提到的。当讨论表 4 - 25 时，我们指出银行可能希望通过提高存款利率实现或者提升这一比率，从而从那些受到银行存款会有更高收益影响而增加银行存款的投资者那里购买国库券。在这种情况下，银行资产负债表的规模会扩大。另外一种情况是银行将其贷款证券化，以将这些贷款从其资产负债表中剔除，从而其资产负债表的规模会缩小。

银行的流动性偏好也可以按照第二种方式加以理解，即通过银行企业家的动物精神的状态进行定义。这与信用评级的问题有关，凯恩斯（Keynes，1930b，p. 364）认为："通常存在一些不满足的借款者，他们相信他们应该能够从银行得到更多的贷款。"具有高流动性偏好的银行不情愿增加贷款或者接受新的客户。因此，我们可以将流动性偏好的概念用于银行业以测量银行为其潜在借款者提供贷款的意愿。它意味着银行对不确定性未来的信心。根据这一定义，银行流动性偏好的下降意味着银行更愿意发放贷款，或者愿意按照更宽松的条件发放贷款。第二层含义是本小节的重点。

水平主义始终与信誉可靠程度和信贷配给相关

对银行流动性偏好和信贷配给的考察导致了水平主义的后凯恩

斯主义经济学家与结构主义的后凯恩斯主义经济学家的第二个争
论，不过在我看来这是完全不必要的。一些后凯恩斯主义学者将水
平主义的银行描述为"被动的"（Dow，1996，p.497）或者"几乎
没有什么价值的"（Cottrell，1994，p.599）。现在存在大量证据表
明情况远非如此（Rochon，1999，pp.169-173 and ch.8）。诸如摩
尔和卡尔多这类水平主义的后凯恩斯主义经济学家早就通过比如透
支协议而非信贷配给方面强调银行信用的供给弹性以及它们的适应
性行为（不可任意支配的）。但是，这是可以预料的，因为这些学
者最开始就试图让读者相信货币是内生的。然而，卡尔多和摩尔都
强调了信贷配给的可能性以及寻求有信用的借款者的重要性。实际
上，信用良好是货币内生性的一个关键特征，并且正如海因索恩和
斯泰格尔（Heinsohn and Steiger，2000）所指出的，它与银行贷款
对财产和抵押品的要求联系在一起。实际上，正如明斯基
（Minsky，1986，p.256）所解释的，"最基本的银行活动是承兑，
即确保一些客户是信用良好的"。下述引言相当清楚地表明：更早
的水平主义的后凯恩斯主义者注意到了信贷配给和信用良好的问题。

银行体系为货币市场确定一个利率（或者一系列利率）并
且根据贷款者能够提供的令人满意的抵押品向很多借款者发放
贷款（Le Bourva，1992，p.449）。

贷款和货币存量的变化只单独通过对贷款的需求和潜在借
款者的信用能力进行调控。（Godley and Cripps，1983，p.77）

在任何时候，银行的贷款规模或者其扩张速度都只受可给
予信贷的借款者的可得性的限制。当商业状况良好或者当由于
价格上涨的缘故而导致的借款者的资产的货币价值上涨时，对
银行信用的需求增加但是同时潜在借款者的信用能力也提高

了，因此对信用的需求和供给朝同一个方向移动。（Kaldor，1981，p. 15）

银行并不倾向于仅因为有超额的准备金就批准银行贷款申请。事实上，它们仅仅愿意发放贷款给那些证明自己是可给予借贷的客户，并且一旦对贷款的需求满足了，不会再有额外的贷款被提供。（Eichner，1987，p. 854）

商业银行的贷款员必须确保贷款请求满足银行的收入和资产担保要求。一般它们必须满足它们自己对该项目的信用可靠程度以及借款者特点的要求。正是这些原因使得银行与其借款者之间发展了客户关系。（Moore，1988，p. 24）

银行……试图满足所有客户的贷款请求以达到它们预先安排好的信贷额度，只要后者满足银行最低的担保和风险要求。（Ibid.，p. 57）

银行根据它们对借款者的信用可靠程度的估计建立了单个借款者的信贷限额，从而决定了在零售贷款以及存款市场中的价格设置和数量设定。银行借款者通常并不完全用尽其信贷承诺……这并不是要否认许多小型借款者实际上受到了信贷约束。尤其是新的企业和贫穷的家庭并不拥有为了从银行获取有利可图的、良好的贷款所要求的收入、资产以及信用记录标准。（Moore，1994，p. 123）

我们如何能够最好地表达信贷配给这一概念？在提出我认为最有启发性的观点之前，首先需要注意一些最基本的术语。现在，大部分企业都持有银行一定的信用额度，并且金融机构彼此之间也持有一定的信用额度。许多个人也能够通过信用卡、银行账户或者以其住宅为抵押从而自动获得预付款。银行与借款者之间敲定的信用额度在对生产的初始融资中起到了非常重要的作用，因为它们为融资提供了灵活的渠道。在贷款利率确定的条件下，银行在合同中敲定的最高信贷额度规定了银行能够给企业提供贷款的最大值以及所需要支付的利率（Wolfson，1996）。

　　贷款利率可能是固定的，在这种情况下借款者需要支付一定费用以确保这个固定利率；贷款利率也可能是浮动的，这时的利率水平是某些市场利率（比如国库券利率甚至中央银行的目标利率）的加成。这一加成是银行弥补违约风险以及管理成本所发生的一种风险溢价。最终，信用额度的附属利率会遵循市场利率的变化而变化。当然，不同类别的借款者将会面临不同的利率水平。因此，具有较低的债务资产比的小企业很可能面临的是比拥有较高的债务资产比的大企业更高的利率水平。至于在其他条件都相同的情况下，由于更高风险的存在，银行必然会对拥有更高债务负担的企业索取更高的利率。类似的利率决定在金融市场上，当企业发行商业汇票或者企业债券的时候也会发生。例如图 4-5 阐释了卡莱茨基的风险递增原则。这必须被理解为是关于一个公司的横截面状况，而非其随着时间的演化状况。

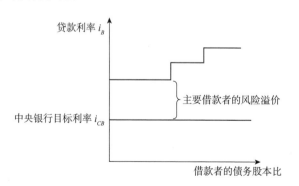

图 4-5　微观层面理解卡莱茨基的风险递增原则

与对信用的名义需求和实际需求相关的信用评级

信用额度协议的主要特点在于它们细分了所索取的利率以及能够贷出的最大额度，这已经在我们讨论企业的金融边界时以一种不同的形式在等式（3.3）中讨论过了。在某一点上，银行或者市场将会拒绝借贷。这如何在图像上呈现出来呢？一些学者提出可以画一条向上倾斜的信用供给曲线；也有学者提出可以画一条截断的供给曲线或者一条突然变得垂直的供给曲线。

过去我已经提出信贷配给与信用供给曲线没有关系。拉沃（Lavoie，1985c，p.845）提出，借贷者需要具备的条件（盈利能力、抵押品等等）被视为"移位参数"。阿雷蒂斯和埃希纳（Arestis and Eichner，1988，p.1010）也认为信贷配给在回归分析中充当的是移动变量。但是对好的借贷者的评价部分是主观的。借款者和贷款者对好的借款者以及借贷多少给他们有不同的看法。拉沃（Lavoie，1992b，pp.177-178）提出了建立在"现有抵押品和风险要求基础之上的信用'有效'需求曲线。当这些条件被修改时，比如说放松时，它们将会在信用有效需求曲线上向上移动。"在另一篇文章中，我提到了"有偿付能力的"需求，声称"更为严格的标准将会使得有偿付能力的信用需求曲线移向左边"（Lavoie，1996d，p.287）。在同样的背景下，沃尔夫森（Wolfson，2012）提到了"资信可靠的需求"。因此需要对被借款者所感知到的用于贷款的需求曲线与贷款者眼中的有效、有偿付能力或者资信可靠的需求曲线做出区分。

不满足银行要求的借款者仅仅不会获得信用。只要借款者是可信的，即被认为能够归还其贷款，银行将会同意贷款给他们。因此，正如罗宾逊（Robinson，1952，p.29）所提出的，"银行可以提供的预付款受到资信可靠的借款者的需求的限制"。接下来显而易见的问题在于银行是否能够分辨出谁是资信可靠的。银行开发了一系列复杂的方式以识别资信可靠度。比如，银行把借款人归为不同风险类别，这一分类取决于借款者的历史记录、过去与银行的关系、抵押品的价值、贷款融资项目的类型、负债比率与流动资金比率（用于评估借款人现金流和利息负担）。那些不满足这些标准或者拒绝完成担保要求的借款者将会被拒绝（或者应该被拒绝，而在次级贷款金融危机中情况并非如此）。当然，那些满足所有条件的企业或者个人就可以通过信用额度来满足日常财务需要。

关于上述说明的一个典型例子发生在投资银行雷曼兄弟违约之后。企业突然不能获得它们存在影子银行中的资金并且不能通过出售公司债券为其支出融资，因为没有人敢购买突然被视为不安全的资产。几个星期后，一些企业遭遇了信贷紧缩，因为银行不情愿贷款给新的客户或者向那些不曾做过充足的信用额度安排的客户增加贷款。

曾经为美联储工作过的沃尔夫森（Wolfson，1996）写作了一篇我认为是关于后凯恩斯主义论信贷配给的最好的文章。沃尔夫森（Wolfson，2012，p. 117）在文中指出，他的目的在于"提供一个涵盖水平的内生货币供给曲线的信贷配给的分析框架"。对于给定风险等级的借款者，沃尔夫森（Wolfson，1996）在相对于该风险等级的利率上绘制了一条水平的信贷供给曲线。因此，存在两条信贷需求曲线，类似于第 5 章所提到的名义的劳动供给曲线和实际的劳动供给曲线。信贷名义需求曲线，与企业根据它们的预期而产生的对贷款的需求相关，包括信用度较高和信用度较低两种借款人的需求。另一条需求曲线即信贷有效需求曲线，即银行只考虑那些信用良好的借款人，因此这条需求曲线只包括符合信用标准的借款人。"名义"和"有效"的观点也为休维特森（Hewitson，1997，

p. 132）所认同。在既定的贷款利率下，在信贷名义需求曲线与信贷有效需求曲线之间的水平距离指的就是信贷配给。换言之，从银行家的角度看，信贷有效需求曲线是信用良好的借款者的信贷需求曲线。信贷供给是需求导向的，但是受制于对资信可靠度的评估，而后者取决于主观和客观的标准。我们可以说它取决于银行家的流动性偏好或者其动物精神。

图 4 - 6 阐述了两种信贷需求曲线的类型。总信贷需求包括信用度较高和信用度较低的两种借款者的需求，可以被称为信贷名义需求曲线。然而，由于银行只考虑那些信用度较高的借款者，并且它们甚至对信用较高的借款者也限制了向其贷款的数量，所以总的来说与之相关的只有信贷的有效需求。值得注意的是，当贷款利率提高时，信贷名义需求曲线与信贷有效需求曲线之间的距离会增大。因为正如新凯恩斯主义者所指出的，这在逆向选择——只有那些不打算偿还贷款的借款者才会同意支付更高的利率——时会发生；或者它可能仅仅因为更高的利率会使得借款者偿付其债务更为困难，这一观点更早之前为卡莱茨基所提出，他发现"高利率本身可能会增加对企业未来清偿能力的担忧"（Kalecki，1971，p. 105）。

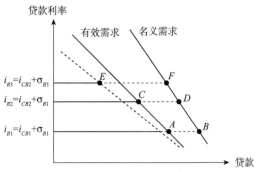

图 4 - 6 信贷名义需求曲线与信贷有效需求曲线下的信贷配给

至于贷款利率，我们可以划分为两部分。正如等式（4.2）的情况一样，i_{CB} 反映的是中央银行的基准利率，也可以延伸为货币市场的主要利率（比如短期国债利率、隔夜拆借利率或者银行在零售市场借入的利率），而第二部分 σ_B 反映了流动性不足与风险溢价。因此我们可以得到：

$$i_B = i_{CB} + \sigma_B \tag{4.5}$$

因此，贷款利率的提高主要由两个潜在因素导致。第一，由于贷款利率是以中央银行设定的基准利率为基础的，任何基准利率的提高都会导致贷款利率的提高。如图 4-6 所示，贷款利率从 i_{B1} 移动到 i_{B2}。在这种情况下，鉴于更高的借款成本，更少的企业和更少的家庭想借款。这可以通过斜率为负的名义需求曲线表示出来。然而，同时，更多的借款者将不能满足银行的要求。换言之，更少的借款者是信用度较高的，并且因此更多的借款者会被拒绝。因此，两条曲线之间的水平距离所刻画的信贷配给将会从 AB 增加到 CD。

一种特殊的情况是当银行发现其信心下滑，从而决定增大借款利率与基准利率之间的平均利率差额时，将会提高风险和流动性不足的溢价 σ_B。这可以从图 4-6 中借款利率从 i_{B2} 移动到 i_{B3} 看出。风险溢价和借款利率的增加导致信贷有效需求曲线向左边移动，也就是现在的虚线，因为银行实际上提高了贷款标准。信贷配给现在被假定为 EF。正如沃尔夫森（Wolfson，1996，p.461）所指出的，"利率差额、非价格标准以及信贷配给一起增加了"。因此，每一个流动性不足和风险溢价水平都会对应一条有效需求曲线。

在主流经济学中，信贷配给的发生是因为信息不对称。这确实起着一定作用，尤其是发生银行间拆借时，不过，后凯恩斯主义学者们重点研究的并不是银行和消费者或者企业家希望获得贷款以为其活动融资时的不同期望。当信用市场收紧时，不是因为不对称信息的突然增加；相反，是因为不确定性程度的增加导致银行家信心的下降以及其对流动性偏好的增加，他们认为未来并不那么乐观。银行和金融市场将对贷款执行既有的标准或者将施加更为严苛的标准。结果，很多借款者将被拒绝贷款：他们将干脆不再被视为资信可靠。此外，由于银行对未来缺乏信心并且预计会有更多的贷款违约，它们想通过提高流动性不足和风险溢价来保护其收益率从而补偿增加的风险，这与雷（Wray，1992，p. 305）所声称的利率分布取决于借款者的风险的观点是一致的。实际上，风险溢价在扩张期更低，而非更高（Robinson，1956，p. 230）。

当然，我们也可以考察信用市场的另一面，当风险和流动性溢价下降，以及当几乎所有对信用的名义需求都完成并且都被认为是资信可靠的时的情况。这就是流动性充足的情况，这意味着银行和其他金融机构很愿意以低利率提供信贷，并且会鼓励家庭和市场借入资金。不过，没有人会被迫进行借款，但是市场和银行可能会改变当事人的偏好，正如第 2 章所述。这正是明斯基讨论的问题，下一节将会对此展开论述。

完整的模型

我们在图上如何对我们关于利率、准备金、银行存款和银行贷款的看法加以总结呢？结构主义者通常喜欢使用一条在准备金和利率上的向上倾斜的连续曲线和一条上升的信用供给曲线（Palley，1994；Pollin，1996，p. 505）。水平主义者，正如其名所示，反而支持一条在目标利率上的水平的准备金供给曲线，或者正如卡尔多（Kaldor，1983a，p. 22）所指出的，作为"代表不同货币政策立场的水平曲线簇"。作为一种折中方案，冯塔纳（Fontana，2009，p. 108）提议随着准备金数量的增长而增长的阶梯函数，即当提供更多的准备金时，中央银行设定的目标利率将会以不连续的方式增长。其目的在于反映中央银行的反周期行为及其反应函数。但是应该注意的是这仅仅是某种特定的反馈机制的结果。此外，银行不持有准备金并且银行券根据需求供给的国家应该怎么办？一些非正统学者采用在目标利率上的水平主义的准备金供给曲线作为一种教学手段，而一些后凯恩斯主义学者对于接受这种方法仍然犹疑不定，这实在令人不安。

如果在后凯恩斯主义学者中存在一种共识，图 4－7 即是如此。这是最初由帕利所提出的四象限模型（Palley，1996b，p.519）。近来，类似的图可以在后凯恩斯主义著作中发现，比如海因（Hein，2008，p.45）、冯塔纳（Fontana，2009，p.114）、冯塔纳和塞特费尔德（Fontana and Setterfield，2009b，p.134）以及豪威尔斯（Howells，2009，p.178）。阅读该图，需要从中央银行设定的目标利率 i_{CB} 开始。通过等式（4.5），只要我们知道了流动性不足与风险溢价 σ_b，也就决定了银行对其贷款施加的利率 i_B。根据信贷有效需求曲线，我们也就知道了经济体中实际所需要的贷款量。这一数量有助于我们根据 BD 曲线的斜率所衡量的公众的流动性偏好来决定银行存款的存量。该斜率也受到一系列利率的影响，但主要是存款利率与市场利率之间的差额。假定银行持有准备金，无论它们是强制性的还是出于谨慎原则，我们因此可以得出该经济体所需要的准备金的数量。

豪威尔斯（Howells，2009，p.183）在图的东北角增加了一个象限以刻画借款利率与经济活动之间的关系。然而，人们会认为是贷款的数量，而不是新增贷款的数量能最好地预估公司经济活动或其变化。实际上，包含家庭部门债务和商业债务的变动的预测模型确实能够更好地预测经济活动（Godley et al.，2008；Werner，

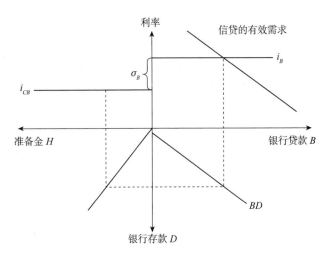

图 4 - 7 拥有贷款、存款和准备金的完整模型

2012）。应该记住的是因为银行信心下降以及非金融公司丧失其自身的动物精神或者不情愿借款从事新的项目都可能使得信贷有效需求曲线向内移动。

4.5.5 金融不稳定性

因此，对银行流动性偏好的介绍极大地丰富了内生货币理论。首先，它表明我们的重心应该放在信用市场上，而非货币市场上。这一重要思想已经为很多后凯恩斯主义学者所提出，其中最著名的当属沃伊尼洛尔（Wojnilower，1980）以及豪威尔斯（Howells，2009，2010），因为除了中央银行在公众流动性偏好上升时进行干预外，是银行贷款的扩张导致货币供给增加。正如埃希纳（Eichner，1987，p. 158）所提出的，"应该将对信用的需求而非对货币的需求作为分析货币因素在决定实际经济活动水平时的必要的分析起点"。其次，正如道和道（Dow and Dow，1989，p. 158）所指出的，"根据流动性偏好状况，货币当局所设定的利率与银行贷款的各种利率是一致的"。最后，很明显，对于中央银行的既定立场和贷款的既定利率而言，根据广义的银行流动性偏好，不同水平的贷款和信用总额是可能的。

明斯基的理论

实际上，金融不稳定性可以被归因于银行（和其他经济当事人）流动性偏好的重大转变。我们在第 1 章引入稳定性与流动性之间的悖论时对此进行了详细讨论。这些悖论和银行流动性偏好的概念与明斯基的金融不稳定假说密切相关（有时它也被称为金融脆弱性假说）。在后凯恩斯主义出现以前，明斯基在 20 世纪 60 年代已经清楚地提出了其论述的主要观点：

> 最普遍的假说是经济系统中与实体变量相关的行为并不独立于经济的金融结构……［第二个假说是］金融危机发生的可能性并不独立于经济的金融结构并且金融结构反映了经济的过去。第三个假说……是在持续的繁荣阶段所发生的金融变化……是随着繁荣的持续，那些金融结构稳定的领域的稳定性在下降……如果额外假定持续的繁荣不会被……需求的任何不足所摧毁，那么可以得出［第四个假说］：如果持续的繁荣将被摧毁，那一定是被金融危机所摧毁的。（Minsky，1964，p. 175）

第一个假说，实体变量与金融变量是共生的，将在本章的最后部分加以阐述。第二个假说强调了后凯恩斯主义经济学中时间的重要性。第三个假说被划分为两部分。第一部分——在我看来这是明斯基的主要贡献——重申了稳定性的悖论，并且提出，由于金融创新和当事人在好年头时其行为和标准的变化，所以随着时间的推移，经济在金融比率和资产负债表上可能会经历结构性转变。这是金融脆弱性假说的本质，并且是导致一切金融危机的共同特征。

随着扩张的继续，一系列成功的经验会证明大部分乐观的当事人的预期是正确的。"成功孕育了对失败的可能性的弃置"（Minsky，1986，p. 237）。随着那些警告即将到来的灾难和请求更为谨慎的观点一再被证明是错误的，怀疑终结了。"领头羊在更具冒险性的投资融资方式上取得了成功，其他人则追随其后，因而稳定性——甚至在扩张过程中——正越来越不稳定（Minsky，1975，p. 127）。"在金融机构内尤其如此，"贷款/货币经理为其在投机浪潮中冲锋陷阵获得了'酬劳'，并且实际上又被迫参与这些活动以进一步巩固其制度性地位"（Grabel，1996，p. 22）。在完全不确定性的环境下，乐观预期的确认导致对相反观点的弃置，因为很多市场参与者都相信一个新的时代已经到来并且陈旧的法则已经不再灵验。这为下述事实所强化，即人们，尤其是银行家倾向于忘记以前发生的事情——这是明斯基金融脆弱性假说的关键特征。金融当事人遭受了短视之苦。

第三个假说的第二个部分在于金融不稳定假说假定资产负债表和金融比率将会恶化。这将在第 6 章被模型化，其中过度自信的家庭的债务比率更可能在繁荣中恶化，企业的总体财务比率可能会/也可能不会随着更快的增长而恶化。明斯基预见到了这一特征，他指出，至少有一段时间，"通过留存收益进行的内部融资比预期的要多，并且这导致在债务结构中大量使用短期债务的努力失败了"（Minsky，1986，p. 237）。

至于第四个假说——金融危机的到来——明斯基（Minsky，1982，pp. 7，83，107）似乎将上面的拐点归咎于在繁荣末期利率的不可避免的上升趋势，无论是由于债务比率的提高（这可能发生，也可能不会发生），还是由于中央银行施加的货币限制——作为对通货膨胀的防御性抵制或者是作为实际需求膨胀的产物。但是，正如托普罗斯基所指出的，"他要求提高利率的明确的政策决定"（Toporowski，2005，p. 146），并且我们不再认为金融危机是自我产生的或者拐点是完全内生的。无论如何，一旦发生危机，我们将会目睹财经媒体所称的"明斯基时刻"。金融危机成为关于资产价格下跌和清算拍卖的一种债务紧缩的恶性循环，而这是由源自抵押品的价值的下滑所要求的追加保证金所导致的，直到政府果决地行动。

在一个简化的宏观经济学模型中有些复杂的情况不容易被处理。在真实世界中，金融脆弱性与更短的金融持续周期、放松的银行标准、强度降低的信用评估、更依赖于抵押品而非现金流、以避免规制为目的的金融创新的创造以及可感知的风险的下降等相关。加总时通常采用的是净比率。应该注意的是，金融系统的稳健性与复原力与每一个当事人或者实体经济中每个部门的总债务或储蓄相关。通过杠杆收购，企业积累了债务以在彼此之间进行购买，并没有产出和利润的增加。作为另一个例子，新的净消费信贷流翻倍或者变成三倍的可能性是存在的，尽管净家庭部门储蓄和国民收入保持不变。比如，有可能出现富人储蓄更多，而穷人越来越陷入债务之中的现象。这可以通过下面两个等式看出：

消费＋总储蓄＝家庭部门收入＋消费者债务的净变动

净储蓄＝总储蓄－消费者债务的净变动

拥有更高的消费者信用的金融系统的脆弱性远高于拥有更低的消费者信用的金融系统。在金融狂热期之后的稳定期，总债务和总储蓄超过收入和利润的可能性也存在，从而导致一个拥有大量相互交织的现金流要求的多层次的金融结构——一个金融泡沫。明斯基将这类交织状态的产物，尤其是它可能会导致的多米诺骨牌效应，界定为脆弱，因为相关方面无法立刻拿出他们被要求支付的资金。"债务被置换为以自有资产的形式进行融资——或者支付……在多层次金融结构中，获得债务的单位可能会有自己的债务，并且它履行债务的方式取决于它从资产中，即其他单位的债务中所获得的现金流"（Minsky，1975，p. 87）。

关于净值度量的另一个谬误的简单示例是信用违约掉期的情况——这是 20 世纪 90 年代中期产生的一种衍生品。信用违约掉期最初被设计出来对冲风险：对于一个小额的溢价，信用违约掉期的买方购买的是针对由某种特定的债券违约造成的可能损失的保护。但是在 21 世纪初之后，"赤裸裸的"信用违约掉期开始流行起来，这意味着没有持有债券的投资者将会购买信用违约掉期，以赌他们可能会违约，然而信用违约掉期的卖方——保险公司——将会赌这些债券不会违约。由于这是一个零和博弈，可以认为净风险为零。但是事情显然并非如此：如果存在多重违约并且保险公司破产，信用违约掉期的买方将无法得到补偿并且这个问题会传导到其他的交易者身上。因此，正如第 1 章所指出的，保护的存在实际上增加了风险而不是削弱了它。

第三个假说主要取决于对金融当事人的理解。不存在对银行系统所能够授予的信用数量的限制。信用创造取决于银行的流动性偏好和借款者的信心。银行业务建立在信用和信心的基础之上，因此，如果银行相信贷出更多是有利可图的，那么只要它能够保持对其他银行的信任，它就会乐此不疲。银行业实际上是在对利润的垂涎与对失败的恐惧之间进行权衡。利润是通过贷出更多以及通过在提供新的贷款上进行创造获得的。对失败的恐惧在美好时代会逐渐消失，因此，由于银行认为违约风险很低，它们将会通过提供建立在低利率差额基础上的低利率以鼓励潜在的借款者申请更多的贷款。随着繁荣的继续，银行就有胆量对其资产设定更高的杠杆率，并且由于留存收益的增加，它们的资产将会快速增长。

另一种理论及其启示

然而，应该指出，存在关于非金融企业家的金融行为的另一种后凯恩斯主义视角。比如，与上述视角相反，戈登（Gordon，1987）提出在企业家经历了一些美好年份后，他们倾向于更为谨慎，储蓄更多而借入更少，以确保他们在美好年份积累起来的财富。正是转向更为谨慎的行为，而非持续的冒险行为，是导致下滑的根源。类似地，托普罗斯基（Toporowski，2005，p.146）相信，随着企业越来越谨慎并且开始存储金融资产，将其作为对抗未来可能的不稳定的一种缓冲以履行还债义务，并且因此在这个过程中减少了对有形资产的投资，繁荣将会终结。

在次贷金融危机的情形中，明斯基关于金融机构和家庭部门的观点肯定是正确的，尽管他本人倾向于强调的企业债务在此次危机中并没有处于危险之中，因为私人部门的很多借贷都是家庭部门的，它处于无法支付其债务的庞氏债务困境中（Brown，2007）。我们也可以说第四个假说是正确的——美联储设定的利率在2005年左右确实增加了，这导致了房地产市场价格暴跌从而引发了次贷金融危机并因而导致了全球金融危机。

明斯基关于金融结构转变的观点非常接近凯恩斯。他们都描绘了一种投机者置身其中的华尔街金融市场或者都市视角的金融市场。凯恩斯将金融市场，尤其是股票市场比作一个巨大的赌场，其中所有的当事人都试图互相猜测，并且市场评估主要取决于信心的状态、悲观和乐观情绪的波动、流行与惯例。凯恩斯提供了一个关于选美竞赛的类比以呈现金融市场的自我反省和倾向于模仿的特征，由于参与者都试图猜测对整个资产价格的平均看法，而所谓的最根本性的决定因素——金融市场本身——只有部分是客观的（Fung，2006）。主流经济学的异见分子也意识到金融市场呈现了泡沫、狂热、过度以及可能的金融危机，但是他们将此归因于信息不对称，而后凯恩斯主义将其归因于金融当事人和金融市场的正常行为。

据此，一个显而易见的结论是银行和金融市场都需要被严密监管，正如明斯基所提出的（Minsky，1986），尽管所采取的规则和条例并不能成功地避免泡沫甚至危机。虽然这可能限制银行的企业家精神，但是它能够减缓被称为"大规模毁灭性"创造的出现。另一个反思是如果贷款者很难被控制，那么这些控制措施应该被加诸借款者身上（Minsky，1975，p. 168；Pollin，1996，p. 503；Toporowski，2000，p. 123）。这将会削弱金融机构修正其流动性偏好的能力和欲望。比如，在购买住宅时对首期款所采取的严格的管制被证明在减缓住房和建筑投机上是相当有效的。针对金融投资，加强对法定保证金的控制应该也有助于避免不稳定。

在这一点上的另外一个要点在于货币当局应该恢复信用控制，这在过去已为人们所知晓，比如信用上限、贷款上限、窗口指导（Werner，2005，p. 269）。在后凯恩斯主义文献中向来有支持信用控制的传统（Lavoie，1996e，pp. 540 - 541）。信用控制为卡恩、勒布瓦、卡尔多、罗西斯以及明斯基所提倡。正如沃伊尼洛尔（Wojnilower，1980，p. 307）所指出的，信用控制具有"令人震惊的潜力"。维纳（Werner，2005，p. 280）也相信信用控制是"最有效的并且也是货币政策中最重要的工具"。然而，存在一种通过金融活动从有管制的银行系统转向去管制化的金融部门这类金融脱媒的危险。下一节，我们将在信用总量增加的背景下讨论这一问题。

4.5.6 金融不稳定性与影子银行

在次贷金融危机爆发之前，看上去金融机构，尤其是美国的金融机构，正处于"流动性泛滥"之境。这就是我们在第 1 章中提出的流动性悖论：信心崩溃后，在最需要流动性的时候，它却突然蒸发了。这与明斯基的观点密切相关，在解释货币的内生性供给和金融系统脆弱性的增加时，他强调了准货币的发展。这些准货币是现在已经为人所知的影子银行所发行的债务。明斯基（Minsky，1975，ch.4）将金融资产价格的上涨与货币总额的增加和信用工具的增加结合在了一起。当银行和影子银行系统更加乐观并且对潜在失败不怎么谨慎时，存在一个增加的金融系统的分层，更多的流动性被创造了出来，更多的贷款被授予，并且金融资产价格上涨了。这带来了良性循环。这一小节的目的在于解释这一良性循环是如何出现在现代金融世界中的。

明斯基（Minsky，1975，p.90）解释道，一个企业股票价格的上升会"降低按照企业的市场价值进行现金付款的比率。对于银行家和金融家而言，这类增加的市场价值意味着企业可以发行更多的债务——额外的投资"。这一良性循环也由以下事实所推动：金融资产的价格已经上涨，这也将产生更多的抵押品，从而有助于购买更多的资产甚至进一步推高价格。

这一现象也适用于金融机构，尤其是以股票或者证券等形式持有大量资产并且可以被用于交易的非银行金融机构。当它们所持有的资产的价值上涨时，这些金融机构的净价值也会增加，并且它们会被鼓励扩张其资产负债表。通过将杠杆率定义为资产价值与资产和债务（股票除外）的差额的比值，如表 4-8 所示，我们可以得出，在其他条件不变的情况下，当金融资产价格上升时，这些金融企业的杠杆率将会下降。因而，在金融资产价格不断提高的背景下，金融机构将会试图通过寻求新的借款者以增大其资产负债表的规模，并且在非银行金融机构的情形下，它们会试图寻求更多的资金以为获取新债务融资，从而使得其杠杆率恢复到之前的历史水平。

然而，艾德瑞安和辛（Adrian and Shin，2010）认为金融机构，尤其是投资银行远不止如此。他们指出：当它们的资产负债表扩张时，其杠杆率倾向于提高，并且当资产负债表收缩时，其杠杆率倾向于下降。这意味着，当金融资产膨胀时，尤其是金融机构和投资银行，它们采用的是任意的决定以试图提高其杠杆率。因此，这些金融机构的目标杠杆率是顺周期的，这已为国际清算银行所制定的《新巴塞尔协议》所注意到。艾德瑞安和辛（Adrian and Shin，2010，p. 428）也指出"对资产负债表波动的调整是通过回购协议"——我们之前已经讨论过的非常短期的抵押贷款——进行的。但是，当我们在更早些时候声称只有银行管理办公室有权创造货币存款时，影子银行系统是如何最终创造更多的流动性的？

我们试图通过表 4 - 28 的示例阐释这一现象。假定我们现在有一个投资银行，高盛；一个拥有大量金融资产的企业，国际商用机器公司（IBM）；一个标准的商业银行，花旗银行；以及一个对冲基金公司，太平洋投资管理公司（PIMCO）。假定高盛认为杠杆率太低，这要么因为其资产的价格已经上涨，要么是愿意承担更多的风险。因此，高盛希望增大其资产负债表的规模，并且正在密切寻觅着投资者和借款者。吸收资金的一种方式是向那些在银行持有存款的机构通过提供高于存款的更高的收益率的方式进行逆向回购，在这个例子中是 IBM，如表 4 - 28 第一行数据所示。IBM 现在持有更少的银行存款和更多的高流动性资产，即回购债券。高盛现在拥有了现金——将其作为存款存入花旗银行。

第二行数据展示了接下来发生的事情。高盛现在从花旗银行得到了一些贷款，比如已经被证券化的按揭贷款，因而获得了抵押支持证券（mortgage-based security，MBS）。如果所有这些都发生了，没有额外的流动性被创造出来，如表 4-28 的第二行数据所示。然而，花旗银行现在可以发放新的贷款并且在不需要危害其资本充足率的情况下创造新的存款，而太平洋投资管理公司自身已经看到了其资产价值的上涨，从而希望通过吸收额外的银行贷款以恢复到之前的杠杆率水平，如表 4-28 第三行数据所示。现在流动性增加了，因为太平洋投资管理公司有 100 单位额外的银行存款，这将被用于购买额外的金融资产，而 IBM 仍然拥有相同的具有高度流动性的资产，因为这些被 IBM 所持有的回购债券被视为是准货币，也就是具有几乎同银行存款类似的流动性。类似的现象在结构性投资载体（structured investment vehicles，SIV）发行的资产支持公司票据（asset-based corporate paper，ABCP）中出现了，它被视为与国库券一样安全和具有流动性。当金融机构在欧元市场上操作时，也出现了这类流动性创造。这些操作令真正的银行与非银行金融机构之间的区分愈益模糊。

表 4-28　　　　　　　　准银行扩张中流动性的创造

花旗银行		高盛		IBM		PIMCO 对冲基金	
资产	负债	资产	负债	资产	负债	资产	负债
	IBM 存款 -100	存款 +100	回购债券 +100	存款 -100			
	高盛存款 +100			回购债券 +100			
证券化的贷款 -100	IBM 存款 -100	抵押支持证券 +100	回购债券 +100	存款 -100 回购债券 +100			

续前表

花旗银行		高盛		IBM		PIMCO 对冲基金	
资产	负债	资产	负债	资产	负债	资产	负债
证券化的 贷款－100	IBM 存款 －100	抵押支持 证券＋100	回购债券 ＋100	存款－100		花旗银行 存款＋100	花旗银行 贷款＋100
PIMCO 新贷款＋100	PIMCO 存款＋100			回购债券 ＋100			

据此可以得出信用总额的扩张不只是供给驱动的。高盛和花旗银行可能试图扩张其资产负债表，它们不得不寻找那些也希望扩张其资产负债表的意愿借款人。当资产价格或者房地产价格上涨时，这起初是很容易的任务，由于好的借款者希望利用其抵押品的高价值，因而他们更可能被引诱进行贷款。全球金融危机使得银行和准银行太难找到有意愿的借款者，从而践踏了关于资信可靠的传统标准，导致授予那些没有办法履行债务偿还义务的人以贷款。这为银行体系新的"放款加分销模式"所推动，这一模式使得借款者在中短期免受他们糟糕决策的毁灭性后果的影响。当信用和信心消失后，大额金融资产持有人脱离了影子金融系统。正如流动性很容易就被创造出来一样，它很快也消失了，从而为影子银行以及那些依赖影子银行系统获得资金的部门制造了难题，迫使它们回到商业银行的掌控之下。

4.6 货币经济的系统观点

我们在前一节末尾已经指出，明斯基强调如果人们试图对现代经济运行的全貌有所了解，就不能单独考察经济的实体层面和金融层面。除明斯基之外，对经济的货币层面和实体层面试图进行综合的另外两位后凯恩斯主义经济学家是戴维森和埃希纳。戈德利或许是最致力于提供实体层面和金融层面整合的程式化图景的学者。当我们考察公众的流动性偏好时，我们已经瞥见了这一尝试。现在我们将在所谓存量-流量一致性模型中考察其全貌。但是在展开这项工作之前，我们先考察下戈德利提出并且在他的预测工作——尤其是在莱维经济研究所中加以阐述的总体金融平衡。

4.6.1　金融平衡：基本恒等式

1974 年左右，在戈德利致力于利用新剑桥模型做出更好的条件预测时，他提出了所谓的三部门金融平衡模型，也就是现在众所周知的"基本恒等式"。这些金融平衡，尽管只是简单的资金流量账户恒等式，却有助于提供那些能够说明和不能说明的精确信息。一旦我们知道了私人部门的金融头寸，也就得出了外部赤字和政府赤字的限制。被戈德利在他关于美国经济的条件预测中普遍使用的分析框架已经为大学和金融机构的一些研究者接受，其中典型的就是 20 世纪 90 年代后期以来高盛的哈祖斯（Hatzius）。三部门金融平衡模型或者基本恒等式通常写为：

$$S - I = (G - T) + CAB \tag{4.6}$$

其中，S 代表私人部门的储蓄，I 代表私人部门中非金融部门投资于有形固定资本品的部分（包括住房）以及存货，G 代表政府支出，T 代表税收，CAB 代表经常账户余额。所有这些变量都可以理解为按照其名义值表示（即现价美元）。

在戈德利使用的术语中，$(S - I)$ 是国内私人部门金融资产的净积累，$(G - T)$ 是政府赤字或者通常称作公共部门的借款要求，而 CAB 通常指的是外部余额。戈德利（Godley，1999c，p. 8）将等式（4.6）解释为公共赤字和经常账户盈余创造了私人部门的收入和金融资产，而预算盈余和经常账户赤字则相反。当然，我们也可以用更为中性、标准的国民账户形式重写等式（4.6）如下：

$$(S-I)+(T-G)-CAB=0 \qquad (4.7)$$

换言之，采用国民账户表达方式，等式（4.7）表明：

国内私人净借贷＋国内公共部门净借贷＋国外净借贷＝0

　　那些没有用于购买新的有形投资品的储蓄表现为金融资产形式。因此，（S－I）也可以理解为国内私人部门的"净金融储蓄"或者"净金融投资"。这是借给其他两个部门的货币额。当其为负时，表示国内私人部门的"净借入"。国内私人部门的净借入实际上包含两个部分：金融资产的增加额减去金融债务的增加额。因此，如果某人通过从银行借入 100 美元购买了价值 100 美元的债券，金融资产的增加额是 100 美元，金融债务的增加额是 100 美元，从而净借贷和净金融投资（用戈德利的话讲就是私人部门金融资产的净积累）为零。

　　类似地，政府盈余（T－G）是国内公共部门净借贷。最后，经常账户余额 CAB 为负也就是经常账户赤字。这意味着该国拥有等量的金融账户盈余（通常称为资本账户盈余），也就是净国外借贷，即国内必须从国外借入的净货币额。换言之，如果国内私人部门和国内公共部门不能为其自身支出融资（都是赤字状态），则它们必须从国外借入货币。因此，"国外净借贷"表示非居民借给国内经济体的净借贷额。

　　等式（4.6）或等式（4.7）极为有用，它清楚地表明经济体面临的限制。这不仅仅是观点。这一等式，或者不如说基本恒等式，源自国民账户等式。它是个会计问题，而不是经济学问题。使用标准符号，并且注意现在 M 代表进口，而不是前面章节提到的机器，国民生产总值 GDP 被定义为：

$$GDP = C + I + G + X - M$$

考虑流入国内的国外收入 FY 部分，我们可以将国内生产总值转换为国民生产总值 GNP，从而得到：

$$GNP = C + I + G + X - M + FY$$

两边同时减去税收 T，并且移动私人支出：

$$(GNP - C - T) - I = (G - T) + (X - M + FY)$$

$(GNP - C - T)$，收入减去消费和税收，也就是私人国内储蓄。$(X - M)$ 即净出口，或者贸易余额，而 $(X - M + FY)$ 代表的是经常账户余额。因此，我们重新得到了等式（4.6）。

我们可以进一步将私人部门划分为两个部分，企业部门和家庭部门。根据等式（4.7），我们可以得到四部门而非三部门的基本恒等式：

$$(S_f - I_f) + (S_h - I_h) + (T - G) - CAB = 0 \qquad (4.8)$$

下标 f 和 h 分别指代企业和家庭，从而 S_f 是企业的总留存收益，I_h 是家庭的总住宅投资。

等式（4.8）这一基本恒等式是由斯坦德尔（Steindl，1982）在试图评估家庭部门金融储蓄的影响时提出的。帕尔盖（Parguez，1980）使用了类似于等式（4.8）的等式以探讨影响企业留存收益的决定因素。我们也将在第 5 章看到卡莱茨基是如何从国民账户出发来考察影响企业利润的决定因素的。

人们也能够通过区分金融企业部门和非金融企业部门得到五部门基本恒等式。这在试图区分生产部门和银行留存收益的积累时非常重要，正如我们所知，通过金融化，很大一部分企业利润进入了金融机构的保险柜中（Fiebiger，2014）。我们插入 S_b 作为银行的总留存收益（更为确切地说，是整个金融部门），用 I_b 代表银行部门的固定资本投资。为了触及核心问题，假定 $(T - G) = CAB = 0$，我们有：

$$(S_f - I_f) + (S_h - I_h) + (S_b - I_b) = 0 \qquad (4.9)$$

因此很清楚，如果私人非金融企业的投资超过其储蓄，从而当期支出多于收入，那么它一定是净借入者，并且净贷款只能来自银行部门。$(S_b - I_b)$ 的数量表明金融部门的留存收益是否超过了它们在有形资产上的支出。金融部门的金融储蓄可能成为直接贷款或者用于购买非金融企业部门发行的金融资产。这一数量仅仅间接地与贷款和存款的新创造有关。比如，家庭可能决定将其当期全部金融储蓄转变为银行存款，从而非金融企业部门的银行贷款可能会远远大于 $(S_b - I_b)$。

从等式（4.6）可以得出两种特殊情况。第一种特殊情况被称作"双赤字"，并且是国际货币基金组织所谓的整合项目的核心，也是旧华盛顿共识的关键。如果私人部门的净借贷假定为零，那么等式（4.6）变为：

$$G - T = -CAB \qquad (4.10)$$

国际货币基金组织认为，通过限制政府支出，并且推行紧缩政策，政府赤字和外部赤字都能够立刻解决，一石二鸟（后凯恩斯主义者会说，经济也完蛋了）。

第二种特殊情况假定不考虑国际部门，从而使我们集中于国内经济。当 $CAB = 0$ 时，等式（4.6）被简化为：

$$S - I = G - T \qquad (4.11)$$

在这种情况下，政府赤字是国内私人部门的镜像。考虑这些余额占 GDP 的比重，如果经常账户余额保持不变，这两个账户将同时变动，而不是彼此相等，正如一些国家，尤其是加拿大所发生的那样。

在国际水平上，按照定义，经常账户余额必须为零，这意味着任何私人金融盈余均必须与政府赤字相伴。新名目主义的后凯恩斯主义者认为这意味着，如果私人部门希望积累额外的安全的政府资产，恰如增长的经济体情形，政府只能持有赤字。因此，对增长的经济体而言，在经济周期中呼吁保持预算平衡是没有意义的，因为这意味着私人部门投资组合中安全资产比例的下降。然而值得注意的是，即使政府没有赤字，家庭部门也能够积累新的金融资产。这可以基于等式（4.8）给出的基本恒等式得出。假定 $G-T=CAB=0$，并且假定 $I_h=0$，从而 S_h 表示家庭部门的储蓄和净借贷，我们得到了另一种特殊情况：

$$S_h = I_f - S_f \tag{4.12}$$

正如人们所预料的那样，即便政府部门预算平衡，鉴于企业部门拥有投资支出，家庭部门仍然可以拥有正的金融余额并且积累新的金融资产。这里需要注意的是，家庭部门可以在政府部门没有赤字状态时积累金融资产。等式（4.12）也可以按照相反方向解读。那么很显然，对于给定数量的投资，家庭部门储蓄的增加将会导致企业部门储蓄（即它们的留存收益）的下降。因此，正如埃希纳（Eichner，1987，p.831）所指出的，"当某一非金融部门减少当前支出以增加其净储蓄时，其他非金融部门的总收入必然减少相同的数量"。这在第 5 章还会被提及。

在进行这些重要界定后，受克鲁格曼（Krugman，2009）的启发，等式（4.11）对次贷金融危机的启示如图 4-8 所示。假定私人储蓄和税收与 GDP 正相关，投资和政府支出是外生变量。因此，私人金融余额可以表示为向上倾斜的曲线，公共赤字是其镜像，即向下倾斜的曲线。图 4-8 假定危机之前世界经济处于均衡点 E，两条曲线正好在此处相交，此时政府预算平衡。由于金融危机，私人部门投资下降并且存在突然的节俭行为，因此代表私人金融余额的曲

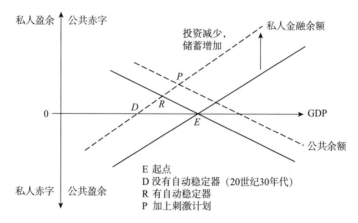

图 4-8　金融危机发生时的两部门金融平衡模型

线向左上方移动至虚线位置。假定自动稳定器发挥作用导致经济移动到点 R。如果赤字鹰派得逞，禁止任何公共赤字，经济将会被迫转向点 D，从而深陷萧条之中，在这一点上，公共预算是平衡的，但是经济处于萧条状态以至于金融储蓄会回归到零，尽管存在更大程度的节俭——凯恩斯著名的节俭悖论。最后，通过刺激计划，即政府赤字的酌情增加，经济将会处于点 P，也就是两条虚线的交点，并且处于轻度衰退之中。我们也可以在三维空间中画出代表基本恒等式的图形，这要到第 7 章加以介绍。

4.6.2　系统性货币分析的原则

上述提及的金融平衡被证明是有用的，现在可以从一个较少综合性的视角出发讨论货币交易。法国循环学派始终倡导中观经济分析方法，即研究宏观经济的结构性规律，这种方法独立于个体行为分析。中观经济学介于宏观的有效需求分析和微观的个体分析之间。考虑技术条件和相对价格因素，列昂惕夫和斯拉法的投入-产出模型可以视为中观经济分析的例子。这里我们希望研究部门资产负债表和金融流量之间的互动。

最近十年，很多后凯恩斯主义学者使用矩阵来更好地探究中观经济关系。受戈德利（Godley，1999a）和泰勒（Taylor，2004）以及埃希纳（Eichner，1987）研究的启发，我相信这一方法是综合非正统宏观经济学家的非常重要的全新尝试，它帮助我们取代和抛弃新古典主义经济学的约束最大化概念。这一新的方法，由戈德利和拉沃（Godley and Lavoie，2007a）所发展，也吸收了新古典综合凯恩斯主义者托宾（Tobin，1982）的许多宏观经济学研究成果。实际上，在托宾的诺贝尔经济学奖获奖演说中，他解释了为什么他的方法不同于标准的新古典主义模型。根据托宾，一个更恰当的宏观经济学分析框架必须包含下述四个重要特征：

（1）存量和流量必须完全融入分析之中，并且要前后完全一致地处理它们的会计记录。

（2）所有模型都应该包括诸多部门、多种资产，每一项资产都有自己的回报率。

（3）结合所有货币和金融运行是重要的，也就是将央行和商业银行纳入模型。

（4）不能出现"黑洞"：所有资金流量必然有其起点和终点；必须考虑到所有预算和资产组合的加总约束，包括行为关系和变量的实际值。

托宾曾在位于康涅狄格州纽黑文市的耶鲁大学任教，所以这种方法也经常跟"纽黑文学派"联系在一起。与此同时，也就是 20 世纪 70 年代，戈德利和他在剑桥大学应用经济系的同事独立研究并提出了一种近似的理论和方法，从而形成所谓的"新剑桥主义"模型（Godley and Cripps，1983）。戈德利和托宾的分析强调一致的宏观经济学框架必须将宏观经济学的流量层面与真实资本、金融资产和负债及它们对应的回报率水平的存量层面结合起来，并且考虑不同经济部门之间的相互和对应关系。虽然新古典经济学家拒绝托宾的方法并且再次退回到不切实际的"代表性当事人"之中，根据这种假设，消费者和生产商是同质的；但很多后凯恩斯主义经济学家支持托宾的理论，并将其融入货币性生产型经济中，其中，货币供给是内生的，行为方程反映出卡莱茨基主义或凯恩斯主义而非新古典主义的教义。

这一方法逐渐以存量-流量一致性分析（或者 SFC 方法）为人所知。"SFC 模型基于社会核算框架逻辑一致地将传统的产品和收入账户与资金流量账户和资产负债表整合到一起"（Dos Santos，2006，p. 543）。正如泰勒（Taylor，2004）所指出的，SFC 模型利用了关于国民账户的社会核算矩阵。实际上，SFC 模型的账户受 1968 年、1993 年以及 2008 年美国国民账户体系的启发，而主流宏观经济学仍然以过时的 1953 年版本为基础。一些 SFC 方法的使用者希望 SFC 模型能够成为后凯恩斯主义宏观经济学共识的核心，因为它使我们能够在同一个模型中分析货币问题和实际问题。

实际上，SFC 方法或许有些用词不当，因为其他一些理论也将存量和流量一致地整合起来。后凯恩斯主义 SFC 方法的独特性在于其模型真正整合了实体层面与货币层面。为了理解戈德利及其合作者关于 SFC 方法的要点，我们可以回顾一下最初提议的一些名称，诸如"真实存量流量货币模型"（Godley，1993，p. 63），或者戈德利和我在 2000 年初使用的概念，诸如"金融存量-流量一致性"方法或者"部门存量-流量一致性"方法，其目的在于强调存量-流量一致性并不仅限于真实投资与有形资产之间的琐碎联系，更为重要的是，它也涉及主要经济部门金融流量和资产债务存量，这包括至关重要的银行部门（Dos Santos，2006，p. 543）。这些模型也试图整合短期与长期动态（Macedo e Silva and Dos Santos，2011）。

为了试图提供一个有用的经济学模型以考察实体因素和货币因素，经济学家面临很多困难。他们必须确定针对目前这一问题的结构框架。这意味着他们必须对希望加以考察的部门进行选择：企业、银行（包括或者不包括非银行金融机构）、政府、中央银行、对外部门、家庭部门（划分或者不划分为工人和资本家）。由此出发，模型构建者必须选择什么样的资产和债务应该被纳入模型之中，并且一种资产或者债务是否能够被忽略而不至于对某一特定部门造成更多损害。比如，银行应该被假定为持有长期债券还是发行股票，企业应该被假定为发行公司债还是持有诸如国债这类金融资产？这类选择直接影响资产负债表矩阵的构建，从而确保模型能够保持一致。一个合适的资产负债表矩阵也有助于设计合适的交易-流量矩阵，它将考虑与假定的存量相关的所有金融流量。相同的交易-流量矩阵也确保每个部门满足其预算约束。为了考虑资本利得，第三个矩阵，即重估矩阵也是需要的。

最后，恰当的行为方程必须被嵌入定义的分析框架之中。不同的模型闭合条件会导致对内生变量和外生变量的不同选择。比如，我们可以假定政府赤字是内生变量。但是我们也能假定政府希望获得给定水平的赤字并将努力实现这一目标，在这种情况下赤字就是外生的，从而意味着其他一些外生变量将变为内生变量。这在预测中会带来两种不一样的图景。

4.6.3　资产负债表和交易-流量矩阵的示例

除了重估矩阵外，戈德利的系统性分析基于两大矩阵：资产负债表矩阵和交易-流量矩阵。资产负债表涉及实体存量和金融存量。一方面，实体存量包括机器设备和建筑（企业的固定资本）以及家庭部门持有的房产。实体存量也包括诸如停留在流通中的汽车等耐用品，还包括企业的存货存量（IN）——企业生产但未销售的产品。这些实体存量在资产负债表中没有对应项。

另一方面，金融资产则拥有对应项——债务，它同时出现在其他经济当事人或部门资产负债表（家庭、生产企业、银行、政府或央行）的负债方。比如，银行提供的贷款属于银行的资产，却是借款者的负债。那么，这些存量是从哪里来的呢？它们或者是加到现有存量上的流量的结果；或者产生于特定资产的重估，但在交易-流量矩阵中我们没有考虑这部分因素。每一存量通过动态方程与特定的流量联系在一起，它们连接着过去与现在。例如，某年末家庭持有的所有股票价值，在定义上等于家庭在给定时间点持有的股票存量 s 与股票价格 p_s 的乘积，如表 4-29 和表 4-30 所示。这一价值的获得有三个不同来源：上年年末（或当年年初）持有的股票价值；当年企业新发行并被家庭部门以市场价格购买的股票价值；以及当年由于股票价格上升而导致的资本利得。长期债券也从属于资本利得。

表 4-29 是戈德利和拉沃（Godley and Lavoie，2007a，p. 379）使用的封闭经济下的资产负债表矩阵。这看上去很复杂，不过，这一矩阵已经排除了当今资本主义某些最重要的特征，比如企业部门持有的金融资产、影子银行部门以及国际部门。正如较早指出的，所有资产在矩阵中表示为正（＋），负债表示为负（－）。除有形资产外，如前所述，所有资产和负债水平加总必须为零。每个部门垂直加总得到该部门的净值 V，如前所述其为负，因为它在资产负债表中的负债和净值一方。值得注意的是，从国民账户角度来看的企业净值不同于商业角度，后者没有把股票价值视为负债方。表 4-30 是在拉沃和戈德利（Lavoie and Godley，2001-2002）模型中使

用的资产负债表矩阵，这显然更为简单：银行没有自有资金，企业没有存货，家庭没有贷款，并且不存在政府和中央银行。

表 4 - 29　　　戈德利和拉沃（Godley and Lavoie，2007a）

增长模型中的资产负债表矩阵

	家庭	企业	政府	中央银行	银行	合计
存货		$+IN$				$+IN$
固定资本		$+K$				$+K$
高能货币	$+H_h$			$-H$	$+H_b$	0
存款	$+D_h$				$-D$	0
国库券	$+BS_h$		$-BS$	$+BS_{CB}$	$+BS_b$	0
债券	$+BL.p_{BL}$		$-BL.p_{BL}$			0
贷款	$-B_h$	$-B_f$			$+B$	0
股票	$+s.p_s$	$-s.p_s$				0
银行资本	$+OF_b$				$-OF_b$	0
账户余额	$-V_h$	$-V_f$	$-V_g$	0	0	$-(IN+K)$
合计	0	0	0	0	0	0

表 4 - 30　　　拉沃和戈德利（Lavoie and Godley，2001 - 2002）

模型中的资产负债表矩阵

	家庭	企业	银行	合计
固定资本		$+K$		$+K$
存款	$+D_h$		$-D$	0
贷款		$-B_f$	$+B$	0
股票	$+s.p_s$	$-s.p_s$		0
账户余额	$-V_h$	$-V_f$	0	$-K$
合计	0	0	0	0

我们从表 4 - 30 的资产负债表开始，以呈现与之相对应的交易-

流量矩阵，出于示范目的，我们加上表 4 - 29 中的存货。交易-流量矩阵是一个非常有趣的工具，因为它能够将国民收入和生产账户中所有重要的总量指标与影响资产负债表的资金流量结合起来。这个矩阵描述了一个纵向整合的生产型经济，如同国民账户一样，它只涉及增加值，并且抽象掉了与中间生产相关联的许多依存关系。为了进一步简化，假定银行不赚取利润（即假定贷款利率 i_B 等于存款利率 i_D）。

使用会计矩阵的一个优点是它们确保不会遗漏任何信息：如前所述，所有流量必须来自某处也必须去往某处。这解释了每一行和每一列加总为零：矩阵是完全平衡的。横向来看，每一项流量都有相等的对应项。总体来说，每一行描述了商品从一个部门交易到另一个部门的名义数量。流入量与流出量相等源自以下三个原因之一：第一，供给总会根据需求做出调整，可能是通过生产调节或库存变动；第二，需求可能会被配给（就像信贷配给的情况）；第三，市场价格在供求之间可以迅速调整（比如金融市场）。纵向来看，每一项交易都需要融资。每一列的加总等于零，表明每个部门都必须遵守预算约束。

我们先考虑如表 4 - 31 所示的交易-流量矩阵中的家庭部门，它面临显而易见的预算约束：它获得利息收入（$i_D D_{(-1)}$）、分红（P_D）以及工资（wL），并用于消费（C）、增加银行存款（ΔD）或者在金融市场购入新发行的股票（$p_s \Delta s$）。在流量矩阵中，负（一）表示资金的使用，正（十）表示资金的来源。比如，工资由 wL 给出，它是名义工资 w 与劳动力 L 的乘积，是家庭部门的收入来源。然而，它们也代表生产部门资金的使用，所以在企业列下为负。

表 4 - 31 不包括政府部门的交易-流量矩阵

账户	家庭	企业		银行		合计
		经常账户	资本账户	经常账户	资本账户	
消费	$-C$	$+C$				0
投资		$+I$	$-I$			0
库存存货增加值		$+\Delta IN$	$-\Delta IN$			0
工资	$+wL$	$-wL$				0
净利润	$+P_D$	$-(P_{ND}+P_D)$	$+P_{ND}$			0
贷款利息		$-i_B.B_{(-1)}$		$+i_B.B_{(-1)}$		0
存款利息	$+i_D.D_{(-1)}$			$i_D.D_{(-1)}$		0
贷款增加值			$+\Delta B$		$-\Delta B$	0
存款增加值	$-\Delta D$				$+\Delta D$	0
股票	$-p_s\Delta s$		$+p_s\Delta s$			0
合计	0	0	0	0	0	0

企业的情况略微复杂。它们将消费品（C）卖给家庭部门的同时，也相互出售投资品（I），以及那些已经生产但尚未卖掉的存货 ΔIN。这些源自已经实现或者基于会计记录的收入必须等于工资和利息收入，加上私人部门净利润。这些利润可以进一步分成两个部分：家庭部门的分红（P_D）和未分配利润（P_{ND}），它是固定资本投资和库存存货最终融资的组成部分，它出现在企业的资本账户上。

矩阵中部呈现了需要在期初支付的根据上一期末存量计算的利息。矩阵的底部表示权益和负债的变动。由于家庭部门增加股票持有量或者银行存款，这意味着资金的使用，从而为负（—）。但是当企业获得新的银行贷款（ΔB）时，这增加了它的债务存量，但它代表生产部门的资金来源，因此为正（+）。通常令学生感到有些困惑的是，家庭部门的银行存款在存量矩阵中为正，而企业持有的贷款存量却为负。类似地，当企业发行新股票时，$p_s\Delta s$ 在交易-流量矩阵中为正。当企业回购股票时，很多企业为了维持其股价都会这么做，企业的资本账户为负。

读者需要注意的是，在讨论银行的作用时，"资金的来源与使用"这一表述可能会引起额外的混淆。银行发放的贷款增加了其贷款总额，这项额外贷款在交易-流量矩阵中为负。与之对应，由其创造的存款为正。从这个角度讲，我们可以说对于银行部门而言，存款属于资金来源，贷款属于资金使用。这里需要注意的是：这可能会让读者认为贷款需要以存款为前提条件，这是一种错误的推断。相反，正如我们在本章所指出的，是贷款创造存款。换言之，尽管从金融角度来看，存款的增加可能被视为资金的来源，但实际起因仍是起初由银行发放的贷款。当银行认为贷款人资信可靠时，这些贷款是银行根据企业的要求并考虑其资信度无中生有创造出来的。

这里所阐述的SFC方法当然与某些重要的原教旨主义后凯恩斯主义者提倡的对实体与金融整合分析相一致。比如，明斯基（Minsky，1975，p.118）提出："资本主义经济最根本的现实在于不同单位间相互联系的资产负债表。资产负债表上的项目导致现金流动。"下述引文描述了SFC模型能够或者应该具有的状态：

> 以下提出的历史模型的目的在于通过在实体资本、货币、有价证券的供求中……更为熟悉的概念……《通论》中发展的有效需求，融入存量和流量要素，提供一个关于资本积累的简化分析。在这一分析框架下，有可能为有组织的证券交易、公司融资政策、投资承销商以及银行系统在引导金融资金流向有利于资本积累的相互作用方面提供更多洞见。遗憾的是，这一分析在很多"分析性"后凯恩斯主义模型中被忽略了。（Davidson，1972，p.31）

4.6.4 货币性生产型经济中的货币创造

货币循环与融资动机

表 4-1 反映了后凯恩斯主义货币理论的一个典型特征,即将货币视为生产过程的产物。正如第 1 章所指出的,后凯恩斯主义者考察的是货币性生产型经济。不过,到目前为止,我们已经强调了银行在创造信用以及应对公众流动性欲望中的作用,但是我们并没有详细述及生产企业与银行部门之间的关系。企业和银行之间的关键联系在于:银行为非金融企业的生产活动提供资金。这里必须加以考虑的是时间。物品和服务的生产需要时间,且企业必须在某种程度上在获得销售收入之前支付雇员报酬和供货商货款。企业通常持有金融资产以便偿付其常规的货币债务,一些企业依赖银行贷款进行生产。这被称为"初始"融资。不管企业在需求之前生产消费品,还是根据订单生产投资品,它们都必须依赖银行信用。这一逻辑也适用于增长型经济体或者稳态经济体,因为在后一种情况下银行也必须同意对贷款展期。货币循环的逻辑已经在戈德利对格拉齐亚尼的赞美中体现得很清楚了:

> 为了给生产融资,企业必须获得必要的资金以在销售发生之前支付劳动力工资。如果是白手起家,企业家必须在每一个生产周期开始时向银行借款,得到所需的用于支付工资的总额,从而导致企业债务,同时劳动者手中一开始也就获得了等量的信用货币。生产因而开始,生产的物品被以某一价格出售,使得债务以及利息能够被偿还,并且还能够为企业带来剩余,也就是利润。当债务被偿还后,最初创造的货币就消失了。整个货币循环也完成了。(Godley,2004,p. 127)

后凯恩斯主义者，尤其是循环学派理论家，区分了"初始融资"与"最终融资"（Graziani，2003）。初始融资通常是通过银行贷款和公司债券获得的短期融资。最终融资涉及长期市场工具。戴维森（Davidson，1982）用"制造融资"与"投资基金"来区分融资过程的两个阶段。购买资本品的企业必须能够为其融资。除了企业的留存收益外，企业必须直接或间接地获得家庭储蓄，渠道既可以是银行体系，又可以是诸如共同基金、保险公司等金融机构。生产过程的最终融资阶段结束生产的货币循环。

表4-31有助于我们对此进行区分。交易-流量矩阵的生产部门分为资本账户和经常账户。两个账户的总和必须为零。资本账户列描写的是最终融资的组成部分。在这一简化模型中，固定资本的积累或者企业在期末（季度末或年末）存货的增加，只能通过三种方式融资：发行新股，从银行获得新贷款，或者未分配利润（留存收益）。

相反，矩阵中灰色部分代表初始融资。在生产过程开始时，也就是在货币循环开始时，企业必须借入资金以支付雇员工资并开始生产新产品即ΔIN（回忆一下我们假定一个封闭且垂直一体化的经济，其中成本只有工资成本）。借入资金的数量正好等于当期工资总额。这是生产的货币循环的第一个阶段。贷款是用于消费品的生产还是投资品的生产并不重要：二者都需要初始融资，正如凯恩斯（Keynes，1973，xiv，p.220）在1937年将"融资动机"加入其图式中时所解释的那样。

因此，在循环的最初阶段，企业有欠银行的负债，但也以银行存款的形式拥有对银行的债权。实际上，第一阶段非常短暂：只有在需要支付工资并且开始生产时，企业才会利用它们的信用额度。这要么通过支票，要么通过电子转账完成，这是我们今天常见的现象。一旦工资被支付，它们就成为家庭和工人的收入。在支付工资这一特定时刻，在家庭开始消费它们最新获得的收入之前，这些资金同时也成为家庭部门的储蓄，以 ΔD 的银行存款形式存在。灰色部分描绘了第二阶段。第三阶段——最终融资——正如已经指出的那样，是通过生产部门的资本账户表现出来的，这时企业重新获得了来自家庭部门的资金。

表 4-31 的灰色部分使我们回到一些非常有用的会计准则上，尤其是考虑企业行为时。当产品被生产出来但是尚未销售时，它们是存货的追加组成部分，即 ΔIN。与会计实践一致，存货按照当前生产成本计价（也就是按照重置成本而不是预期销售价格）。在我们的垂直一体化经济中，这些存量的生产成本正好等于这一时期支付给工人的工资。因此，存货价值的增加即 ΔIN 正好等于企业经常账户列下的灰色部分 wL。

这阐明了科普兰（Copeland，1949）所提出的并为联合国（United Nations，2009）的国民账户体系所强调的"四式记账"原则。这一原则也为明斯基所提及。由于每一列和每一行之和必须始终为零，任何交易都需要记录四次以实现账户平衡。比如，如果银行决定向生产部门提供 ΔB 的贷款，它也必须创造等量的银行存款 ΔD。银行部门的资本账户列之和必须为零。此外，这一新的贷款也必须作为生产部门的新增债务被记录。这确保了贷款那一行之和为零。但是第四个记录也必须被考虑，这就是生产部门现在持有新增银行存款，这使得银行存款行之和等于零。结果就是我们对每一次交易至少记录了四次。在表 4-31 中，这一操作甚至要求记录更多的次数，因为企业立刻将它们的存款通过工资的形式支付给雇员，而后者又将其作为存款存入了他们的银行账户。

有效需求等于收入加债务的变动吗？

2012 年和 2013 年在博客空间围绕基恩（Keen）关于后凯恩斯主义宏观经济学应该被改造的声明展开了激烈争论，基恩的观点主要基于"有效需求等于收入加债务的变动"，即总需求 $AD = Y + \dot{B}$（Keen，2014）。然而，这一极具诱惑力的观点并不正确，即便不考虑债务类型也是如此。莱维研究所和其他地方所做的计量工作明确表明，非金融部门的净借入是私人支出变量的主要解释变量之一（Godley，1999c）。但是这完全不同于基恩提出的近似恒等的观点，因为它质疑了认为总支出等于总收入的国民账户恒等式。

国民账户恒等的观点在仅考虑初始融资时也是正确的。再次回到表 4-31 及其灰色部分，产出是已经被生产出来的产品，支出等于存货的增加（这被假定为暂时被企业自身购买），并且收入等于所支付的工资。正如上文已经指出的，上述三者之间是彼此相等的（再一次地，$\Delta IN = wL$）。此外，投资等于储蓄：投资等于存货的增加，储蓄等于工人被支付时家庭存入银行的工资（$\Delta IN = wL = \Delta D$）。当然，这些银行存款正好等于生产企业的新增债务。因此，既不能说有效需求、总需求或者总支出等于收入加债务变动，也不能认为投资等于储蓄加上货币存量的增加。

因此，基恩的研究（Keen，2014）必须被重新理解为试图强调银行系统在初始融资时作为信用创造者的重要作用，从而与其在最终融资阶段作为金融中介的作用相对比。换言之，它必须被视为试图澄清金融与储蓄也就是信用与储蓄之间区别的一种尝试。在 1937 年关于融资动机的观点中，凯恩斯也强调了银行信用的重要作用。凯恩斯（Keynes，1973，xiv，p. 285）在 1939 年再次讨论了这一问题，他提出："信用体系的作用在于提供流动性资金，它首先是在企业实际支出之前的那个阶段，其次是在支出接受者决定如何使用收入之前的那个阶段。"

这与表 4 - 31 的灰色部分完全吻合。企业获得银行贷款以为其生产（资本品或者消费品）融资，只要工资接受者不购买所生产的产品或者企业发行的金融资产，这一新增的银行贷款就会保持在账户上。存在一个需要通过银行信用连接的时滞。基恩（Keen，2014）是这样表述的，他提出在新货币被创造的时刻存在中断。当生产企业要求并且得到银行的预付款时，银行贷款和银行存款就被创造出来。信用扩张允许新增产品的生产，假定存在"出于稳定交易流的目的的周转基金"（Keynes，1973，xiv，p. 230）。然而，一旦产品被生产出来以及工资被支付，投资等于储蓄，新增存货（投资）价值等于家庭部门的新增存款（即储蓄）。

基恩（Keen，2014）将熊彼特（Schumpeter，1934）和明斯基（Minsky，1975）视为认识到银行部门有能力创造新的购买力和允许总需求扩大的经济学家。但是埃希纳（Eichner，1987）也为这一概念贡献了重要力量。埃希纳（Eichner, ibid.，p. 138）根据资金流量分析（类似于这里展示的交易-流量矩阵）证明了"用于为投资融资的货币量更多地取决于包括中央银行在内的银行贷款政策，而非家庭部门放弃消费的意愿"。在论货币与信用一章中，埃希纳（Eichner，ibid.，p. 825）反复强调"用于支付的资金的任何增加取决于非金融部门增加其银行债务的意愿"的看法。进一步地，埃希纳（Eichner，ibid.，p. 836）一再指出："每一个非金融部门，从而整个非金融部门，不可能在至少其中一个部门不增加其银行债务的情形下增加它们的当前支出。"他据此得出了一个与基恩的结论没有区别的等式："总需求的水平必然等于那一时期的国民收入水平加上银行贷款的增加额"（ibid.，pp. 839 - 840）。

我发现这一等式极具误导性。在银行信用与私人支出之间存在实证关系，但是它并不是恒等关系。家庭和非金融企业可能决定接受银行预付款，并不是为了增加消费或者有形资产投资，而是为了购买金融资产以及现有住房，或者出于对信贷危机的恐惧而积累货币。显然，这对产出和有效需求并不会有任何直接影响。它只对现存资产的价格产生冲击。新增贷款在导致总需求增加方面是有效的仅限于其所引导的新增支出。在企业的情况下，可以通过净投资加以衡量；在家庭的情况下，可以通过平均消费倾向的增加予以衡量。

在时滞存在的情况下，基恩的观点被重新加以阐释和修正（Bernardo and Campiglio，2013）。他们提出，今天的收入只能在明天支出，并且明天的支出不能大于今天的收入，除非非金融当事人获得额外的银行贷款。因此，我们有 $AD = Y_{-1} + \dot{B}$。考虑事后和事前变量，这在收入和支出之间引入了任意的时间间隔。我相信，正如凯恩斯（Keynes，1973，xiv，p. 185）所做的那样，这是武断且累赘的分析，最好坚持标准的国民账户定义，同时强调银行信用和初始融资的重要性。

还需要指出，正如在银行流动性部分所强调的，经济活动取决于家庭和企业的乐观主义，它们的贷款意愿，也取决于它们是否能够容易地获得银行贷款。如果人们希望注意信贷总额在创造经济活动中的作用，那么就可以区分"收入引导性支出"和"贷款融资性支出"，正如戈德利和克里普斯（Godley and Cripps，1983，p. 84）所注意到的：借贷既为实际生产融资，也为最终购买融资，包括"购买诸如住房、汽车等实际资产，或者用于生产的固定资本"。

4.6.5　SFC 账户的限制

与建立在部门基础上的资产负债表矩阵一起，部门交易-流量矩阵呈现了货币性生产型经济的核心关系。除了连接存量与流量的动态方程外，我们需要加入与经济体每个部门相关的行为方程。任何模型都具有特定的行为方程，它们提供了模型的闭合条件，并且说明其特定的结果和推论。然而，诸如戈德利这样的后凯恩斯主义学者相信，核心的会计等式和存量-流量动态方程实际上构成了限制可能结果范围的分析框架。换言之，某种结构或者动态是完全不可能的，因为它们与会计内核相矛盾。正如泰勒（Taylor，2004，p. 2）所指出的，存量-流量一致宏观模型以及核心的会计等式"从宏观层面支付方式的可能结构中降低了自由度"。

根据戈德利和克里普斯（Godley and Cripps，1983），任何充分代表货币性生产型经济的完全一致模型都必然导致某些中长期结果，这在本质上是相同的，与不同参数的给定价值无关。这一模型必须能够提供关于所有存量与流量之间的联系，并且考虑所有的交易流，包括预算约束。此外，存量约束也必须考虑，诸如我们已经讨论过的投资组合约束和资产加总约束。经济当事人会设定能够确保存量和流量汇合的某一目标比率，比如在企业的情况下，意愿销售额与存货的比率。实际上，即便当事人没有明确表达，它也可能存在。比如，当家庭每年消费收入和财富的一定比率时，它们暗中设定了财富（存量）与可支配收入（流量）之间的长期稳定关系。

不幸的是，情况远非如此简单。尽管可能相对容易就简化经济的主要结构特征达成一致意见，不同经济学家会以多种方式看待厂商、银行甚至家庭的行为。尽管一个可能的共同结构性框架可以限制可能结果的范围，正如戈德利和克里普斯（Godley and Cripps，1983）提出存量-流量一致性模型的最初版本时希望的那样，结果是，不同的经济学家仍然对行为方程和模型合适的闭合条件持不同意见。因此，这些不同模型得到的结果存在差异，正如新 SFC 模型表明的那样，它们略微不同于早期模型的假定，从而产生了不同的轨迹。但是这有助于展开热烈的讨论。

　　纵然有上述问题，建立在合适的账户和资金流量基础上的模型或分析更有可能比忽视经济体实体层面与金融层面之间相互联系的模型提供更为有用的信息。实际上，贝泽默（Bezemer，2010）提出，使用这类工具的学者在预测次贷危机及其可能的原因和后果时表现更好。

第 5 章
有效需求和就业 [*]

这一章的主题是劳动力市场和就业问题。我们将在给定货币条件和固定投资水平的短期框架内展开分析。第 6 章将会研究长期的情况。我们将首先讨论所谓劳动力市场的主要特征，其次介绍后凯恩斯主义劳动力市场模型的两个简化版本——马歇尔主义版本和卡莱茨基主义版本。之后我们会更加深入地分析卡莱茨基主义版本。

5.1 劳动力市场的特征

5.1.1 一般特征

对主流经济学而言，劳动力是一种与其他商品没有差别的商品，因此劳动力市场可以通过供给和需求的一般规律来解释。这当然不是后凯恩斯主义和制度主义经济学家的观点。后凯恩斯主义认为劳动力市场有以下主要特征：劳动力市场并非真实存在；工资率并不仅仅是一种普通的价格，它对整体经济的影响很大；工人不是

---

[*] 本章依托并扩展于 1992 年的版本，同时还直接摘用了以下文献："Real wages and unemployment with effective and notional demand for labor"，*Review of Radical Political Economics*，35（2），Spring 2003，pp. 166 - 182；"Real wages, employment structure and the aggregate demand curve in a Kaleckian short-run model"，*Journal of Post Keynesian Economics*，19（2），Winter 1996 - 1997，pp. 275 - 288.

商品；社会准则的作用大于供给和需求的力量，劳动力的供求并不按常规运行（Appelbaum，1979；Seccareccia，1991a；Prasch，2004）。

具有讽刺意味的是，后凯恩斯主义劳动力市场理论的主要观点是劳动力市场实际上并不存在。尽管我们承认存在花生或香蕉市场，其中供给曲线和需求曲线可能运行良好，但同样的假设却不适用于劳动力市场。就需求侧而言，我们在第 3 章已经看到机器和劳动的比例在短期内是固定的。雇用更多的工人来操作相同的机器并不能增加产出。这样的替代是不可能的。就长期而言，我们在第 1 章已经指出：剑桥的资本争论对所有标准的稀缺性关系都有派生影响，即使在行业层次上也是如此。更不必说在总量层次上，我们不应该预期在劳动需求和总实际工资之间存在持续的负相关关系，正如第 1 章中图 1-2 所阐释的。

花生或西兰花市场与劳动力市场之间的进一步的区别在于前者涉及的是物，而后者是人。这就是埃希纳（Eichner，1986a，ch.4）将后凯恩斯主义者研究劳动力的方法称为以人为本的方法的原因。罗伯特·普拉施（Robert Prasch，2004）也强调了劳动力和一般商品的两个本质区别：劳动不能和劳动的提供者相分离；劳动不能被储存。劳动生产率取决于劳动者的健康状况以及对劳动者的激励。如果因为周期性失业劳动能力在一个时期没有被使用，它将永远消失。更糟糕的是，失业劳动者的技能和生产率会因为缺乏使用而贬值，反之，它们一般会因为被使用而增值，这与物质资本形成了鲜明对比。此外，与主流经济学相反，工作不一定带来负效用；它也可以带来满足感。工作本身就是有意义的。

劳动力市场必须涉及劳动者，伴随劳动者而来的不仅是其劳动能力，还有他们过去的经历和工作场所的公平规范（Seccareccia，

1991a，p. 45）。在第 3 章，我们提到公正和公平的概念通常影响了物品价格的决定，尤其是制成品的价格。公平和规范问题对所谓的劳动力市场而言更为根本。这些规范影响了劳动的所有维度：如凯恩斯所强调的（Keynes，1973，vii，p. 14）实际工资和需要支付的相对工资；合同的期限；工作努力的程度或生产率；赋予工人的活动范围；工作周的持续时间；工作的安全性，以及面对周期性波动的保障，等等。运用伍德（Wood，1978）提出的术语，我们可以认为在大多数市场上失范的（意指无社会道德指向的——译者注）压力遮蔽了规范的压力，然而在劳动力市场上却是恰恰相反。在劳动力市场上，规范的压力，即与习俗和平等相联系的压力，比失范的压力更加重要，后者即缺乏组织内容的压力诸如市场力量和预期力量。在这一章，我们将分析这些规范压力的其中一个方面——更高的工资对工人努力程度的影响，即新古典文献中的效率工资假设，但我们也可以将其与 X 效率①（X-efficiency）联系起来（Altman，1998）。我们将在第 8 章引入通货膨胀以后，讨论规范压力对货币工资率的决定，以及因而对相对工资重要性的影响。

5.1.2 一个分割的市场

规范力量中一个特别让人震惊的例子，是在广为接受的二元劳动力市场理论所假设的核心经济中起作用的那些力量。正如制度主义劳动经济学家和新激进学者（Gray and Chapman，2004）长久以来所认为的，劳动力市场被分割为两个次级市场。其中一个市场对

---

① 莱宾斯坦对配置效率收益估计值很低的情况进行了解释，他已经预想到可能会有一种不同于配置效率的其他效率因素在起作用，因此，他在最初的研究中将配置效率放在一边。由于他所研究的效率类型当时并不为经济学家所知（当然也包括其本人），因此他简单地称之为 X 效率。——译者注

应于核心经济，这里工资和生产率相对较高，对劳动者技能的要求和成本也较高，监督工作的成本也更高。在这样的经济中，有着良好的工资结构和薪资规模，企业重视劳动者的经验和资历，劳动者参加工会的比率较高。另外，核心经济中的每一个组织都尽力在其职员和工人之中建立一种归属感。另一个劳动力市场是外围市场，几乎不需要劳动培训，监督工作的成本很低，并且工资整体性地偏低。在外围经济组织中，雇员的流动经常是受到鼓励的。

　　某种程度而言，核心经济对应于那些价格受到管制并且处于寡头垄断控制下的部门，因此可以获得足够的利润从而引入生产率更高的机器，而外围经济对应于那些在更具有竞争性的市场中销售的产品，几乎不可能引入最新的技术，但这种对应是不完全的（Reich，1984）。尤其是，在相同的行业里，一些工作可能位于核心经济，而其他工作则位于外围经济。核心经济中的大企业可能会将工作外包给没有工会的外围企业。即使在相同的企业中，一些工作也可能属于核心经济，而其他工作则属于外围经济。例如，在大学中，拥有终身教职的教授是核心经济的一部分。相反，很多大学教师则在临时就业岗位间转岗，更糟糕的是，那些勉强维生的兼职讲师，时常在不同的大学承担大量课时，尽管与那些幸运的年轻同事拥有同样的学历，工资却仅是对方的三分之一甚至四分之一。相似的情形在所有的部门都存在，即使在政府服务部门也是如此。对于没有在核心经济中有固定职业的人而言，想抗议自己的低工资并没有用：他们将无法获得工作。

　　这一章将关注就业的宏观经济学。后凯恩斯主义没有从微观经济学角度对劳动力市场进行特别分析。然而，我认为后凯恩斯主义者从本质上赞成制度主义劳动经济学或20世纪50年代的劳资关系劳动经济学，例如约翰·邓洛普（John Dunlop）、克拉克·科尔

（Clark Kerr）或理查德·莱斯特（Richard Lester），或者更近的学者，诸如莱斯特·瑟罗（Lester Thurow）、迈克尔·皮奥雷（Michael Piore）、彼得·多林格（Peter Doeringer）、巴里·布鲁斯通（Barry Bluestone）、戴维·豪威尔（David Howell）和弗兰克·威尔金森（Frank Wilkinson）提出的观点。布鲁斯·考夫曼（Bruce Kaufman，2004）确定了 7 个原则来定义制度主义经济学家的贡献，很多原则都与我们在第 2 章讨论的内容相关。第一个原则与人道主义经济学有关，认为经济活动的目标必须超越效率，将平等和自我实现纳入进来。第二个原则是满意度超越了对产品的消费，必须包括工作条件和工作经历。第三个原则是行为是相互依赖的，决策和满意取决于相对比较。第四个原则是劳动力市场是完全市场的对立面，受到不对称信息、高流动成本和外部性的干扰。所有这些"不完全"造就了不平等的谈判权力，这是第五个原则。第六个原则是边际生产率理论不能成立，工人通常被少付工资。第七个原则是劳动力市场不可能出清，因为更低的工资并不能减少失业，而是将导致总需求减少从而导致就业减少。

5.1.3 有效需求的作用

考夫曼（Kaufman，2004，p.22）认为："早期的制度主义者属于'凯恩斯主义者的原型'，因为他们认为产出水平和劳动需求主要是购买力水平的函数，从而得出了削减工资通常会恶化就业的结论。"因此，制度主义者自始至终地反对曲线运行良好的标准供需分析。他们和当代后凯恩斯主义者的联系相当明显。对后凯恩斯主义者而言，劳动力市场上的就业从根本上是由商品市场的有效需求决定的。缺乏就业与过高的实际工资以及工资缺乏灵活性无关。相反，一般而言，它是需求导致的现象。事实上，在后凯恩斯主义的几个短期就业模型的版本中，更高的实际工资可以导致更高的就业水平。

这并不是说就业从来不存在供给侧方面的限制，例如，与马克思的失业理论相关，给定的劳动力人口面临生产能力的缺乏。两个著名的后凯恩斯主义学者指出了这一点。琼·罗宾逊在1977年的一次访谈中说："在大多数发展中国家，失业并不是因为缺乏有效需求，而是因为缺乏设备。凯恩斯的药方对产能利用不足问题而言是一个有效的解决方案，但很明显它们不能创造还不存在的产能"（Pizano，2009，p.96）。亦如法维尔（Feiwel，1972，p.19）所记录的，卡莱茨基在1966年也提出了完全相同的论断。然而应该指出，与上述观点相反，泰勒（Taylor，1983，pp. 13-14）认为"人均国民生产总值处于中等水平或低水平的国家往往处在过剩或闲置产能的状态"。

因此，缺乏总需求的问题可能会阻碍处于各个水平的国家的发展。后凯恩斯主义者一般认为，在大多数情况下，问题在于因为有效需求不足而导致的伴随生产能力闲置的劳动资源闲置。作为一个例证，学者们多年来思考为什么美国的失业率系统性地低于加拿大，他们运用复杂的计量分析来确定原因，比如关押在狱的人数比例、失业救济金、税率和其他供给侧的现象。当次贷金融危机在美国爆发的时候，美国的失业率超过了加拿大，因此这表明缺乏总需求可能是对两国失业率差异的最简单也是最好的解释。相似的解释可能适用于对欧洲高失业率的解释。

正如新古典宏观经济学可以至少分为两个流派——新兴古典学派和新凯恩斯主义学派，即新古典宏观经济学的淡水版本和咸水版本——后凯恩斯主义就业理论同样也可以分为两个流派，马歇尔流派和卡莱茨基流派，正如第1章所介绍的。正如新兴古典学派和新凯恩斯主义学派都使用一些相同的工具，马歇尔流派和卡莱茨基流派也有一些共同特征。因此，尽管像斯托克哈默（Stockhammer，2011）一样，我们将会介绍两个不同的劳动力市场模型，每一个对应于后凯恩斯主义的一个流派，但这两个模型对总需求的描述是相同的。

后凯恩斯主义经济学的一个关键特征就是反对萨伊定律。市场并不能确保所有生产的商品都可以被销售出去。正如巴笃利（Bha-duri，1986）清楚解释的那样，这类似于马克思的利润实现问题。不管生产的是什么，它都不一定被销售出去。我们必须将有效需求的约束考虑在内——这个约束即为总供给要等于总需求。有效需求约束将影响就业水平。总供给曲线的形状将马歇尔和卡莱茨基的模型区别开来。但凯恩斯和卡莱茨基对总需求的观点相同。

正如戴维森（Davidson，2000，pp. 11 - 13）经常主张的，凯恩斯（Keynes，1936，ch. 3）将有效需求中的自主部分和引致部分区分开来，这使他可以反对萨伊定律。

引致支出指当期的总需求中依赖于当期经济活动的那一部分需求。相反，自主支出独立于当期产出。我们首先假定一个没有政府的封闭经济，总需求——用支出法计算的 GDP——仅包括消费和投资。注意，在这样一个经济中，用收入法计算的 GDP 一定等于工资加上利润。

$$总产出＝消费＋投资＝工资＋利润 \qquad (5.1)$$

对凯恩斯而言，投资基本上是一个自主变量，取决于对企业家和利率的长期预期。然而，消费部分是由当期经济活动引致产生的。事实上，这种方法很大程度上被卡莱茨基（Kalecki，1971，ch. 8）继承，他认为投资独立于当期产出，并将消费分为两个部分：源于工资的消费（工人）和源于利润的消费（资本家）。尽管消费的前一个构成部分是引致的，但根据卡莱茨基的观点，后者是自主变量，因为它依赖于滞后期实现的利润并且被预期所影响。罗宾逊（Robinson，1956，p. 284）支持相似的观点，食利者的消费并不与其当期收入密切相关。

为了使我们接下来将要分析的基本模型尽可能简单，我们假定总需求仅由两个部分构成：工资，它被全部消费（工资的消费倾向为单位 1），以及一些自主支出，它可以被视为包括投资支出和源于利润的消费。因此总需求 AD 等于

$$AD = wL + A = wL + ap \qquad (5.2)$$

其中，w 为名义工资率，L 为雇佣劳动者的数量，a 代表给定的实际自主支出数额，因此，$A = ap$ 是名义自主支出（Lavoie，1986b；Dutt，1987c）。

在这一阶段，我们假定短期的投资建立在对过去历史的考虑和动物精神的基础上，在一个简化的有效需求的短期模型中，这两个因素都很难被纳入模型中（参见 Dutt，1991 - 1992 和 Setterfield，1999）。我们也假定源于利润的消费取决于前一期获得的利润而非当期利润。因此，我们潜在地假定了工资的储蓄倾向 s_w 为零，当期利润的储蓄倾向 s_p 为 1。正如我们之后将看到的，我们可以将这些储蓄倾向假定为更加符合现实的值，以方便建构一个新模型。但只要利润的储蓄倾向大于工资的储蓄倾向，原有模型中得到的大部分结果依然成立。我们对这个假设相当确信，因为对 OECD 国家而言，其 $(s_p - s_w)$ 的值平均而言为 0.41（Storm and Naastepad，2012，p. 130）；欧元区为 0.43，除了南非和阿根廷约为 0.15 以外，G20 的所有其他国家都在那个范围（Onaran and Galanis，2012，p. 12）。

当考虑到投资支出是自主的时，会出现两种可能的观点：一是

假定名义投资支出是固定的；二是认为投资支出体现为产能增加的形式，因而在实际值上是固定的。这是卡莱茨基（Kalecki，1971）和罗宾逊（Robinson，1962，p. 46）采用的方法，也是这里展示的几个后凯恩斯主义学者的模型所采用的方法（Harcourt，1972，p. 211；Harris，1974）。因此，我们假定实际自主支出是给定的。

根据方程（5.2），我们可以推导出后凯恩斯主义短期就业模型的很多重要的结果，因为总需求取决于收入分配变量；即取决于工资和利润的分配，因此取决于实际工资值。卡莱茨基和卡尔多流派显然坚持这一观点，但甚至原教旨主义后凯恩斯主义者也可以依赖于凯恩斯的论述，凯恩斯指出收入分配对平均消费倾向和有效需求有影响（Keynes，1973，xiv，p. 271）。因此，后凯恩斯主义的就业模型是消费不足理论的规范化版本，一些制度主义学者和早期社会主义经济学家对这一理论都非常熟悉（参见 Bleaney，1976）。正如第 1 章已经指出的，很多后凯恩斯主义者认为后凯恩斯主义经济学的一个关键特征就是强调收入分配的重要性，尤其是在谈论与总需求有关的问题时，讨论就业的决定因素时更是如此。我们将会看到是什么机制在起作用。

5.2　马歇尔主义版本的后凯恩斯主义模型

我将马歇尔主义版本的后凯恩斯主义模型定义为这样一个模型：它保持了新古典分析中标准生产函数的性质，尤其著名的是规模报酬递减的假设。我们将会考察这个模型的两个版本：灵活价格的版本，这可以归功于凯恩斯自己以及他的一些最忠实的追随者，例如保罗·戴维森（Paul Davidson，1998；1999）或维多利亚·齐克（Victoria Chick，1983）；固定价格的版本，这可以与所谓的法国非均衡学派的研究联系起来。在这两个版本中，我们必须区分对劳动的"名义"需求和"有效"需求，帕廷金（Patinkin，1965，ch. 13）首先提出了这个观点，巴罗和格罗斯曼（Barro and Grossman，1971）之后对此进行了发展。这里展示的模型受益于谢弗德（Schefold，1983）、藤本和莱斯利（Fujimoto and Leslie，1983），并且内尔（Nell，1978）、拉沃（Lavoie，1986b；2003b）和达特（Dutt，1987c）对其进行了规范化的表达。

马歇尔主义版本包含了规模报酬递减的假设，而第 3 章中在正常情况下我们对此是不予考虑的，因为只有当现代企业在超过全产能条件下运行的时候，或者作为一个历史模型时，这个版本才是有效的。那么我们为什么还要讨论它呢？这里介绍马歇尔的模型有三个原因：它阐述了凯恩斯本来可以形成的观点；它代表了很多原教旨主义者的观点；它有助于我们理解在两个版本中，后凯恩斯主义就业模型是如何不同于主流模型的。

5.2.1 理论上的劳动需求曲线和有效的劳动需求曲线

在生产方面，这个模型假定了一个标准的新古典总生产函数，该函数满足劳动的边际产品递减以及规模报酬递减。因此，按名义价格计算的总供给如下：

$$AS = p\,q^s = pq(L) \tag{5.3}$$

其中，p 为价格水平，q^s 为供给的实际产出，L 是劳动。正如通常一样，我们假定生产函数的一阶导数为正，$q'(L)>0$，二阶导数为负，$q''(L)<0$，这意味着劳动的边际产出是劳动的减函数。必须指出，对凯恩斯（Keynes，1936，p.42）而言，假定规模报酬递减是因为李嘉图的原因而非新古典的原因：随着雇佣劳动的增加，企业被迫雇用二流的、接受训练更少的以及生产率更低的工人，正如随

着市场扩张农民被迫耕作生产率更低的土地一样。按照新古典经济
学的标准，我们假定企业追求利润最大化。给定名义工资 w，即劳
动的成本，企业在约束条件下的最优化问题就成为选择可以使实际
利润 P 最大化的就业水平 L，即：

$$P = q(L) - (w/p)L \tag{5.4}$$

对上述方程求关于 L 的一阶导数，使其结果等于零就可以得到标准
条件，即可以使利润最大化的就业水平需要满足劳动的边际产品等
于实际工资率：

$$q'(L) = w/p \tag{5.5}$$

从中可以得到标准的向下倾斜的劳动需求曲线。然而，根据巴罗和
格罗斯曼（Barro and Grossman，1971）的用语，这仅仅应该被视
为理论上对劳动的需求，因为这样的劳动需求曲线没有考虑到有效
需求。给定实际工资，选定的就业水平仅仅最大化了潜在利润，即
如果所有生产的物品事实上都被销售出去时实现的利润。为了强调
这只是理论上的劳动需求，我们可以将之前的条件重写为：

$$(w/p)_{not} = q'(L) \tag{5.6}$$

　　然而，还存在另外一种劳动需求，可以称为"有效"需求，这
种劳动需求考虑了生产必须销售的事实。这种有效需求的约束条件
为商品市场上总需求等于总供给的均衡轨迹，即方程（5.2）和方
程（5.3）：

$$wL + ap = pq(L) \tag{5.7}$$

　　方程（5.7）强调了我们在方程（5.2）中就采用过的总需求表
达式的一个有趣特征。在这个垂直整合的经济中，产出的价值被简
化为工资和利润，当有效需求的约束条件被满足的时候，我们可以
很快算出实现的利润。利润是销售的价值（$wL + ap$）和工资成本
（wL）之间的差异，即 ap，因此实现的实际利润就等于实际自主支

出，这是卡莱茨基（Kalecki，1971，ch. 7）在 1942 年指出的一个宏观经济学的特征，后来卡尔多（Kaldor，1956）对此进行重申：

$$P = a \tag{5.8}$$

我们稍后将进一步利用这个关系。同时，注意这个方程为假定投资是纯粹自主的这样的观点提供了一些理由，因为只要企业不改变它们的实际投资支出，实际工资的变化就不会改变企业的实际利润。从方程（5.7）中求解实际工资，我们可以得到有效需求约束或有效劳动需求曲线，即能够使生产的商品销售出去的实际工资和就业水平结合起来的轨迹（某种 IS 曲线，因为在这条曲线上投资等于储蓄）：

$$(w/p)_{eff} = \frac{q(L) - a}{L} \tag{5.9}$$

因此，给定实际自主支出和技术水平，可以使商品市场处于均衡的实际工资率是就业水平的函数。现在，正如谢弗德（Schefold，1983）、藤本和莱斯利（Fujimoto and Leslie，1983）所示，当它等于理论的劳动需求函数时，这个非线性方程可以得到最大值。换言之，当有效劳动需求函数与理论劳动需求函数相交时，有效劳动需求曲线达到其最大值。通过对有效劳动需求函数求一阶导数，我们可以证明上述论点：

$$\frac{d\left(\frac{w}{p}\right)_{eff}}{dL} = \frac{q'(L)L - [q(L) - a]}{L^2} \tag{5.10}$$

令其等于零，可得：

$$q'(L) = [q(L) - a]/L \tag{5.11}$$

方程（5.11）左边的项是理论劳动需求；右边的项是有效劳动需求——方程（5.9）。它可以表明，有效劳动需求方程的二阶导数在其极值上为负，因此极值是最大值。所有这些都意味着当有效劳动需求曲线与理论劳动需求曲线相交时，有效劳动需求曲线达到其最大值。因此，在低就业水平上，就业的增加，从而产出的增加要求提高实际工资，以使总需求可以吸收增加的商品供给。然而，不久之后，规模报酬递减的影响将使增加的产出相对于相关的就业和工资支付的增加而言太小，因此结果就是实际工资必须下降以使商品市场上的总供给与总需求相等。

　　那么我们可以画出两条劳动需求曲线，图 5-1 用粗线标出。图中的平面进而可以分为三个区域。沿着 $L^D_{effective}$ 曲线，$AD=AS$；在曲线以上，商品市场上存在过度需求，$AD>AS$；在曲线以下，存在过度供给，$AD<AS$。这些不相等是明显的。例如，如果在当前的就业水平 L 上，有效需求约束曲线上的实际工资正好使需求和供给相等，名义工资 w 的增加（增加实际工资）将会在不改变总供给的条件下增加总需求。因此，在有效需求约束曲线以上，在商品市场上存在过度需求。

　　根据方程（5.9），我们也可以发现对给定的就业水平而言，为了满足有效需求约束，更高的自主支出意味着更低的实际工资。这意味着当自主支出更高时，有效劳动需求曲线向下移动。但正如戴齐尔和拉沃（Dalziel and Lavoie，2003）已经指出的，从方程（5.8）中我们也知道凹的有效劳动需求曲线描述了一条等利润曲线。在 $L^D_{effective}$ 曲线的所有点上，实际利润都是不变的并且都等于 a。因此，随着有效劳动需求曲线因更大的自主支出而向下移动，我们也知道新的更低的曲线也代表了更高水平的实际利润。但是我们已经从最大化潜在利润的理论劳动需求曲线中知道了上述结论。给定实际工资率，比如 $(w/p)_K$，在就业水平 L_K 上利润达到最大。在那个实际工资率水平上的其他任何一个就业水平，比如 L_1 或 L_2，都将

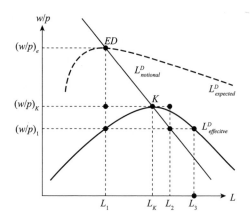

图 5 - 1　理论和有效劳动需求曲线，马歇尔主义版本的
后凯恩斯主义就业模型中的有效需求点

导致利润水平更低。这就是为什么有效劳动需求曲线，也即等利润曲线在与理论劳动需求曲线相交时才达到最大值（Chick，1983，p.166）。相反，为了使实现的利润保持在 a，在不生产使利润达到最大化的产出时，需要企业降低实际工资，比如为$(w/p)_1$，就业水平相应地为L_1或L_3。

这里建构的模型具有两条不同的劳动需求曲线，我们将要研究的马歇尔劳动力市场模型的两个版本也具有这个共同特点。

5.2.2　凯恩斯的灵活价格模型

后凯恩斯主义学者，诸如德普雷斯（Deprez，1996）、达特（Dutt，1987c）和帕利（Palley，1996a）提出了竞争性商品市场中凯恩斯的灵活价格模型，这与阿兰等人（Allain et al.，2013）的阐述一致。在凯恩斯《通论》中的有效需求模型中，假定企业是原子化的：存在纯粹的竞争而非完全的竞争，即企业不知道市场价格；它们仅仅有对价格的预期。企业家只有在市场周期结束时才会知道市场价格，这与假定只有家庭忽视了实现价格的新古典模型相反。企业为了做出雇佣决策，必须对价格水平进行预期。假定在企业家知道实现价格水平之前，名义工资在市场周期开始时就被制定了。稍后我们将会看到为什么假定固定工资对模型的一般化没有不利影响。同时，我们可以说，在预期实际工资的基础上，企业做出了与理论需求曲线一致的雇佣决策（Dutt，1987c，p.276；Deprez，1996，pp.129-130）。

给定工资水平，预期价格和选定的就业水平体现了对应于凯恩斯（Keynes，1936，p.25）所谓的"有效需求点"的所有信息。该点位于总供给曲线与凯恩斯所称的总需求曲线的交点，这与企业家预期从 L 个工人的雇佣中所获得的收益有关。凯恩斯说，这是使预期利润最大化的点。在图 5-1 中，根据凯恩斯最初的术语，有效需求点为点 ED，是理论劳动需求曲线与预期有效需求约束曲线的交点，这里将其称为 $L^D_{expected}$，用虚线表示。在较低的预期价格水平上，对应于预期收益的预期实际工资较高，等于 $(w/p)_e$，因此总就业水平为 L_1，这与企业为使利润最大化而做出的雇佣决策一样。

然而，因为在这个点上经济处于有效需求约束 $L^D_{effective}$ 之上，因此存在对商品的过度需求。价格将会持续上升直至总供给和总需求相等，即直至经济回到有效劳动需求曲线上。因此，在图 5-1 中，与预期实际工资相比，市场价格将使实现的实际工资率降低至 $(w/p)_1$。因此正如戴维森（Davidson，1999，p.584）和其他人所强调的，在凯恩斯的模型中，马歇尔的调节机制并没有被彻底改变。在市场周期中，价格首先做出反应，稍后在下一个周期产量将会发生相应的变化（cf. Harcourt，2001b，p.118）。一些学者将马歇尔的市场周期称为超短周期（Skott，1989a，p.63），就定义而言产出和就业是固定的，市场通过价格进行调节，使需求适应于商品的供给。

尽管商品市场出清了，但因为价格预期与实际不符，因此上述情况与短期均衡并不一致。企业将会因此修改它们的预期。正如凯恩斯（Keynes，1973，vii，p.51）所说，"对生产者而言，将预期建立在这种假定的基础上是明智的，即最近实现的结果将会在未来持续"，预期是适应性的，预期价格就是上一期实现的价格。因此，新的预期实际工资将为$(w/p)_1$，并且从理论劳动需求曲线中可以直接看到，企业新的雇佣水平将为L_2。在这个点上，存在对商品的过度供给，价格将会下降，实现的实际工资率将会处于$(w/p)_1$和$(w/p)_K$之间。因此，正如凯恩斯（Keynes，1936，p.49）所提到的，将会有一系列就业的波动。直观地，我们可以发现最终会到达点K，在这一点上，价格预期与实际相符。

点K，即理论劳动需求曲线与有效劳动需求曲线的交点，是短期均衡点。戴维森（Davidson，1998，p.822）将点K称为"有效需求点"，这一点代表商品市场的均衡，即追求利润最大化的企业家预期的销售额刚好与买者的支出决策相一致。在点K上，正如戴维森所说，只要决定理论劳动需求曲线和有效劳动需求曲线的因素保持不变，没有内生力量使企业家改变其"生产、定价和雇佣决策"。如果企业知道需求约束的经济如何运行，并且它们具有关于理论劳动需求曲线和有效劳动需求曲线的完全知识，那么它们根据理性预期进行的预测将使它们直接到达点K。

现在，众所周知，凯恩斯感到他原本可以大为改善《通论》中的描述。在有效需求的问题上，凯恩斯（Keynes，1973，xiv，p.181）写道：

> 我现在发现如果我可以重写这本书，我应该在假定短期预

期总是与实际相符的基础上提出自己的理论；然后在接下来的
一章里，说明当短期预期与实际不符的时候会出现什么不
同……如果我们假定短期预期总是与实际相符，那么有效需求
理论从本质上而言是相同的。

因此，根本而言，凯恩斯是说如果他忽略超短期的讨价还价过
程，直接假定经济处于点 K 上，在这一点上预期收益与实际收益相
等，那么他的理论就可以更加清楚。换言之，如果将点 K 定义为有
效需求点，正如戴维森所做的那样，并且不考虑所有的超短期状
态，凯恩斯对有效需求原则的阐述会更加简单，这可以使我们专注
于由理论劳动需求曲线和有效劳动需求曲线的决定因素的变化而导
致的短期均衡的变化。这是我们从现在开始将要研究的问题。

凯恩斯和戴维森声称（实现的）实际工资并不能决定就业水
平，而是有效需求水平决定了实际工资，这种观点大体而言是正确
的。在均衡点之外，经由预期价格水平得到的预期实际工资是预期
总需求的函数，它决定了就业水平，这可以从理论劳动需求曲线上
看出。给定实现的总需求，那么选定的就业水平决定了实现的实际
工资。实现的实际工资因此是内生的。相似地，在均衡状态上，即
在点 K 处，实际工资也是内生的，取决于有效需求约束。这个模型
与凯恩斯（Keynes，1936，ch.2）的主张一致，凯恩斯认为企业处
于劳动需求曲线（理论需求曲线）上，因此满足了他所谓的（新）
古典经济学的第一个基本条件。

在这个模型中，因为实际工资太高从而存在失业的观点被反复
提及，这是错误的。给定现存的有效需求条件，因为实际工资是由
（新定义的）有效需求点决定的，因此企业家没有激励也没有手段
去降低实际工资。因而只有有效需求增加，实际工资才会下降，充

分就业点L_{fe}才能恢复，即如果有效需求曲线向下移动，与理论需求曲线相交于点W。如图5-2所示，简化地假定劳动供给曲线为垂直曲线L^S。点W是瓦尔拉斯均衡，商品市场和劳动力市场都出清。在现有简化的模型中，只有实际自主支出a增加，有效劳动需求曲线才会向下移动，方程（5.9）关于a的一阶导数中很显然地表明了此点。

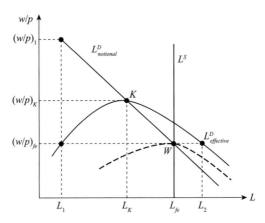

图5-2 在马歇尔主义版本的后凯恩斯主义模型中的固定价格版本和灵活价格版本中，实现充分就业

主流文献考虑了使经济回到充分就业状态的两种常见自发机制，这两种机制都与伴随着价格下降的名义工资下降有关，它们处于价格与产出的AD/AS模型假定的向下倾斜的总需求曲线的核心。第一种机制是凯恩斯效应，价格下降将减少用于交易目的的货币需求，由此导致利率下降，从而增加参数a中的自主投资部分。第二种机制是庇古效应，通过价格下降导致实际货币余额增加，因此增加参数a中的自主消费部分。后凯恩斯主义者认为这两种自发机制都不可靠：第一，因为货币和信用都是内生变量，因此不存在外生的货币存量；第二，因为价格下降会导致债务紧缩、银行破产和不利的预期——凯恩斯（Keynes，1936，ch. 19）、卡莱茨基（Kalecki，1944）和后来的明斯基（Minsky，1975）以及托宾（Tobin，1980）都对此进行了详细描述，拉沃（Lavoie，2010a）对此进行了综述——更低的价格不会增加实际自主需求。

事实上，法扎利等人（Fazzari et al.，1998，p. 551）"发现更低的价格将会刺激支出这一近乎普遍的假设没有经验基础"。此外，自从 20 世纪 90 年代早期以来，日本经济的经历再次宣称了债务紧缩的危险通常与资产负债表衰退相关（Koo，2009），在次贷危机期间，很清楚的是中央银行非常害怕通货紧缩，尽一切所能避免通货紧缩的出现。

事实上，如果存在什么机制，那也是一种有意识的机制，即建立在中央银行反应功能的基础上，在经济活跃度、通货膨胀度或价格水平下降的时候，中央银行会下调利率以寄希望于刺激总需求。但这个机制也是靠不住的。我们回到凯恩斯的立场：只有政府进行自由决策来增加其自主支出、创造财政赤字的时候，参数 a 才可以增大，并且经济可以回到充分就业状态。

尽管如此，因为假定生产函数满足了标准的规模报酬递减假设，充分就业必须伴随着更低的实际工资——在图 5 - 2 中，实际工资为 $(w/p)_{fe}$。在这个模型中，尽管我们不能说较高的实际工资导致了更低的就业水平，但考虑到对应于总需求的不同决定因素形成的多个均衡点 K，实际工资和就业水平存在负相关关系。

5.2.3　马歇尔主义的固定价格模型

在我们描述的凯恩斯模型中，假定总需求和总供给之间的任何偏差都可以通过价格的变化得到迅速调整。在不完全竞争的世界中以及在今天的大多数市场中，价格是提前确定的，因此它们不能迅速调整以适应供给和需求之间的可能的差异。大多数调整是通过存货和流水线生产的变化实现的。这正是马歇尔主义模型固定价格版本的假设,它假定工资和价格至少在短期内是固定的。这个模型基于上述方程,以及所谓法国非均衡学派经济学家提出的观点,可以参见贝纳西(Bénassy,1975)和马林沃德(Malinvaud,1977)的著作。在他们的模型中,调整是通过数量而非价格实现的。只要企业能够销售出其生产的所有商品,它们就处于理论劳动需求曲线上。

这些经济学家认为存在两种类型的失业:古典类型的失业和凯恩斯类型的失业。当实际工资太高的时候会出现古典类型的失业。在图 5 - 2 中,如果企业决策的实际工资高于$(w/p)_K$,就会出现古典类型的失业。这时候实际工资大于有效需求约束,商品市场上存在过度需求,因为价格是不灵活的,因此存货会被耗尽:这就是所谓的抑制型通货膨胀的例子。实际工资的下降,比如从$(w/p)_1$到$(w/p)_K$,将会使得随着企业沿理论劳动需求曲线向下移动,就业从L_1增加至L_K,在这个过程中会存在古典类型的失业。

注意到,正如卡恩(Kahn,1977)很快指出的,这种古典类型的失业看起来是不可能的。如果商品市场上存在过度需求,劳动力市场上存在过度供给,我们可以认为最终价格会上升,而名义工资会下降(或比价格上升得更慢),这样就逐渐使经济回到点 K。换言之,古典类型的失业在这里是一个不稳定的情况,尽管可以争论说如果人们抵抗实际工资下降的话,那么就需要很长时间来回到有效劳动需求曲线。

然而,在这个模型中,实际工资的增加也可能使就业增加。这就是所谓的凯恩斯类型失业的例子。假定实际工资低于$(w/p)_K$,比如在图 5 - 2 中的$(w/p)_{fe}$上。企业遵循利润最大化行为,最初会选择就业水平L_{fe}。在实际工资和就业的这个结合点上,商品市场并不处于均衡状态，因为经济不在 $L^D_{effective}$ 曲线上。当实际工资为 $(w/p)_{fe}$ 时，两个不同的就业水平可以使市场出清：L_1 和 L_2。但当就业水平低于有效劳动需求曲线时，商品市场处于过度供给。在固定价格的世界中，寡头垄断企业将会在实际工资不变的水平上减少生产，直至总需求和总供给相等，即直至经济体水平移动至有效劳动需求曲线上，因此就业水平降至 L_1。在这种情况下，因为价格固定，企业不能处于使其利润最大化的理论劳动需求曲线上。对任何低于 $(w/p)_K$ 的实际工资而言，有效劳动需求曲线是相关约束，实际工资的任何增加都将使就业增加，因为企业通过沿着有效劳动需求曲线向上移动来回应新的总需求条件。

尽管如此，为了最终消除所有失业，实际工资必须下降（除非假定劳动供给曲线与有效劳动需求曲线相交于均衡点 K 的左边）。正如之前的模型，需要自主需求 a 的增加，比如政府支出的增加，这将必须伴随着实际工资从 $(w/p)_K$ 下降到 $(w/p)_{fe}$。因此，在这个模型中，正如凯恩斯的模型一样，摆脱失业需要降低实际工资。

5.2.4　呈现有效需求原则的替代性方法

有效劳动需求曲线的非线性形状乍看起来令人惊奇，并且不是非常直观。这一节的目的是要考虑另外一种更为直观或更为经济系学生所熟悉的呈现有效需求原则的方法。

我们首先考虑内尔（Nell，1978；1988）在过去 30 年中构造的图形。内尔的目的是要呈现一个他认为与当代经济相关的模型，避免规模报酬递减，但他也考虑了所谓的手工业经济，其中依然存在规模报酬递减。内尔的图形可以很容易与图 5-1 及图 5-2 联系起来，并且为钟形的有效劳动需求曲线提供了一个直观的理解。内尔的图形通常采用就业/收益坐标，但如果将收益和工资支付除以价格水平进行平减，从而得到的实际产出和实际工资会更加清楚。

图 5-3 呈现了内尔的观点，与之前章节提出的理论劳动需求曲线和有效劳动需求曲线相关。图中的下半部分代表了标准的新古典生产函数，q 是就业水平 L 的函数，并假定规模报酬递减。实际工资成本 $(w/p)L$ 表示为从原点出发的一条直线，不考虑间接劳动，并假定所有工人都被支付同样的实际工资而不管其劳动生产率的高低。这些实际劳动成本也代表了总需求的第一个部分，这与我们最初的总需求方程一致，并假定所有的工资都用于消费。实际总需求由 RAD 曲线表示，包括工资的实际消费和实际自主支出：

$$q^d = (w/p)L + a \tag{5.12}$$

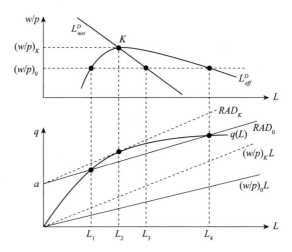

图 5-3 马歇尔主义的模型与内尔对实际工资和就业的替代性表达的结合

从图 5-3 的上半部分我们可以清楚地看出，当实际工资为 $(w/p)_0$ 时，企业想要雇用 L_3 数量的工人，这样可以使其利润最大化（实际值）。正如图 5-3 的下半部分所示，在这一点上，实际产出和实际工资成本之间的距离最大。然而，在这一实际工资水平上，给定总需求中的现有自主支出部分，就业水平为L_3时的潜在利润并不能实现。很显然，当实际工资为$(w/p)_0$时，实际总需求RAD_0和实际总供给相等的两个短期均衡的就业水平为：L_1和L_4。这些均衡点对应于上一部分所提到的固定价格模型。然而，只有就业水平L_1是稳定的，因为当就业水平为L_3时，正如图的下半部分明显所示，供给超过需求，因此企业将减少产出和就业直至达到L_1(Nell，1978，p. 23)。

另一方面，图的上半部分中的点 K 所示的凯恩斯式均衡，对应于实际工资水平$(w/p)_K$。在那个实际工资水平上，图底部的实际总需求RAD_k将与生产函数相切，因此恰好是一个均衡的就业水平，在这个水平上总供给等于总需求。当就业水平为L_3时，正如凯恩斯的模型，潜在利润得以最大化并实现。

我也想考虑实际工资对有效需求水平没有影响的例子。这就是戴维森（Davidson，1998；1999）在其有效需求图中所暗含的例子：就业水平受有效劳动需求的约束，是一条垂直的线，因此不受实现的实际工资率的影响。这也是那些主张总需求曲线"应该在价格-产出坐标里被视为垂直的"（Moore，1988，p. 384；cf. King，2001，p. 70）的后凯恩斯主义者的潜在假设。在一些凯恩斯主义或后凯恩斯主义模型中，我们因此得到了不依赖于实际工资水平的总需求曲线。例如，我们可以有：

$$AD = (1-s_y)Y + ap \tag{5.13}$$

在这里，总需求取决于实际自主支出和总收入的消费倾向。工资和利润收入之间没有区别：假定两种收入类型的消费倾向s_y相等。在这个例子中，产出的均衡水平使商品市场上的总供给和总需求相等，即$q_{eff}=a/s_y$，因此存在一个独一无二的就业水平对应于有效劳动需求曲线，$L^D_{effective}=q^{-1}(a/s_y)$。在这些条件下，可以在就业和实

后凯恩斯主义经济学： 新基础

际工资的坐标中用垂直曲线代表有效劳动需求曲线，正如图 5 - 4 所示。我认为这不能恰当地代表凯恩斯的观点，因为凯恩斯（Keynes，1936，pp. 91，373）承认收入分配是平均消费倾向的重要决定因素。

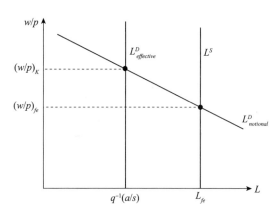

**图 5 - 4 戴维森的过度简化例子：劳动的有效需求
不受收入分配变化的影响**

在图 5 - 4 的例子中，我们可以更容易地看出实际工资并不决定就业水平，因为后者是独立于实际工资水平而被决定的。实际上，实际工资显然是内生的，在有效劳动需求曲线决定的就业水平上，由理论劳动需求曲线的利润最大化约束决定。我们也可以看到为什么一些非正统经济学家决心放弃诸如"劳动需求"这样的术语。戴维森（Davidson，1983）有一篇文章，题目为《边际产出曲线不是劳动需求曲线》。他进一步主张"劳动方程的边际生产率或其他任何基于劳动需求分析的生产率都不能提供对劳动的总需求"（Davidson，1999，p. 581）。这些强有力的论点是基于图 5 - 4 的简化特征，其中理论劳动需求曲线对就业水平的决定完全没有影响。但正如我们在之前的部分所看到的，这种递归仅仅是一个特例。一般而言，至少在凯恩斯的灵活价格模型中，理论劳动需求曲线和有效劳动需求曲线同时决定了就业水平和实际工资率。然而，当有效劳动需求曲线为垂直的时，并且假定企业总是处于有效需求点（点 K）时，我们很容易理解戴维森的主张（Davidson，1972，p. 124），即在凯恩斯主义模型中"对非均衡的短期调整主要通过产出和就业的变化来实现"。我们将看到，在卡莱茨基主义模型中，调整也是通过产量实现的。

5.3 卡莱茨基主义版本的后凯恩斯主义模型

在上一节提到的复合模型中，价格变化将有效需求约束和新古典生产函数、市场出清联系起来，这不一定符合现实。因此，对内尔（Nell，1998）而言，这个复合模型仅适用于手工艺技术的世界，这种经济形式主要在过去运行，现在可能依然在少数行业里存在。"转型增长"已经使现代经济走上了"大规模生产"技术的道路——制造业、服务部门和所谓的网络新经济——基于规模报酬不变或递增，价格也并非市场出清价格，这产生了后凯恩斯主义经济学的卡莱茨基分支。我们现在研究的就是劳动力市场的卡莱茨基主义版本。

5.3.1 对卡莱茨基主义模型的简单分析

利用率函数

正如之前所指出的，后凯恩斯主义劳动力市场的马歇尔主义版本和卡莱茨基主义版本的结构是相同的。唯一的区别在于它们的生产函数。正如第 3 章所讨论的，卡莱茨基主义拒绝规模报酬递减的假设，并假定边际成本不变（直至全产能）。给定技术条件、工作内容和管理约束，我们可以假定生产的技术系数是固定的。劳动不能被资本替代，反过来同样如此。尽管要素之间不可能替代，但因为生产厂商的不同部分可以关闭或开放，短期内改变失业率依然是有可能的。给定资本存量，更多的劳动可以被雇用是因为更大比例的机器投入使用。尽管不存在新古典意义上的生产函数，但正如罗宾逊（Robinson，1964，p. 25）所提到的，在后凯恩斯主义理论中"利用率函数将产出和就业联系起来"，更高的产能利用率与更高的就业率相关（Nell，1978，p. 7）。

卡莱茨基主义者遵循卡莱茨基（Kalecki，1971，p. 44）的思想将劳动分为直接劳动和间接劳动。直接劳动与产量成正比，而间接劳动与生产能力成正比。进行这种区分的一个优点在于奥肯定律[①]（Okun's law）作为自然结果出现了。另外一个优点是可以在不同的定价程序下分析现在观察到的在非监督劳动和管理劳动之间的工资分配变化对宏观经济的影响。我们将会在这一章后面部分以及第6章中运用这些区别。然而在当前这一部分中，我们暂且忽略这些区别，假定仅存在直接劳动，这会简化卡莱茨基主义的就业模型，同时又不丢失模型中的主要信息。这个简化的卡莱茨基主义总供给函数与我们的新利用率函数一致，可以写为如下形式：

$$AS = p\,q^s = pLy \tag{5.14}$$

其中，y 为人均产出或劳动生产率（正如第1章所定义的），假定 y 为常数（$y = 1/n$，第3章对 n 进行了定义）。

再一次地，我们通过使总供给［方程（5.14）］和总需求［方

---

① 奥肯定律是用来描述 GDP 变化和失业率变化之间存在的一种相当稳定的关系。这一定律认为，GDP 每增加 2%，失业率大约下降一个百分点，这种关系并不是十分严格，它只是说明了产量增加 1% 时，就业人数上升达不到 1%。——译者注

程（5.2）〕相等来分析有效需求约束，即商品市场上的均衡轨迹：

$$wL + ap = pLy$$

求解实际工资率，因此我们得到：

$$(w/p)_{eff} = y - \frac{a}{L} \tag{5.15}$$

这个方程是有效劳动需求曲线。它代表了所有可以使商品市场均衡的就业水平和实际工资率的结合点。图 5-5 阐释了这个方程。我们注意到，与马歇尔模型的情况相反，卡莱茨基主义的劳动需求曲线总是向上倾斜的，直至由 y 表示的渐近线。因此，只要企业在低于全产能条件下运行，有效劳动需求曲线就不会有向下倾斜的部分：它总是向上倾斜的。

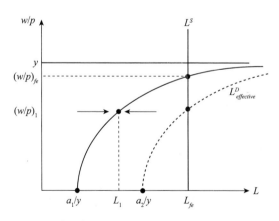

图 5-5　卡莱茨基主义版本的后凯恩斯主义就业模型

对新古典经济学家而言，珍贵的理论劳动需求曲线怎么样了？理论劳动需求曲线消失了。假定我们接受直接成本不变或下降的经验证据，将间接劳动成本考虑在内，则单位成本不断下降，那么对任何给定的价格，企业自身不会限制其产量。

随着产量和销量的增大，实现的单位利润不会下降，企业获得的总体利润将会上升。因此，就不会存在利润最大化约束来限制生产和就业。关键的约束在于销量：有效需求约束。由此，即使单位成本上升，比如因为工人工资率上升，企业依然有动力生产其在给定价格下可以销售出去的产量。关键的约束在于是否有需求。一般而言，更高的实际工资并不一定导致生产和就业的减少，除非实际工资是如此之高以至于企业生产无利可图，即除非实际工资高于劳动生产率。

换言之，正如图 5－5 所示，对每一个有效劳动需求曲线上的实际工资-就业结合点，在企业确定的价格上，所有生产的商品都被销售出去。曲线下方的区域代表商品市场上的过度供给，而曲线上方的区域代表总需求大于总供给（投资大于储蓄）。只要企业面对商品市场的过度供给（需求），采取的是减少（增加）生产，而非改变加成定价和价格，经济将会水平移动至均衡轨迹上，即向着有效劳动需求曲线水平移动。换言之，这个模型展现了这些条件下的稳定性。从现在起，我们假定当进行比较分析时，我们考虑的时期足够长，以使企业可以调整生产以适应实际需求，因此经济总是在有效劳动需求曲线上运行。我们注意到图 5－5 是罗宾逊和哈考特展示给数代剑桥学生的卡莱茨基主义模型的颠倒过来的版本，原模型中纵坐标轴上是价格/工资比率（而非工资/价格比率）（Harcourt，2006，pp. 11－12）。

超短期模型

更规范地，我们可以用以下方式来分析生产和销售走向相等的变化过程。假定企业的生产决策和相应的销售额之间存在一些滞后。在给定的时期内，产出供给为 $\bar{q}^s$，就业水平为 $\bar{L} = \bar{q}^s / y$。从方程（5.12）中得到的实际总需求，在这种特殊情况中可以写为：

$$q^d = \left(\frac{w}{p}\right)\bar{L} + a = \left(\frac{w/p}{y}\right)\bar{q}^s + a \tag{5.16}$$

实际总需求是实际工资和给定的产出供给水平的正函数。图 5-6 给出了 q^d 线。如果实际工资率与劳动生产率的比值更高，那么表示 q^d 的直线会更加陡峭；如果实际自主支出更高，那么该直线与纵轴的交点会更高。在这里固定产出水平（在超短期）为 q_0。在当前的实际工资与生产率的比值上，超短期内实现的总需求为 q_0^d，因此经济体处于商品市场上的过度供给情况：销售量低于生产量，企业在总体上是积累未销售的商品。给定实际工资、生产率和实际自主支出的值，图 5-6 中产出的短期均衡水平为 q^*，如果企业减少产出和就业，最终会达到这个均衡点。

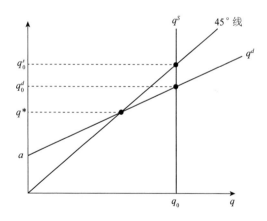

图 5-6　卡莱茨基主义模型中的有效需求，其中产出在短期内是给定的

如果企业这样做，总需求和总供给彼此相等，方程（5.15）成立，经济最终将会处于图 5-5 中的有效劳动需求曲线上。在理想条件下，一个规范的模型应该考虑存货的变化，但是我们避免了这个使问题变复杂的情况，尽管少数学者涉及了存货问题（Duménil and Lévy，1993；Godley and Lavoie，2007a）。

应该注意到，并非所有的后凯恩斯主义者都接受了这种观点。正如马歇尔模型有固定价格和灵活价格两个版本，我们也可以建构一个具有灵活价格的卡莱茨基模型，其中产出和就业被假设为给定的，通过价格调整以使需求和固定的供给相等。如纳西索·图斯-艾瑞尔（Narciso Tuñez-Area，2006）所指出的，这正是明斯基（Minsky，1986）在定义消费者价格时所做的，它也是塞卡莱西亚（Seccareccia，1984）和格拉齐亚尼（Graziani，2003）提出的一种可能。在这个模型中，经济将会向图 5-5 中的均衡轨迹垂直移动。但我们将不再进一步讨论这种情况。

就业是实际工资的正函数

假定调整是通过数量来进行的，则在卡莱茨基主义就业模型中得出的结果很直接。给定总需求中的实际自主部分，给定劳动生产率，更高的实际工资将使就业水平更高。更高的实际工资意味着沿着有效劳动需求曲线向上移动。例如，如果在图 5-5 中，实际工资从 $(w/p)_1$ 提高为 $(w/p)_{fe}$，就业水平将从 L_1 上升至 L_{fe}。只要企业在低于全产能的条件下运行并且只要实际工资不超过劳动生产率，情况就是如此。因此，卡莱茨基主义模型彻底颠倒了新古典的就业理论和 TINA（There Is No Alternative，即别无选择）支持者的一些主张。对实际工资和就业之间的正相关关系的一种反对观点指出：如果企业的边际利润因为更高的实际工资而减少，那么企业可能决定限制其投资支出，这样会导致总需求中的自主部分 a 减少。这的确有可能，我们将在第 6 章对此进行详细讨论。

另外，有效劳动需求曲线再现了标准的凯恩斯结果。正如我们可以预期的，实际自主支出的任何增加都将会对就业有正向影响，将方程（5.15）进行转化，将其写为就业的函数，从中我们可以对上述结论进行确认：

$$L_{eff}^{D} = \frac{a}{y - \left(\dfrac{w}{p}\right)} \qquad (5.17)$$

事实上，就业乘数的值取决于劳动生产率和实际工资率之差的倒数；即取决于工资和利润之间的收入分配。图 5-5 给出了自主支出增加的影响：当它由 a_1 增加至 a_2 时，有效劳动需求曲线向右移动，给定实际工资 $(w/p)_1$，就业从 L_1 增加至 L_{fe}。但正如内尔（Nell，1978）所指出的，尽管乘数的值取决于一些心理的储蓄倾向，但这里乘数仅取决于收入分配。

就业方程（5.17）可以重写为一种与后凯恩斯主义学者诸如卡尔多和罗宾逊在 20 世纪 50 年代中期支持的标准剑桥方程更接近的形式。为简单起见，假定经济是封闭的，没有政府。进一步假定实际投资 I 为唯一的自主支出，依靠工资生活的人将其所有收入用于消费，而依靠利润生活的人将其收入（$pq - wL$）用于储蓄的比例为 s_p。现在，总需求可以用以下形式表示：

$$AD = wL + (1 - s_p)(pq - wL) + pI \qquad (5.18)$$

通过引入工资的储蓄，正如安迪妮（Andini，2009）所做的，我们可以将问题变得更加复杂，但我们坚持运用方程（5.18）。将这个方程和卡莱茨基主义的利用率方程［方程（5.14）］结合起来，令 $AS = AD$，产出的均衡水平为：

$$q = \frac{Iy}{s_p\left(y - \dfrac{w}{p}\right)} \qquad (5.19)$$

从中可以推出有效的劳动需求：

$$L_{eff}^{D} = \frac{I}{s_p\left(y - \dfrac{w}{p}\right)} \qquad (5.20)$$

产出乘数可以从方程（5.19）中轻易推导出来。就业乘数现在稍微复杂，因为它取决于由工人的劳动生产率与实际工资率之间的差异代表的收入分配以及利润的储蓄倾向。这个储蓄倾向的增加将导致产出和就业的减少——第 1 章提到的凯恩斯节俭悖论的变形。

5.3.2　技术进步导致的失业

在这一部分，我们将展示解决技术失业的问题并不是看起来那么容易。我们再次从方程（5.17）表示的有效劳动需求曲线开始。正如图 5-7 所阐释的，劳动生产率 y 从 y_1 增加到 y_2，伴随着设定为 $(w/p)_{fe}$ 的不变的实际工资率，将会使产出和就业减少，这里从 L_{fe} 减少至 L_2，因为有效劳动需求曲线随着劳动生产率的提高而向上移动。可以直观地看到，随着劳动生产率的提高，生产同样的商品只需要更少的劳动。但接下来总需求的减少成为劳动需求减少的另一原因。因为工人的消费倾向高于利润获得者，使工人境况相对恶化的收入分配的变化，使总需求减少。作为技术进步的结果，更少的工人就可以生产给定数量的产出，对就业的负向影响进一步加重。因而，技术进步导致的失业是后凯恩斯主义模型不能否认的一种可能。

因此，假定其他条件不变，当劳动生产率提高的时候，为了避免就业水平下降就必须增加实际工资。根据方程（5.17）和方程（5.20），很显然，为了维持现有的就业水平不变，单位工人的生产率和实际工资之间的差异必须保持不变。事实上，即使实际工资和生产率的比率保持不变，即单位工人的实际工资和劳动生产率增加的比率相同，因此边际成本和利润份额保持不变，我们认为这种情况是最有可能发生的，但依然需要实际自主支出增加来维持就业水平不变，以避免在稳态经济中出现由技术进步导致的失业。正如内

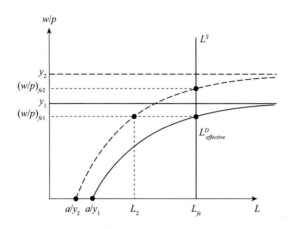

图 5-7 卡莱茨基主义模型中劳动生产率提高对就业的影响

尔（Nell，1988，p.124）所指出的，"短期内实际工资与生产率同步增长将减少就业"。

假定价格是在对单位劳动成本 w/y 进行简单加成 θ 的基础上制定的，正如我们在方程（3.26）中假定的那样，我们可以对上述结论进行证实。在这种情况下，价格等于：

$$P = (1+\theta)w/y \tag{5.21}$$

因此，实际工资取决于这个加成率，确定为：

$$w/p = y/(1+\theta) \tag{5.22}$$

将方程（5.20）和方程（5.22）结合起来得到方程（5.23），我们可以得到有效劳动需求曲线的另一种表达，从中可以清楚地看出，即使实际工资和生产率同步增长并且企业保持边际成本的百分比不变，更高的劳动生产率对就业也会有不利的影响。这与李嘉图在 1817 年出版的书的第三版中修正其关于机器和技术进步影响的观点有一些相似：李嘉图（Ricardo，1951）认为尽管实际工资上升，但工人阶级作为一个整体也因为劳动需求的下降而境况恶化了。

$$L_{eff}^{D} = \frac{I(1+\theta)}{s_p y \theta} \tag{5.23}$$

在次贷金融危机爆发之前的阶段，经调查确认利润在国民收入中的份额〔这里为 $\pi = \theta/(1+\theta)$〕持续上升，因此需要总需求中的其他部分做出抵消性变化以维持就业的上升。众所周知，抵消性变化发生在储蓄倾向上（这里为 s_p），部分是因为家庭可以更容易获得银行信贷从而使债务不断增加。

5.3.3 工作分享

过去 20 年间的高失业率，尤其是在欧洲，使很多左翼组织和社会经济学家提出了一些旨在减少失业的创新政策。其中一个政策就是工作分享，工人为了增加总体就业而减少工作时间——这个政策由凯恩斯（Keynes，1936，p.326）不经意地顺带提出。生态经济学家希望看到经济活动的增长率下降，工作分享被作为与零增长甚至负增长相伴的建议，以减少因经济增长放缓而导致的可能增加的失业。

工作分享建立在这样的假设基础上，即企业需要特定量的工作时间以完成其生产目标。它假定如果工人减少工作日或工作周的长度，企业没有其他选择，只能雇用另外的工人。然而，工作分享除了影响就业、周或月工资收入以外，对工人的小时劳动生产率也有重要影响。一些企业宣称 4 天工作周作为替代 5 天工作周的方法，提高了小时劳动生产率。在最好的情况下，工人在 4 天内能够完成他们原本要在 5 天完成的任务。

如果情况的确如此，进一步假定工人接受因为他们的工作周减少了一天，其周工资或月工资减少了 20%，这意味着单位劳动成本减少了 20%，而小时劳动生产率增加了 20%。工作分享计划可能会导致相似的结果：每周工作时间的减少也可能导致劳动生产率提高。但正如我们之前所分析的，劳动生产率的任何提高对就业一定有负向影响，除非它的提高被实际工资的增长所抵消。

在上述考虑四天工作周的极端情况中，工人在 4 天中完成了他们过去 5 天的工作，如果有效需求保持不变，这对雇佣工人的数量没有影响。但因为小时劳动生产率提高而小时实际工资没有增加，因此有效需求将会下降。

只有小时工资 w/p 至少与劳动生产率所得同比例增加时，工作分享或者 4 天工作周才对就业有积极影响。否则，如果这样的政策伴随着周工资或月工资的下降，由于工人在同样的工资率上工作的时间更短，那么它们对劳动需求没有有利的影响。

因此，工作分享政策必须伴随着小时实际工资的增加，才能有效地维持工人的年购买力和总需求。否则，这种计划可能提高小时劳动生产率，但将导致有效劳动需求减少。增加小时工资的最好方法就是维持现存的周（或月）工资保持不变，而工作的正式小时数减少。只有当工作分享政策伴随着小时实际工资增加的时候，后凯恩斯主义者才会支持该政策，支持减少工作周时间；即尽管工作周时间减少，周工资要依然保持不变。

在我们之前的方程中，因为所有的变量都潜在地表示为每年的流量（例如每年的产出），所以 y 代表每个工人每年的产出，即年劳动生产率，而 w/p 代表工人每年的实际工资收入。因为我们现在要考虑每周或每年工作小时数量的变化，因此我们必须重新定义这两个变量，以将工作周的长度考虑在内。定义 $y = y_h h$，$\omega_h = (w/p)/h$，其中 h 为平均每个工人每年工作的小时数，y_h 为小时劳动生产率，ω_h 为小时实际工资。方程（5.17）代表的有效劳动需求方程现在可以写为：

$$L_{eff}^{D} = \frac{a}{(y_h - \omega_h)h} \tag{5.24}$$

让我们考虑两种极端情况。如果工作周时间缩短，即每个工人的年工作小时数 h 减少，而小时劳动生产率 y_h 和小时实际工资 ω_h 保持不变，这明显将增加总体就业水平 L，这样一种工作分享计划将会达到它预先的目的。

假定另一种极端情况，正如我们 4 天工作周的例子，工作周时间的减少完全被小时劳动生产率的提高所抵消，因此年劳动生产率 y 没有变化。正如那个例子一样，我们也假定小时实际工资 ω_h 保持不变。这意味着每个工人的年工资收入（w/p）＝$\omega_h h$，比以前更低（平均每年的工作小时数 h，过去比如为 2 000 小时，即每周 40 小时共 50 周，新的四天工作周为 1 600 小时，即每周 32 小时共 50 周）。如果每个工人的年工资收入保持在最初水平，就业既不会增加也不会减少。

我们现在来考虑一般情况。

尽管劳动生产率提高，当企业家保持其成本加成比率 θ 不变时；即当小时实际工资与小时劳动生产率同比例增加时，有效劳动需求方程（5.23）变为：

$$L_{eff}^{D} = \frac{I(1+\theta)}{s_p h\, y_h\, \theta} \tag{5.25}$$

方程（5.25）表明当年劳动生产率（$h y_h$）降低时，即当工人在缩短的工作周内不能完成其过去在更长时间的工作时，就业会增加。因此工作分享的积极影响需要企业不将其作为增加其成本加成比率的借口。从环保主义者的立场来看，这是一个有趣的解决方法，因为尽管生产率和就业增加但产出保持不变。在推导出方程（5.25）的条件下，满足有效劳动需求约束的产出率为：

$$q = I(1+\theta)/s_p\theta \qquad (5.26)$$

5.3.4　总需求和总供给

我们也许想知道短期的宏观经济学卡莱茨基主义模型与标准的总需求和总供给框架有何不同，后者通常被设定在价格和产出空间中。为了回答上述问题，我们重写方程（5.17）的有效需求约束，利用劳动生产率的定义 $y=q/L$，求解出价格变量。我们得到：

$$p = \frac{wq}{y(q-a)} \qquad (5.27)$$

这个方程代表我们通常所谓的总需求曲线，纵轴为价格变量，横轴为产出变量。从之前的分析中我们可以猜出，这条曲线是向下倾斜的，因为其他条件不变，价格下降导致实际工资率更高，因此产出和就业水平更高。对方程（5.27）求导，我们可以得到[①]：

$$\frac{dp}{dq} = \frac{-wa}{y(q-a)^2} \qquad (5.28)$$

因此，卡莱茨基主义模型中的总需求曲线和主流经济学一样，都是向下倾斜的。但卡莱茨基模型中揭示其斜率为负的机制全然不同。这里是因为实际工资增加导致的消费需求增加。在主流经济学模型中这些收入分配效应没有被考虑在内。正如之前所提到的，主流经济学中总需求曲线向下倾斜是因为凯恩斯效应或庇古效应；即因为部分货币或财富总量的外生性。与新共识相关的模型将其归因于中央银行的反应，当价格更高的时候，央行将提高利率。更明确地，一些新凯恩斯主义学者提出在通货膨胀和产出空间中，总需求曲线向下倾斜的形状是由中央银行的行为导致，当通货膨胀率更高的时候，央行将提高实际利率，因此就减少了产出（Romer,

---

① 原书中求导有误，分母中疑似遗漏了 y。——译者注

2013)。

卡莱茨基主义的总需求和总供给模型与主流经济学还有其他不同。在卡莱茨基主义模型中，因为假定规模报酬不变，对所有低于全产能的产出水平而言，总供给曲线都是平坦的。需求的增加不会导致价格的上升（除非这导致原材料价格的上升）。从方程（5.27）中我们可以明显看到，给定价格水平，名义工资率 w 的提高将会使总需求曲线向外移动，如图 5-8（a）所示。这将导致产出和就业同等地增加。相似地，给定名义工资率，成本加成率下降进而价格下降导致的实际工资增加也会增加产出，这将导致总供给曲线向下移动，如图 5-8（b）所示。相反，在主流经济学模型中，工资增加将导致总供给曲线向上移动，因此导致产出下降。

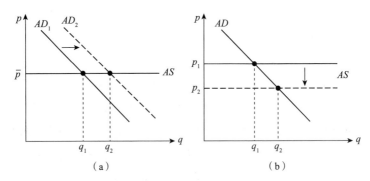

图 5-8　（a）名义工资的增加对卡莱茨基主义 *AS/AD* 模型的影响；

（b）价格水平的下降对卡莱茨基主义 *AS/AD* 模型的影响

最后，我们希望考虑这种情况，正如这一章之前所提到的，任何庇古效应或实际财富效应都会被债务效应抵消。卡莱茨基在批判庇古效应时，主张更大部分的货币存量是由银行信贷货币构成，银行贷款是银行存款相对应的另一面。因此，卡莱茨基（Kalecki，1944，p.132）总结道："对应货币持有者的所得，是银行债务人的同等的损失。"结果就是，为了恢复充分就业而提倡的更低价格"将会灾难性地增加债务的实际价值，因此将会导致大规模的银行破产和'信心危机'"。

具有讽刺意味的是，凯恩斯（Keynes，1936，p. 264）自己在《通论》中已经提出了相似的观点，认为"价格下降将使企业家的债务负担加重，这种影响可能部分地抵消由工资下降带来的令人愉悦的反应"，这种债务影响如此之大以至于企业家"很快就达到了破产点——对投资有极其不利的影响"。凯恩斯也指出，更低的价格将会增加"实际的国家债务负担"，因而"对商业信心非常不利"。因此，甚至在庇古（Pigou）和帕廷金提出价格下降对消费的正向实际财富效应之前，凯恩斯已经着眼于资产负债表的另一边——负债方——强调价格下降将对那些持有债务的主体产生危险且不利的影响。事实上，那个时候其他的著名学者也强调了价格紧缩将会增加债务负担，最著名的是欧文·费雪（Irving Fisher，1933）。出于这个原因，价格下降对总需求的负向影响通常被称为费雪（债务紧缩）效应。它也被称为反向庇古效应，或者我们更愿意称其为实际债务效应。少数学者也强调了这些负向影响，比如明斯基（Minsky，1975）、托宾（Tobin，1980）、达特（Dutt，1986-1987）、史密森（Smithin，1988）、帕利（Palley，1996a，ch. 4）以及法扎利等人（Fazzari et al.，1998）。

我们需要进一步提出的观点是，当产出价格下降的时候，名义债务不可能减少，但名义财富并非如此。家庭和企业的债务一般通过合同固定为名义值。企业依然需要支付它们在过去与银行签订合同的贷款或银行发行债券的利息。相似地，家庭签订了以名义值表示的抵押贷款、汽车贷款或信用卡贷款的合同。所有这些债务的名义值均保持不变，而当价格下降时其实际价值上升了。此外，除非利率迅速改变，否则这些实际债务负担可能上升。随着价格的下降，偿还企业债务更加困难，如果工资随着价格下降，偿还家庭债务将更加困难。

与此同时，当产出价格下降的时候，实际财富效应可能进一步被名义财富的下降所抵消。随着失业增加、经济活动减少，房地产价格和股票市场价格一定会下降，因此，名义的房地产财富和股票市场财富也会下降，不为正向的实际财富效应留有余地（Davidson，1985，p. 382）。因此，只有对应于银行支持货币的小部分家庭财富才会有实际财富效应。此外，即使我们认为价格下降不过是导致了从债务人到财富所有者的再分配，债务人的消费倾向也很可能比财富拥有者高（Tobin，1980，p. 10）。结果是，即使实际债务的增加完全被实际财富的增加所抵消，费雪效应也将取代庇古效应成为主要效应，新凯恩斯主义在最近也发现这个特征十分重要从而将其纳入模型的建构中（Eggertsson and Krugman，2012）。

因此，费雪效应很可能压倒实际财富效应和分配效应。在这种情况下，总需求曲线的斜率为正。在价格不变条件下，名义工资的增加将导致产出增加，如图 5 - 8 （c） 所示。但是随着总供给曲线从 AS_1 移动至 AS_2，由更低的价格导致的实际工资的增加现在将导致产出下降，这是强烈的实际债务效应的结果，如图 5 - 8 （d） 所示。更何况，如拉沃（Lavoie，2010a）所述，在实际工资不变时，对斜率为正的总需求曲线而言，工资和价格下降将对产出和就业产生消极影响。如果更低的价格导致投资减少，因为投资可能被推迟，这种消极影响甚至会更大（Keynes，1936，p. 263）。工资和价格越灵活，消极的费雪债务效应将更加剧烈。克鲁格曼（Krugman，2012，p. 46）将其称为"灵活性悖论"。

在新共识学者的理论中，只有当经济的负向冲击如此之大以至

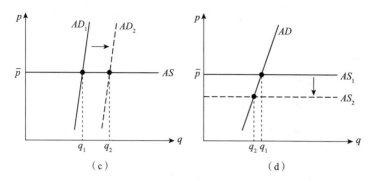

图 5 - 8　**(c) 在卡莱茨基主义模型中，如果 *AD* 曲线向上倾斜，**
名义工资上升的影响；(d) 在卡莱茨基主义模型中，
如果 *AD* 曲线向上倾斜，价格水平下降的影响

于实际利率太高，甚至当央行将名义利率降至零下界也依然如此时，斜率为正的总需求曲线才会出现（Romer，2013）。新凯恩斯主义者将其称为流动性陷阱，通货膨胀率的任何下降（紧缩）都将提高实际利率，因此将进一步减少产出。相反，后凯恩斯主义者的理论基于消极的费雪债务效应，不取决于私人支出的巨大利率弹性。

5.3.5　效率效应和劳动需求

对效率效应的另一种解释

现在，我们来讨论 19 世纪的美国经济学家所谓的高工资经济（Hudson，2010）。这种学说建立了从更高的实际工资到更高的生产率之间的联系。在主流经济学中，这些影响现在被称为工资的效率效应，但我们将其称为韦伯效应（如下所示）。

新凯恩斯主义学者诸如夏皮罗和斯蒂格利茨（Shapiro and Stiglitz，1984）在为新古典理论寻找非自愿失业的理论时，假定工人的劳动生产率与其实际工资率之间存在正相关关系，后者的变化将导致前者的变化。这种关系超越了标准的关系，即认为劳动生产率更高的经济体可以允许更高的实际工资。皮奇和斯坦利（Peach and Stanley，2009）发现，当考虑相反的因果关系时，韦伯效应依然存在，并且马奎特（Marquetti，2004）甚至发现了从实际工资到劳动生产率的单向因果关系。

新古典学者因此接受了马克思主义对劳动力和劳动的区分，前者对应于明确或隐含的劳动合同中包括的潜在工作时间、潜在劳动努力程度和工作质量，而后者是雇员的实际工作时间和工作强度（Hodgson，1982，p. 219）。基于马克思主义的视角，劳动生产率不是由现有技术决定的。实际技术系数取决于多种社会经济因素，尤其是实际工资率。劳动和劳动力之间的差异也可以由不合理的生产的社会组织来解释（例如，在层级制组织中，因为决策过程缺乏劳动者参与，因此导致工人缺乏积极性）。

新古典和激进经济学都把预期的失业成本作为解释劳动效率的关键因素。这种成本取决于怠工被抓到和失去工作的概率。它也取决于两份工作的收入差异，或工作收入与失业收入之间的差异。因而，失业率、平均失业期限或这两个变量的增长率，社会保障福利的可得性以及工资率水平，都是工作努力程度的决定因素（Schor，1987）。新古典版本经常调用效用函数证明工人的偷懒行为，以及解释工人平均劳动生产率的绝对水平。中心部门的高工资使工人不再偷懒，但同时也通过制造失业增加了偷懒的预期成本。在激进经济学的版本中，阶级斗争和阶级冲突解释了工人对提高效率或工作强度，进而提高劳动生产率的创新的抵抗。当存在大量产业后备军时，罢工、怠工，以及从事破坏活动和旷工的行为都减少了（Naples，1987）。高失业率和高工资，即动态世界中的失业率和失业成本的高增长维持了工作纪律。

总体而言，上述列出的原因证实了实际工资和生产率之间的正向关系，这好像过度强调了工作的负效用。实际工资增加对劳动生产率的正向影响也有其他解释。一些学者，如阿克洛夫（Akerlof，1982）倡导与非正统理论或旧行为经济学更加一致的社会基础，他指出工作可以带来满意。这种满意很大程度上是同事之间关系的函数，但也是工作地位的函数。收入的增加，或者相对于其他工人群体收入的增加，提高了雇员的士气，也增强了雇员对企业的归属感及其对出色的工作表现的满意度。

相似地，改善的工作条件是潜在工资率的一部分，有助于创造一个提高劳动生产率和满意度的工作环境，因为工人将不会害怕来上班。具有更高士气的雇员更有可能为他们自己设定更高的工作标准，而且只需要更少的监督。在动态框架中，正是实际工资的增长率导致了劳动生产增长率的增长。斯托姆和纳斯迪帕德（Storm and Naastepad，2012，p.57）将其称为工资导向型技术进步。在静态短期框架中，更高的实际工资率与之前相比将会增强雇员的士气。因此，更高的实际工资与更高的努力强度、更高的劳动生产率相关。然而，基于雇员士气的静态框架很难去证实：如果所有工人的工资都增加，就没有相对的增长；过一段时间后，新工资增强士气的影响也会消失。

因此，我们更想用第三类原因来解释劳动生产率与实际工资水平之间的正相关关系。很久以前，西德尼·韦伯（Sidney Webb，1912，p.984）在讨论对提高最低工资的支持时强调了这些原因。从更技术的角度而言，更高的实际工资可以淘汰具有低生产率的企业或厂商。如果企业因为普遍更高的工资率而使平均成本高于价格领导者制定的价格，那么该企业一定会倒闭。平均而言，低生产率企业的消失将导致更高的产出-劳动比，因为需求会被分配于效率更高的企业。利用率方程的技术系数会改变。因此，低生产率企业被清除出市场，这可以解释更高的实际工资和劳动生产率之间的正相关关系（Nell，1988，p. 236）。就更长期而言，更高的实际工资也会成功引致企业寻找更高效的生产方法并削减不经济的过程，尤其是 X-非效率（Leibenstein，1978；Altman，1998）。结果是整体的劳动生产率提高了。因为韦伯更早地提出了更高的实际工资对劳动生产率的正向影响，我们将这种关系称为韦伯效应。

卡莱茨基主义模型中的韦伯效应

不管我们偏好哪种对生产率变化的解释，都可以将其方便地嫁接到简化的卡莱茨基主义模型中。我们假定实际工资率和工人劳动生产率之间存在正反馈。利用线性方程，之前假定为常数的劳动生产率现在可以写为：

$$y = y_0 + \varepsilon(w/p) \tag{5.29}$$

将 y 的新定义代入方程（5.17），我们可以得到新的就业方程，它包含了更高的工资对生产率的正向影响。新的有效劳动需求关系变为：

$$L_{eff}^{D} = \frac{a}{y_0 - \left(\dfrac{w}{p}\right)(1-\varepsilon)} \tag{5.30}$$

求解该方程关于实际工资的一阶导数，我们得到：

$$\frac{\mathrm{d}\, L_{eff}^{D}}{\mathrm{d}\left(\dfrac{w}{p}\right)} = \frac{a(1-\varepsilon)}{\left\{y_0 - \left(\dfrac{w}{p}\right)(1-\varepsilon)\right\}^2} \tag{5.31}$$

从方程（5.31）我们可以清楚地看出，只要反应参数 ε 小于 1，实际工资和就业水平之间就存在正相关关系。在这种情况下，就业函数依然可以描绘为与图 5-5 和图 5-7 中类似的曲线。图 5-9 展示了当反应参数小于 1 时韦伯效应的影响。就业函数包含了更高的实际工资对劳动生产率的影响，标记为 WE，意为韦伯效应（或工资的效率效应）。这条曲线渐近于直线 y，代表受实际工资变化影响的内生的劳动生产率变量。两条局部均衡就业曲线也画出来了。一条假定不管实际工资率是多少，工人的生产率始终处于对应于工资率 $(w/p)_1$ 的水平；相似地，另外一条局部均衡曲线基于由实际工资 $(w/p)_2$ 决定的生产率水平。最初，工资率为 $(w/p)_1$，就业水平为 L_1。如果没有效率效应，工资增加到 $(w/p)_2$，将使就业水平增加至 L_2'。然而，实际工资的增加将提高劳动生产率，结果局部均衡就业函数向上移动，如图 5-7 所示。因此，实际工资增加的整体影响，是就业水平从 L_1 到 L_2 较少的增加。这就是 WE 曲线所体现的。

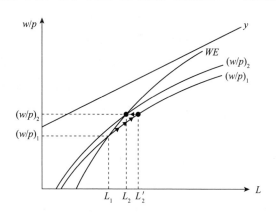

图 5-9　当韦伯效应参数小于 1 时的就业曲线

尽管图 5-9 描述的情况是最有可能的情况，但它不是唯一可能的情况。如果工资增加导致了强烈的正向生产率效应，即如果反应参数 ε 如此之大以至于方程（5.31）的结果为负，那么卡莱茨基主义的就业曲线斜率为负。图 5-10 类似于图 5-9。然而，这时劳动生产率的增加对就业的负向影响，$L_2'-L_2$，超过了工资上升对就业的正向影响，$L_2'-L_1$。因此，导致就业水平下降。结果就是，包含

后凯恩斯主义经济学：　新基础

了效率效应的就业曲线，即 WE 曲线斜率为负。在这样一种经济中，劳动需求曲线具有所有的正统经济学的特征，因为工资率的下降有利于经济回到充分就业的状态。很显然，如果 ε＝1，有效劳动需求曲线将是垂直曲线，实际工资对就业没有影响。

我们注意到将效率工资假设的最强烈的版本引入后凯恩斯主义模型颠倒了新古典的非自愿失业理论。新古典模型引入这个假设是为了解释非自愿失业的存在。如果实际工资引致的生产率效应很大，在后凯恩斯主义模型中，这个假设就摧毁了非自愿失业的可能性！因此问题在于参数 ε 是否可以取较大的值，是否会大于1。

塞卡莱西亚（Seccareccia，1991b）对加拿大进行经验分析的模型与这里的模型很像。他发现了韦伯效应，弹性为 0.34。他进一步发现实际工资率对整体产业部门劳动就业的影响为正，且在数据上是显著的。实际工资水平提高 10％，使就业水平或工作的小时数量增加 1.3％。这些结果为图 5-9 中斜率为正的就业曲线 WE 提供了经验支撑，存在重要的韦伯效应。顺便提一下，如第 1 章已经指出的，皮奇和斯坦利（Peach and Stanley，2009）的元回归分析发现了对韦伯效应弹性（效率工资效应弹性）的最好估计为 0.31。将实际工资写为 $\omega=w/p$，我们知道韦伯效应弹性为 $e_w=(\mathrm{d}y/y)/(\mathrm{d}\omega/\omega)$。根据方程（5.29），我们也知道 $\varepsilon=\mathrm{d}y/\mathrm{d}\omega$，因此 $\varepsilon=e_w y/\omega$。因为劳动在国民收入中的份额在最坏的情况下约为 60％，这意味着 ε 应该不大于 0.5，是小于 1 的。因而我们可以接受图 5-9 而非图 5-10 作为对就业曲线的一般描述。

尽管这本身看起来是合理的，但当我们考虑其他因素时，实际工资和就业之间的负相关关系也并非不可能。纳斯迪帕德和斯托姆（Naastepad and Storm，2010）证明，当较高的实际工资对总需求产生有利的影响时，更快的增长和更高的实际工资将结合起来提高

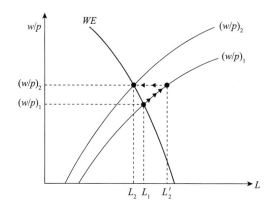

图 5 - 10　当韦伯效应参数大于 1 时的就业曲线

劳动生产率，尽管总需求增加了，就业却可能减少。因此，事情并不像我们希望的那么简单。

5.3.6　利润和利润份额

利润恒等式

卡莱茨基主义方法的一个关键特征就是为国民收入中的利润提供了一个宏观经济学解释，这个解释基于具有另外一些假设的国民账户。我们首先分析没有政府的封闭经济的简单例子，其次分析更符合现实的世界，并将讨论利润和利润份额之间的关系。

根据方程（5.1），我们按照收入法和支出法将国民产品划分为几个部分：

$$Y＝消费＋投资＝工资＋利润 \tag{5.1}$$

正如我们之前介绍的，将消费划分为依靠利润收入和工资收入的消费，我们可以写出以下方程：

$$工资＋利润＝工资用于消费的部分＋利润用于消费的部分$$
$$＋投资$$

正如我们所假定的，工人将其所有的收入用于消费，即他们没有储蓄，我们可以写为：

工资用于消费的部分＝工资

将这个方程代入之前的方程可以得到卡莱茨基著名的利润方程，这个方程由他于1939年在波兰首次提出：

利润＝利润用于消费的部分＋投资

当我们在方程（5.2）中假定自主支出由投资支出和之前获得的利润用于消费的支出两个部分构成时，我们恰好可以获得这个方程，因此可以得到方程（5.7），从而得到以实际价值表示的 $P=a$。但这个方程的确切含义是什么？它暗含的因果关系是什么？我们如何阐释它的结论？这是卡莱茨基提出的问题，他对这些问题进行了如下回答：

> 这个方程的意义是什么？它意味着给定时期的利润决定着资本主义的消费和投资，还是相反呢？这个问题的答案取决于，这些项中的哪一项直接受制于资本家的决策。现在很清楚的是，在一个给定时期，资本家可以决定比前一个时期消费更多、投资更多，但他们无法决定收入更多。因此，是投资和消费决策决定了利润，而非反过来。（Kalecki，1971，pp.78-79）

我们可以引用一句格言来总结这个宏观经济学理论，尽管很多人误将这句格言归功于卡莱茨基，但实际上是卡尔多（Kaldor，1956，p.96）使其广为人知："资本家挣得其所花费的，而工人花费其所挣得的。"这句话强调了一个重要的非对称性：资本家和企业家总是可以决策花费更多（假定银行愿意为其提供贷款），而工人不能轻易地决定赚得更多，因为这从根本上取决于企业家对他们的雇佣。

卡莱茨基（Kalecki，1971，p. 82）运用国民账户的定义，进一步将这个一般化的利润方程写为：

税后净利润＝利润用于消费的部分＋投资＋预算赤字
＋净出口—工资用于储蓄的部分

这个方程纠正了挤出效应的观点，在主流经济学课本中，挤出效应非常流行。根据挤出效应，扩大总需求的扩张性财政政策一定会失败。挤出效应是"财政部观点"（Treasury View）的现代版本，凯恩斯在 20 世纪 30 年代反对过财政部观点。相反，上述方程说明，在其他条件不变的情况下，当政府赤字更大时，私人部门的利润会增加。然而，卡莱茨基和凯恩斯都注意到用于应对失业和利润率下降问题的扩张性财政政策遭到了商业团体的反对。凯恩斯（Keynes，1936，p. 120）发出了以下警告："在时常出现的迷惑不定的心理状态下，政府规划可通过其对'信心'的影响增加流动性偏好或降低资本的边际效率，这可能妨碍其他投资，除非采取相应的措施以抵消其影响。"事实上，主流经济学已经采纳了这种观点，主张限制性的财政政策可以是扩张性的，因为赤字减少可以提振商业信心，这引发了克鲁格曼所谓的"信心神话"。

简化模型中的利润

我们先暂时回到没有政府的封闭经济中。我们已经知道，在这样的经济中，企业除非花费更多，否则难以增加自己的利润。只要自主支出是给定的，如果企业通过增加其成本加成率 θ 提高了利润份额，以寄希望于赚取更多利润，那么将导致销售数量的减少，而不会增加利润的绝对数量。我们已经从方程（5.7）中了解了这一点。我们从方程（5.18）中可以获得相同的结果，它代表了总需求的标准剑桥表达式，其中依靠利润生活的人储存其当前利润的 s_p。

为方便起见，我们这里再写一遍，将实际利润标记为 P：

$$AD = wL + (1-s_p)pP + pI \qquad (5.18A)$$

总需求和总供给相等可以被表示为投资和储蓄相等，后者由利润用于储蓄的部分构成。用实际形式表示，我们得到：

$$I = s_p P \qquad (5.32)$$

从中我们可以直接看到，用实际值表示的利润数量由实际投资水平和利润的储蓄倾向决定：

$$P = I/s_p \qquad (5.33)$$

这是卡尔多（Kaldor，1956，p. 96）发现的所谓剑桥短期利润方程，他将这个方程与卡莱茨基的利润方程以及凯恩斯（Keynes，1930a）的寡妇瓶（widow's cruse）比喻联系起来。凯恩斯当时引用了《旧约·列王纪上》，其中一个寡妇确信她的肉罐和油瓶永远不会用尽。凯恩斯（Keynes，ibid.，p. 139）认为："不管企业家将多少利润用于消费，属于企业家的财富的增量和以前相同。因此，利润作为企业家资本增量的一个来源，不管其中多少用于放纵的生活，都是一个不会用尽的寡妇瓶。"正如卡尔多所指出的，企业家的投资也同样如此。

然而，尽管方程（5.33）很简单，但是它有助于解释随着金融化的出现而产生的一个谜：为什么尽管企业看起来没有进行大的投资支出，但是它们可以赚取大量利润？答案在于方程（5.33）中的分母。我们所处的不是纯粹资本主义经济，其中工人消费其所有的工资，资本家储蓄并再投资他们所有的利润。如果企业分配了更多的红利而持有更少的利润，那么在给定投资水平下，s_p 参数将更小，利润将更大。如果家庭花费了更大比例的红利和利息收入，也会产生相同的影响。劳伦·科多尼尔（Laurent Cordonnier，2006）认为这正是近十年期间发生的事情，因此解决了上述谜团。

依然假定仅有直接劳动,价格就像方程(5.21)中一样被确定,成本加成率为 θ,因此利润份额为 $\pi=\theta/(1+\theta)$,那么实际利润占产出 q 的比例为 π,因此实际产出为:

$$q = I/s_p\pi \qquad\qquad (5.34)$$

给定实际投资的数量,利润份额 π 越高,产出水平越低(因此就业水平越低)(Lavoie,1998)。根据安德鲁·特里格(Andrew Trigg,1994,p.97),这表示了卡莱茨基经济学的真实图景。正如他所说,"收入中的相对利润份额将随着垄断程度的提高而增加。因为利润是由投资决定的……利润水平不会改变"。利润份额的变化(或者成本加成或垄断程度的变化)对利润水平的变化没有影响。

此外,给定投资水平,成本加成利润或利润份额的增加将会导致产出水平下降。特里格(Trigg,1994,p.98)表述得非常清楚:"垄断力量的增强将导致产出水平下降,从而增加利润份额而不改变利润的绝对量。"因此,对于同样的利润水平,更高的成本加成利润将会降低产能利用率水平。这个结果可以直接归功于卡莱茨基(Kalecki,1954,p.71):"收入和产出水平将会降低至某一点,在这一点上更高的相对利润份额获得相同的绝对利润水平。"图 5-11 阐释了随着收入的再分配向利润获得者倾斜(或企业的谈判力量增强),产出和就业水平下降。上述最后一个方程给定的有效需求条件由直角双曲线对应横轴的值来表示。

包含政府和工资储蓄的模型中的利润

我们现在看一下当引入公共部门(或国外部门)时,这些简单的结果(给定投资水平)是否还成立。我们假定政府支出为由实际值表示的 G,并且税率 τ 适用于所有收入。投资和储蓄之间的相等关系,仍然用实际值表示,现在涉及利润获得者的私人储蓄和政府

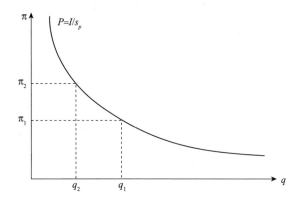

图 5 - 11　在没有公共部门的简化卡莱茨基主义封闭经济中的利润份额

有剩余时的公共储蓄：

$$I = s_p P + (\tau q - G) \tag{5.35}$$

求解 q，产出的均衡水平依然是成本加成利润（这里为利润份额 π）的反函数，如同在封闭经济中一样。

从标准的卡莱茨基主义模型和凯恩斯主义模型中我们可以发现，产出（或就业）与政府支出正相关，与税率负相关。因而得到：

$$q = \frac{I + G}{s_p \pi + \tau} \tag{5.36}$$

现在来看利润，很清楚的是，正如卡莱茨基（Kalecki，1971，p.85）所说，预算赤字"可以将利润增加至由私人投资和资本家的消费所决定的水平以上"。此外，当将成本加成利润的变化考虑在内的时候，利润的变化方式并不与大多数卡莱茨基主义者所预期的一致。现在，利润水平由以下方程给定：

$$P = \frac{I + G}{s_p + \tau/\pi} \tag{5.37}$$

上述方程表明，与没有政府的封闭经济相反，成本加成率 θ 的任何增加，因而利润份额 π 的增加导致了利润水平 P 的增加，正如

图 5 - 12 所示。

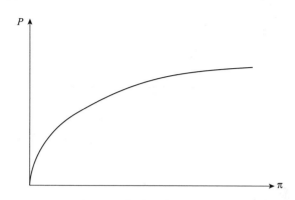

图 5 - 12　在内生预算赤字模型中的利润和利润份额

上述结果的经济学逻辑很简单。当企业决定增加或成功增加成本加成利润的时候，有效需求减少了，这将降低收入和产出。收入的降低导致了税收收入的下降，因此假定政府支出不变，这将导致公共赤字的增加。给定私人投资水平，政府赤字的增加因此将最后导致企业利润的增加。偏向利润获得者的收入再分配是通过公共部门的债务积累来实现的。利润获得者的目标是更高的利润，他们不断追逐更高的利润。与没有政府的封闭经济中的情况不同，在封闭模型中，资本家仅能通过增加投资和私人债务来实现更高的利润。由于公共部门的存在，企业反而可以通过公共部门债务的内生增加获得更高的利润。在开放经济中，如果净出口是收入的函数，我们也可以获得相似的结果。

图 5 - 13 有助于解释为什么利润和成本加成利润之间存在正向关系。如图 5 - 11 一样，有效需求约束再次由 (q, π) 坐标轴内的直角双曲线来表示，双曲线现在与 $-(\tau / s_p)$ 水平线成直角，而非与横轴。那么较高的成本加成对应的利润水平一定高于较低的成本加成对应的利润水平。

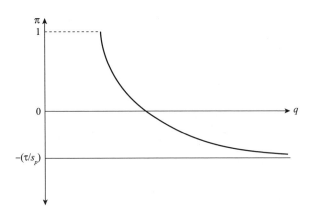

图 5 - 13　在具有内生预算赤字的卡莱茨基主义
模型中的利润份额和产出水平

很明显，引入一个具有内生预算赤字的公共部门的确改变了卡莱茨基主义模型的一些基本结果。盈利约束，鲍尔斯和布瓦耶（Bowles and Boyer，1990）也将其称为再生产条件，在简化的卡莱茨基主义模型中不起作用（Mason，1993）。盈利约束是企业为了能持续生产和投资应该获得的最低数量的利润或利润率。在包含外国部门和政府部门的模型中，盈利能力成为企业的关注点。在简化的模型中，更高的实际工资低于劳动生产率，它通过更高的有效需求总是能提升就业，因为不管成本加成利润为多少，实现的利润都能保持不变。然而，一旦预算约束对经济活动而言成为内生的，或者将工资储蓄引入模型中，盈利约束就变得有约束力。在某一点上，实际工资的增加即使依然低于劳动生产率，也会因为导致企业利润过低而不可能实现。这也可以从卡莱茨基的一般利润方程中推测出来，利润与政府预算约束和工资储蓄负相关。通过将工资储蓄加入我们的模型，我们可以得出上述结论。由于工资有储蓄倾向，$s_w <$ s_p，方程（5.35）使投资和储蓄相等，可以得到：

$$I + G = s_p \pi q + \tau q + s_w (1 - \pi) q \tag{5.38}$$

实际产出和利润方程为：

$$q = \frac{I + G}{(s_p - s_w) \pi + \tau + s_w} \tag{5.39}$$

$$P = \frac{I + G}{s_p - s_w + (\tau + s_w)/\pi} \tag{5.40}$$

因此利润份额 π 的减少导致总需求、实际产出和需求决定的就业增加；然而，给定自主支出，只要收入被征税或工资获得者将其收入的一部分用于储蓄，成本加成利润的减少也将导致总利润的减少。这有助于解释为什么工商业界反对高工资的宏观经济学战略：与简化的卡莱茨基主义模型相反，除非有对投资的引致效应，成本加成利润的减少将导致工商业总体利润的减少。这一点有时被忽略了，但一位卡莱茨基主义学者清楚地强调了这一点：

> 卡莱茨基的命题即垄断程度能影响利润份额但不会影响利润水平，在更一般的具有政府税收和支出以及工人储蓄的开放经济中，是不正确的……阶级斗争不仅可以通过改变制造业的成本加成利润来影响收入份额，而且因为它们对贸易平衡、政府赤字和工人储蓄的影响也会影响利润水平。（Asimakopulos，1988，pp. 140，152）

5.4 劳动供给

至今还没有关于劳动供给的研究。正如美联储新主席珍妮特·耶伦（Janet Yellen，1980，p. 18）所注意到的，"后凯恩斯主义模型中尤其缺乏的是劳动供给函数"。我们不一定会提供一个这样的函数，但无论如何我们将讨论劳动供给函数。主流宏观经济学家一般假定劳动供给曲线表现良好；即劳动供给斜率为正，替代效应超过收入效应。他们认为闲暇并非严格意义上的劣质品。正如戴维·斯宾塞（David Spencer，2006，p. 462）所说，在新古典经济学中，失业看起来像是一种令人满意的状态。这和劳动需求的标准假设结合起来共同创造了正统的劳动力市场，其中供给和需求的力量一定会导致均衡工资率。就长期而言，只要不是短期，劳动力市场就是出清的。

新古典劳动经济学对劳动供给曲线的形状采取了更谨慎的观点。很多经验研究表明实际工资率的收入效应比替代效应更加关键。尤其是在男性工人的例子中，经常发现当实际工资率下降时，工作时间延长了（Pencavel，1986）。尽管闲暇的更低价格应该使人们工作时间更短或停止工作，但结果他们却工作更长时间，以弥补因小时工资率更低造成的收入损失。尽管如此，对新古典经济学家而言，尽管需求曲线和供给曲线可能相交两次，后弯的劳动供给曲线并不会损害标准的需求和供给分析。虽然可能存在两个均衡点，但是劳动供给曲线在稳定的均衡附近有标准的斜率向上的形状，并且在两个充分就业均衡水平中，该均衡对应的就业水平更高。

5.4.1 劳动供给和消费者等级

后凯恩斯主义劳动供给理论的大纲可以沿着以下顺序展开。工作决策和消费决策是相关的。正如第2章所解释的，大多数个人或大多数家庭的重要目标是保持其在消费者层级中的位置。结果就是家庭有责任将其收入水平维持在其习惯的水平。此外，家庭就像企业一样，有合同债务（Rima，1984a，p. 68；Appelbaum，1979，p. 112）。他们在过去借贷以获得住房、汽车、电器、家具和其他半耐久消费品，以及支付度假费用和孩子的教育费用。因此，家庭出于社会规范和现金流的原因而被迫维持其习惯的收入水平。给定非工资收入水平和其他家庭的收入水平，个人或家庭的生活标准可以由实际工资率和工作时长构成的平面中的直角双曲线来表示，如图 5－14 所示（Nell，1988，p. 123；Mongiovi，1991，p. 39；Sharif，2003，p. 202）。

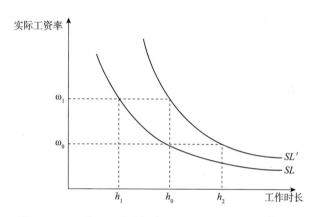

图 5－14　两种不同生活标准下向下倾斜的劳动供给曲线

生活标准的任何提高都与另一条直角双曲线相关，标记为 SL'，在前一条曲线 SL 之上。当实际工资率的任何增加都被认为是暂时的，即不改变习惯的生活标准时，工人将沿着曲线移动，将工作时间从 h_0 减为 h_1。只有当实际工资的变化被认为是永久的时，即当工人感到可以达到更高的消费者层级时，工人意愿的工作时间才会保持不变，工人将上升至 SL' 曲线上。这种情况的主要原因在于当家庭感到可以永久地维持其收入水平时，它将相应地增加负债和现金流要求，从而改变其借款行为。如果更高的实际工资与更高的生活标准和消费标准相关，那么将不会改变工人的工作时间，因为他们将与现存的社会标准保持一致。

因此，劳动供给在很大程度上取决于一个家庭相对于其他家庭的正常生活标准。一个特定的家庭会将自己的收入与参照群体比较，劳动供给取决于参照群体可感知的平均收入，即取决于每周（或每年）工作小时数的感知平均工资率和感知社会标准。例如，在图 5-14 中，如果一个人认为参照群体的平均收入将从 SL 增加至 SL'，而这个人认为他应该依然属于那个参照群体，他将试图将工作时间从 h_0 增加至 h_2，以维持其原有的消费者层级。因此，劳动供给，不管是个人层次还是总体层次，都取决于参照群体可感知的工资率和过去的生活标准。我们认为劳动供给在以下两种情况下会增加：一是当家庭遭受实际工资率下降的时候；二是当感知到生活标准相对于参照群体而言下降的时候。这两个假设是形成第 7 章讨论的通货膨胀理论的主要原因。

那么，简而言之，个人的劳动供给取决于其习惯的消费水平，和他相对于其他工人的工资率（Rima，1984b，p.541）。后凯恩斯主义关于劳动供给的观点与第 2 章提出的后凯恩斯主义的消费理论密切相关：二者都强调了同辈群体和过去的收入水平的重要性（Baxter，1988）。如何解释关于周平均工作时间的社会标准更加困难。例如，为什么教授或工商业领导者比过去一个世纪以前工作时间长？这也许与有闲阶级的衰败以及工作伦理的增强有关：所有人即使是那些不需要劳动收入的人也都必须工作。

5.4.2 非正统经济学关于劳动供给的替代性观点

关于劳动供给的前一种分析依然是非常理想化的。它假定个人可以选择工作的小时数。这可能适用于那些独立的专业人员、商业人士、个体户或大学教授以及那些兼职工作的人。一般而言，雇主提供的全职工作有每周固定的工作小时数以及每一年固定的工作周（Eichner，1987，p.883）。工人仅仅可以选择制度规范强加的工作小时数，或者拒绝接受雇佣。

　　结果就是实际工资率的任何变化均不可能导致不同的决策。尽管核心经济的大多数企业倾向于遵循社会接受的标准，但是人们可以寻找不同的雇主，这还是增加了一些灵活性，他们可以提供工资和工作小时数的最优结合。通过接受其他雇主的兼职工作，工人也可以获得工作时间的灵活性，而一旦将额外的收入所得税和失去的边际收益考虑在内，额外的工资与全职工作的实际工资率相比通常大为减少。

　　核心经济几乎不提供兼职工作，这解释了要养育幼小的孩子而只能寻找兼职工作的妇女为什么往往在外围经济中工作。这一点揭示了灵活工作的最后一个可能：在家庭中，两个主要成员的其中之一可以选择兼职工作而非全职工作，或者选择不工作。事实上，众所周知，在经济衰退期，已婚妇女的劳动供给增加以试图维持家庭的生活标准。此外，对家庭的第二个成员而言，一般是妇女，进入劳动力市场的成本很大。更高的工资率能吸引更多的劳动参与。结果就是，研究者经常发现在妇女的案例中工资和劳动供给呈正相关关系。

　　关于非正统经济学文献中劳动供给曲线形状的一个简短调查并非完全确定性的。除了图 5-14 阐释的观点外，还有三个观点，它们都建立在非线性表达式的基础上。普拉施（Prasch，2000，p.686）画了一条相对垂直的劳动供给曲线，但具有盘绕的连续向上倾斜和向下倾斜部分。穆罕默德·谢里夫（Mohammed Sharif，2003，p.202）和罗杰·约翰逊（Roger Johnson，2010，p.248）都画了具有向下倾斜部分的劳动供给曲线，如图 5-15 所示。当实际工资较低时，他们认为工人面临生存需求和金融债务，这迫使其规定收入水平指标，因此如果实际工资更低，他们要工作更长的时间，如图 5-14 所假定的。然而，在更高的实际工资上，这些约束放松了，因为如果工人发现实际工资减少，那么他们就有条件工作更短的时间。这时，替代效应占据主导地位，供给曲线采取标准的向上倾斜的形状。图 5-15 表示的是当卡莱茨基主义劳动需求曲线融入图形的时候，劳动力市场上存在不稳定性。并且当劳动供给曲线垂直或向上倾斜时，这种不稳定性也会产生。

如果实际工资低于完全均衡水平，市场力量倾向于使经济远离完全均衡，因为如果工资率太低，劳动会过度供给，因此如果劳动力市场没有受到阻碍，将拉低实际工资，使经济远离充分就业水平。在凯恩斯的失业情形中，市场机制是没有帮助的，正如图 5-15 的情况。假定市场力量使实际工资下降将导致严重的结果，因为失业率将使工资进一步下降。这个劳动需求理论因此支持了凯恩斯的论点 (Keynes, 1936, ch.19)，即灵活工资率对就业是有害的，不会有助于回到充分就业。相似地，如果实际工资比充分就业水平 $(w/p)_{fe}$ 高，那么市场力量本身倾向于使实际工资更高，因此可能导致成本推动型通货膨胀。

然而有第三种观点，正如阿特曼 (Altman, 2001, p.208) 所主张的，认为劳动供给曲线是向后弯曲的，曲线的底部为传统的向上倾斜形状，当实际工资较高时斜率为负。他假设，随着工资的上升，工人将工作更长时间，因为他们要努力达到一个不断上升的收入目标；然后当这个目标达到的时候，如果实际工资上升，工人将工作更短时间，这造成了曲线向后弯曲的部分。论据为如果实际工资很高，家庭已经达到了一个相当好的生活标准，他们会更加喜欢闲暇而非积攒更多的收入。事实上向后弯曲的曲线非常受欢迎，并曾被指出"向后弯曲的劳动供给曲线现在被大多数经济学家认为是理所当然的事"(Barzel and McDonald, 1973, p.621)。

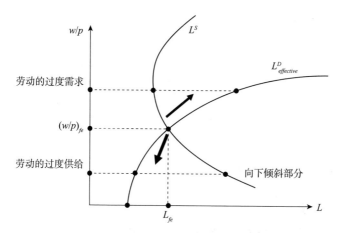

**图 5 - 15　具有卡莱茨基主义有效劳动需求曲线和一部分向下
倾斜劳动供给曲线的不稳定的劳动力市场**

如果我们将向后弯曲的劳动供给曲线与卡莱茨基主义的有效劳动需求曲线结合起来，我们将得到多重均衡，即有两个实际工资可以使劳动需求和劳动供给相等，这由塞卡莱西亚（Seccareccia，1991b）首次提出。图 5 - 16 阐释了这个观点。有一个坏均衡，为点 B，实际工资和就业水平较低；有一个高的均衡，为点 H，实际工资和就业水平较高。在这两种情况下，我们都可以说经济在充分就业条件下运行，因为给定实际工资的劳动需求与劳动供给相等。然而，较高的均衡明显优于较低的均衡。

给定这两种可能性，取得 B 或 H 哪一个均衡点的概率更高呢？为了回答这个问题，我们考虑一个初始实际工资，$(w/p)_0$，处于两个完全均衡条件下实际工资率之间。如果我们仍然假定在短期内经济总是处于商品市场均衡的轨迹（处于有效劳动需求曲线）上，在这个初始实际工资上，劳动供给量为 L_0^S，而劳动需求量为 L_0^D。

因此，在 $(w/p)_0$ 上，商品市场处于均衡，但存在失业，因为劳

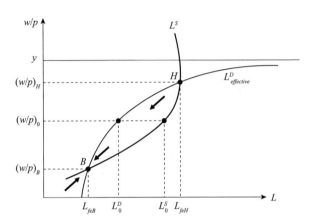

图 5-16 卡莱茨基主义有效劳动需求曲线和
向后弯曲的劳动供给曲线的多重均衡

动供给大于劳动需求。对后凯恩斯主义者而言，这种情况会持续存在，由于企业家对销售的预期实现了，他们没有动机修改其劳动雇佣决策。假定存在充分的制度刚性，只要失业保持相对稳定，实际工资就没有变化的趋势。如果劳动力市场不受传统、规则、规范或制度锚定的约束，市场力量将使名义工资 w 下降。相反，假定经济依然处于有效劳动需求曲线上，商品价格倾向于保持稳定，因为总需求和总供给相等。因此，在这样一种灵活价格经济中，随着名义工资下降、商品价格稳定，工资倾向于下降直至 $(w/p)_B$，对应于较低的充分就业均衡。

　　给定上述分析，我们可以总结出，如果市场力量不受影响，将倾向于产生具有较低水平的实际工资、产出和就业的充分就业均衡——图 5-16 中的点 B。给定人口水平，这意味着生活标准将比处于点 H 的经济更低，在点 H 上，所有人可以享受高水平的实际工资 $(w/p)_H$ 和高水平的产出和就业 N_{feH}。

　　我们的分析表明高水平均衡是不稳定的，而低水平均衡是稳定的。在缺乏刚性的世界中，市场力量将使经济远离高水平均衡而移向低水平均衡，如图 5 - 16 的箭头所示。换言之，市场力量将使经济处于次优均衡。因此，与 TINA 倡导的观点相反，市场力量和价格灵活性未必能带来最好的解决方法。在这种背景下，面对失业，力量强大的工会通过阻止实际工资下降，将对整体就业、生产和生活标准产生有利的影响。

因为高水平的充分就业均衡不稳定，所以只有持续的国家干预才能成功使经济保持接近这一就业水平。事实上，国家必须干预以维持高的实际工资，甚至是在失业率上升的时期。这可以通过最低工资法律或生活工资条例来实现（Pollin，2005；Kaufman，2010b），因为更高的最低工资可以提高整体工资结构。国家也可以提高公共服务的工资，颁布鼓励更强大工会的法律，这提供了一种对抗大企业权力的抵消力量。而卡莱茨基主义多重均衡模型表明市场力量可以使经济移向具有低水平工资、产出和就业的低水平均衡，它也表明恰当的法律和制度将使经济移向更高的就业水平、实际工资和生活标准。

5.4.3　非偷懒约束

我们可以描述劳动力市场多重均衡的另一个例子。当证明更高的实际工资可以导致更高的劳动生产率，因此影响了有效劳动需求曲线的形状和位置时，我们已经讨论了效率工资假设。尽管如此，我们假定实际工资由历史或制度因素给定，因此被认为是外生的。另外一种方法就是考虑孤注一掷的努力函数，其中工人或者提供或者不提供需要的正常努力，正如夏皮罗和斯蒂格利茨的文章所示（Shapiro and Stiglitz，1984）。在这种情况下，企业面临非偷懒约束（no-shirking constraint，NSC）。这个约束是对于每一个预期总就业水平，企业发现的可以使工人提供正常水平的努力而不偷懒的最低实际工资。预期总就业水平越高，预期失业率越低，因此需要的实际工资越高。如果失业率较低，工人不可能遵守纪律，因为他们不会害怕被解雇。我们经常假定较低的失业率尤其需要实际工资的大量增加，因此形成了向上倾斜的非偷懒约束，如图 5 - 17 所示。非偷懒约束曲线渐近于劳动供给曲线，在这里将其假定为垂直曲线。

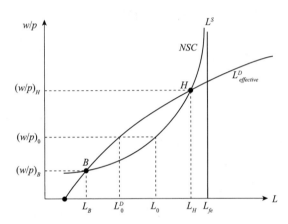

图 5 - 17　卡莱茨基主义有效劳动需求曲线和产生于有效工资
假设的非偷懒约束曲线之间的多重均衡

如图 5 - 17 所示，考虑到非偷懒约束曲线的弯曲度和卡莱茨基主义有效劳动需求曲线的弯曲度，这两条曲线一般将相交两次（Bowles and Boyer，1990，p. 205）。因此存在两个均衡点，好的均衡点 H 和坏的均衡点 B。这是工人和企业家对总就业水平的预期完全实现的地方。在图 5 - 17 中，这些就业预期在两个实际工资水平实现了，一个较高，为 $(w/p)_H$，一个较低，为 $(w/p)_B$。在其他任何实际工资上，对总就业水平的预期都不会实现。如图 5 - 17 的情况，假定工人和企业预期就业水平为 L_0。在这个水平上，非偷懒约束曲线告诉我们成本最小化企业会将实际工资确定为 $(w/p)_0$。在这个实际工资率上，只有L_D^0数量的工人最终可以就业，这是有效需求约束的结果。当前企业和工人意识到就业比之前预期的更低，因此他们将修改其对总需求和失业率的预期，结果就是企业现在制定了更低的实际工资。这将导致实现的就业水平更低。换言之，由图 5-17 中L_H和$(w/p)_H$给定的高就业和高实际工资均衡不稳定。相反，由L_B和$(w/p)_B$给定的低就业和低实际工资均衡是稳定的。

因此，我们的情况与向后弯曲的劳动供给曲线相似。再次地，我们需要政府干预保证相应的社会规范，从而实现高实际工资和低失业率的均衡。否则，如果市场力量不受约束而放任自由，它们将使经济体的就业水平更低、生活标准更低（实际工资更低）。因此，市场力量将使经济体移向次优均衡。

5.5 具有间接成本的卡莱茨基主义模型

我们之前注意到卡莱茨基和卡莱茨基主义者认为劳动应该分为直接劳动和间接劳动。然而，到目前为止，我们仅考虑了直接劳动，因为在不进行区分的条件下可以更简洁地提出我们的观点。

现在，是时候考虑加入间接劳动带来的新见解了。进行这种区别的另一种方式是讨论可变劳动和固定劳动，也称为蓝领工人和白领工人，或非监督岗位和监督岗位。剑桥经济学家，比如卡莱茨基主义者，也很关注间接劳动。布伦纳（Brunner，1975，p.32）讨论了间接劳动和间接成本，指出因为职员工资，"很高比例的劳动事实上是间接劳动，尤其是在现代工业中"。在卡莱茨基主义者中，斯坦德尔（Steindl，1952，p.46；1979，p.3）、阿西马科普洛斯（Asimakopulos，1970；1975）、哈里斯（Harris，1974）和罗森（Rowthorn，1981）已经在经济分析中普及了间接劳动的重要性。

然而我们必须意识到，在对经济进行规范分析时，几乎没有学者沿着他们的足迹进一步发展，名单可能止于以下学者：迈亚特（Myatt，1986）、库尔茨（Kurz，1990）、尼古拉斯和诺顿（Nichols and Norton，1991）、达特（Dutt，1992a）、拉沃（Lavoie，1995a；1996b；1996‑1997；2009b）和帕利（Palley，2005）。

鉴于最近宏观经济收入分配的演变，直接劳动和间接劳动的区别显得更为重要。在过去二十年间，尤其是美国，经历了收入分配的空前变化，分配在很大程度上倾向于管理官僚的上层，正如第3章已经讨论的。杜梅尼尔和莱维（Duménil and Lévy，2004，Ch.7）研究了管理友好型体制，将其称为cadrisme，来自法国单词cadre，意思是管理职员，这种体制的基础是大量的工资开支用于上层管理人员和整体管理阶层。与之相对，普通雇员和工人的实际购买力停滞。事实上，西蒙·莫恩（Simon Mohun，2006，p.360）长期关注非监督工人和监督工人的演变，根据他的研究，1979—2000年间，美国生产工人或直接劳动工人取得的收入份额下降了7%，而监督劳动或间接劳动取得的收入在同一时期上升了10%。因为间接劳动（成本）是劳动成本的一个重要部分，并且因为它的收入份额随着时间而上升，因此考察其对多种经济变量的影响确实很重要。

5.5.1 供给侧和劳动生产率

产能利用率函数

我们首先看供给侧，考察加入间接劳动后可以观察到的生产关系。我们已经指出，后凯恩斯主义者反对标准的新古典生产函数，而是用产能利用率函数来代表短期的生产关系，将就业与产出水平或产能利用率水平联系起来。为了获得这个利用率函数，我们需要给出三个定义。企业雇用了两种类型的劳动。一方面，我们有直接

劳动，这是生产的可变因素，与产量直接相关。我们将其标记为
L_v。另一方面，存在管理职位，这是间接成本的一部分。间接劳动
取决于全产能水平而非产出水平，或正如斯坦德尔（Steindl，1979，
p.3）所说，间接劳动"被假定与生产产能同比例变动"。间接劳动
包括永久职员：行政人员、会计师和企业的律师等。就短期而言，
因为产能水平是固定的，白领工人的薪资是成本中固定的一个部
分。因此我们将其标记为L_f。正如第 3 章所示，q 为产出水平，q_{fc}
为全产能条件下的产出水平，L 为企业的整体雇佣水平，y_v 和 y_f 为
相应不变的劳动生产率指数，我们可以得到以下三个方程：

$$L = L_v + L_f \tag{5.41}$$

$$L_v = q / y_v \tag{5.42}$$

$$L_f = q_{fc} / y_f \tag{5.43}$$

根据以上方程，利用率函数因此可以写为：

$$q = \{ L - (q_{fc} / y_f) \} y_v \tag{5.44}$$

图 5-18 阐释了这个特殊的生产函数。只要雇佣水平低于L_f，
就不会有任何产出。产出和就业之间的关系是线性的，直至全产能
水平q_{fc}，在q_{fc}之后，正如第 3 章一样，我们可以假定规模报酬递减
的规律开始起作用。然而，只要总需求没有使生产超过我们定义的
全产能水平，上述方程就完全适用。

劳动的边际物质产品由图 5-18 中利用率函数的斜率代表，表
示为图中角y_v的正切值。角y_f的正切值代表间接劳动的生产率。如
果这个角度增大，给定产能水平所需要的固定劳动数量就会减少，
因此间接劳动的生产率上升。结果是当间接劳动的生产率改变时，
整个利用率函数移动；而当直接劳动的生产率变化时，利用率函数
的斜率变化。

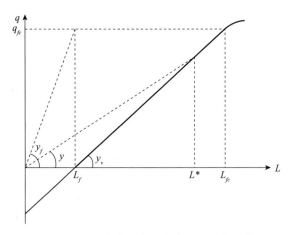

图 5-18　短期的后凯恩斯主义利用率函数

奥肯定律

上述生产函数的一个特征就是随着产能利用率的增加，单位工人的总体生产率也会变化，表示为图 5-18 中给定就业水平 L^* 角度的正切值 y。我们将利用以下两个定义。单位工人的总体生产率现在为：

$$y = q/L \qquad (5.45)$$

产能利用率简单地表示为：

$$u = q/q_{fc} \qquad (5.46)$$

利用这些定义以及方程（5.41）到方程（5.43），间接劳动的就业可以写为 $L_f = q/(u\,y_f)$，单位工人的总体生产率 y 可以写为产能利用率的函数。

$$y = \frac{L_v\,y_v}{L_v + L_v\,y_v/u\,y_f}$$

$$y = \frac{q}{L} = \frac{y_v}{1 + (y_v/y_f)/u} \qquad (5.47)$$

单位工人的总体生产率是产能利用率的增函数，对方程

(5.47) 求一阶导数可以看出来：

$$\mathrm{d}y/\mathrm{d}u = (y_f\, y_v^2)/(y_f u + y_v)^2 > 0 \qquad (5.48)$$

利用链式法则求二阶导数，表明随着产能利用率增加直至 1，单位工人生产率增加的速度放缓。

$$\mathrm{d}^2 y/\mathrm{d}u^2 = -2\, y_v^2\, y_f^2/(y_f u + y_v)^3 < 0 \qquad (5.49)$$

产出和生产率因此在短期内正相关。图 5-19 阐明劳动生产率曲线是产能利用率的函数。生产率曲线看起来非常像比较静态的标准生产函数。它与规模报酬递减有相同的形状。纵轴变量——单位劳动的产出水平也与生产函数相同。然而横轴的变量与生产函数不同。在传统分析中，资本劳动比是横轴的变量。在这里我们则相反：给定机器存量，横轴变量为就业水平。尽管生产率曲线看起来像是新古典生产函数，但前一曲线代表的关系与后一曲线代表的传统分析完全不同。生产函数通常依赖于规模报酬递减，此处我们对劳动力的使用则是规模报酬递增的。所有这些评论同样适用于企业的微观经济学和经济整体的宏观经济学。现在，我们更具体地讨论后者。

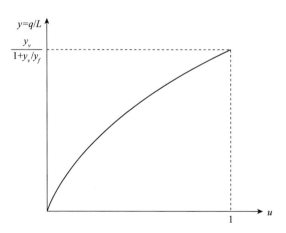

图 5-19　平均劳动生产率作为产能利用率的函数

方程（5.47）和图 5-18、图 5-19 都阐释了奥肯定律，该定律主张失业水平下降 1% 伴随着产出更大比例的增加，估计在 2% 范围内。这意味着短期而言，就业的增加伴随着产出更快的增加；即产出与劳动的比率增加，正如方程（5.47）和图 5-19 中产能利用率上升时一样。在后凯恩斯主义理论中，奥肯定律是理论的自然结果，而在新古典经济学中，需要特别的假设、严格的限制、滞后和极度复杂的叙事，以将通过经验验证的奥肯定律与标准的规模报酬递减结合起来。运用后凯恩斯主义的产能利用率方程以及奥肯（Okun）自己强调的间接劳动，结合可变劳动不变的边际物质产出，就可以得到奥肯定律而无需其他假设。"需求扩张对生产率有正向的周期影响"（Jean and Vernengo，2008，p.240）。

事实上，奥肯定律增强了第 3 章提出的理论建构，尤其是多厂房企业的边际成本可以被视为是不变的假设，尽管厂房及其内部有不同的机器使用年限和生产率。第 3 章做出的推测是在微观经济层次上，当产能利用率下降的时候，企业不一定关闭其效率更低的厂房。相似地，在宏观经济层次上，不同效率的企业都分享了总产出的增加，正如阿西马科普洛斯（Asimakopulos，1975，p.322）和卡尔多（Kaldor，1985，p.47）所强调的，后者在讨论奥肯定律的理论基础时提到了这一点。除了价格相对于成本下降得如此之低以至于最低效的企业必须破产之外，这种分享的原因在于不完全竞争中，所有企业都将它们的价格调整为与行业的价格领导者一致，并且所有企业都在过剩产能条件下运行。

这种后凯恩斯主义观点可以与标准观点进行对比，根据标准观点，总需求减少意味着最低效企业的消失或最低效企业工人的失业，凯恩斯（Keynes，1936，pp.397ff.）接受了这种观点直至他遇到了相反的证据。在现实经济中，最高效的企业并非在全产能条件下运行；并且最低效的企业只有在更高效企业难以满足需求增加时才会运行。

　　在这一部分结尾，我们应该注意到直接劳动系数 y_v 的任何增加都对间接劳动系数 y_f 有自发的影响。在相同的设备甚至新机器的情况下，如果相同数量的可变工人可以生产出更大的产出，这意味着全产能条件下的产出更大。当机器在全产能条件下运行时，如果需要相同数量的间接劳动工人，这意味着全产能产出与间接劳动的比率增加了。固定劳动的生产率与可变劳动的生产率成比例增加。这可以在图5-20中看出。可变工人的生产率的增加将使效用函数逆时针移动。操作人员和以前一样，如果厂房在全产能条件下运行，全产能条件下的产出将从 q_{fc1} 增加至 q_{fc2}。假定需要的间接工人的数量 L_f 不变，固定劳动的生产率必然上升，正如图中所示的角 y_f 增加一样。运用代数方法，回忆 y_v 和 y_f 的定义，我们可以注意到以下关系：

$$f = \frac{y_v}{y_f} = \frac{q/L_v}{q_{fc}/L_f} = \frac{q_{fc}/L_v^{fc}}{q_{fc}/L_f} = \frac{L_f}{L_v^{fc}} \qquad (5.50)$$

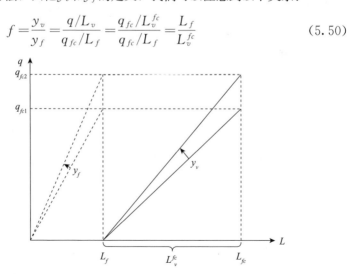

图5-20　蓝领工人生产率的变化对白领工人生产率的影响

f 变量代表全产能条件下可变劳动生产率与固定劳动生产率的比率。这个比率也等于当企业或经济在全产能条件下运行时，管理劳动工人数量与直接劳动工人数量的比率（Rowthorn，1981，p.4）。正如我们在图 5-20 中所看到的，在这种情况下，不管可变工人的边际产出如何变化，工人的数量 L_f 和 L_v^{fc} 均不会改变。因此，我们应该总结道，产生于可变劳动生产率的任何变化都会导致固定劳动生产率的同比例变化。比率 f 是一个常数，不管可变劳动的生产率如何变化，除非管理现有资本存量所需的间接职员数量有独立的变化。再看方程（5.47），它定义了总体劳动生产率，我们发现通过使用上述方程（5.50）中所示的关系，可以将其进一步简化为：

$$y = \frac{q}{L} = \frac{y_v}{1 + f/u} \tag{5.51}$$

尽管我们可以将 y_v 视为因韦伯效应而变化的变量，我们依然将比率 $f = y_v/y_f$ 视为不依赖于由韦伯效应或其他原因导致变量 y_v 变化的常数。在接下来一节以及在第 6 章中，我们将使用这个关系。

5.5.2 平均实际工资

在第 1 章，我们已经看到新古典经济学家可以相对容易地发现实际工资和就业之间的负相关关系。正如那里所解释的以及菲利佩和麦康比（Felipe and McCombie，2009）的文章所示，这是因为很多关于劳动需求函数的估计都仅仅是数据的人工制品。也有很多研究发现实际工资和就业之间不存在任何关系，例如彼得·瑞奇（Peter Riach，1995，p.173）总结道："在后凯恩斯主义分析中……更高的实际工资对就业没有教条性的结论。"这一部分的目的是表明卡莱茨基主义模型可以解释实际工资和就业水平之间明显的近似独立关系。我们可以通过区别基础实际工资和平均实际工资做到这一点。前者决定了工资的整个结构，后者取决于劳动的构成。这个构成随着产出增加或经济周期而变化。因此，正如之前的分析所示，虽然就业和基础实际工资是正相关关系，但同时恰如拉尔斯·奥斯伯格（Lars Osberg，1995，appendix 2）所主张的，平均实际工资和就业水平可能是负相关的。

我们需要做的是区分可变劳动的名义工资率 w_v 和固定劳动的名义工资率 w_f。正如方程（5.52）所示，进一步假定后者是前者的 σ 倍；换言之，间接劳动的工资高于直接劳动的工资。因为平均工资是 w_v 和 w_f 的加权平均，因此随着产出水平的变化，平均工资将随着间接劳动和可变劳动的构成而变化。令 w_M 为平均名义工资率，ω_M 为平均实际工资率，我们得到：

$$w_f = \sigma\, w_v, \ \sigma > 1 \tag{5.52}$$

$$w_v = w \tag{5.53}$$

$$\omega_M = \frac{w_M}{p} = \frac{w\, L_v + \sigma w\, L_f}{pL} \tag{5.54}$$

我们依然假定所有的工资，即使是间接劳动的工资，都花费在消费品上。用名义价值表示总需求，与方程（5.2）相同，现在可以写为：

$$AD = w_M L + A = w\, L_v + \sigma w\, L_f + ap \tag{5.55}$$

而总供给，是方程（5.14）的一个小的变形，为：

$$AS = p\, q^s = p\, L_v\, y_v \tag{5.56}$$

令这两个方程相等，我们得到了有效需求约束，即对直接劳动的新需求曲线：

$$L_v = \frac{a + \sigma\omega L_f}{y_v - \omega} \tag{5.57}$$

其中，$\omega = w/p$ 为基础实际工资率，即直接劳动的实际工资率。利用方程（5.41），我们得到对总劳动的需求曲线：

$$L = \frac{a + L_f\{y_v + \omega(\sigma - 1)\}}{y_v - \omega} \tag{5.58}$$

这个方程和我们之前的卡莱茨基主义有效劳动需求曲线有相同的性质。该曲线斜率为正，并且渐近于可变需求的生产率。因此，基础实际工资和就业之间存在正相关关系。但平均实际工资和就业之间的关系如何？将方程（5.57）和方程（5.54）结合起来，我们发现了平均实际工资和总就业之间的潜在关系：

$$\omega_M = \omega + \frac{\omega(\sigma - 1) L_f}{L} \tag{5.59}$$

图 5-21 中的平均实际工资曲线（mean real wage，MRW）显示了这种负向关系。很多经验研究发现了这种关系，支持了传统的政策分析，建议通过降低实际工资以增加就业。这里所示的卡莱茨基主义模型恰当地描述了典型事实，我们必须从中总结出实际工资降低并不能提高就业，而由劳动构成的变化引起的实际工资降低可以增加产出和就业水平。

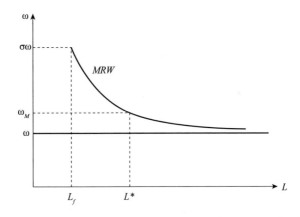

图 5-21　给定基准实际工资率，平均工资率作为就业的函数

通过联立方程（5.58）和方程（5.59），我们可以明确地给出平均实际工资率的决定因素。我们发现：

$$\omega_M = \omega + \frac{\omega(\sigma - 1)(y_v - \omega) L_f}{a + \{y_v + \omega(\sigma - 1)\} L_f} \tag{5.60}$$

很显然，自主支出的任何增加都将通过增加就业，以及增加就业者中的低工资工人比例或临时工人比例来降低平均工资率。在图 5 - 21 中，这意味着沿着 MRW 曲线向下移动。上述方程也进一步表明基础实际工资的增加可能会或可能不会引起平均实际工资的增加。基础实际工资的增加在图 5 - 22 中将使 MRW 曲线向外移动，平均实际工资的变化如同所指出的那样。

三种可能性中的任何一种都可能发生，这取决于参数的确切值。给定就业水平，基础实际工资的增加导致平均实际工资增加。但基础实际工资增加导致就业水平提高，这样就使劳动构成倾向于具有更大比例的低工资工人或临时工人。在新的更高的就业水平 L^{**} 上，平均实际工资率因此可能上升（图 5 - 22 的点 A），可能保持不变（点 B），或下降（点 C）。这就解释了为什么从经验而言发现实际工资和就业之间的正相关关系很困难。当评价实际工资对就业的影响时，必须将反映总需求例如产能利用率的变量考虑在内。

5.5.3 再论成本加成定价法

我们将给出企业的成本曲线和定价行为（这在第 3 章已经非正式地讨论过）如何与卡莱茨基主义的利用率方程有关。我们确定了成本加成定价法的三种主要变形。它们分别为加价定价法、正常成本定价法和目标收益定价法。所有这些程序都是关于相同主题的变形，且已证明它们经得起相似的代数核性检验。这些变形中最简单的一个是基于单位直接成本的加价定价法，现在我们可以将其写为：

$$P = (1 + \theta)UDC = (1 + \theta)w/y_v \tag{5.61}$$

正常成本定价法是基于正常单位成本，即在标准的产能利用率

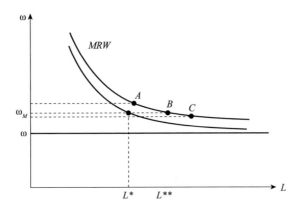

图 5-22　基础实际工资的增加对平均实际工资的影响

水平上的单位成本。在垂直一体化经济中，正常单位成本等于标准产出条件下单位直接劳动成本与单位间接劳动成本之和。利用方程（5.42）、方程（5.43）和方程（5.50），我们发现单位成本为：

$$UC = (wL_v + \sigma wL_f)/q = w(1 + \sigma f/u)/y_v \qquad (5.62)$$

u_n 是正常产能利用率，我们可以将正常成本定价关系写为：

$$p = (1 + \Theta)NUC = (1 + \Theta)(1 + \sigma f/u_n)(w/y_v) \qquad (5.63)$$

现在，我们将单位成本表示为产能利用率的函数。自然地，从方程（5.62）中可以看出，产能利用率越高，单位成本越低。这些单位成本下降直至产能利用率达到 100%，在这一点上它们等于 $w(1 + \sigma f)/y_v$。对一个赚取净利润的企业而言，净利润被定义为销售额的价值超过总劳动成本的值，价格必须超过单位成本。在现在的例子中，产能利用率必须高于 $\sigma f/\theta$。所有这些关系都在图 5-23 中显示出来，该图复制了图 3-9，但这次具有恰当的代数数字。这张图也表明直接劳动在产出价值中的份额等于 $1-m$，而间接成本与利润的总份额等于 m。m 是总利润的份额。净利润的份额也显示在图 5-23 中，表示为字母 π，与总利润的份额相反，它显然随着产能利用率的变化而变化。如果产能下降至 $\sigma f/\theta$,净利润将下降为 0。我们将在稍后看这是如何发生的。至于管理劳动的份额,它对应于 $m-\pi$ 的余额。

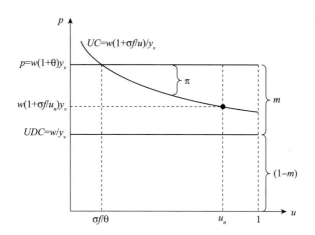

图 5 - 23 基于产能利用率的总利润份额、单位成本和净利润份额

很容易发现,对平均可变成本进行成本加成将获得与全成本原则相同的价格(Rowthorn,1981,p.36)。通过使方程(5.61)和方程(5.63)中的价格相等,我们看到,给定正常单位成本的成本加成率 Θ,只有当成本加成率为以下结果时,我们对直接成本进行加成才能获得同样的价格:

$$\theta = (1+\Theta)(1+\sigma f/u_n) - 1 \qquad (5.64)$$

在目标收益定价情况中,也有可能推出同样的结果。在第 3 章中,我们考虑了资本品价格和产出价格相同的情况,正如方程(3.31)中描述的投资部门。在这种情况下,为了获得投资的目标收益率 r_n,υ 为资本产能比率,对正常单位成本进行加成的成本加成率的值 Θ 必须等于:

$$\Theta = \frac{r_n \upsilon}{u_n - r_n \upsilon} \qquad (5.65)$$

自然地，为了让这个方程有意义，分母必须为正，$u_n - r_n v > 0$，这仅意味着利润应该大于价值增加值。正如阿西马科普洛斯（Asimakopulos，1975，p. 319）所指出的，"随着时间的流逝，这些成本加成率要设定为可以涵盖间接成本和利润"。将方程（5.64）和方程（5.65）结合起来，我们看到为了达到相同的价格，给定产生于目标收益定价决策的正常单位成本加成率 Θ，对单位直接成本进行加成的加成率 θ 必须等于：

$$\theta = \frac{r_n v + \sigma f}{u_n - r_n v} \tag{5.66}$$

将方程（5.66）和方程（5.61）结合起来，我们发现了基于目标收益定价程序的明确的定价方程：

$$p = \left(\frac{u_n + \sigma f}{u_n - r_n v}\right)\frac{w}{y_v} \tag{5.67}$$

因此，尽管假定企业的定价行为是复杂的目标收益定价类型，我们获得了一个非常简单的表达式，将价格和单位直接成本 w/y_v 联系了起来。方程（5.67）的优点是它表明目标收益定价可以重新写为单位直接成本的函数。这证明即使企业使用了更复杂的核算和定价程序，只要间接劳动与可变劳动的正常比率、间接劳动和直接劳动的相对工资率、资本产能比率、标准的产能利用率和目标收益率没有变化，使用简单的成本加成模型就是恰当的。

5.5.4 成本加成定价法和净利润份额

在这一章的前一节中，有效需求原则可以通过就业函数看出来。我们考察了改变实际工资率或其他参数对就业水平的影响。在这里，我们通过其对产能利用率和净利润份额的影响来考察有效需求原则。

我们可以从两个角度看利润份额。从需求方面，我们已经知道

总实际利润是给定的，由实际自主支出 a 确定。从方程（5.8）中
我们已经知道：

$$P = a$$

从需求侧来看，国民收入中的利润份额为：

$$\pi^d = a/q = a/u \, q_{fc} \tag{5.68}$$

上述方程表明，当产能利用率 u 更高时，给定数量的实际利润
在更大产出上分配，结果就是从需求侧来看利润的净份额随着产能
利用率的上升而下降。然而，这仅是故事的一部分。这个利润份额
必须等于由供给侧原因决定的利润份额。这个利润份额产生于产出
的价值与生产这个产出的总成本之间的差异，换言之是价格和实现
的单位成本之间的差异。我们得到：

$$\pi^s = (p - UC)/p \tag{5.69}$$

利用加成方程（5.61）和单位成本的定义以及方程（5.62），
我们发现从供给侧来看，利润的净份额为：

$$\pi^s = \frac{\theta - \sigma f/u}{1 + \theta} \tag{5.70}$$

这个方程告诉我们从供给侧来看，利润份额随着产能利用率的
上升而增加。这当然与图 5-23 所画的成本曲线以及那里的阐述相
一致。图 5-24 中曲线 π^s 和 π^d 相应地阐释了方程（5.70）和方程
（5.68）。这两条曲线的交点即为产能利用率的均衡点。当销售总水
平等于产出总价值时，相同的交点得到的是国民收入中的实际利润
份额，以及代表性企业产出价值中的净利润份额。在现在的背景
下，这种表达的优点是每个相关参数仅能影响两条曲线中的一条，
因此当其中一个参数变化时，只有一条曲线移动。

从方程（5.68）中很显然可以看到，如果自主支出水平上升，
给定产能利用率水平，从需求角度而言，利润份额必须上升。然

后，曲线π^d将向上移动，正如图5-24中虚线π^d所示。在均衡点上，正如两条曲线的新交点所示，产能利用率和利润份额将会更高。我们现在分析影响π^s曲线的因素，如方程（5.70）所示。f比率的上升，即间接工人与在全产能产出条件下运行时可变工人数量的比率的上升，导致π^s曲线向下移动，如图5-24中其中一条虚线π^s所示。雇用更多间接劳动因此将导致产能利用率上升，但它也将导致净利润份额的下降。σ参数的增加，即如果间接劳动的相对工资相对于直接劳动增加（给定基础实际工资），恰好也会带来相同的结果。

最后，成本加成率θ的提高，即相对于生产率基础工资的减少，将导致π^s曲线向上移动。在新均衡条件下，产能利用率会更低，但总收入中的利润份额以及企业总销售价值中的净利润份额将更高。正如我们之前看到的，资本家在短期内能够通过提高成本加成率来增加其利润份额，但他们这样做是以牺牲产能利用率为代价的。对称地，实际工资相对于生产率的增加导致产能利用率更高，可以使更多的工人就业，正如在之前一部分中我们所看到的。然而，这些更高的工资压低了利润份额。这种反向关系被接近马克思主义传统的学者进行扩展引用，正如我们将在第6章看到的。

从上述经验中得到的教训是利润份额随着多个参数而变化，包括直接单位成本的成本加成率和自主支出水平。尤其是，这个模型同时决定了利润份额和产出水平，这与卡尔多早期的推测相矛盾，即有效需求理论不能同时决定就业和分配（Kaldor，1956，p. 94）。事实上，正是这个推测使卡尔多在其早期的增长和分配模型中假定充分就业。在卡尔多的模型及其他早期后凯恩斯主义模型中，比如罗宾逊（Robinson，1956）的模型中，投资率变化通过改变成本加成率，即成本加成利润而导致收入分配变化。他们的观点是更活跃的经济将导致相对于工资率的更高价格。具有间接劳动成本的模型

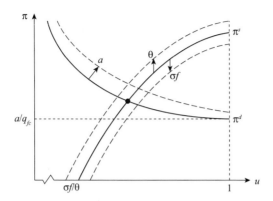

图 5-24　各个参数的增加对产能利用率和
国民收入中净利润率份额的影响

也为对珍妮特·耶伦（Janet Yellen，1980，p.17）的多元决定论的批评提供了一个回应。

　　现在应该很清楚的是，当我们将间接劳动成本考虑在内时，卡尔多和罗宾逊的早期观点是不正确的。当阿西马科普洛斯对琼·罗宾逊的评论进行规范时，他意识到了这一点。琼·罗宾逊的评论大意是，运用目标收益定价法，"通过不变价格条件下产出的变化而非通过价格的变化，后者是完全竞争条件下假定必须发生的"（Robinson，1969，p.260），可以在卖方市场上获得超正常利润。她说，这是因为准固定成本的因素，"使平均主要成本随着产出而下降直至全产能"（p.261）。回想罗宾逊（Robinson，1956，p.183）和卡尔多将所有与运营工厂而非闲置厂房的相关成本都视为主要成本，很明显，罗宾逊讨论的平均主要成本是我们模型中垂直一体化企业的单位劳动成本。尽管投资产出比率、单位直接成本和对单位直接成本的成本加成率都是不变的，间接劳动成本的出现允许工资和利润份额发生变化。相似地，尽管成本加成率是不变的，产出中投资份额的增加会导致利润份额的增大。因此，正如这一部分所强调的，间接劳动成本发挥了主要作用。

毫不惊奇的是，早至 1964 年，卡尔多就意识到假定有效需求不能同时决定产出水平和收入分配是错误的。他将这个早期的错误概念归于对间接劳动成本的疏忽。如果没有间接成本，当投资上升的时候利润份额不会增加，除非成本加成率改变，并且只有在全产能利用率条件下成本加成率才会自动改变。

> 我想要修改阐述（之前的理论）的一个重要方面……与不变的（短期）主要成本假设有关。我没有意识到这个假设——使不变的成本加成率与收入中不变的利润份额相等——不仅是简化，还一定是误导性的。在工业中，单位产出的短期劳动成本不是不变的，而是下降的（主要考虑到间接劳动的影响）；结果就是投资产出比的变化可以引起利润份额的相应变化（因此引起储蓄率的变化），即使"成本加成率"是不变的；那么就不必假定充分就业以使"凯恩斯式的"调节储蓄率以适应投资系数的机制可以发挥作用。（Kaldor，1964b，pp. xvi‐xvii）

从这段引言中我们可以清楚地看到卡尔多已经想到了所有得以构建现行有效需求模型的要素。斯坦德尔也完全意识到了间接成本发挥的作用。

> 事实上，净边际利润可以因为两个完全不同的原因而改变：或者因为产能利用率的变化，且成本结构和价格不变；或者因为净边际利润可以在给定产能利用率水平上变化。后一种变化可以这样发生，例如，总边际利润变化，而在任何给定产能利用率水平上的间接成本都保持不变。（Steindl，1952，p.46）

随着总需求的改变，第一种情况出现了，因此图 5 - 24 中π^d曲线移动，经济因而沿着π^s曲线移动，成本加成率不变。第二种情况可以由 θ 的增加代表，因此π^s曲线移动。

5.5.5　目标收益定价法和净利润份额

我们也许想知道迄今为止获得的结果是否取决于假定的定价法。截至目前，我们的关注点集中于更简单的加价定价法。如果企业运用目标收益定价法呢？很明显的是，定价法对短期内自主需求的增加没有影响。然而，我们可能怀疑当基于单位成本而非直接成本定价的时候，间接劳动成本的增加依然能导致产能利用率的增加。我们可能也想知道当企业基于目标收益定价时，更大的间接成本对实现的净边际利润的影响：这时间接成本的增加依然一定能导致净利润份额的下降吗？

将方程（5.67）中的目标收益定价法和方程（5.69）中的从供给方来看的净利润份额结合起来，可以对此做出解释。这样做使我们可以得到[1]：

$$\pi^s = \frac{(\sigma f + r_n v)u - (u_n - r_n v)\sigma f}{u(u_n + \sigma f)} \tag{5.71}$$

为了找到间接成本对净利润份额的影响，我们对方程（5.71）关于 $f\sigma$ 求一阶导数，可以得到一个非常简单的表达式：

$$\frac{\mathrm{d}\,\pi^s}{\mathrm{d}(\sigma f)} = \frac{(u - u_n)(u_n - r_n v)}{u(u_n + \sigma f)^2} \tag{5.72}$$

我们可以在图 5 - 25 中观察到间接单位成本增加的结果。正如以前一样，π^s曲线向上倾斜，而π^d曲线向下倾斜。当间接成本增加时，即当 f 或 σ 更高时，π^s曲线移动，但是向上还是向下移动取决

---

① 方程（5.71）原书有误，分子中第一项疑似漏了 u。——译者注

于经济是否在正常产能利用率上运行。当实际产能利用率 u 比正常产能利用率u_n更小时，π^s曲线向下移动，正如从方程（5.72）中所看到的。更大的间接单位成本带来的结果是净利润份额比初始位置更小，产能利用率比初始位置更大，正如在图 5-25 中所看到的一样，π_1^d曲线是与此时的自主支出相对应的曲线。相反地，如果实际产能利用率 u 比正常产能利用率u_n更大，更高的间接单位成本导致π^s曲线向上移动。正如图 5-25 中所看到的，当自主支出使相关曲线为π_2^d且实际利润份额π_2比目标利润份额π_s更高时，上述情况就出现了。这种移动的结果是，当间接单位成本增加时，净利润份额增加而产能利用率下降。事实上，在这个简单模型中，总利润额是由自主支出数额给定的，因而给定资本存量的利润率不变。因此，如果利润份额上升，产能利用率一定下降。

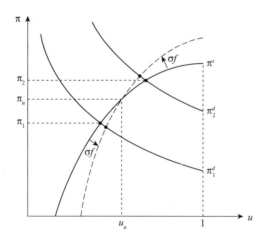

图 5-25　当使用目标收益定价法时，间接成本对产能利用率、国民收入中净利润份额的影响

因此，目标收益定价法的引入导致了有趣的静态比较，因为它的引入可能破坏之前的结果并导致有条件的结果。尤其是，间接成本的增加不一定导致经济活动的增加。即使我们忽略间接工资的储蓄的可能，情况也是如此，储蓄会减小总需求，在这里我们不予考虑。

我们可能会疑惑，为什么当实际产能利用率超过标准产能利用率时，更高的单位间接成本对企业成本方面的盈利有积极影响，而当实际产能利用率低于标准产能利用率时，却对成本方面的盈利有消极影响。这个原因是间接劳动成本分配在了不同的产出水平上。当企业在标准产能利用率上运行时，在管理劳动成本增加之后，价格会恰好上升至维持传统的收益率。当企业在超过标准产能利用率水平上运行时，价格的上升会高于对单位成本增加的补偿。相反，当企业在低于标准产能利用率水平上运行时，价格的上升不能完全补偿单位成本的增加。

在图 5-26 中，代表性卡莱茨基主义企业的单位产出的直接劳动成本为常数，而融合了固定管理间接劳动成本的总单位成本由直角双曲线代表。运用局部均衡分析，这里间接劳动成本的增加表示为单位成本曲线向上移动。在标准产能利用率 u_n 上，单位成本和价

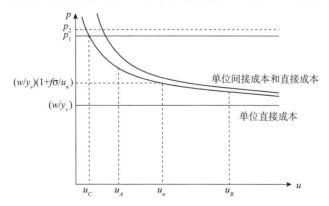

图 5-26 在目标收益定价法下，管理成本上升的微观经济影响

格水平之间的差异在变化前后保持不变，表明资本的利润率一直为 r_n。相反，在 $u_B > u_n$ 上，垂直距离增加，表明利润率比间接劳动成本更低时要更高。在 $u_A < u_n$ 上，垂直距离减少，表明利润率在这样的产能利用率上下降了。这种情况的一个极端例子是在 u_C 上，利润率为零，而因为间接成本的增加现在变为负数。

我们最后总结一下，这个模型仅是几个可能的形式中的一个。例如，在当前的模型中，管理者的实际工资是工人的 σ 倍。结果就是，企业目标收益率的增加将导致成本加成率的增加，因此减少了工人和管理者的实际工资。在 cadrisme 的积累体制中，金融和管理者参与了潜在收入份额的分配，假定管理者的实际工资是给定的就更具有相关性。在另一种观点下，工资乘数 σ 作为内生变量，取决于由管理者制定的目标收益率和他们通过控制董事会分配给自己的实际薪水。然而，这另一种观点导致了与这里所示的相似的结果，拉沃对此进行了证明（Lavoie，2009b，pp. 390 - 391）。

5.6 财政政策和充分就业

5.6.1 稳健的财政和新财政主义

截至目前，我们认为不能依赖市场力量使经济回到较高的总需求和充分就业的位置，并进一步主张自主支出和实际工资的增长可以增加就业。然而，引入内生的政府预算平衡和内生的贸易平衡的确削弱了支持实际工资观点的力量，因为如果自主支出不变，实际工资的增加（或边际利润的下降）将会导致整体利润的下降，正如方程（5.37）和方程（5.40）所示，尽管实际工资更高对实际产出和就业具有积极影响。更低的利润因此将会对商业企业产生消极的影响，它们将决定减少其自主投资支出，这将进一步伤害利润，且尽管实际工资更高却可能减少产出。因此，更高的实际工资不能作为解决失业的万能药。更高的实际工资必须伴随着更高的自主支出，它们或产生于消费，或产生于政府部门。全球金融危机当然使我们意识到由消费债务支持的自主消费支出的危险，因此替代性的方法是扩张性财政政策，这是沿着凯恩斯主义者的主张提出的。

在主流经济学的新共识主义中，达到合适的就业水平、自然失业率和稳定的通货膨胀的责任被归于货币政策。宏观管理的主要工具是货币政策，财政政策降低到了第二的角色。主流经济学家主张财政政策应该主要用于维持收支平衡，预算平衡的内生波动是可以允许的，并且当经济遭受负向冲击的时候，由自发的财政稳定器导致的预算赤字可能会出现。概略而言，这意味着公共预算在商业周期期间必须被平衡。一些政治家更进一步，提出强制政府在任何给定年份避免预算赤字的规则，因此当经济衰退时政府会通过减少政府支出追求顺周期的预算政策，以及不停地追求所谓的"稳健的财政"。所有这些都使人们担心凯恩斯主义的财政政策会鼓励不负责任的政治家的铺张浪费。

假定其他条件相同，更大的政府赤字有助于维持总利润。但是正如我们在这一章之前所看到的以及凯恩斯所注意到的，商业团体可能不理解总利润是怎么产生的。卡莱茨基（Kalecki，1971，p.139）的分析更加深入。正如凯恩斯一样，他主张，对资本主义而言，"就业水平取决于所谓的信心状态"，但他进一步认为这给予"资本主义对政府政策的强有力的间接控制：任何动摇信心的东西都必须小心避免，因为它可能导致经济危机。'稳健的财政'信条的社会功能是使就业水平取决于'信心状态'"。因此，卡莱茨基主张政府知道如何达到充分就业水平，但是它们可能不会这样做，因为害怕商业团体的反应，这样就回归到了"稳健的财政"政策。

全球金融危机对稳健财政的呼吁施加了暂时的阻碍。从 2008 年 11 月左右开始，约 1 年左右，各央行行长和 G20 的领导人在国际货币基金组织（IMF）达成的共识转向了一条新的故事线，这被我的同事马里奥·塞卡莱西亚（Mario Seccareccia，2012）称为"新财政主义"。支持新财政主义的人认为当大衰退是由金融危机导致的时，产生于自发稳定器的政府赤字可以被相机抉择的扩张性财政政策放大。这种观念改变的经济理性在于货币政策已经达到了其零利率下限，财政政策在恢复经济活动上是有效的，因为上升的通货膨胀和利率攀升是不可能的。尽管利率较低，但他们认为利率在中期内最终会上升，因此新财政主义的支持者很快主张有责任的财政政策，其具有财政整顿的措施——对财政紧缩的掩饰——因此确保财政可持续性以及重新回到预算平衡。在 2009 年 6 月之前，大人物们都遗忘了扩张性的财政政策。始于 2009 年 12 月的希腊，欧元区国家遇到的问题，看起来证实了他们以及新财政主义者的担忧。后凯恩斯主义者对财政政策的立场是什么？

5.6.2　功能财政

尽管后凯恩斯主义者受到主流新共识主义对货币政策关注的影响，但他们始终对自由财政政策的重要性保持信心。例如，内尔（Nell，1988）写了一整本书来研究政府部门的重要性和政府预算的必要性，并且围绕这些主题编辑了几本书。诺贝尔奖获得者威廉·维克里（William Vickrey，1997），在其年纪较大时转向了后凯恩斯主义经济学，也支持功能财政。阿雷蒂斯和索耶（Arestis and Sawyer，2003；2004；2010）对逆周期财政政策的重要性非常清楚，而当时的主流经济学家主张，私人总需求的同等减少导致凯恩斯式扩张政策无效。他们认为这是由挤出效应导致的，这将提高利率、减少私人部门投资可得的可贷资金，除此之外还有巴罗-李嘉图等价效应，这将减少消费，因为消费者现在将储蓄更多以支付由更高的预算赤字产生的更高税收。尽管事实是"正是反凯恩斯主义经济学家，理性预期的领袖，李嘉图等价和其他晦涩难懂的话没有与普通人的常识联系起来"（Galbraith，1994－1995，p.257），主流观点通过使用诸如"是时候使政府有序运行"或"政府应该和家庭一样"等标语，成功说服大众相信稳健财政的优点。后凯恩斯主义者没有轻信这些观点，反而继续主张政府支出可以提高实际和潜在产出水平。

> 传统的关于凯恩斯财政政策的主张是没有根据的……我们现在的知识状态没有理由拒绝将凯恩斯需求管理原则作为对存在重要闲置资源的经济的恰当回应。此外……有效的凯恩斯财政政策可以提升潜在产出，以及解决资源未充分使用的问题。（Fazzari，1994－1995，p.233）

正如阿雷蒂斯和索耶（Arestis and Sawyer，2004，p.63）所说，后凯恩斯主义财政政策建立在由阿巴·勒纳（Abba Lerner，1943）倡导的这种或那种"功能财政"的基础上。后凯恩斯主义者依然认同凯恩斯（Keynes，1936，p.129）的观点，即假定公共支出为非盈利的和无效的从而浪费劳动资源是荒谬的：我们还不如让政府将现金放进瓶子里，将其埋于地下，然后让私人部门挖出现金，这样就为私人部门提供了就业和利润。但我们可以做得更好，要求未利用的劳动和资本产能去建造或修理房屋、建筑物、桥梁、道路和下水道，或者雇用技能较低的劳动者去清洁环境或提供其他社区服务或改善。新名目主义者对后一点高度赞同，认为政府应该

扮演就业者的最后一道防线，即应该为所有愿意工作而在私人部门
又找不到工作的人提供就业（Forstater，1998；Wray，1998）。这
种政策立场取决于直接就业政策，也被称为工作保证计划或缓冲库
存就业计划。相比于标准的扩张性财政政策而言，它的主要优点是
地理上集中于经济活动水平较低的地区，而非分布于整个国家（包
括那些资源近乎充分利用的地区）（Mitchell and Muysken，2008）。
不管做出哪种决策，直接就业政策或基础设施支出，主要的共识点
是劳动是流量而非存量："如果资源被闲置，产出就永远失去了。
它不会被储存起来以待未来使用"（Littleboy，2013，p. 126）。

而功能财政，与稳健财政相反，无论如何已经赢得了后凯恩斯
主义的一致认同，正如勒纳自己严谨地描述道，功能财政尤其得到
了后凯恩斯主义的新货币分支学派的支持——MMT 学派（Nell and
Forstater，2003）。从本质而言，勒纳有三个主张。第一个主张是政
府预算盈余或赤字就其本身而言无所谓好坏。财政政策的目的不应
该是达成一个特定的预算位置，比如在一年内或一个商业周期内的
预算平衡。相反，财政政策的目标应该是实现合适的就业水平，既
能保证充分就业，也不会造成通货膨胀。正如勒纳（Lerner，1943，
p. 39）所说，

> 核心观点是政府财政政策，包括政府支出和税收、借贷和
> 偿还贷款、发行货币和收回货币的问题，都能仅仅通过分析其
> 对经济的影响来解决，而非关注任何既定的评判完美的标准。

勒纳（Lerner，1943）的第二个主张是政府并非无助于以及并
非不能募集资金。由中央银行支持的政府不存在金融约束。这是或
这应该是中央政府的情况，正如美国或加拿大的联邦政府。第二个
主张意味着这种中央政府总是能从央行获得它们需要的金融资源。

这与表 4-17 中的理论兼容，我们将其称为新名目主义观点。正如勒纳（Lerner，1947，pp. 313-314）所证实的，这里的观点是"货币是政府的产物"，政府拥有"创造或摧毁货币的权力"。只要央行和政府之间存在合作，并且只要政府不以外国货币形式借贷资金，以及不被迫在外汇交易市场上支持本币的价值，政府就不会"用完货币"。这个观点被新名目主义一再强调，大量后凯恩斯主义和凯恩斯主义经济学家现在接受了这种观点：他们认为在这种情况下政府受益于"主权货币"（Wray，1998；2012；Tcherneva，2006）。如果存在约束，那么它是实际资源约束（资本和/或劳动），但在这种情况中，私人部门也面临这种约束，根据定义，我们必须处于资源完全利用的水平上。

勒纳（Lerner，1943）的第三个主张是，即使政府运用功能财政和赤字开支以期实现充分就业，公共债务也不会永远增加。用现代术语可以这样说，公共债务与 GDP 的比率将会收敛于一个有限值。这有两个主要原因。假定一个封闭经济，随着公共债务的上升，私人部门的财富增加，正如方程（4.11）所示。因此，第一，随着来自公共债务的财富和利息支付的增加，家庭将花费其私人收入的更大比例；第二，随着利息支付的增加，这些利息支付的税收也增加，因此相对于 GDP 而言减小了公共赤字。这里的主张是，政府赤字，至少在封闭经济中是可持续的。如勒纳（Lerner，1943，p. 49）所说，"随着国家债务的增加，它以一种自我均衡的力量起作用，逐渐减少了对其增长的未来需求，最后达到了均衡水平，此时其增长的趋势最终结束了"。

虽然勒纳的第一个和第二个主张相对没有争议，但第三个主张，关于债务比率的无条件的可持续性是相对更不可靠的。因此，我们在下一部分考察这个主题。

5.6.3 功能财政的可持续性

可以用几种不同的方式来定义可持续性。在这里，我们将公共债务的可持续性定义为债务与 GDP 的比率收敛于零或者一个常数值。关于公共债务的标准观点是产出的实际增长率应该大于债务的实际利息率（Domar，1944）。更确切地说，真正重要的是税后实际利息率。如果这个严格的条件没有实现，意味着产出的增长率比税后利息率小，那么政府应该实行紧缩政策，并且实现足够大的预算盈余，即在税收收入与政府支出之间存在足够大的差异，其中政府支出可以忽略利息支付。尽管这些规则有一些道理，但我们可以表明，一个追求充分就业政策的政府，通过增加或减少其支出以实现与不断增长的劳动的充分就业相兼容的产出和产出增长率，其债务与 GDP 的比率在较弱的条件下收敛于一个常数值。

最近一些文章基于第 4 章提出的存量-流量一致性方法，在更一般的条件下对上述观点进行了代数证明（Pucci and Tinel，2010；Ryoo and Skott，2013）。在这里，我们基于戈德利和拉沃（Godley and Lavoie，2007b）以及马丁（Martin，2008），提供一个高度简化的版本。我们假定通货膨胀不存在，并且进一步假定政府债务是唯一可得的资产，因此家庭财富 V 恰好等于政府债务。假定政府成功地实行功能财政，以至于政府弥补了私人支出和充分就业条件下的产出之间的任何差异，使每一个时期都实现了充分就业。那么实际产出以 g_n 的速度增长，以保证劳动的充分就业水平。这意味着实际产出独立于私人支出，GDP 等于充分就业条件下的 GDP，因此 $Y=Y_{fe}=(1+g_n)Y_{fe-1}$。私人部门的可支配收入，我们将其称为 Y_d，因此等于充分就业条件下的税后 GDP 加上私人部门从政府债务中获得的税后利息支付。定义 i 为利息率，这些利息支付因而在

税前为 iV_{-1}，税后为 $(1-\tau)iV_{-1}$，因此给定所得税税率 τ，任何一个时期的可支配收入均可以写为：

$$Y_d = (1-\tau)Y_{fe} + (1-\tau)iV_{-1} \tag{5.73}$$

我们现在假定私人部门将其可支配收入中的 s_{yd} 比例用于储蓄，并且动用的过去积累财富的比例为 c_v。经验上而言，估计 c_v 为 5% 左右或小于 5%。这一时期私人部门的储蓄，或者这一时期财富的增加（忽略资本所得），因此等于：

$$\begin{aligned} V - V_{-1} &= s_{yd}Y_d - c_vV_{-1} \\ &= s_{yd}\left[(1-\tau)Y_{fe} + (1-\tau)iV_{-1}\right] - c_vV_{-1} \end{aligned} \tag{5.74}$$

上述方程也可以写为：

$$V - V_{-1} = c_v\left(\frac{s_{yd}}{c_v}Y_d - V_{-1}\right) \tag{5.74A}$$

这表明私人部门有一个潜在的目标财富水平，给定为 $\left(\frac{s_{yd}}{c_v}\right)Y_d$。它意味着私人部门进行储蓄以逐渐达到这个目标财富存量，因此是可支配收入（其本身也在增长）的函数。以此为目标的财富积累以某个比率进行，这由局部调整参数决定，给定为 c_v。

因为政府的负债——公共债务——等于私人部门持有的资产——财富 V——给定时期政府债务的增加等于同一时期内私人部门储蓄的增加，由方程（5.74）给定。将含有 V_{-1} 的所有项放在一起，我们可以重写这个方程，以得到一个 $V = A + BV_{-1}$ 形式的差分方程：

$$V = s_{yd}(1-\tau)(1+g_n)Y_{fe-1} + \left[1 - c_v + s_{yd}(1-\tau)i\right]V_{-1} \tag{5.75}$$

如果 B 大于 1，差分方程将导致发散型路径；当 B 取小于 1 的正值时，它将获得非振荡的收敛路径。这意味着当 $0 < B < 1$ 时，公

共债务将收敛于常数值。需要注意到这个条件与经济增长率完全无关。经济增长率 g_n 和经济的其他参数一起，包括实际利息率，有助于决定债务与 GDP 比率的稳定状态。因此，如果满足以下不等式，公共债务与 GDP 的比率将收敛于一个常数：

$$\frac{c_v}{s_{yd}} > (1-\tau)i \tag{5.76}$$

上述表明，勒纳的第三个重要的主张看起来被证实了。即使税后利息率高达 10%，条件（5.76）也很有可能实现。正如我们之前所说的，财富的消费倾向 c_v 通常被估计为约 5%。当前收入的储蓄倾向将留存利润的储蓄考虑在内，也不可能高于 20%。因此，即使财富的消费倾向为 3%，$\frac{c_v}{s_{yd}}$ 一项将为 15%，依然高于税后利息率。即使经济的增长率为 0，公共债务与 GDP 的比率也将保持稳定。除非中央银行决心使利息率飞涨以恐吓政府，并使其接受紧缩政策，功能财政是一个可行战略。

看待这种可持续性条件的另一种方法是将方程（5.76）颠倒一下，将其重新写为方程（5.76A）。公共债务比率收敛为常数值意味着目标财富与可支配收入的比率，给定为 (s_{yd}/c_v)，需要比方程（5.76A）中的右边项小。条件很可能被满足，因为如果税后利息率高达 10%，只要目标财富与可支配收入的比率低于 10，收敛依然会发生。

$$\frac{s_{yd}}{c_v} < \frac{1}{(1-\tau)i} \tag{5.76A}$$

5.6.4 财政政策与货币政策的对比以及最后的警告

读者可能想知道这样一种令人惊奇的结果是如何实现的。达成条件（5.76）的推理建立在存量-流量一致性方法上，将公共债务的动态演化和利息支付的产生考虑在内。正如比尔·马丁（Bill Martin，2008，p.653）所指出的，"在存量-流量模型中，众所周知，利率率对总需求水平有明显违背常情的影响"，因此"在存量-流量一致性均衡中，债务利息率的影响将总是处于主导地位"。这已经被认识到很久了，比如布林德和索洛（Blinder and Solow，1973），但好像被许多实际讨论所忽略了。即使更高的利息率通过抑制消费和投资支出，以及通过使债券和其他金融资产的资本价值遭受损失，从而对总需求有短期和中期的消极影响，但额外的政府债务利息支出最终将提升可支配收入的流量（Godley and Lavoie，2007a）。

通过条件（5.76）得到的结果为通过功能财政方法追求充分就业提供了坚实的支持。关于支持财政政策和出于稳定目的而支持货币政策之间的争论，它也提供了另外的洞见。当公共债务与 GDP 的比率较低时，利息支付对总需求的积极影响可能被高利息率对固定资本和房屋投资的消极影响所摧毁。然而，相反，当公共债务与 GDP 的比率很高时，意大利很长时间就是这种情况，更高的债务利息支付的积极影响可能更早地起效，正如贝尔-凯尔顿和巴林杰（Bell-Kelton and Ballinger，2006）所指出的。

因此，货币政策在高公共债务比率的条件下可能是非常无效的。在这种情况下，零利率政策不可能有效，因为它们随着时间的推移将极大地减少公共利息支付的数量，而这原本可以增加私人收入，因此可以构成可支配收入和消费的基础。这有助于进一步解释为什么后凯恩斯主义者对货币政策控制经济活动，因而间接地对控制通货膨胀的能力没有信心。后凯恩斯主义者更偏向于支持积极的财政政策，戈德利在他的很多著作中都强调了他所谓的财政立场的重要性，即纯粹的政府支出与平均税率的比率。GDP 的趋势值总是

这个比率 G/τ （Godley and Lavoie，2007a，p. 116）的某个函数。这为财政政策的重要性提供了长期观点，与标准的反周期观点形成对比。

总结而言，关于这个主题要提出两个警告。推出条件（5.76）的方程建立在封闭经济模型的基础上。在开放经济中，或者更具体地，其中一些公共债务由外国人持有，部分公共债务的利息支付将流往国外，将不是国内总需求的一部分。此外，充分就业政策将导致当期账户赤字，尤其是如果其他国家反而追求紧缩政策，这将引起财政观察员的特别关注。政策制定者的决策将不像这里描述的那样简单。

最后一个警告与收入分配问题有关。债务与 GDP 比率越高，储蓄家庭即短期的食利者获得的利息支付相对于 GDP 而言越高。债务与 GDP 比率越高，分给食利者的可支配收入份额越高，因此分给其他家庭的可支配收入份额越低。戈德利和拉沃（Godley and Lavoie，2007b，p. 86）的方程表明其他条件相同时，更高的实际利息率与更低的税率将导致更高的稳态债务与 GDP 比率。因此，当政府实施公共赤字以努力维持充分就业时，即使利息率很高，债务与 GDP 比率也有可能维持稳定，但我们不能不在乎实际利息率水平，因为它们对收入分配的影响很大且可能推高企业的成本加成利润。同样的推理适用于税率，因为当追求纯粹的功能财政政策时，更低的税率抬高了稳态的债务与 GDP 比率，因此也提高了在充分就业条件下食利者所消费的份额。如果我们担忧这些对收入分配的长期影响，我们就不应该提倡削减税收以解决失业问题。

POST-KEYNESIAN ECONOMICS:
NEW FOUNDATIONS

后凯恩斯主义经济学

新基础

马克·拉沃（Marc Lavoie） 著

孟捷 主译

II

Marc Lavoie

中国人民大学出版社
·北京·

自 2008 年全球金融危机爆发以来，主流经济学即新古典经济学受到了越来越多的质疑。马克·拉沃的书展示了，后凯恩斯主义理论如何通过聚焦于现实主义的假设，将实体经济问题与金融相结合，得以成为逻辑自洽并可替代主流经济学的综合性理论。本书基于经济世界的根本不确定性描述了另一种微观经济学基础，同时着重讨论了那些在真正的宏观经济分析中会出现的各式各样的悖论。

❖❖❖

马克·拉沃　加拿大渥太华大学经济学系教授。他著述颇丰，2006 年出版的《后凯恩斯主义经济学》曾被译成多种文字，并与韦恩·戈德利、马里奥·斯坦瑞秋等人主编了系列丛书，曾任《政治经济学百科全书》（1999）副主编，并在堪萨斯城、柏林等地的暑期学期开设后凯恩斯主义经济学课程。

目　录

第6章
积累与产能[*]

我们在第1章中已经提到过，后凯恩斯主义理论的目标之一就是将增长与分配这一经典问题与凯恩斯的有效需求原则相结合。事实上，这也是琼·罗宾逊在她的著作《资本积累》中的明确目标。在该书中，她指出，她的目的在于发展"基于《通论》的一般性理论，将凯恩斯的短期分析延伸到长期分析"（Robinson，1956，p. vi）。类似地，本章的目的是将第5章的结果延伸到长期中，第5章的结果是在短期框架内获得的，且重点关注就业水平和产出水平。本章关注的重点将转移至产出的增长率、利润率和产能利用率上，正如海因（Hein，2014）所做的研究一样。

本章所采用的分析方法是比较动态分析法。一些后凯恩斯主义者和非正统经济学家，如彼得·弗拉舍勒（Peter Flaschel）、史蒂

＊ 本章依托并扩展于1992年的版本，同时还直接摘用了以下文献："The Kaleckian model of growth and distribution and its neo-Ricardian and neo-Marxian critiques"，*Cambridge Journal of Economics*，**19**（6），December 1995，pp. 789 - 818；"Surveying short-run and long-run stability issues with the Kaleckian model of growth"，in M. Setterfield（ed.），*Handbook of Alternative Theories of Economic Growth*，Cheltenham，UK and Northampton，MA，USA；Edward Elgar，2010，pp. 132 - 156；E. Hein，M. Lavoie and T. van Treeck，"Some instability puzzles in Kaleckian models of growth and distribution：a critical survey"，*Cambridge Journal of Economics*，**35**（3），May 2011，pp. 587 - 612；E. Hein，M. Lavoie and T. van Treeck，"Harrodian instaility and the normal rate of capacity utiliztion in Kaleckian models of distribution and growth—a survey"，*Metroeconomica*，**63**（1），February 2012，pp. 39 - 69.

夫·基恩（Steve Keen）、彼得·斯科特（Peter Skott）、巴克利·罗瑟（Barkley Rosser）、兰斯·泰勒（Lance Taylor），有一段时间坚持认为应该用微分方程和非线性动力学的工具进行动态分析，理由是这些工具更好地反映了我们所知道的世界。然而，除了少数几个章节外，后面的大部分章节都是使用基于线性关系的比较动态分析方法。这样做的主要理由是为了适应教学。使用微分方程会增加难度，这将不适用于本书的目标读者。正如我们将看到的，第二个理由是，简单地使用比较动态分析足以说明相当多情况下的问题。

我们长期分析的焦点仍然是卡莱茨基主义模型。因此，我们对积累的分析几乎完全基于第 5 章在短期问题研究中发展起来的卡莱茨基主义模型。我们将采取在第 5 章所使用的策略进行研究；也就是说，我们将从一个简单的模型（称为规范模型）开始，随着研究的需要，逐渐增加模型的复杂性，或是以考虑额外因素的方式，或是以引入和处理对模型的批判的方式。

6.1 新凯恩斯主义模型：通货膨胀主义者视角

在很长一段时间里，后凯恩斯主义经济学主要以 20 世纪 50 年代末 60 年代初罗宾逊、卡尔多和帕西内蒂在剑桥大学发展的增长和分配模型而闻名于世。此外，布兰兹尼和米兰特（Branzini and Mirante，2013）在对这些增长模型派生的各种研究的调查中指出，有超过 200 名学者为罗宾逊-卡尔多-帕西内蒂增长模型做出了贡献。由于这些原因，区分剑桥增长模型和第 5 章所强调的与卡莱茨基相关的增长模型就很重要。我们可以将前一种增长模型称为新凯恩斯主义模型，将后者称为卡莱茨基主义模型。这两组模型有两个主要差异需要注意。第一，由于受到凯恩斯框架的启发，新凯恩斯主义模型基本上被设定在一个竞争性世界中，而以卡莱茨基思想为基础的后凯恩斯主义模型则是寡头垄断框架的一部分。第二，更早诞生的新凯恩斯主义模型暗含假定，在长期内产能利用率固定在正常水平上，而在后凯恩斯主义模型中，即使在长期内，产能利用率也被假定是内生的。尽管这两个模型有其他的相似之处，但采取这些不同的假设会对结论产生重大影响。

6.1.1 模型的稳定性

新凯恩斯主义增长和分配模型最突出的特点是利润率不取决于微观技术条件或相对物质禀赋，而只取决于宏观经济变量，即经济增长率以及与利润的储蓄倾向相关的一些变量。该结论始终成立，无论在经典储蓄假设下——假设所有工资都用于消费，还是在帕西内蒂假设下——假设工资可以被储蓄，同时增加关于不同社会阶层的储蓄回报率的假定。在后一种情况下，是资产阶级利润储蓄倾向决定了利润率（Pasinetti，1974，ch. 5）。在经典储蓄假设下，有效需求原则要求投资等于储蓄，而后者仅与利润收入上的储蓄相等。这种情形在第 5 章的等式（5.32）中已经出现过，我们可以将那个等式重新写为：

$$I = s_p P \tag{6.1}$$

剑桥方程式只是基于动态分析视角对有效需求原则的简单表述。对等式（6.1）两边同时除以资本存量 K，并重新整理，可以得到总利润率 r，作为总积累率 g 和利润的储蓄倾向的函数：

$$r = g/s_p \tag{6.2}$$

尽管简单，剑桥方程式还是引发了一些争议。在卡尔多、帕西内蒂和罗宾逊的标准解释中，增长率决定了利润率。这种解释来自短期凯恩斯主义因果机制，在那个机制中投资是给定的，且被认为是外生变量。因此，这种短期因果机制的自然发展结果就是假设投资增长率是外生因素，利润率是内生因素。"因此，在可以储蓄各种类型的收入的给定条件下（节俭的条件下），利润率由资本积累率决定"（Robinson，1962，p. 12）。相反，许多非正统经济学家，主要是马克思主义者，认为外生的利润率决定了增长率。我们在稍后还会看到，这两个变量可能都被看作是内生决定的。然后我们可以重新表述等式（6.2），用 g^s 描述储蓄供给的增长率。

$$g^s = s_p r \qquad (6.3)$$

保持两个变量都内生，同时保持产出变量（投资率）与价格变量（利润率）之间的单向因果关系的一个简单方式是保持等式（6.2）成立，同时使企业家决定的增长率是未来投资预期利润率的一个函数。这正是罗宾逊（Robinson，1962，pp. 47 - 48）所提出的观点。她认为"利润率和积累率之间存在一个双边关系"，这一观点产生了著名的香蕉形曲线图。一方面，实际利润率由企业家和他们的企业决定的积累率决定。另一方面，积累率取决于预期利润率，并与其形成一个速率递减的香蕉形曲线图。在这里，我们仅仅从线性视角研究积累率与预期利润率的关系，就好像阿马德奥（Amadeo，1986，p. 86）所做的研究一样。令 r^e 为预期利润率，令 γ 为没有预期利润情况下的增长率，我们可以得到一个动态模式下的投资函数 g^i：

$$g^i = \gamma + \gamma_r r^e \qquad (6.4)$$

γ 和 γ_r 这两个系数可以说反映了企业家动物精神的强度。特别地，参数 γ_r 反映了企业家决定的增长率对预期利润率变化的敏感性。图 6 - 1 展示了利润率和积累率的双边关系。假定等式（6.3）（储蓄函数）的斜率比等式（6.4）（投资函数）的斜率更陡峭。这意味着投资决策对预期利润率变化的敏感度小于储蓄对实际利润率变化的敏感度。我们很快就能看到这样一个假设的重要性。

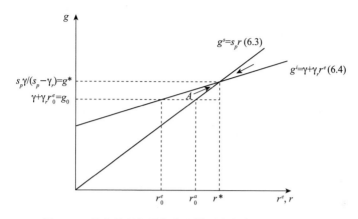

图 6-1 稳定的新凯恩斯主义模型中合意积累率的确定

为了理解模型的运作方式，我们可以从一个任意的预期利润率，比如图 6-1 中的 r_0^e 开始研究。在这样一个预期利润率上，企业家决定的投资将会使积累率达到 g_0，如图 6-1 所示。现在假设投资等于储蓄。这意味着经济将处于储蓄曲线上的点 A，也就是处在等式（6.3）给出的直线上。从等式（5.16）和图 5-6 可知，这并不是一个显而易见的假设，因为在超短期内，企业可能处于一个供给过剩或需求过剩的状态。因此，我们需要假设一个价格或数量机制的存在，这样的机制会带来投资和储蓄的相等，使得经济处于储蓄曲线 g^s 上。这是后凯恩斯主义者经常做出的一个假设，他们忽视了可能出现的超短期争论，抛开了哈罗德（Harrod，1973）提出的问题。假设经济确实处于投资等于储蓄的位置，经济因此运作于有效需求曲线上，实际利润率由曲线 g^s 给出。罗宾逊（Robinson，1962，p.48）在她最初的分析中做出了这样的假设，这就是为什么图 6-1 中的 g^s 曲线通常被称为利润实现曲线（Harris，1978，p.189）。当积累率为 g_0 时，实际利润率为 r_0^a。实现利润率因而大于预期利润率r_0^e。如果新的预期利润率会对实际利润率产生正向响应，那么预期利润率会上升，最终达到r^*值，此时预期利润率等于实际利润率。为了使模型更完整，我们还需要一个方程来反映时间t上的预期利润率和时间$t-1$上的实际利润率之间的关系。有几种可能的方程，我们可以把这个方程写成某个符合理性的适应性过程：

$$r_t^e = (1 - \phi_1)\, r_{t-1}^e + \phi_1\, r_{t-1},\ 0 < \phi_1 < 1 \tag{6.5}$$

当$t-1$期的实际利润率等于同时期的预期利润率时，预期利润率不会发生变化。接下来我们会讲到均衡利润率。与图6-1中的均衡利润率对应的增长率g^*被罗宾逊称为合意增长率。这一增长率使得企业家的期望得以实现。假设在长期均衡中，预期利润率等于实际利润率，于是，方程（6.3）和方程（6.4）共同决定了内生积累率和内生利润率。因此，合意增长率等于：

$$g^* = s_p \gamma / (s_p - \gamma_r) \tag{6.6}$$

而均衡利润率$r = r^e$，由下式给出：

$$r^* = \gamma / (s_p - \gamma_r) \tag{6.7}$$

从方程（6.6）中我们可以看出，要使合意积累率为正，分子和分母必须同时为正或同时为负。图6-1与分子和分母同为正的情况相对应。现在，我们来考虑$\gamma_r > s_p$的情况；也就是说，投资决策对利润率变化的敏感度大于储蓄对利润率变化的敏感度。这种情况由图6-2表示，其中γ为负。方程（6.3）（由g^s表示的储蓄函数）的斜率小于方程（6.4）（由g^i表示的投资函数）的斜率。如图6-1中所做的假设，我们在这里也假定，预期利润率r_0^e最初低于均衡利润率r^*。由于企业的预期利润率为r_0^e，所以它们设定了一个g_0的增长率，这导致了一个r_0^e的实现利润率。而从图中可以看出，在这种情况下，实现利润率小于预期利润率。根据方程（6.5）所表示的适

应过程，这会引导企业家预期下一个生产周期的利润率更低。企业
家决定的新的增长率也将进一步偏离均衡的合意增长率。图6-2所
示的模型是不稳定的：一旦脱离均衡点，经济发展将会远离均衡
点，而不是向它收敛。如果初始预期利润率高于均衡利润率，那么
实现利润率将会高于预期利润率，从而再次导致经济脱离均衡。相
比之下，当储蓄率对利润率的变化比投资率对利润率的变化更敏感
时，就是图6-1所示的情况，模型就是稳定的。与均衡利润率相
比，过于乐观的回报率期望最终将导致企业采用合意增长率。因为
罗宾逊增长模型是稳定的，因此我们需要以下不等式成立，这一不
等式的不同形式可以在一些后凯恩斯主义模型中被找到，比如帕西
内蒂（Pasinetti，1974，p.114）：

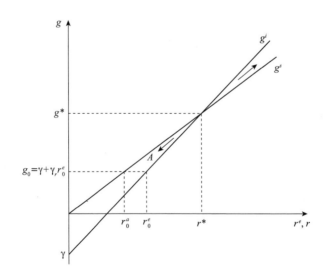

图6-2 当投资比储蓄对利润率变动更敏感时增长模型的不稳定性

$$\gamma_r < s_p \tag{6.8}$$

模型的稳定性要求投资函数关于利润率的斜率小于储蓄函数的
斜率。但这并不必然意味着上述不等式在所有情况下都能成立。它

可能存在结构性危机，比如 1929 年大崩盘，与不稳定的系统相对应。也有可能存在不稳定结构的积累体制使得经济系统陷入萧条（Boyer，1988）。后一种情形下的不稳定模型是一种暂时现象。但是，考虑到我们的研究目的，我们应该假设经济体及其模型是结构性稳定的，并且假设不等式（6.8）或其他相似的稳定性条件是能实现的。然后让我们再研究图 6-1 所示模型的更多含义，同时考虑到合意积累率和相应的均衡利润率。

6.1.2 节俭悖论和不变的正常产能利用率

新凯恩斯主义模型的主要特征之一就是它将凯恩斯的节俭悖论放在长期来讨论。我们在第 5 章中可以看到，储蓄倾向的增长会导致产出水平或就业的减少。而在这里提出的新凯恩斯主义增长和分配模型中，利润收入储蓄倾向的增加会导致合意增长率和均衡利润率的下降。对于均衡利润率来说，这可以很容易地从方程（6.7）得到证明。而对于增长率，可以对方程（6.6）关于 s_p 求导数得到：

$$\frac{\mathrm{d}\,g^*}{\mathrm{d}\,s_p} = \frac{-\gamma_r}{(s_p - \gamma_r)^2} < 0 \tag{6.9}$$

但是这个变化是如何发生的呢？在本节开头就提到过，我们应该区分早期的新凯恩斯主义增长与分配模型与后来的卡莱茨基主义模型，前者在长期内假定产能利用率不变，而后者认为利用率是内生的。正如在第 5 章所指出的，早期的后凯恩斯主义者似乎一开始就深信有效需求原则有两种运用：这个原则在短期内，通过"给定资本设备利用水平的变化"确定实际收入（Robinson，1962，p.11）；或者，在长期内，它可以通过调整相对于工资的价格水平而改变收入分配和储蓄占收入的比重（ibid.，p.12）。只要"（上述两种运用中的）一种被认为是一个短期理论，而另一种作为一个长期理论"，乘数和有效需求原则这两种运用就被认为是兼容的（Kaldor, 1956, p. 94)。如前所述, 这种二分法的原因是, 早期的后凯恩斯主义者们认为利润份额是经济的主要调节器。他们将较高的利润份额与一个较高的投资份额联系在一起。

早期的卡尔多和罗宾逊都努力确保企业在长期内没有不必要的过剩产能。实际上, 两位作者都认为, 长期内企业在全产能水平上(在这一水平上, 产能利用率等于 100%) 运营, 这种情况被卡尔多称为充分就业, 被罗宾逊称为正常产能。卡尔多依据产出增长情况下过剩产能的不稳定性提出了一个试探性的证明以维持这样一个信念, 即在长期内企业必须在全产能水平下运营, 而且价格的变化使储蓄调整至等于投资。然而, 斯科特(Skott, 1989b, p. 79)并不相信, 并表明,"卡尔多关于充分就业的理论解释存在一些缺点"。相比之下, 罗宾逊并没有(像卡尔多那样)提出一个证明。她依仗竞争的力量来达成同样的结论, 假设"竞争(在短期的意义上)足以使价格保持在正常产能得以销售的水平上"(Robinson, 1962, p. 46)。那么, 接下来的问题就是找出罗宾逊所认为的正常产能是什么。她指出, 当"周产出率的增长带来单位产品主要成本上涨"时, 就达到了工厂正常生产能力的极限(Robinson, 1956, p. 184)。这与第 3 章中我们所称的(工厂的实际产能)相符。由于罗宾逊将这一概念推广到了全体企业, 因此, 正常产能就必须理解为实际产能的总和, 即企业的全部产能。在图 3-7 中, 该点就是边际成本出现了不连续性且开始上升的点。

现在看来, 这种新凯恩斯主义模型有些奇怪。后凯恩斯主义者通常在需求需要调整时强调数量变化的主导地位。感到困惑的戴维森(Davidson, 1972, pp. 124-125)首先指出, 新凯恩斯主义的观点似乎是,"调整是通过需求价格、利润率和收入分配发生的"。因此, 正如罗伯托·西科恩(Roberto Ciccone, 1986, p. 22)所总结的那样，"尽管产能利用程度的变化在短期内是被承认的，但只要考虑长期，罗宾逊就将这些变化排除在外"。马格林（Marglin，1984b，p. 125）也对新凯恩斯主义模型的凯恩斯主义性质感到怀疑，他指出，"关键的假设是，产能利用率在不同的稳定增长结构之间的过渡路径上变化，但不是在稳定增长状态间直接交替"。在另一篇文章中，他更明确地表示："在短期……产能利用率根据总需求的变化而变化……但在长期……并没有足够的过剩产能适应需求（的变化）。分配就必须承受冲击以调整总需求来适应总供给"（Marglin，1984a，pp. 474 - 475）。

假设长期内产能利用率是一个常数（这里等于 1），会产生重大影响。我们将强调其中两个。第一个是，收入分配的变化只有通过相对于工资的价格水平的变化来实现，即单位成本加成的变化。更高的需求，即更高的增长率，被更高的价格吸收。这就是为什么新凯恩斯主义模型被称作"通货膨胀主义"增长理论（Rowthorn，1981，p. 31）。需要注意的是，新凯恩斯主义模型与埃希纳的企业观点是相一致的，后者认为价格的设立受投资的融资需求影响。在埃希纳式企业中，更高的投资率需要更高的利润，并导致更高的价格加成，因此相对于工资成本的价格更高。这是一个利润通胀的增长理论，可以在第 5 章中简要提到的其他几个后凯恩斯主义学者（Seccareccia，1984；Minsky，1986）中找到该理论的各种形式。埃希纳模型与新凯恩斯主义模型之间的唯一区别是，在后者中，竞争主导市场，价格变化是由需求和竞争力引起的，而在前者中，大型企业主导寡头垄断市场，可在改变价格和收入分配以满足其积累的融资需求时自由抉择。

新凯恩斯主义模型的复杂之处也可以借助图 6 - 3 加以说明。图 6 - 3 的上面部分再现了图 6 - 1。下面部分显示了利润率 r 和产能利

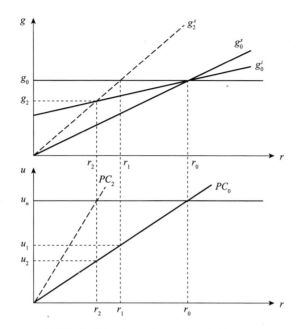

图 6-3 储蓄倾向增加对利用率和利润份额的短期和长期影响

用率 u 的关系。这一关系由方程（6.10）给出，其用处非常大。利润率可以表示为三个比率的乘积：利润产出率，即利润份额 π；产出与全产能产出比，即利用率 u；以及资本与全产能产出比的倒数，即我们在第 3 章和第 5 章中所称的 v。这通常被称为魏斯科普夫（Weisskopf，1979）的利润率分解：

$$r = \left(\frac{P}{q}\right)\left(\frac{q}{q_{fc}}\right)\left(\frac{q_{fc}}{M}\right) = \frac{\pi u}{v} \qquad (6.10)$$

在图 6-3 的下面部分，反映的关系是相反的（r 和 u 之间的关系），写作：$u = rv/\pi$，由从成本角度看到的利润曲线 PC 曲线表示。现在开始从 g_0、r_0 和 u_n 所在的位置开始研究，在这一位置上，预期利润得到实现，且企业达到合意积累率。假设储蓄倾向 s_p 增加，因此储蓄曲线向上旋转，如图 6-3 上面部分所示。短期内，企业将不会调整其积累率，因此积累率仍将保持在 g_0。由于更高的储蓄倾向带来了消费的降低，图 6-3 的上面部分显示实现利润率将下降到 r_1。在凯恩斯主义或卡莱茨基主义的世界中，正如第 5 章所描述的那样，这种情况将通过减少产出和就业，并因此通过利用率的下降实现，即利用率将从 u_n 降到 u_1，如图 6-3 的下面部分所示。这就是节俭悖论的再现。事实上，这就是罗宾逊（Robinson，1962，p. 46）所承认的。她指出："企业可能是额定产能水平之下的工厂，并且仍然收取它们以前能够出售其正常产能产出的'全成本'价格。"

而在长期，投资将调整以适应新的实现利润率，企业家将根据方程（6.5）和图 6-1 的描述修改其预期利润率。因此，经济将以较低的增长率 g_2 和较低的利润率 r_2 达到新的均衡。这就是长期视角下的节俭悖论。人们会预计产能利用率一直降到 u_2，但这并不是罗宾逊提出的内容，她认为，竞争"完全可以将价格保持在正常产能产出可以被出售的水平上"。因此，在新凯恩斯主义模型中的替代假设是，通过价格加成的降低所导致的利润份额 π 的减少，产能利用率恢复到了正常水平 u_n，从而导致 PC 曲线逆时针旋转，如图 6-3 所示。对于一个给定的技术水平，较低的积累率必然与较高的实际工资相关；相应地，"更高的积累率意味着较低的实际工资率"（Robinson，1962，p. 58）。因此，在这样的框架里，并不是资本家的禁欲带来了更快的增长；而是工人们的牺牲，通过他们更低的实际收入实现了更快增长。在本章的后面我们将把增长与实际工资之间的这种负向关系称为利润导向的增长体制。

短期通过数量（调整），长期通过价格（调整）的二元调节机制是相当令人惊讶的，更重要的原因在于罗宾逊（Robinson，1962，p. 65）自己承认，价格竞争并不成立，并表明，"实际上，厂商的市场当然是很不完全的，价格具有相当大的黏性，且投资随着产出和就业的变化而变化"。当在一个两部门模型中评估调整机制时，情况会变得更尴尬，即消费和投资部门的规模以及劳动力和机器的规模必须被重新分配以使得这两个部门可以恢复全产能产出。当费尔南多·维亚内洛（Fernando Vianello，1985，p. 82）试图沿着罗宾逊的路径描述通过增长率变化恢复至全产能利用水平时，他不得不将这一路径描述成是"沿着一条多少有点曲折的路线"。

6.1.3　通货膨胀壁垒

假设全产能或连续的正常产能利用率的第二个后果是节俭悖论可能不会成立。这里存在一种后凯恩斯主义传统，根据这一传统，更多的节俭导致更快的积累（Asimakopulos，1986，pp. 87 - 89）。这一传统与琼·罗宾逊的"通货膨胀壁垒"有关，这一壁垒使与剑桥方程式相关的因果关系发生了颠倒，从而形成了一个非常类似于马克思主义的积累和收入分配观。如上所述，更高的积累率与更低的实际工资相关联，这是因为对于一个给定的储蓄倾向，较高的增长率与较高的利润率和利润份额相关。给定一个产能利用率，实际工资率和利润率之间存在唯一的反向关系，如图 6 - 4 的底部所示。这就是工资/利润边界，这一相关关系在新古典主义学者、马克思主义学者和斯拉法主义学者间很有名。工资/利润边界通常通过使用两部门生产价格模型或更复杂的模型展现出来；然而，它也可以通过单部门模型中的国民核算账户展现出来（Amadeo，1986）。正如我们在第 1 章中看到的，国民收入可以写作工资和资本利润之和：

$$pq = wL + rpM \tag{1.4}$$

上式也可以写为：

$$p = w(L/q) + rp(M/q)$$

在卡尔多和罗宾逊提出的长期分析框架中，不存在间接劳动，所以单位劳动产出 q/L 是一个常数，等于 y。此外，对于早期的卡尔多和罗宾逊来说，产能利用率被假定等于其正常或标准产能利用率（或等于1），因此，资本产出比 M/q 是另一个常数，等于 v/u_n。在新凯恩斯主义模型的背景下，方程（1.4）可以被写为：

$$p = (w/y)(1 - rv/u_n)$$

对上述方程重新整理，我们可以得到实际工资率和利润率的反向关系，即工资/利润边界：

$$(w/p) = y(1 - rv/u_n) \tag{6.11}$$

我们现在准备解释罗宾逊的通货膨胀壁垒。我们知道，较高的增长率会导致较高的利润率，于是在早期后凯恩斯主义者们施加的条件下，即产能利用率固定的条件下，因为方程（6.11），这种情况本身会导致一个更低的实际工资率。通货膨胀壁垒也需要合理的假设，即工人们拒绝由更高的增长率引起的更高的利润率来挤压他们的实际工资。然后，这里有一个最低可接受的实际工资率（Kaldor，1956，p.58）。如果达到这个最低工资率，新凯恩斯主义模型就变成了一个马克思主义模型，在这样的模型中，实际工资率是给定的，并决定了系统中的其他变量（Marglin，1984b）。企业增长目标与工人最低生活标准之间的冲突是无法解决的，而通货膨胀出现了。当这种情况发生时，罗宾逊（Robinson，1956，p.238；1962，p.60）指出，货币当局会加息直到企业家的动物精神受到抑制，投资减少。在那一点上，通货膨胀压力消失。但是，如果储蓄倾向较高，通货膨胀壁垒及其对积累的不利影响是可以避免的。

在任何给定的情况下，食利者的消费支出水平越低，就越能走出通货膨胀壁垒，可能的积累率就越高。总体来说，当企业家们的目标是更高的积累率并且受到通货膨胀壁垒控制时，每个人越节俭越好。（Robinson，1956，pp. 53 - 54）

因此，标准凯恩斯主义的因果关系就反过来了。投资率取决于可接受的实际工资的高低和节俭的程度。储蓄倾向越高，积累率就越高。事实上，在后面的研究中，罗宾逊（Robinson，1962，p. 63）简洁地总结了她的通货膨胀壁垒观点："在一个非常直接明确的意义上，当实际工资限制了增长率的时候，更大的节俭（程度）让更多的投资成为可能。"这与理查德·卡恩（Richard Kahn，1972，p. 202）的观点一致。他指出，在这种情况下，"节俭现在可以视为是对增长率的一个影响……更大的节约意味着更高的增长率"。

在通货膨胀壁垒情况下的运行机制可以在图6-4中进行解释。

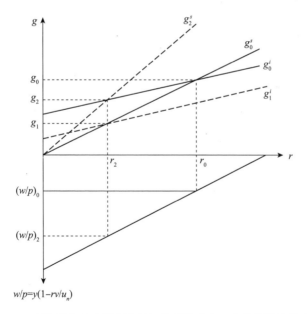

图6-4　新凯恩斯主义模型中的通货膨胀壁垒，或节俭悖论的消失

假定初始储蓄函数为g_0^s，投资函数为g_0^i。如果没有通货膨胀壁垒，平衡点将处于合意增长率g_0。然而，这一增长率需要一个等于r_0的利润率和一个等于$(w/p)_0$的实际工资率。但是，我们在这里假设，存在一个最低的可接受的实际工资率$(w/p)_2$，大于$(w/p)_0$。这个最低实际工资率$(w/p)_2$对应于一个最大可实现的利润率r_2。在最大利润率r_2这一点上，企业将愿意以g_2的速度积累，但在当前情况下增长率只能达到g_1。由于投资大于储蓄，试图以高于g_1的速度实现增长的任何努力都会造成剩余分配的冲突并产生通货膨胀。假设通货膨胀带来了货币紧缩政策，这些政策的作用就是用来抑制动物精神，并将投资曲线从g_0^i移动到g_1^i。通货膨胀壁垒的后果是，通过移动投资曲线使投资与储蓄率和给定的实际工资率相容，将合意增长率降低到了g_1，实际利润率降低到了r_2。

卡恩、罗宾逊以及之后的阿西马科普洛斯（Asimakopulos，1986）一直在告诉我们的是，如果节俭程度s_p足够高，那么就不需要这样的限制。储蓄方程将从g_0^s移动到g_2^s，并以初始动物精神体现在投资函数g_0^i上，此时均衡合意增长率将会更高，在g_2上。当存在工人的实际工资（增长）阻力时一个更高的利润份额储蓄倾向是有利于经济体的，因为它在一个给定的利润率上，即给定的实际工资率上允许一个更高的增长率。当达到通货膨胀壁垒范围时，更高的节俭程度通过避免货币约束而产生更高的积累。

通货膨胀壁垒的情况基于实际工资与增长率之间的负向关系。如果假设经济总是处于工资/利润边界上，也就是说，如果假设在长期分析中，产能利用率固定在其正常水平或全产能水平上，上述情况显然是正确的。马格林（Maglin，1984b）基于产能利用程度不变的假定比较了新古典主义模型、马克思主义模型和新凯恩斯主义模型，并因此重申了隐含于该假设中的实际工资与增长间负向关系的重要性；而在回应马格林时，后凯恩斯主义学者们对这一假设的有效性提出了质疑（Nell，1985；Dutt，1987a）。一旦考虑到产能利用率的变化，不管在长期内还是在短期内，实际工资率与增长率之间的反向关系可能都不再成立。那样可能就没有通货膨胀壁垒，而凯恩斯的节俭悖论在任何情况下都成立，即使在长期内也是。这就是我们学习卡莱茨基主义传统的增长和分配模型所要看到的。与早期新凯恩斯主义模型相比，比较新的后凯恩斯主义模型表明，在短期和长期，经济行为并没有什么差异。它们一般不会为节俭和紧缩政策留下空间。

正如第 5 章所述，有证据表明，卡尔多和罗宾逊两人都在他们职业生涯结束时放弃了新凯恩斯主义模型，转而提倡一个更具卡莱茨基主义特点的方式。因此，在单部门增长模型中，更新的卡莱茨基主义传统的后凯恩斯主义模型，而不是新凯恩斯主义模型，应该被视为成熟的卡尔多和罗宾逊遗产中最好的代表。

有点令人惊讶的是，就我们对后凯恩斯主义学派各个分支的讨论来看，大部分斯拉法学派的学者们同意卡莱茨基主义者们的以下观点，即拒绝在正常产能水平或全产能水平下进行分析。在加雷格纳尼（Garegnani，1992）之后，帕伦博和特莱兹尼（Palumbo and Trezzini，2003）强烈反对剑桥收入分配理论，即这里所展示的具有不变的正常产能利用率的新凯恩斯主义增长模型。他们反对更高的积累率要求较低的实际工资的观点。他们也质疑这样的想法：积累率可以决定与正常产能利用率相关的正常利润率。

这些斯拉法主义者们认为，他们所称的凯恩斯主义假设，即储蓄适应投资，不仅适用于短期，也适用于长期，并且这个凯恩斯主义假设不太可能与"正常产能利用假设"兼容。在下列引文中，斯拉法学派经济学家加雷格纳尼反对新凯恩斯主义模型的定价机制，并发现那些使用新凯恩斯主义模型的人并不是真正的凯恩斯主义者。

似乎一旦凯恩斯主义假设被接受，资本主义制度中正常的未使用产能的存在就使得这样的想法合理：在长期中，投资激励的自主变化通常通过产出的变化而不是通过实际工资和正常利润率的变化产生相应的储蓄额，在凯恩斯主义的短期中更是如此。（Garegnani，1992，pp. 62 - 63）

6.2 卡莱茨基主义增长模型

比较新的后凯恩斯主义增长和分配模型是对前面章节中提出的短期卡莱茨基主义模型的一个延伸。根据爱德华·阿马德奥（Edward Amadeo，1987，p.75）的观点，卡莱茨基主义增长和分配模型似乎最初是由鲍勃·罗森（Bob Rowthorn，1981）和艾米特瓦·达特（Amitava Dutt，1984）独立提出的。模型的早期形式也曾由兰斯·泰勒（Lance Taylor，1983；1985）、阿马德奥（Amadeo，1986）和马可·科米泰里（Marco Committeri，1986）提出过。所有这些卡莱茨基主义模型最有趣的结果是，成本加成率越高，即实际工资越低会导致越低的产能利用率、越低的增长率以及越低的实现利润率。但这些结果在更早时候也由阿尔弗雷多·德尔·蒙蒂（Alfredo Del Monte，1975）在以意大利文发表的文章中得到过，旨在解释寡头垄断世界中的工业组织，正如约瑟夫·哈利维（Joseph Halevi，1985，p.122）所指出的，这些结论是"卡莱茨基-斯坦德-巴兰-斯威齐对当代资本主义解释的最重要的含义"。

卡莱茨基主义增长与分配模型在关注宏观经济学和有效需求问题的非正统经济学家中逐渐变得非常受欢迎。正如拉沃（Lavoie，

2006a）所说，这一模型提供了共同基础，并被证实是高度灵活的。科德里纳·拉达（Codrina Rada，2012）甚至表明，该模型可以嵌入 OLG 模型中，比如用来研究资本化和现收现付退休金计划。卡莱茨基主义模型已经促成了不同流派经济学家之间的实质性互动，这一模型的各种不同版本是由后凯恩斯主义者、结构主义者、斯拉法主义者和马克思主义者研究出来的。正如人们所预想的，标准模型受到了相当多的评判，本章的目的之一就是对此进行回顾。

可以根据四个关键方面将接下来的模型明确地称为卡莱茨基主义增长与分配模型。第一，存在投资函数，它可以取决于多个变量，但其中之一必须是产能利用率。第二，假定相对于直接成本的价格是给定的，其取决于惯例而不是市场力量，且价格是成本加价形式。第三，尽管只需要像新凯恩斯主义增长模型那样，假设工资储蓄倾向小于利润储蓄倾向就足够了，但工资的储蓄还是通常被假定为零。第四，与早期卡尔多的假设不同的是，产能利用率通常被假定小于 1，并且假定劳动力并不会成为约束。这是一个明显的卡莱茨基主义特点，正如下面的引述所示：

> 在衰退期，相当多的资本设备处于闲置状态。即使平均来说，整个商业周期（资本设备）的利用程度也将大大低于繁荣时期达到的最大值。劳动力使用的波动与设备使用的波动保持一致……资本设备储备和失业人员后备军是资本主义经济的典型特征，至少贯穿整个周期的很大一部分。（Kalecki，1971，p. 137）

即使在长期中，产能利用率可能偏离正常或全产能利用率水平的卡莱茨基主义假设也受到了许多非正统学派学者的质疑，正如我们将在本章的后面所看到的那样。然而，这是一个古老的争议。凯恩斯本人正是以这些理由对卡莱茨基提出了异议："在处理'长期问题'时，假设所有企业总是在产能水平之下运营不是很奇怪吗？"

6.2.1 标准卡莱茨基主义增长

在这一小节中，我们介绍一下所谓的标准的卡莱茨基主义增长与分配模型。卡莱茨基主义模型有几种不同形式。在这里，我们选择由阿马德奥（Amadeo，1986；1987）提出、由达特（Dutt，2011）和海因等人（Hein et al.，2011）认同的形式作为标准模型。几乎在所有的形式变化中，这一模型都包含收入分配、储蓄和投资的三个方程。我们已经见过前面两个方程，为了方便起见，在这里我们再重复一下。和在新凯恩斯主义模型中一样，现在我们将假设没有间接劳动，因此利润份额是一个常数，为 $\pi = \theta/(1+\theta)$，其中 θ 是单位直接成本上的加成。第三个方程是新的投资方程，用产能利用率代替了我们前面提出的罗宾逊投资方程（6.4）中的利润率：

$$r = \pi u / v \tag{6.10}$$

$$g^s = s_p r \tag{6.3}$$

$$g^i = \gamma + \gamma_u (u^e - u_n) \tag{6.12}$$

如前所示，γ 是一个反映企业动物精神的参数，比如对未来销售增长率趋势的期望。参数 γ_u 指的是积累率对预期产能利用率 u^e 变化的敏感度，u_n 则是正常或标准产能利用率。这一方程式的原理是，如果实际或期望产能利用率高于正常产能利用率，企业将会加快积累，努力将实际产能利用率恢复到正常产能利用率。一些围绕卡莱茨基主义模型的问题和争论将在下一节中讨论，这些参数的含义也将在下一节中进行更多的介绍。应该说，卡莱茨基和斯坦德尔都怀疑经济在长期是否能够收敛到一个给定的产能利用率上，但他们都毫不犹豫地谈到了一个正常产能利用率。斯坦德尔（Steindl，

1952，pp. xiv and 12）谈到了一个计划的或预期的产能利用率，而卡莱茨基（Kalecki，1971，pp. 169，171，173，175）提到了一个标准利润率以及一个"设备利用的趋势度"（ibid.，p. 181）。

正如第 5 章所述，经济学中最持久的议题之一就是投资决策决定的方式。（关于这一问题的）争论在理论层面和经验层面都存在。正如卡尔多（Kaldor，1957，p. 601）在非正式情况下所提出的那样，第一个卡莱茨基主义增长与分配模型中的投资函数略有不同，包括了产能利用率和利润率，因此其可以被看作是罗宾逊的投资函数的推广。如罗森（Rowthorn，1981）、泰勒（Taylor，1983）、达特（Dutt，1984）、阿格里亚尔蒂（Agliardi，1988）、布勒克尔（Blecker，1989）、拉沃（Lavoie，1992b）和阿兰（Allain，2009）所发现的，这一投资函数为：

$$g^i = \gamma + \gamma_u u + \gamma_r r \tag{6.13}$$

上面的这一方程式是对斯坦德尔（Steindl，1952，pp. 127 - 129）提出的投资函数的一种简化。正因为这个原因，达特（Dutt，1990）谈到了一种卡莱茨基-斯坦德尔闭合。斯坦德尔本人认为，有许多因素影响投资决策，其中大部分因素内生于经济系统。这些因素包括：留存率、债务杠杆率、利润率以及产能利用率。斯坦德尔认为，每个单独因素都不能解释企业的投资。虽然它们是相互联系的，但是每个因素都有着独立的作用。不过，在这里，我们想要呈现的是最简单的卡莱茨基主义模型，在后面阶段再引入复杂性，所以我们选择投资方程（6.12），它只取决于产能利用率。事实证明，无论是投资方程（6.12）还是（6.13），都能得到卡莱茨基主义增长模型的关键结果。这些方程式显示了这样的经验工作——对投资最具解释力的变量是产能利用率（或销售量）以及现金流（或利润）。因此，在新古典经济学中，投资由价格驱动，而在后凯恩斯主义经济学中，投资基本上是由数量和资金驱动。

这三个方程如何求解？首先注意到，通过将方程（6.10）并入储蓄方程，储蓄方程可以重新被写为产能利用率的线性函数，其中利润份额是参数之一：

$$g^s = s_p \pi u / v \qquad (6.14)$$

因此，我们有两个以产能利用率函数形式表达的增长方程。这两个方程如图 6-5 所示。它们以这样的方式被绘制出来——储蓄函数的斜率比投资函数的斜率更陡，就像新凯恩主义模型一样。这个条件就是所谓的凯恩斯主义稳定条件。即储蓄比投资对产能利用率变化的反应更大。将我们这两个方程的设定代入，该条件可以被归结为如下不等式：

$$s_p \pi > v \gamma_u \qquad (6.15)$$

当图 6-5 中的两条曲线相交时，这个模型实现长期均衡。当发生这种情况时，预期产能利用率实现，即当 $u = u^e$ 时，我们得到均衡产能利用率，且投资等于储蓄。由此，我们也得到了模型中的均

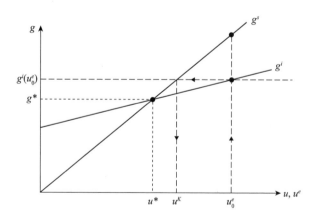

图 6-5 具有预期产能利用率的标准卡莱茨基主义增长模型

衡增长率和均衡利润率。可以通过联合投资方程（6.12）和储蓄方程（6.14）得到产能利用率：

$$u^* = \frac{(\gamma - \gamma_u u_n)v}{s_p \pi - v \gamma_u} \tag{6.16}$$

这个表达式的分母是稳定性条件；为了使这一求解过程有意义，我们需要产能利用率为正，所以分子和分母都必须为正。短期的稳定性问题可以从两个方面来理解。一种可能性是假设一种非均衡机制，即产出水平在超短期内得到。这意味着，在超短期内，实际产能利用率也被假定是给定的，即 $u = \bar{u}$。一般来说，在这一给定的产出水平上，期望投资和期望储蓄间将会有差异。然后，企业将调整它们的产出水平以适应产品市场上观察到的不均衡状况。因此，每当总需求超过总供给时，企业将增加产量，从而提高产能利用率，在这种情况下，我们有：

$$\dot{u} = \mu(g^i - g^s), \ \mu > 0 \tag{6.17}$$

变量 u 上方的点代表的是变量（随时间的）变化（即，$\dot{u} = \mathrm{d}u/\mathrm{d}t$）。

如图 6-5 所示，当初始产能利用率 u_0 相对于均衡产能利用率 u^* 来说太高的时候，那一产出水平上的储蓄高于投资，因此，企业将降低其产能利用率。只要储蓄曲线比投资曲线更陡峭，这将会使经济体走向 u^* 处。

另一种理解凯恩斯主义稳定性的方式是，想象一个纯粹的调整过程，假设企业总是能够在这段时间内将产量调整以适应销量，从而假设产品市场在每个时期都处于均衡状态。这就是杜梅尼尔和莱维（Duménil and Lévy，1993）所谓的动态均衡。企业会在投资开始时设立的预期产能利用率 u^e 的基础上做出它们的投资决策（Amadeo，1987），但是，它们有足够的时间将产量调整以适应发生的实际销售量，从而确保在短期内总需求等于总供给。因此，储蓄等于在预期利用率基础上起作用的投资支出。换句话说，参照第5章，我们假设的是企业处于它们的有效需求曲线上。因此，在每一个短期内实现的利用率 u^k（k 为凯恩斯均衡或卡莱茨基均衡）将通过方程（6.12）等于方程（6.14）给出，但此时并不假设 $u = u^e$，因此可以获得：

$$u^k = \frac{\gamma + \gamma_u (u^e - u_n)}{s_p \pi / v} \tag{6.18}$$

我们可以设想一个调整机制，比如：

$$\dot{u}^e = \mu_1 (u^k - u^e), \ \mu_1 > 0 \tag{6.19}$$

如图 6-5 所示，在凯恩斯主义稳定性条件下，这种调整机制将使预期产能利用率在短期内更接近实现产能利用率，并使经济走向方程（6.16）给出的均衡产能利用率。请注意，这个调整过程与我们在新凯恩斯主义模型中为假设预期利润率所采用的适应性过程没有区别，因为方程（6.19）可以被改写为：

$$u_t^e = (1 - \mu_1) u_{t-1}^e + \mu_1 u^k \tag{6.19A}$$

在这个阶段，我们可以做出两个评论。首先，从今以后，当我们再次处理稳定性问题时，我们将假设经济已经达到短期均衡产能利用率 u^k，或者假设经济有足够长的时间达到长期均衡 u^*。其次需要注意的是，如第5章所示，所有调整都是通过数量、产能利用率实现的。

6.2.2 标准卡莱茨基主义模型中的比较动态学

在这一部分，我们考虑两个悖论，即节俭悖论和成本悖论。在研究两个悖论前，我们额外构建一个关系，即当预期和实现的产能利用率相等时利润率和产能利用率之间的关系。在 $u = u^e$ 的假设下，令储蓄方程（6.3）和投资方程（6.12）相等，我们得到了罗森（Rowthorn，1981，p.12）所说的〔如科米泰里（Committeri，

1986)所说，我们认为是被误解了〕实现曲线，但我们把这一结果称为有效需求曲线 ED。我们可以在图 6-6 的下面部分看到这一曲线，并且必须将其与利润成本曲线 PC 进行对比，PC 曲线也说明了利润率与产能利用率之间的关系，但是是从成本角度说明的，且由方程（6.10）给出。在凯恩斯主义稳定性条件下，由于条件（6.15）所设的限制，有效需求曲线的斜率必然要低于利润成本曲线的斜率。换句话说，从等式（6.20）中，我们有 $\frac{\gamma_u}{s_p} < \frac{\pi}{v}$，或者如条件（6.15）所示，有 $s_p\pi > \gamma_u v$。有效需求曲线的方程为：

$$r = \frac{\gamma - \gamma_u u_n + \gamma_u u}{s_p} \tag{6.20}$$

现在，让我们来研究一下利润储蓄倾向增加时会发生什么。在图 6-6 的上面部分，假设我们从 g_0^*、u_0^* 和 r_0^* 给出的均衡位置开始研究。更高的储蓄倾向意味着储蓄曲线由 g_0^s 移动到 g_1^s。我们可以再次假设短期内积累率保持不变，仍保持 g_0^*。因此，卡莱茨基主义的短期产能利用率 u_1^t 在储蓄曲线和代表给定积累率水平的直线的交点处。从图 6-6 的下面部分我们可以看出，在这个较低的产能利用率的点上，实现利润率也将更低，为 r_1，并由利润成本曲线 PC 给出。随着时间的推移，较低的实现产能利用率和较低的实现利润率将导致企业家减缓积累，直到储蓄函数和投资函数相交于新的长期均衡增长点 g_1^* 和新的产能利用率 u_1^*。正如方程（6.20）所表明的，更高的储蓄倾向也会引起图表下面部分的有效需求曲线斜率和截距的下降。PC 曲线和 ED 曲线的新的交点将产生新的均衡利润率 r_1^*。

因此，在卡莱茨基主义模型中，节俭悖论成立，这意味着一个更高的储蓄倾向导致了一个更低的增长率，并且这将伴随着更低的

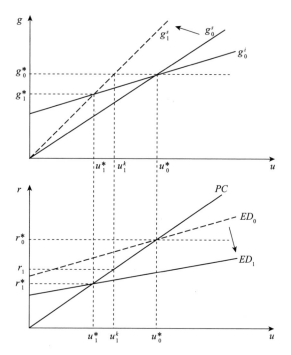

图 6-6 卡莱茨基主义模型中的节俭悖论

利润率和产能利用率。然而，与新凯恩斯主义模型不同，所有这一切都发生在成本加成率和实际工资没有任何变化的情况下。

现在让我们来处理成本悖论，正如罗森（Rowthorn，1981，p.18）第一个明确概述的那样，根据他的观点，"在假设的条件下，较高的成本带来了更高的利润"。更确切地说，在这个模型的框架下，成本悖论在这里表明的是，较低的成本加成率，即给定技术条件下更高的实际工资，带来了一个较高的实现利润率。在数学上，这可以通过联立方程（6.16）和方程（6.20）显示出来。我们得到：

$$r^* = \frac{\gamma - \gamma_u u_n}{s_p - \gamma_u v / \pi} \tag{6.21}$$

很显然，当价格加成更高时，即当利润份额 π 更高且实际工资更低时，利润率 r^* 更低；相反，当利润份额 π 更低且实际工资更高时，利润率 r^* 更高。后一种情况通过图 6-7 得到了说明，其中利润成本曲线和有效需求曲线在图的下面部分。由于成本加成率的下降，储蓄曲线和利润成本曲线都向下移动。如图 6-7 的上面部分所示，再一次假设短期内积累率保持在其初始位置 g_0^* 上，短期产能利用率 u_1^k 就出现在这一给定积累率和新的储蓄函数 g_1^s 的交点处。因此，如图 6-7 的下面部分所示，在短期，利润率也保持在其初始

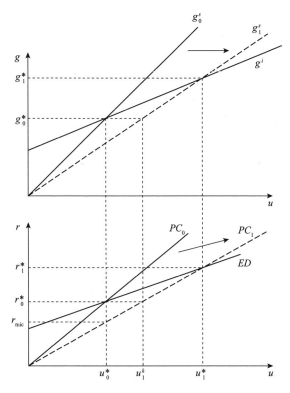

图 6-7　卡莱茨基主义模型中的成本悖论

541

价值 r_0^* 上。在实现产能利用率更高的情况下，预期产能利用率将会更大，且企业的投资速度将更快。在三个内生变量最终移动到 u_1^*、g_1^* 和 r_1^* 之前，即移动到预期产能利用率等于实现产能利用率的点之前，这个过程将会继续下去。这都是由德尔·蒙蒂在卡莱茨基主义增长与分配模型的第一个形式化研究中描述的：

> 我们的模型证实了经常在现实世界中观察到的情况，即垄断程度的提高降低了设备利用率和增长率……当企业决定降低工人的实际工资时，其结果不是利润率的提高，而是利润率的下降，因为较高的垄断程度已经导致了较低的产能利用率。(Del Monte，1975，p. 243)

正如本节开头所宣称的那样，我们已经获得了我们所认为的卡莱茨基主义增长与分配模型中最令人费解的结论。较高的劳动成本，即较高的实际工资，最终会导致更高的利润率。这是因为较高的实际工资提高了消费，因此提高了产能利用率，从而导致了更快的积累速度，并因而提高了利润率。如第 1 章所述，这是一个典型的宏观经济学悖论的例子，即其对于单个企业家来说是正确的，而对于所有企业家（整体）来说则是错误的。回到图 6-7，我们看到，如果单个企业试图降低其成本加成率，产能利用率将会保持在 u^* 而实现利润率将下降到 r_{mic}，这就是一个局部均衡分析所描述的情况。但是，当我们接受假设的实际工资普遍上涨的宏观经济影响时，实际产能利用程度并不会保持在初始水平。如果单个企业提高实际工资并降低其成本加成率，而其他条件都不变，那么这显然会减少利润，并会降低利润率（除非有工资效率效应）。但是，如果所有企业一起提高实际工资，这将为整个经济带来更高的产能利用率，并通过与一种加速效应相关联的诱发效应，导致更高的宏观经济利润率。因此，尽管这可能有利于单个企业，如果它单独行动，通过减少实际工资或减少就业来降低其生产成本，提高其边际利润（只要这不会对在岗工人的生产率产生不利影响），但是，如果所有企业同意增加实际工资并降低其成本加成率，总体水平的利润率将会更大。

成本悖论和节俭悖论都是标准卡莱茨基主义增长模型的关键特征。储蓄倾向的降低导致更高的积累率，而实际工资的上涨则在宏观经济层面上转化为较高的利润率。这两个结果都与新古典理论直接冲突，且别无选择。事实上，这两个悖论是展示当我们不以完全就业和全产能作为经济分析的起点时会发生什么的非常好的例子。它们强调了有效需求的重要性及在现实中通过数量而不是价格调整的重要性。最重要的是，它们强调了仅仅依赖微观市场上的个人行为，而忽视其宏观经济影响的分析的缺点。由于宏观经济力量造成的意外后果不被考虑，谬误组合总是潜伏着。

应该指出，只有在产能利用率保持在小于 1 的水平时，成本悖论才是有效的。给定其他参数，它要求实际工资率不超过某一临界值。因此，模型的相关范围就是有限的。实际工资率的值有一个可取的最大上限，换句话说，利润份额的值有一个可取的下限，并且，就像罗宾逊的通货膨胀壁垒一样，如果利润储蓄倾向更高，对实际工资的限制则不太严格。

6.3　卡莱茨基主义模型的各种变形

刚刚描述的标准卡莱茨基主义增长与分配模型从很早就受到了很多批评。其中一些批评可以被视为对标准模型的正确扩展。在本节中，我们将讨论其中两个批评。首先，我们将分析当考虑工资储蓄时会发生什么。其次，我们将通过考虑一个由巴杜里和马格林提出的、被称为后卡莱茨基主义模型的替代模型对投资函数进行更深入的讨论。

6.3.1 增加一个工资储蓄倾向

到目前为止，我们一直假设不存在工资储蓄倾向。虽然当我们排除从工资储蓄中强制认缴私人和公共养老基金时，这一简化的假设有一定的道理，但是，必然会有国家在一定时段里有正的、可能大额的储蓄，尽管工资储蓄倾向 s_w 明显低于利润储蓄倾向。当工资储蓄倾向为正时，节俭悖论和成本悖论是否依然成立呢？

后凯恩斯主义学派有点不愿意考虑 $s_w>0$ 的情况，这是有原因的。这与加总问题带来的复杂性有关，当我们（的研究）超出一个总量单部门经济并转向一个类似于第 3 章所描述的两部门模型时就会产生该问题。例如，当 $s_w=0$ 时，增长率和利润率之间的正相关关系在任何情况下都成立，而当 $s_w>0$ 时则不一定是这种情况。在工资储蓄为正的情况下，利润储蓄倾向或工资储蓄倾向的提高，可能会也可能不会产生利润率的下降，如斯拉法学派所述，这取决于一个部门与另一个部门相比是否更加机械化（有一个更高的机器-劳动力比）（Spaventa，1970；Hagemann，1991）。在卡莱茨基主义两部门模型中情况有所不同，这是因为在这一模型中调整是通过数量而不是价格进行的，就像在斯拉法两部门模型中一样，但这仍然是令人担忧的，因为更快的增长必然会产生一个部门到另一个部门的重新分配活动。

让我们保持在一个简单的单部门模型的范围内，并研究当存在工资储蓄时会发生什么。这已经被一些学者，即阿马德奥（Amadeo，1987）、泰勒（Taylor，1990）、萨尔卡（Sarkar，

1993)、莫特和斯莱特里（Mott and Slattery，1994）以及布勒克尔（Blecker，2002）等人研究过。储蓄函数被分为两个部分——利润份额 π 和工资份额 $(1-\pi)$，因此现在的储蓄函数变成了：

$$g^s = s_p \pi u/v + s_w(1-\pi)u/v = \{(s_p - s_w)\pi + s_w\}u/v$$

$$(6.3\text{A})$$

需要注意的是，这个新的储蓄方程仍然从原点开始，因为所有方面都取决于 u。很明显的是，在标准卡莱茨基主义模型范围内，尽管工资储蓄存在，利润份额 π 的下降仍然会带来长期增长率和产能利用率的上升。这是因为储蓄函数向下旋转，而投资保持不变，如图 6-7 所示。为了得到一些隐含的结果，我们需要一个直接或间接包括利润率的投资函数，就像方程（6.13）给出的另一个典型卡莱茨基主义投资函数一样。为方便起见，在这里重复了那个投资函数，只是将利润份额变量明确地表示了出来：

$$g^i = \gamma + (\gamma_u + \gamma_r \pi/v)u \qquad (6.22)$$

将修改后的投资方程与新的储蓄方程（6.3A）联立，我们就得到了均衡产能利用率：

$$u^* = \frac{\gamma v}{(s_p - s_w - \gamma_r)\pi + s_w - v\gamma_u} \qquad (6.23)$$

如果分子和分母都大于零，产能利用率就为正，分母的要求再次构成了模型的稳定性条件。我们还可以肯定利润份额 π 的上升会导致均衡产能利用率的下降吗？答案是我们不再肯定。对方程（6.23）求关于利润份额的导数，我们得到：

$$du/d\pi = -\gamma v(s_p - s_w - \gamma_r)/D^2$$

其中，D 是方程（6.23）的分母。

因此，如果 $s_p - s_w > \gamma_r$，标准卡莱茨基主义模型的结果，即更高的成本加成率会降低长期产能利用率就仍然成立。事实上，莫特和斯莱特里（Mott and Slattery，1994，p. 75）指出，由于 $s_p - s_w$ 大约等于 0.5，因此上面这个不等式是很有可能实现的。另外要注意的是，如果投资仅仅取决于产能利用率，而不取决于利润率——就是我们标准卡莱茨基主义模型的情形，那么，$\gamma_r = 0$，上述条件减少到 $s_p - s_w > 0$，而我们知道这在经验上是对的。因此，这证实了我们以前确定的事实：在标准卡莱茨基主义模型中（其中，$\gamma_r = 0$），尽管存在工资储蓄，更高的实际工资仍然会产生更高的产能利用率（Amadeo，1986，p. 94）。

成本悖论，即利润份额与利润率间的负相关关系又如何呢？将方程（6.10）和方程（6.23）联立，我们可以容易地计算出均衡利润率：

$$r^* = \frac{\gamma\pi}{(s_p - s_w - \gamma_r)\pi + s_w - v\,\gamma_u} \tag{6.24}$$

对利润份额求导，我们可以得到：

$$dr/d\pi = \gamma(s_w - v\,\gamma_u)/D^2$$

其中，D 是方程（6.24）的分母。

只要工资储蓄倾向不是太大，即只要 $s_w < v\,\gamma_u$，成本悖论仍然成立。如果不等式反过来，那么成本悖论就不再成立。观察这个条件，我们可以发现，即使在标准卡莱茨基主义模型中，当工资储蓄存在时，成本悖论也可能不成立。事实上，由于利润率的定义，加上稳定性条件的需要，如果利润份额的提高导致了产能利用率的上升，它必将会导致利润率的上升。这导致萨卡尔（Sarkar，1993）认为，成本悖论更有可能在发展中国家成立，因为在这些国家，工资储蓄倾向应该很低。

因此，总而言之，我们可以说，引进工资储蓄带来了卡莱茨基主义模型的复杂性。节俭悖论依然成立——储蓄倾向的增加将导致增长率、利润率和产能利用率的下降——但利润份额的增加可能会也可能不会有这些负面影响。最终的结论可能必须来自实证方面。

6.3.2　后卡莱茨基主义模型

对标准或规范的卡莱茨基主义模型的批判已经产生了非常受欢迎的卡莱茨基主义模型的变形，这一变形值得我们给它一个名字：我们将之称为后卡莱茨基主义模型。这个高度受欢迎的模型变形由巴杜里和马格林（Bhaduri and Marglin，1990）提出，我是在纽约 1987 年纪念卡尔多的会议上第一次看到的。在同一个会议上，海因茨·库尔茨（Heinz Kurz，1990）也提出了一个高度相似的变形，但可能是因为这个变形包含了一个更复杂的三维图而受到了比较少的关注。所有的这些变形都表明，卡莱茨基增长模型吸引了非正统经济学派所有分支的关注，这是因为马格林属于马克思学派，库尔茨是有名的斯拉法学者，而巴杜里被认为是一个卡莱茨基主义者。我们也可以将罗森（Rowthorn，1981）加进来，他是一个马克思主义者，也是卡莱茨基主义增长与分配模型的创始人之一。

巴杜里和马格林投资函数

库尔茨、巴杜里和马格林，以及许多其他斯拉法学派学者，如西科恩（Ciccone，1986）和维亚内洛（Vianello，1989）的观点为，投资取决于预期盈利能力，而通常的卡莱茨基主义投资函数，如方程（6.12）和方程（6.13），并不能恰当地将预期盈利能力纳入投资函数。很显然的就是方程（6.12）的情况，它通过定义排除了利润率的影响。但是卡莱茨基主义模型中一开始就包含的另一个方程情况如何呢？尤其是方程（6.13）。为了方便起见，我们在这里结合其扩展形式方程（6.22）重复方程（6.13）：

$$g^i = \gamma + \gamma_u u + \gamma_r r = \gamma + (\gamma_u + \gamma_r \pi / v) u \qquad (6.13)$$

巴杜里和马格林表示，方程（6.13）给投资对利润率的两个重要组成部分，即利润份额和产能利用率的相关反应施加了限制。他们质疑方程（6.13）中隐含的内容，即，即使利润率保持不变，产能利用率的提高也将产生额外的投资。巴杜里和马格林（Bhaduri and Maglin，1990）的理由是，如果利润率不变，尽管产能利用率上升，这也意味着利润份额必然下降。但他们认为，利润份额的下降应该会对投资产生负面影响，且没有先验的理由去猜疑高产能利用率对投资的积极影响会高于任何低利润份额对投资的消极影响。但是，这恰恰是方程（6.13）这类方程所否认的，尽管由于其形式上的限制，这一方程包含了利润率，从而间接包含了利润份额。作为这一问题的解决方案，巴杜里和马格林提出了一个替代性的投资方程，在这一方程里，投资取决于两个独立的部分——产能利用率和利润份额，且两者都带有不同的参数。

$$g^i = \gamma + \gamma_u u + \gamma_\pi \pi \tag{6.25}$$

巴杜里和马格林（Bhaduri and Maglin，1990）的投资函数很快被许多非正统经济学家接受（Taylor，1991；Epstein，1994；You，1994）。如前所述，在那段时间，斯拉法学派也有类似的争论。例如，库尔茨引入实际工资代替利润份额作为投资函数的一个参数。其他斯拉法学派学者们也提出了类似的论证。他们的主要观点为，投资取决于在正常价格（基于正常产能利用率）上计算的预期盈利能力。这意味着，投资函数取决于预期正常利润率而不是实际利润率。这样说的理由是，企业家们无法在未来产能总处于过度利用或利用不足的假设下制订计划。计划必须根据标准产能利用率下评估的盈利能力而制订。利润率代表了"投资和定价决策的指向灯，不可能异常高或异常低"（Vianello，1985，p.84）。因此，斯拉法学派学者，尤其是维亚内洛（Vianello，1989）指出，卡莱茨基学者

们没有明白，即使实际盈利能力在短期内保持不变，预期盈利能力
也会因实际工资上涨而受阻。因此，他们的观点与巴杜里和马格林
（Bhaduri and Maglin，1990）的观点并没有什么不同。加雷格纳尼
（Garegnani，1992，p.62）这样说道："正常的利润率是［企业家］
将根据其进行投资决策的一个利润率——一个与总实际净利润和总
现有资本之比没有什么密切关系的比率。"

如果我们想要解释斯拉法学派评论家的说法，那么他们所说的
话可以归结为以下两个投资函数的任何一个：

$$g^i = \gamma + \gamma_r r_n \tag{6.26}$$

$$g^i = \gamma + \gamma_u u + \gamma_r r_n \tag{6.27}$$

其中，r_n 是标准利润率。

通过第一个投资方程（6.26），我们得到了一个卡莱茨基主义
模型和马克思主义模型的混合形式。一方面，更高的动物精神（通
过参数 γ、γ_r 反映）会导致更高的积累率；另一方面，更高的实际
工资或更低的正常利润率阻碍了创业并导致了一个更低的积累率。

第二个斯拉法投资方程（6.27）也许更加有趣，因为它与巴杜
里-马格林的方程非常相似，因此可以被视为后卡莱茨基主义模型的
一个变形。这可以通过回顾正常利润率发现。正常利润率是当经济
以正常产能利用率运行时，给定价格加成（因此在一个没有间接劳
动力成本的经济中给定利润份额）而获得的利润率。我们有：

$$r_n = \pi u_n / v \tag{6.28}$$

只要正常产能利用率 u_n 和资本产能比 v 不变，成本加成率的任
何变化，即利润份额 π 的任何变化，都意味着正常利润率 r_n 的变化。
那么，显然，在使用当前盈利能力作为主义投资函数的一个参数
前，巴杜里和马格林提出的替代卡莱茨基主义投资函数的投资函数
是斯拉法情形的一个变形。巴杜里和马格林（Bhaduri and Maglin，

1990，p. 388）以及维亚内洛（Vianello，1989，p. 183）指出，卡莱茨基主义者们忽视了经济活动上高工资的降低成本效应。方程（6.28）清楚地表明，方程（6.25）的支持者认为，如果除了产能利用率还考虑利润率，则它应该按正常产能利用率计算。那些认为除了产能利用率之外，应该将利润份额 π 而不是实际利润率 r 加入投资方程中的人指出，这与除了产能利用率之外，正常利润率 r_n 而不是实际利润率应该被加入投资方程中的说法并没有什么不同。因此，斯拉法学派和马克思主义者对卡莱茨基主义投资函数的反对意见最终是相同的。从理论的角度来看，斯拉法方程（6.27）可能更有意义，而从实际的角度来看，巴杜里和马格林投资方程（6.25）则更有用。这是因为，在实证工作中，获取利润份额容易得多，而获取正常利润率或预期盈利能力的估算则冒险得多。

巴杜里和马格林投资函数的结果

后凯恩斯主义投资函数带来的结果是相当明显的，由于较高的实际工资和较低的成本加成率对产能利用率产生的积极影响，因此标准卡莱茨基主义模型所产生的增长率和利润率只能是产生于投资方程（6.25）的后卡莱茨基主义模型中的情形之一。换句话说，较高的实际工资对消费的积极影响可能会被较高的实际工资，因而较低的利润份额对投资支出可能的消极影响所取代。下文对此做了很好的解释：

> 实际工资率的增加，降低了边际利润和利润份额……必须减少储蓄、增加消费来印证消费不足理论……然而，总需求（$C+I$）可能依然会因为较低的边际利润/利润份额对投资的影响而上升或下降。由于在其他条件相同的情况下，认为较低的边际利润/利润份额会削弱投资的动机似乎是合理的，所以实

际工资的任何外生变化对总需求水平的反向影响就变得明显起来。若投资取决于边际利润,更高的实际工资增加了消费,但降低了投资。(Bhaduri and Marglin,p.378)

我们可以通过研究后卡莱茨基主义模型的求解来形式化利润份额增长的影响。利用方程(6.25)和方程(6.14),我们得到了均衡产能利用率:

$$u^* = \frac{(\gamma + \gamma_\pi \pi)v}{s_p \pi - v\,\gamma_u} \qquad (6.29)$$

对上式求关于利润份额的导数,我们得到:

$$\frac{\mathrm{d}u}{\mathrm{d}\pi} = \frac{-(\gamma_\pi\,\gamma_u v + \gamma\,s_p)v}{(s_p\pi - v\,\gamma_u)^2} \qquad (6.29\text{A})$$

乍一看,似乎利润份额不可能对产能利用率有一个积极影响(Blecker,2002,p.137;Dutt,2011,p.68)。但是,在后卡莱茨基主义投资方程下,模型的成立不再需要参数 γ 为正,因为在均衡产能利用率的分子中存在一个二次(正的)常数项。因此,在 $\gamma < 0$ 的情况下,表达式(6.29A)可以为正,从而利润份额的增长可能对产能利用率有一个正向影响。

从要求利润份额对利润率(从而增长率,因为 $g = s_p r$)有积极影响的条件,来否定成本悖论,似乎不太严格。根据方程(6.29)和方程(6.10),我们得到:

$$r^* = \frac{(\gamma + \gamma_\pi \pi)\pi}{s_p \pi - v\,\gamma_u} \qquad (6.30)$$

并且:

$$\frac{\mathrm{d}r}{\mathrm{d}\pi} = \frac{-\gamma\,\gamma_u v + (s_p \pi - 2\,\gamma_u v)\pi\,\gamma_\pi}{(s_p \pi - v\,\gamma_u)^2} \qquad (6.30\text{A})$$

图 6-8 说明了后卡莱茨基主义模型是如何运作的。从初始点

u_0^*、g_0^* 开始。假设现在成本加成率的增长导致了利润份额的增长。这引起了储蓄曲线从 g_0^s 到 g_1^s 的逆时针转动。在标准卡莱茨基主义模型中，产能利用率和增长率将分别下降到 u_1^*、g_1^*。然而，在后卡莱茨基主义模型中，这还没有结束。在这里，由于投资被假定对利润份额或标准利润率增长的反应为正，所以利润份额的增长导致了投资曲线的上升。根据投资曲线移动范围与储蓄曲线旋转范围的对比，可能有三种组合。如果位移小于图 6-8 所示的 g_1^i，标准卡莱茨基主义模型的结果保持不变，且成本悖论依然成立。如果位移位于投资曲线 g_1^i 和 g_2^i 之间的某个位置，增长率和利润率则因利润份额的增长而上升，尽管产能利用率并不会上升。最后，如果位移使得投资曲线超过了 g_2^i，那么，即使是产能利用率也会上升。

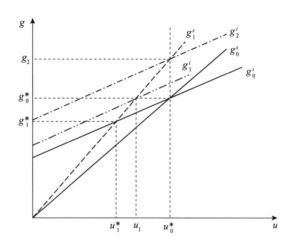

图 6-8　后卡莱茨基主义增长模型中利润份额增加的影响

一个难以理解的术语引发争论

三种可能的情况，以及最早提出它们的后卡莱茨基主义模型的学者们的名字如表 6-1 所示。但是，应该说，这一术语已经随着时间的推移发生了演变，部分是由于它有点难以理解，也受到识别给定国家属于哪种情况的经验研究的影响。如表 6 - 1 的三个相关单元格的底部所示，当实际工资或工资份额的增长对被考虑的变量产生积极影响时，目前最常用的术语是称（这种情况）为工资导向型体制；相应地，当实际工资或工资份额的增长，即利润份额的下降，对被考虑的变量产生消极影响时，那么，这就是一个利润导向型体制。这也是在这里采用的术语。因此，比如说，如果实际工资或工资份额的上涨导致产能利用率增加，那么我们就说这个经济在工资导向型需求体制下运作。

表 6 - 1　　　　　　与收入分配相关的体制及其不同的名称

		实际工资增长对利用率的影响		
		＋	－	
实际工资增长对增长率和利润率的影响	（＋）	合作停滞主义	不可能	巴杜里和马格林 (Bhaduri and Marglin, 1990)
	（＋）	消费不足		库尔茨 (Kurz, 1990)
	（＋）	具有工资导向型投资的工资导向型需求		拉沃和斯托克哈默 (Lavoie and Stockhammer, 2013a)
	（—）	冲突停滞主义	享乐主义	巴杜里和马格林 (Bhaduri and Marglin, 1990)
	（—）	过度积累	凯恩斯新古典主义	库尔茨 (Kurz, 1990)
	（—）	具有利润导向型投资的工资导向型需求	具有利润导向型投资的利润导向型需求	拉沃和斯托克哈默 (Lavoie and Stockhammer, 2013a)

巴杜里和马格林投资函数的优点是，它在有效需求和内生产能利用率的基础上丰富了后卡莱茨基主义增长和分配模型。然后，标准卡莱茨基主义模型就成为包含正常利润率参数的投资函数的三种

情形之一。由方程（6.25）或方程（6.27）给出的投资函数可以被认为是斯拉法主义者和马克思主义者对于后凯恩斯主义者对其模型的批判的回答，特别是对反对意见——如果在长期内产能利用率是内生的，增加实际工资可能会导致更高的利润率和积累率——的回答（Nell，1985；Amadeo，1986；Dutt，1987a）。尽管主要关注的原则是有效需求，而不是利润最大化或稀缺性，但是基于正常利润率和产能利用率的投资函数提出了各种结果，且与先前的马克思主义、后凯恩斯主义甚至新古典主义模型兼容。

> 特定模型，如左派凯恩斯主义社会民主党所阐述的"合作资本主义"，关注"利润挤压"的马克思主义模型，甚至是依靠"供给侧"刺激的保守模型，通过高盈利能力和低实际工资率，适应了一个更一般的凯恩斯理论体系。它们成了这里提出的理论框架的特殊变形（Bhaduri and Marglin，1990，p.388）。

一些卡莱茨基主义者一直不愿意接受后卡莱茨基主义投资函数。如莫特和斯莱特里（Mott and Slattery，1994，p.72）所述，"我们并不清楚为什么利润份额水平或价格加成的高低，会影响投资"。莫特和斯莱特里（Mott and Slattery，1994）以及阿格里亚尔蒂（Agliardi，1988）的主要关注点是，留存收益取决于实际利润而不是正常利润，正是这些现金流量将决定企业从银行和金融市场获得垫款和资金的能力。因此，实际留存收益是投资函数的一个重要组成部分，且独立于高产能利用率可能对投资意愿的任何影响。尽管如此，计量经济学家们已经对后卡莱茨基主义模型很感兴趣，以至于它几乎可以被视为标准卡莱茨基主义模型的一部分。

6.3.3 工资导向型需求还是利润导向型需求？

那么，现代经济是工资导向型体制还是利润导向型体制？自20

世纪 90 年代中期以来，相当多的实证研究被用来确定各国是工资导向型体制还是利润导向型体制。正如人们所料想的，各种研究使用的是不同的计量经济学方法和模型规范，所以即使在研究同一个国家时，它们也不会得到相同的结果。此外，更多的马克思主义导向学者们倾向于得出结论：经济是以利润为导向的，因为这与他们对资本主义经济矛盾的看法及其基于利润挤压的商业周期的解释很相符，正如前面的引用所指出的那样。

但是，正如奥纳兰和格兰尼斯（Onaran and Galanis，2012，appendix D，pp. 58 - 59）所总结的，从这些实证研究中可以得到一些广泛适用的经验。几乎所有的研究都表明，每一个被研究的国家都是工资导向型国内需求。这意味着，高实际工资对总消费和投资需求的影响是正的，正如标准卡莱茨基主义模型所描述的。然而，我们还有一个因素没有考虑：高实际工资对贸易平衡的影响。当净出口对需求的影响也被考虑在内时，国内需求和净出口的总效应被称为总需求，那么，经验研究的结果要复杂得多，当然，这取决于被研究的国家，但是该结论在一些国家中仍然成立，比如美国。

表 6 - 2 显示了奥纳兰和格兰尼斯（Onaran and Galanis，2012）根据 G20 国家的数据所得出的迄今为止最为详尽的研究结果。他们研究了利润份额增长一个百分点对总需求各部分的影响。与之前的研究一样，奥纳兰和格兰尼斯发现，所有国家，甚至经合组织以外区域的国家都处于工资导向的国内需求体制下，如第 d 列所示。利润份额的增长导致所有国家第 d 列的系数为负，因此国内需求下降。然而，当考虑包括净出口总需求（由第 e 列给出）时，情况就不一样了。虽然欧洲国家、土耳其、日本、韩国和美国仍然是工资导向型，但是像加拿大、墨西哥、澳大利亚，尤其是中国和南非则是利润导向型，正如其正的系数所示。

表 6－2　　　　利润份额 1% 的增长对消费、投资、净出口、
国内需求和总需求的影响

	消费 a	投资 b	净出口 c	国内需求 d（＝a＋b）	总需求 e（＝a＋b＋c）
12个欧元区国家	−0.439	0.299	0.057	−0.140	−0.084
德国	−0.501	0.376	0.096	−0.125	−0.029
法国	−0.305	0.088	0.198	−0.217	−0.020
意大利	−0.356	0.130	0.126	−0.226	−0.100
英国	−0.303	0.120	0.158	−0.183	−0.025
美国	−0.426	0.000	0.037	−0.426	−0.388
日本	−0.353	0.284	0.055	−0.069	−0.014
加拿大	−0.326	0.182	0.266	−0.144	0.122
澳大利亚	−0.256	0.174	0.272	−0.082	0.190
土耳其	−0.491	0.000	0.283	−0.491	−0.208
墨西哥	−0.438	0.153	0.381	−0.285	0.096
韩国	−0.422	0.000	0.359	−0.422	−0.063
阿根廷	−0.153	0.015	0.192	−0.138	0.054
中国	−0.412	0.000	1.986	−0.412	1.574
印度	−0.291	0.000	0.310	−0.291	0.018
南非	−0.145	0.129	0.506	−0.016	0.490

资料来源：Onaran and Galanis（2012，Table 11）.

的确需要说明的是，巴杜里和马格林（Bhaduri and Maglin，1990，p. 385）并没有怎么关注他们的投资函数用于验证利润导向型需求体制的可行性。相反，他们认为，当他们的论点与开放经济相关联时将更引人注目，如第 e 列所示。他们以及布勒克尔（Blecker，1989）的论点是，进口的收入弹性可能最终导致贸易平衡恶化，消除了高实际工资的扩张效应。与较高价格相关的较高工资可能也会导致一个国家的竞争地位恶化。这里显示的结果以及其

他一些研究的结果都支持这一说法，我们会在关于国际经济那一章中进一步讨论。虽然在一些非正统经济学家间，它仍然是一个有争议的说明，但到目前为止，我们可以说的是，封闭的经济体面临着工资引导的需求体制；而开放经济体的情况是一个悬而未决的问题！经济体是工资导向型的还是利润导向型的显然是一个关键问题，对经济政策有重大影响（Lavoie and Stockhammer，2013b）。

6.4 稳定性问题

在本节中，我们回到一个暂时被搁置的、有争议的问题上，即稳定性是否应该被假定。正如我们将要看到的，这与另一个有争议的问题有关，即是否应该有调整机制，以将实际产能利用率调整到正常或标准产能利用率，这将在下一节中讨论。

6.4.1 凯恩斯主义不稳定性与哈罗德主义不稳定性

到目前为止，我们一直假设卡莱茨基主义增长模型所描绘的经济展现出凯恩斯主义稳定性；即，我们假设储蓄函数相比于投资函数对销售量或产能利用率的变化反应更强烈。然而，很多卡莱茨基主义模型的批判者都质疑这一稳定性条件是否成立。或者他们会说，即使凯恩斯主义稳定性在短期内成立，卡莱茨基主义模型也很可能会屈服于"哈罗德主义"不稳定性问题，这是罗伊·哈罗德（Roy Harrod，1939）所强调的一个问题，并且最近该问题被法扎利等人（Fazzari et al.，2013）作为现实中增长的引擎（需求的自主成分限定了经济波动的范围）所强调。

图 6-9 说明了凯恩斯主义不稳定的情况，其中投资相对于储蓄对产能利用率的变化反应更大。企业家们高估了均衡产能利用率

$(u^e > u^*)$，但是短期实现产能利用率甚至比高估的产能利用率还高 $(u^k > u^e)$，从而引起企业家们更多地提高预期产能利用率，因此，远离了长期均衡 u^*。

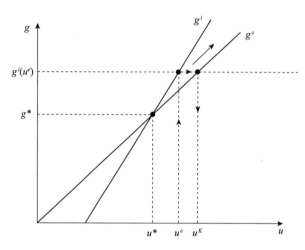

图 6-9 凯恩斯主义不稳定性

哈罗德主义不稳定性出现是因为，当产能利用率超过（低于）其正常产能利用率时，投资函数的参数 γ 是不稳定且上升（下降）的，而凯恩斯主义不稳定性则发生于投资函数比储蓄函数更陡峭的时候。因此，可能会同时出现凯恩斯主义不稳定性和哈罗德主义不稳定性。形式上，卡莱茨基主义模型的批判者将哈罗德主义不稳定性表示为一个差分方程或一个微分方程，在这样的方程中，积累率的变化是实际产能和正常产能间差异的函数（Skott，2010；Skott and Ryoo，2008；Dutt，2010）。

$$\dot{g}^i = \psi_1(u^* - u_n), \ \psi_1 > 0 \tag{6.31}$$

但是，其真正想表达的是，在我们的卡莱茨基主义模型里，只要实际产能利用率和正常产能利用率不相等，参数 γ 就会移动：

$$\dot{\gamma} = \psi_1(u^* - u_n), \quad \psi_1 > 0 \tag{6.32}$$

其原因在于，在投资方程（6.12）中，参数 γ 可以被解释为估算的销售额增长率趋势，或被解释为预期的长期经济增长率。当实际产能利用率一直高于正常产能利用率（$u > u_n$）时，这意味着经济的增长率始终位于长期销售额增长率的估计值之上（$g > \gamma$）。因此，只要企业家以适应性的方式对此做出反应，就应该最终对趋势性销售增长率做出新的、更高的评估，从而在投资函数中使用更大的参数 γ。

这与最初的哈罗德主义刀刃问题很相似。哈罗德（Harrod，1939）是从位于标准产能利用率上的完全均衡位置开始分析的。如果企业家预期销售增长率高于哈罗德所谓的有保证的增长率，会相应地设定高资本积累率，从而实现的销售增长率将超过预期增长率（Sen，1970，pp. 11 - 12）。换句话说，投资的收入乘数影响将超过投资的产能创造的影响，使得产能利用率超过其正常水平。这可以通过回忆产能利用率的定义——$u = q/q_{fc}$ 以及观察增长率看出来。只要我们排除资本产能比的任何变化，我们就有：

$$g_y = g + \hat{u} \tag{6.33}$$

其中，g 仍然是资本积累率，而 g_y 是销售增长率，$\hat{u}$ 是产能利用率的增长率。

对于哈罗德来说，存在一个内在的动态不稳定性原理，因为更高的销售增长预期将产生更高的实现销售增长率和更高的产能利用率，从而使企业家在下一个时期加快积累。这反映在方程（6.32）中就是参数 γ 的向上移动，而且这可以被理解为一个缓慢的过程。这在图 6 - 10 的帮助下得到了说明。一旦经济体获得了高于正常产能利用率情况下的长期解，比如 $u_1 > u_2$ 时（在图 6 - 10 中储蓄倾向下降后），投资函数的常数就从γ_0向上移动到γ_2和γ_3，从而进一步将产能利用率提高到u_2和u_3，积累率达到g_2和g_3，等等。按照方程（6.33），随着产能利用率的上升，每个时期的销售增长率将超过资本增长率。因此，根据一些评论家的说法，卡莱茨基主义模型给出了一个经济中真正会发生什么的错误想法，因为卡莱茨基主义模型（图 6-10 中的点 B）描述的均衡是不可持续的。

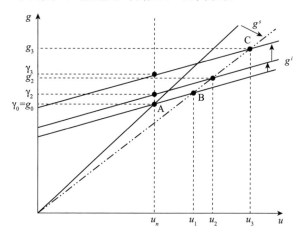

图 6-10　卡莱茨基主义模型中动态不稳定性的哈罗德原理

简单卡莱茨基主义模型是受到凯恩斯主义不稳定性的影响，还是受到哈罗德主义不稳定性（在凯恩斯主义稳定性情况下）的影响，在经济出现储蓄倾向降低或边际利润降低时，结果几乎是相同的。在哈罗德不稳定性情况下，随着积累率和产能利用率的不断提高，将会出现一系列均衡。在凯恩斯主义不稳定性情况下，新的均衡处于一个较低的产能利用率和较低的积累率的位置；但是由于经济正在远离这一均衡，所以实际产能利用率和积累率也在不断上升（如图 6-9 中箭头所示），正如在哈罗德不稳定性情况下那样。

然而，尽管结果相似，凯恩斯主义不稳定性和哈罗德主义不稳定性却产生了不同的问题。在本节的剩余部分，我们处理的是凯恩斯主义稳定性问题。哈罗德主义不稳定性如何处理，以及实际产能利用率和正常产能利用率间的差异是否可持续的问题将在下一节讨论。

6.4.2　预期和不稳定性

凯恩斯主义不稳定性问题是由于投资可能对当前价值的变化做出强烈反应，更具体地说，是对实际产能利用率变化产生的反应。由方程（6.15）给出的凯恩斯主义稳定性条件是这样的：$s_p\pi >v\gamma_u$。比如，在 $v=3$，$\pi=0.4$ 以及 $s_p=0.6$ 的典型事实下，参数 γ_u 就没有太多的空间，而这一参数反映了投资对产能利用率变化的敏感性。在上述数据的情况下，我们会要求 $\gamma_u<0.08$，似乎是相当低的一个数字。斯科特（Skott，2010，p.105）也通过不同的参数值得到了相同的观点。

要记住，解决这一难题的其中一个方法是，我们的投资方程依赖于预期产能利用率而不是实际产能利用率。因此，当我们写下 $s_p\pi >v\gamma_u$ 这样的稳定性条件时，我们其实是假设投资方程写成这样：

$$g^i=\gamma +\gamma_u(u-u_n) \tag{6.12A}$$

而实际投资函数则被写成是预期产能利用率的一个函数：

$$g^i=\gamma +\gamma_u(u^e-u_n) \tag{6.12}$$

假设预期产能利用率由方程（6.19A）给出，为了方便起见，我们在这里重复一遍：

$$u_t^e=(1-\mu_1)u_{t-1}^e+\mu_1 u^k \tag{6.19A}$$

联合上述这两个方程，稳定性条件弱化，现在变成了：

$$s_p\pi >\mu_1 v\gamma_u \tag{6.34}$$

当实际产能利用率被加入投资函数中且稳定性条件被描述为方

程（6.15）时，隐含的假设是$\mu_1 = 1$。如果μ_1减少到一半，那么参数γ_u可以增大为原来的两倍。

我们也可以遵循利马和塞特费尔德（Lima and Setterfield，2008）的建议。他们认为，对变量的期望取决于过去实现的价值，也取决于某些常规的锚点。在他们所描述的情况下，常规的锚点将是货币当局的目标通货膨胀率。在当前情况下，它可能是企业目标正常产能利用率u_n，也可能是货币当局认为符合其目的的某个产能利用率，同时告知企业这一目标水平。这将进一步弱化参数μ_1，从而使得凯恩斯的稳定性条件不那么苛刻。

6.4.3 双重调整过程

无论凯恩斯主义稳定性成立与否，即使凯恩斯主义稳定性条件不成立，是否存在卡莱茨基主义模型保持稳定的方法？布鲁诺（Bruno，1999）和巴杜里（Bhaduri，2008）已经提出了一种可能性，且这种可能性是本节的主题。这需要稍微涉及代数学。

布鲁诺和巴杜里研究的都是后卡莱茨基主义模型，其中，如方程（6.25）所示，投资取决于产能利用率和利润份额。这也是我们在这里所研究的。在短期内没有市场出清的假设下，他们开始放弃均衡动态学模型。因此，在短期（超短期）内，（合意）投资和储蓄是不相等的。产能利用率是固定的，边际利润也是如此。但是让我们假定数量和价格都对不平衡做出反应，这样两个调整机制就会同时进行，一个与数量有关，我们已经将其定义为方程（6.17），另一个与成本加成率调整相关联，如方程（6.35）所示：

$$\dot{u} = \mu(g^i - g^s), \ \mu > 0 \tag{6.17}$$

$$\dot{\pi} = \phi(g^i - g^s), \ \phi \gtreqless 0 \tag{6.35}$$

人们会认为参数ϕ必须为正。当需求量高于生产量（$g^i > g^s$

时，价格和边际利润上升，导致利润份额 π（或正常利润率 r_n）上升。这种情况与标准经典价格调整机制相对应，也对应于剑桥调整机制，这一机制发现于卡尔多和罗宾逊的早期新凯恩斯主义增长模型中，且与强制储蓄有关。然而，巴杜里（Bhaduri，2008）认为，另一种情况，$\phi<0$，并不是不可能的。在过度需求的情况下，企业必须提高产能利用率，从而就业增长高于产能增长，这可能会形成工人更强的议价地位。因此，在一些情况下，当产出需求高于生产量时，实际工资可能会提高，从而边际利润和利润份额会下降。我们称这一情况为激进的情况，因为这种类型的利润挤压行为大多为激进经济学家们（Bowles and Boyer，1988；Gordon，1994；Barbosa-Filho and Taylor，2006）所强调，同时也为卡莱茨基和古德温所强调。

因为方程（6.17）和方程（6.35）为关于 u 和 π 的微分方程的非线性系统，所以我们利用偏导数计算该系统在均衡点处的雅可比矩阵 J，将其线性化来检验该系统的局部稳定性。忽略常数项，这一系统可以写为：

$$\begin{pmatrix} \dot{u} \\ \dot{\pi} \end{pmatrix} = \begin{pmatrix} \mu\left(\gamma_u - \frac{s_p\pi}{v}\right) & \mu\left(\gamma_\pi - \frac{s_p u}{v}\right) \\ \phi\left(\gamma_u - \frac{s_p\pi}{v}\right) & \phi\left(\gamma_\pi - \frac{s_p u}{v}\right) \end{pmatrix} \begin{pmatrix} u \\ \pi \end{pmatrix} \tag{6.36}$$

因为两个相关变量的变化取决于相同的函数形式，矩阵的行列式为零，这意味着该系统有一个零根，因此在一条分界线上存在多重均衡，其中 $\dot{\pi} = \left(\frac{\phi}{\mu}\right)\dot{u}$。这个均衡轨迹是否稳定取决于矩阵的迹的符号。当迹为负时，则修改后的后卡莱茨基主义模型是稳定的，而当迹为正时，模型是不稳定的。矩阵的迹等于主对角线上的两个元素的和：

$$TrJ = \mu(\gamma_u - s_p\pi/v) + \phi(\gamma_\pi - s_p u/v) \tag{6.37}$$

凯恩斯主义稳定性或"规模的稳定性"要求矩阵迹的第一项为负。给定 $\mu > 0$，这意味着 $\gamma_u - s_p\pi/v$ 必须为负。这表明，不等式 (6.15) 必须得到证实，正如我们从以前的凯恩斯主义调整过程的研究中所得知的那样。

比例的稳定性要求，与成本加成率的变化相关的矩阵迹的第二项为负。有两种情况需要考虑。在古典或剑桥调整过程的情况下（$\phi > 0$），如果投资没有对成本加成率的变化做出太快的反应，这种情况就会发生，即当：

$$\gamma_\pi - \frac{s_p u}{v} < 0 \tag{6.38}$$

当方程 (6.38) 得到证实后，超额需求导致边际利润和利润份额上升，其对投资有一个适度的正向影响，且对储蓄有一个更大的影响，因此使得储蓄和投资以及经济走向均衡。在没有数量调整的情况下（$\mu = 0$），这一过程通过价格调整保证了系统的稳定性。

相反，在激进情形下，$\phi < 0$，超额需求导致边际利润和利润份额下降。为了缩小投资与储蓄之间的差异，投资必须对利润份额的下降做出强烈反应，即要比储蓄下降更快。因此，在这种情况下，比例的稳定性要求方程 (6.39) 满足：

$$\gamma_\pi - \frac{s_p u}{v} > 0 \tag{6.39}$$

当研究后卡莱茨基主义模型时，若数量和价格机制都起作用，有不少于 8 种情况存在，如表 6-3 所示。在规模稳定和比例稳定的情况下，迹必须为负，且稳定性是无条件的；存在两种这样的情况。对称地，在规模不稳定和比例不稳定的情况下，迹必然为正，且模型是不稳定的。在其他四种情况下，稳定是有条件的。因此，在没有凯恩斯主义稳定性的情况下，后卡莱茨基主义增长模型可能仍然是稳定的。当我们将分析限于标准卡莱茨基主义模型时，其中投资函数不依赖于利润份额（$\gamma_\pi = 0$），因为我们必须有 $\gamma_\pi - \dfrac{s_p u}{v} < 0$，所以仅有四种情形是可能的。在剑桥价格调整下，尽管缺乏凯恩斯主义稳定性，模型可能仍然表现为稳定。马格林和巴杜里早就提出了这一点，他们指出："凯恩斯主义的稳定条件虽然在文本中是标准的，但是只有在抽象掉除了产出水平之外的均衡的所有决定因素的模型中，尤其是在抽象掉收入分配影响的模型中，稳定才是必需的。"

表6-3　剑桥价格调整机制和激进价格调整机制、工资导向型和利润导向型体制下的规模稳定和比例稳定

$\gamma_u - s_p \pi/v$ 的符号	$\gamma_\pi - s_p u/v$ 的符号	古典或剑桥情形：$\phi > 0$	激进情形：$\phi < 0$	$\dfrac{d u^*}{d \pi^*} = -\dfrac{\gamma_\pi - \dfrac{s_p u}{v}}{\gamma_u - \dfrac{s_p \pi}{v}}$
（—）规模稳定	（—）	(A) $\phi\left(\gamma_\pi - \dfrac{s_p u}{v}\right) < 0$ 比例稳定 $TrJ < 0$ 无条件稳定	(B) $\phi\left(\gamma_\pi - \dfrac{s_p u}{v}\right) > 0$ 比例不稳定 $TrJ = ?$ 如果 μ 很大就为条件稳定	（—）工资导向型轨迹
	（+）	(C) $\phi\left(\gamma_\pi - \dfrac{s_p u}{v}\right) > 0$ 比例不稳定 $TrJ = ?$ 如果 μ 很大就为条件稳定	(D) $\phi\left(\gamma_\pi - \dfrac{s_p u}{v}\right) < 0$ 比例稳定 $TrJ < 0$ 无条件稳定	（+）利润导向型轨迹

续前表

$\gamma_u - s_p \pi/v$ 的符号	$\gamma_\pi - s_p u/v$ 的符号	古典或剑桥 情形：$\phi > 0$	激进情形： $\phi < 0$	$\dfrac{\mathrm{d}\,u^*}{\mathrm{d}\,\pi^*} = -\dfrac{\gamma_\pi - \dfrac{s_p u}{v}}{\gamma_u - \dfrac{s_p \pi}{v}}$
（＋） 规模不稳定	（—）	(E) $\phi\left(\gamma_\pi - \dfrac{s_p u}{v}\right) < 0$ 比例稳定 $TrJ = ?$ 如果 ϕ 很大 就是条件稳定	(F) $\phi\left(\gamma_\pi - \dfrac{s_p u}{v}\right) > 0$ 比例不稳定 $TrJ > 0$ 无条件不稳定	（＋） 利润导向型轨迹
	（＋）	(G) $\phi\left(\gamma_\pi - \dfrac{s_p u}{v}\right) > 0$ 比例不稳定 $TrJ > 0$ 无条件不稳定	(H) $\phi\left(\gamma_\pi - \dfrac{s_p u}{v}\right) < 0$ 比例稳定 $TrJ = ?$ 如果 ϕ 很大 就是条件稳定	（—） 工资导向型轨迹

6.4.4 再论利润导向型体制和工资导向型体制

表 6-3 也强调了这样的事实：在总需求方面，即相对产能利用率来说，经济是工资导向型还是利润导向型取决于前两列的符号。这可以从储蓄方程（6.14）和投资方程（6.25）的全微分中看出，其中每个（参数）都是在均衡位置（$g^i = g^s$）取值的，从而得到：

$$\mathrm{d}\,g^s = s_p(\pi/v)\,\mathrm{d}\,u^* + s_p(u/v)\,\mathrm{d}\,\pi^*$$

$$\mathrm{d}\,g^i = \gamma_u\,\mathrm{d}\,u^* + \gamma_\pi\,\mathrm{d}\,\pi^*$$

令上述两个方程相等，我们就得到了表 6-3 中最后一列的方程。因此，除非我们对投资函数和储蓄函数中的参数值有先验的看法，例如，由于表 6-2 总结的经验性工作，工资导向型需求体制与利润导向型需求体制一样有可能。有趣的是，一些组合是不可能的。例如，一个有古典或剑桥价格调整机制的稳定的工资导向型经济仅仅与规模稳定相兼容。类似地，伴有激进或利润挤压价格调整机制的稳定的利润导向型经济需要规模稳定。

　　图 6‐11 至图 6‐14 说明了各种情况下的过渡动态情况。图 6‐11 和图 6‐12 说明了凯恩斯主义稳定性或规模稳定性情况。当有超额需求的时候，产能利用率上升，且这往往会使经济走向凯恩斯主义稳定性情况中的均衡轨迹。当经济是工资导向型的时，剑桥价格调整机制的加入（利润率在超额需求下上升）将加强这种趋势，正如图 6‐11 中的箭头 A 所示［这与表 6‐3 中的（A）相对应］。但是，在激进价格调整机制下（利润率在超额需求下下降），稳定可能会发生（箭头 B_S），也可能不会发生（箭头 B_U）。当经济是利润导向型的时，情况相反，如图 6‐12 所示。随着剑桥价格调整机制的加入，收敛可能会发生（箭头 C_S），也可能不会发生（箭头 C_U），而随着激进价格调整机制的加入，收敛总是会发生（箭头 D）。

　　凯恩斯主义不稳定性由图 6‐13 和图 6‐14 说明。这一次，当存在超额需求时，产能利用率的增长使得经济远离均衡轨迹。当经

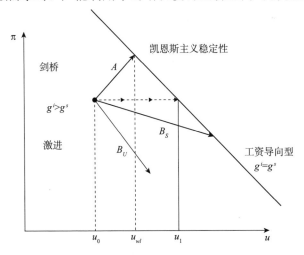

图 6‐11　规模稳定的工资导向型体制

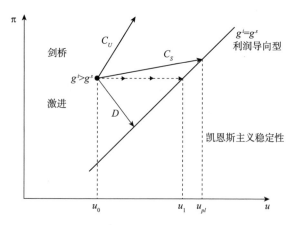

图 6 - 12 规模稳定的利润导向型体制

济是利润导向型的时，如图 6 - 13 所示，剑桥价格调整机制的加入
提供了有条件的稳定（箭头 E_S），而激进机制的加入则使得模型完
全不稳定（箭头 F）。在工资导向型体制下，如图 6 - 14 所示，正是
剑桥价格调整机制使得模型无条件不稳定（箭头 G）。在激进机制
下，收敛可能发生（箭头 H_S），也可能不发生（箭头 H_U）。

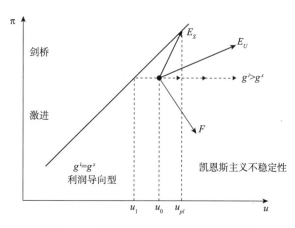

图 6 - 13 规模不稳定的利润导向型体制

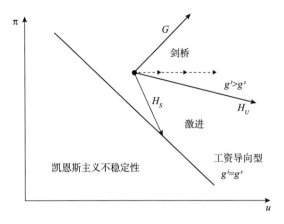

图 6-14　规模不稳定的工资导向型体制

6.5　收敛到正常产能利用率

如前所述，卡莱茨基主义模型的一个关键特征就是产能利用率是内生的。因而，在标准模型中，甚至在后卡莱茨基主义模型中，没有什么能够使实际产能利用率回到其正常值。对卡莱茨基主义模型的这个批评是由奥尔巴赫和斯科特（Auerbach and Skott，1988）以及科米泰里（Committeri，1986；1987）在早期提出来的。他们认为，至少从长远看来，正常产能利用率是企业试图实现的最优产能利用率。因此，除非实现目标产能利用率，否则企业家将不会满足："对于任何一个长时期，产能利用率均应保持远远低于期望水平，这是难以置信的"（Auerbach and Scott，1988，p.53）。唯一可能的稳定状态就是实际产能利用率等于其正常或目标水平的状态。这导致人们深信，唯一一致的稳态分析是这两个比率相等的分析。这就是维亚内洛（Vianello，1985）所称的"充分调整的位置"。在这些位置上，实际利润率也将等于正常利润率；否则将不会相等，正如下面的引文所指出的：

> 长期内产能利用程度不同于其计划程度的可能性对分配和积累理论有重要意义……来自分配和有效需求相互作用中的实现利润率可能不会与实际工资负相关，即使在学者们不限于短期考察的状况下也是如此；另一种说法是……即使在长期，正常利润率r_n（即在［实际工资率］处于当前水平时，在正常产能利用程度下技术上可获得的利润率）也可能会偏离其实现利润率。现在，我们并不想反对这一合理的命题：即使在长期的平均水平上，观察到的利润率也不太可能与r_n一致，尽管我们还是会怀疑，这两个利润率间一定有一些联系。然而，这个模型并没有包含可以探索这一联系的因素，因为它暗示了它们［实际产能利用程度和正常产能利用程度］之间持续且系统的差异。（Committeri，1986，pp. 170 - 171）

如果实际的产能利用率最终必须等于给定的正常产能利用率，那么产能利用率就不再是长期内生变量，这可能会危及卡莱茨基主义模型的许多已获得的结果。通过使用明确引用正常产能利用率或斯坦德尔（Steindl，1952，p. 129）所谓的"计划"产能利用程度的方程（6.12）或方程（6.12A），对模型的这一反对意见能得到进一步凸显。下面再现的这一投资函数是基于未预期到和预期到的过剩产能之间的差别，或者是基于实际产能利用率和正常产能利用率（分别记为u和u_n）之间的差别：

$$g^i = \gamma + \gamma_u(u - u_n) \tag{6.12A}$$

从上面的方程中我们可以明显地看出，如果实际产能利用率等于正常或预期产能利用率，实际增长率将等于γ。正如科米泰里

(Coimmitteri，1986，p. 173）和卡塞塔（Caserta，1990，p. 152）所指出的，如果企业对实现的产能利用程度很满意，且不希望改变，那么可以得出这样的结论：企业期望的积累率应等于预期销售增长率。从方程（6.12A）中我们可以清楚地知道，外生变量 γ 代表的就是这一预期销售增长率。如果假设实际产能利用率 u 大于计划产能利用率 u_n，那么实际增长率 g 一定大于预期销售增长率 γ。科米泰里认为，这并不是一个满意的答案：在一个严格意义上稳定的模型中，销售增长和闲置产能预期应该可以实现。当使用投资方程（6.13）时，这种反对似乎要弱一些，但仍然存在正常产能利用率的问题。

6.5.1 中期或短暂均衡

对卡莱茨基主义模型的批判假设存在一个给定、唯一的正常产能利用率，或存在一个企业在做出投资决策时所认为的给定的目标产能利用率。然而，并不是所有后凯恩斯主义者都同意正常或目标产能利用率是唯一的这一假设。并不是所有后凯恩斯主义者都认为，经济分析必须在能使经济恢复到正常产能利用率水平上的某些机制的限制下进行。

其中，齐克和卡塞塔（Chick and Caserta，1997）认为，预期和行为参数，以及准则经常会改变，以至于被定义为在正常产能利用率上的充分调整状态的长期分析并没有什么重大意义。事实上，他们认为，经济学家应该关注短期分析，以及他们所谓的中期或短暂均衡。这些（均衡）被定义为投资和储蓄相等或总需求和总供给相等的产物。这些短期和中期均衡是我们之前定义的均衡产能利用率u^K和u^*。那些支持短暂均衡分析的人认为，这些分析让他们可以更容易地研究具有特定历史时期特征的特定的冲突和行为准则。

还有另一种后凯恩斯主义方法使得关于产能利用率恢复正常值的机制的研究变得不必要。如帕伦博和特雷齐尼所述（Palumbo and Trezzini，2003，p. 128），卡莱茨基主义者们倾向于认为："'正常'或'期望'产能利用率应该更灵活地被定义在不同程度范围内，而不是被定义为一个单一的值。"因此，根据达特（Dutt，1990，pp. 58-60）的说法，企业可能非常满足于在正常产能利用率的可接受范围内运作其生产能力。在这种解释下，正常产能利用率更多的是一个约定的准则，而不是一个严格的目标率。如果这是正确的，只要产能利用率保持在可接受的范围内，短暂均衡就可以被视为处于长期充分调整状态。事实上，约翰·希克斯（John Hicks，1974，p. 19）本人似乎已经赞同这样一个观点。他指出：

> 有一个特定的期望存货水平的存货调整原则本身就是一个简化。更现实的是假设一个范围或一个区间，在"充裕的"库存水平内，无须实施特殊的举措来改变它。只有在实际水平超过那一范围时才会对其做出反应。

在最近的一篇文章中，达特（Dutt，2010）为这类行为提供了一些理由。他接受认知有限的经济主体，并引用沙克尔的潜在惊喜理论，这使得决策者们只有在环境剧烈变化下才改变他们的行为。正如达特（Dutt，ibid.，pp. 242-243）所指出的，"为了使用沙克尔的方法，我们可以假设企业期望达到的产能利用率有一系列值，且如果实际产能利用率落在预期范围内，他们就不改变他们的行为"。因此，这样就产生了一个稳定性区间，一个不包括哈罗德主义不稳定性的惯性区间。

此外，只要产能利用率保持在可接受的范围内，企业就可能将实际产能利用率和正常产能利用率之间的差异视为暂时而不是永久现象。因此，当实际产能利用率超过正常产能利用率时，哈罗德主义不稳定机制将导致企业沿着方程（6.32）采取行动，但是加速积累的过程会非常缓慢，因为只有当企业家相信差异持续存在时这个过程才能被实施。考虑到真实世界的不确定性以及关于资本的决定在很大程度上不可逆转的事实，企业可能非常谨慎，因此哈罗德主义不稳定性在实际经济中可能不是真正的关注点，至少在产能利用率的合理范围内是这样。

还有一些观点更进一步。一些学者，如斯科特（Skott，1989a）已经指出，如果企业沿着利润最大化的线路行动，将存在一个唯一的利润最大化的产能利用率（对于一个正常利润率），其与最佳技术选择相对应。现在，正如卡塞塔（Caserta，1990，p. 151）所指出的，储备产能至少有两种不同的含义。经常被那些坚持使用正常产能的人作为参考而引用的库尔茨（Kurz，1986），研究了第一种意义上的储备产能，即一天中设备运作的持续时间或强度。而卡莱茨基主义者所想到的则是闲置产能，如产能利用统计调查中所定义的那样。他们认为，每个工厂或工厂的一部分通常以每单位时间内最有效的产量水平运作。正如埃希纳（Eichner，1976，p. 29）所说，"基础工程学研究……将会确定操作机械的最有效的工作人员规模，以及可通过它处理的最有效的原材料数量是多少"。

然而，一些工厂或者工厂的一部分根本不运作。企业是成本最小化者，但它们并不能控制卡莱茨基主义者们定义的产能利用率。值得注意的是，当库尔茨（Kurz，1994，p. 408）研究第二种意义上的储备产能时，他就对此非常清楚："没有理由假设生产能力将会在以下水平上被完全利用，即在自由竞争条件下，追求成本最小化的生产商期望实现的，以及所谓的'正常利用程度'的水平。"后来他在同一篇文章中写道：

正如其在这一节中沿着非正统线路所定义的那样，投资-储蓄机制在现实中几乎不可能达到最优产能利用程度。相反，可以预期的是，经济通常会表现出高于全产能和最优产能之差的或大或小的闲置产能边界。（Ibid. ，p. 414）

换句话说，实际产能利用程度可能会不同于其正常（最优）水平。库尔茨（Kurz，1994，p. 414）甚至补充道："相反，可以预期的是，经济通常会表现出高于全产能和最优产能之差的或大或小的闲置产能边界。"在别处，库尔茨（Kurz，1993，p. 102）坚持认为："必须牢记，虽然每个企业家可能都知道最优产能利用程度，但这还不足以确保每个企业家都能够实现最优产能利用率"（从法语翻译过来）。

约瑟夫·斯坦德尔（Joseph Steindl，1952，p. 12）的结论与之相似，他提出："我们必须得出结论——实际上在长期获得的产能利用程度并不是计划利用程度的可靠指标。"正如卡塞塔（Caserta，2002，p. 177）所指出的，"企业正努力创造适量的产能，但这样做的结果是它们会产生总体上与以前完全相同的情况……有目的的单个企业行为的总体结果不断阻碍单个企业行为最终目标的实现"。卡莱茨基主义模型的批评者似乎并不总是记得这一点。

对于质疑——正常产能利用率是一个存量-流量标准，因而应该在稳态增长中得以实现（Shaikh，2009）——的另一个回应是，企业有一系列重要的目标，正如在第 3 章所见到的，因此企业可能无法同时实现所有目标。达勒里和范特瑞克（Dallery and van Treeck，2011）对这一论点进行了更详细的研究。他们认为，企业可能需要权衡产能利用率目标和其他目标，正如拉沃（Lavoie，2003c）所言。特别地，他们讨论了围绕目标回报率的冲突，这些冲突受工人和股东间的对抗的影响。

可话说回来，尽管上述所有陈述都足够强地论证了，在不同于一个给定正常产能利用率的一系列产能利用率的范围内可能会发生稳定增长，但我并不希望"将卡莱茨基主义模型在长期中存在的相关问题隐藏起来"（Commendatore，2006，p. 289）。最后，我承认那些反对暂时性卡莱茨基均衡的经济学家们对该问题的关注的相关意义。

过去，一些非正统经济学家，其中大部分是马克思主义者和斯拉法主义者，已经指出，长期分析应该是在充分调整状态的基础上进行的，即在经济以正常产能利用率运作的基础上进行。然而，问题是，这些经济学家们并没有解释人们如何从一个短期凯恩斯主义或卡莱茨基主义需求导向型机制主导的世界转向一个由供给侧机制主导的世界。换句话说，人们如何从一个产能利用率是内生的世界转向一个产能利用率被假定等于其正常值的世界？在约瑟夫·哈利维和彼得·克里斯勒（Joseph Halevi and Peter Kriesler，1991，p. 86）对这一二分法的批判中，他们写道：斯拉法学派认为，"产能利用程度的变化只有在短期才会发生。然而，为了保持这一状态，他们必须假设一个产能-需求的长期调整，使得实际产能利用率趋向于期望产能利用率"。他们继续指出，"除非一些可以描述从一个均衡位置'跨越'到另一个均衡位置（而跨越本身并不影响最终均衡位置，即均衡没有被路径决定）的相关动态调整过程被明确提出"，否则这是不可接受的。因此，下一小节的任务是讨论向正常产能利用率收敛的机制。在下面的所有（讨论）中，我们都将假设存在凯恩斯主义稳定性。

6.5.2　剑桥价格机制

可以使经济恢复到正常产能利用率的最明显的机制就是剑桥价

格机制。在本章的第一节中，我们已经讨论了这个机制，那时，我们介绍了罗宾逊和卡尔多的新凯恩斯主义增长模型，特别是考察了我们所认为的模型的主要缺点，也讨论了价格和数量同时调整的可能性。在这里，剑桥价格机制可以由以下两个微分方程中的任何一个表示：

$$\dot{r}_n = \phi_2 (u^* - u_n), \quad \phi_2 > 0 \tag{6.40}$$

$$\dot{r}_n = \phi_2 \frac{u_n}{r_n} (r^* - r_n), \quad \phi_2 > 0 \tag{6.41}$$

从方程（6.40）看，剑桥价格调整机制意味着，只要实际产能利用率超过正常产能利用率，边际利润连同价格相对于工资就会上涨，从而使产能利用率达到其正常值。现在来看方程（6.41），剑桥价格机制可以被理解为一种适应机制，即每当实际利润率超过先前评估的正常利润率时，企业均可以通过提高边际利润，从而提高它们所认为的正常利润率。作为该机制的副作用，产能利用率恢复到了其正常值。

我们已经了解过新凯恩斯主义增长模型下的这样一个调整机制的作用，图 6-3 已对此进行了展示。随着储蓄倾向的提高，产能利用率和利润率会低于正常值。因此，图 6-3 下面部分中的利润曲线 PC 会旋转上升，使得实际产能利用率回到 u_n。但是利润率组成部分的这些变化对剑桥投资方程（6.4）并没有影响，所以增长率和利润率仍然保持在较低的值 g_2 和 r_2 上。尽管是完全调整，但在长期，节俭悖论依然成立，当然成本悖论不成立。

然而，如果我们将剑桥价格调整与标准卡莱茨基主义投资函数〔由方程（6.12A）给出〕联合起来，那么节俭悖论在长期也不存在。这是显而易见的——如果在方程（6.12A）$g^i = \gamma + \gamma_u(u - u_n)$ 中 $u = u_n$，那么不管储蓄倾向是多少，均衡增长率必然等于假设的

常数 γ。这可以在图 6-15 中得到阐释。储蓄倾向的提高导致图 6-15 上半部分中储蓄函数曲线向上移动（从 g_0^s 到 g_1^s），并且这还会导致下半部分中的有效需求曲线向下移动（从 ED_0 到 ED_1），正如深色箭头所示。较低的实现利润率和产能利用率导致了成本加成率和正常利润率的降低，因而导致了储蓄曲线的反向旋转以及利润成本曲线的向下移动（从 PC_0 到 PC_1），如浅色箭头所示。在过程结束时，产能利用率恢复到其正常值 u_n，而正常利润率现在则低于过程最开始时的水平（由 r_{n2} 取代 r_{n0}）。

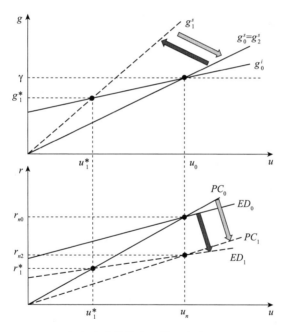

图 6-15 标准卡莱茨基主义模型中的剑桥价格机制

一些现代后凯恩斯主义学者已经选择了剑桥价格机制的某些形式：哈考特（Harcourt，1972，p. 211）、伍德（Wood，1975）、埃希纳（Eichner，1976）和卡尔多（Kaldor，1985，p. 51）已经指出，当寡头垄断企业面临快速的销售增长和高产能利用率时，会提高边际利润。事实上，这就是为什么，例如伍德（Wood，1975，p.129）这样的学者，认为他的模型是"正常产能利用水平上利润份额决定的长期模型"。然而，其他的后凯恩斯主义学者则一直在批判这个机制。除了戴维森（Davidson，1972）对剑桥价格机制不满意外，斯坦德尔（Steindl，1979，p.6）、加雷格纳尼（Garegnani，1992，p.63）和库尔茨（Kurz，1994，p.410）都认为，成本加成率的提高不太可能与高产能利用率相关，因为高产能利用率意味着低失业率和更强的劳动力议价能力。一个相似的论证也来自卡莱茨基（Kalecki，1954，pp.11-41；1971，p.161-163），根据他的观点，随着就业的增加，工会的议价能力就会随着经济的增长而提高，因此这反而意味着价格加成的反周期运动。如果是这样，剑桥价格机制就不得不被我们所谓的激进价格调整所取代。因此，不清楚的是，剑桥的价格调整能否切实地提供一个机制，能够系统性地将经济带回到一个充分调整的位置。但在本章结尾部分我将会对这一机制进行更多的讨论。

6.5.3　内生的留存率

在剑桥调整机制下，由于收入分配的变化，储蓄曲线回到其初始位置，从而使经济恢复到其正常产能利用率水平。达到这一效果的另一个方法是假设由于储蓄倾向的内生变化而使得储蓄曲线回到初始位置。这是安瓦尔·谢克（Anwar Shaikh，2007a；2009，pp.477-482）采取的解决办法，他是一位马克思主义经济学家，长期捍卫古典方法，或者他所称的哈罗德主义方法。谢克的目的是找到一个机制，其能在长期将经济恢复到正常产能利用率水平，同时也维护凯恩斯主义模型或卡莱茨基主义模型的一些特征，正如许多马克思主义者和斯拉法主义者对卡莱茨基主义模型的批判所期望的那样。谢克（Shaikh，2007a，p. 6）表明："这一古典综合使我们能够保留凯恩斯主义的核心观点，例如储蓄对投资的依赖以及基于预期盈利能力的投资调节，而不必要求实际产能利用率将持续不同于企业所需的产能利用率。"谢克的储蓄函数和投资函数是那些标准卡莱茨基主义模型中的变形：

$$g^s = s_f r + s_h \left(\frac{u}{\upsilon} - s_f r \right) \tag{6.42}$$

$$g^i = \gamma_r r_n + \gamma_u (u - u_n), \ \gamma_r > 0, \ \gamma_u > 0 \tag{6.43}$$

储蓄方程（6.42）是新的方程。它反映了现代经济中的储蓄由两个部分组成的事实。第一个组成部分与留存收益相对应，在这里用$s_f r$表示，其中s_f代表企业利润的留存率，如第 3 章所述。第二个组成部分假设家庭将它们的工资和股息收入的s_h比例储存。这符合罗宾逊（Robinson，1962，p.38）的主张——"收入类型间最重要的区别就在于企业和家庭间的区别"。

投资方程（6.43）是标准卡莱茨基主义投资方程（6.12A）的具体版本。在后一种情况下，基于实际产能利用率和正常产能利用率之间的差异，有一个追赶期限。但是，方程也借鉴了后卡莱茨基主义模型——令投资是盈利能力的函数，而盈利能力由正常利润率测度，即由在正常产能利用率上的利润率测度。在投资函数中引入正常盈利能力完全符合斯拉法学派、巴杜里和马格林先前提出的观点。他们的观点是，企业家不会根据以往投资所获得的利润率进行投资决策，而是根据他们认为在正常条件下可以实现新创资本的利润率进行投资决策，如投资方程（6.27）所述。因此，正如后卡莱茨基主义模型那样，谢克的模型可以在中期产生工资导向型体制或利润导向型体制。

除此之外，谢克还假设企业的留存率s_f是内生的，谢布斯蒂安·查尔斯（Sébastien Charles，2008）也在不同的文章中提出了相同的假设。谢克假设，当企业做出投资决策时，它会对企业目前的产能利用率与企业所设想的正常产能利用率之间的差异做出反应，从而它会对企业实际积累率与企业正常或目标产能利用率上的正常盈利能力所引起的积累率之间的差异做出反应。谢克提出了如下方程：

$$\dot{s}_f = \rho(u^* - u_n), \quad \rho > 0 \tag{6.44}$$

这样一个微分方程的结果由图 6-16 展示。经济一开始时处于正常产能利用率u_n和增长率g_0处。然后，我们想象一下动物精神的增加，在现在的模型中可以通过增加参数γ_r的值来表示；对于一个给定的正常利润率，企业家们决定以更快的速度积累。因此，在凯恩斯主义动力学的基础上，经济体上升到产能利用率 u_1 和积累率 g_1。随着谢克提出的缓慢移动调整过程的推进，企业的留存率提高，推动储蓄函数上升直到经济最终恢复到正常产能利用率u_n的水平。不过，尽管如此，处于新的完全调整位置的经济有一个优于初始积累率 g_0 的积累率 g_2。

因此，我们可以得出这样的结论：实际上，储蓄取决于这一模型中的投资——一个凯恩斯主义特征——尽管实际产能利用率被恢复到了其正常值。然而，节俭悖论和成本悖论在充分调整位置上消失了。家庭储蓄倾向的降低将导致企业留存率的上升，而长期积累率没有变化。对于成本悖论，至少在凯恩斯主义稳定性情况下，正常利润率的增加，从而实际工资的下降，必然会导致充分调整位置上更高的积累率。

这可以通过回到方程（6.43）并假设经济已经达到其充分调整的位置，即$u^* = u_n$，很容易地看出。如图 6-16 所示，因为储蓄函

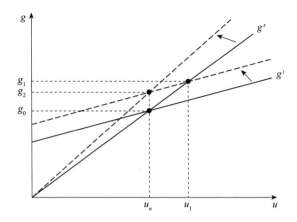

图 6 - 16 谢克的基于内生企业留存率的调整机制

数根据投资函数调整，积累率的长期价值完全取决于投资方程，因此完全调整的增长率将取决于动物精神γ_r以及正常利润率。从长期看，我们有：

$$g^{**} = \gamma_r r_n \tag{6.45}$$

如果谢克替代性地采取标准卡莱茨基主义投资方程（6.12A），其结果将与剑桥价格调整的那些结果几乎相同（我们会再次获得$g^{**} = \gamma$）。唯一的区别是，积累率和实际工资之间必要的长期负相关关系将消失，因为所有的调整都是通过留存率而不是成本加成率实施的。因此，我们可以推测，这个修改后的模型会让否认这一负相关关系的现代斯拉法主义者们感到满意。

剩下的唯一问题是能否为方程（6.44）给出的调整机制提供经济学理由。谢克（Shaikh，2009，p. 478）援引了各种非正统学派学者们的观点——认为留存收益应该响应商业投资的金融需求（以支持这一调整机制）。例如，罗宾逊（Robinson，1962，p. 61）认为："一个更高的积累倾向可能会使得节俭更高，只要它使得企业将较少的（利润）分配给食利者，进而为从净利润中投资进行融资。"但是，卡莱茨基主义者们所提出的观点恰恰在于，在产能利用率更高的情况下，即使没有更高的留存率或更高的价格加成，利润也会更高。另一个理由是棘轮效应，即在产能利用率超过正常产能利用率的情况下，企业根据正常利润设定股息，留存更大比例的利润。但这个机制还不是很明显。当企业的产能利用率进而积累率都高于正常水平时，更容易相信企业有一个较高的留存率，而不是一个上升的留存率。最后，从历史的角度来看，达勒里和范特瑞克（Dallery and van Treeck，2011）认为，虽然留存率可能是内生的，但在目前股东价值导向范式下，管理者可能无法根据实际产能利用率和正常产能利用率间的差异来改变留存率，因为利润分配的决定有可能取决于股东对盈利能力的要求。

总而言之，我们可以谨慎地得出这样的结论：基于内生留存率的调整机制可能会在修正产能利用率偏离正常价值的波动过程中发挥一定的作用，但不太可能使其恢复原状。

6.5.4 短期卡莱茨基主义，长期古典主义

杜梅尼尔和莱维的调整过程

两位法国经济学家杜梅尼尔和莱维（Duménil and Lévy，1999）提出了另一个截然不同的动态调整路径。这两位马克思主义者长期以来一直认为，凯恩斯主义经济学家们错误地将产生于短期的结果运用于长期。简而言之，在处理短期问题时，他们的观点可以是卡莱茨基主义或凯恩斯主义的，但是在处理长期问题时，他们又应采用一个古典主义观点。他们这样说的意思是，在长期，经济将被恢复到正常产能利用率水平——充分调整位置，就像斯拉法学派所说的那样——从长期看，古典经济学再次相关。简而言之，这意味

着，在长期内，一个较低的储蓄倾向将会降低经济的增长率，这也意味着较低的正常利润率（即在给定的技术水平上，有更高的实际工资和更低的利润份额）也将降低积累率。因此，这些学者们拒绝了节俭悖论和成本悖论。杜梅尼尔和莱维比谢克更偏向于古典学派，因为对后者而言，家庭储蓄倾向的降低将不会对经济增长率有长期影响，而对前者而言，这将导致完全调整的增长率下降。

杜梅尼尔和莱维（Duménil and Lévy，1999）提出了一个应该可以使经济恢复到正常产能利用率水平的简单机制。他们认为货币政策构成了该机制。由拉沃（Lavoie，2003c）以及拉沃和克里斯勒（Lavoie and Kriesler，2007）所展示的模型强烈地让人想起主流的新共识模型，但它也与琼·罗宾逊的通货膨胀壁垒以及她所描述的货币当局的反应（Robinson，1956，p.238；1962，p.60），也就是我们在本章开头概述的内容有很多相似之处。模型的简化版本如下。他们从标准卡莱茨基主义模型的三个主要方程开始，并添加了两个方程，如下所示。方程（6.46）表明，价格通货膨胀 $\hat{p}$ 是实际产能利用率和正常产能利用率间差异的函数。这就是菲利普斯曲线的一种，其中就业率被产能利用率替代。关键的补充是方程（6.47），它可以被解释为——只要通货膨胀率没有恢复到零，货币当局就会实施更多限制性的货币政策以减少企业家的动物精神。

$$\hat{p} = \chi_1(u^* - u_n),\ \chi_1 > 0 \tag{6.46}$$

$$\dot{\gamma} = -\chi_2 \hat{p},\ \chi_2 > 0 \tag{6.47}$$

方程（6.47）可以理解为货币当局反应函数作用的简化形式。如果我们希望把这个内容表述得更明确，我们可以这样说，正如杜梅尼尔和莱维在他们的工作论文中所描述的那样，参数 γ 取决于实际利率 i_R，并且只要通货膨胀率不回到零，中央银行就会提高实际利率。然后，我们有：

$$\gamma = \gamma_0 - \gamma_i \, i_R \qquad\qquad (6.47A)$$

$$\Delta i_R = +\chi_2 \hat{p} \qquad\qquad (6.47B)$$

联立方程（6.46）和方程（6.47），我们得到了方程（6.48），其表明，实际产能利用率大于正常的产能利用率将会导致参数 γ 的降低：

$$\dot{\gamma} = -\chi_1 \chi_2 (u^* - u_n) \qquad\qquad (6.48)$$

这一方程看起来与方程（6.32）——其描述了哈罗德主义不稳定性——非常相似，除了这里方程的符号与对应于哈罗德主义不稳定性的符号是相反的。因此，杜梅尼尔和莱维（Duménil and Lévy，1999）所提出的机制是一个稳定的机制，无论短期产能利用率何时偏离其正常值，这一机制都能使经济回到正常产能利用率水平。

图 6-17 说明了这一调整机制。假设这一经济在短期内沿着凯恩斯主义或卡莱茨基主义的线路行动，并表现出凯恩斯主义稳定性，而通货膨胀滞后一期才发生。储蓄倾向的降低将会使储蓄函数

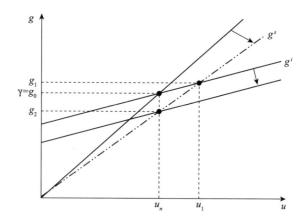

图 6-17　杜梅尼尔和莱维的基于中央银行反应函数的调整机制

向下旋转，使得产能利用率从 u_n 移动到 u_1。通过方程（6.46），这产生了需求拉动型通货膨胀，使得中央银行提高了实际利率，正如方程（6.47B）所示。只要通货膨胀不回到零，利率将会持续提高。因此，投资函数 g^i 逐渐下移。只有当它恢复到正常产能利用率 u_n 水平时才会停止移动，因为这是通货膨胀率恢复到零的位置。然而，最终结果如图 6-17 所示，现在的经济以更低的速率 g_2 增长，而不是 g_0。

从这张图中我们可以看到，经济在短期内可能是需求主导型的，但在长期是供给主导型的。从长期看，增长率由储蓄函数决定，并以正常产能利用率计算，因而以正常利润率计算。因此，该模型的长期解是：

$$g^{**} = s_p r_n \tag{6.49}$$

观察方程（6.49），显而易见的是，在长期，s_p 或者 r_n 的降低，即储蓄倾向或正常利润率的降低使得积累率下降。这是马克思（或古典）主义经济学家的一个标准结果。我们回到了"令人沮丧"的科学。从长期看，节俭悖论和成本悖论消失。此外，该模型恢复了可贷资金理论的结果：随着储蓄倾向的下降，需要提高实际利率，从而恢复了作为可贷资金理论核心的对利率的稀缺性解释。通过令模型的长期解等于基于正常产能利用率的扩展的投资函数，我们可以看出以上结论：

$$s_p r_n = \gamma_0 - \gamma_i i_R + \gamma_u (u^* - u_n)$$

于是，长期均衡利率的确是利润收入储蓄倾向的减函数：

$$i_R^{**} = (\gamma_0 - s_p r_n)/\gamma_i \tag{6.50}$$

因此，杜梅尼尔和莱维（Duménil and Lévy, 1999）提供了一个简单直观的、可以缓解哈罗德主义不稳定性的调整机制，同时提供了一个从短期凯恩斯主义或卡莱茨基主义均衡向古典长期均衡转变的机制。对他们提出的机制的批判主要有两个。第一个是，他们假设，在实际产能利用率等于正常产能利用率时，即在实际通货膨胀为零的情况下，不存在成本推动型通货膨胀，并且假设目标通货膨胀率为零。拉沃和克里斯勒（Lavoie and Kriesler，2007，p.591）指出，当目标通货膨胀率和成本推动型通货膨胀率不相符时，长期产能利用率将不会恢复到其正常水平。杜梅尼尔和莱维（Duménil and Lévy，1999，p.712）确实承认这一点，他们表明："经济政策可能会将系统导向到除了一般价格水平稳定性之外的目标……在模型中很容易看到，如果存在这样的目标，长期均衡将转移到偏离正常产能利用率的另一个位置。"

第二个批评是，许多经验研究表明，菲利普斯曲线是非线性的，且表现出一个水平段，正如艾斯纳（Eisner，1996）首次建立的那样，这也被巴恩斯和奥利维（Barnes and Olivei，2003）以及皮奇等人（Peach et al.，2011）再一次发现。如果菲利普斯曲线中有一个水平段，那么这意味着有一系列产能利用率，在这些利用率上通货膨胀率保持不变，因而在这些利用率上货币当局将不会觉得需要施加更具限制性的政策，因此尽管在杜梅尼尔和莱维所描述的那种机制下，卡莱茨基主义一般结果——节俭悖论和成本悖论——将会在那个范围内成立。此外，这是第三个批评——当考虑到对家庭的利息支付时，且如第5章所讨论的那样，利息支付来自政府，较高的利率是否会对经济产生预期的限制性影响就不清楚了（Hein，2008，chs.16 and 17）。

谢克的第二种调整过程

在结束这一小节之前，我们应该提到另一种恰巧能实现杜梅尼尔和莱维（Duménil and Lévy，1999）的结论的调整机制。这就是谢克（Shaikh，2009）提出的第二种机制。他指出，只要使用一个正确的投资方程，哈罗德主义不稳定性就不是一个问题。谢克提出了他所谓的希克斯存量-流量调整方程，他将其定义为：

$$g^i = g_q + \gamma_u(u - u_n), \quad \gamma_u > 0 \tag{6.51}$$

其中，与积累率或资本增长率（以及产能增长率，假设资本产能比不存在任何变化）g^i 相对应，g_q 是产出增长率。

　　谢克假设存在一个卡莱茨基主义/凯恩斯主义机制，其中，在一定时期内（在超短期内）产出根据销售量调整，从而销售增长率与产出增长率相等。但是，我们已经知道，根据定义，只要我们排除资本产能比的变化，我们就有：

$$g_q = g + \hat{u} \tag{6.33A}$$

联立方程（6.51）和方程（6.33A），我们得到：

$$\hat{u} = -\gamma_u(u - u_n) \tag{6.52}$$

　　因此，在投资方程（6.51）的情况下，由于方程（6.52）关于 u 的导数是负的，因而产能利用率向其正常值 u_n 收敛。从而，哈罗德主义不稳定性将通过使用投资方程（6.51）被避免。动态稳定性居于主导。谢克（Shaikh，2009，p.464）表明，这一调整机制使得哈罗德主义的"有保障的增长路径完全稳定"。

　　无论何时，由于实际工资的增长或储蓄倾向的降低都会使得产能利用率高于其正常值，投资函数会向下移动，正如杜梅尼尔和莱维的模型那样。尽管过渡期间销售增长率已经超过了经济的初始增长率（图 6-17 中的 γ），这导致了更高的产能利用率（如图 6-17 的 u_1），但这样的投资函数使得企业家们必定预期一个低于初始增长率的销售增长率和产出增长率，这意味着图 6-17 中的投资函数必然向下移动。这一过程将会一直持续直到产能利用率恢复到其正常水平 u_n，在这一点上，所有增长率——产能增长率、销售增长率和产出增长率都会降至 g_2。因此，再次声明，在长期内，在 $u=u_n$ 处，积累率仅仅由方程（6.49）决定，即 $g^{**}=s_p r_n$。在长期内，就不再有节俭悖论，也不再有成本悖论。因此，谢克（Shaikh，2009）可以得出这样的结论：正如杜梅尼尔和莱维（Duménil and Lévy，1999）所做的那样，经济学家们应该在短期是凯恩斯主义者，而在长期是古典主义者。

尽管卡莱茨基主义模型的信息要求非常弱，但是其与谢克提出的希克斯主义的投资函数的情形是完全不一样的。当企业做出投资决策并设置 g 时，企业必须知道当前产出增长率的值，因而当前销售增长率的值，即 g_y。它们也必须知道当前的产能利用率。它们必须不犯错误。因为如果它们犯了错误——比如说，如果它们以适应性的方式行事，就会基于过去的增长率估算当前销售增长率，那么，希克斯主义稳定性机制就将不再起作用，模型将是不稳定的。换句话说，就像在具有理性预期的新古典主义模型中一样，存在一种鞍点路径均衡。在某种意义上，这并不奇怪，因为符合投资方程（6.51）的企业必须具有完美的远见，能够正确地评估未来销售增长率，同时使它们与投资决策保持一致，只有当企业对经济的基本结构有充分的了解时，有些事情对它们来说才是可能的。因此，信息需求是巨大的，因为销售增长率取决于所有其他公司正在做的事情，帕伦博和特雷齐尼（Palumbo and Trezzini，2003，p. 119）也在批评趋向于充分调整位置的谢克类型的调整机制时指出过。因此，存在一个被谢克忽略的协调问题。斯科特（Skott，2010，p. 129）对谢克的调整机制进行了以下批判性评价：

> 这一论点是正确的，但其基于任何时候预期都得以实现的假设，并且，哈罗德主义不稳定性的理由正是——当所有企业

为了提高产能利用率而减少投资时，结果将是总需求的意料之
外的下降以及产能利用率的下降。正是通过假设经济总是在有
保障的增长路径上，谢克才规避了不稳定……（Ibid.）

6.5.5　企业家对高产能利用率的恐惧

彼得·斯科特提出了他自己的一些调整机制。自奥尔巴赫和斯
科特（Auerbach and Skott，1988）的相关研究开始，他就始终是
卡莱茨基主义投资函数以及产能利用率在长期可能是内生的这一思
想的批判者。在最近的文章中，他认为："卡莱茨基主义模型目前
的主导地位……是不幸的"（Skott，2010，p.127），并表明基于哈
罗德主义不稳定性的模型更符合经验证据。根据斯科特（Skott，
2012）的说法，尽管凯恩斯主义/卡莱茨基主义稳定状况可能在短
期内成立，但在长期不会成立。因此，对于他来说，简单的卡莱茨
基主义模型和后卡莱茨基主义模型都面临哈罗德主义不稳定性的问
题。然而，像法扎利等人（Fazzari et al.，2013）一样，斯科特将
这视为一个真实世界的特征而不是模型的缺点。根据斯科特的说
法，剩下的主要任务是发展在国内可能是哈罗德主义不稳定而在全
球是稳定的模型。因此，我们需要找到可能包含哈罗德主义不稳定
的机制。

基于对其早前工作（Skott，1989a）的理解，斯科特的主要模
型有三种不同的时期。第一，存在一个给定资本存量和产出的超短
期，同时，产品市场的供求通过快速的价格机制调整。这一机制以
卡尔多式的方式调整了收入分配，即超额需求导致了价格上涨和较
高的利润份额。这与第 5 章中所谓的马歇尔-后凯恩斯主义就业模型
的变形中，凯恩斯式弹性价格的情况相一致。第二，存在一个短
期，资本存量增长率是预先确定的，且产出是可以调整的，并假定

利润份额越高，产出增长率越高。因此，产能利用率在这样的短期内是一个内生变量，但是它与卡莱茨基主义模型中所定义的并不一样。第三，存在一个长期，在长期内，公司调整资本存量，以达到所想要的产能利用率。正是这个长期调整过程，可能会导致哈罗德不稳定，并且需要克服它。

斯科特（Skott，2010）讨论了哈罗德主义模型的一些变形：供给可能是也可能不是完全弹性的，从而导致了他的"二元"并且"成熟"经济；并且价格调整的速度可能快于或慢于数量调整的速度，这产生了斯科特所谓的"卡尔多/马歇尔"分析以及"罗宾逊/斯坦德尔"方法，后者与卡莱茨基主义模型最接近。将所有这些情形交叉在一起，我们可以得到四种变形。然而，其隐含的假设，尤其是针对上述提到的三种时期，并不总是明确的。在具有完全弹性劳动力供给的卡尔多/马歇尔分析中，相对较快的价格调整机制似乎对所有三种时期都是有效的，因此，通过前面所描述的剑桥价格机制就防止了哈罗德主义不稳定性并稳定了系统。另外，在缓慢的价格调整下（"罗宾逊/斯坦德尔"方法），"二元经济"的稳定性要求资本积累率对利润率的变化进行一个缓慢的调整，这意味着罗宾逊稳定条件必须成立。因此，这并没有为我们基于价格和数量的双重调整过程的讨论增加什么新东西。斯科特的"卡尔多/马歇尔"分析在某些方面似乎是大致对应于表 6-3 中的情形（E）的——规模不稳定，比例强稳定。

在"成熟的"、劳动力受限制的经济中，如斯科特所描述的那样，包含哈罗德主义不稳定性的另一种机制应该在起作用。这确实是斯科特（Skott，1989a）已经提出的一个机制。在"成熟的经济"中，就业率被视为企业扩大产出意愿的反向影响因素。斯科特的理由如下。当经济运营超过 u_n 且增长超过劳动供给的（外生）增长时，失业率会下降，企业招聘额外工人的问题就会越来越大，工会面对管理者变得强势起来，工人们斗志增长，监管成本提高，进而整体商业环境恶化。增加就业的负面影响最终支配了企业的生产决策，产出增长降低，产能利用下降，投资止步不前，最终盈利能力下降。在某些参数条件下，这种机制在劳动力供给增长所带来的稳定增长路径周围产生了类似古德温的极限环，结合了哈罗德主义不稳定性与稳定的马克思劳动力市场效应。将稳定的马克思劳动力市场效应纳入受短期哈罗德主义不稳定性影响的卡莱茨基主义模型中，再次需要将方程（6.48）加入模型中：

$$\dot{\gamma}=-\chi_3(u^*-u_n), \chi_3>0 \qquad (6.48A)$$

在形式上，这一扩展恰好等价于上一小节中杜梅尼尔和莱维（Duménil and Lévy，1999）将政策规则整合到卡莱茨基主义模型中。然而，不同之处就在于对方程（6.48）的解释。杜梅尼尔和莱维的模型通过实行旨在对抗通货膨胀的限制性货币政策，使得投资函数产生了向下的移动，而在斯科特的模型中，当$u^*>u_n$时，是资本家自己使得投资函数向下移动。如果失业率低于其稳态值，资本家就会减少产量增长，销售增长率就会下降，投资函数中的常数γ开始变小，推动经济走向u_n。

如海因等人（Hein et al.，2011）所详述的，斯科特的方法也存在重大问题。第一，一个最明显的问题是模型缺乏清晰度：相较于更适于教学的卡莱茨基主义模型或后卡莱茨基主义模型，它们很难理解。第二，"马歇尔/卡尔多"变形让人难以接受：很难理解一个主张"合理性"和现实性的学者怎么能假设价格及时调整使得总需求等于一个固定水平的产出。这样的价格清算机制肯定与我们在第 3 章中学到的关于定价的一切都是对立的。第三，在劳动力供给缺乏弹性即所谓成熟经济的情况下，其机制也是缺乏说服力的。因为其并未说明为什么下降的失业率和更强大的工人和工会，会引起资本家降低产出增长率，正如斯科特所假设的及方程（6.48A）所反映的那样。与之相比，人们更愿意假设它会提高劳动力的议价能力，从而导致名义工资增长率上升，以及可能更高的实际工资，产生了所谓的激进价格调整机制。通过该假设，作为利润份额增函数和就业减函数的产出扩张似乎排除了卡莱茨基主义结果。

6.5.6 内生化正常产能利用率

到目前为止，我们已经考虑了将实际产能利用率推向正常产能利用率的机制。但是，如果相反，调整机制的因果关系发生逆转——正常的产能利用率趋向于实际产能利用率，会怎样呢？正如帕克（Park，1997，p.96）所说，"企业家所认为的'正常'产能利用程度受到过去平均利用程度的影响"。事实上，琼·罗宾逊本人已经指出，正常利润率和正常产能利用率受到适应性调整过程的影响，正如下面的引文所示：

> 如果产出波动被预期到并被视为是正常的，主观正常价格可以根据平均或标准产出率而不是根据产能来计算……利润可能超过或低于基于主观价格所设想的水平。然后，经验逐渐改变企业家对可获得的利润水平的看法，或者改变其对使用寿命内工厂的平均利用率的估计，进而影响未来主观正常价格水平。（Robinson，1956，pp.186-190）

虽然这种适应性过程似乎对于那些认为经济主体遵循约束条件下最大化的人而言很难接受，但这里还存在另一个传统，与赫伯特·西蒙及其追随者创立的企业行为理论相关，正如我们在第2章所看到的。正如本章前面所指出的，企业行为理论认为企业是一个面临内部利益冲突和目标冲突的组织。企业在本质上存在不确定性和信息过载的环境中采取行动。企业或它们的经理是易于满足的人，而不是最大化者。他们以定义一个令人满意的整体表现的期望水平的形式设定自己的目标。与罗宾逊的引文相关的行为经济学家们的重要观点是，"如果目标没有达到，企业就会将其期望水平下调"（Koutsoyiannis，1975，p. 397）。

我们可以想象各种不同的适应性机制，既考虑到了正常产能利用率的灵活性，也考虑到了哈罗德主义不稳定性法则。我们在这里介绍的是一种只涉及投资函数的可能的机制（Lavoie，1995a，pp. 807 - 808；1996c；Hein et al.，2012）。继续使用储蓄方程（6.14），以及由方程（6.12A）给出的标准卡莱茨基主义投资函数，投资函数中的参数 γ 可以被解释为经济的长期增长率或预期销售增长率。人们会认为，预期趋势性增长率会受到实际增长率的过去值的影响。同样地，也许正常产能利用率也受到过去实际产能利用率的影响。如果是这样，我们可以写出这样两个动态方程：

$$\dot{u}_n = \mu_2(u^* - u_n)，\ \mu_2 > 0 \qquad (6.53)$$

$$\dot{\gamma} = \psi_2(g^* - \gamma)，\ \psi_2 > 0 \qquad (6.54)$$

在方程（6.16）的帮助下进行适当的替换，这两个方程被重写为：

$$\dot{u}_n = \frac{\mu_2(\gamma v - s_p \pi u_n)}{s_p \pi - v \gamma_u} \qquad (6.53A)$$

$$\dot{\gamma} = \frac{\psi_2 \gamma_u(\gamma v - s_p \pi u_n)}{s_p \pi - v \gamma_u} \qquad (6.54A)$$

因此，与感知的增长趋势相关的微分函数为：

$$\dot{\gamma} = \frac{\psi_2 \gamma_u}{\mu_2} \dot{u}_n \qquad (6.55)$$

我们现在有一个均衡的连续统，例如 $\dot{u}_n = \dot{\gamma} = 0$，如图 6 - 18 所示，且其对应于长期均衡：

$$g^{**} = \gamma^{**} = s_p \frac{\pi}{\upsilon} u_n^{**} \tag{6.56}$$

伴随着储蓄倾向 s_p 的下降，或伴随着利润份额 π（或正常利润率 r_n）的下降，长期均衡的连续统向下旋转，且产生了两种情况。当动态方程（6.53）和方程（6.54）描述的是一个稳定化过程时，正常产能利用率和感知的增长趋势上升到如图 6-18 中的 A_S 点。因此，节俭悖论和成本悖论依然成立，甚至在充分调整位置 $u = u_n$ 上依然如此。然而，动态过程可能是不稳定的，正如箭头 A_U 所示。

如果过渡路径的斜率小于新的分界线的斜率；即如果我们有 $\dfrac{\mathrm{d}\gamma}{\mathrm{d}u_n} = \dfrac{\psi_2 \gamma_u}{\mu_2} < \dfrac{s_p \pi}{\upsilon}$，这意味着 $\dfrac{s_p \pi}{\upsilon} > \left(\dfrac{\psi_2}{\mu_2}\right)\gamma_u$，过程将是稳定的。如果由方程（6.15）给出的凯恩斯主义稳定性条件成立，那么动态稳定性的充分条件就是 $\mu_2 > \psi_2$。换句话说，由方程（6.54）表示的哈罗德主义不稳定效应不能太大，该方程告诉我们，当目前实现增长率超过目前趋势估计时，企业家们将会提高他们对未来增长率的期望。

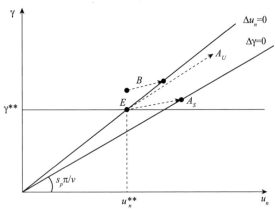

图 6-18　根据实际产能利用率调整的正常产能利用率

本模型的一个有趣的特征是，它具有塞特费尔德（Setterfield，1993）所谓的"深度内生性"的特点。新的充分调整位置取决于先前的充分调整位置。很清楚的是，它也取决于过渡或遍历过程中的反应参数（参数 ψ_2 和 μ_2），因此我们也可以说它是路径依赖的。所以，我们可能会称其为"确定解的可能性缺失"（Lavoie，1995a，p.807），或者说是卡尔多（Kaldor，1934a，p.125）的"不确定"的均衡。康美达特（Commendatore，2006，p.289）认为，通过采用这些动态方程，"分析的凯恩斯主义性质被严重削弱"。其实并非如此。例如，企业家动物精神的增加或对未来销售增长预期的提高将反映在参数 γ 独立向上的移动中，这将推动经济向上，偏离 E点，然后沿着图 6-18 中的箭头 B 移动。

还有另外一些含有内生正常产能利用率的相似模型也已建立，尤其是达特（Dutt，1997；2010）所建立的。我们还可以考虑将参数内生化扩展到定价方程中（Lavoie，1996c；2010b），这一建议似乎得到了帕克（Park，1997）的支持。还有达勒里和范特瑞克（Dalery and van Treeck，2011）的模型——企业面临着多个竞争性的目标，这在前面提到过。也许最完整的模型是卡塞蒂（Cassetti，2006）的模型，其趋势增长率 γ、正常产能利用率 u_n 以及正常利润率 r_n 都是内生的，并对它们过去的值做出反应。另外，只要实际产能利用率低于其正常值，资本报废率也会加快。卡塞蒂也发现了路径依赖的影响，节俭悖论也很常见，而成本悖论在充分调整位置上可能发生也可能不发生。不用说，对卡莱茨基主义模型的批判者，比如斯科特（Skott，2012）仍然不认同这些过程。

克里斯蒂安·肖德（Christian Schoder，2012）提出了一个最终的机制。他认为，资本产能比在产能利用率很高的情况下会降低，并提供了一些经验证据。因此，即使存在使产能利用率达到其

正常水平 u_n 的机制，一个正向的冲击也会使 v 下降，并导致实现利润率 $r=\pi u_n/v$ 提高。在一个积累取决于利润率的经济中，这将导致一个新的充分调整位置，在这一位置上经济的增长率更高，因此这至少保留了节俭悖论。

6.5.7 外生增长因素

斯拉法的超级乘数方法

最后，还有一个调整机制需要考虑。这是一个与外生增长因素相关的机制。这个机制由富兰克林·塞拉诺（Franklin Serrano，1995a；1995b）以斯拉法超级乘数的名义提出，参考了希克斯（Hicks，1950）和卡尔多（Kaldor，1970c）在描述一个引致支出增长率与需求的自主组成部分增长率相适应的经济体时所使用的"超级乘数"这一术语。他想要表明，尽管在长期实际产能利用率会恢复到其正常水平，但凯恩斯主义的一些结果将仍然成立。在这个问题上，斯拉法学派有两个立场。有一些斯拉法学者支持在标准产能利用率下的超级乘数分析，比如塞拉诺、博尔蒂斯（Bortis，1997）、塞尔希奥·塞萨拉托（Sergio Cesaratto，2013）和奥斯卡·德娟（Oscar Dejuán，2005）；还有一些像帕克、安东内拉·帕伦博（Antonella Palumbo）以及阿蒂利奥·特雷齐尼（Trezzini）这样的斯拉法学派学者否认产能利用率在所有时间或平均值上处于正常水平。

塞拉诺提出的关键点在于，当存在自主消费支出时，即使边际储蓄倾向和利润份额是不变的，平均储蓄倾向也将是内生的。不论是在自主消费给定的短期，还是在存在增长且自主消费以不同于积累率的速率增长的中期，该结论都成立。对此，最简单的表达方式就是写一个新的储蓄方程：

$$g^s = s_p \pi u / v - z \tag{6.57}$$

其中，$z = Z/K$，Z 是资本家的自主消费支出，因而 z 是自主支出与资本存量之比。

因此，在处理第 5 章中我们的就业模型时，变量 Z 和方程（5.2）中我们所称的 A 或 a——自主支出有一些相似之处。主要的区别在于，Z 只包含不能创造生产能力的自主支出。应该进一步指出的是，这里利润收入的边际储蓄倾向是 s_p，国民收入的边际储蓄倾向是 $s_p \pi$，而国民收入的平均储蓄倾向则是 $s_p \pi - zv/u$。因此，即使 s_p、π 以及产能利用率是常数，只要 z 本身是内生的，平均储蓄倾向就是内生的。

塞拉诺想要说明的是，即使假设边际储蓄倾向、收入分配和产能利用率都是不变的，储蓄也可以根据投资调整。因此，其观点在于，"凯恩斯主义假设"（储蓄根据投资调整）比之前认为的更普遍，因为它在长期内不需要依赖一个内生的产能利用率（正如卡莱茨基主义的方法）；也不需要一个内生的利润份额（正如新凯恩斯主义的方法）。

然而，塞拉诺还希望提出第二点。塞拉诺认为，只要企业家的需求预期没有系统偏差，平均产能利用率将趋向于正常产能利用率，从而经济将趋向一个充分调整的位置。尽管其他斯拉法主义者一直乐于赞同塞拉诺的第一个观点，但是很多人都指出，他的第二个观点是最可疑的（Trezzini，1995；1998）。如果经济从一个充分调整的位置开始，它不太可能会留在那里；并且当经济离开充分调整的位置时，它也不可能很快恢复，这不是因为企业家会犯错误，而仅仅是因为产能利用率将在很长一段时间内低于（或高于）其正常值。因此，实际平均产能利用率不能等于正常产能利用率。

所有这些都可以用我们通常的工具模型化吗？奥利维亚·阿兰

（Olivier Allain，2014）最近将这一最终调整机制进行了形式化。他的模型是基于自主政府支出的，因此，不同于塞拉诺首先提出的模型，也不同于我们在这里基于自主消费支出提出的模型，但是阿兰的文章是这一小节所有下述内容的灵感来源。

基于卡莱茨基主义模型对外生支出建模

于是，我们从方程（6.12A）$g^i = \gamma + \gamma_u(u - u_n)$ 给出的标准卡莱茨基主义投资函数以及方程（6.57）给出的新的储蓄函数开始。在短期内，没有特殊的情况发生，且所有标准卡莱茨基主义结论，如节俭悖论和成本悖论都成立。从产能利用率的短期解来看，当比率 z 没有时间改变时，这是显而易见的：

$$u^* = \frac{(\gamma - \gamma_u u_n + z)v}{s_p \pi - v \gamma_u} \tag{6.58}$$

现在，我们来考虑一个长期情况。这里的关键思想在于，自主消费支出以一定的速率 g_z 增长，我们假定其是由外部情况决定的。正如塞拉诺（Serrano，1995a，p.84）所指出的，通常假定总需求的自主组成部分与资本存量以一致的速率增长，但是，"似乎是经济本身的规模，部分地取决于最终需求中这些自主组成部分的大小（及其增长率）"。塞拉诺提到卡尔多（Kaldor，1983a，p.9）来支持这一因果关系的逆转。其他的后凯恩斯主义学者也假设自主支出是驱动力：在戈德利和拉沃（Godley and Lavoie，2007a，ch.11）的书中，自主政府支出是驱动力；在特雷齐尼（Trezzini，2011a）看来，消费支出是驱动力。存在基于不动产价值的消费信贷和信贷额度的情况下，很显然的是，至少在一段时间内，消费支出可以在很大程度上独立于收入增长（Barba and Pivetti，2009）。自主消费的这种增长也可以与相互攀比以及"投资"适当的生活方式相联系，正如第 2 章所讨论的，以及将在后面关于家庭债务的一节中进一步讨论的一样。

Z 以恒定速率 g_z 增长的假设意味着，通过下列运动规律定义 z 的增长率，则比率 $z = Z/K$ 必须随时间变化：

$$\hat{z} = \frac{\dot{z}}{z} = \hat{Z} - \hat{K} = \bar{g}_z - g = (\bar{g}_z - \gamma) - \gamma_u(u^* - u_n)$$

(6.59)

最后一个等式是从投资方程 $g^i = \gamma + \gamma_u(u - u_n)$ 中推导出来的。$\bar{g}_z$ 上的一横是为了提醒人们，自主支出的增长率是一个不解释的常数。我们想知道的是，z 的行为是否动态稳定；也就是说，它是否会收敛到一个稳定的值。如果 $d\hat{z}/dz$ 小于 0，这种情况就会发生。从方程（6.58）中，我们可以计算出 $(u^* - u_n)$ 等于：

$$u^* - u_n = \frac{(\gamma + z)v - s_p \pi u_n}{s_p \pi - v \gamma_u}$$

(6.60)

将方程（6.60）和方程（6.59）联立，我们得到：

$$\hat{z} = (\bar{g}_z - \gamma) - \gamma_u \left[\frac{(\gamma + z)v - s_p \pi u_n}{s_p \pi - v \gamma_u}\right]$$

(6.61)

于是，求出 $\hat{z}$ 关于自身 z 的导数，我们发现：

$$\frac{d\hat{z}}{dz} = \frac{-\gamma_u v}{s_p \pi - v \gamma_u} < 0$$

(6.62)

只要分母是正的，即只要是凯恩斯主义稳定的，导数就总是为负。这意味着，z 将会收敛到一个均衡值 z^{**}，在这一点上，资本增长率和总需求增长率将会相同，因为自主消费支出增长率是给定的。这也意味着，通过假设在某一时刻资本增长率等于自主消费增长率，如果时间足够长，我们可以求得长期解。在长期内，$g^{**} = g_z$，因此，首先使用投资方程，其次使用储蓄方程，我们可以得出两个长期均衡：

$$u^{**} = u_n + \frac{\bar{g}_z - \gamma}{\gamma_u} \tag{6.63}$$

$$z^{**} = \frac{s_p \pi u^{**}}{v} - \bar{g}_z \tag{6.64}$$

在这一阶段，可以做出三个评论。第一，由于 $u^{**} \neq u_n$，塞拉诺设计的机制本身并不能实现正常产能利用率。为了使得 $u^{**} = u_n$，投资方程中的参数 γ 需要等于 g_z。换句话说，企业家需要评估销售的趋势增长率同时使其等于自主消费支出增长率。超级乘数的支持者们承认这一点，他们所指的是完全预见或正确的前瞻性预期。

第二，至少根据定义，在这一机制下，不存在我们之前定义的工资导向或利润导向型体制，因为资本增长率和产出增长率最终会根据给定的自主消费支出增长率而调整，也因为产能利用率的长期价值既不取决于利润份额，也不取决于利润收入的边际储蓄倾向。只要方程（6.63）中的四个参数没有任何变化，利润份额或边际储蓄倾向的任何变化都不会影响产能利用率的长期值。

然而，这引出了第三个评论。尽管在这种模型的长期版本中，节俭悖论和成本悖论已经消失，但是降低利润份额或降低利润收入的边际储蓄倾向将对资本、产能和产出水平产生正向的影响。这是塞萨拉托（Cesaratto，2014）最近强调的一点，也正是塞拉诺最初的观点：

> 较低的边际储蓄倾向将会提高引致消费和总需求的水平，因此也将提高长期生产能力的水平。然而，这将是一个永久性的效果。一旦产能已经根据更高的（超级）乘数所代表的新的（更高的）有效需求水平进行调整，经济将会回复到稳定增长中，其不变的增长率由自主支出的增长决定。因此，在需求

侧，实际工资上涨带来的边际储蓄倾向的降低将对（产能产出）产生积极的长期水平效应，但对可持续的长期产能增长率没有影响。（Serrano，1995b，p.138）

现在，按顺序是第四个评论。令人费解的是，斯拉法学派通常被其他后凯恩斯主义者批评的原因在于，其专注于对充分调整位置的分析，然而，一些斯拉法学者批评卡莱茨基主义者们过分关注稳态，并认为稳态分析应该被抛弃（Trezzini，2011b，p.143）。在塞拉诺上面提到的例子和我们的小模型中，在过程开始和结束时，产能利用率将是一样的，但在过渡过程中会更高。因此，平均而言，产能利用率和经济增长率均高于起点和终点的水平。于是，这些斯拉法学者要告诉我们的是，应该更多地关注过程中实现的均值而不是端点。这是一个所有后凯恩斯主义者都肯定同意的建议（例如Henry，1987），并且帕克（Park，1995，p.307）还明确提出，关键变量的移动平均值与其潜在的稳态值有很大的不同。

塞拉诺-阿兰的调整机制和对平均值的诉求可以在图 6-19 的帮助下进行说明。我们假设经济从一个稳态开始，在产能利用率等于 u_0^{**} 时，积累率正好等于自主消费支出增长率。现在，我们假定，利润收入的边际储蓄倾向或利润份额下降。这意味着，储蓄曲线将从 g_0^s 旋转到 g_1^s，正如黑色箭头所示，因为现在曲线的斜率将会变小。在短期内，就像在所有卡莱茨基主义模型中一样，这将导致资本增长率和产能利用率的增长，即在短期内分别移动到 g_1 和 u_1。但是新的均衡只是暂时的，因为 g_1 和 g_z 间新的差异将通过方程（6.59）使得 z 减少。随着时间的推移，储蓄曲线将逐渐向上移动，直到储蓄曲线达到 g_2^s 为止，如图 6-19 中的浅色箭头所示，这里积累率等于给定的自主消费增长率。至于产能利用率，它将恢复到初始均衡位置，使得 $u_2^{**} = u_0^{**}$。收入分配或边际储蓄倾向的变化对均衡产能利用率并没有影响。然而，随着整个过渡期间经济在 u_0^{**} 和 u_1、g_z 和 g_1 间运行，该过程中的平均产能利用率和平均增长率都变得更高了。因此，产出和产能水平将高于没有实际工资增长或边际储蓄倾向没有变小的情况。

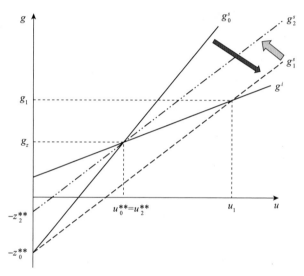

图 6-19 卡莱茨基主义模型中自主的非产能创造型支出的影响

一个收敛至正常产能利用率的哈罗德主义机制

这一小节的主题是，能否收敛于正常产能利用率。目前的调整机制未能实现该目的。我们需要另一个机制。阿兰（Allain，2013）建议增加这样一个机制，它对应于哈罗德主义不稳定的情况。为简化起见，我们提出了一个略做修改的哈罗德主义方程（6.32），其中，实际产能利用率与正常产能利用率之间的差异影响的是投资函数中参数 γ 的变化率，而不是变动量。因此，我们有：

$$\hat{\gamma} = \psi_3 (u^* - u_n), \quad \psi_3 > 0 \tag{6.65}$$

再次利用方程（6.60），哈罗德主义方程就变成了：

$$\hat{\gamma} = \psi_3 \left(\frac{(\gamma + z)\, \upsilon - s_p \pi\, u_n}{s_p \pi - \upsilon\, \gamma_u} \right) \tag{6.66}$$

因此，我们有另一个联立的线性动态方程组，由方程（6.66）和方程（6.61）给出，其中，再次省略了常数项，我们可以将其写成：

$$\begin{bmatrix} \hat{\gamma} \\ \hat{z} \end{bmatrix} = \begin{bmatrix} \dfrac{\psi_3\, \upsilon}{s_p \pi - \upsilon\, \gamma_u} & \dfrac{\psi_3\, \upsilon}{s_p \pi - \upsilon\, \gamma_u} \\[4mm] - \left(1 + \dfrac{\upsilon\, \gamma_u}{s_p \pi - \upsilon\, \gamma_u} \right) & \dfrac{-\gamma_u \upsilon}{s_p \pi - \upsilon\, \gamma_u} \end{bmatrix} \begin{bmatrix} \gamma \\ z \end{bmatrix} \tag{6.67}$$

为了分析方程组（6.67）描述的系统如何运动，我们需要考察被称为 J 的 2×2 矩阵的行列式及其迹。为了使系统呈现稳定性并且收敛于均衡，行列式需要为正，并且迹需要为负。我们得到：

$$\mathrm{Det}\, J = \frac{\psi_3\, \upsilon}{s_p \pi - \upsilon\, \gamma_u}$$

$$\mathrm{Tr}\, J = \frac{(\psi_3 - \gamma_u)\upsilon}{s_p \pi - \upsilon\, \gamma_u}$$

每当凯恩斯主义稳定性条件得到满足时，行列式就为正。如果 $\psi_3 < \gamma_u$，迹就为负。因此，只要哈罗德主义不稳定性的影响不是太强，系统就是稳定的。如果是这样，根据参数取值，该系统可以直接回到其充分调整位置，其中 $u^{**} = u_n$，$g^{**} = \gamma^{**} = g_z$，或者可以围绕其充分调整位置周期性地旋转。

因此，我们就可以获得一个有条件的证明，即使经济系统性地恢复到不变的正常产能利用率，卡莱茨基主义结果也能保持下去，只要我们将它们解释为在过渡期间测量的平均值。这是考虑自主增长成分，假设凯恩斯主义稳定性成立，并且纳入哈罗德主义不稳定机制的结果。弗雷塔斯和塞拉诺（Freitas and Serrano，2013）提供了另一个证明。

6.6 总需求与总供给增长协调一致

6.6.1 准备工作

当我们最后已经解决了正常产能利用率的问题后，现在我们可以着手处理对卡莱茨基主义增长模型的另一种反对意见，这同样需要某种调节机制。批判观点指出，除非经济增长率恰好等于自然增长率，失业率将会根据自然增长率高于或低于经济增长率而持续提高或下降。正如达特（Dutt，2006a，p. 322）所说，"这个模型有问题，一方面是因为人们无法观测到现实中失业率的无限上升或下降，另一方面是因为在它的长期均衡中，失业率却没有达到某个均衡值，这在理论上也是难以置信的"。

虽然使总需求和总供给相一致的问题非常重要，但是在这里我们仅仅进行几个评论，对可能的解决方案进行概述。我们应该指出有两种基本的方法可以保证实际经济增长率与自然增长率大致相同，因此失业率大约保持不变。第一种方法是提供一种机制以将实际增长率推向自然增长率；第二种方法是设计一种机制以将自然增长率拉向实际经济增长率；当然也可以将两种机制结合起来，使两种增长率同时向对方移动。后凯恩斯主义者认为总需求在短期和长期都是关键变量，倾向于支持第二种机制，并指出有一些力量倾向于拉动自然增长率向实际增长率变化。在这一小节中，我们将不会提供正式的证明，相反，我们主要依赖于直觉。

在我们开始之前，先回忆或者给定一些定义。每单位劳动的产出或者劳动生产率被定义为方程（5.45）$y=q/L$。因此，就业增长

率定义为产出 q 的增长率减去劳动生产率的增长率，我们在方程（6.51）中将产出增长率称为 g_q，在第 1 章中我们将劳动生产率增长率称为 $\hat{y}$，从现在开始我们将其定义为 λ：

$$\hat{L} = \hat{q} - \hat{y} = g_q - \lambda \tag{6.68}$$

自然增长率 g_n 为经济活动人口增长率与劳动生产率增长率之和：

$$g_n = \hat{N} + \hat{y} = \hat{N} + \lambda \tag{6.69}$$

就业率定义为 $E = L/N$。根据方程（6.68）和方程（6.69），我们可以发现就业增长率（$\hat{L}$）与经济活动人口增长率（$\hat{N}$）之差就是产出增长率与自然增长率之差。在稳态条件下，$\hat{u} = 0$，假定资本产能比不变，这种差异也等于积累率与自然增长率之差。利用方程（6.33A），有：

$$\hat{E} = \hat{L} - \hat{N} = g_q - g_n = g + \hat{u} - g_n \tag{6.70}$$

我们可以进一步表明，如果失业率不是特别大，失业率的变化 $U = (N - L)/L$ 约等于：

$$\dot{U} \cong \hat{N} - \hat{L} = g_n - g_q \tag{6.71}$$

6.6.2　朝向供给侧的协调一致

达特（Dutt，2006a）分析了几种使总需求和总供给一致的可能的机制。他的第一个机制属于上述第一种，使实际增长率向自然增长率变动。达特假定投资方程中 γ 参数的增长率与就业增长率 $\hat{L}$ 和经济活动人口增长率 $\hat{N}$ 满足以下关系，因此根据方程（6.71），这意味着 γ 参数的增长率随着就业率增长率的提高而下降：

$$\hat{\gamma} = -\chi_4(\hat{L} - \hat{N}) = -\chi_4\hat{E}, \ \chi_4 > 0 \tag{6.72}$$

这如何证明呢？达特（Dutt，2006a，p. 323）提供的解释与杜梅尼尔和莱维（Duménil and Lévy，1999）的有点相似。随着就业率 E 上升（和随着失业率下降），货币当局可能强制推行紧缩政策以及更高的实际利率，这将放缓资本积累和经济发展。正如拉沃（Lavoie，2009c，pp. 201 - 202）所示，该结论可能基于这样的假设，即通货膨胀率取决于失业率的变化，而非失业水平，正如主流经济学中加速主义理论的假设一样。这意味着存在失业回滞，这是新凯恩斯主义和后凯恩斯主义提出的，有很多证据可以证明该假设（Cross，1995；Stanley，2004；Mitchell and Muysken，2008）。只要通货膨胀率不稳定，货币当局就强制实行紧缩政策。正式地，我们可以得到：

$$\Delta \hat{p} = -\chi_5 \dot{U} = -\chi_5 (\hat{N} - \hat{L}) = \chi_5 (g_q - g_n) \qquad (6.73)$$

方程（6.72）也与之前介绍的斯科特的观点非常一致，其基于这种观点，即企业家因为就业率上升或就业率较高而灰心丧气。事实上，在方程（6.72）中，我们可以假定就业率水平是核心变量，因此用（$E - E_n$）来代替 $\hat{E}$，其中 E_n 是正常就业率，它对应的失业率可以使中央银行不再采取进一步措施，也使企业家感到无关紧要。不管自然增长率还是自然就业率是目标，都可以通过这种机制实现，即积累率的下降（通过使 γ 更低）将导致产出增长率下降，因此引起就业率下降。但在这种机制中，供给侧将在长期占据主导地位，有效需求将失去其支配地位。

另一种机制，也属于第一种类型，由斯托克哈默提出（Stockhammer，2004，ch. 2）。斯托克哈默由后卡莱茨基主义模型出发，这个模型可以是工资导向型或者利润导向型的。斯托克哈默假定某种李嘉图价格机制存在，其中利润份额与失业率 U 正相关。因此，我们得到：

$$\pi = \pi_0 + \chi_6 U \qquad (6.74)$$

基于此，我们可以得到，至少是近似地得到：

$$\dot{\pi} = \chi_6 \dot{U} = \chi_6 (\hat{N} - \hat{L}) = -\chi_6 \hat{E} \qquad (6.75)$$

因为经济增长率太低，只要就业增长率持续下降，则成本加成率和利润份额增加。方程（6.75）基于这样的直觉，即当失业率上升或失业率很高的时候，工会和雇员的谈判权力被削弱。如果假设方程（6.75）描述的机制成立，那么结果相当明显：在利润导向型增长体制中，上升的成本加成率将引致更快的增长，以及更快的就业增长，直至就业增长率与经济活动人口增长率相同，这样就达到了稳定的失业率。与之相对应，在工资导向型增长体制中，相反的结果会发生，失业率将不会稳定。因此，正如斯托克哈默（Stockhammer，2004，p.53）所总结的，"在利润导向型体制中，存在失业率的稳定均衡……在工资导向型体制中，游戏规则改变了。长期失业率不稳定。长期不过是一系列的短期均衡"。

6.6.3　朝向需求侧的协调一致

最后，我们考虑第二种机制，即自然增长率向经济的实际增长率移动的机制。达特（Dutt，2006a）提出了以下关系：

$$\hat{\lambda} = \chi_7 (\hat{L} - \hat{N}) = \chi_7 \hat{E} = \chi_7 (g_q - g_n), \ \chi_7 > 0 \qquad (6.76)$$

这表明劳动生产率增长率的变化正向地取决于产出增长率，或者更准确地说，其取决于产出增长率和自然增长率的差。因为劳动生产率的增长率λ是构成自然增长率两部分的其中之一，正如方程（6.69）所示，当自然增长率太低时，方程（6.76）的机制将拉高自然增长率，以使其向经济实际增长率移动。一个形式稍微不同但相同的机制，也已经由拉沃（Lavoie，2006c）、巴杜里（Bhaduri，

2006）和佐佐木（Sasaki，2011）提出并分析——最后一个的分析框架更加复杂。

在这里，长期而言，正是供给侧调整以适应有效需求，因此卡莱茨基主义增长模型不受影响。这与塞特费尔德（Setterfield，2002，p.5）描述的后凯恩斯主义增长理论中长期存在的传统相一致，他认为自然增长率在需求主导型增长模型中不是一个强烈的吸引因子："对需求决定的实际增长率而言，自然增长率从根本上是内生的。"

我们可以提供几个原因来解释这个现象。需求增长率较快意味着产出增长率较快；后者不仅鼓励了干中学，而且促进了更快的资本积累，这本身就加快了技术进步的速度。卡尔多（Kaldor，1957）利用技术进步方程，在理论上清晰地建构了这样一种关系：他假定人均资本积累更高，将导致人均产出增长率更快，因而实现更快的技术进步。这与卡尔多技术进步方程在经验研究中的变形——卡尔多-凡登法则密切相关，该法则已经以各种形式得到证明，接下来我们将对其进行集中分析。

增长率更快也激励潜在工人进入劳动力队伍，并鼓励国外工人移民至经济增长更快的地区，正如约翰·康沃尔（John Cornwall，1977）所证实的。事实上，大衰退已经阐明了这个现象：金融危机已经引发了劳动力大规模的迁徙运动，以及经济活动人口参与率的急剧下降。因此构成自然增长率的两个主要部分，劳动力的增长率与技术进步率，与需求增长率正向相关。方程（6.76）描述的机制或者某种相似的机制可以说处于：

　　　　新古典经济学家和坚持凯恩斯主义以及后凯恩斯主义传统的经济学家争论的中心，前者将劳动力增长率和劳动生产率增长率视为实际增长率的外生变量，而后者坚称增长根本上是需求驱动的，因为劳动力增长和生产率增长受需求增长的影响。(León-Ledesma and Thirlwall，2002，441 – 442)

从历史上看，后凯恩斯主义者热衷于强调自然增长率尤其是技术进步率内生变化的可能性，罗宾逊在其巨著中、卡尔多在1954年的讲座中都提到了这一点。

> 但同时，技术进步要加速发展以与积累保持一致。技术进步率不是一个像甘霖从天而降一样的自然现象。当经济中存在提高单位产出的动机时，企业家会追求创新和改善。比加快创新发现更重要的是，加快创新扩散的速度。当企业家发现潜在的市场不断扩张而很难找到雇佣劳动力时，他们就有一切动机去提高劳动生产率。(Robinson，1956，p. 96)

> 扩张的欲望越强烈……经济面临的压力和张力越大；通过引入新技术来战胜生产的物质限制的动机越强烈。因此，当一个社会产能扩张的所需比率超过劳动力的扩张最多时（正如我们已经看到的，劳动力本身也被产出增长所激发，尽管只能达到一定上限），该社会的技术进步可能也最大。(Kaldor，1960，p. 237)

莱昂-莱德斯玛和瑟尔沃尔（León-Ledesma and Thirlwall，2002）开展了一项有趣的经验研究，扩展了上述论点。他们表明自然增长率对产出需求增长率而言是内生的，证明了自然增长率在繁荣时期上升，而在衰退时期下降。正如他们所说，"增长创造了它自己的资源，这种资源表现为劳动力的可获得性增加以及劳动力生产率更高"（León-Ledesma and Thirlwall，2002，p. 452）。对北美（Perrotini and Tlatelpa，2003）、拉丁美洲（Libânio，2009）以及亚洲（Dray and Thirlwall，2011）的三个相似研究获得了相似的结果。这些研究建立在方程（6.71）的经验版本基础上，$\dot{U} \cong g_n - g_q$。对该检验的直觉性理解如下。首先，忽略随机项，估计以下方程：

$$\dot{U}_t = \alpha_0 - \alpha_1 g_{qt}$$

当 $\dot{U}_t = 0$ 时，我们可以确定实际增长率与自然增长率相等。这意味着自然增长率为 $g_n = \alpha_0/\alpha_1$。其次，我们可以通过使用哑变量对那些实际增长率大于初始计算的自然增长率的时间序列进行相同的回归分析。哑变量通常为正数且显著，也就是说，新计算出来的这些时期的自然增长率更高，这表明较高的增长率可以提高自然增长率。

6.6.4 相互影响

自然地，正如达特（Dutt，2006a）所建议的，我们可以将方程（6.72）和方程（6.76）表示的两种机制结合起来。然后我们就得到了具有两个微分方程的系统。正如我们之前已经注意到的那样，因为两个相关变量的变化依赖于相同的方程形式，这个系统的矩阵行列式为零。这意味着这个系统有零根，因此在单一分界线上存在多重均衡。我们也可以证明这个系统的矩阵的迹为负，进而说明这个动态系统是稳定的，但其稳定性是显而易见的。图 6 - 20 阐释了将这两种机制结合起来的影响。在这里，为简便起见，我们考察了实际增长率 g_q 和自然增长率 g_n 的演化。

当经济恰好处于点 B 时，实际增长率低于自然增长率。第一种机制（方程 6.72）将使实际增长率沿着横轴向上移动；第二种机制（方程 6.76）将使自然增长率垂直向下移动。因此这两个比率将向彼此移动，与这两种机制紧密相关的参数的力量决定了最后的值。相似地，起始于点 A，实际增长率高于自然增长率，两种比率将会收敛于某个

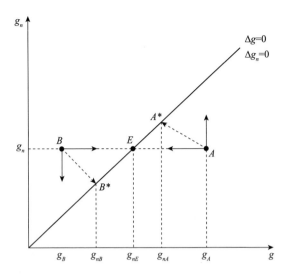

图 6 - 20　综合供给侧和需求侧机制以寻求内生的自然增长率

待定的值比如 A^*，处于点 A 之上。因此，正如达特（Dutt，2006a，p.326）所总结的，"扩张性政策和其他积极的总需求冲击将会产生长期的扩张效应，尽管这种效应不比短期扩张效应强烈"。

6.7　具有间接劳动成本的卡莱茨基主义模型

在第 5 章中，我们通过加入间接劳动成本来扩展短期卡莱茨基主义模型。考虑到基准实际工资对平均实际工资的影响，这导致了一些有趣的结果。当考虑到管理成本增加对利润份额的影响时，将目标收益定价法加至间接劳动成本上也导致了一些特殊的结果，正如我们所示，当实际产能利用率低于正常值时，这对利润份额有负向影响，而当实际产能利用率高于正常值时，有正向影响。在这里，我们将继续进行这种分析，不过这次是在一个经济增长的背景下展开。

回忆第 5 章中，对单位直接劳动成本 w/y_v 进行成本加成，可以写为：

$$\theta = \frac{r_n v + \sigma f}{u_n - r_n v} \tag{5.66}$$

方程（5.66）的等式清楚地表明与间接劳动相关的额外成本如何以更高价格的形式转移给消费者。不论管理和监督职员获得的工资相对于可变成本更高（σ 更高），还是相对于蓝领工人而言雇用的管理职员数量更多（f 更高），结果都是相同的：成本加成将提高，因此其他条件不变的情况下，价格相对于直接劳动的工资会提高。在一个由特大企业控制的世界中，如果企业认可基于目标收益定价方法的定价程序，那么在标准产能利用率条件下，更高的管理职员成本必定与更高的价格以及更高的总成本利润加成相关，除非企业同时决定降低其目标收益率。

6.7.1　在间接成本情况下再看成本悖论

在标准卡莱茨基主义模型中，单位成本的任何增加都将导致经济活动的增加，因此盈利能力提高，正如达特（Dutt，1992a）所示，这适用于管理成本。如果不采用目标收益定价方法，更高的单位间接成本导致 PC 曲线向下移动，原来的 PC 曲线和新的 PC 曲线相互平行。这显示在图 6-21 中，其中 PC 曲线与 y 轴的交点为负，这反映了间接成本的存在。f 或者 σ 的上升意味着给定成本加成率 θ，收支平衡的产能利用率比以前更高，这显示在图中的横轴上。排除利润之外的收入再分配导致这里的产能利用率和利润更高，分别表示为 u_2 和 r_2。在评论这个观点时，保罗·伯克特（Paul Burkett，1994，p. 119）怀疑"企业是否能够以更高的价格将非生产性花费转移给消费者"，即企业是否能够将额外的管理成本转移给消费者。在该情况下，与目标收益定价法情况相似，更高的价格

"可以限制这种花费对经济整体有效需求的积极影响"。因此，更高的管理成本将与更低的实现利润率和积累率相关。对于管理成本而言，即使劳动者收入不进行储蓄，成本悖论也将消失不见。这就是我们现在要探索的问题，分析当企业遵循目标收益定价法时出现的新情况。

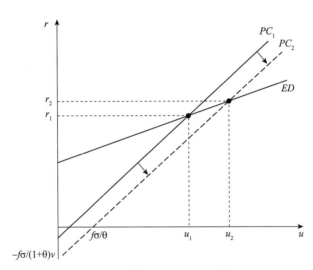

图 6-21 非目标收益定价原则下，管理间接成本提高的宏观经济影响

关键的问题在于 f 或 σ 的增加，即管理劳动的相对重要性或者相对报酬的增加，是否依然导致有效需求的增加，因而提高产能利用率和利润率（资本积累率）。为了回答这一问题，我们必须对利润成本方程关于 σ 求一阶导数（或者同样地关于 f 求导，因为两个参数的地位是对称的）。利润成本方程可以通过第 5 章的方程（5.71），即成本视角下的净利润份额推导出来：

$$\pi^s = \frac{(\sigma f + r_n v)u - (u_n - r_n v)\sigma f}{u(u_n + \sigma f)} \tag{5.71}$$

因为我们知道利润率 $r = \pi u/v$，很容易计算出该经济的利润率，同样基于成本视角，如下：

$$r^{PC} = \frac{(\sigma f + r_n v)u - (u_n - r_n v)\sigma f}{v(u_n + \sigma f)} \qquad (6.77)$$

这个方程是关于 u 的向上倾斜的曲线。因此利润成本方程的导数为：

$$\mathrm{d}\, r^{PC}/\mathrm{d}(\sigma f) = \frac{(u - u_n)(u_n - r_n v)}{v\,(u_n + \sigma f)^2} \qquad (6.78)$$

当实际产能利用率大于正常水平时，偏导数为正。方程（6.78）表明，当模型中的企业实行目标收益定价法时，间接成本的增加将使利润成本曲线围绕着目标收益率和正常产能利用率确定的固定点逆时针旋转。从成本侧来看，对利润率的影响事实上与之前图 5-25 中描述的对利润份额的影响相同。区别在于需求侧。给定自主支出的数额，π^d 曲线一定是向下倾斜的，而方程（6.20）表示的有效需求曲线是向上倾斜的。

图 6-22 提供了两种图解法：一种是经济在平均标准产能利用

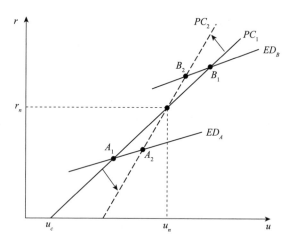

图 6-22　在目标收益定价原则下，管理成本提高的宏观经济影响

率之下（点 A_1，为 PC_1 和 ED_A 的交点），另一种是经济在平均标准产能利用率之上运行（点 B_1，为 PC_1 和 ED_B 的交点）。单位间接成本更高，将使利润成本曲线向 PC_2 曲线移动。间接成本的上升对利润率和产能利用率的影响取决于实际产能利用率相较于标准值的大小。实际产能利用率的位置取决于有效需求曲线 ED_A 和 ED_B 的位置。我们可以看到，均衡产能利用率和利润率向相同的方向移动。

6.7.2 更高的间接成本对净利润份额的影响

关于净利润份额如何呢？我们已经从方程（5.71）和图 5 - 25 中知道了从成本侧而言净利润份额 π^s 的形状。我们仅需要知道从需求侧而言净利润份额曲线的形状。方程（6.20）决定了标准模型中的有效需求曲线，再加上 $r=\pi u/v$，我们可以得到：

$$\pi^d = \frac{(\gamma - \gamma_u u_n)v}{s_p u} + \frac{r_u v}{s_p} \tag{6.79}$$

根据由方程（6.12A）给定的标准投资函数，方程（6.79）中的第一项必须为正，因而，从需求侧来看，利润份额曲线必然向下倾斜，就像第 5 章所展示的那样。图 6 - 23 展示了长期均衡净利润份额的决定。随着单位间接成本的提高，在曲线 π^s 的 π^d 的交点处达到净利润份额均衡，在长期和短期都是如此。

然而，如果面对的是不同的投资函数，比如方程（6.13），以上结论不一定成立。在上述这个不同的投资函数中，不变参数 γ 可以取负数，该投资方程最初非常流行，为 $g^i=\gamma+\gamma_u u+\gamma_r r$。相似地，如果我们采用了后卡莱茨基主义模型的投资方程，$g^i=\gamma+\gamma_u u+\gamma_\pi \pi$，常数参数 γ 也可以为负数。在这种情况下，正如在方程（6.13）中的情况那样，我们可以从以下方程（6.80）中断言，从需求侧看来，利润份额 π^d 和产能利用率之间存在正相关关系，如图 6 - 24 所示（Rowthorn，1981，p. 21；Lavoie，2009b，p. 381）。当参数项为负数时，间接成本的增加对均衡净利润份额的影响就会相反，如图 6 – 24 所示。

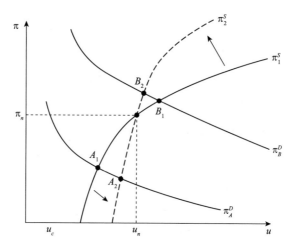

**图 6 – 23　在目标收益定价原则下，当投资常数为正时，
管理成本提高对利润份额的影响**

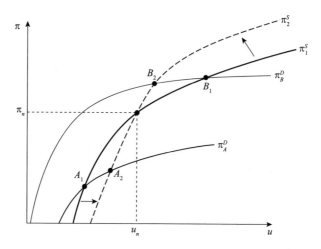

**图 6 – 24　在目标收益定价原则下，当投资常数为负时，
管理成本提高对净利润份额的影响**

$$\pi^d = \frac{\gamma v}{(s_p - r_r)u} + \frac{r_u v}{(s_p - r_r)} \tag{6.80}$$

我们从所有以上分析可以发现净利润份额可以向任意方向变化。相反，正如之前已经指出的，管理成本增加必然将导致工人收入份额下降和总利润份额增加，如表 6-4 所示。这也可以表明，管理职员的劳动份额在所有条件下都会增加（这个份额由 $m - \pi$ 表示，它关于 σ 的导数总是为正）。

表 6-4　　　　　管理成本提高对多种收入份额的影响

收入份额	条件		管理成本提高的影响
工人份额 $1-m$	$\forall_u$		-
管理工资份额 $m-\pi$	$\forall_u$		+
总利润份额 m	$\forall_u$		+
净利润份额 π	$u>u_n$	$\gamma>0$ 或没有增长	+
		$\gamma<0$	-
	$u<u_n$	$\gamma>0$ 或没有增长	-
		$\gamma<0$	+

此外，用净利润份额来表示企业的潜在盈利能力并不恰当。我们可以分析一下目标利润率 r_n 提高的情况。我们很容易发现这种提高将引致整条 π^s 曲线向上移动。图 6-25 表明，当投资函数的常数项为正时，目标利润率的提高将导致利润份额的增加。然而，当投资函数的常数项为负时，这可能是更一般的情况，更高的目标收益率引致了更低的净利润份额。如图 6-26 所示。因此，当企业成功提高价格的成本加成率或目标收益率，因而降低实际工资时，净利润份额或者增加或者减少。正如罗森（Rowthorn，1981，p.21）所说，"这一切都表明，当经济在低于全产能条件下运行时，主张用利润份额而非利润率来分析是多么具有误导性"。

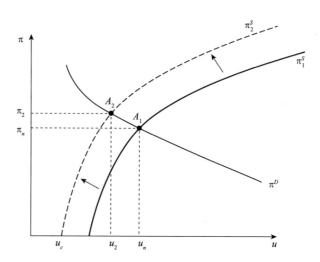

图 6 - 25　当投资常数为正时，目标收益率提高对净利润份额的影响

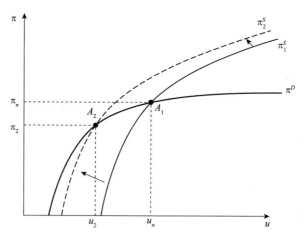

图 6 - 26　当投资常数为负时，目标收益率提高对净利润份额的影响

6.7.3　对经验研究的可能影响

这种分析证明了 π^d 曲线的斜率不能作为经济是利润导向型还是工资导向型的可靠标志。大家通常认为如果斜率为负，则表明是工资导向型经济，而如果斜率为正，则表明是利润导向型经济。在图 6-26 中，π^d 曲线的斜率为正，因此根据通常的标准，经济被定义为利润导向型体制。但是这个经济反而是工资导向型的：实际工资的减少导致产能利用率和利润份额下降。实际工资（直接劳动的生产率保持为常数）和工资份额向相反的方向变化。尼基弗洛斯和弗利（Nikiforos and Foley，2012）也表明当 π^s 曲线为非线性的时，π^d 曲线的斜率作为经济体制的指标是误导性的。

这表明当存在管理成本时，净利润份额不能可靠地表示潜在盈利能力，因此，不存在令人信服的理由来将利润份额融入投资方程中，正如巴杜里和马格林（Bhaduri and Maglin，1990）所做的。相反，如果我们渴望消除实际利润率，因为它将产能利用率的影响提高一倍，那么正如斯拉法主义所建议的那样，我们应该将目标收益率或在正常产能条件下计算的利润率包括在投资方程中。因此，与大量经验研究的潜在假设相反，工资份额或利润份额的演变不一定可以恰当地表明劳动者或资本家的谈判力，除非我们恰当地通过融入间接劳动的演变以考虑到周期性影响。不幸的是，好像只有美国具有关于监督工人劳动份额的恰当数据，很可能只有这足以代表间接劳动（Brennan，2014）。

尼古拉斯和诺顿（Nichols and Norton，1991，p. 53）主张"停滞模型可以很容易地被一般化，以纳入由间接工人组成的第三阶级，这个阶级在现代资本主义条件下非常重要"。这正是我们在这一部分所做的事情：开始解决尼古拉斯和诺顿（ibid.）提出的挑战，他们进一步宣称"这样一个一般化的停滞模型可以比传统停滞模型获得更广泛的资本主义动态"。当管理者对他们的薪资进行储蓄时，这很好地对应于这一典型事实：富人对其一生的收入的储蓄比例比穷人更高（Dynan et al.，2004）。如果我们对这一情况的影响进行探究，那么研究将更加有趣。拉沃（Lavoie，2009b）研究了这一情况。这里展现的主要结果与其大致相同。

6.8 经济周期

在这一章开始，我们曾说要避免使用花哨的数学工具；然而，我们使用了少量差分方程。但是我们还没有分析经济周期、危机或周期行为。之所以如此，是因为大多数早期的后凯恩斯主义者将他们的分析聚焦于均衡增长，这一章就很大程度上反映了这个趋势。正如戈德斯坦和希拉达（Goldstein and Hillard，2009，p.6）所指出的，这个趋势"导致了增长理论家和危机理论家在长期分析上的裂隙"，并且考虑到马克思对经济危机的格外关注，经济周期和均衡增长之间的分离"倾向于沿着马克思主义和后凯恩斯主义的方向分别发展"。很多马克思主义学者也对经济周期进行了详细的经验研究，他们内部也存在争论，尤其是就成因或者衰退的成因而言。当然，这样的分离也存在例外情况，正如一些后凯恩斯主义者，通常是卡莱茨基学派学者，致力于建立经济周期模型。当然，剑桥学派中有著名的古德温（Goodwin，1967）模型——猎物-捕食者模型——它基于利润挤压概念将增长和周期结合起来，这里的利润挤压是指进一步的经济增长最终将降低利润份额。

这引起了以下观点，即使假定劳动生产率不变，但随着就业率或产能利用率的变化，我们不能假定实际工资保持不变，因此国民收入中的工资份额和利润份额应该被视为内生变量。更不用说，随着劳动生产率的增加，利润份额无论如何都会变化，因此导致了泰勒（Taylor，2004，p.236）所谓的"分配曲线"概念，与我们的π^s曲线相似，横轴为产能利用率。最近，几个非正统或后凯恩斯主义经济学家，他们通常带有一些马克思主义背景，基于这种观点发展了我们所谓的周期增长模型（Skott，1989a；Taylor，2004，ch. 7；2012；Flaschel，2009；Nikiforos and Foley，2012）。他们的目的是提供一个融合了增长和周期的理论。

这一部分的目的是着眼于经济周期的典型事实，并且检查是否可以用我们在前一部分发展的具有间接劳动成本的卡莱茨基主义模型，再增加一些合理的假设，来解释它们。因此，尽管我们已经充分了解在经济周期研究者之间存在的争论（Goldstein，1999），我们仍然以了解由霍华德·谢尔曼（Howard Sherman，2010）确定的典型事实作为开始，然后我们再分析这些事实是否可以用标准的卡莱茨基主义增长和分配模型来解释，其中，模型的一些参数会发生变化。

谢尔曼（Sherman，2010）研究了在经济周期的多个阶段中很多变量的演化。正如美国国家经济研究局（NBER）所做的，他定义了高峰和低谷，扩张期和衰退期，共包括 9 个阶段。低谷发生于第 1 和第 9 个阶段，而高峰则在第 5 个阶段。扩张期的中间为第 3 个阶段，而第 4 个阶段的特征为经济发展放缓的起始点，这时经济依然在增长但是增长更慢，当经济活动达到最高峰时，经济增长降低为 0。图 6 - 27 是对经济周期的 9 个阶段的典型表示，该图是基于对 1970 年以来五个美国经济周期的研究（Sherman，2010，p. 33）。

然后，谢尔曼（Sherman，2010）研究了在经济周期的每一个阶段，每一个重要的宏观经济变量的演变。对马克思主义经济学家而言关键变量是利润率。将利润份额作为利润率的指标，从周期的第 1 个阶段到第 3 个阶段，利润份额上升，在第 3、4 个阶段基本保持不变，在高峰出现以前开始下降，在高峰之后急剧下降。换言之，

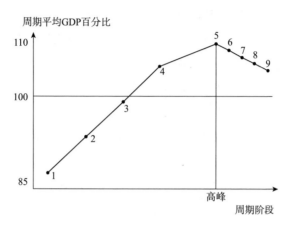

图 6-27 9 个经济周期阶段的 GDP

资料来源：Sherman（2010，p. 33）.

在早期扩张期间，利润份额增加，而在扩张期后半个阶段保持稳定或减少。在大部分衰退期期间持续下降（Sherman，2010，p. 51）。不幸的是，谢尔曼（Sherman，2010）没有提供产能利用率的序列，我们可以再次使用一个指标来代替，即 GDP 与周期平均数的相对百分比。因此，我们得到了一张表示利润份额和产能利用率共变关系的图，如图 6-28 所示。其中的数字对应于图 6-27 中数字代表的经济周期的不同阶段。

请注意箭头的指向。在这里，根据产能利用率和利润份额之间的关系，经济沿着椭圆顺时针方向运动（将利润份额作为关键变量）。这与对经济周期非常感兴趣的学者诸如斯科特（Skott，1989a，p. 101）和泰勒（Taylor，2004，p. 286；2012）的观点相一致。那么这种周期性演化的原因是什么？谢尔曼（Sherman，2010，p. 88）认为："在每一个扩张期结束时，因为对商品和服务的需求停滞以及生产成本上升，利润减少。在每一个扩张期末，利润会被挤压，就像一个在胡桃夹子里的坚果一样，导致衰退或萧条。"但为什么会这样呢？根据谢尔曼的图表，我们很清楚地发现仅仅使用简单的卡莱茨基主义增长模型中的变量不足以解释经济周期。经济放缓和衰退不能归咎于家庭消费和经济投资，因为它们在达到峰值之前一直在上升。至于利润份额，它在经济开始放缓后下降，因此不断上升的实际工资没有责任。问题的起因需要在别处寻找。证据似乎指向了三个方向：第一，在扩张期的后半个时期，利息率迅速上升；第二，作为结果，从第 4 个阶段开始，房屋建筑行业出现衰退，这个行业在北美是一个相当重要的行业；第三，在扩张的第 1 个阶段期间，税收收入自始至终都迅速增加，因此政府财政赤字减少（或其剩余增加），因此减少了经济的总需求。

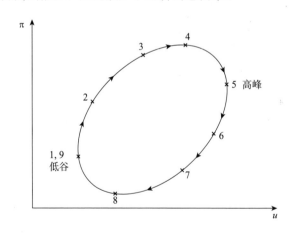

图 6 - 28　经济周期各阶段中利润份额和产能利用率的演化图

如果不借助于复杂的动态和微分方程，是否有可能运用带有间接成本的卡莱茨基主义增长模型来再现，至少大致上再现图 6 - 28 描述的演化呢？存在两种可能，因为代表需求侧利润份额的曲线可以是向上倾斜的或向下倾斜的，这取决于投资方程常数项的值。图

6 - 29 阐释了一种可能性，假定 π^d 曲线向下倾斜。第一步假定自主总因素（例如，反映为投资方程的常数）使 π^d 曲线向外移动，使经济从点 A 向点 B 移动，这样如果卡莱茨基主义模型是工资导向型经济，那么它将再现经济的顺时针演化。第二步，更高的经济活动，通过激进的分配机制将提高实际工资、降低利润份额，使经济从点 B 移动至点 C，点 C 是高峰。第三步，财政政策和货币政策放缓了经济的发展，使 π^d 曲线向内移动，引发了衰退。然后第四步，气馁的企业家和无力的工人结合起来，使 π^d 曲线和 π^s 曲线回到其初始位置，点 A。

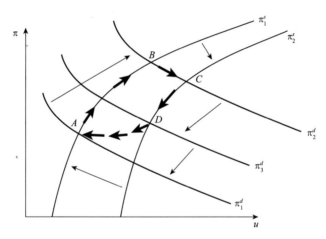

图 6 - 29　π^d 曲线向下倾斜时经济的顺时针演变

当 π^d 曲线向上倾斜时，我们可以讲一个几乎相似的故事，如图 6 - 30 所示。第一步和第二步与之前的描述相似，经济从点 A 移动至点 B，然后是点 C，经济周期的高峰值。第三步，再一次地，货币当局实行的紧缩政策和因为剩余增加导致的财政拖累使 π^d 曲线向内移动，引致衰退，迫使经济移动至点 D。第四步，糟糕的经济状况使 π^s 曲线回到其初始位置。

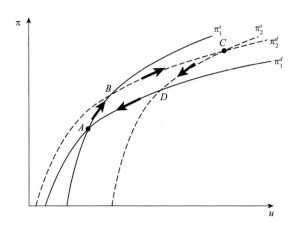

图 6-30　π^d 曲线向上倾斜时经济的逆时针演变

6.9　技术进步

我们提到不能假定实际工资在长期内保持不变。一个原因就是技术进步会随着时间推移而发生，因此改变了单位成本，可能改变实际工资或成本加成率。技术进步是一个相当复杂的问题，有几个流派研究过该问题。事实上，有一整个流派——熊彼特经济学或演化经济学——致力于这个问题的研究，一整本书也不足以解决这个主题（Dosi et al.，1988）。因此，我们打算在宏观经济学层次上，对技术进步的可能成因和结果进行初步考察。我们将仅涉及一种技术进步，所谓的劳动节约型技术进步或哈罗德中性技术进步，这反映为假定资本产能比保持不变，劳动生产率的系数更高。这个假设也许并不像卡尔多（Kaldor，1961，p.178）所认为的那样可靠，卡尔多曾将其确定为其典型事实之一。

在致力于寻找使总需求的增长率与自然增长率保持一致的方法

时，我们已经讨论了内生技术进步的可能性，尤其是我们展现了一些证据表明更快的增长引致了更快的技术进步。在当前这一部分中，我们着眼于影响劳动生产率增长率的因素，尤其是卡尔多-凡登法则。因此，这一部分受到了后凯恩斯主义经济学中卡尔多流派的很大启发。我们将介绍一个模型，该模型产生于纳斯迪帕德和斯托姆（Naastepad and Storm，2010）、斯托姆和纳斯迪帕德（Storm and Naastepad，2012）的研究，将生产率和总需求效应结合起来。此外，对于在一个仅涉及有效需求效应的世界中我们获得的结果，我们将检查纳入考虑生产率效应是否能对其进行调节。我们会将一个重要的问题搁置一边，即技术进步对资本折旧率的影响，主要是因为我们没有将这个变量加入我们的模型中。

6.9.1 凡登法则和技术进步函数

在后凯恩斯主义经济学中，也许研究最多的经验问题就是卡尔多-凡登法则。已经有成百上千的研究来验证这个关系（McCombie and Thirlwall，1994；McCombie，2002）。这个法则起初仅应用于制造业，正如卡尔多（Kaldor，1978b）所重新解释的，可以写为如下等式：

$$\hat{y} = \lambda = \lambda_0 + \lambda_g g \tag{6.81}$$

这表明单位劳动产出的增长率，即劳动生产率或技术进步率，正如之前一样，我们用希腊字母 λ 表示，是经济增长率的增函数（我们将其假定为与资本增长率相同）。这使技术进步成为内生变量。尽管卡尔多自己没有将凡登法则的这个版本与其之前的研究联系起来，但很清楚的是上述方程与卡尔多的技术进步方程很接近。正如麦康比（McCombie，2002，p.99）所说，"凡登法则的基础看起来像是带有规模报酬递增的线性卡尔多技术进步方程"。卡尔多假定在技术进步率和人均资本积累率之间存在正向关系。在第 1 章，我们将每个人的资本积累率标记为 $\hat{k}$。这个关系的逻辑在于当企业家进行新投资并且更活跃的时候，生产体系更有可能充满创新和改善。技术进步取决于知识进步率以及创新引入的速度，即投资的速度（Kaldor，1961，p. 207）。现行的技术进步函数为：

$$\lambda = \lambda_0 + \lambda_k \hat{k} \tag{6.82}$$

这个关系使卡尔多避免了区别沿着生产函数的移动和生产函数本身的移动，卡尔多（Kaldor，1957，p. 595）以及所有其他遵循剑桥传统的学者都拒绝进行这种区分（Rymes，1971）。尽管如此，我们仍然可以马上看到以下三种函数不存在区别：一是卡尔多的线性技术进步函数；二是在恰当的约束条件下，柯布-道格拉斯函数的动态版本；三是国民账户的动态版本。回忆第 1 章分别得到的柯布-道格拉斯函数和国民收入恒等式的动态扩张，我们将得到以上结论。

$$\hat{y} = \mu + \beta \hat{k} \tag{1.3}$$

$$\hat{y} = [(1-\pi)\hat{\omega} + \pi \hat{r}] + \pi \hat{k} \tag{1.7}$$

其中，π 依然代表利润份额，$\hat{\omega}$ 和 $\hat{r}$ 依然代表实际工资增长率和利润率的增长率。

这再次表明了工具主义的缺陷。同样的数学回归产生于不同的理论：在确定哪一种理论才是正确理论的过程中，预测毫无用处。我们应该注意到，上述分析也表明，卡尔多-凡登法则取得的一些成功，也正是我们所质疑的新古典生产函数取得表面成功的原因。后者的成功也可能只是人为结果（而非客观真理）。

我们可以将技术进步函数和凡登法则结合起来：我们得到了米希尔（Michl，1985）所谓的增广技术进步函数，它表明这与规模报酬递增条件下的柯布-道格拉斯函数的动态扩张相似。当 λ_g 参数为正数时，方程满足规模报酬递增。

$$\hat{y} = \lambda = \lambda_0 + \lambda_g g + \lambda_k \hat{k} \qquad (6.83)$$

米希尔表明对增广技术进步函数进行回归时，λ_g 和 λ_k 参数都是显著的。令人不安的是，我们注意到 λ_k 参数与制造业国民账户中的利润份额接近，在 0.38 和 0.40 之间。如果增广技术进步函数最终被证明是人为之物，那么这也恰好符合预期。此外，我们可以预期利润率的变化率 $\hat{r}$ 接近零，因为利润率通常没有变化趋势。这恰是米希尔得到的：λ_0 参数在他的回归中不等于零是不显著的。然而，即使凡登法则取决于代数的偶然，这个回归也能提供一点信息。比较方程（6.83）和方程（1.7），更快的产出增长率 g 取代了更快的实际工资增长率 ω。而国民账户预测劳动生产率的增长率与实际工资增长率有关。方程（6.83）则表明经济活动增长率提高了劳动生产率的增长率，因此是凡登法则的一个特例。

若它不是人为之物，我们将会同意卡尔多的观点，认为凡登法则不仅仅是对大规模生产的经济的测量。它是"生产率变化率和产出变化率"之间的动态关系，而非生产率水平和产出规模之间的关系（Kaldor, 1978b, p. 106）。它反映了动态的规模报酬递增。在对凡登法则进行半对数回归以后，麦康比（McCombie, 1982, p. 292）总结道："凡登法则（以及技术进步函数，即使是线性形式）不应该被视为从静态的柯布-道格拉生产函数中推导出来"。因此，我们可以从中推断，如果凡登法则不是人为之物，它就不是奥肯定律用于短期分析的结果。

产出增长和劳动生产率增长之间的紧密关系——卡尔多-凡登法则是后凯恩斯主义经济学中的核心关系。可以有三种方法将它融入其他后凯恩斯主义的分析中。第一种方法，由麦康比和瑟尔沃尔

(McCombie and Thirlwall，1994) 提出，将其与国际收支平衡表约
束方法联系起来，这是卡尔多学派研究的另一个主要问题。在这里
我们不会这样做。第二种方法由罗森 (Rowthorn，1981)、拉沃
(Lavoie，1992b) 和卡塞蒂 (Cassetti，2003) 采用：它直接将技术
进步函数加入标准的卡莱茨基主义增长和分配模型中，或正如海因
和塔拉索 (Hein and Tarassow，2010) 所做的一样，将其融入后卡
莱茨基主义增长模型中。在这里我们也不遵循这种方法。第三种方
法正如斯托姆和纳斯迪帕德 (Storm and Naastepad，2012) 所做
的，以及正如布瓦耶 (Boyer，1988)、布瓦耶和佩蒂特 (Boyer and
petit，1988) 起初建议的那样，建立一个简化形式的模型。这个模
型将包括更快增长的生产率效应，也将包括收入分配对劳动生产率
和有效需求的影响。

6.9.2　斯托姆-纳斯迪帕德增长模型

斯托姆-纳斯迪帕德简化模型由两个方程构成。第一个决定了劳
动生产率的增长率，第二个决定了产出增长率。我们得到：

$$\hat{y} = \lambda = \lambda_0 + \lambda_g g + \lambda_\omega \hat{\omega}, \ \lambda_g > 0, \ \lambda_\omega > 0 \tag{6.84}$$

$$g = \eta_0 + \eta_1 (\hat{\omega} - \lambda), \ \eta_1 \lessgtr 0 \tag{6.85}$$

方程 (6.84) 是卡尔多-凡登关系的拓展。它表明劳动生产率的
增长率正向取决于产出增长率和实际工资增长率。我们在第 5 章的
静态框架中已经遇到了第二种效应，当时我们假定在劳动生产率和
实际工资之间存在正相关关系，其依据是我们所称的韦伯效应。理
论上，更高的实际工资可以鼓励或者阻碍企业投资于劳动节约型技
术，因此 λ_ω 参数可以为正或负，但在现实中，我们知道实际工资增
长对生产率增长的直接影响是正的，因此我们将假定 λ_ω 参数（动态
韦伯效应）为正，正如斯托姆和纳斯迪帕德 (Storm and

Naastepad，2012）、海因和塔拉索（Hein and Tarassow，2010）所做的一样。有人也许会质疑方程（6.84）包含 $\hat{\omega}$ 项的相关性，因为也可以主张因果关系是相反的，即上升的实际工资是劳动生产率增加的结果而非原因。然而，马奎特（Marquetti，2004）发现实际工资表现为生产率的格兰杰原因，而相反的关系是不成立的——仅存在单向的因果关系。因此这证明了实际工资的增长率是技术进步的决定因素之一。

应该提到，卡塞蒂（Cassetti，2003）以及海因和塔拉索（Hein and Tarassow，2010）在其具有技术进步的卡莱茨基主义模型中，写下了几乎一样的拓展的卡尔多-凡登关系，其中实际工资的增长率由利润份额水平替代。这是因为他们将技术进步方程与明确的卡莱茨基主义增长模型联系起来，正如海因所做的那样（Hein，2012，ch.4）。他们得到：

$$\hat{y} = \lambda = \lambda_0 + \lambda_g g - \lambda_\omega \pi, \quad \lambda_g > 0, \ \lambda_\pi > 0 \tag{6.84A}$$

回到斯托姆-纳斯迪帕德模型，正如以前所说的，方程（6.85）是后凯恩斯主义增长模型的一个简化形式。确切来说并非如此，因为在后凯恩斯主义模型中，经济均衡增长率取决于利润份额水平，或者反向取决于劳动份额，而方程（6.85）中的项 $(\hat{\omega} - \lambda)$ 却代表劳动份额的增长率〔我们可以注意到劳动份额为 $wL/pq = (w/p)/(q/L) = \omega/y$〕。当经济处于工资导向型增长体制中时，$\eta_1$ 参数为正数；当经济处于利润导向型增长体制中时，η_1 参数为负数。我们注意到斯托姆-纳斯迪帕德模型是就中期而言的，因为利润份额不是不变的，而是持续变化的。

将生产率和需求结合起来的增长体制

方程（6.84）和方程（6.85）可以表示在同一张图中，横轴为劳动生产率的增长率，纵轴为产出的增长率。方程（6.84）称为生产率体制，表示为 PR 曲线。方程（6.85）代表需求体制，表示为 DR 曲线。PR 曲线的斜率总是为正数，而 DR 曲线的斜率既可以为正数，也可以为负数，这取决于方程（6.85）中 η_1 参数的正负。当 $\eta_1 > 0$ 时，需求体制是工资导向型的，DR 曲线的斜率为负数（因为产出增长率 g 是技术进步 λ 的减函数）。这种情况借助于图 6-31 表示出来。

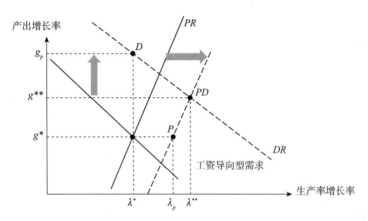

图 6-31 工资导向型需求体制下，实际工资增长率提高的影响

如果实际工资增长率因而工资份额存在外生增长时会发生什么？我们可以从两个角度来分析。从两条曲线的交点开始，交点对应于 y 轴的 g^* 与 x 轴的 λ^*。看一下对产出增长率的影响，需求体制曲线 DR 将向上移动。暂时保持劳动生产率不变，经济移动至点 D，实现更高的增长率 g_p，反映了仅由有效需求引致的局部效应。然而，更快的增长将引致更快的技术进步；因此反过来减少了工资份额，导致经济沿着新的生产率体制曲线向下移动。一旦将对有效需求的直接效应和引致效应考虑在内，经济会达到点 PD，产出增长率被拉回到 g^{**}。因此在工资导向型经济中考虑生产率效应减小了实际工资的增加对有效需求的影响。这种减少是否有可能大到使新的产出增长率最终低于初始值呢？

换言之，我们是否有可能得到 $g^{**} < g^*$？为了回答这一问题，我们需要求解方程（6.84）和方程（6.85）的联立方程组，实际工资的增长率被视为外生变量。我们得到：

$$\lambda^* = \frac{\lambda_0 + \lambda_g \eta_0 + (\lambda_g \eta_1 + \lambda_\omega)\hat{\omega}}{1 + \lambda_g \eta_1} \qquad (6.86)$$

$$g^* = \frac{\eta_0 - \eta_1 \lambda_0 + \eta_1 (1 - \lambda_\omega)\hat{\omega}}{1 + \lambda_g \eta_1} \qquad (6.87)$$

对于处于经验研究范围内的所有可能值而言，即使 η_1 为负数，这些方程的分母也一定为正数。观察方程（6.87），因为在工资导向型需求体制中，$\eta_1 > 0$，因此只要 $\lambda_\omega < 1$，实际工资增长率的增加对产出增长率就有正向影响。这意味着实际工资增长率对劳动生产率增长率的直接影响必须小于1，这听起来像是一个合理的约束条件，正如在第5章已经讨论过的。从图中而言，这意味着 PR 曲线的移动必须小于 DR 曲线的移动。

我们也可以从相反方向分析这个问题。再次从 g^* 和 λ^* 对应的交点开始。保持总需求不变，假定实际工资上升更快。PR 曲线向外部移动。这对劳动生产率的增长率产生了正向的局部效应，在图 6-31 中使其从 λ^* 移动至点 P 对应的 λ_p。然而实际工资更快的增长引致总需求的增加，这通过卡尔多-凡登效应导致劳动生产率的增长率增加更快。一旦将直接效应和引致效应考虑在内，劳动生产率的增长率就会移动至 λ^{**}。因此，在工资导向型增长中，有效需求效应增加了实际工资增长对劳动生产率增长的正向效应，这也可以从方程（6.86）中推出。

我们可以采用相似的方法来分析利润导向型需求体制的情况。

正如布瓦耶（Boyer，1988）已经指出的，为了使模型保持稳定，生产率体制曲线必须比需求体制曲线更加陡峭。当$\eta_1 < 0$时，需求体制是利润导向型的，并且DR曲线的斜率为正（因为产出增长率g是技术进步λ的增函数）。这种情况可以借助于图6-32表示出来。我们再次从两条曲线的交点，对应于g^*和λ^*开始。看一下对产出增长率的影响，需求体制曲线DR将向下移动，因为更高的实际工资增长率将降低总需求。暂时保持劳动生产率不变，经济移动至点D，产出增长率下降为g_p。现在看一下对生产率增长的直接影响，更高的实际工资将刺激更多的提高生产率的投资，因此实际工资更快的增长的直接影响是将生产率增长率移动至点P对应的λ_p。然而，更低的产出增长通过卡尔多-凡登效应引致更慢的技术进步，这种放缓程度是如此之大以至于实际工资增长率增加的整体效应可能是使劳动生产率的增长率从λ^*减少至λ^{**}。这种情况表示在图6-32中。因此，我们可以总结道，在利润导向型需求体制中，实际工资增长率的增加对产出增长率总是有负向影响，而它对劳动生产率的增长率的影响或许为正，或许为负。方程（6.87）揭示了如果

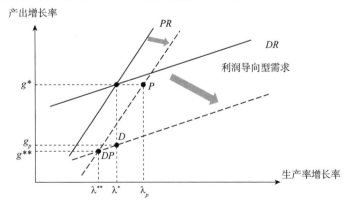

图6-32　在利润导向型需求体制下，实际工资增长率提高的影响

后凯恩斯主义经济学： 新基础

$|\lambda_g\eta_1|>\lambda_\omega$，即如果强烈的利润导向型体制伴随着强烈的卡尔多-凡登效应，而动态韦伯效应比较弱，则效应为负。

生产率和需求对就业增长的联合影响

我们还没有讨论就业市场的情况。实际工资更快的增长率对就业增长率的影响可以通过方程（6.68）来评估，$\hat{L}=\hat{q}-\hat{y}=g-\lambda$。利用方程（6.86）和方程（6.87）中的均衡值 g 和 λ，我们得到：

$$\frac{\mathrm{d}\hat{L}}{\mathrm{d}\hat{\omega}}=\frac{\eta_1(1-\lambda_g-\lambda_\omega)-\lambda_\omega}{1+\lambda_g\eta_1} \tag{6.88}$$

再一次，因为分母一定为正数，我们仅需要考虑方程（6.88）的分子。圆括号内的项一定为正数。很显然，在利润导向型需求体制中，$\eta_1<0$，实际工资增长率的提高对就业增长率 $\hat{L}$ 有负向影响（除非$\lambda_g+\lambda_\omega>1$）。在工资导向型需求体制中，情况看起来更加不明确，正如我们之前看到的，G20 国家更多是工资导向型需求体制。只有方程（6.88）中的分子为正数，实际工资更高的增长率对就业增长率的整体影响才是正向的，即满足下列条件：

$$\eta_1>\frac{\lambda_\omega}{(1-\lambda_g-\lambda_\omega)} \tag{6.89}$$

这种情况倾向于出现在强烈的工资导向型需求体制（较大的η_1系数）中，而且伴随着不太大的动态韦伯效应（较低的λ_ω系数）以及不能过大的卡尔多-凡登效应（较低的λ_g系数）。但是多大才算是大呢？

斯托姆和纳斯迪帕德（Storm and Naastepad，2013）已经进行了这样的计算。根据之前的经验研究，他们认为平均而言，在 OECD 国家中，假定卡尔多-凡登效应和动态韦伯效应分别为$\lambda_g=0.46$，$\lambda_\omega=0.38$ 是合理的。如果这样的话，当$\eta_1>2.37$ 时，实际工资更快的增长率对就业增长率将有正向影响。换言之，实际工资增长率每提高 1 个百分点，将导致产出增长率提高多于 2 个百分点，这完全不切实际。假定 $\eta_1 = 0.30$，斯托姆和纳斯迪帕德（Storm and Naastepad，2013）根据方程（6.88）估计到实际工资增长率每提高 1 个百分点，将导致就业增长率下降 0.29 个百分点。因此他们总结道，即使处于工资导向型需求体制的国家中，实际工资更快的增长对就业增长率的影响更有可能是负向的。他们举了一个这种困境的例子，即他们的国家——荷兰，尽管属于工资导向型需求体制，但因为实际工资增长缓慢，从而实现了就业市场的复苏。之所以如此，是因为实际工资的缓慢增长导致了劳动生产率的缓慢增长，因此导致了与技术进步相关的失业率较低。费海尔和克莱因克内希特（Vergeer and Kleinknecht，2010-2011）证实了这些结果：他们表明盎格鲁-撒克逊国家看似在创造就业机会方面取得了一些成功，但这是因为它们单位工作时间创造的 GDP 以较低的速率增长，而非因为实际 GDP 增长速率更快。

因此，斯托姆和纳斯迪帕德总结道，虽然工资导向型战略有利于生产率提高和可能的产出增加，因此也有利于提高生活水准，但是要实现就业的增长还需要另外的政策。因此，他们坚持要想实现增长的复苏，仅仅调整初次收入分配以使其向工资倾斜是不够的。支持性的宏观经济政策也要到位，比如扩张性的财政政策和更进步的税收体系，这将同时提高参数 η_0 和 η_1。从某种程度而言，这些结果并不令人惊讶：在第 5 章的静态框架中，我们得出了相似的结果，其中更高的劳动生产率既是伴随着更高的工资和不变的成本加成率，也将拉低就业水平，除非自主性支出提高。

6.9.3 再论生产率与需求体制

从卡莱茨基主义的观点来看，斯托姆和纳斯迪帕德（Storm and

Naastepad，2013）得到的经验结果相当令人困惑：即使是工资导向型需求体制也不太可能是工资导向型就业体制。这再一次地成为"悲观科学"！有什么方法可以放松条件（6.89）吗？是否存在这样的体制，以使实际工资的更快增长更有可能提高就业的增长率呢？

卡莱茨基主义学者在过去已经提出了两种这样的体制，这两种体制整合到方程（6.84）和方程（6.85）中，如下：

$$\hat{y} = \lambda = \lambda_0 + \lambda_g g + \lambda_\omega (\hat{\omega} - \lambda) \qquad (6.84B)$$

$$g = \eta_0 + \eta_1 (\hat{\omega} - \lambda) + \eta_2 \lambda \qquad (6.85A)$$

我们首先分析方程（6.85A）。从罗森（Rowthorn，1981，p. 23）开始，很多学者主张技术进步率 λ 应该包括在投资方程中，因此应该包括在决定产出增长率的方程中（Boyer and Petit，1988；Lavoie，1992b，p. 318；Cassetti，2003；Rada and Taylor，2006；Hein and Tarassow，2010）。这是古典熊彼特主义的命题：企业和银行家的乐观主义取决于创新浪潮。有人可能补充道，这也是一个卡莱茨基主义命题。卡莱茨基（Kalecki，1971，p. 151）支持这样一种观点，即因为资本家接触到的技术创新，"今天"进行投资的资本家认为比"昨天"投资的资本家具有优势。此外，斯坦德尔（Steindl，1979，p. 7）在其最近的研究中，将创新的速度视为卡莱茨基主义投资方程的移位参数。基于逻辑考虑，我们还可以想到另外一个原因，即技术进步率应该是决定产出率函数的一个自变量。在真实的长期分析中，我们可以认为工资份额应该是不变的，因此 $\hat{\omega} = \lambda$。但是正如海因和塔拉索（Hein and Tarassow，2010，p. 729）所注意到的，这意味着，长期而言，在最初的模型中技术进步率无论如何对投资率和产出增长率都没有反馈效应。

第二个修正体现在方程（6.84B）中。（$\hat{\omega} - \lambda$）一项代替了 $\hat{\omega}$

项。海因和塔拉索（Hein and Tarassow，2010，p. 735）认为这种改变是合理的："我们认为如果实际工资增长超过了生产率增长，并且对利润份额和单位利润施加向下的压力，那么实际工资增长只会额外地推动资本家努力应用技术进步。"这两个改变使方程体系变得对称，但是也使两个方程的经验估计更加困难，因为它产生了识别问题。但是在这里我们仅考虑理论问题。求解两个增长率，我们得到[①]：

$$\lambda^* = \frac{\lambda_0 + \lambda_g \eta_0 + (\lambda_g \eta_1 + \lambda_\omega)\hat{\omega}}{1 + \lambda_\omega \lambda_g (\eta_1 - \eta_2)} \quad (6.86A)$$

$$g^* = \frac{\eta_0(1+\lambda_\omega) + \lambda_0(\eta_2 - \eta_1) + (\eta_1 + \lambda_\omega \eta_2)\hat{\omega}}{1 + \lambda_\omega + \lambda_g(\eta_1 - \eta_2)} \quad (6.87A)$$

相对于初始模型的解，新模型的解都有一个稍微不同的分母，分母依然为正数。然而，有趣的是 g^* 的分子。虽然 λ^* 的分子没有变化，g^* 的分子却有两个额外的正数项。因此我们已经能够猜到，因为这样的变化，就业的增长率更有可能因为实际工资增长率的变化而变化。再次计算增长率的解，求导数，现在我们得到：

$$\frac{d\hat{L}}{d\hat{\omega}} = \frac{\eta_1(1-\lambda_g) - \lambda_\omega(1-\eta_2)}{1 + \lambda_\omega + \lambda_g(\eta_1 - \eta_2)} \quad (6.88A)$$

相对于方程（6.88），方程（6.88A）中现在存在两个额外的正数项和一个较小的负数项。因此，在工资导向型体制中，两个机制的增加——一是假定劳动生产率的增长率对产出增长率有正向影响（通过新参数 η_2），二是假定劳动生产率增长率随着劳动份额增长率的变化而变化（而非随着实际工资增长率的变化而变化）——使实际工资的更快增长更有可能导致就业的更快增长。在工资导向型体

① 方程（6.87A）原书有误，分子中第二项 $\lambda_0(\eta_1 - \eta_2)$ 改为 $\lambda_0(\eta_2 - \eta_1)$。——编辑注

637

制中，满足方程（6.88A）为正的条件为：

$$\eta_1 > \frac{\lambda_\omega(1-\eta_2)}{1-\lambda_g} \qquad (6.89A)$$

假定旧模型计算时使用的参数对新模型依然有效，并且为了演示的便利，假定劳动生产率增长率对产出增长率的影响为 $\eta_2=0.20$，我们可以计算出工资导向型就业体制的条件减小为 $\eta_1>0.65$，而在初始模型中 $\eta_1>2.37$。如果 $\eta_1=0.30$，由方程（6.88A）得到工资增长率每增加 1 个百分点，将导致就业增长率下降 0.11 个百分点，而方程（6.88）中是下降 0.29 个百分点。如果卡尔多-凡登效应和韦伯效应的估计值最终较低，并且如果恰巧 $\lambda_g=\lambda_\omega=\eta_1=\eta_2=0.30$，那么实际工资增长率的增长对就业增长率的影响将是完全中性的。因此接受方程（6.84B）和方程（6.85A）的修正后的模型削弱了斯托姆和纳斯迪帕德得到的悲观结果，使基于有利于劳工的政策的增长策略更有可能成功。

作为这一部分的总结，我们注意到在那些劳动力市场灵活的国家，即在那些工会力量比较弱、解雇工人比较容易以及社会福利不大的国家，实际工资增长尤其不成功（Vergeer and Kleinknecht, 2010‐2011）。事实上，斯托姆和纳斯迪帕德（Storm and Naastepad, 2012，p. 103）表明："更高程度的就业保护和更广泛的劳动力市场管理与更高的劳动生产率增长有关。"因此，"严格的"劳动力市场不是缓慢增长的原因，这和 OECD 拥护的观点相反，"不受调节的劳动力市场、较弱的就业保护、低税率、较高的收入不平等，以及较弱的工会对维持较高的劳动生产率增长率一点也不必要；事实上，它们对技术活力是有害的"（ibid.，p. 108）。

6.10　企业债务

6.10.1　早期观点

迄今为止，我们还没有讨论货币增长模型，除了在讨论使经济恢复到正常产能利用率以及讨论经济周期时曾提及之外。此外，我们还没有讨论需要银行贷款的企业以及企业债务，也没有讨论家庭的流动性偏好。在后凯恩斯主义理论中这是相当奇怪的，因为后凯恩斯主义者重视经济的货币和金融方面，但这从某种程度而言，也是后凯恩斯主义者过去在合并经济的实体方面和金融方面时所遇到的困难的征兆。事实上，原教旨主义后凯恩斯主义者戴维森和明斯基以及后凯恩斯主义者的剑桥流派和卡莱茨基流派之间的最初的摩擦可以归于增长模型中缺失明确的货币变量。这使得扬·克雷格尔（Jan Kregel，1986）将没有货币的剑桥增长模型比喻为没有王子的《哈姆雷特》，呼吁将牛市和熊市引入非正统凯恩斯主义分析。

虽然如此，总是有一些学者努力讨论增长模型中引入货币经济的可能影响。罗宾逊（Robinson，1956）运用几章的篇幅来讨论金融问题，但这些讨论都在她的书的最后几章。罗宾逊（Robinson，1956，p. 231）指出借贷给家庭和企业的数额取决于"利息收敛率"，即（利润）收入与到期支付利息的比率。她也指出企业家的借款能力取决于"银行制定的有资格接受信用贷款标准的严格度"、个人投资者的心理状态以及"潜在借贷者的主观态度"（ibid.，p. 244）。所有这些都让人清晰地想到罗宾逊（Robinson，1952，p. 81）的讨论，她将金融视为可能阻碍扩张的瓶颈，她宣称金融的缺乏可能会限制投资计划。

在因为工业证券导致的高风险溢价中，以及在安排新贷款出现的困难中，它自我表现出来，它可能是由财富拥有者表现出来的普遍的缺乏自信所导致的，或者由这种事实所导致，即实际或潜在的企业家所有的财富在总财富中所占比例太小。

这样一种观点在次贷金融危机中写下来更合适。它也让我们想起卡莱茨基（Kalecki，1937）的风险增加法则，这个法则激发了明斯基（Minsky，1975）对金融不稳定性的分析。

卡莱茨基的追随者斯坦德尔（Steindl，1952，ch.9）也非常关注金融问题。他运用一整个章节来讨论他所谓的企业的杠杆率，杠杆率是债务比率的一个变形。尤其是他强调了明斯基留有疑问的一个问题：企业家关于愿意承担的债务的相对规模的决策如何与家庭关于其想要得到的财富的决策相一致？例如，当经济增长放缓、利润率下降时，企业如何成功降低其杠杆率？斯坦德尔的答案是这可能并不简单，尤其当家庭储蓄对利润变化的反应不及投资那样灵敏时。在这种情况下，斯坦德尔（Steindl，1952，p.114）说，实现的杠杆率可能上升，因此"且不说企业家希望降低初始杠杆率，他们将很快倾向于抑制其债务的相对增长，他们对此唯一可能的反应就是减少投资。然而，这不会扭转这一现象"。这是第1章描述的债务悖论，斯坦德尔的观点使达特（Dutt，1995）进行了有趣的尝试，以在另一个卡莱茨基主义模型中解决金融和杠杆问题，混合了可能存在的不稳定性的金融根源和实体经济根源。

在很长一段时间内，只有两个学者尝试将金融因素引入剑桥增长模型中。帕西内蒂（Pasinetti，1974，ch.6）区分了工人资产和资本家资产的回报率。他假定工人仅具有货币存款和债券，而资本家持有股票市场份额。这使他可以将经济的整体利润率与利息率以及资本家的收益率区分开来。另一个带有金融的剑桥增长模型是尼古拉斯·卡尔多（Nicholas Kaldor，1966）的新帕西内蒂模型。1962 年，帕西内蒂（Pasinetti，1974，ch. 5）已经表明由于工人获得工资和利润，而资本家仅获得利润，就长期而言，在相当简单的条件下，工人的储蓄倾向无论如何对整体利润率均没有影响。卡尔多 1966 年的模型之所以叫这个名字是因为他类似地表明，在一个由企业和家庭组成的世界中，家庭花费一部分其资本所得，家庭的储蓄倾向对利润率没有影响。正如保罗·戴维森（Paul Davidson，1972）所指出的，卡尔多的新帕西内蒂模型的问题在于它假定所有储蓄都是以购买股份的形式进行的。在模型中没有货币，因此就投资者而言，不存在证券投资组合的选择。

斯科特（Skott，1989a）在对卡尔多的新帕西内蒂模型进行综合拓展时纠正了这个问题。斯科特引入了企业的预算约束、留存利润进行的投资、股票问题或新贷款。家庭消费取决于其财富，他们以固定比例的股票和货币来持有财富，做出证券投资组合的选择。在斯科特模型的主要变形中，货币供给是内生的，并且是需求主导的。股票的价格取决于需求和供给，前者本身取决于企业的净利润水平。尽管模型具有有趣的特征，尤其是它完全是存量-流量一致的，但出于前面部分列出的原因，它还是没有获得大量关注。斯科特和瑞欧（Skott and Ryoo，2008）建构了这个模型的升级版本。

在试图将剑桥或卡莱茨基主义增长模型与明斯基的金融观点联系起来的所有方法中，也许最有影响力的是泰勒和奥康纳（Taylor and O'Connell，1985）的论文。他们将投资视为企业预期利润率和利息率之间差异的函数，预期利润率是实际利润率与某个信心指数之和。虽然这本身具有创新性，但泰勒和奥康纳（Taylor and O'Connell，1985）模型的真正创新是引入了证券投资组合选择。家庭持有现金货币、利息支付账单和股票市场股票，它们的选择受到利息率和企业预期利润率（基本利润率，而非股票的收益率！）的价值的影响。泰勒和奥康纳（Taylor and O'Connell，1985）模型的第三个创新是通过增加一个差分方程引入了周期动态，这说明只要利息率低于某个正常利息率，信心指数就会上升。弗兰克和塞姆勒（Franke and Semmler，1991）建构了一个有点相似的模型，融合了三个上述提到的创新，并且增加了对企业杠杆率演化的明确的描述。然而，这两个模型的缺陷在于货币供给不是需求主导型的，这与第 4 章的观点相反。

在过去几年间，涌现了大量不同的方法以将货币和金融问题引入一般的增长模型，尤其是引入卡莱茨基主义增长模型。很显然，我们不能在这里涉及所有的模型，我们将仅聚焦于其中一个模型。有很多可能的候选模型，大多数都有若干共同点。第一个是融合了某种央行反应函数的卡莱茨基主义增长模型，央行反应函数决定了利息率，这个模型由塞特费尔德（Setterfield，2006）首先提出，现在有这个模型的几种变形，例如罗尚和塞特费尔德（Rochon and Setterfield，2012）。这些模型是对新凯恩斯主义学者发展的新共识模型的或明确或暗示的回应，并且与杜梅尼尔和莱维（Duménil and Lévy，1999）描述的稳定机制存在含糊的联系。

第二类候选模型包括海因（Hein，2008；2012）发展的很多卡莱茨基主义模型，其中利润的接受者分为企业和食利者两类人，正如之前讨论过的谢克（Shaikh，2009）的模型一样。因为企业对去除利息支付后的利润会留存一个给定的比例，利息率的提高会减少整体储蓄，这是因为根据定义，企业留存收益的储蓄倾向为 1，而食利者的储蓄倾向小于 1。海因的模型也检验了更高的利息率导致更高的成本加成率的可能性——在第 3 章我们描述过的一种利息率成本推动效应。海因的模型最初受到了达特（Dutt，1992b）和拉沃（Lavoie，1995b）的启发，将企业的杠杆率考虑在内。利息率的提高取决于投资函数和储蓄函数的参数，它可能导致积累率的降低——正常情况；但它也可能导致积累率提高——令人迷惑的情况。因此，这些模型表明杠杆率可能会、也可能不会随着经济活动的增长率进行顺周期变化，这样就质疑了明斯基的金融脆弱性假设，它的含义通常被认为是更快的企业投资导致更高的债务比率。

尽管家庭债务模型与之高度相关，至少是从全球金融危机以来是这样，但我首先要分析企业债务。我选择去展示受到拉沃和戈德利（Lavoie and Godley，2001－2002）存量-流量一致性模型所启发的一个模型，这个模型可以通过数值模拟求解。这个模型受到了卡尔多（Kaldor，1966）新帕西内蒂模型的启发，因此与第 3 章描绘的金融边界一致。银行存款和卡莱茨基主义行为方程加入了卡尔多的模型。泰勒（Taylor，2004，pp. 272－278）已经建立了一个对拉沃和戈德利（Lavoie and Godley，2001－2002）模型进行稍微修正的分析版本，这里介绍的就是这个版本。

泰勒的版本包含了标准的卡莱茨基主义投资函数和储蓄函数；家庭的证券投资组合选择和流动性偏好发挥了作用；在很多不同的体制下，可以评价企业债务比率的动态变化，因此证明其选择是具有金融变量的代表性的卡莱茨基主义增长模型。尽管如此，这个模型的展示比那些没有明确的货币变量的模型更加复杂。同样的模型的另一个变形可以参见泰勒和拉达（Taylor and Rada，2008）的文章。

6.10.2 熊市和牛市

因此，我们展现的是泰勒（Taylor，2004，p. 273）所谓的关于企业借贷的"过分节俭的"后凯恩斯主义模型。因为模型充分整合了实体部门和货币部门，它正如第4章所定义的那样，是一个存量-流量一致性模型。模型的存量和交易矩阵的例子可参见表4-30和表4-31。因此模型中存在三个部门：家庭、企业和银行。存在四种资产：有形资产（机器）和三种金融资产——股票、银行存款和银行贷款。在这里，为了简单起见，假定存款的利率等于贷款的利率，因此银行没有利润（本身不持有资本）。家庭中只有一个阶级，因此忽略了范特瑞克（van Treeck，2009）在相似的仿真模型中提到的食利者和工人之间的区别。首先，我们先分析家庭的证券投资组合选择。其次在第二个阶段，我们将涉及储蓄函数和投资函数，以及企业的债务比率。

正如我们在第4章的例子中看到的，假定家庭仅持有两种资产，银行存款 D 和股票市场份额。家庭以股票形式持有的财富价值为 $p_s s$，其中 s 为股份的数量，p_s 是每股的价格。因此家庭的财富为 $V = D + p_s s$。但这也是企业的市场价值，因为根据表4-30给定的资产负债表恒等式，家庭的银行存款 D 只能等于给予企业的银行贷款 B，因此 $D = B$。现在我们可以计算一个有用的比率，卡尔多（Kaldor，1966）将其称为资产估值比率，这里命名为 v_r，托宾将其称为 q 比率，为企业的市场价值与有形资产的重置成本之比。我们得到：

$$v_r = \frac{V}{K} = \frac{D + p_s s}{K} \tag{6.90}$$

因此，企业的市场价值和家庭的财富可以表示为 $v_r K$。遵循斯科特（Skott，1981，p.571）、雷（Wray，1992，p.71）和泰勒（Taylor，2004，p.277）的方法，我们可以利用高度简单的证券资产投资组合方程，假定对银行存款和股份的需求分别为家庭财富 V 的比例 κ_d 和 κ_s（$\kappa_d + \kappa_s = 1$）：

$$D = \kappa_d \, v_r K \qquad (6.91)$$

$$p_s s = \kappa_s \, v_r K = (1 - \kappa_d) \, v_r K \qquad (6.92)$$

在任何时间内，未偿股份的数量、银行贷款的数量因而银行存款的数量都是给定的。因此，证券投资组合的任何选择都通过股份价格的变化来调节。根据 $D = B$，从而 $D/K = B/K = l$，其中 l 为企业的债务比率，我们可以求解 p_s 和 v_r，得：

$$p_s = \left(\frac{1 - \kappa_d}{\kappa_d}\right)\left(\frac{D}{s}\right) \qquad (6.93)$$

$$v_r = \frac{D}{\kappa_d K} = \frac{l}{\kappa_d} \qquad (6.94)$$

因此，我们成功引入了克雷格尔（Kregel，1986）讨论的熊市和牛市。当经济主体愿意以银行存款的形式持有更小比例的财富时，股票价格 p_s 上升。资产估值比率 v_r 也会上升。因此我们这里得到了资产价格的流动性偏好理论，股票的价格由家庭（或者它们财富的管理者）持有股票和放弃货币（即银行存款）的意愿来决定，因此表现为牛市而非熊市。但是流动性偏好的这种变化对企业的债务比率和经济的实际变量有什么影响呢？为了回答这个问题，我们现在转而研究模型的储蓄函数和投资函数。

6.10.3　债务导向型体制还是债务负担型体制？

这个模型的储蓄函数，由下列方程（6.95）给定，与方程（6.42）有一些相似之处，因为正如谢克的模型一样，我们将储蓄分为企业储蓄和家庭储蓄。然而，此时此刻，我们考虑了企业必须为其债务支付的利息。因此我们假定，正如我们在第 3 章推导方程（3.11A）的金融边界时那样，企业将其去除利息支付后的利润中的 s_f 比例作为留存收益。这是储蓄方程（6.95）中的第一项。第二项包含了来源于家庭收入的储蓄。家庭收入流量的储蓄倾向假定为 s_h，

后凯恩斯主义经济学：　新基础

不管收入来源是什么。家庭的收入由三部分构成：工资，括号内的第一项；分红，第二项；银行存款的利息收入——第三项。因为 $D=B$，银行存款的利息收入可以表示为 $il=i(B/K)=i(D/K)$。储蓄函数包括另外一项，已经在第 5 章末尾介绍过。这一项代表家庭财富 V 中没有储蓄的一部分，即为 $c_v v_r$，其中 c_v 为财富的消费倾向，而 v_r 是卡尔多的资产估值比率。以绝对值形式表示，除了常规收入流量的消费以外，家庭消费 $c_v V$。

$$g^s = s_f(r-il) + s_h\left[\left(\frac{u}{v}-r\right)+(1-s_f)(r-il)+il\right]-c_v v_r$$

(6.95)

因为这个模型的解使用产能利用率和债务比率，即 u 和 l，储蓄方程的项可以被重组。根据 $r=\pi u/v$，我们得到：

$$g^s =\left[s_f(1-s_h)\pi+s_h\right]\left(\frac{u}{v}\right)-s_f(1-s_h)il-c_v v_r$$

(6.95A)

我们现在转而研究投资函数。我们建构的投资函数与储蓄函数显示出了一些对称性。这依赖于经验研究，而经验研究表明利息支付和产能利用率是投资决策的核心决定因素，尽管资产估值比率的影响不清楚（Ndikumana，1999；Arestis et al.，2012）。我们因此写出卡莱茨基主义投资函数，除了受到产能利用率的影响以外，与资产估值比率呈正相关关系，与利息支付呈负相关关系。因此，投资函数具有一些明斯基的内容，因为它取决于金融市场的情绪，表现为股票市场价值，以及与现有债务相关的金融债务导致的负担：

$$g^i =\gamma_0 + \gamma_u u - \gamma_l il + \gamma_v v_r$$

(6.96)

我们首先看一下这个模型的短期解，即当 $g^s=g^i$ 时，假定债务比率在短期内是不变的。求解产能利用率，根据方程（6.94），$v_r=l/\kappa_d$，我们得到：

$$u^* = \frac{\gamma_0 + [s_f(1-s_h) - \gamma_l]il + [(c_v + \gamma_v)/\kappa_d]l}{[s_f(1-s_h)\pi + s_h]/v - \gamma_u} \quad (6.97)$$

正如通常一样，凯恩斯主义稳定性要求分母为正数，我们假定分母为正数。通常，在卡莱茨基主义模型中，我们可以看到均衡产能利用率与利润份额 π 负相关。此外，我们可以立即看到资产估值比率 v_r 的提高（或家庭财富中银行存款的意愿比例 κ_d 减小）对产能利用率有正向影响，因为消费和投资都应该受到这个变化的正向影响。也许更惊奇的是，方程（6.97）表明利息率的提高是降低还是提高产能利用率取决于分子中括号内表达式的正负。这是因为尽管企业利息支付的增加减少了其投资的诱因，但是也使总利润由企业重新分配到家庭，企业储蓄了它们所有的净收入，而家庭花费了其部分红利和利息收入。这是所有融合了利息支付的后凯恩斯主义模型的共同特征，斯科特（Skott，1989a）、拉沃（Lavoie，1995b）和海因（Hein，2008；2012）的模型都体现了这一点。现在聚焦于债务比率 l 的作用，我们看到在分子中包含 l 的四项中只有一项对产能利用率有负向影响。我们可以马上区分两种情况：一种是有效需求条件使产能利用率和债务比率 l 之间存在正相关关系；另一种是二者关系负相关，当 γ_1 参数很大时多会出现这种情况。泰勒（Taylor，2004，p. 275）类比于工资导向型和利润导向型体制，称正相关关系情况为"债务导向型"需求体制，而负相关关系情况对应于"债务负担型"需求体制。我们也可以求解出 g^*，区分两种债务增长体制，但很显然模型的解很复杂。

6.10.4　明斯基还是斯坦德尔的债务动态分析？

当债务和资本以相同的速率增长时，债务比率是如何向其长期值演化的呢？为了回答这个问题，我们必须回到第 3 章推导出来的

企业的金融边界，它也可以从资金流量分析中获得。从方程
(3.11) 开始，去掉金融资产的项，我们得到：

$$I = xI + s_f(P - iB) + \hat{B}B \qquad (6.98)$$

其中，$\hat{B}$ 是银行对企业发行的贷款余额增长率，敏锐的读者可以称
x 为由新发行股票融资的投资所占的比例。因此有形资产的投资是
由新发行股份、留存收益和新银行贷款融资的。两边同时除以 K，
我们得到：

$$g = xg + s_f(r - il) + \hat{B}l$$

根据 $\dot{l}/l = \hat{l} = \hat{B} - \hat{K} = \hat{B} - g$，经过一些处理以后，我们得到了 l 随
着时间演化的微分方程：

$$\dot{l} = g(1 - x) + (s_f i - g)l - s_f \pi u/v \qquad (6.99)$$

利用投资方程 (6.96) 来拓展以上方程，我们得到：

$$\dot{l} = (\gamma_0 + \gamma_u u - \gamma_l il + \gamma_v l/\kappa_d)(1 - x - l)$$
$$+ s_f il - s_f \pi u/v \qquad (6.99A)$$

为了满足动态稳定性，需要使 $\mathrm{d}\dot{l}/\mathrm{d}l < 0$。然而，因为 u 本身取
决于 l，并且因为方程 (6.99) 包含一个 l 的乘数项，因此可以说并
不简单，我们将像泰勒（Taylor，2004）一样，假定动态不稳定的
情况不存在。至于分界线的形状——当 $\dot{l} = 0$ 时的稳态轨迹——我
们可以看一下 l 关于 U 的偏微分。我们得到：

$$\frac{\mathrm{d}\dot{l}}{\mathrm{d}u} = \gamma_u(1 - x - l) - \frac{s_f \pi}{v} \qquad (6.100)$$

很显然，再一次地，存在两种可能的情况。当留存收益在国民收
入中的份额较低，股份发行融资的投资所占份额较低，以及当前的债
务比率较低时，更高的经济活动水平将导致债务比率上升。这种情况

对应于明斯基金融不稳定假设的主要观点。更快的增长、更高的经济活动水平导致更高的债务比率。因此这可以被称为明斯基体制。那么分界线的斜率为正。相反，当方程（6.100）的导数为负数时，分界线的斜率为负：更高的经济活动水平导致更低的债务比率。这是斯坦德尔（Steindl，1952）强调的一种可能性，我们在第 1 章关于债务悖论的主题下对此进行过讨论。因此这可以被称为斯坦德尔体制。

　　将斯坦德尔体制和明斯基体制与债务导向型体制和债务负担型体制进行组合，我们因此得到四种可能情况（如果我们将动态不稳定结构考虑在内，可能有更多情况）。这四种情况可以用图 6-33 表示。在这些图中，我们假定经济起始于完全均衡位置，给定为点 A，处于有效需求曲线上。债务比率不变。

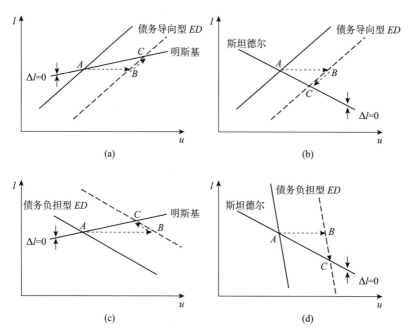

图 6-33　正冲击对总需求的影响：四种稳定结构

然后我们假定或者企业家的动物精神增加（投资函数中 γ_0 常数增大），或者家庭的流动性偏好减少［方程（6.91）中 κ_d 的比例下降］，提高了资产估值比率，因此增加了家庭财富。结果是，有效需求曲线向右侧移动，在所有四种情况中，债务比率不变，产能利用率在短期内增加，到达点 B。在两种明斯基结构中，随着经济达到其新的稳态点 C，债务比率 l 上升。相反，在两种斯坦德尔结构中，债务比率在新结构中更低，处于点 C，低于初始点点 A，尽管经济活动水平更高。这就是第 1 章提到的债务悖论。

这些结果为拉沃和塞卡莱西亚（Lavoie and Seccareccia，2001）、托普罗斯基（Toporowski，2008）的批判提供了一些支持，他们认为明斯基（Minsky，1975）的金融不稳定性假设部分地建立在企业的微观经济学视角上，忽视了对留存利润进行更多投资的宏观经济学结果。在斯坦德尔结构中，当经济活动增加、投资加速时，企业可能愿意提升其债务比率，但是宏观经济却使债务比率最终下降。自然地，在所谓的明斯基结构中，明斯基的假设是正确的。对金融不稳定性假设的另一个维护是稳态模型不能如实地反映明斯基的观点，因为这些模型的一个关键特征就是"稳定是不稳定的"，这在第 1 章已经指出。我们现在来研究这种概念。

6.10.5 明斯基周期模型

泰勒（Taylor，2004，ch.9）建议对拉沃-戈德利模型进行拓展，使明斯基的观点具体化为一个周期模型。接下来要分析的内容受到了这种建议的启发，尽管其图表呈现不同。提议的模型是由两个差分方程组成的体系，包含净增长率和债务比率。在最抽象的水平上，我们可以将两个隐函数写成如下形式：

$$\dot{g} = \psi(g, l) \qquad (6.101)$$

$$\dot{l} = \xi(g, l) \tag{6.102}$$

我们可以假定方程（6.102）遵循我们之前的分析。新奇的地方在于方程（6.101）。正如在泰勒和奥康纳（Taylor and O'Connell，1985）的文章中，它建立在"信心状态"变量的基础上，泰勒（Taylor，2004，p.303）假定存在一个自我强化机制，提升已经很高的经济增长率。这是明斯基非常强调的"稳定即不稳定"的概念。随着经济增长，金融标准变化。在经济情况较差的时候，银行倾向于依赖更严格的标准，而在经济情况较好的时候，银行倾向于放松标准。借款者和贷款者现在都认为这是一个新时代，旧的标准不再适用。因此，当经济增长率较高时，企业更容易获得信贷，加速投资支出。因此，存在主要由金融驱动的累积过程，它会创造良性循环或者恶性循环。更高的信心状态反映为投资方程中更高的参数 γ_0，因此将提升经济增长率。此外，我们认为更高的经济活动的正向反馈机制也会同样地影响家庭，使其采取更有风险的行为，增加以股票形式持有资产的比例，因此将提高资产估值比例，提高产出增长率。我认为，这与帕利（Palley，2011）所谓的明斯基超循环是兼容的。

通过将这个方程体系在均衡点（g^*，l^*）处线性化，我们可以考察微分方程体系的局部稳定性，因此我们得到：

$$\begin{bmatrix} \dot{g} \\ \dot{l} \end{bmatrix} = \begin{bmatrix} \dfrac{\partial \dot{g}}{\partial g} & \dfrac{\partial \dot{g}}{\partial l} \\[2mm] \dfrac{\partial \dot{l}}{\partial g} & \dfrac{\partial \dot{l}}{\partial l} \end{bmatrix} \begin{bmatrix} \mathrm{d}g \\ \mathrm{d}l \end{bmatrix}_{(g^*, l^*)}$$

2×2 矩阵是这个方程体系的雅可比行列式 J，每一个元素为 j_{ij}。因此，两条分界线为：

$$\dot{g} = j_{11}\mathrm{d}g + j_{12}\mathrm{d}l = 0$$

$$\dot{i} = j_{21}\mathrm{d}g + j_{22}\mathrm{d}l = 0$$

根据以上方程，两条分界线的斜率等于：

$$\left.\frac{\mathrm{d}l}{\mathrm{d}g}\right|_{\dot{g}=0} = -\frac{\partial \dot{g}/\partial g}{\partial \dot{g}/\partial l} \tag{6.103}$$

$$\left.\frac{\mathrm{d}l}{\mathrm{d}g}\right|_{\dot{i}=0} = -\frac{\partial \dot{i}/\partial g}{\partial \dot{i}/\partial l} \tag{6.104}$$

到现在为止，我们知道什么？我们知道产出增长率具有不稳定的明斯基自我强化效应，因此 $\partial \dot{g}/\partial g > 0$。我们也知道 $\partial \dot{i}/\partial l < 0$，正如前一部分假定的那样，否则雅可比行列式的迹 $J = j_{11} + j_{22}$ 不会为负数，方程组在其均衡点上不可能是稳定的。最后，因为我们努力将明斯基的观点模型化，我们也需要假定明斯基体制的存在，因此 $\partial \dot{i}/\partial g > 0$。那么 $\partial \dot{g}/\partial l$ 正负如何呢？为了避免鞍点的存在，行列式必须为正数，因此 $\mathrm{Det}J = j_{11}j_{22} - j_{12}j_{21} > 0$。因为 j_{11} 为正数，而 j_{22} 为负数，这意味着 $j_{12}j_{21}$ 的乘积必须为负数，因此我们需要满足 $\partial \dot{g}/\partial l < 0$。换言之，经济必须为债务负担型需求体制，产出增长率受到债务的负向影响。而且，绝对值 $|j_{12}j_{21}|$ 必须大于绝对值 $|j_{11}j_{22}|$。这意味着 $\dot{i}=0$ 条件下的分界线的斜率的绝对值大于 $\dot{g}=0$ 条件下的分界线的斜率的绝对值。给定所有这些条件，两条分界线的斜率一定为正数。

图 6-34 描述了这样产生的经济周期。随着经济从其最低点（点 A）开始增长，债务比率下降，但是随后在剩下的增长扩张期内上升，这最终阻碍了产出增长率的增加，放缓了经济的增长。随着经济开始放缓，债务比率继续上升，但是最后，伴随着经济更大程度的放缓，债务比率下降，并伴随着产出增长率的下降。如果增强产出增长的自我强化效应，这个模型会发散。因此，我认为这个

玩具模型和图 6-34 是对明斯基观点的一个相当正式的表达，尽管其他很多情况也是可能的，并且可以在文献中找到。尽管如此，应该指出斯坦德尔体制和债务导向型体制的结合，其中我们有 $\partial i/\partial g < 0$ 以及 $\partial \dot{g}/\partial g > 0$，也可以形成稳定的周期行为，如图 6-35 所示。在这些新条件下，像以前一样满足 $\partial \dot{g}/\partial g > 0$，以及 $\partial i/\partial l < 0$，

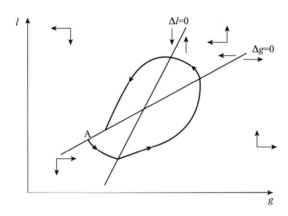

图 6-34　债务负担型明斯基体制中的周期行为

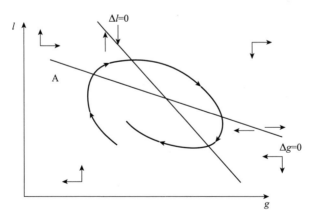

图 6-35　债务导向型斯坦德尔体制中的周期行为

我们可以从方程（6.103）和方程（6.104）中推出两条分界线的斜率为负数，而斜率的绝对值的大小可以通过 J 矩阵的行列式为正数的条件推导出来。

6.11 家庭债务

到目前为止，我们还没有谈到家庭债务，它是最近的次贷金融危机的核心。我们也认为，家庭债务，尤其是消费债务，是 20 世纪 30 年代大萧条成因的核心要素，在 1922—1929 年间，美国的家庭债务约从 GDP 的 20% 上升到 50%，而非金融企业的债务比率几乎保持不变。事实上，我们认为明斯基的金融脆弱性假设能最好地应用于家庭和金融组织的分析，尽管明斯基（Minsky，1982，p. 30）本人写道："消费者和家庭债务的典型金融关系可以放大但是不能引起收入和就业的下降。"反而是帕利（Palley，1996a，p. 202）主张"对家庭债务积累的关注代表了一种创新，它与现存的明斯基模型相反并补充了明斯基模型，后者主要关注企业债务-投资支出关系"。

帕利（Palley，1996a）假定存在两种家庭。一种家庭由借款者构成，它们必须支付利息。它们的消费取决于其收入减去利息支付，加上它们获得的新贷款。在每一个时期，它们都有给定的债务与总收入之间的比率。另一种由贷款者组成，它们获得利息收入，它们贷出新的贷款。它们的消费是其总收入减去它们贷给借款者的贷款的函数。我们假定借款者的消费倾向高于贷款者。因此，最初，借款者的高债务导致更高水平的经济活动，因为借得的款项都被花费出去了。但是然后，随着利息支付的增加，这会放缓经济活动。然而，金等人（Kim et al.，2014）表明，这个结论不是必然的，因为借款者要尽力与富有的贷款者的消费水准保持一致，因此随着债务还本付息的成本上升，他们可能会减少其储蓄流而非减少其消费流。事实上，金（Kim，2013）的经验研究表明消费债务对GDP 的负向影响在 1982 年之后上升，但是在之前的时期没有上升。

很多融合了增长和家庭债务的其他模型由巴杜里等（Bhaduri et al.，2006）、巴杜里（Bhaduri，2011b）、达特（Dutt，2006b）、戈德利和拉沃（Godley and Lavoie，2007a，ch. 11）、帕利（Palley，2006；2010b）以及范特瑞克（van Treeck，2009）提出。艾萨克和金（Issac and Kim，2013）甚至建造了一个高度复杂的模型，同时处理了企业债务和消费债务，而泽扎（Zezza，2008）也涉及了房地产市场。然而在这里，我们仅仅分析卡莱茨基主义模型中用于消费的家庭贷款以及有效需求之间关系的要点。为了这样做，我们要利用海因（Hein，2012，ch. 5）和金（Kim，2012）提出的模型的变形，这两个模型得到了相似的结果。我们做了几个简化的假设，以更快地获得某些结果。

6.11.1 核算框架

正如在描述企业债务演化的模型中一样，经济由三个部门构成：企业、银行和家庭。然而，家庭部门分为两个群体：工人和食利者。由表 6-5 描述的当前模型的存量-流量矩阵，与表 4-30 表现出了一些差异，因为它假定企业没有债务。只有工人有债务，而且他们没有持有资产。相反，食利者具有金融资产：他们持有股票和存款。银行持有食利者的存款，并将其借贷给工人。

接下来，我们研究由表 6-6 给定的当前模型的交易-流量矩阵。企业将其所有利润以红利的形式分配，它们发行新股份，以与它们的投资支出保持一致。银行没有利润，因此贷款 B 和存款 D 的利息率相等。正如已经谈到的，工人不储蓄；他们花费了所有收入。这

后凯恩斯主义经济学：　新基础

意味着他们花费了减去累积债务的利息支付以后的所有工资。然而，在任何一个时期内，工人家庭花费可以超过来自银行的借款。食利者储蓄其收入的比例为s_r。他们购买了企业发行的所有新股份，将其储蓄的剩余部分存入银行。

表6-5　　　　　　　消费者债务模型的资产负债表矩阵

| | 家庭部门 | | 企业 | 银行 | 合计 |
	工人	食利者			
固定资本			$+K$		$+K$
存款		$+D_r$		$-D$	0
贷款	$-B_w$			$+B$	0
股票		$+s \cdot p_s$	$-s \cdot p_s$		0
余额	$-V_w$	$-V_r$	$-V_h$	0	$-K$
合计	0	0	0	0	0

表6-6　　　　　　　家庭债务模型的交易-流量矩阵

| | 家庭部门 | | 企业 | | 银行 | | 合计 |
	工人	食利者	流动负债	资本负债	流动负债	资本负债	
消费	$-C_w$	$-C_r$	$+C$				0
投资			$+I$	$-I$			0
工资	$+wL$		$-wL$				0
净利润		$+P$	$-P$				0
贷款利息	$-i \cdot B_{(-1)}$				$+i \cdot B_{(-1)}$		0
存款利息		$+i \cdot D_{(-1)}$			$i \cdot D_{(-1)}$		0
贷款变化量	$+\Delta B$					$-\Delta B$	0
存款变化量		$-\Delta D$				$+\Delta D$	0
股票		$-p_s \Delta s$		$+p_s \Delta s$			0
合计	0	0	0	0	0	0	0

所有这些均可以用标准的符号进行正规化表示。我们假定了一

个更简单的投资方程：

$$g^i = \gamma + \gamma_u u \tag{6.105}$$

储蓄函数由两部分构成：食利者的储蓄 g_r^s 以及工人的储蓄 g_w^s，实际上工人的支出大于收入，储蓄为负数：

$$g^s = g_r^s + g_w^s \tag{6.106}$$

食利者的储蓄在其利润和利息收入中所占的份额为 s_r，其中 $l = B/K$，因此，家庭的债务（为便利起见）通过资本存量价值而标准化：

$$g_r^s = s_r \left(\frac{\pi u}{v} + il \right) \tag{6.107}$$

遵循金（Kim，2012）的观点，我们假定每一个时期，工人借款的流量占食利者消费的份额为 ζ。这是工人支出超过收入的部分。因此这是一个流量-流量标准。我们认为工人尽力去与富裕的食利者的消费支出保持一致，这沿袭了很久以前凡勃伦（Veblen，1899）和杜森贝里（Duesenberry，1949）的观点。正如第 2 章已经解释过的，在个体层次上，工人模仿食利者的炫耀性消费。ζ 的份额取决于社会规范，也取决于银行授予借款者的信誉等级。正如达特（Dutt，2006b，p. 347）所说，借款的水平"可以认为是由贷款者决定、由借款者决定或者由双方共同决定"。为了简化分析，我们假定 ζ 参数是外生的，不受其他变量诸如工人家庭的债务比率影响。因此工人的储蓄等于：

$$g_w^s = -\zeta(1 - s_r)\left(\frac{\pi u}{v} + il \right) \tag{6.108}$$

给定方程（6.107）和方程（6.108），储蓄方程（6.106）为：

$$g^s = (s_r + \zeta s_r - \zeta)\left(\frac{\pi u}{v} + il \right) \tag{6.109}$$

6.11.2 短期解

令储蓄方程（6.109）和投资方程（6.105）相等，求解产能利用率的均衡水平，我们得到：

$$u^* = \frac{\{\gamma - (s_r + \zeta s_r - \zeta)il\}v}{\pi(s_r + \zeta s_r - \zeta) - \gamma_u v} \tag{6.110}$$

利用方程（6.105），我们也可以计算均衡增长率：

$$g^* = \frac{(\gamma\pi - \gamma_u v i l)(s_r + \zeta s_r - \zeta)}{\pi(s_r + \zeta s_r - \zeta) - \gamma_u v} \tag{6.111}$$

通常，如果分母为正数，那么模型是稳定的，这意味着下列的必要但非充分条件：

$$\zeta < s_r + \zeta s_r \tag{6.112}$$

我们也可以把它写为 $\zeta(1-s_r) < s_r$。

再回头看一下两个储蓄方程（6.107）和（6.108），这意味着食利者因为收入的增加而增加的储蓄一定要大于工人因为食利者收入的增加而增加的支出与收入之间的差额。例如，给定 u，如果归于食利者的利润份额 π 增大，那么食利者收入增加，储蓄也增加，而工人的额外的支出与收入之间的差额的增加一定不能降低整个经济的平均储蓄倾向。但几乎可以肯定的是，这个条件在美国向次贷危机积累的时期并没有得到满足，因为收入分配更加不平等，而这与更低的整体储蓄率有关（Brown，2007，ch.4；van Treck and Sturn，2012）。尽管如此，我们依然分析稳定性情况，并假定分母为正数。然后，为了保证产能利用率为正数（如果 $u > 0$，那么 $g > 0$），方程（6.110）的分子也需要为正数，这意味着：

$$\gamma > (s_r + \zeta s_r - \zeta)il \tag{6.113}$$

图 6-36 展示了短期结构下的模型。它恢复了标准卡莱茨基主义模型的标准结果：动物精神 γ 的增加或者利润份额以及食利者储

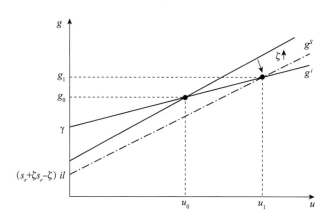

图 6 - 36 仿效参数提高的短期影响

蓄倾向的减少对产能利用率有正向影响。仿效参数 ζ 的增加，因此工人潜在的支出和收入之间差额的增加，导致有效需求和产能利用率增加。代表储蓄函数的虚线表明了这一点。事实上，有很多证据表明美国的仿效参数多年以来一直上升，现在比过去高出很多。相反，对工人而言，更高的利息率 i 或更高的债务率与更高的债务支付有关，降低了有效需求和短期的产能利用率。因此，正如在其他几个模型中那样，借款的流量提高了经济活动水平，但是债务存量降低了经济活动水平。

6.11.3 长期效应和动态稳定性

现在，我们希望知道当家庭债务比率 l 不再是给定的值时，长期将发生什么情况。换言之，我们希望发现 l 的长期均衡值，并检查模型的动态稳定性。我们需要再次回忆 $\hat{l}/l = \hat{l} = \hat{B} - \hat{K} = \hat{B} - g$。我们也注意到家庭债务的增长率也可以写为如下形式：

$$\hat{B} = \frac{\Delta B}{B} = \frac{\Delta B}{K}\frac{K}{B} = -\frac{g_r^s}{l} \qquad (6.114)$$

将方程（6.110）给定的值 u^* 代入方程（6.108），利用方程

（6.114），我们得到了家庭债务的增长率：

$$\hat{B} = \frac{\zeta(1-s_r)(\gamma\pi - \gamma_u vil)}{l\{\pi(s_r + \zeta s_r - \zeta) - \gamma_u v\}} \tag{6.115}$$

当 $\hat{l} = \hat{B} - g = 0$ 时，工人家庭的债务比率变为常数。利用方程（6.115）和方程（6.110），这将在以下条件满足时发生：

$$\hat{l} = \hat{B} - g^* = \frac{\{\zeta(1-s_r) - l(s_r + \zeta s_r - \zeta)\}(\gamma\pi - \gamma_u vil)}{l\{\pi(s_r + \zeta s_r - \zeta) - \gamma_u v\}}$$

$$= 0 \tag{6.116}$$

因为上述方程的分子为零对应于两个不同的家庭债务比率，这个方程有两个解：

$$l_1^{**} = \frac{\zeta(1-s_r)}{(s_r + \zeta s_r - \zeta)} \tag{6.117}$$

$$l_2^{**} = \frac{\pi\gamma}{\gamma_u iv} \tag{6.118}$$

第二个解对应于积累率 $g^{**} = 0$，因此对应于短期稳定性条件满足时为负数的产能利用率。因为存在两个可能的解，其中一个是动态稳定的，而另一个不是。事实上，第一个解，l_1^{**} 是稳定的。这可以通过方程 $\hat{l}/l = \hat{i}$① 证明，该方程为二阶多项式，l^2 一项的参数为正（依然假定短期的凯恩斯主义稳定性）意味着该函数为 U 形，如图 6-37 所示。有点令人惊奇的是，工人家庭债务比率的长期均衡仅仅取决于食利者的储蓄倾向和仿效参数，这里不存在债务悖论：如果家庭希望借款更多，由 ζ 参数表示，事实上这将拉高工人家庭债务比率的长期值。对 l_1^{**} 关于 s_r 求导，也可以表明，如果食利者的储蓄倾向更高，将导致工人家庭债务比率的长期值更低。利用等式

---

① 原文为 $i = \hat{l}/l$，原文有误。——译者注

（6.117）中其长期值将方程（6.110）中的 l 替换，可以计算出产能利用率的长期值 u^{**}。

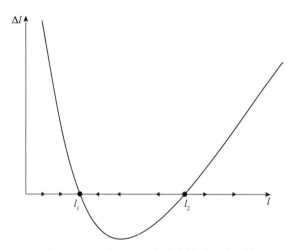

图 6 - 37　工人家庭债务比率的动态稳定性

　　模型中的其他变量仅仅对 l_2^{**} 有影响，即它们对模型中可能的稳定债务比率的范围有影响。例如，利息率 i 的提高将减小 l_2^{**}，因此将增加模型陷入动态不稳定性的可能。海因（Hein，2012，ch.5）的模型与这里所示的模型紧密相关，他通过图表和代数描述了不同的参数对图 6 - 37 中动态稳定曲线形状的影响。我们应该了解这里的模型是基本的模型，它的很多假设都过度简化。

　　很多后凯恩斯主义学者指出消费信贷有助于抵消工资份额的减少，尤其是直接劳动份额的减少。然而，布朗（Brown，1997）争论道，当消费者对经济衰退失去信心时，消费信贷容易紧缩，从而导致 ζ 参数迅速而有力地下降。银行和其他金融机构设定的信誉标准的变化会进一步强化这种影响。

第 7 章
开放经济的宏观经济学 *

处理开放经济并不是件容易的事情。首先，在国际货币关系方面有很多令人感到困惑的问题，比如全球不平衡，资本流入可能导致的不稳定，美元的作用，外汇储备增加的影响，导致汇率变化的原因，货币贬值的效应，美元化或欧元化的优势，更不用提自由贸易、关税的影响以及很多与国际贸易相关的主题了。其次，后凯恩斯主义并没有形成关于开放经济宏观经济学的统一的观点，因此要在一章的篇幅内介绍开放经济理论的后凯恩斯主义基础并不容易。在这个话题上，一些文章的观点实际上非常传统。

虽然我想尽可能照顾到所有的学者，但是我认为还是可以将国际宏观经济学的后凯恩斯主义观点归纳为两个主题：国际收支体系改革和国际收支平衡对增长的约束。前一个话题继承自凯恩斯提出

---

* 很多词句摘自下述著作："The reflux mechanism in the open economy"，in L. P. Rochon and M. Vernengo （eds），*Credit*，*Interest Rates and the Open Economy*：*Essays on Horizontalism*，Cheltenham，UK and Northampton，MA，USA：Edward Elgar，2001，pp. 215 - 242；"A Post Keynesian view of interest parity theorems"，*Journal of Post Keynesian Economics*，**23** （1），Fall 2000，pp. 163 - 179；"Interest parity，risk premia and Post Keynesian analysis"，*Journal of Post Keynesian Economics*，**25** （2），Winter 2002 - 2003，pp. 237 - 249。

的凯恩斯计划①，后一个话题又叫瑟尔沃尔法则。在 20 世纪 70 年代，斯拉法主义者曾将剑桥资本争论引入国际贸易理论当中（Steedman，1979a；1979b；Evans，1981；Henry，1991），但是我们将略过这一内容。最近，正如我们在第 4 章所介绍的，戈德利提出的包括对外借贷在内的三部门平衡方法受到了广泛的关注。除了介绍凯恩斯计划和瑟尔沃尔法则，我也会以稍稍不同于传统的方式讨论更多的话题，比如抵消理论、远期外汇市场利率以及开放经济中的卡莱茨基主义增长模型。与封闭经济中的宏观经济学方法类似，我将从讨论货币意义上的开放经济宏观经济学开始，随后再讨论实体经济。

7.1　国际经济核算

和第 4 章一样，我们首先需要明确国际货币关系的本质特征。我们从国际收支平衡开始，接着将观察银行之间的国际收支（包括或者不包括外汇）是如何进行的。最后，我们将以戈德利的三部门平衡方法的图示结束。这一图示我们在第 4 章已经介绍过，我们将在图 4 - 8 的基础上引入国际因素。

7.1.1　国际收支平衡

我们来回顾一下国际收支平衡表的主要构成。我们从第 4 章使用过的三部门收支平衡——基本恒等式——开始。同样，等式中使

---

① 凯恩斯计划即国际清算同盟计划，由英国经济学家约翰·梅纳德·凯恩斯于 1944 年在美国新罕布什尔州的布雷顿森林举行的联合国货币金融会议上提出。其目的是为维持和延续英镑的国际地位，削弱美元的影响力，并与美国分享国际金融领导权。由于历经二战的英国经济军事实力严重衰退，而英国最有力的竞争对手美国实力空前膨胀，最终，凯恩斯计划在美国提出的怀特计划面前流产。——译者注

用的都是名义变量：

$$(S-I)+(T-G)-CAB=0 \qquad (4.7)$$

CAB 表示经常账户余额，并且我们将 $-CAB$ 定义为净对外借款，即外国居民对国内部门发放的借款。忽略误差和遗漏，我们可以有下面的等式：

$$ABP=CAB+AFAB=0 \qquad (7.1)$$

其中，ABP 表示国际收支账户余额，它必须等于零。我将 $AFAB$ 定义为金融账户余额（使用国民核算的术语）。于是有 $AFAB=-CAB$，因此金融账户余额就是指国外居民对国内经济的净借款。这是核算意义上的金融账户余额，包括了中央银行的官方国际储备的增加额（ΔOR）。现在官方储备的增加意味着中央银行对其他国家发放贷款，因此，如果将官方储备从 $AFAB$ 中扣除，我们就得到了经济学意义上的金融账户余额（AFB），经常也被叫作资本账户余额。[①] 于是，经济学意义上的国际收支余额就等于：

$$BP=CAB+FAB=\Delta OR \qquad (7.2)$$

在固定汇率制或者有管理的浮动汇率制下，经常账户余额和金融账户余额可能同时为正（负），以至于中央银行将积累（消耗）官方外汇储备。在纯粹的浮动汇率制下，经常账户余额（CAB）必须等于负的金融账户余额（$-FAB$）。表 7-1 展示了（核算意义上的）金融账户的主要构成。

---

① 此处作者所用的术语似乎与如今通行的国际收支平衡表账户有些许不同。根据国际货币基金组织出版的《国际收支手册》，国际收支平衡表包括经常账户、金融与资本账户、储备资产和误差与遗漏四项。文中所谓"经济学意义上的金融账户"对应于今天国际收支平衡表中的金融与资本账户，而"核算意义上的金融账户"是国际收支平衡表中的金融与资本账户和储备资产的合并。——译者注

表 7 - 1　　　　　　　　核算意义上的金融账户构成

净增金融资产（货币外流）	发生的负债净额（货币流入）
对外直接投资	国外居民对国内的直接投资
有价证券投资	国外居民对国内的有价证券投资
官方国际储备变化	
其他投资（对国外居民的银行贷款或境外存款的增加）	国外居民对国内的其他投资（向国外银行的借款或国外居民在境内的存款增加）

说明：$AFAB$＝发生的负债净额－净增金融资产＝净对外借款。

我们将会看到表 7 - 1 的最后一行的内容将适应处于它上方的各项构成及经常账户各项构成的变化。这解释了为什么等式（7.1）总是能够成立，尤其是在没有央行干预的弹性汇率制下。等式（7.1）甚至可能在没有任何汇率调整的情况下成立。戈德利和拉沃（Godley and Lavoie，2007a，p. 464）在一个存量-流量一致性两国模型的条件下证明，即便是在固定汇率下，央行也可以不动用储备而依靠长期利率来进行必要的调整以保证等式（7.1）成立。泰勒（Taylor，2004，ch. 10）重复了这一观点：在一个完全内在一致的模型中，本身并不存在国际收支平衡，"广泛使用的蒙代尔-弗莱明 IS/LM/BP 模型是没有意义的，因为在这一模型中，并不存在独立的方程来决定每国的外部平衡或者国际收支平衡"（Taylor，2008，p. 656）。

7.1.2　三部门基本恒等式

借助于罗伯特·帕伦托（Robert Parenteau，2010）富有洞察力的分析，我们尝试用一张图来表示三部门基本恒等式。我们可以将我们称之为基本恒等式的等式（4.7）改写成等式（7.3）的形式。它表示当经常账户盈余大于政府盈余的时候或者当政府赤字在绝对意义上要大于经常账户赤字的时候，私人部门总体上可以减少净借入：

$$(S - I) = CAB - (T - G) \qquad (7.3)$$

图 7-1 是这一基本恒等式的图示。每一条 45 度线表示给定私人部门盈余（以占 GDP 的比例表示）的情况下经常账户余额和财政收支余额的组合。当经常账户余额与财政收支余额相等时，私人部门的净借贷为零。再比如，经常账户赤字为 3%，同时财政收支平衡，那么私人部门金融借贷余额就是-3%。为了得到给定的国内私人部门净借贷占 GDP 的比例，财政赤字的任何增长都需要外部盈余的减少来补偿。因此，我们越是向右移动，私人部门积累净金融资产的可能性就越大。图 7-1 清楚地表明，对于那些存在经常账户盈余的国家，它们的私人部门极有可能取得一个正的净借贷头寸。在全球金融危机之前，一些亚洲国家就是这种情况。如果财政赤字被规定不能大于 3%，那么私人部门积累净金融资产的空间就必然会缩小，《马斯特里赫特条约》就是这种情况。图 7-1 同时也表明对于那些正好经常账户是赤字，同时财政赤字又受到 3% 的《马斯特里赫特条约》规则限制的国家，这一空间就非常小——被限制在图中的三角形之中。

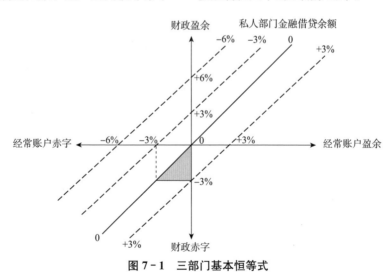

图 7-1 三部门基本恒等式

7.1.3　由银行部门发起的交易

我们首先来处理由银行部门发起的交易。这一例子是为了说明，此类交易就其本身而言并不会对金融账户余额产生影响。让我们假设某一美国银行，如花旗银行决定借款给一家墨西哥银行，如墨西哥国家银行（Banamex）。墨西哥国家银行在花旗银行的账户对墨西哥国家银行而言是存放在国外的同业账户，对花旗银行而言是第三方账户。因此，第三方账户是花旗银行的对外负债，而墨西哥国家银行存放在国外的同业存款则是它国外资产的一部分。表 7-2 的第 1 行显示了这一往来对国际收支平衡表的影响。然后我们可以假设墨西哥国家银行会同意接受这笔贷款，因为它知道一些墨西哥居民会愿意借入美元。新创造的美元将被墨西哥居民持有，如表中的第 2 行所示。

表 7-2　　　　　　　　　　美国银行借美元给墨西哥银行，

后者借给墨西哥居民用于进口美国货物

	花旗银行		墨西哥国家银行	
	资产	负债	资产	负债
1	对墨西哥国家银行的贷款 + \$100	墨西哥国家银行的第三方存款 + \$100	在花旗银行的同业存款 + \$100	从花旗银行借入的资金 + \$100
2	对墨西哥国家银行的贷款 + \$100	墨西哥居民的存款 + \$100	对墨西哥居民的贷款 + \$100	从花旗银行借入的资金 + \$100
3	对墨西哥国家银行的贷款 + \$100	美国出口商的存款 + \$100	对墨西哥居民的贷款 + \$100	从花旗银行借入的资金 + \$100
4		墨西哥国家银行的第三方存款 - \$100 美国出口商的存款 + \$100	在花旗银行的同业存款 - \$100 对墨西哥居民的贷款 + \$100	

到目前为止，金融账户余额还未受到影响。发生的负债项下的

"其他投资"增加了，但是它被取得的金融资产项下的"其他投资"所抵消。即使墨西哥居民决定购买美国股票市场上的股票，金融账户余额也依然为零。这时候，墨西哥银行的其他投资项中的负债的增加将被取得的金融资产项下的有价证券投资的增加所抵消。墨西哥居民也可能用美元进口美国货物，这时候经常账户余额将为负（$CAB<0$），而金融账户余额为正（$FAB>0$）。表 7-2 的第 3 行记录了这一影响。显然，比索并不会有贬值压力，因为墨西哥经济净债务的增加与进口的增加相适应。

上述内容及表 7-2 可以帮助我们解释为什么很难发现基本面之间的联系，比如经常账户余额与汇率之间的联系。除了预期的作用之外，我们发现经常账户赤字并不必然伴随着本币贬值的压力，这取决于通过什么方式融资，以及借入何种货币。

那么内生货币的原则是否还成立呢？一些经济学家会做出否定的回答，但实际上内生货币的原则依然成立。是花旗银行对墨西哥国家银行的贷款才使后者可以贷款给墨西哥客户。另一个角度是假设墨西哥国家银行不需要向花旗银行借款即可以给它的客户贷款。贷款的形式可以是比索，但是墨西哥的进口商将会要求它的银行去购买美元，这将对比索造成贬值的压力。花旗银行对墨西哥国家银行的贷款只是方便了墨西哥国家银行的操作。如果是墨西哥进口商首先向墨西哥国家银行要求美元贷款，然后墨西哥国家银行再向花旗银行借款，结果也是一样的（第 3 行）。第 4 行展示了另外一种情况，它假定墨西哥国家银行已经在花旗银行拥有美元存款，并取出存款贷给墨西哥进口商，墨西哥进口商再支付给出口商。这样一来，墨西哥负债项下的其他投资就没有增加，而是其取得的资产项下的其他投资下降了。

7.1.4 由客户发起的外汇交易

当进口商或者投资者需要外币时会发生什么呢？大额交易在银行账户之间进行，可能也会借助中间商的帮助。图 7-2 展示了这一过程。假设位于加拿大的银行 C 发起了一笔外汇交易，想要为它的客户取得日元，它用加元与位于日本的银行 J 交易。银行 C 会将加元资金转到银行 J 在加拿大的代理行——银行 J 的往来行。这会通过加拿大的大额转账系统 LVTS 进行，LVTS 相当于美国的联邦储备通信系统（Fedwire）或者银行同业清算中心（Chips）。因此，银行 J 将会借记它在代理行的往来账户中的加元。[①] 同时，银行 C 会借记它在日本的代理行的往来账户中的日元。银行 C 借记日元，贷记在 LVTS 中的加元，如表 7-3 中的第 1 行所示。银行 C 避免了

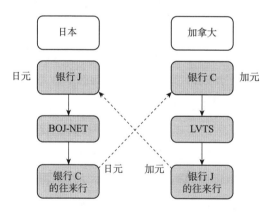

图 7-2 加拿大的银行 C 从日本的银行 J 购买日元同时售出加元

---

① 原文为："Bank J will now be credited with the dollars on its nostro account at its correspondent bank."也就是说，银行 J 在加拿大的代理行贷记银行 J 的同业存款（代理行增加负债项），对应于银行 J 则是借记其同业存款（增加其资产项，即对其代理行的债权）。故这里的"be credited"译为"借记"。——译者注

汇率风险，因为它的客户此时已经取得了日元，同时它的加元账户中的余额减少了，如第 2 行所示。

表 7-3　　加拿大的银行 C 用加元向日本的银行 J 交换日元

	银行 C		银行 J 的往来行	
	资产	负债	资产	负债
1	国外同业存款（日元）≈＋＄100 结算余额－＄100		结算余额 ＋＄100	银行 J 的同业存款＋＄100
2	结算余额－＄100	客户存款 －＄100	结算余额 ＋＄100	银行 J 的同业存款＋＄100

　　银行 J 的情况要更加模糊一些。如果银行 J 并没有需要加元的客户，那么它可能会决定自己持有加元。在这种情况下，银行 J 就拥有一个敞口头寸①。它对日本清算中心 BOJ-NET 的欠款增加，同时持有更多的加元资产。不然银行 J 将会开启一连串的外汇交易以处理手中的加元，这就推高日元价格同时拉低加元价格。如果日本银行不希望看到日元升值，它就会从银行 J 或其他银行手中购买加元以进行干预，因此它将贷记日本银行或者出售加元的外国银行代理行账户中的日元。日本的中央银行因此取得外币，同时结算余额或者日本银行系统中的储备资产增加。在下一节，我们将讨论这种情况在浮动汇率管理体制或者固定汇率体制下将会发生什么。

　　与此同时，商业银行对外汇市场的干预并不会导致一国金融账户余额的任何变化。它们的负债和资产同时增加。只有非金融部门发起的交易才会对银行的外国资产净值产生影响。非金融部门是持有本币资产还是外币资产这一点才会导致银行外国资产净值的变

---

　　①　敞口头寸（open position）是指任何一个未实际付款或未被同一交割日的相等和相反的交易所逆转的交易。可理解为高风险、高回报的头寸。——译者注

化。金融账户余额是国际收支平衡表中的适应项（Bakker，1993；Chaundy，1999）。

7.2　固定汇率制下的抵消理论

我们从考虑如何将内生货币——需求驱动的货币供给——这一概念延伸到开放经济这一问题开始。历史上，又被叫作"抵消"理论。抵消方法将"回流"原则运用到开放经济中，最初由托马斯·图克和银行学派提出并在中央银行层面应用。抵消理论认为中央银行外汇储备的波动将会被国际收支平衡表中其他项目的相反运动所抵消。在固定汇率或者有管理的浮动汇率制下，这一点尤其重要。

7.2.1　对主流观点的一个批判

后凯恩斯主义修正后的蒙代尔-弗莱明模型中的财政政策

为了突出开放经济下货币经济学的后凯恩斯主义观点，简要地回顾教材中的主流观点或许是有用的。当新古典经济学家碰到短期的开放经济宏观经济学时，无论是写教科书还是提供政策建议，他们所使用的工具都是蒙代尔-弗莱明的 IS/LM/BP 模型。这个模型的现代版本，比如罗默（Romer，2013）的版本所得出的结论与传统的版本并没有相差多少。简单地讲，这个模型告诉我们在浮动汇率制下，货币政策有效而财政政策无效或者效果很弱，个中缘由在于，例如扩张的财政政策有可能提高利率，导致本币升值，进而削弱投资和净出口，从而对冲掉了扩张型财政政策的作用。其实很容易对这一论断进行反驳。在后凯恩斯主义的开放经济模型中，扩张型财政政策完全可以刺激经济。正如布格里纳和塞卡莱西亚（Bougrine and Seccareccia, 2004，p. 666）所指出的，这是因为"在后凯恩斯主义的内生货币世界中，利率并不存在上升的压力，因此也就不会'挤出'其他总量支出部分"。扩张的财政政策并不会提高利率并导致本币的升值。戈德利和拉沃（Godley and Lavoie，2005 – 2006）利用存量-流量一致性分析证明了这一点。在他们的分析中，更多的政府支出反而导致本币贬值，这是因为更高水平的经济活动引起贸易赤字，而中央银行可以将利率持续钉在不变的水平。因此，从后凯恩斯主义的立场来看，在浮动汇率制下，扩张型财政政策的刺激效应反而会被强化，原因是由扩张型财政政策导致的本币的贬值将进一步刺激出口和总量需求。与标准的蒙代尔-弗莱明模型观点相反，在一个弹性的汇率体制下，"对政策制定者而言，财政政策可能是一个更加有效的工具"（Bougrine and Seccareccia，2004，p. 666）。

　　这一论断可以借助图 7 - 3 来进行理解。图 7 - 3 由标准的 IS、LM 和 BP 曲线构成，分别表示内部产品市场平衡、货币市场平衡

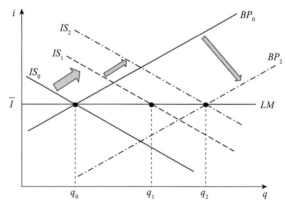

图 7 - 3　对蒙代尔-弗莱明模型的后凯恩斯主义解释：弹性
汇率制下的扩张型财政政策

和外部平衡。*LM* 曲线是水平的，因为中央银行制定并维持不变的利率水平。扩张型财政政策表现为曲线 IS_0 向 IS_1 的移动，同时 GDP 从 q_0 移动到 q_1。在不变的利率水平和与内部平衡相适应的收入水平下，经济处于 *BP* 曲线的下方，因此国际收支将处于赤字水平（这只有在中央银行拥有足够的外汇储备的情况下才可能持续）。浮动汇率制使得本币贬值，导致 *BP* 曲线下移到 BP_2 的水平，*IS* 曲线则因为更多的出口而右移到 IS_2 的水平。最后，扩张型财政政策使 GDP 一直增加到 q_2。在实行固定汇率制的国家，GDP 则会保持在 q_1 的水平，并且国际收支余额会保持着赤字的头寸。

后凯恩斯主义修正后的蒙代尔-弗莱明模型中的货币政策

在蒙代尔-弗莱明模型中，固定汇率制下的货币政策被认为是无效的，而财政政策才是有效的。这意味着，只有财政政策可以调整产出水平。例如，提高利率的紧缩货币政策并不会达到紧缩的效果，因为更高的利率将导致资本流入，引起央行外汇储备增加与基础货币的投放，进而导致货币供给增加，使利率回到最初的水平。从主流的视角看，货币及基础货币的供给是内生的，由央行的外汇储备存量的变化驱动。但是这一内生性与后凯恩斯主义所强调的内生性相当不同。在蒙代尔-弗莱明的例子中，这是供给引致的内生性，而后凯恩斯主义的内生货币供给是需求引致的。

蒙代尔（Mundell）和他的后继者们所描述的固定汇率制下的机制不过是金本位下古老的"物价-现金流动机制"[1] 的翻版。实际

---

[1] 在国际上普遍实行金本位制的条件下，一个国家的国际收支可通过物价的涨落和现金（即黄金）的输出输入自动恢复平衡。这一自动调节规律被称为物价-现金流动机制（Price Specie-Flow Mechanism）。它是在 1752 年由英国经济学家大卫·休谟（David Hume）提出的，所以又称为休谟机制。——译者注

上，这一机制只是一种人为设计的"游戏规则"。艾瑟尔（Ethier，1988，p. 341）这样描述这一规则："国际收支赤字应该为货币供给的减少所完全反映，同时国际收支盈余应该为货币供给的增加所完全反映。"设计这一游戏规则的目的在于仿效黄金流动的效应，蒙代尔（Mundell，1961a，p. 159）最终称之为"收入-现金流动机制"。虽然之后的文献讨论了一些更复杂的开放经济模型，但是所有人依然认为国际收支盈余与基础货币及货币供给之间的正向联系已经足够说明问题了。

奥布斯特费尔德和罗戈夫（Obstfeld and Rogoff，1995，p. 75）概括了关于固定汇率制的标准观点："关键之处在于为了固定汇率，政府失去了对国内货币的控制。"这是指理论上，至于实践，奥布斯特费尔德和罗戈夫继续说道："中央银行经常尝试在不放弃货币政策的情况下影响汇率，经常通过使用冲销交易进行市场干预。"按照一般的理解，冲销意味着中央银行可以通过出售（购买）政府债券的方式，抵消因为购买（出售）外汇所导致的基础货币的增加（减少）量。但是奥布斯特费尔德和罗戈夫（Obstfeld and Rogoff，ibid.，p. 76）却总结说："尽管有时候这一冲销操作会引起热烈的关注，但是实际上它并不能打破货币政策和汇率之间的紧密联系。"这促使奥布斯特费尔德等人（Obstfeld et al.，2005）提出了所谓的三元悖论，或者不可能三角。按照这一理论，国家在以下三个特征中只能拥有两个：货币独立性、对汇率的控制以及金融一体化（资本的完全流动）。

这一说法混淆了"资本的完全流动性"和"资产的完全可替代性"。资本流动性是指是否存在对资本流动的阻碍。即便资本是可以完全流动的，资产持有者也可能认为资产并不是完全可替代的。正如我们在第 4 章所指出的，在这种情况下，资本回报率并不需要相等。因此，证券投资决策更加符合开放经济下的等式（4.3）的情况，而不是等式（4.2）。这意味着国内的利率并不需要与世界利率相等，也不存在非抛补利率平价。这也是为什么图 7-3 中的 *BP* 曲线并不像标准的蒙代尔-弗莱明模型中那样是水平的。在资产不具备完全可替代性而资本可以完全流动的条件下，冲销干预将会起到一定的效果。可是主流的观点依然认为"对于外汇市场的冲销干预是微弱和短期的"（McCallum，1996，p. 138）。考虑到在 2000 年之后，好几个国家都通过冲销大量新流入的外汇储备来维持对汇率的管理，上述主流说法就显得莫名其妙（Aizenman and Glick，2009）。

对于开放经济的运行机制，凯恩斯主义的观点与蒙代尔-弗莱明的模型在本质上有两个不同之处。第一，蒙代尔（Mundell，1963）同时假设资本的完全流动性和资产的完全可替代性，而后凯恩斯主义只假设前者。于是，由回报率差异所引起的资本流动是有限度的。第二，蒙代尔（Mundell，1963）和弗莱明（Fleming，1962）以及在他们的教科书中都假设公开市场操作可以很好地代表货币政策，然而，正如我们在第 4 章所澄清的，后凯恩斯主义假设利率目标才是货币政策最好的体现。有意思的是，早期的后凯恩斯主义学者，比如詹姆斯·米德（James Meade）就已经认识到第二个区别。正如艾伦和凯南（Allen and Kenen，1980，p. 8）所指出的："米德建议中央银行维持不变的利率；建议用公开市场操作抵消由于储备的变化所导致的货币供给的变化，同时抵消由于国内收入变化所导致的货币需求的变化。"实际上，弗莱明也承认"唯一清晰的选择似乎是将货币政策的一致原则定义为维持不变的利率"，并举了蒙代尔（Mundell，1961b）作为这一选择的例子。这里必须指出，蒙代尔（Mundell，1961a）自己也意识到他在教科书中所设计的"游

戏规则"依赖于中央银行的特定行为，而他除此之外的作品则经常
被引用以说明"游戏规则"和 IS/LM/BP 模型的相关性。事实上蒙
代尔（Mundell，1961a，p. 153）自己就对现代中央银行遵循"银
行原则"因此使"国内货币供给适应贸易需要"，而不是"金银通
货主义原则"这一行为感到痛心疾首。换句话说，蒙代尔承认货币
供给是需求引致的内生货币并且中央银行参与维持目标利率。这是
在 1961 年！

　　我们将再次提供一个对蒙代尔-弗莱明模型的后凯恩斯主义解
释。这一次我们处理扩张型货币政策的情况，如图 7 - 4 所示。这一
货币政策表现为中央银行制定一个更低的利率，从而使水平的 LM
曲线下移。结果，GDP 会从 q_0 移动到 q_1，同时经济的内部均衡点位
于 BP 曲线下方。于是国际收支处于赤字状态，本国货币具有贬值
的压力。与标准的理论相反，在后凯恩斯主义的固定汇率制模型
中，外汇储备的流失并不会使 LM 曲线回到之前的水平，因此利率
也不会回升。正如我们接下来将讨论的，原因在于外汇储备的变化
要么被冲销，要么被自动抵消。因此在固定汇率制下，经济将维持

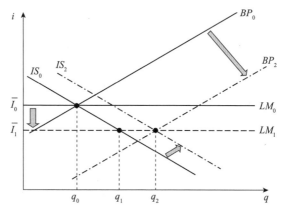

图 7 - 4　对蒙代尔-弗莱明模型的后凯恩斯主义解释：扩张型货币政策

在q_1的水平（只要外汇储备没有耗竭）。在弹性汇率制的情况下，降低利率的刺激作用会被加强，IS曲线和BP曲线都将右移，最终使GDP上升到q_2。央行经常这样来解释它们的货币传导机制。然而，戈德利和拉沃（Godley and Lavoie，2005 - 2006）证明了这一额外的影响可能是暂时性的。

7.2.2　央行的资产负债表

通过观察央行的资产负债表可以更好地解释并区分蒙代尔-弗莱明和后凯恩斯主义的不同理论。表7-4是经常在教科书中看到的央行资产负债表，表7-5则是一张更加符合现实的央行资产负债表。

表 7 - 4　　　　　　　　教科书中的央行资产负债表

资产	负债
外汇储备	流通中的现金
国内政府债券	银行准备金

表 7 - 5　　　　　　　更加符合现实的央行资产负债表

资产	负债
外汇储备（对国外居民的债权）	流通中的现金
国内政府债券	银行准备金
对国内银行的债权	政府存款
	中央银行债券
	股本权益（自有资金）

如表7-4所示，因为银行准备金加上流通中的现金等于基础货币，所以中央银行的资产与基础货币之间有一一对应的关系。表7-4可以看作是对"以资产为基础"的金融体系的阐释。银行可以通

过向央行出售政府债券以取得准备金并扩大业务规模。在一定程度上，这可以用来说明盎格鲁-撒克逊的货币体系，但对于世界上的大多数货币体系而言，这就过分简化了。它对多数货币体系运作方式的解释具有误导性。多数中央银行的资产负债表更接近表 7-5 的形式。

在资产项，对国内银行的债权是一个关键的添加项。几乎所有欧洲银行体系以及墨西哥、中国和韩国的银行体系都是这种情况（Lavoie，2001）。这些商业银行结构性地对央行负债，并且只要有可能就会尝试降低这一债务规模。正如我们在第 4 章解释过的，这样的货币体系叫作"透支"体系，私人银行只要有合适的抵押品，就可以向中央银行透支。在央行资产负债表的负债项，表 7-5 引入了三个额外的项目。除了中央银行的股本权益之外，还有中央银行债券与政府存款。我们在第 4 章已经指出，中央银行按照自己的意愿使政府存款在央行的账户和政府机构在各种私人银行的账户之间移动。此外，在不少（发展中）国家，中央银行可以发行它们自己的证券，叫作央行票据或者央行债券。在国内的金融市场中，这些债券的风险通常被认为比政府债券还要小。

因此，外汇储备的增加至少有 4 种方式进行冲销或抵消：可以是对国内银行透支或对中央政府债权的减少；或者是政府存款或者未偿付的央行债券规模的增大。央行资产负债表中这些额外的项目中断了中央银行资产和基础货币之间的直接联系。这一抵消方法的主要方面在于，在外部盈余的情况下，商业银行将它们新取得的外汇储备出售给了中央银行，随即它们将拥有超额准备金。而商业银行将尽可能地处理掉这些超额准备金，因为以零利率或者非常低的利率持有超额准备金是有机会成本的。银行向信用良好的借款人发放贷款并不需要等待额外的准备金，当外汇储备在它们的账户中堆积起来的时候，它们就已经将它们可以发放的贷款全部贷给了信用良好的借款人。因此银行通常会通过缩小它对中央银行的透支规模，或者通过购买诸如政府债券或中央银行债券这样的无风险资产来消化这些超额准备金。

在那些隔夜拆借利率明显处于央行控制之下的国家，央行将会启动冲销过程，例如转移政府存款或者回购操作，通过清算和结算系统将过多的流动性移除。加拿大银行（Bank of Canada，2004）在它的一份背景文献中提到，当它执行汇率操作以缓解加元升值的压力，也就是在外汇市场上卖出加元同时取得外汇的时候，"为了预防加元利率下行的压力……它将从金融系统中回收相同规模的加元余额"。这可以通过将商业银行中的政府存款重新存入央行来实现。这一冲销操作与选择无关；只要央行想要维持它的目标利率，冲销操作就是必需的。实际上，克雷格和汉佩奇（Craig and Humpage，2001，p.1）指出："一旦一国的中央银行将维持不变的银行同业拆借利率作为执行货币政策的中介，那么任何外汇市场对基础货币的影响都将自动被抵消（或冲销）。"

历史上的极端例子

表 7-6 和表 7-7 显示了抵消机制的极端情况。第一个例子是欧洲货币体系分别在 1992 年 9 月和 1993 年 8 月遭到攻击时的德国央行。金融市场及其投机者预计欧洲货币将大幅反弹，并认为与其他主要欧洲货币相比，德国马克将会重新升值。虽然在危机之前和之后，德国央行的资产负债表构成发生了很大的变化，但其整体规模却几乎不变，这一点可以从表 7-6 看出。由于德国金融系统是透支型的，国内信贷的变化在本质上将反映央行对德国银行透支额度的变化。因为资金流入，商业银行将不得不持有超额准备金，因此

它们也就不再按照先前的承诺通过更新贷款来满足央行对强制准备金的要求和客户对银行券（由央行发行）的需求。

表 7-6　　　　　　　　　　德国央行中的抵消效应　　　　　单位：十亿德国马克

	1992 年 8 月 31 日	1992 年 9 月 30 日	1993 年 7 月 15 日	1993 年 8 月 7 日
外汇储备	104	181	108	160
对国内借贷	237	144	236	174
资产总计	341	325	344	334

资料来源：Claassen (1996，p.57).

表 7-7　　　　　　加拿大银行通过政府存款进行冲销　　　　单位：十亿加元

	1995 年	1996 年
资产	50.9	59.2
外国资产	20.8	28.2
对中央政府债权	30.1	31.0
负债	50.9	59.2
基础货币	32.1	33.4
政府存款	17.8	25.0
其他项目	1.0	0.8

资料来源：Lavoie (2001).

　　第二个例子来自一个以资产为基础的金融体系，即决定实行纯粹的浮动汇率制之前的加拿大央行。1995—1996 年期间，加拿大央行持有的外汇储备大幅增加。在主流经济学理论中，这将意味着大幅增加基础货币，除非中央银行采取激进的冲销策略在公开市场上出售政府债券。然而，表 7-7 中的数字显示，对政府的债权没有任何下降。加拿大央行并没有出售它所持有的政府债券。相反，它将特许银行持有的大量政府存款转移到中央银行自己的账户，从而冲销了外汇储备的增加。因此，尽管官方储备和中央银行资产负债表的规模发生了很大的变化（大约增加了 80 亿加元），但是高能货币

（基础货币）的规模却几乎没有增加（增加了 10 亿加元）。

这与表 4 - 20 和表 4 - 21 完全一致。表 4 - 20 和表 4 - 21 强调向中央银行转移政府存款可以减少银行系统可用的准备金。如果中央银行希望在利率走廊中实现其目标隔夜拆借利率，那么就需要中和自主的资金流动对清算余额的影响。最后，我们可以给出中国的例子，见表 7 - 8。中国 GDP 的增长非常显著，有着大量的货币需求，因此其中的抵消命题并不是很清晰。尽管如此，我们仍然有可能对此有所理解。事实上，拉沃和王（Lavoie and Wang，2012）证明，外汇储备、中央银行债券和对政府及银行的债权之间存在协整关系（长期关系），而外汇储备和基础货币之间没有这种关系。

表 7 - 8　　　　　中国人民银行资产负债表　　单位：十亿元人民币元

	1999 年 12 月	2010 年 5 月
资产	3 535	24 130
外国资产	146	19 687
对政府、银行及其他金融机构的债权	2 079	3 595
其他资产	10	848
负债	3 535	24 130
基础货币	3 362	14 713
中央银行债券	12	4 606
政府存款	178	3 034
自有资本及其他项目	—17	1 777

资料来源：Lavoie and Wang（2012）.

7.2.3　对抵消理论的历史回顾

抵消理论虽然在教科书中被忽视，但却有着悠久的历史传统。即便在今天的环境中，这一理论也是成立的，因为中央银行就像在金本位时期一样制定目标利率。抵消理论有时也被称为"法兰西银行观点"，因为这个命题的现代版本得到了法兰西银行研究总监皮埃尔·博杰（Pierre Berger）的认可。博杰（Berger，1972a，p. 94；1972b，p. 171）观察到，和 19 世纪的情况一样，法兰西银行的黄金储备的高峰伴随着对国内经济借贷的低谷。尽管黄金储备的波动较大，但基础货币和货币供应量的变化却是非常有限的。

这一分析为对 1880—1913 年和 1922—1938 年间金本位时期的研究所证实。布卢姆菲尔德（Bloomfield，1959，p. 49）证明，如果观察一战之前的时期——金本位的全盛时期——中央银行的国外资产和国内资产在 60％的时间里按相反的方向变化。仅仅在 11 家中央银行的 34％的时间里，国外资产和国内资产按照相同的方向变化。负相关的普遍性表明，即使在金本位的全盛时期，所谓的游戏规则也经常是不成立的。事实上，"对于每一个中央银行，国际资产和国内资产的年度变化方向往往相反而不是相同"（Bloomfield，1959，pp. 49‐50）。戈德利和拉沃（Godley and Lavoie，2007a，ch. 6）提供了一个固定汇率制下的存量-流量一致性模型，在模型中，外汇储备以黄金的形式持有，并且中央银行仍然保持对利率的控制。中央银行的黄金储备可以随着对国内经济债权规模的变化而变化。

1922—1938 年的情况也几乎如此。拉格纳·纳克斯（Ragnar Nurkse，1944，p. 69）的研究表明，26 个中央银行的外国资产和国内资产在所考虑年份的 60％时间里以相反方向变化，只有在 32％的时间里以相同的方向变化。纳克斯（Nurkse，ibid.，p. 88）研究了黄金和外汇储备的各种流入流出情况之后，得出结论认为"中和是一种规则而不是一种例外"。尽管没有明说，但是纳克斯实际上将抵消原则视为开放经济中中央银行的普遍现象。蒙代尔的现代 IS/LM/BP 模型对现实的描述是错误的。

所谓的"游戏规则"所设想的自动机制是不存在的。相反，我们已经看到，自动的力量可能导致中和的结果。因此，如果中央银行想要放大国际资产变动的影响，而不是抵消这种影响，那么它就不仅需要慎重，还需要采取与自动趋势相反的措施。（Ibid.）

纳克斯对在诸多案例中呈现的中央银行国外资产和国内资产负相关性的解释特别有意思，因为他没有用中央银行发起的"冲销"操作这一标准解释来理解这一现象。纳克斯认为，将这一反向关系理解为中央银行刻意的"冲销行为"是错误的。相反，纳克斯认为，外汇储备的变化是由"正常"或"自动"的因素引起的，并且抵消原理同时在透支型金融体系中和以资产为基础的金融体系中运行。在透支型金融体系中，纳克斯（Nurkse, ibid., p.70）说道："例如黄金的流入往往会导致国内货币市场的流动性增加，反过来又可能会导致市场偿还部分对中央银行的负债。"吉尤塞（Gyöngyössy，1984，p.132）也注意到了这个事实。

纳克斯还观察到在以资产为基础的金融体系中的抵消现象。在黄金和外汇流入的情况下，外国投资者（或持有其存款的银行）将购买新的政府债券。就像在开放市场运作中一样，这将减轻政府对中央银行的债务。然而，像纳克斯（Nurkse，1944，p.77）所指出的，与开放市场操作相反，该行动"并不是由银行发起的"。或者，如纳克斯（Nurkse, ibid., p.76）所指出的，黄金的流入也可能通过政府在中央银行存款的增加而抵消，就像今天的加拿大银行一样。

纳克斯的分析可以很容易地扩展到当前的情况，中央银行通过设定高利率吸引外来资本并实现国际收支盈余。假设外国投资者在母国以低利率借款，并出售这部分外币以取得巴西的货币存款。如果他们想要利用好高利率，那么现在就需要购买巴西的国债（众所周知的"套息交易"）。如果他们从巴西中央银行直接获得这些债券，中央银行的外汇储备的增加将完全由央行对政府债权的减少所抵消；也就是说，冲销是自动发生的，并由外国投资者发起。巴西政府也可以决定发行新的债券，并直接向外国投资者发售，在这种情况下，后者的存款将由政府持有。再一次地，外汇储备的增加被抵消了，新产生的存款则转移到政府在巴西中央银行的账户。第三种可能是外国投资者从其存放外汇交易收益的银行购买证券，在这种情况下，该银行将持有超额准备金，可以从政府或中央银行购买证券。

因此，上述结果清楚地表明，抵消原则同时适用于旧的和当前的国际货币体系。卡尔多（Kaldor，1980，p. 309）是第一个为这一原则提供计量经济学证据的学者。一个有趣的实证结果来自马瑟利（Marselli，1993）。他表示，外汇储备的变化并不与额外的银行贷款协整。这一结果支持银行不需要等待新的自由准备金就可以发放贷款的论断。马瑟利还表明，外汇储备变化和私人银行持有的证券变化是正的协整关系。这与下述论断一致：私人银行持有自由准备金，通常不会使用它们来发放新的贷款。相反，它们使用这些超额准备金来获得无风险的政府证券。后者当然也符合由中央银行发起的系统性的冲销操作。

一些知名的中央银行专家也赞成抵消原则。在谈到货币基础的各种决定因素时，查尔斯·古德哈特（Charles Goodhart，1984，p. 192）指出："对于外汇流入存在一些反向的趋势，即它们似乎以某种方式产生部分抵消作用，这有利于缓解货币当局面临的一些困难。大量外汇流入将鼓励绩优证券的销售，这也可以减少公司对银行信贷的需求。"

最后应该提到的是，凯恩斯（Keynes，1930b，p. 230）也敏锐地意识到抵消现象。他指出，年复一年，英国央行在春季获得大量的黄金，而秋季则会失去金额相当的黄金。这本应该引起所有人的关注，但实际并没有，因为这些黄金的流进流出被相应地由财政部季度性流出流进所抵消。春季，财政部收到所得税后，将从公众和英格兰银行购回其债券，从而减少英国央行资产负债表中的国内信贷。

7. 2. 4　抵消理论的局限

冲销经常被认为不会发生在长期。换句话说，冲销是有局限的。这意味着抵消原理的局限，或者表面上是有局限的。大多数分析师并不区分国际收支盈余和赤字。这是可以理解的，因为一个对外赤字和实行固定汇率制的经济体最终将耗尽它的储备金，或者需要借入外汇。显然，这个过程不能永远持续下去。但受到攻击的中央银行只要手中有外汇储备或者有足够的信誉可以借到外汇，它就可以弥补其损失。确实，在外汇储备充足而赤字较小时，对外赤字的情况可以维持一段时间，但是它不可能永远持续，因此必然在达到一定程度之后需要打破一些东西：货币将贬值，利率会被推高，政府需要削减支出，或者需要引入融资配额或施加金融控制。

相比之下，当经济处于对外盈余时，很难看出有什么限制。对于一个反复具有国际收支盈余的经济体而言，为什么要有对中央银行持有的外汇储备的限制呢（Keynes，1973，xxv，p. 29）？像中国这样的经济体有什么限制呢？它已经在十年里积累起巨额的外汇盈余。

说到中国，一些学者认为对于那些具有外部盈余的国家而言，冲销不可能永远存在，因为这些国家的中央银行的负债必然有比美国国库券更高的利率；也就是说，这些国家的冲销操作会导致其央行的操作成本（或机会成本）（Aizenman and Glick，2009）。例如，弗兰克尔（Frenkel，2006，p.587）谈到在拉丁美洲国家，冲销操作通常是"出售公共部门或者中央银行的票据以回收货币，这会带来财政部或中央银行的融资成本，这一成本与这些票据利率和央行国际储备获得的利率之间的差额成比例。这一论点显然不适用于像中国这样的国家，在中国利率是受到管制的，它可以将利率设定在比美国或欧洲更低的水平。而且，为什么有收支盈余的国家的利率要比面临经常账户赤字并且尽力避免货币贬值的国家的利率高呢？在20世纪70年代，像美国或者英国这样对外赤字的国家，都引入了高利率或者上升的利率！无论如何，有一点是确定的：一旦央行使其汇率上行，它就将面临其外汇储备的减值损失。融资成本的论点因此似乎是不够充分的。在后来的一篇文章中，弗兰克尔（Frenkel，2007）重新考虑了这个问题，并且承认即使本国利率要高于通过国外储备取得的利率，对过多的外汇进行冲销在一些条件下也是可以持续的。因此，当泰勒（Taylor，2008，p.660）依然对完全冲销外汇流入持怀疑态度的时候，弗兰克尔似乎已经相信这是可能的了。

在存在国际收支盈余的时候发生了什么呢？有四个引起这种情况的原因。第一，可能国外发生了金融危机，国内货币被视为安全资产遂引起大量的资本流入。第二，出口强势，出口商获得了大量外汇。第三，如我们在上一小节讨论过的，国内的高利率吸引了外国投资者。第四，比如在国内货币政策高度紧缩的情况中，国内厂商认为国内利率太高了；它们于是从国外市场以更低的利率借入资金，同时也承担着未来在偿还债务之前本币可能贬值的风险。

第四个原因在一定程度上与之前三个不同，因为在第四个原因中，抵消原理并不发生作用。资本账户的盈余是由中央银行企图约束经济增长引起的。在这里我们看到的是结构性内生货币的一个典型例子。中央银行制定高利率以试图约束信贷、货币、产出和价格的增长，银行则通过引导它们的客户从银行的国外代理行那里以更低的世界利率借款以规避这一紧缩政策。欧洲国家发生的就是这种情况（Radonjić and Kokotović，2014）。至于是否是固定汇率制则是无关紧要的，在弹性汇率制度下也会发生同样的事情，银行和它们的客户仍然会试图规避紧缩的货币政策。无论何种情况，甚至是内生的国外资本流入，我们也不能确定一定就会引起基础货币和货币供给的增长。厂商可能会偏好于在欧元市场上借入低利率的其他货币，并偿还它们在国内银行的贷款，"因此货币供给及对商品和服务的有效需求都没有增加"（Coulbois and Prissert，1974，p. 303）。

现在让我们回到本币遭受冲击时的情况，国内的中央银行实际上可能会采取措施以对抗内生的抵消原理。中央银行可能刻意地追求紧缩的货币政策，稍微推高隔夜拆借利率以引起资本流入，进而提高外逃资本的转移成本（Coulbois，1982，p. 200）。利率提高并不是资本外流的内生结果，而是中央银行的经济政治决策的结果。中央银行希望通过推高利率来提高从国内借款购买国外基金的机会成本，因此提高针对本币进行投机的成本。投机可能因此就不值当了。然而，很明显，这需要非常极端的利率政策：一个月内汇率 1 个百分点的变动就足够覆盖 12 个百分点的利率差异。显然，资本管制或者对短期的资本流动征收税款是更好的选择。

一些对抵消原理的批评意见认为，即便银行会处理掉超额准备金，但只要出口商收到外汇，货币供给就会增加，因为这些外币会迅速转化为本币形式的存款。但这种说法是误导性的。回流原理同等地适用于来自国外和国内的进款。出口商在生产出口产品时的支出很可能来自贷款。因此，当出口商将手中的外币转换成本币存款时，这些存款将被用来偿还银行的贷款。勒布瓦（Le Bourva，1992，pp. 462 - 463）对此进行了强调：

> 而且，应该注意最初的抵消发生在生产企业的账户中，之后才是金融机构的账户。如果企业是通过外贸获得偿付生产资料的款项，那么它们偿还给银行的将是外币而不是定期汇票。

因此，我们可以说抵消原理在两个水平上发生：政府部门与银行的连接处以及银行和中央银行的连接处。正如阿雷蒂斯和埃希纳（Arestis and Eichner，1988，p. 1004）正确地指出的："由当局或者国际收支盈余引起的财政或债务管理操作，进而形成的货币创造，都可以由私人经济参与者的行为所引起的商业银行信贷缩减来中和。"

无论如何，大多数经济都拥有增长的数字。总体上，通过抵消原理，国际收支盈余将会缩小银行对中央银行债务的增长率，或者将会减少银行通过出售政府债券来取得基础货币的需要。因此，虽然中央银行国外资产和国内资产之间的负相关性可以证伪所谓的"游戏规则"，但是两者之间的正相关性却不能证伪抵消机制。

7.2.5 一个特殊的固定汇率制度：货币发行局制度

有一种特殊的汇率制度——货币发行局制度——的行为模式被认为遵循所谓的"游戏规则"。事情真的是这样吗？我们这里将说明货币发行局的功能同样符合抵消原理。

货币发行局第一次出现在 19 世纪上半叶的殖民时期。英国设立货币发行局是为了降低地理遥远的殖民地使用英国货币所产生的成本。直到第二次世界大战结束，货币发行局依然非常流行，之后才作为过时的殖民主义象征而为标准的中央银行体制所取代。除了中国香港和新加坡，货币发行局几乎已经消失，直到 1991 年阿根廷采用了货币发行局的货币体系，并在之后为一些国家所模仿，比如保加利亚和立陶宛。众所周知，阿根廷的实验在经历了一个相对成功的时期之后，在 2002 年以灾难和混乱而告终。

当很多国家，尤其是南美国家和东欧国家（特别是俄罗斯）为维持价格和汇率稳定而不断遇到问题时，货币发行局就会作为权宜之计被提出。货币发行局以一种外币为基础，承诺将以固定的汇率提供或者收回银行准备金和国内现金。人们认为货币发行局制度可以为货币发行提供信用，但至少在理论上，货币发行局制度中的货币发行受限于外汇储备的可获得性，因为冲销操作被禁止了。换句话说，国内货币完全以外汇储备为基础。"纯粹"的货币发行局只持有单一类型的资产——外汇储备、黄金或者外币比如美元或欧元。它们不提供国内信用。与中央银行相反，货币发行局并不向国内私人部门透支；它们也不持有国内的政府资产。货币发行局资产负债表的资产项严格地仅限于官方外汇储备。基础货币存量的任何增长都伴随着外汇储备的流入；也就是说，这个国家必须维持国际收支盈余（$BP > 0$）。

根据货币发行局制度的提议者的想法，货币发行局是恢复新古典经济学家所期待的自动调整机制的手段。货币发行局据说可以恢复所谓的"游戏规则"，而"游戏规则"则应该用于调节任何设计合理的开放金融体系，尤其是金汇兑本位制。在金汇兑本位制中，任何的国际收支赤字均将产生黄金损失，然后据说就会引起货币供给的减少以及利率的提高，进而放缓经济活动，减少进口，最终形成新的国际收支平衡。显然，"游戏规则"提供的机制和标准的 IS/LM/BP 模型中的机制并没有多大不同，国际收支赤字都将造成货币供给减少和利率提高，进而放缓经济活动。

纯粹的货币发行局是不存在的，真实的货币发行局的行为模式并不会如此简单。不同于表面现象，它的功能与普通的中央银行并无差别。货币发行局同样存在于一个内生货币经济中，需要对抵消理论做出反应，不过其程度要狭窄得多。

在货币发行局制度中，有三种可能具有弹性的因素。第一，当对本国货币需求的增长速度快于外汇储备的增长速度时，货币发行局可能将从国外商业银行借入外汇以满足需求。当然，当外汇储备增长更快时，中央银行就可以反过来偿还它在国外银行的贷款。第二，当外汇储备规模大于对超额准备金和现金的需求时，政府将会积累其在货币发行局的存款。实际上，这正是一些采取货币发行局制度的国家所采取的办法，比如保加利亚和立陶宛。例如，在保加利亚，政府存款在货币发行局的资产负债表中对应着40％的外汇储备（Dobrev，1999，p. 21）。政府存款"扮演了基础货币和外汇储备动态变化的缓冲器……本质上这是一种冲销功能，向经济注入或者收回流动性"（Nenovsky and Hristov，1998，p. 18）。第三，货币发行局通过发行货币发行局票据的方式处理多余的外汇储备。虽然货币发行局的资产负债表中可能只有一种资产，但它可以利用多达四种形式的负债以打破外汇储备和基础货币之间一一对应的关系。除了基础货币，负债项中还有从国外的借款、政府存款以及货币发行局发行的票据。

拉沃（Lavoie，2006e）的存量-流量一致性模型显示，即便货币发行局一方面需要维持固定汇率，另一方面又不能向国内经济贷款，但是它依然可以控制利率。一些货币发行局也承认这点。再次以保加利亚为例，尽管按照法律它不能进行公开市场操作，但是它可以制定利率。保加利亚国家银行可以"宣布一个基础利率"，尽管标准理论认为在货币发行局制度或者更一般地，在固定汇率制下，是"市场独自决定利率"（Dobrev，1999，p. 14）。

货币发行局制度与严格的固定汇率制度有些许不同。在接下来的例子中，当央行将要耗尽外汇储备时，除非它可以从国外或者像 IMF 这样的国际组织借入外汇，否则它就需要做出一些重大的结构性改变，比如进口控制、资本控制、财政和货币紧缩政策。在货币发行局制度下，即使货币发行局手中还有大量外汇，也可能需要做出结构性改变，因为货币发行局承诺其基础货币百分之百地以外汇为基础。还有一点不同是，货币发行局需要以维持固定汇率制为己任，而中央银行可以使本币贬值，或者让汇率浮动。货币发行局就不能这样做，因为正是它不便说服国际投机者这些做法不被考虑。

阿根廷曾发生过这样的结构性改变。在一个时期内，尽管其经常账户是赤字，但阿根廷还是通过私有化国企并把它们出售给国外投资者的方式避免了总体国际收支上的赤字，而且出售国企的行为还给人一种政府存在财政盈余的印象。在之后的时期，当阿根廷的国际收支陷入赤字时，它依然可以让货币发行局从国外的大型银行借入外汇以维持外汇储备的水平——这一行为是与纯粹的货币发行局原则背道而驰的。另外一种选择是由阿根廷政府向国外投资者出售以外币（美元）计价的债券，然后政府就可以将进款存入央行以提高外汇储备（De Lucchi，2013）。当政府的外债水平过高时，人们就失去了信心，所有这些资金渠道都不管用了。阿根廷这时就不得不采取极端的措施，最终放弃固定汇率制和货币发行局制度。

7.2.6 理论结论

后凯恩斯主义在货币经济学中使用的水平主义方法的本质特征在于认为信贷和货币是需求引致的内生变量，并且认为中央银行有能力按照自己的意愿制定利率（甚至实际利率）。当然，中央银行的这一选择受到其目标以及经济结构的限制。

在资本流动（但是不存在完全的资产可替代性）的世界中，上述特征也是成立的。即便在固定汇率制下，通过抵消原理，即回流原理的变形之一，国际收支失衡也不会对整个基础货币或者货币供给产生影响。货币总量仍然由需求引致的因素决定。唯一的区别在于国外因素引起的失衡将会改变中央银行资产负债表的构成。

国际收支失衡并不会对利率水平有内生的影响。例如，对外赤字并不会导致国内的流动性下降以及利率的提高。这一结论为各种两国经济的存量-流量一致性模型所证明。这些模型中存在资本流动，并且抵消机制在央行的资产负债表中得到反映（Godley and Lavoie，2005－2006；2007a，ch.12）。但是，当中央银行要阻止外汇储备流失时却可以主动地推高利率。利率的这一变化并没有什么自动机制：它不是市场的供求力量导致的结果，而是中央银行决策的结果。然而，在封闭经济中，长期利率随着供求函数变化，因此就更容易受到资金流动的影响。

与阿雷蒂斯和埃希纳（Arestis and Eichner，1988，p.1015）一样，我们的结论是："只要承认货币供给是信贷驱动和需求决定的，那么汇率体制对于货币和信贷就是无足轻重的。"此外，那些有贸易盈余或者从资本流入中获利的国家并不会出现通货膨胀的倾向，因为并不存在供给引致的内生货币创造。正如普瑞斯特（Prissert，1972，p.302）所提到的，在固定汇率制下并不存在输入型通胀这回事。在一个需求引致型增长的世界中，那些具有外部盈余的国家应该毫不犹豫地采取扩张型政策以帮助经济下滑的国家，因为国际收支带来的困难给它们的增长带来了限制。保罗·戴维森（Paul Davidson，1994，p.265）紧随着凯恩斯坚持称，国际收支失衡的调

整压力应该由债权国而不是债务国承担。这种观点与抵消原理完全
一致。

7.3　利率平价

在上一节我们指出，即便中央银行在一定程度上受到其汇率目
标的限制，也依然可以根据自己的意愿来制定利率。这一点在浮动
汇率制和固定汇率制下都将成立。主流经济学家和很多非正统经济
学家并不认同这一点，他们的理由是利率平价。在这一节我们将要
分析利率平价条件，并提供另外一个对抛补利率平价的解释，我们
称之为"兑换商"观点，这一观点可以很好地与后凯恩斯主义货币
理论融合。

因为远期汇率在我们将要讲述的故事中扮演着重要的角色，所
以我们先来回顾什么叫作远期汇率。假设你是一个欧洲的批发商，
向国外进口货物，需要在三个月后以美元支付货款。你可以借入欧
元并购买美元，在合约到期前都将之保留在特定的欧元-美元账户
中，这样你就可以在货物交割之前明确地知道进口货物以欧元计价
的成本。但是这一切通过远期汇率市场将更加简便。你可以通过银
行在远期汇率市场上购买美元，即签订了一个合约承诺在三个月后
提供一笔欧元，同时银行承诺在三个月后向你提供一笔美元。类似
地，如果你是一个欧洲出口商，出口货物将收到美元，你会需要确
定三个月后收到货款的欧元价值。同样，你只需要在远期汇率市场
上购买欧元，即承诺在三个月后提供美元（你的客户将支付你这笔
美元），同时银行承诺以现在确定的汇率向你提供欧元，这样就消
除了汇率风险。

7.3.1 利率平价关系简介

在主流开放经济宏观经济学中，实际利率平价条件是一个关键的关系。实际利率平价意指（预期）实际利率在国家间的平均化。这意味着在不存在资本管制的开放经济中，中央银行无法根据国内经济的需要制定实际利率，因为中央银行的行为受到实际利率平价条件的限制，被迫将其实际利率制定在一个与世界实际利率一致，也就是与最大的经济体的实际利率一致的水平。实际利率平价经常被用来说明在全球化经济中的"别无选择"（There Is No Alternative，TINA）。正如史密森（Smithin，2002-2003，p.224）所提到的，实际利率平价"实际上使'自然利率'的教条转变为国际制定利率的教条"。因此有必要说明实际利率平价是否依赖于未经证实的假设。正如我们在第4章开头所指出的，是否存在自然利率是后凯恩斯主义者和正统学者在货币经济学方面的主要分歧。正如史密森（Smithin，2002-2003）接着指出的："如果实际利率平价条件成立，国内的中央银行将对实际利率水平毫无影响力。因此，在封闭经济中成立的货币政策都将变得多余。"

实际利率平价的四个核心关系

现在我们来看实际利率平价的内涵，或者更确切地说，实际利率平价不成立的原因。实际利率经常被写成名义利率和预期通货膨胀率的差额（尽管这只是一个近似；见 Godley and Lavoie，2007a，p.274）。在接下来的分析中，我们采用实现价值而不是预期价值的假定。如果国内的实际利率与世界其他地区的实际利率有差别，换句话说，如果实际利率平价不成立，按照定义，这一差额可以写成：

$$i_{Rd} - i_{Rf} = (i_d - \hat{p}_d) - (i_f - \hat{p}_f) \qquad (7.4)$$

与前文一样，i 和 $\hat{p}$ 分别代表名义利率和通胀率，i_R 为实际利率。下标 d 和 f 分别指这些变量的国内值和国外值。实际利率平价条件意味着 $i_{Rd}=i_{Rf}$。

实际利率的差额可以进一步被分解为两个或三个部分。为此，我们做出了接下来的四个定义。我们用 s 代表对数形式的即期汇率，相对的购买力平价可以写成：

$$s_{t+1}-s_t=\Delta s=\hat{p}_d-\hat{p}_f \tag{7.5}$$

这样一来，如果国内的通胀率要高于国外，那么汇率 s 将会上升，这意味着本币正在贬值，也意味着 s 代表以本币作为计价单位的外币价值。如果本币指的是美元，外币指的是欧元，那么 s 告诉我们一单位欧元等于多少美元。如果 s 升高，那么美元就在贬值。在经济学家当中，这是对汇率的标准定义。

第二个关系是所谓的非抛补利率平价；它要求：

$$i_d-i_f=s_{t+1}-s_t \tag{7.6}$$

非抛补利率平价一般被理解成包含预期的关系，尤其是对下一期即期汇率的预期值 s_{t+1}^e，因为关于资产在国家之间转换的决策必须具有前瞻性。非抛补利率平价可以写成：

$$i_d-i_f=s_{t+1}^e-s_t \tag{7.6A}$$

第三个关系是抛补利率平价，用 f 表示远期汇率的对数值，则：

$$i_d-i_f=f_t-s_t \tag{7.7}$$

第四个关系被称作远期外汇市场无偏性假设，或者无偏有效性假设（unbiased efficiency hypothesis，UEH）。它说的是远期溢价应该等于汇率的变化，或者今天的一个月远期汇率应该等于一个月后所实现的即期汇率。远期汇率据说是"对未来（合约到期时）即期汇率无偏和有效的预测值"（Moosa，2004，p.396）。按照这种解释，远期汇率将等于预期的未来即期汇率 $f_t=s_{t+1}^e$，事实上也将等于实现的未来即期汇率（如果预期是无偏的）。因此无偏有效性假设指的是：

$$f_t = s_{t+1} \tag{7.8}$$

如果非抛补利率平价和抛补利率平价被证实［如果等式（7.6）和等式（7.7）成立］，上述等式也将被证实，因此无偏有效性假设也就成立。

现在说明为什么实际利率平价可能不成立。定义了实际利率差额的等式（7.4）可以重新写为：

$$i_{Rd} - i_{Rf} = [(i_d - i_f) - (s_{t+1} - s_t)]$$
$$+ [(\hat{p}_f - \hat{p}_d) - (s_t - s_{t+1})] \tag{7.9}$$

等式右侧的第一个中括号中的内容衡量了对非抛补利率平价的偏离程度，第二个中括号中的内容则衡量了对相对购买力平价的偏离程度。因此只要非抛补利率平价和购买力平价中的一个不成立或者两个都不成立，实际利率平价也将无法实现。我们可以在等式右端加上再减去远期汇率 f 来使实际利率平价的组成部分变成三项：

$$i_{Rd} - i_{Rf} = [(i_d - i_f) - (f_t - s_t)] + [f_t - s_{t+1}]$$
$$+ [(\hat{p}_f - \hat{p}_d) - (s_t - s_{t+1})] \tag{7.10}$$

等式右侧第三项仍然是对购买力平价的偏离程度。第一项和第二项现在则是对抛补利率平价和无偏有效性假设的偏离程度。因此，如果购买力平价、抛补利率平价或者无偏有效性假设不成立，实际利率平价也将不成立；我们也可以说如果抛补利率平价和无偏有效性假设有一项不成立（或者两项同时都不成立！），非抛补利率平价也将不成立。

众所周知的事实是绝对和相对购买力平价关系并不成立；而且等式（7.5）充其量也只是大概在长期成立。这里还有因果关系导致的问题：可能是汇率的变化影响相对的通胀率，而不是相对的通胀率决定汇率。无论如何，购买力平价在中短期是无法观测到的，这就给中央银行留下了空间。

非抛补利率平价并不成立

撇开实际利率平价不谈，正统的开放经济宏观经济学模型都假定非抛补利率平价成立。非抛补利率平价"几乎是所有当代汇率模型的组成部分，从小规模的理论系统……一直到像 IMF 这样的组织的研究员构建的大规模计量系统"（McCallum，1996，p. 191）。正统模型中的非抛补利率平价并没有经验证据作为基础，而是基于我们在第 1 章讨论的工具主义哲学，即宁可要精确的错误也不要含糊的正确。非抛补利率平价是一种用来闭合开放经济模型的工具。甚至一些非正统学者也这样做。例如，兰斯·泰勒（Lance Taylor，2004，p. 315）虽然承认非抛补利率平价"与数据并不拟合"，但是他依然通过引入非抛补利率平价来闭合他的模型，他的根据是非抛补利率平价依赖于"应该正确的套利命题"（ibid.，p. 333）。

无论如何，因为非抛补利率平价不成立，那么通过将等式（7.6）及等式（7.8）与等式（7.7）比较，无偏有效性假设也不能成立。这里将等式（7.7）重写为等式（7.7A）。

$$f_t = s_t + (i_d - i_f) \tag{7.7A}$$

正如之前所指出的，在新古典学者的心中，远期汇率应该等于预期的未来即期汇率。于是新古典学者想象了两种机制，通过这两种机制，等式（7.7A）和等式（7.8）中的 f 将相等。这两种机制通过套利者和投机者来运行。在新古典主义对远期汇率的解释中，对于未来即期汇率变化的预期 Δs^e，将决定远期汇率相对于当下即期汇率的取值 f。让我们从国内利率和世界利率相等以及即期汇率和远期汇率相等的情况开始。现在假设，中央银行出于某种原因决定降低国内利率。对于新古典经济学家来说，将会依次发生下列事件。套利者将发现现在进行抛补套利将是有利可图的（存在内在的利差）。在这种情况下，套利者将出售本币的即期（购买外币的远期），并买回本币的远期。对于新古典经济学家而言，即期市场上的本币将会有贬值趋势（s 提高），远期市场上的汇率将具有升值趋势（f 降低）。正如库尔布瓦和普瑞斯特（Coulbois and Prissert，1974，p. 300）所指出的，这一分析与凯恩斯曾提出的观点类似，不过却是错误的。

据说，上面描述的过程将一直持续到负差额（$f-s$）等于利差（i_d-i_f）。如果中央银行进行干预并抵制本币的贬值，那么根据上一节介绍的蒙代尔的理论，它将流失外汇储备，结果是货币供给将会减少，进而国内利率和世界利率之间的利差减小。如果远期汇率与投机者预期的未来即期汇率出现任何差别，投机者将会干预远期汇率市场直到两种汇率相等。于是，对于新古典经济学家而言，远期汇率和预期的未来即期汇率将会相等，在正确的预期下，等式（7.8）也将成立。

然而我们知道尽管有清晰的证据证明抛补利率平价的成立，但是却几乎没有经验证据支持非抛补利率平价。于是，上述理论以及无偏有效性假设似乎是无效的。因此，为了为非抛补利率平价辩护，新古典学者不得已使理论绕了一个弯，认为无偏有效性假设还存在一个风险溢价 σ。

$$s_{t+1}=f_t+\sigma \tag{7.11}$$

于是得到一个修正后的非抛补利率平价关系：

$$i_d-i_f+\sigma=s_{t+1}-s_t \tag{7.12}$$

之后我们将进一步讨论这一修正。另外一种观点——将在下一小节讨论——认为虽然抛补利率平价是正确的，但无偏有效性假设是错误的。撇开风险溢价的理论不谈，如果我们接受后凯恩斯主义的观点，同意名义利率根本上是外生变量，那么很清楚，抛补利率平价和未修正的无偏有效性假设不可能同时成立。换句话说，等式（7.7）和等式（7.8）不可能同时成立。

这就是我们现在将要谈到的"兑换商"观点。

7.3.2　兑换商观点

兑换商观点的基础是库尔布瓦和普瑞斯特（Coulbois and Prissert，1974；1976；又见 Lavoie，2000b；2002－2003；Smithin，2004；Serrano and Summa，2014）对远期外汇市场的分析。大量关于汇率决定以及抛补利率平价和非抛补利率平价关系有效性的经验工作强化了这一观点。

后凯恩斯主义对远期汇率的解释——基于兑换商观点——与我们在上一小节描述的观点完全不同。根据后凯恩斯主义，（短期）利率并不是内生的，而是货币当局决策的结果。中央银行是流动性最后的提供者，因此它有能力制定短期利率。这一利率决定的观点可以延伸到远期外汇市场。根据普瑞斯特（Prissert，1972）以及库尔布瓦和普瑞斯特（Coulbois and Prissert，1974；1976），远期汇率和即期汇率的差额是由外汇交易商人为制定的，它直接以欧洲货币市场的利率差额为基础，而欧洲货币市场是对参与交易的银行开放的。

换句话说，在库尔布瓦和普瑞斯特的眼中，抛补利率平价根据定义总是完全成立的。远期汇率并不是一个预期变量；相反，它只是一个简单的算法操作。除非银行自己通过持有平衡的外汇头寸进行投机，否则银行并不会通过任何内在的利差赚钱；相反，在远期外汇市场上，银行通过在它们对客户的买价和卖价之间制定一个小额的边际利润来谋利。远期汇率本身是内生的，银行利用倒转的等式（7.7）和等式（7.7A），或者更准确地说，等式（7.7B）来计算远期汇率。在等式（7.7B）中，F 和 S 分别是远期汇率和即期汇率的实际值（不是对数值）：

$$F_t = S_t \frac{1+i_f}{1+i_d} \tag{7.7B}$$

下面这段引文概括了库尔布瓦和普瑞斯特的观点：

> 远期外汇市场上的均衡并不是套利者的干预带来的，而只是依靠银行在现货市场上覆盖掉多余的远期订单，借入被出售的货币，借出被购买的货币……银行向客户报出的远期汇率只是简单地反映了利差……追随兑换商的分析，远期外汇市场均衡并不要求内在的溢价，在一个银行既作为借出者又作为借入者的市场中，平均的远期汇率将始终处于由利差决定的水平。（Coulbois and Prissert，p. 290）

对等式（7.7）的兑换商解释回答了为什么所有对抛补利率平价关系的研究都证明这一关系是成立的——经常是完美地成立。对远期外汇市场的兑换商观点为这些经验结果提供了一个更加简单的解释：远期汇率在机制上就是由等式（7.7B）决定的。远期汇率，或者说它相对于即期汇率的升贴水并不由供求力量决定。银行交易商制定了远期汇率，以覆盖其成本，加成部分则取决于利率成本的差异。相对于即期汇率的远期汇率直接就是一个成本决定价格的例子！由库尔布瓦和普瑞斯特提出的远期汇率理论形成了后凯恩斯主义对远期汇率的观点。最近，古德哈特等人（Goodhart et al.，1997，pp. 138-139）几乎认可了这一理论。他们说："远期溢价不包含任何关于即期汇率未来变化的信息。"他们也注意到"即期汇率对远期汇率的偏离才是对未来即期汇率最好的预测"。由此他们得出结论认为"抛补利率套利者主导了远期外汇市场，以至于远期汇率只反映了国内外的利率差异"。其实，他们本应该说的是远期汇率并不是对未来即期汇率的预测。远期汇率只是简单的基于欧洲存款利率和即期汇率进行代数计算的结果，这一计算并不包含预期的未来即期汇率。

如史密森（Smithin，2002 - 2003，p. 232）所指出的，根据兑换商观点，抛补利率平价在任何时候都将成立，无论资本市场是否有效，无论是否存在完全的资本流动，这一点与主流的观点完全相反。库尔布瓦和普瑞斯特（Coulbois and Prissert，1974，p. 291）解释了为什么有些研究员发现抛补利率平价并不完全成立，因为他们使用的并不是银行用于计算远期汇率的利率（比如，很多学者使用国库券的利率，但实际上起作用的是欧元利率）。唯一的限制可能来自资本管制。在资本管制下，本国居民所支付的远期汇率可能会与国外客户支付的不同。国外银行只能进入欧元市场，而与国内的货币市场隔离。结果，欧元货币市场的利率可能高于国内的货币市场，尤其是当一种货币遭受冲击的时候，这就导致了两种不同的远期汇率。正是因为资本管制导致一些学者否认或者质疑抛补利率平价始终成立这一点。

如穆萨（Moosa，2004，p. 402）所指出的，抛补利率平价的决定方程是银行套利交易的结果，而不是套利者逐利的结果。对于远期外汇市场的兑换商观点，一个显然的推论是即便在固定汇率制下，抛补利率套利也不会对资金流动或者外汇储备产生任何影响。当抛补套利者决定卖出即期买入远期（本币）时，商业银行接受客户"买入远期"的订单，银行是这些交易的对手方。银行为了平衡头寸将会在即期市场上买入本币。银行的平衡操作抵消了抛补套利者最初的操作，于是"即期市场并没有受到影响，因此官方储备以及国内的货币供给都维持原状……这里并没有资本在国家间的净流动"（Coulbois and Prissert，1974，p. 296）。

兑换商观点的另一个显然的推论是"即期-远期关系是同时发生的，并不存在无偏有效性假设所说的滞后关系"（Moosa，2004，p. 404）。穆萨（Moosa，2004）利用统计分析验证了这一关系。他的结果显示，如等式（7.7）或等式（7.7B）那样的同时关系最好地解释了远期汇率和即期汇率之间的关系。经验分析未能得到远期汇率和未来的即期汇率之间一一对应的关系，并且它们之间滞后的关系只有在引入时变参数的条件下才能成立。这些参数被假定反映了等式（7.11）和等式（7.12）中引入的风险溢价。然而，当上期的即期汇率和远期汇率可以解释当期的即期汇率的时候，风险溢价代表变量在统计上却失去了显著性。穆萨（Moosa，2004，p. 416）得出了下列结论：

> 即期汇率与远期汇率是同期的关系，而不是滞后的关系，这一发现说明无偏有效性假设是错误的。既然无偏有效性假设对于实际利率平价成立是一个必要条件，撇开购买力平价的有效性不谈（另一个必要条件），这一发现也说明了实际利率平价在经验上的失败。如果事实真是这样，那么后凯恩斯主义认为货币当局可以控制国内利率的观点就是正确的，或者至少与其对立的主流观点是错误的。

7.3.3 浮动汇率制下的兑换商观点

如等式（7.11）和等式（7.12）所示，非抛补利率平价不成立的原因可能是因为存在风险溢价。我们已经讨论过，完全的资本流动并不等同于完全的资产可替代性。在开放经济中，只是因为资产持有者不希望将所有的鸡蛋放到一个篮子里，资产组合选择的托宾-戈德利方法就将导致资产回报率之间的差异，甚至不同国家的无风险国债也将存在差异。利差并不会导致无止境的资本流动。资产组合将会调整然后保持不变，使得利差始终存在。与封闭经济不同的地方在于开放经济存在一个影响资产预期回报率的额外因素——对未来汇率的预期。人们持有的每种资产的比例会因此发生变化；但是在有关货币当局的控制下，只要货币当局决定保持利率不变，资产利率就可以不发生变化。因此，在资产可替代性不完全的情况下，非抛补利率平价并不会生效。

换句话说，非抛补利率平价定理只有在一个具有完全资产可替代性，并且不存在汇率风险或者信贷风险，不存在根本不确定性的世界中才能（一般地）成立。因为非抛补的头寸存在汇率风险，因此非抛补利率平价不成立。投资组合持有者要想成为一名套利者就必须面对汇率风险。这是不可避免的结果。

不过，在一个不存在风险溢价的世界中，当远期汇率的兑换商观点和非抛补利率平价同时成立时会发生什么呢？这个问题困扰着史密森（Smithin，2002-2003，p. 226）。他写道："远期汇率和预期的未来汇率之间没有任何关系似乎是不太可能的。如果人们的预期非常坚定，且预期的汇率与采用的远期汇率不同，那么没有任何因素阻止'投机者'据此持有非抛补头寸。"这个观点当然是成立的。与套利者不同，纯粹的投机者既不关心对即期汇率预期的变化，也不关心资产收益。他只关心远期汇率和他所预期的远期合约到期时的即期汇率之间的差额。理论上，投机者并不需要拥有自己的资金来源，因为这只不过是一个远期合约。但实际上，他需要提供相当于合约价值的 10%～20% 的存款（Coulbois，1979，p. 183），如果这一规则无法规避，那么杠杆率就受到了限制。今天，为了提供 10% 的保证金，投机者可以利用回购市场将自己持有的国库券借给银行，因此已经几乎没有任何的机会成本了。

例如，如果普遍的预期是 1 美元在三个月后应当等于 1.50 加元，而远期汇率为 1.48，那么就存在通过出售加元的远期进行投机的动机。在三个月后的交割日，投机者可以凭借 148 加拿大分得到 1 美元，然后可以迅速地在即期市场上兑换为 150 加拿大分。这似乎暗示着只要加元的远期汇率低于预期的未来即期汇率，就会诱导投机者在远期汇率市场上对加元进行投机。这一观点如何与兑换商观点融合呢？

图 7-5 解释了在这种情况下将发生什么。我们从银行间拆借利率相等的情况开始，即 $i_{d0} = i_f$，前者为加元的利率，后者为美元的利率，也就是世界利率。在一开始，我们抽象掉任何的风险溢价，那么远期汇率、即期汇率以及预期的未来即期汇率将会相等，即 $f_0 = s_0 = s^e$。现在假定加拿大银行行长决定降低目标隔夜拆借利率，导致包括银行间拆借利率在内的所有加元短期利率下降。于是，如图所示，$i_{d1} < i_f$。由于兑换商制定的远期汇率只是依据等式 (7.7A) 在当期即期汇率之上加上利率成本差异——在图 7-5 中表示为向上倾斜的曲线 f——于是远期汇率将降低到 f_1 的水平。

正如史密森所指出的，这种情形不可能持续。如果对于未来即期汇率的预期（s^e）有足够的信念，投机者将持有"未平仓"头寸，出售加元远期，以期能够快速地获利。如果这一预期反映了普遍的共识，那么远期汇率市场将成为单向市场，银行将找不到愿意购买加元远期的客户，于是不得不通过出售加元即期的方式，也就是立即取得它们将在三个月后提供给投机者的美元，以平衡头寸。除非中央银行对外汇市场进行干预，否则加元将贬值，意味着 s 将上升。

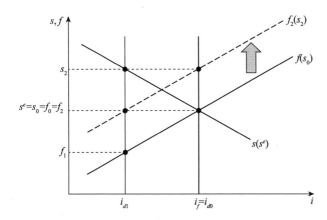

图 7-5 在资产完全可替代、资本完全流动及投机者
风险中性条件下国内利率降低对远期汇率和即期汇率的影响

我们有：

$$\Delta s = \mu(s_{t+1}^e - f_t) \qquad (7.13)$$

这意味着曲线 f 现在将上移［再次用等式（7.7A）进行验证］。假定预期的未来即期汇率不发生变化，投机者将出售加元远期，即期汇率将会上升直到远期汇率等于预期汇率；即直到图中所示的 $f_2 = s^e$ 的水平。这意味着，在那一点，远期的抛补利率平价和非抛补利率平价都将成立，即等式（7.7）和等式（7.6A）都将成立。不过，在那一点，无偏有效性假设［等式（7.8）］依然不成立：预期的即期汇率不等于实现的未来即期汇率，因为新的即期汇率已经上升到 $s_2 = s^e - (i_{d1} - i_f)$，如向下倾斜的曲线 s 所示。因此，即便在这种情况下，依然存在国内货币政策的自主性。我们也可以在投机者是风险规避者的条件下描述同样的机制。想象只要预期的未来即期汇率高于远期汇率，投机者就将出售加元远期。这将引起加元汇率上升（加元贬值）。

然后根据等式（7.13），我们可以推断，其实只有在预期未来即期汇率和远期汇率的绝对差额足够大，大到可以补偿因为错误预期（或者因为交易税）可能导致的最大损失的时候，投机才会发生，即条件：

$$|s^e_{t+1} - f_t| > \sigma \tag{7.14}$$

在图7-6中，位于s^e下方和上方的平行虚线代表了投机者不进行行动的临界值。在这种情形下，只有抛补利率平价可以成立，并且加元的贬值程度不会像在完全流动性的情况下那般大；只要远期汇率达到f_2曲线所示的临界值，$f_2 = s^e - \sigma$，即期汇率贬值的压力就会解除。汇率的风险溢价σ强调了投机者对于错误预期汇率的恐惧。对预期越是有信心（我们在第2章称之为证据权重），σ就越小。中央银行可以根据其意愿制定利率的自由在这个例子中甚至更为明显。

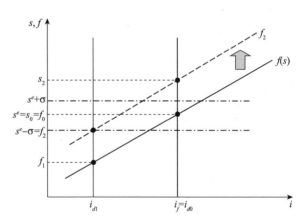

图7-6 在存在汇率风险的条件下更低的利率
对远期汇率和即期汇率的影响

经济学家是在处理只有一种生息资产的模型（所谓的国际收支平衡的货币方法）时提出的非抛补利率平价。但是对于一个存在包括权益资产在内的多种生息资产的世界，该如何解释非抛补利率平价呢？低利率可能有助于产生高增长率，进一步产生高的权益报酬。比博（Bibow，2002）指出，1999 年和 2000 年欧洲央行为阻止欧元相对于美元贬值而提升利率，结果却适得其反。比博谈到，欧元之所以随着每次利率提升而贬值，是因为相比于货币市场利率对通货膨胀的影响，市场更加关心增长的前景。假定国际上的金融经营者大多数都被快速增长的经济体所吸引，这些经济体有潜力带来更高的权益报酬。而升高的利率削弱了增长前景。至少在那样的时期，如果非抛补利率平价具有一定效应，与之相关的也是权益报酬，而不是短期资产的收益。这意味着抛补利率平价定理和非抛补利率平价定理处理的是不同的资产和不同的回报率。它们是不对称的。库尔布瓦在一定程度上有着类似的想法（Coulbois，1972，p. 58）。他说："我们有多少种可能的金融投资，就要建立多少种图表和论点，这将剥夺理论的任何意义。"

7.3.4 固定汇率制下的兑换商观点

有人可能会有疑问，在固定汇率制下的兑换商观点以及远期外汇市场会是怎样呢？史密森（Smithin，2002 - 2003，p. 229）似乎相信中央银行将失去很多相对于世界利率的自主性。他指出："在一个存在资本流动的'稳固'的固定汇率体制中……国内当局完全失去了对国内利率的控制。"他谨慎地指出，他所谓的稳固的固定汇率体制指的是在这种环境中，"人们毫无保留地相信这一体制可以持续"（ibid.）。至于如何理解国内利率相对于世界利率的偏离，史密森（Smithin，ibid.，p. 233）认为"无论是在浮动汇率制下还是在固定汇率制下，都存在不同的货币，因此都会存在一些调整和重新估值"，而"在一种货币下或者类似的环境中……就不可能存在远期市场"。

没有人会否认，在只有一种货币的欧元区或者美国的不同州之间，不可能存在远期汇率。但是在标准的固定汇率制下是否有远期汇率呢？根据伊萨德（Isard，1995，p. 25）的说法："很少有国家保持它们的汇率严格不变。在一个居民可以自由兑换货币的国家，要做到这一点几乎是不可能完成的任务。"因此，一旦存在资本流动，实践中的固定汇率制"通过规定围绕中间价的浮动区间或者幅度允许有限的浮动"。众所周知，在布雷顿森林体系中，各国货币钉住美元，但允许围绕中间价上下各浮动一个百分点的波动幅度，因此在美元之外的其他货币之间，其波动幅度将是与对美元汇率波动幅度的两倍（该体系临近崩溃的那个时期除外，那时候波动幅度扩大了）。那时候有远期汇率吗？

我们知道那时候是有远期汇率的。在正常时期，这些远期汇率市场起到了稳定的作用。何以如此呢？设想人们普遍认同固定汇率制，欧元和美元的中间价——一对应，同时有一个百分点的波动幅度。当欧元的远期汇率达到波动幅度的下限，比如0.99欧元每美元时，欧洲的出口商（它的出口货物将在一个月后收到美元货款）并不会买入远期欧元，因为它知道在一个月后的即期外汇市场上，一美元可以兑换的欧元不可能低于0.99欧元。相反，欧洲的进口商（需要用美元支付货款）将会购买远期美元，也就是出售远期欧元。否则，他们在一个月后以即期汇率支付货款，至少也要以0.99欧元每美元的汇率进行支付，并且可能会高达1.01欧元每美元，进口货物的即期成本要更高。这就导致了一个单向的远期外汇市场。结果，所有银行为了平衡头寸都会在即期市场上出售本国货币，于是欧元的即期汇率和远期汇率都将向中间价贬值。这种提前和错后使得货币稳定在中间价的水平。当汇率达到波动幅度上限时就会发生对称的影响。因此，在理论上，无论是远期汇率还是即期汇率都不可能跳出波动幅度的限制。当人们相信中间价反映了"基本面"的时候，远期汇率市场提供了一股稳定的力量。

然而，实际发生的事情非常不同。在布雷顿森林体系时期，汇率在一个时期内接近波动幅度的边界往往是因为出现了强烈的投机行为，这一点由于与投机者乔治·索罗斯（George Soros）（他现在反对不受监管的金融市场）相联系的英国事件而为世人所知。低汇率一般与高利率相联系，而高汇率一般伴随着低利率。图 7-7 展示了两个例子。在图的左侧，国内货币的即期汇率位于波动幅度下界，并且具有升值的趋势（比如德国马克）。它的远期汇率要低于即期汇率，因为德国的利率要远低于美国利率。在图的右侧，即期汇率位于波动幅度的上界并且倾向于贬值（比如英镑）。它的远期汇率高于即期汇率，因为英国的利率要远高于美国的利率。问题在于，对大多数交易者而言，预期的未来英镑即期汇率甚至要比远期汇率更高，于是就会带来等式（7.13）所描述的压力。远期汇率市场的出现反而恶化了问题。提前和错后的交易就像逆转齿轮，纯粹的投机者可以利用远期外汇市场进行直接交易以提高自己赌注的杠杆。

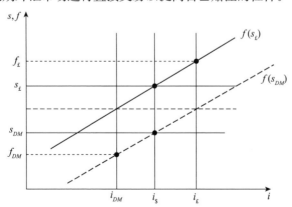

图 7-7　存在巨大的非稳定预期和固定汇率制下的远期外汇市场

然而我想表达的是，即便在固定汇率制下，不同国家的利率也存在很大的差异。远期外汇市场的存在并不能阻止这一差异。在一定程度上，利率差异还可以用通胀率的差异、未来平价比率的调整以及一些国家高度的资本流动管制来解释；但是利率差异同样依赖于货币当局所追求的货币政策。和史密森一样，有些人可能会认为固定汇率制下较大的利率差异一定程度上是因为固定汇率本身不完善，并且当然依然存在不同种类的货币。在固定汇率制下确实有政策选择的空间；但是固定汇率制越是严格，这种政策选择空间就越小，除非还存在不完全的资产组合可替代性。

即使预期的汇率变化很小，远期汇率市场也是有用的。12％的利率和4％的利率引起的差异只是造成一个月远期汇率及三个月远期汇率与即期汇率1个百分点的差异——这只是布雷顿森林体系允许的变化幅度的一半。如果考察更长的时间，使得远期汇率超过了其规定的波动幅度，那么这种特殊的远期市场就可能消失。但是这并不十分重要，因为"远期汇率并不以这种形式存在"；用一个兑换商，皮埃尔·普瑞斯特的话说，"一个远期外汇合约实际上是一个即期外汇合约，客户将这个合约留给了银行，而不是自己安排营运资金"（Coulbois，1972，p. 114）。

在这个意义上只要存在不完全的资产可替代性，在固定汇率制下，国内的货币政策就依然具有很大的选择范围；金融市场运营者越是更多地关心长期增长前景而不是短期收益，情况就越是如此。很明显，20世纪90年代之后的情况就是这样，就像卡尔多-凡登法则说明的那样，人们相信我们已经进入了一个新经济时代，产品增长将刺激生产力增长，通胀的力量将被压制。

7.3.5 兑换商观点的实践后果

我们已经强调了兑换商观点的一个实践后果：抛补利率平价对

即期汇率和远期汇率都没有影响，因为即期交易和远期交易可以相互抵消。既然外汇市场上大约一半的交易是抛补的，这意味着这些交易中的大约一半无论如何都对汇率没有影响。相反，如果投机者决定出售本币的远期，那么银行需要通过出售本币的即期来平衡头寸，这会马上对即期汇率或者外汇储备产生影响。有一种观点认为"中央银行有能力通过干预外汇市场控制远期-即期的汇率差额"（Moore，1988，p.273），但这些外汇市场干预的实际目的在于对冲即期市场上对本币的卖出，以至于不会立即流失外汇储备。这些在远期外汇市场上的操作无论如何都不会对远期-即期汇率差额产生影响，除非这些干预伴随着相对利率的任意变动。因此，只有未抛补的远期汇率操作才会引起资金的流入与流出，并且中央银行是可以通过干预进行对冲的。货币当局只要意识到未来有可能面临外汇流失的可能，就可以重复这些操作。

因为只有未抛补的远期交易会对即期汇率产生影响，进而对中央银行在固定汇率制下持有的官方储备规模产生影响，所以一个设计合理的中央银行，当它在动荡的世界中没有遇到汇率危机时，就能够在需要的时候制定一个低实际利率。然而，国际动荡似乎是现代经济的一个系统性特征。在汇率危机的情况下，为保持对国内利率的控制，资本管制可能是最被需要的。但是这些金融风暴仍可能波及那些遵循市场传统的中央银行。

非抛补利率平价在经验上的失败，加上对抛补利率平价关系的兑换商解释与对外汇市场的后凯恩斯主义观点，支持了一种观点，即中央银行可以制定比世界利率更低（或更高）的利率。这一结果并不必然依赖于特定的风险溢价或折价。相反，中央银行制定它们自己利率的能力依赖于交易商和外汇市场参与者的行为，而这些行为在本质上是根本不确定的。

设想一个中央银行将系统性地制定一个低实际利率。愿意在非抛补套利上赌一把的短期投资者，也就是投机者，将会被驱使着向利率更高的国外投资。这要么引起本币的贬值，要么引起国际收支赤字。如果本币贬值，那么将会造成通胀的压力，结果，在给定的名义利率下，实际利率将会有下降的趋势，而不是上升。

在固定汇率制下，因为回流原理的作用以及抵消原理——库尔布瓦和普瑞斯特（Coulbois and Prissert，1974，p. 303）同样坚持这一原理——所以就不存在使得基础货币或者货币供给减少的内生性因素，这一点在上一节已经得到了广泛的分析。结果，即便低利率将导致短期资本流出，也不存在内生性的引致因素导致货币供给下降或者利率上升。并不存在使得国内利率自动向世界利率接近的机制。事实上，一个由低利率驱动的高速增长的经济体，可能会引来长期投资者的投资，并且长期资本的流入可以抵消由于短期低利率导致的资本流出。

基于非抛补利率平价、无偏有效性假设和购买力平价关系的任何理论都存在一个问题。即这些关系在经验中没有一个是成立的。我们可以高度地怀疑是否会有金融主体愿意以此为基础进行外汇操作。但是主流的论断，即中央银行不能制定任何有异于世界利率的国内利率却是以这些关系为基础的。

货币经济学的后凯恩斯主义方法的本质特征在于，我们认为信用和货币是需求引致的变量，并且中央银行有能力按照自己的意愿制定利率，甚至是实际利率。这一选择当然受限于中央银行所追求的目标和经济结构。在现代货币性生产型经济中，并不存在自然利率这样的东西，中央银行也无须因为自然利率而改变它们的目标利率。这一特征在资本流动的开放经济中也仍然成立。通过回流原理，国际收支失衡对整体的基础货币或货币供给并不产生影响，甚至在固定汇率制下也是如此。货币总量依然取决于需求引致的因素，唯一的区别在于这些由国外因素引致的失衡将改变中央银行的资产负债表的构成。同样，在开放经济中，中央银行可以根据自己的选择制定目标利率，以与它们的经济目标相一致。这些目标之中现在也包括汇率。就像在封闭经济中，银行利率无须与自然利率相等，国内利率也无须与在世界其他地区盛行的利率相等或一致。这是因为，与抛补利率平价相反，非抛补利率平价无论在理论上还是实践上都不成立。

7.4 汇　率

7.4.1　汇率决定

存在后凯恩斯主义的汇率决定理论吗？面对起伏不定的汇率，后凯恩斯主义者与主流经济学家一样感到困惑。主流的观点似乎认为，在短期，利率的变化以及与之相关的投资组合决策是汇率的主要决定因素；在中期，贸易盈余（赤字）和经常账户盈余（赤字）将是决定因素；在（非常长的）长期，相对购买力平价将是主要的决定因素。因此，不同的时间区间存在着不同的"基本面"。

预期与资金流动

在这个话题上，约翰·哈维（John Harvey）是唯一一个按照一贯的逻辑写作的学者。哈维（Harvey，2012，pp. 186 - 187）谈道："后凯恩斯主义认为汇率是国际投资者投资组合决策的函数……总而言之，汇率的后凯恩斯主义观点基于这样一个经验事实：短期的资本流动引起汇率的变化，而这些资本流动又是经济行为人预期的函数。"对于非常短的短期运动，哈维（Harvey，1991；1998 -

1999）非常重视外汇市场中的交易商，而这些交易商对未来汇率的预期又受到财经媒体新闻的影响。于是，通过运作一个"利好"的新闻就可能使一个国家的货币升值，并且可能由于技术分析以及一些外汇交易商遵循的算法原则而得到强化。在某种程度上，新闻是与基本面相关的：哈维（Harvey，1993）认为那些宣称更高的经常账户盈余、利率和增长率的新闻会导致货币升值。国际金融危机则突出了流动性偏好的重要性：海外对冲基金这样的投机性资本流向美国和其他发达国家，因为它们相信这是应该做的事并且其他人也会那么做。边缘国家的货币因此贬值。

在一个由根本不确定性支配的世界中，哈维（Harvey，1993，p. 517）认为"汇率实际的变化是交易商在中短期对汇率变化的预期的函数"，这一说法看上去与凯恩斯（Keynes，1936，p. 156）的论点完全一致。凯恩斯认为金融市场就像选美比赛，参与者都试图发现"平均观点所预期的平均观点"。交易商会观察它的同行尤其是那些大型海外交易商的决策和头寸。

和哈维一样，穆萨（Moosa，2002，p. 449）也相信我们必须区分短期和中期观点。穆萨认为"短期预期的基础是技术因素，而中期预期的基础是资产和商品市场传递的信号"。他进一步指出，对于汇率预期的研究表明"预期在短期是自我强化的，在中期则是衰减的。这意味着如果一种货币在升值，那么在不远的未来（短期）它将继续升值，之后则将贬值（中期）"。这一观点与德格劳威和格里马尔迪（De Grauwe and Grimaldi，2006，ch. 2）在外汇市场上使用的行为金融学观点一致。汇率运动据说由两种类型的经济行为人决定："技术分析者"和"基本面分析者"。技术分析者预期下一期的汇率变化会重复上一期的变化。因此，技术分析者是追随趋势的投机者，他将在起初价格增长的基础上进一步推动价格增长。

基本面分析者的交易方式则给予汇率以一定的压力，使之回到某种外生决定的基本面水平。技术分析者和基本面分析者的预期可以用下面两个方程来描述：

$$de^e_{e,t} = +\phi_e de_{t-1} \tag{7.15}$$

$$de^e_{f,t} = -\phi_f(e_{t-1} - \bar{e}) \tag{7.16}$$

e_t 表示在时间 t 时的汇率水平，$e^e_{e,t}$ 和 $e^e_{f,t}$ 分别表示技术分析者和基本面分析者所预期的汇率水平，而 $\bar{e}$ 表示基本面分析者所评估的基本面汇率水平。因此，市场所预期的汇率是这两个等式的加权平均，它取决于技术分析者和基本面分析者两类交易者各自的比重以及他们各自所持信念的强度。两类交易者的比例可能自己发生反转。例如，当一个经济体从资金流入中受益时，其对外负债也在增加，于是在某一点，一些交易者的决策可能更多地重视由于债务存量增加所带来的风险而不是资金流入所带来的好处。

经常账户流动

虽然预期和投资组合决策毫无疑问对货币的即期汇率有着相当大的影响，但是还存在另外一种后凯恩斯主义经济学传统，这种传统非常重视贸易流动的影响。这一后凯恩斯主义传统与哈罗德的进口乘数相关，其增长形式就是著名的瑟尔沃尔法则。本章在之后将会有一整节的内容讨论瑟尔沃尔法则，因此现在并不需要对此做过多的介绍。但是，我们将重申几个由后凯恩斯主义存量-流量一致性的两国模型所得出的结论，这些结论同时属于哈罗德的开放经济传统。

戈德利（Godley，1999b）首先构建了浮动汇率体制下，后凯恩斯主义存量-流量一致性的两国模型，并且在戈德利和拉沃（Godley and Lavoie，2007a，ch. 12）的书中可以找到一个类似的版本。正如之前所讨论的，这些存量-流量一致性模型同时加入了经济实体层面和金融层面的存量和流量，但在这里的两国框架下还将包括贸易和金融关系。模型中加入的贸易关系取决于收入和相对价格，加入的投资组合决策则取决于收入和对国内外资产回报率的预期。从这些模型中我们可以了解到，一方面，贸易等式中参数的一个永久性变化将对汇率产生持续的影响；另一方面，与投资组合决策相关的参数的一个永久变化将会对汇率立即产生影响，并且这一影响将随着时间的推移逐渐衰弱直到消失。事实上，这一反转是非常充分的，以至于投资组合决策引起的对汇率的一个短期的正向刺激，最终会具有一个（很小的）负向的长期影响。这是因为暂时性金融账户盈余将导致额外的债务成本，这要求汇率贬值到一定程度，以使贸易账户盈余可以抵消由于对外负债带来的利息支付。这一结论似乎与我们所说的，对汇率的预期在短期是自我强化的，在中短期则是自我衰减的这一说法相符。因此，在浮动汇率制下，预期和投资组合决策在短期将会产生相当大的影响，但是在长期，汇率变化将使经常账户盈余回到均衡水平。戈德利自己清楚地表达了这一点：

> 最后，如果我们假设预期的变化将改变对一个国家资产的相对需求……尽管这会立即对汇率产生很大的影响，但是这种影响本质上会因为贸易的反馈作用而自我反转（尽管重新取得这种"均衡"需要很长的时间）。因此，虽然在本文中我们几乎没有讨论任何关于预期的内容，但是我倾向于认为，在当代关于汇率理论的讨论中，预期的作用（虽然很重要）在某种程度上被夸大了。(Godley, 1999b, p. 23)

于是我们可以说，虽然预期、投资组合决策和货币政策的变化将导致汇率的起伏，但是汇率的总体趋势是由经常账户的情况决定的。拉沃和戴格尔（Lavoie and Daigle，2011）利用戈德利和拉沃（Godley and Lavoie，2007a，ch. 12）的模型证实了这一点，在模型中，等式（7.15）和等式（7.16）被用来评估汇率预期的作用。只要技术分析者的比例足够低，汇率的定性变量就将与不包含预期的模型中的定性变量相一致。然而，由基本面分析者所评估的基本面汇率——拉沃和戴格尔（Lavoie and Daigle，2011）称之为"传统"汇率——会影响到经济将要收敛到的实际汇率水平。有趣的是，当汇率的长期值被低估时，经济所收敛的汇率水平将高于不包含预期时的趋势值。相反，当汇率的长期值被高估时，经济所收敛的汇率水平将低于不包含预期时的趋势值。总体上，汇率预期减缓了汇率向长期值收敛的速度。此外，当技术分析者过度占优时，由预期导致的汇率的周期性变化将没有收敛中心，贸易基本面与汇率之间的关系也将不存在。如果 SFC 模型具有一定的有效性，我们在一定程度上就可以说，由遵循趋势的投资者引起的资本账户流动将使汇率变得不稳定。

总结一下，在长期中，浮动的汇率水平取决于与贸易参数、资产存量以及之前积累的债务相联系的基本面，即经常账户余额。对于未来汇率的预期，通过影响国外资产和负债也将影响到汇率的实际趋势值，但是其长期的影响可能与短期的影响方向相反。最后，当方程（7.15）描述的投机行为过度时，将使浮动汇率变得不稳定。

7.4.2 固定汇率还是浮动汇率？

选择何种适合的汇率体制毫无疑问是后凯恩斯主义学者争论的话题，在这个问题上后凯恩斯主义并不只有一种声音。值得注意的是，对于哪种汇率体制才是最合适的，主流学者同样存在分歧，尽管他们中的大部分可能会站在市场万能论的立场上支持浮动汇率制。正如史密森（Smithin，2001，p. 118）所说："辩论跨越党派界限。"是否存在一个更好的汇率体制本身就是值得怀疑的。总之，真正重要的是整体的汇率安排是否可以产生最快的世界有效需求的增长。卡尔多在汇率体制问题上立场的改变可以最好地体现上述疑问。在布雷顿森林体系于 1973 年解体之前，汇率都在很小的浮动区间内与美元固定，当时的卡尔多支持浮动汇率制。他相信由汇率变化引起的相对价格变化足够使经常账户余额回到均衡水平。在 20 世纪 70 年代后期，卡尔多（Kaldor，1978c，p. xiii）改变了他的想法，他意识到自己"过高地估计了价格机制对于改变给定收入水平下的进出口关系的作用"。卡尔多于是回到了哈罗德在 20 世纪 30 年代的立场，宣称"使贸易平衡的更多的是生产和收入变量而不是价格变量：这一命题意味着一国居民中进口者的收入需求弹性和进口该国货物的国外居民的收入需求弹性是比价格弹性更重要的解释变量"——我们将在本章的另外一节中更详细地讨论这一命题，并且这一命题与后凯恩斯主义强调收入而不是价格效应的原则相符。于是，卡尔多转而支持固定汇率制，这种固定汇率制可能还伴随着对进口的控制，以在需要的时候控制收入的需求弹性。

支持固定汇率制

戴维森（Davidson，1982）是主要的主张固定汇率制的后凯恩斯主义学者。支持固定汇率制的主要理由是它可以降低不确定性。尽管一种货币的相对价格有时候会突然急剧地贬值或升值，但是总体上，相比于浮动汇率制，固定汇率制下的不确定性大为降低了。在固定汇率制下，生产者尤其是出口商可以更容易地计划其销售和收购行为以及进行投资决策，因为现在它们对它们所生产的产品的价格和边际利润有着很好的认识。它们可以更有信心地确认它们是否有能力在国外市场中竞争并赢得订单合同。道（Dow，1999，p. 162）指出："在货币之间的汇率存在变化的地方，就会存在另外一个层面的不确定性需要去克服。"浮动汇率制下过度和不可预测的汇率变动将妨碍到厂商的决策计划。正统经济学家可以宣称价格增长以及价格增长的变化将会因为厂商不能识别出正确的相对价格而扭曲经济决策，但是，这些支持浮动汇率制的学者似乎完全没有注意到浮动汇率制对厂商计划所造成的妨碍。雷（Wray，1999，p. 196）的下面这段话非常清楚地表达了这一点。

> 具有讽刺意味的是，正统经济学家非常担忧国内经济中由通货膨胀导致的不确定性，却将汇率浮动造成的不确定性撇在了一边，即便理论和经验都显示，相比于动荡不定的汇率，温和的通货膨胀所引起的不确定性要小得多。

戴维森（Davidson，1994. p. 232）为支持固定汇率提供了一个相关的论点，在这里固定汇率制指的是汇率在几个百分点的波动幅度内围绕某个目标值而变化。戴维森认为目标汇率提供了一个锚，一个正常汇率，在这个水平上交易者的预期将会相互一致。在固定汇率制下，预期很可能是缺乏弹性的；它们的弹性甚至可能接近零，以至于汇率随机的变化并不会造成相同方向的进一步变化。由于锚的存在，"投资组合交易产生一股力量，使得价格在暂时的下降之后可以回到最初的固定汇率水平"（ibid.）。相反，戴维森认为在浮动汇率制下，预期的弹性可能非常高，并造成不稳定性："汇率越是被理解成是浮动的，就越是容易引起人们怀疑其维持与其他货币相对价值的能力"（ibid.，p. 233）。在这种情况下，仅仅是出于预防动机，资产持有者也很可能将他们的资产向正在升值的货币转移。即使不考虑投机，汇率也会接着发生一系列后续变化。戴维森（Davidson, ibid., p. 237）进一步认为，即使一些外汇市场的参与者，例如大型国家银行，对货币的真实的基本价值持有一定的观点，也几乎不存在依照这种观点行动的动机，因为外汇市场充满着不确定性和不连续性，同时破产的威胁总是如影随形。

因此，戴维森（Davidson, 1994）和雷（Wray, 1999）支持固定汇率制，都是因为相信这一体制相比浮动汇率制而言可以提供更多的稳定性。这一稳定性一方面是因为外汇市场上会有更少的投机活动，另一方面是因为它为合同的制定提供了一个稳定的核算单位。一个进一步反对浮动汇率制的论点则是，在布雷顿森林体系解体之后，世界范围内存在着无穷无尽的金融危机，尽管我们还不清楚导致这些危机的原因究竟是浮动汇率制还是资本自由流动、金融化和金融去监管这些趋势。最后，一些作者，比如摩尔（Moore, 2004, p. 632）认为浮动汇率制恶化了由全球不平衡所带来的通货紧缩趋势，因为在浮动汇率制下，未来的汇率水平将更加不确定，以致资本外流将变得更易发生。

支持浮动汇率制

一些后凯恩斯主义者持有完全相反的观点，尤其是史密森（Smithin, 1994, ch. 7; 2001）。他们认为固定汇率制才会造成最强的通货紧缩倾向。当国内经济在固定汇率制下运行时，负面的外部冲击可能造成最大程度的有效需求削减。在这一体制下，货币当局将会把注意力集中到国际收支平衡的变化，以防止外汇储备的流失。在浮动汇率制下，货币和财政当局可以从额外的自由度中获利。即便世界上的其他国家没有跟进，扩张型政策也可以在一国之内被推行，唯一的缺陷仅在于这将引起本币的贬值。这并不能确保在浮动汇率制的框架下，凯恩斯主义的宏观经济政策就一定会被实行，但是至少这样做的能力提高了。事实上，众所周知的是，凯恩斯本人反对从金本位制度那里继承而来的固定汇率制，在《通论》中，他略微地赞同浮动汇率（Keynes，1936，p. 270）。

最近出现了一些支持浮动汇率制的新的观点。就像 20 世纪 70 年代的卡尔多一样，雷（Wray，2006b；2012）对于汇率体制的观念经历了彻底的转变，不过他却从支持固定汇率制转向了支持浮动汇率制。和史密森一样，雷（Wray，2012，pp. 151 - 152）如今相信"浮动汇率提供了更多的政策空间——在国内采用财政和货币政策以取得一定的政策目标"。这里的黄金规则是政府和私人部门从来就不应该持有以外币计价的债务："关键在于主权国家应该避免直接（或间接）地持有以外币计价的债务"（Wray，2006b，p. 225）。国家必须避免艾肯格林等人（Eichengreen et al.，2002）所称的"原罪"。这样做意味着国内货币是真正的"主权货币"——MMT 经济学家使用的术语——扩张型财政或货币政策所引起的本币贬值对经济和经常账户余额产生的消极影响将是有限的，因为政府和国内的行为人现在不存在由于本币贬值导致外债负担增加的压力。当局因此有更多的空间追求凯恩斯主义的扩张型政策。在没有外债的浮动汇率制下，中央银行可以自由地根据自己的意愿制定利率水平，因为现在利率已经不需要再作为维持外汇储备水平的工具了。事实上，摩尔（Moore，1988，p. 274）早就指出："浮动汇率制真正的优势在于它允许一国的货币当局在制定国内名义利率时有更多的选择空间，因此就提高了国内货币政策的权力和独立性。"

进一步地，在上一节我们看到，在后凯恩斯主义的框架下，给定的扩张型财政政策在浮动汇率制下对经济活动的正面刺激要强于固定汇率制。政府于是可以在任何水平的财政赤字或公共债务下采取扩张型财政政策,以实现充分就业。换句话说,在浮动汇率制下,基于勒纳所谓的功能财政方法的宏观经济政策要比在固定汇率制下更容易实行。因此可以说,当局不可能面临货币短缺,因为无论是何种水平的赤字或公共债务,中央银行总是可以进行干预并将利率固定在某一水平,它也不可能耗尽外汇储备,因为它并不试图固定汇率水平。因此,在浮动汇率制下,拥有主权货币的政府不可能出现债务违约。如果投机者清楚违约风险实际上为零,那么他们就不会对汇率和利率水平施加额外的压力,于是长期利率将维持在央行制定的目标短期利率区间之内。

在固定汇率制的情况下,当国内货币遭受攻击或者面临负面的外部冲击时,当局在根本上有三种选择:它们可以眼睁睁地看着外汇储备耗尽;它们可以提高利率水平以引起资本流入或者经常账户赤字的缩减,以使国际收支账户趋向于平衡;或者它们可以采取财政紧缩政策使经济放缓,以降低经常账户赤字。这就如同政府支出在消除失业方面面临着预算限制,或者如同政府在可贷资金模型下运行。

然而,对于一个本国货币被低估并且从结构性的国际收支盈余中获利的国家而言,情形就大不一样。在这种情况下,中央银行将会通过用本币购买外币的方式阻止本国货币升值。2011年,瑞士央行决定阻止瑞士法郎相对于欧元升值的努力,体现了当局阻止本币升值的能力。央行可以用不受限制的本国货币供给来维持它的目标汇率水平。因为中央银行自己发行和出售国外居民所需的瑞士货币,于是瑞士国家银行就可以购买无限的外币。

因此,汇率体制的优势和劣势在很大程度上取决于环境。固定汇率制似乎有很大的局限,但是对于正在积累外汇储备的国家而言，实行固定汇率制依然可以自由地按照需要实行货币和财政政策。浮动汇率制似乎是最不受限制的制度，但是对于那些持有以外币计价的外债的国家而言——除了少数例外，几乎所有国家在国际金融市场借款时都需要以外币计价——如果它们采取的宏观经济政策引起本币贬值，那么除了增加通胀压力之外，还会面临更加严重的外债负担。因此可能并不存在最优的汇率体制，只有次优的汇率体制。

7.4.3　国际金融体系

既然浮动汇率制和固定汇率制似乎都不能令人满意，那么是否有其他选择呢？我们已经讨论了货币发行局制度以及它的缺陷，因此这里就不再赘述。很多后凯恩斯主义者正在讨论其他三种可能性：美元化、国际清算中心以及一个共同货币区。我们将依次进行讨论。

摩尔（Moore，2004）提出的观点令大多数人感到惊讶。总的来说，他认为一个全球经济就应该有一种世界货币。这一观点的最极端形式是摩尔建议所有国家都采用事实上已经成为国际货币的美元。一旦它们这样做，那么汇率就不再存在，由于汇率不可预测的波动引起的不确定性也就消失，随之消失的还有货币兑换的金融成本和实体成本。摩尔（Moore，2004，p.638）同时宣称，就像拥有同种货币的国家内部的省或州的情况一样，在全球美元化之后，"经常账户赤字或盈余将变得不再重要"。摩尔承认，一个愿意接受使自己的经济美元化的国家失去了独立制定货币政策的可能性，或者用史密森（Smithin，1994，p.124）的话说，"它实际上放弃了对它自己经济命运的控制"。然而，摩尔认为欠发达国家本来就不存在这种控制，因此它们愿意美元化，乐于消除外部平衡的约束。作为折中，摩尔提议构建两个或三个大型货币区，其基础分别是美元、欧元以及日元（或者人民币）。

一个共同货币区：欧元区

提到欧元就令人想到自 2010 年后几个欧元区成员国所面临的巨大财务困境。声称欧元区内部成员之间的经常账户平衡并不重要，这一点摩尔可能是正确的，但是美元化或欧元化虽然可以消除汇率风险，却并不能消除可能的债务违约将导致的国家风险（Wray，2006b，p. 225）。对于一个美元化的国家而言，其政府发行的债券不存在最后购买人，因此这个国家的利率就完全被金融市场所控制。美元化国家必须采取符合金融机构需要的财政政策，否则它们就将遭受惩罚，即国内政府债券的利率将会上升。在欧元作为共同货币的例子中，国家风险同样没有消除。

由于有效市场假说和市场可以自动纠偏的假说，人们相信在《马斯特里赫特条约》的约束下，欧元区国家永远都不会碰到任何形式的金融危机。出于制度设计和惯例，欧洲央行和欧元区国家各自的央行并不会充当主权债务的最后购买人，除非已经到了为时已晚的地步，欧元区国家的利率水平已经由于投机者的狂热和对主权债务违约的恐惧而上升到了不可持续的水平（Bell，2003，p. 82）。正如索耶（Sawyer，2001b，p. 188）所指出的，欧元区的创建者们认为利率水平取决于"对可贷资金的考虑"，因此"每个政府'过度'借入欧元将会提高其他政府借入欧元时应该支付的利率"。为了避免扭曲金融市场，欧洲央行被设计为最好不要购买任何的主权债务。

对于欧元区的这一设计以及欧洲央行和各成员国央行所受到的约束，很多后凯恩斯主义学者提出批评。最详尽的批评可能来自戈德利和帕尔盖。他们对欧元区的制度缺陷和可能导致的灾难性后果有着先见之明，尽管这些缺陷在将近十年之后才变得显而易见。他们这样说道：

> 在一开始就有必要强调，在欧洲建立一种单一货币事实上将结束各个国家的主权以及它们对主要事务进行独立行动的权力……发行本国货币的权力，以及向本国的央行透支的权力，是定义国家独立性中主要的内容。如果一个国家放弃或者丧失了这种权力，它就沦为了一个地方政府或者殖民地。地方政府明显不能使货币贬值，但是它们也丧失了以创造货币的形式为赤字融资的权力，而其他融资手段是受中央政府管制的。它们也不能改变利率水平。(Godley，1992，p. 3)

> 成员国将不得不通过私人银行来发行债券……它们借贷的能力将取决于私人银行为政府支出融资的能力和意愿……政府要维持其信用就需要承诺预算平衡，在事后消除赤字，以帮助银行抵抗由于公共债务积累所引起的风险。政府债券将再也不是流动性资产……欧元的命运将取决于财政紧缩规则。如果政府不能实现财政平衡或盈余，它将不可能通过私人银行发行债券。为了克服这一约束，政府将不得不削减社会性开支，因为社会性开支与金融投资者的贪婪本性格格不入……与创建者的希望相反，欧元区只会增加世界经济的金融不稳定性。欧洲自己导致的通货紧缩，将输出到世界经济中，就像 20 世纪 30 年代早期一样，这将加速世界危机的步伐。(Parguez，1999，pp. 73 - 74)

欧元区的制度设计应该同时包含一个采取扩张型财政政策的中央政府，这些扩张型财政政策尤其应该针对那些在衰退中遭受最严重打击的国家。当前的制度设计并不允许单个国家采取这些措施，这是因为：第一，如果中央银行没有相应地跟进，那么它们将可能受到金融市场的惩罚；第二，诸多的欧洲条款——从1992年的《马斯特里赫特条约》（Treaty of Maastricht），一直到《稳定与增长协定》（Stability and Growth Pact）与2012年的《财政协定》（Fiscal Compact）——禁止大规模的财政赤字。欧元区的制度设计也应该包含一个中央银行，允许它大量购买特定国家发行的政府债券，因而允许欧洲央行购入那些收入正在增长的国家所发行的政府债券，出售那些收入正在下降的国家所发行的政府债券（Godley and Lavoie，2007c）。在危机期间，欧洲央行传统的做法是向商业银行提供垫款，使它们替欧洲央行充当最后贷款人，这种做法是不够充分的，甚至是笨拙的。正如索耶（Sawyer，2011b，p. 188）所指出的："不同国家所发行的以欧元计价的政府债券拥有不同的信用等级，因此会有不同的利息率。"被剥夺了通货贬值的能力之后，危机中的欧元区国家似乎陷入了"低水平"均衡之中。它们的困难比采取固定汇率制的国家还要严重，因为后者仍然有可能单独采取通货贬值措施。

凯恩斯计划

主流经济学家建议的用于解决欧元区危机的紧缩政策放大了当前固定汇率制的主要缺陷。无论是标准的固定汇率制还是像欧元区这样的共同货币区形式，调整的代价都会落在那些经常账户处于赤字的国家身上。凯恩斯（Keynes，1973，xxv）在1941年提出的有别于布雷顿森林体系的选择则基于完全相反的原则：应该由经常账户盈余国家维护汇率平价。换句话说，凯恩斯希望调整的代价大多数落在或者至少平等地落在贷款人而非借款人身上。这就是著名的凯恩斯计划。戴维森（Davidson，1982；1994）主张这一计划已经很长时间了，或者更准确地说，是这一主张的修正版本，并且简·达瑞斯塔（Jane D'Arista，2000；2004）也提出了一个在一定程度上类似的计划。正如前文所指出的，之所以贷款人——经常账户盈余国家——应该为汇率平价提供更多的支持，是因为阻止货币升值要比阻止货币贬值容易得多。对于经常账户盈余国家而言，中央银行可以不受限制地通过发行本币来购买外汇，以钉住汇率水平。相反，经常账户赤字的借款人，或者更准确地说，处于国际收支赤字的国家，最终会耗尽它的外汇储备。

戴维森（Davidson，1994，p. 269）计划的主要特征是有"一个封闭的、复式记账的清算制度以记录诸多贸易区域之间的支付，再加上一些共同约定的关于创造和回收流动性的规则"。只有中央银行才能拥有这种戴维森称之为国际货币清算单位（International Money Clearing Unit，IMCU），凯恩斯称之为国际货币单位（bancor）的会计单位，政府和私人金融机构则不被允许。平价最初将被制定在与现有的汇率一致的水平，就像 1999 年 1 月决定相对欧元的传统汇率一样，然后将依据已经制定的规则，根据环境进行调整。戴维森（Davidson，1994，p. 269）和达瑞斯塔（D'Arista，2004，p. 570）都认为主要的国际支付首先需要通过国家的中央银行进行，其次是在达瑞斯塔所谓的国际清算机构（International Clearing Agency，ICA）和凯恩斯所谓的国际清算银行的账本中进行清算。一个进口智利酒的英国进口商将通过它在一家英国银行的账户支付英镑；比如支付通过英格兰银行进行，国际清算机构就将借记英格兰银行的国际货币清算单位，同时贷记智利中央银行同样数量的国际货币清算单位，智利央行则会贷记智利出口商的智利比索账户。从凯恩斯（Keynes，1973，xxv，p. 212）的立场来说，这一程序的优势在于它为资本管控提供了便利并提高了排除汇率投机的可能性。

在达瑞斯塔（D'Arista，2000）的计划中，所有国家的中央银行都将在国际清算机构持有储备。它们通过将各自国家发行的政府债券出售给国际清算机构以取得这些储备。如果一个国家因为持续的国际收支赤字而耗尽了其在国际清算机构的储备，那么它可以通过进一步地向国际清算机构出售政府债券来重新取得储备。如果智利持续地向英国出口酒，那么国际清算机构就将购买英国政府发行的债券以补充英国在国际清算机构的储备；对称地，国际清算机构将会出售一部分智利债券以控制智利在国际清算机构的储备资产的规模。在戴维森（Davidson，1982）的计划中，国际清算机构将真正地充当清算中心：国际收支盈余国家将会积累对国际清算机构的债权，而国际收支赤字国家将会积累对国际清算机构的债务。后者将是经常账户赤字的国家为了取得净进口必须付出的代价（Rossi，2006，p.196）。然而，以国际货币清算单位计价的债权和债务如何计算利息率仍然是不清楚的。凯恩斯和戴维森都提出了很多规则以防止一个国家积累过多的债权或债务，包括调整汇率。为了鼓励盈余国家更多地追求扩张型宏观经济政策，过多的债权可以充公并重新分配给债务国。

戴维森的计划与现行的两种制度类似。2002年之后，有一种特殊的私人国际机构——CLS银行——用以清算主要货币之间的外汇交易。CLS银行的主要目的在于消除由于不同国家清算操作时间不同而引起的赫斯特风险：当一个国家提供了出售的货币却没有收到购买的货币时，这一风险就可能发生。这一风险之所以可以消除是因为与主要货币相关的中央银行同意持续地保持与CLS银行联系的清算服务。图7-8展示了一笔有CLS银行参与的外汇交易。这里的情况要比图7-2的例子稍显复杂。一方面，加拿大的商业银行C

再一次希望用加元兑换日元。它将通过清算中心，即 LVTS 向加拿大银行支付加元，后者将会把加元存入 CLS 银行在加拿大银行的账户中。另一方面，银行 J 将会通过日本的清算系统向日本银行支付日元，后者将会把日元存入 CLS 银行在日本银行的账户中。CLS 银行在收到加元和日元之后将接着进行支付。日本商业银行 J 的往来行将通过加拿大清算系统收到加元，而加拿大的商业银行的往来行将通过日本的清算系统收到日元。当一天结束时，CLS 银行的账户上将什么都不剩下。在一定程度上，CLS 银行扮演了戴维森所谓的国际支付机构的角色：交易必须经过中央银行，并且 CLS 充当清算中心。但是在这里，中央银行并不是任何外汇交易的对家，它们只是充当单纯的中介。

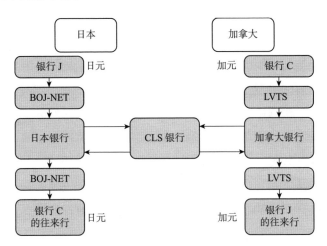

图 7 - 8　私人的国际清算机构：CLS 银行

TARGET2：凯恩斯计划的欧洲版本

与凯恩斯计划有一定类似之处的第二种制度是已经在欧元区使用的 TARGET2 清算系统 (Cesaratto，2013)。在某种意义上，这并不令人惊讶，因为欧元区本就是固定汇率制的一个特殊例子。当然，欧元区的例子有所简化，因为国际货币清算单位同时也是私人交易使用的货币——欧元。虽然有很多人讨论欧洲央行以及由它来制定目标利率，为银行提供各种特殊的借贷渠道，但是大多数实际操作是通过成员国的中央银行进行的。当涉及欧元区不同国家银行系统之间的货币交易时，欧洲央行的行为非常像国际清算机构或银行的戴维森版本：欧洲央行允许各国中央银行在欧洲央行的账户中积累债权或债务。这可以用下面的例子来说明。

设想某个意大利公司从德国进口货物，并且通过它的意大利商业银行，即意大利国民劳动银行进行支付。支付将经过TARGET2，最终贷记在德国出口商在德意志银行的账户。在这一阶段，意大利国民劳动银行在意大利银行（意大利央行）拥有借方头寸，而德意志银行在德国联邦银行（德国央行）拥有贷方头寸。进一步地，德联邦银行借记在意大利银行的账户。所有这些都可以顺畅地进行，因为欧元区国家的中央银行彼此提供无限的非抵押信用。所有的借贷账户都被记录在表7-9的第一行。然后，当一天结束之时，国家中央银行必须彼此进行清算。所有的借贷都将在欧洲央行的账目上进行清算，然后每一个国家中央银行将通过欧洲中央银行系统取得一个净头寸。这被记录在表7-9的第二行。此外，正如在内生货币理论和回流原理的框架下人们会想到的，德意志银行将很可能用它的净头寸归还部分对德国联邦银行的透支。这一点也被记录在表7-9的第二行。

上述例子说明，除了贸易赤字对经济活动有着消极影响这个明显事实之外，欧元区的内部不平衡并不应该是个问题。西班牙或者意大利相对于欧元区其他国家的经常账户赤字并不会比梅索兹阿诺（意大利南部地区）相对于意大利北部地区的经常账户赤字有更多的意义。问题出在没有从盈余国向赤字国的转移支付来抵消贸易赤字对 GDP 和预算平衡的消极影响。

在表 7-9 提供的例子中，我们假定德国的银行并不会向意大利的银行提供隔夜借贷或长期借贷。但一旦它们打算这样做，就像 2007 年之前的情况那样，那么正如表 7-1 的最后一行所示，意大利经常账户的赤字就会被金融账户的盈余所抵消。欧洲央行的资产负债表并不会出现增长。如果欧元区内部的隔夜拆借市场部分地冻结了，就像 2007 年开始的情况那样，那么表 7-9 第二行的情形就很可能是经常账户失衡的结果。如果经济行为人对意大利的银行体系失去了信心，决定将他们的资产转移到德国的银行，那么类似的结果也会出现在欧洲央行的资产负债表中。再一次地，资产负债表将发生如表 7-9 第二行所示的调整。

表 7-9 意大利向德国进口货物时的欧元区清算系统

意大利国民劳动银行		意大利银行		德意志银行		德国联邦银行		欧洲央行	
资产	负债	资产	负债	资产	负债	资产	负债	资产	负债
	进口商存款-10	对意大利国民劳动银行的透支+10	向德国联邦银行透支+10	在德国联邦银行的储备+10	出口商存款+10	对意大利银行透支+10	德意志银行的存款+10		
	向意大利银行透支+10								
	进口商存款-10	对意大利国民劳动银行的透支+10	对欧洲支付系统欠款+10		出口商存款+10	对欧洲支付系统的债权+10		意大利银行的借方头寸+10	德国联邦银行的贷方头寸+10
	向意大利银行透支+10				向德国联邦银行透支-10	对德意志银行的透支-10			

戴维森的计划与欧元区支付系统的功能非常类似，两者都设计了一个国际清算银行，可以向赤字国家垫付，同时并不限定偿还的期限。因此，凯恩斯计划与戴维森的计划是可行的。事实上，一些非正统经济学家认为欧元区的结构可以进行一些调整，以并入凯恩斯计划的一些其他特征，他们尤其强调对欧元区内现存的平价进行调整的可能性，甚至是必要性（降低或重估欧元区内特定国家持有的所有合同和金融资产的价值）。欧洲央行则仍然负责处理欧元的外部价值（Mazier and Valdecantos，2014）。

7.5　国际支付的障碍

除了一些异见者，自由资本流动和自由贸易下的浮动汇率体制是今天的正统经济学家所认为的最好的国际制度设计。关于国际交易的这一观点是以我们在第1章所强调的预设为基础的：相信市场，尤其是金融市场在根本上是促进最优效率的稳定性制度。国际资本自由流动有着诸多根据：它促进储蓄更有效地分配；它允许资本流向最有利可图的项目；它分散风险；它促进金融部门的发展；它约束政府的行为。贸易自由化据说可以带来类似的好处：由于专业化和竞争压力，它使得经济活动更富生产力，并且通过进入国际市场加快了增长。

7.5.1　资本管制

公开反对全面的贸易自由和资本流动自由化是后凯恩斯主义经济学一个历史悠久的传统。这一反对立场可以追溯到凯恩斯，尽管凯恩斯对国际资本流动的反对要比他对进口货物征收关税的支持更有系统性，因为后者会随着时间和环境的变化而变化（Eichengreen，

1984；Bibow，2009，chs. 7 and 8）。在他的建立国际清算联盟的建议中，凯恩斯（Keynes，1973，p. 185）非常明确地表示，"对资本流动的管制，无论是流入还是流出，都应该是一个永久的特征"，他认为"在未来，没有任何一个国家可以由于政治原因或者为了规避国内税收而允许资本流动"。在另一处，凯恩斯（Keynes，ibid，p. 149）评论道："资本自由流动是旧存的自由放任体系的一部分。"他明确地反对新自由主义教条中的这一内容，其依据是资本管制将使得中央银行可以制定利率以实现诸如充分就业这样的国内经济目标，而在他看来，在没有资本管制，同时实行钉住汇率制度的情况下，要完成这一任务是不可能的。

后凯恩斯主义反对不受约束的资本流动，进而支持资本管制，其最核心的观点在于认为不受约束的金融自由化将导致金融危机——一定程度上这是将明斯基的金融不稳定性假说应用到国际层面。自由的资本流动便利了投机活动和对冲行为。国际资本流动是顺周期的。它们引起资产泡沫，进而引起更严重的经济衰退。根据艾琳·格拉贝尔（Ilene Grabel，1996；2006）的研究，金融自由化使得国家更易遭受金融危机的影响——与之联系的既有银行危机，也有货币危机。发展中的经济体尤其容易受到这种影响，甚至是全面工业化的国家也会陷入毁灭性的金融危机当中。这些危机具体表现为货币大幅贬值，期限错配，资产与负债之间的货币错配，由国外居民和国内居民引起的资本抽离，由已经陷入困境的邻国引起的传染效应，以及利率的大幅增长。在大多数情形中，金融自由化和随后的危机将招致 IMF 的干预并实施所有标准的 IMF 紧缩措施。广为人知的是，这些措施将对经济活动和就业造成灾难性的后果。格拉贝尔将资本管制称作减速带，它的目的在于降低金融危机发生的频率和深度。

对于后凯恩斯主义而言，新古典经济学定义的金融效率以及与之相伴的高流动性资产是危机的导火索。全球金融危机已经表明那些对外部资本最为开放的国家恰恰是在世界危机中遭受最严重损失的国家。1994—1995 年的墨西哥、1997—1998 年的东亚以及2000—2001 年的阿根廷都是不可预测的资本流动不稳定效应的例子。从一个更为结构性和长期的观点来看，后凯恩斯主义学者提供了历史性的证据以说明那些成功的国家，即成功建立了工业基础的国家，都对金融尤其是国际金融采取了国家约束。国家对国内金融部门有着强大的影响，使之在根本上与外部世界隔离。韩国和日本都在它们经济起飞的时候采取了严格的资本管制，今天的中国也是如此。最近几年，智利、哥伦比亚、印度、马来西亚、新加坡以及中国台湾都实行了有效的资本管制。实际上，由于诸多的历史经验，甚至 IMF 也不得不公开放弃之前对资本管制的反对意见。

杰拉德·爱泼斯坦（Gerald Epstein，2010）提供了一系列资本管制的技术以用来抑制国际资本流动。这些资本管制手段可以是价格型的，也可以是数量型的；它们既可以作用于资本流入，也可以作用于资本流出；它们甚至可以与对国内银行部门的审慎管控相联系，比如对资产和负债的期限结构进行限制。在控制资本流出方面，其主要目的在于阻止货币贬值，并为采取扩张型政策提供空间，以缓和资本外流的威胁。对资本流入的控制可以服务于多个目的：它们可以帮助管理汇率以维持具有竞争性的汇率水平；它们可以促进投资流向真正需要的地方：这些投资可以创造就业，并且长期来看是稳定可持续的。对资本流入的价格型管制可以包括对资本流入征税或者要求无利息的强制准备金；对资本流入的数量型管制可以包括对国内企业向国外借款或者持有国外股权进行限制，或者针对所有部门或者专门针对进口部门。对所有外汇交易征收的托宾税是一种可以同时作用于资本流入和流出的价格型管控。

正如爱泼斯坦（Epstein，2010，p.303）所得出的结论："资本管制技术并不是经济问题的灵丹妙药……但对于那些驰骋于国际金融汪洋中的国家而言，它们是宏观经济工具有用的组成部分。"

7.5.2　绝对优势和比较优势

贸易保护当然不是传统智慧的一部分，但是张夏准（Ha-Joon Chang，2003；2008）提供了详细的历史证据来说明当前国际贸易的主要参与者并不是通过遵循自由贸易原则才实现的工业化。在特定的历史时期，这些国家通过采取贸易保护措施取得了相比其他国家而言在技术上的绝对优势。西欧国家、美国、加拿大、最近的亚洲四小龙以及今天的中国，都是通过在出口的同时提供贸易保护及对产业的国家支持才"爬上了梯子"。它们并没有采取现在美国和一些国际组织（像世界贸易组织、国际货币基金组织和世界银行）所倡导的，并在那些试图实现工业化的发展中国家实行的措施。正如张夏准（Chang，2003）的一本书的书名所说，当富国向发展中国家施压，让它们取消所有的贸易干预，采取自由贸易政策时，它们是在"把梯子踢掉"。或者如罗宾逊（Robinson，1973，p.12）所言："无论如何，自由贸易教条看上去都像是隐晦的重商主义，只有能从中得到好处的人才会相信它。"巴杜里（Bhaduri，1986，p.147）也同意这一观点。他写道："更自由的贸易只是经济上强势的国家为了取得更大的国际市场份额而制定的规则。"

对于自由贸易的主张，后凯恩斯主义学者很早就提出了一定的怀疑（Rider，1982）。比较优势理论是自由贸易教条的基础，对于这一理论的理解在过去常常被用于区分真正的经济学家和业余经济学家。大多数经济学家都会宣称贸易约束将降低全球福利，尽管同时也承认一些群体会因为贸易自由化而受到损害（Blecker，2005，p. 334）。虽然从其自身的逻辑来看，比较优势理论是自洽的，但是批评者质疑的是得出这一结论的假设（Prasch，1996）。比较优势理论背后至少有四个假设。对学生而言，这些假设并不是那么明显。比较优势理论假设贸易发生在不同国家之间；它假设充分就业和充分的产能利用率；它假设存在一种贸易总平衡机制；并且它假设没有报酬递增或者规模报酬递增。

在拒绝这四个假设之后，后凯恩斯主义学者和其他非正统经济学家采用了另外一种贸易理论——绝对优势理论（Shaikh，1980b，2007b；Milberg，1994；Cagatay，1994；Onaran，2011）。他们认为贸易不是发生在不同国家之间，而是发生在厂商之间。国际贸易并不是不同国家之间的讨价还价，而是在厂商之间的贸易之外，还包括了厂商对于世界市场份额的竞争，就像它们竞争国内市场份额一样。

厂商并不是根据比较优势进行决策，而是根据绝对优势。在给定国家内部，只要运输成本不是很高，且在其他方面都没有差别，那么厂商就会生产成本最低的产品。单位成本更低的区域——要么是因为该地的工资水平低，要么是因为该地的设备生产率更高——就会出口更多的产品。对于那些可以生产其他地区不能生产的优质产品的区域，情况也是如此。在这些区域，经济活动和就业水平就会提升。只要一些区域生产某些产品的成本更高，那么即便在某些产品的生产上拥有比较优势也不会对该区域带来任何帮助。如果省际或州际之间实行自由贸易，那么贸易将是单向的，低成本区域的就业会增长，而高成本区域的就业则会下降。于是，虽然高成本区域内已经就业的工人可以从进口更便宜的产品中获利，因此取得更高的实际工资和生活水平，但是高成本区域的失业人口将会增加，他们的生活水平则会下降。在低成本区域，更多的人将会找到工作，因此家庭收入将会上升。

比较优势理论假定贸易的两个区域或国家都存在充分就业和充分的产能利用。它假定低成本区域不再能够生产更多的东西。用微观经济学家的语言来说，它假定经济总是处于生产可能性边界。于是，要提高整体的生产和消费水平，唯一的办法是放弃生产那些不具备比较优势的部门，转而生产那些具有比较优势的部门。然而，无论是在工业化国家还是在发展中国家，充分就业都不是一个常见的现象，因为存在大量的失业或准失业人口，存在总需求不足的问题。在存在失业人口和过度产能的情况下，不需要对生产进行重新分配就可以生产更多的东西。

将国际贸易类比于一国之内的区域贸易是否恰当呢？谢克（Shaikh，1980b；2007b）等学者认为这一类比是合理的。他们认为不存在经济活动变化之外的贸易自动平衡机制。无论是就理论还是历史经验而言，都不存在使得绝对优势转化为比较优势的自动机制，或者说这一机制需要很长的时间才能发挥作用。那些没有绝地优势的国家则会面临持续的贸易和经常账户赤字。

自由贸易的主张者认为贸易赤字将引起汇率或者国内价格水平下降，这使得落后国家相对于其国外竞争者的成本下降，从而提升了其竞争力。后凯恩斯主义者怀疑其中的必然性。以固定汇率制为例，根据我们先前所讨论的所谓游戏规则，贸易赤字将引起黄金或外汇储备的流失，进而引起货币供给下降。按照货币数量理论，这将接着引起国内价格和成本下降。根据我们在本章前文讨论的抵消命题，这一自动调节机制的第一阶段——货币供给的增加——在存在回流机制的后凯恩斯主义模型中并不会发生。我们还看到国际收支层面的回流机制甚至在金本位时期就已经存在了，因此回归到金本位的国际货币体系并不会强化所谓的游戏规则。于是，基于回流机制和其他后凯恩斯主义理论的抵消命题，同时挑战了比较优势理论和主流理论想当然认为正确的固定汇率制下开放经济中的自动调节机制。今天欧元区经常账户的失衡就是一个例子，这种情况在大萧条期间甚至之前都曾出现过，而欧元区是一种特殊的固定汇率制度。目前为止，调整主要出现在数量层面，且这一调整主要通过降低经济活动水平得以实现。

7.5.3 贸易保护

新剑桥学派对关税和配额政策的支持

以上内容解释了为什么在对贸易保护的漫天指责中，众多后凯恩斯主义学者，包括罗宾逊和卡尔多，都对使用关税和配额政策表达了一定程度的认同。新剑桥学派——剑桥经济政策集团的成员——因为在 20 世纪 70 年代认可英国对进口实行关税和配额政策而为人们所知。克里普斯和戈德利（Cripps and Godley，1978）认为当一个国家陷入系统性的贸易赤字并伴随高失业时，即成为一个被他们称为"相对不成功的国家"时，可以挽救这一情形的选择所剩无几。在布雷顿森林体系解体之后，英国英镑与德国马克、法国法郎、意大利里拉一道加入了欧洲"毒蛇"。在这一固定汇率制下，扩张型政策因为会恶化对外赤字而无法实行。在进口管制下，替代进口的国内生产将会上升，同时扩张型财政和货币政策将变得可能，因为此时的外部约束有所放松。克里普斯和戈德利（Cripps and Godley，1978，p. 327）认为"利用进口管制和财政扩张提高经济活动水平并不必然是'损人利己'的政策"。在那些贸易表现相对不成功的国家，这样的政策可以实现充分就业。

但是其他的选择——货币贬值或者让本国货币在浮动汇率制下贬值会有怎样的效果呢？在当时，克里普斯和戈德利（Cripps and Godley，1978，p. 329）认为"货币贬值将很快提高相对于国内成本的出口和进口价格，但只是缓慢地改变出口的市场份额和进口倾向"。他们这一观点的根据在于相信贸易平衡所遇到的困难更多地来自出口品的质量和设计，而非相对价格。因此，从他们的立场来看，货币贬值在短期内并不会使贸易回到均衡水平，进而扩张型政策也无法实行，因为固定汇率制下的国家依然会流失外汇储备。贸易平衡的这一表现后来被称为J曲线效应。他们进一步认为货币贬值将会导致进口价格上升，进而通过我们将在第8章概述的实际工资抵抗，引起工资-物价的螺旋上升（McCombie and Thirlwall，1994，p. 452）。于是，就连货币贬值的长期效应都是值得怀疑的。在克里普斯和戈德利看来，工资抵抗更可能发生在货币贬值的情况下，而不是实行关税的情况下，因为在前者的情形中，出口商可以提高出口价格而赚取更高的利润。根据卡尔多（Kaldor，1959）的工资通胀理论，这导致工会可以要求更高的工资。这再一次说明，为降低进口倾向的关税和配额政策是可取的。

诺曼（Norman，1996）提出了他所谓的后凯恩斯主义保护理论。从我们在第3章讨论的后凯恩斯主义成本加成理论出发，他提出了下面两个命题。首先，让我们来观察一旦对进口的最终产品征收关税将发生什么。诺曼认为国内厂商并不会改变价格，因为价格是以正常单位成本为基础的。他进一步认为关税（或配额）将刺激国内生产，其增长幅度取决于关税的规模和需求的可替代性。其次，让我们来观察一旦对进口的原材料和中间产品征税将发生什么。由等式（3.16）和等式（3.18）可以得到国内生产的最终产品价格为：

$$p = UDLC\{1 + \theta[1 + j(1 + \tau)]\} \qquad (7.17)$$

其中，$j = UMC/UDLC$，为单位原材料成本和单位直接劳动成本的比值，τ 为关税税率。

对进口中间产品征收的关税会提高单位成本，进而提高国内最终产品的价格。然而，这一增长幅度相对而言可能很小，因为这一影响取决于成本加成的程度和原材料成本的相对重要性。另外可能的情况是中间产品的出口商将会削减它们的边际利润，或者是进口商这样做，"市场对价格的影响"缩小了关税对价格的作用。概括而言，"后凯恩斯主义者认为对最终需求的保护将提高产出。如果对进口的最终产品提高关税，国内厂商将因为转移的需求而提高产出；如果对进口的中间产品提高关税，国内厂商将因为成本增加而提高价格"（Brinkman，1999，p. 98）。上述所有论述都与考兹和诺曼（Coutts and Norman，2007，p. 1221）发现的经验证据吻合。这些证据显示"全球竞争对国内市场的价格效应在正常情况下并不居于主导地位，这与标准的贸易和关税理论的核心假定相反"。然而，准工业化国家的情况可能会有所不同，在这些国家，价格领导者很可能是国外厂商，这就解释了为什么在这些国家，本国货币的贬值总是伴随着高传递率与加速的通货膨胀。

我们仍然要讨论浮动汇率制这一选择。自由贸易的主张者们会辩称贸易赤字将导致汇率的不断下降，进而相对不成功的国家的生产成本相对于国外竞争者不断降低，因此将转变为具有竞争力的国家。谢克（Shaikh，2007b）拒绝了这一观点，转而认为贸易赤字将会被资本流入所抵消，国外企业将会购买相对不成功的国家的国内资产，进而阻碍汇率相对于贸易赤字的调整。最终，富有的工业国或者成功的出口国将从自由贸易中获得最多的好处：它们改善了自己国内工人的就业状况，并且它们的资本家获得了更多的利润并以低廉的价格取得了国外资产。对此我们还要补充一种我们已经提到过的情况，国内货币的贬值将加速通货膨胀并且加重以外币计价的外债负担。

当戈德利在蒙代尔-弗莱明的模型框架下讨论扩张型财政政策的影响时，我们发现，对于浮动汇率使经常账户余额回到均衡水平的能力，戈德利采取了一种更为肯定的立场。在戈德利（Godley，1996b）以及戈德利和拉沃（Godley and Lavoie，2007a）的文献中，浮动汇率可以非常成功地吸收贸易的负向冲击。戈德利为何会采取这样的观点，我们将在下一节简要讨论。

报酬递增及规模报酬递增

在结束这一节之前，我们必须回到支撑比较优势理论的第 4 个假设，即规模报酬不变假设。对这一假设的拒绝与为贸易保护辩护的老观点紧密相关，即"新兴工业论"。"新兴工业论"为 19 世纪的美国和德国所采用，并为弗里德里希·李斯特（Friedrich List）和政治经济学的美国学派所发展（Hudson，2010）。早在 1841 年，德国经济学家李斯特就已经宣称发达国家鼓吹自由贸易而反对贸易保护，目的在于"踢掉梯子"（Chang，2003，p. 3）。"新兴工业论"今天已经变成了新兴经济论，其基础是这样一个事实：无论是在我们第 3 章讨论的短期，还是长期，厂商都面临不断下降的单位成本。

不同于农产品，很多产品生产的比较优势不是给定的，相反，就像很多高科技产品的例子所显示的那样，比较优势是被创造出来的。从第 3 章我们已经知道，厂商在短期面临下降的单位成本，但是人们也经常断言，尽管厂商各自从几乎不变的规模报酬中获利，国内产业的平均成本却是下降的。这一情况的发生是外部性经济的结果。比如，产业的扩张将产生更多的知识，并且产业中所有参与者的技术都将得到改善。这一论点可以拓展到一个动态框架中，这与我们在第 6 章谈到的卡尔多-凡登效应有关：制造业更快的增长将产生整体上更快的技术进步。产业层面上规模报酬递增的存在暗示了不受约束的自由贸易的优势。但是它也导致了新兴经济论，因为一个发展中国家的所有制造业都需要在关税和配额政策的保护下达到必要的规模以取得更低的单位成本，最近，帕利（Palley，2008）也拾起了这一观点。

图 7-9 说明了当产业从规模报酬递增中获利时将会发生的情形。这里有两个国家，国家 D 和国家 U（发达国家和不发达国家）。假设国家 D 生产某种专门的高技术配件的单位成本曲线 UC_D 位于不发达国家生产该产品的单位成本曲线 UC_U 的上方，如图 7-9 所示。进一步假设国家 D 的企业最先开始生产并在国家 U 的企业之前占据了市场，以至于国家 D 的产量达到 q_D。除非国家 U 的企业可以生产多于 q_C 单位的该产品，否则它们将无法参与竞争。因为在低于 q_C 的规模上，它们的单位成本将高于国家 D。正如罗宾逊（Robinson，1973，p. 24）

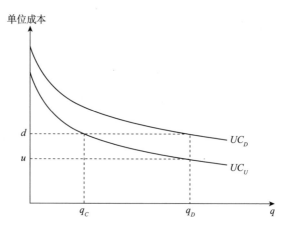

图 7-9 新兴经济论和规模报酬递增

所评论的:"自由贸易的教条有利于首先进入制造业的国家。"如果国家 U 的产业得到一定的保护,它将能够基于国内市场达到 q_c 水平。如果没有得到保护,它将永远达不到这点。该配件的世界市场将依然为国家 D 的企业所控制。显然,对全球经济而言,由国家 U 的企业以 u 美元的单位成本生产该产品是最好的,但国家 D 的企业将以单位成本 d 美元维持对整个市场的控制。

从我们将在下一节讨论的内容来看,新兴经济论是非常有效的。如果增长受到了国际收支的约束,那么出口那些需求快速增长的产品将非常重要。不过与诸多制造品不同,农产品不适用于这一理论。因此,贸易保护对于发展制造业才是必要的。

7.6 开放经济的哈罗德模型

我们已经缓慢地从国际金融理论转向了国际贸易理论。之前几节的内容主要与开放经济的实际层面相关。这一层面的后凯恩斯主义理论主要归功于后凯恩斯主义中的卡尔多主义分支,但在下一节我们将看到,卡莱茨基主义者同样在开放经济问题上倾注了一些心血。在这一节,我们将讨论我所谓的开放经济的哈罗德模型。所有这些模型都有一个共同的特点:它们是对哈罗德外贸乘数的拓展。

7.6.1 哈罗德的外贸乘数和卡尔多的超级乘数

虽然收入乘数的提出要归功于凯恩斯(Keynes,1936),但我们知道理查德·卡恩早在 1931 年就提出了就业乘数的思想。知道的人不多的是罗伊·哈罗德(Roy Harrod,1933)在他的《国际经济学》(*International Economics*)一书中提出了外贸乘数的概念。哈罗德,这位凯恩斯的密友以及凯恩斯的第一位传记作者,打算挑战标准的国际收支平衡机制。这一标准的国际收支平衡机制的基础是价格调整、充分就业的假设以及与金本位相关的所谓游戏规则。哈罗德提出了一个简单的模型，没有投资或政府支出，而是假定一个与本科一年级课程中类似的进口函数，写作：

$$M = \mu Y \tag{7.18}$$

和第 4 章一样，M 表示进口，而 Y 和 μ 分别表示 GDP 和进口倾向。

哈罗德假定经济行为人将他们的收入要么花在国内消费上，要么花在进口上。既然该模型的开放经济中没有储蓄和投资，也没有政府部门，那么经常账户，在这里也就是贸易账户，应该总是处于平衡状态，使得出口总是等于进口。这一点，我们从等式（7.3）这一基本方程就已经知道。因此，用 X 表示出口，有：

$$X = M \tag{7.19}$$

将等式（7.18）和等式（7.19）联立，我们得到：

$$Y = X/\mu \tag{7.20}$$

因此，哈罗德的外贸乘数为 $\dfrac{\Delta Y}{\Delta X} = 1/\mu$。正如麦康比和瑟尔沃尔（McCombie and Thirlwall，1994，p. 238）所指出的，这一乘数"将总是通过出口变化之后的收入变化使收支余额回到平衡的水平"。

这一静态的外贸乘数可以通过下面的形式转换成动态形式。由等式（7.19），我们有：

$$\frac{\Delta Y}{\Delta X}\frac{X}{Y} = \frac{\Delta Y}{\Delta M}\frac{M}{Y} \tag{7.21}$$

于是有：

$$g = \frac{\Delta Y}{Y} = \frac{\Delta X}{X}\left(\frac{\Delta Y}{Y} \Big/ \frac{\Delta M}{M}\right) = \frac{\Delta X}{X}\frac{1}{\Pi} = \frac{\hat{X}}{\Pi} \tag{7.22}$$

等式（7.22）告诉我们，当贸易平衡时，GDP 的增长率 g 等于

出口的增长率除以进口需求的收入弹性 II。这是哈罗德外贸乘数的
动态方程，而塞特费尔德（Setterfield，2012，p.84）宣称这是卡尔
多主义中"增长理论的基本'运动方程'"。因此，动态的外贸乘
数就是进口需求的收入弹性的倒数。之所以外贸乘数以及它的动态
版本与卡尔多主义紧密相关，是因为卡尔多（Kaldor，1970b）在讨
论区域或国家发展时，参考了哈罗德乘数，并将之与我们在第 6 章
简要提及的希克斯超级乘数联系起来。卡尔多补充认为，一个给定
区域的产出增长与其出口的增长率存在联系。

> 从任何特定区域的角度看，"需求的自主部分"是由区域
> 外部产生的；我们可以用希克斯的"超级乘数"这个概念来表
> 达外贸乘数的动态形式。这样一来，一个区域的经济增长率根
> 本上由它的出口增长率指引。出口增长率通过"加速器"将会
> 引领产业生产能力的增长率和消费的增长率；它也会使进口的
> 绝对水平和增长率调整到与出口相适应的水平（在极为简化的
> 假设条件下）。（Kaldor，1970c，p.342）

帕伦博（Palumbo，2009，pp.350-351）和塞特费尔德（Set-
terfield，2012，p.85）用下述方程（不存在公共部门）阐释了上述
观点：

$$M = \mu Y \tag{7.18}$$
$$Y = C + I + X - M \tag{7.23}$$
$$C = (1 - s_y)Y \tag{7.24}$$
$$I = v_0 \Delta Y = v_0 g Y \tag{7.25}$$

其中，s_y 表示收入的储蓄倾向，v_0 为资本产出比，g 为经济的增长
率。等式（7.24）为消费方程，而等式（7.25）为加速形式的投资
方程。消费和投资都完全是引致支出。将这些等式写在一起，我们

得到：

$$Y = \frac{X}{s_y - v_0 g + \mu}$$ (7.26)

卡尔多认为这一等式可以被还原为等式（7.20）的形式，$Y=X/\mu$，并且有点像等式（7.22）那样的动态形式，因为他假定 $s_y = v_0 g$；即他假定私人储蓄等于私人投资。这事实上是新剑桥方法的关键假定。

7.6.2 戈德利的贸易绩效比和财政态势

单国模型中的戈德利方法

我们在第 4 章提到了新剑桥方法，在那里，这一方法与基本方程〔等式（4.7）〕和最终构建的后凯恩斯主义 SFC 方法相关。在本章的上一节讨论贸易约束时，我们也提到了新剑桥方法。新剑桥学派的成员都深入地参与了 20 世纪 70 年代的政策建议和预测，当时他们的一个经验论断是私人国内储蓄和私人国内投资的差额在任何时候都是很小的（除了危机期间），并且倾向于零。用戈德利的术语来说，国内私人部门的金融资产净积累倾向于零；也就是说，国内净私人借贷，$(S-I)$，倾向于零。这意味着所有行为都不得不与国外和公共部门有关。

应用戈德利和克里普斯（Godley and Cripps，1983，ch. 14）使用的变量，利用先前的等式（7.18）、等式（7.24）和等式（7.25），并调整等式（7.23）以纳入政府支出 G，增加一个税收方程，税率记为 τ，可以对新剑桥方法进行重新阐释：

$$Y = C + I + G + X - M$$ (7.23A)

$$T = \tau Y$$ (7.27)

解这个模型，我们得到：

$$Y = \frac{G+X}{s_y + \tau - v_0 g + \mu} \tag{7.28}$$

如果我们再一次假定包括家庭和私人企业的国内私人部门整体上并不积累净金融资产（$s_y = v_0 g$），那么等式（7.28）可以简化为等式（7.29）。等式（7.29）决定了戈德利和克里普斯（Godley and Cripps，1983，p.285）所谓的收入的准稳定状态水平，或者准稳态：

$$Y = \frac{G+X}{\tau + \mu} \tag{7.29}$$

戈德利和拉沃（Godley and Lavoie，2007a，p.178）还导出了一个更复杂的方程，考虑了公共债务的利息支付，但是相对于我们的目的而言，上述方程就已经足够了。对戈德利和克里普斯（Godley and Cripps，1983，p.285）而言，"政府支出和出口是主要的外生变量（还有政府收入份额 τ，以及进口份额 μ）"。所有的收入和支出流都会根据这些外生变量进行调整。因此需要考虑两个重要的比率：财政态势 G/τ 和贸易绩效比 X/μ。

现在注意等式（7.29）对应于等式（4.9）适用的情况；即经济遭遇了基本等式的一种特殊情况：要么处于双赤字（预算赤字和经常账户赤字），要么处于双盈余。只有在偶然的情况下，或者通过额外的调整过程，公共预算和贸易余额（或者经常账户余额）才会同时处于平衡状态。要发生这种情况，财政态势和贸易绩效比需要相等。换句话说，需要等式（7.30）成立：

$$\frac{G}{\tau} = \frac{X}{\mu} \tag{7.30}$$

戈德利和克里普斯（Godley and Cripps，1983，p.296）指出，当财政态势小于贸易绩效比率时，经济将处于双盈余状态。这可以

通过观察使不等式 $T = \tau Y > G$ 成立的条件来判断。用等式（7.29）代替 Y，可以证明不等式成立的条件是 $G/\tau < X/\mu$。在这种情况下，公共债务与收入的比例将会下降，同时国内经济将会积累国外资产。我们已经提到多次，因为没有任何力量对此做出改变，这一情形可以持续很长一段时间。相反，当财政态势大于贸易绩效比率时，即 $G/\tau > X/\mu$，经济将处于双赤字的情况，公共债务与 GDP 的比例将上升，并且外债也将上升。除非是美国，其货币是国际贸易和储备的主要货币，否则这种情形不可能持续，两个比率中的一个必须改变。佩雷斯·卡丹泰（Pérez Caldentey, 2007，p. 210）在动态框架下重新对等式（7.30）进行阐释，考虑了 G 和 X 的增长率，同时将 τ 和 μ 理解为税收和进口的收入弹性。

通过降低财政态势或者增加贸易绩效比可以使等式（7.30）重新成立。要增大贸易绩效比，则要么增加出口，要么降低进口倾向。新剑桥学者认为关税和配额政策，或者出口补贴可以实现这一点。如果是通过降低政府支出或者提高税率来调整财政态势，那么经济增长明显会减速。事实上，戈德利和克里普斯（Godley and Cripps, 1983, p. 283）宣称："长期来看，只有在外贸绩效允许的前提下，财政政策才能被用来维持一个开放经济的实际收入和产出的增长。这是我们本书最重要的实践观点。"我们将在下一节看到，很多卡尔多主义者相信贸易绩效比，即国际收支余额是对一个工业国家经济活动的最根本限制。

两国模型中的戈德利方法

到目前为止，我们假定出口是外生的。戈德利和克里普斯的模型可以略做修改以拓展到两个区域的情况——北部和南部，分别记为 N 和 S，彼此之间进行贸易。同样，出于简化的目的，我们忽略利率，同时忽略汇率因素，这相当于假定我们处理的是同一国家内的两个区域或者是共同货币区内的两个国家。类比等式（7.29），每个区域的 GDP 准稳态水平由下面两个等式决定：

$$Y_N = \frac{G_N + X_N}{\tau_N + \mu_N} \qquad (7.31)$$

$$Y_S = \frac{G_S + X_S}{\tau_S + \mu_S} \qquad (7.32)$$

出口此时可以通过假定一个区域的出口等于另一个区域的进口而内生化。类比等式（7.18），我们有下面两个等式：

$$X_N = M_S = \mu_S Y_S \qquad (7.33)$$

$$X_S = M_N = \mu_N Y_N \qquad (7.34)$$

利用等式（7.31）、等式（7.32）、等式（7.33）和等式（7.34），我们可以得到 Y_N 的解，其中外生变量只剩下两个区域各自的政府支出。

$$Y_N = \frac{(\tau_S + \mu_S)G_N + \mu_S G_S}{(\tau_N + \mu_N)(\tau_S + \mu_S) - \mu_N \mu_S} \qquad (7.35)$$

我们可以很容易计算得到三个政府支出乘数。第一个乘数和等式（7.31）中一样，仍然假定出口是外生的。另外两个乘数来自等式（7.35）：第二个乘数处理的是国内政府支出；第三个乘数是与国外政府支出相关的乘数。我们得到：

$$\frac{\Delta Y_N}{\Delta G_N} = \frac{1}{\tau_N + \mu_N} \qquad (7.36)$$

$$\frac{\Delta Y_N}{\Delta G_N} = \frac{1}{(\tau_N + \mu_N) - (\mu_N \mu_S)/(\tau_S + \mu_S)} \qquad (7.37)$$

$$\frac{\Delta Y_S}{\Delta G_S} = \frac{\mu_S}{(\tau_N + \mu_N)(\tau_S + \mu_S) - \mu_N \mu_S} \qquad (7.38)$$

比较等式（7.36）和等式（7.37），显然，当考虑一个区域对另一个区域的反馈效应时，国内政府乘数要更大。等式（7.38）也显示了国外政府支出的增长对国内经济的正向影响。为了便于理解，表 7-10 给出了一个数值例子，分别给出了不同进口倾向下的乘数，同时假定税率都为 $\tau = 0.4$。我们注意到，两个贸易区域的进口倾向越大，没有反馈效应的乘数就越是低估了反馈效应的乘数。

表 7-10 戈德利和克里普斯模型中包括反馈效应和不包括反馈效应的乘数值

进口倾向 μ_N 和 μ_S	$\Delta Y_N / \Delta G_N$	$\Delta Y_N / \Delta G_S$	
	不包括反馈效应	包括反馈效应	
	等式（7.36）	等式（7.37）	等式（7.38）
0.1	2.00	2.08	0.42
0.2	1.66	1.87	0.62
0.3	1.43	1.75	0.75
0.4	1.25	1.67	0.83
0.5	1.11	1.61	0.89
0.6	0.83	1.56	0.94

对于一个像欧元区这样的货币联盟，从其他成员国进口的倾向可能很大，那么上述结果有何影响呢？如果南部国家被迫实行紧缩政策因此削减政府支出，这一政策对经济活动的负向效应很可能被采取这一政策的国家所低估。那些主张南部政府支出削减政策的北部国家政客们也可能低估这些支出削减政策对北部国家的负向效应。

从这一模型我们还可以得到更多的东西。假定一开始欧元区的所有国家（北部国家和南部国家）公共预算和贸易都处于平衡，那么很显然，任何欧元区国家进口倾向的增长都最终会导致政府赤字。在几乎没有增长的情况下——这几乎是欧元区一个时期内的情况——并且不包含任何第三方，欧元区内的国家不可能同时做到政府预算盈余和国际收支盈余。

人们通常知道在一个世界中，不可能所有国家都同时拥有贸易盈余或者国际收支盈余，但是却很少有人理解上述论点。虽然所有人都承认，在一个两国货币联盟中，其中的一个成员国将处于贸易赤字，但是人们并不总是理解，在同一个两国货币联盟中，核算法则决定了在准稳态状态下，处于贸易赤字的国家必定也处于政府预算赤字。无视这一核算法则，欧元区的所有国家都被鼓励拥有预算平衡或者预算盈余，否则就会受到金融制裁。在宏观层面，这一规则毫无意义。

7.6.3　瑟尔沃尔法则或国际收支的增长约束

瑟尔沃尔法则的形成

哈罗德的外贸乘数和卡尔多（Kaldor，1970c）关于增长限制的观点催生出大量理论和经验文献。这些文献都源自等式（7.22），我们可以称之为外贸乘数的动态变形。这一等式是在非常严格的条件下得到的，它表明增长率将等于出口的增长率除以进口需求的收入弹性。

瑟尔沃尔（Thirlwall，1979）在试图解释长期国家间增长率的差异时，不经意地发现了这一等式。他的这篇文章的主要目的是提供一种替代新古典主义的解释。新古典主义的解释以依赖于生产要素增长的供给侧为基础，也就是我们在第 6 章所说的自然增长率。瑟尔沃尔（Thirlwall，1979，p.45）则认为，总的来说，"是需求'驱动'了经济系统，而供给则是在一定的限制范围内适应需求"。因此，国家间的增长率存在差异必须用需求因素去解释。一些国家的需求扩张可以比其他国家更快，它们的需求面临着更少的限制。

但是为什么会这样呢？瑟尔沃尔的回答是"在一个开放经济中，主要的限制是国际收支平衡"，并且这一限制非常近似于"出

口增长率除以进口需求的收入弹性"，即等式（7.22）。瑟尔沃尔
（Thirlwall，1979，p.46）认为："如果一个国家扩张需求，在达到
它的短期产能之前就遇到了国际收支平衡的困难，那么它的需求就
要削减。"结果是"一些国家不得不为了国际收支平衡而比其他国
家更早地限制其需求"。瑟尔沃尔甚至已经提出："出口的增长率除
以进口需求的收入弹性是对 1950 年之后主要发达国家的实际增长经
验非常好的一个估计，因此可以从中得出一个新的经济法则加以形
式化。"实际上，不到一年的时间，就有一篇文献将上述关系称为
"瑟尔沃尔法则"（Thirlwall，2011，p.310）。这一称谓很快被戴维
森（Davidson，1992，p.93）采用，然后出现了大量工作，致力于
证明或者质疑最初由瑟尔沃尔提出的经验结果（McCombie and
Thirlwall，1994；Thirlwall，2011）。

瑟尔沃尔法则以及它的更一般化的版本同样出现在国际收支的
增长约束理论中。它可以被分成两个部分。第一，从平衡状态开
始，我们可以确定一个能够维持国际收支平衡的增长率。这一增长
率被叫作g_B。第二，我们需要证明，诸多国家的实际增长率事实上
大致符合这一计算得到的国际收支平衡增长率。在最初的比较简单
的版本中——我们这里只考虑这个版本——增长约束被理解为能够
保持贸易平衡的增长率。因此，更准确的提法应该是贸易平衡增长
约束。这意味着在任何时候，正如哈罗德的等式所示，按价值计算
的出口应该等于按价值计算的进口，即满足下面这一等式：

$$p_d X = e p_f M \qquad (7.39)$$

其中，p_d 表示国内产品的价格，即用国内货币计价的出口价格，而
p_f 表示外国商品的价格，即用外币计价的进口价格；因此，外币计
价的进口价值必须乘以汇率 e，以用本币来表示进口价值［正如等
式（7.5）中的 s 一样，本币的贬值对应着 e 的增加］。X 和 M 现在

指的是实际值。

在一个增长经济中，相同的条件可以用增长率表示：

$$\hat{p}_d + \hat{X} = \hat{e} + \hat{p}_f + \hat{M} \tag{7.40}$$

进口函数和出口函数现在要比我们之前讨论的更为复杂。就像柯布-道格拉斯函数一样，进口函数和出口函数采取通常的带有不变弹性的连乘形。使用与瑟尔沃尔（Thirlwall，2011）和塞特费尔德（Setterfield，2012）几乎一样的符号，我们有：

$$M = \left(\frac{ep_f}{p_d}\right)^{\psi} Y^{\Pi} \tag{7.41}$$

$$X = \left(\frac{p_d}{ep_f}\right)^{\eta} Z^{\epsilon} \tag{7.42}$$

参数 ψ 表示进口需求的价格弹性，η 表示出口需求的价格弹性。这两个参数都取负值，因为进口与以本币表示的进口价格（ep_f）负相关，而出口与以本币表示的相对于国外产品价格的出口价格负相关。与之前一样，Y 表示本国的收入，Π 表示进口需求的收入弹性。Z 表示世界收入（而不是第 6 章中的资本家自主消费——字母已经快被我们用完了），而 ϵ 表示世界对本国出口需求的收入弹性。

对上面两个等式两边取对数并在时间上取微分，我们得到了增长形式的进口方程和出口方程：

$$\hat{M} = \psi(\hat{e} + \hat{p}_f - \hat{p}_d) + \Pi\hat{Y} \tag{7.43}$$

$$\hat{X} = -\eta(\hat{e} + \hat{p}_f - \hat{p}_d) + \epsilon\hat{Z} \tag{7.44}$$

联立等式（7.40）、等式（7.43）和等式（7.44），我们得到贸易平衡的条件：

$$\hat{p}_d - \eta(\hat{e} + \hat{p}_f - \hat{p}_d) + \epsilon\hat{Z} = \hat{e} + \hat{p}_f + \psi(\hat{e} + \hat{p}_f - \hat{p}_d) + \Pi\hat{Y} \tag{7.45}$$

求解 $\hat{Y}$，我们得到国际收支平衡下的增长率 g_B：

$$g_B = \frac{(1+\eta+\psi)(\hat{p}_d - \hat{p}_f - \hat{e}) + \varepsilon\hat{Z}}{\Pi} \qquad (7.46)$$

如果标准的马歇尔-勒纳条件成立，即意味着出口价格弹性和进口价格弹性绝对值之和大于 1（$|\eta|+|\psi|>1$），则等式（7.46）中第一个括号的数值为负。因此，只要第二个括号的数值为负，本币的贬值，即 $\hat{e}>0$ 将对贸易余额有正向的影响，进而 g_B 也会更大。正如经常被提到的，要使国际收支平衡下的增长率保持在更高的水平，本币贬值不能只是一次性事件，而是必须一直保持贬值的态势。因此，要使一段时间内的贬值对 g_B 产生永久性的影响，贬值必须对出口或进口的收入弹性（ε 或 Π）造成某种间接的作用。

最后，只要等式（7.47）或等式（7.48）中有一个成立：

$$1+\eta+\psi=0 \qquad (7.47)$$

$$\hat{p}_d - \hat{p}_f - \hat{e}=0 \qquad (7.48)$$

我们就会有：

$$g_B = \frac{\varepsilon\hat{Z}}{\Pi} \qquad (7.49)$$

图 7-10 是对瑟尔沃尔法则的图解。在给定的世界经济增长率下，ε 与 Π 的比值越大，国际收支平衡约束下的增长率越高。

对瑟尔沃尔法则的阐释

对等式（7.46）和等式（7.49）可以有两种解释。第一，我们可以从等式的推导过程解释：g_B 是在贸易平衡的情况下（我们是从这一条件开始推导的）经济的增长率。这第一种解释并没有争议。它不过是一个平衡条件。但是第二种解释却容易招致批评，它将 g_B 解释为经济增长率的长期趋势。当我们处理下述情形时，第二种解

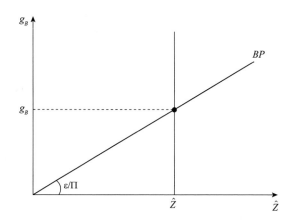

图 7 - 10　瑟尔沃尔法则：外部约束下的增长率
（作为世界经济增长率的函数）

释似乎是很合理的：经济的实际增长率最初的时候超过了 g_B，以至于经济处于贸易赤字状态。正如我们在讨论戈德利的财政态势和贸易绩效比时所提到的，当一个经济处于贸易赤字状态时，无论它采取何种汇率体制，它都不得不对外举债。于是，人们将会预期当局将有意采取一些措施放缓经济增长，同时工资上升，进而降低经常账户赤字。但是，正如帕伦博（Palumbo，2011，p. 246）所说：

> 问题在于该假定暗示相反的情况——一个来自国内的对经济的微弱刺激或者无论何种其他情况，造成经济走向贸易盈余的持续趋势——长期来看也是不可持续的，因此不得不通过扩张型政策进行纠正。

因此，如果最初的增长率处于国际收支平衡增长率 g_B 之下，享有贸易盈余的国家就不可能采取纠正性措施，进而实际增长率也不会趋向于 g_B。所以似乎最好是将 g_B 理解为由于贸易平衡的外部约束，经济在长期能够取得的最高增长率。

这就是说等式（7.49）所表示的瑟尔沃尔法则假设其在经验上是足够有效的，这说明了什么（参见 McCombie and Thirlwall，1994，ch. 5；以及 Thirlwall，2011，pp. 341 - 342 所列举的一系列经验研究）？首先，正如已经被指出的，如果瑟尔沃尔法则是有效的，那么这意味着等式（7.47）和等式（7.48）至少有一个是成立的。等式（7.47）指的是进口和出口的价格弹性绝对值之和等于 1。这可能发生也可能不发生。等式（7.48）指的是实际汇率（$e_R = ep_f/p_d$）是一个常数，因此相对购买力平价成立。这在纯粹竞争或者寡头垄断的情况下可能发生，但是我们知道相对购买力平价在经验上的表现并不是很好。于是，尽管瑟尔沃尔法则非常吸引人，因为它的关系是如此简洁，并且"简单的法则形成好的经济"（Thirlwall，2011，p. 310）听上去似乎也有道理，但我还是认为等式（7.49）对解释实际经济增长率发生了什么只是一个粗略的指导。

如果我们接受瑟尔沃尔法则的有效性，那么就需要接受下述由塞特费尔德（Setterfield，2012，p. 88）所罗列的结论：价格变化或者国际金融流动只具有短期效应；旨在提高产能的政策长期来看并没有作用，因为增长率是由需求侧决定的；但是旨在提高国内需求增长率的政策长期来看也不会起作用，因为实际增长率会回到贸易平衡所约束的水平。最重要的是，要在长期提高经济增长率，可能的唯一方法是使得国内产品相比于其他国家更有吸引力或者使得国外产品变得不那么具有吸引力（更低的 Π），塞特费尔德称之为"供给侧后凯恩斯主义"。另外一种选择是"全球后凯恩斯主义"，即在世界范围内都有一个更快的经济增长率（更高的 $\hat{Z}$）。

其他出口方程和进口方程

在结束这一小节之前，我们着重讨论一下标准出口方程和进口方程的简化形式。在等式（7.41）和等式（7.42）中，出口价格和进口价格被假定为各自独立。但是这可能并不是实际的情况。当本币贬值时，以本币计价的进口价格可能上升，也可能不上升，即国外生产者可能决定削减它们的边际成本以保持其竞争力和市场份额；但是如果它们的竞争者提高了价格，它们也会提高价格。因此，10％的贬值可能伴随着进口价格低于10％的增长。"传递效应"很可能低于100％。类似地，国内的生产者可能决定利用其增长的竞争力来提高边际成本，进而提高出口价格（Godley，1999b）。于是，我们应该额外考虑两个价格，都以本币计价的出口价格 p_x 和进口价格 p_m。进一步地，p_d 和 p_f 应该被理解为与国外产品进行竞争的国内产品价格。结果是，等式（7.41）和等式（7.42）需要重写为：

$$M=\left(\frac{p_m}{p_d}\right)^{\psi}Y^{\Pi} \tag{7.41A}$$

$$X=\left(\frac{p_x}{ep_f}\right)^{\eta}Z^{\varepsilon} \tag{7.42A}$$

戈德利（Godley，1999b）进一步认为逻辑上要求进口价格的增长率和出口价格的增长率被写成下面的形式：

$$\hat{p}_m=\upsilon\hat{e}+(1-\upsilon)\hat{p}_d+\upsilon\hat{p}_f$$

$$\hat{p}_x=v\hat{e}+(1-v)\hat{p}_d+v\hat{p}_f$$

戈德利认为，如果国内价格和国外价格以相同的增长率增长，那么出口价格和进口价格也应该按同一个增长率增长。此外，如果本国货币贬值（e 上升）的同时国内价格以相同的比率增长，人们将会预期进口价格和出口价格将完全按贬值程度进行增长。否则，如果我们接受在第3章讨论的考兹和诺曼（Coutts and Norman，2007）的观点，除非进口产品主要由中间产品和原材料构成，p_d 和

p_f 几乎不会对汇率变化做出反应。上述内容说明经过这些调整之后，g_B 的等式最终并不会像等式（7.46）那样简洁。

这些新定义的进口价格和出口价格对国际贸易理论有着进一步的影响。马歇尔-勒纳条件经常被理解为，如果国内货币贬值要能够改善贸易余额，进口需求和出口需求的价格弹性的绝对值之和必须大于1。在等式（7.41A）和等式（7.42A）中，起作用的是贸易条件相对于货币贬值的弹性，这里贸易条件被定义为出口价格和进口价格的比值 p_x/p_m，两种价格都以统一货币计价。例如，如果10%的贬值导致进口价格上升5%，出口价格上升2%，那么贸易条件就下降3%。因此贸易条件相对于贬值的弹性就是−0.30。如果进口需求和出口需求的价格弹性的绝对值之和超过0.30，贸易余额就可以得到改善。因此，贸易余额得到改善的条件变成了这些价格弹性之和大于贸易条件的弹性。这一加总并不需要大于1。然而在实践中，马歇尔-勒纳条件仍然是一个有用的近似。由于来自收入变化和外债引起的资本流入的反馈效应，较弱的价格弹性可以使贸易余额回到平衡水平，但是它不能使得经常账户余额回到零。因此，接下来我们将继续参考马歇尔-勒纳条件。

7.6.4 两国框架下的瑟尔沃尔法则

很多学者已经提出了国际收支平衡增长率的几种扩展形式。上面所介绍的模型的一个缺陷在于没有考虑资本流入。这一点很早就为瑟尔沃尔和侯赛因（Thiralwall and Hussain，1982）提及。他们将一个调整后的模型应用于发展中国家，在这个模型中，贸易赤字可以由资本流入进行融资。随后又有很多其他变量被提出，并假定在贸易赤字与GDP比大概为常数的前提下，国家可以永久地处于贸易赤字状态，这实际上也假定了资本流入与GDP按照相同的增长率增长（Moreno-Brid，1998 - 1999）。但是一旦一个国家从国外资本流入中获利，这也就意味着需要对外债支付利息，因此现在与增长率的外部约束相关的是经常账户平衡而非贸易平衡（Moreno-Brid，2003）。尽管如此，新发现的国际收支平衡增长率与从瑟尔沃尔法则得到的国际收支平衡增长率并无多大差异。对于增长率的外部约束，等式（7.47）仍然是一个非常好的近似。

以此为基础，让我们来观察麦康比（McCombie，1993）提出的一个两国扩展模型，这个模型考虑了其他自主性的增长变量以及它们从一个区域到另一个区域的反馈效应，这一点与上一小节中戈德利和克里普斯（Godley and Cripps，1983）的静态模型框架并无多大不同。麦康比的模型可以帮助我们再一次理解为什么有必要设计一种国际金融制度，以将调整的负担从贸易赤字国转向贸易盈余国。

假定世界被分成北部和南部两个区域，记为 N 和 S。再假定瑟尔沃尔法则［来自等式（7.22）］在两个国家均成立，于是有：

$$g_{BN} = \hat{X}_N / \Pi_N \tag{7.50}$$

$$g_{BS} = \hat{X}_S / \Pi_S \tag{7.51}$$

因为南部的出口就是北部的进口，于是有：

$$\hat{X}_S = \hat{M}_N \tag{7.52}$$

在贸易平衡的情况下净出口为零，北部的出口和进口彼此相等，由等式（7.50）我们有：

$$\hat{M}_N = \Pi_N g_{BN} \tag{7.53}$$

将这些等式联立，得到：

$$g_{BS} = \frac{\Pi_N}{\Pi_S} g_{BN} \tag{7.54}$$

在图 7 - 11 中，这一等式被表示为 BP 曲线。它表示在贸易保持平衡的情况下两个国家的增长率。具有最低的进口需求收入弹性的国家或区域有着最高的国际收支平衡约束增长率。那么实际的增长率呢？每个国家的实际增长率取决于国内自主性支出的增长率和出口的增长率；它同时也取决于进口的增长率和国内引致性支出的增长率，麦康比（McCombie，1993）假定这两个增长率与整体经济的增长率相同。即便不依靠代数方程，我们也能断言实际的经济增长率取决于国内自主性支出的增长率和出口的增长率，也就是其他国家的实际经济增长率。由此得到了另外两条向上倾斜的曲线，分别记为 A_S 和 A_N。A_S 表示南部经济的实际增长率，它是北部经济实际增长率的函数。假定最初 A_S 曲线和 A_N 曲线相交于 BP 曲线上，交点为 E_0，即两个国家都处于贸易平衡状态。

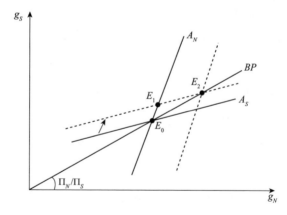

图 7 - 11 两国经济中的瑟尔沃尔法则

现在假定南部经济中的自主部分出现了更高的增长率，这一情况要么是因为南部经济的消费者和企业家现在有更强的动物精神，要么是因为政府决定采取扩张型政策。A_S 曲线现在将向上移动，如虚线所示。同时世界经济移动到点 E_1，两个经济区域都将有更高的增长率。然而，在点 E_1，南部的经济增长率要高于既有北部经济增长率下的贸易平衡增长率（g_{BS}）。因此，南部经济现在处于贸易赤字状态；对称地，北部经济将处于贸易盈余状态。对应这一非均衡点有两个均衡点，一个低一个高。

在低均衡点，南部区域将被迫实行紧缩政策，世界经济回到点 E_0，增长率更低。在高均衡点，北部区域利用其贸易盈余增加国内自主性支出以提高增长率，进而使 A_N 曲线向上移动（如虚线所示），直到两条虚线再一次相交于 BP 曲线，此时交点为 E_2。两个国家都将拥有更高的贸易平衡增长率。这个模型说明协调的扩张型凯恩斯主义政策——全球凯恩斯主义——事实上可以克服国际收支平衡约束。

这样的两国模型可以有更复杂的扩展版本。例如，维拉（Vera，2006）提供了一个包括资本流入的版本，同时贸易条件是内生决定的。北部出口工业品，利用成本加成定价从卡尔多-凡登生产力效应中获利，而南部出口基础产品，通胀则被假定为由两个区域的增长率差异决定。

7.6.5 瑟尔沃尔法则与自然增长率

在第 6 章，我们讨论了卡莱茨基增长模型并不会产生一个等于自然增长率［等式（6.69）］的增长率。这意味着失业率要么持续上升，要么持续下降，是一个测不准事件。进而我们观察了使得需求引致的卡莱茨基增长率向供给引致的自然增长率趋近，或者相反，使得自然增长率向需求决定的卡莱茨基增长率趋近的机制。同样的问题也存在于国际收支平衡约束增长率。如果实际增长率由瑟尔沃尔法则决定，或者近似于由瑟尔沃尔法则决定，那么除非是偶然情况，实际增长率将与自然增长率不同，并且失业率将持续地向上或向下移动。帕利（Palley，2002，p. 120）据此认为国际收支平衡约束增长率"包含了一个内在的不一致性，因为它不能够与经济的供给侧相协调"。

解决这一难题的一种办法已经由帕利自己提出。我们从他的主要论点开始。帕利（Palley，2002，p. 123）只是简单地认为，当由外部约束决定的实际增长率低于自然增长率时，"过度产能的增长将降低进口需求的弹性，[Π]，进而放松增长的外部约束"。但不是很清楚的是为什么会这样：为什么过度产能的增长会导致长期进口需求的收入弹性下降？出于讨论的目的，我们先假定这一机制成立，于是有下面的微分方程：

$$\hat{\Pi} = -\xi_1(g_n - g), \xi_1 > 0 \tag{7.55}$$

图 7-12 的右半边说明了这第一种机制。自然增长率 g_n 为一条水平虚线。由瑟尔沃尔法则决定的国际收支平衡约束增长率是一条从原点出发，向上倾斜的曲线 BP。我们知道，这一增长率取决于出口和进口的收入弹性，以及水平坐标轴上的世界其他地区增长

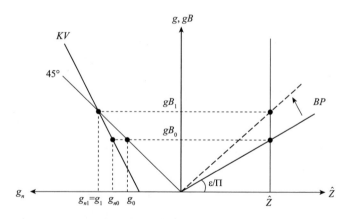

图 7-12　国际收支平衡约束增长率和自然增长率的互相调整

率。因此，在给定的世界经济增长率 $\hat{Z}$ 下，国内经济有一个由外部约束决定的增长率。根据帕利的方法，BP 曲线将向上转动，直到约束增长率等于自然增长率。显然，这是总需求适应总供给的例子。

上述内容是帕利调整过程的一个简化版本。事实上，与很多卡尔多主义者会做并且已经做的那样，帕利在模型中还纳入了卡尔多-凡登等式。出于方便，我们这里再重复一下这个等式，它表示劳动生产率的增长率是产出增长率的正向函数。我们再回忆一下自然增长率的定义，它是劳动力增长率和劳动生产率的增长率之和：

$$\lambda = \lambda_0 + \lambda_g g \tag{6.81}$$

$$g_n = \hat{N} + \lambda \tag{6.69}$$

联立这两个等式，我们有：

$$g_n = \hat{N} + \lambda_0 + \lambda_g g \tag{7.56}$$

等式（7.56）在图 7-12 中被表示为向上倾斜的曲线 KV，它在图的左侧。由塞特费尔德（Setterfield，2012，p.103）提出的这一图示说明了帕利（Palley，2002）建议的完整的调整过程。图示假定一开始，国内经济的实际增长率等于由瑟尔沃尔法则决定的增长率。如图右侧所示，这一实际增长率低于由卡尔多-凡登等式决定的自然增长率（$g_0 < g_{n0}$）。随着过剩产能的出现，这引发了等式（7.55）描述的机制。结果是产生了一个更高的自然增长率以及一个更高的国际收支平衡约束增长率，即 $g_1 = g_{n1}$。

因为国际收支平衡约束增长率和自然增长率都是内生的，因此这个模型似乎是需求引致的。然而，塞特费尔德（Setterfield，2012，p.104）认为这个模型产生了一个"半供给决定"的增长率，因为"需求侧已经不再是长期增长明确的'决定因素'"。

结果，塞特费尔德提出了另外一种解决方案，在这一解决方案中，自然增长率向贸易平衡约束下的增长率调整。帕利（Palley，2002，p.124）简要地提到过，当失业率上升时，劳动参与率会趋向于下降，进而影响到 $\hat{N}$，但是他认为这只是一种短期或中期效应。塞特费尔德（Setterfield，2012）转向了自然增长率的其他要素。他认为劳动生产率的增长率 λ 不仅受到如卡尔多-凡登等式表明的经济增长率的影响，而且受到失业率变化的影响。他的解决方案只是对我们在第 6 章讨论过的需求引致调整过程 ［由等式（6.71）和等式（6.76）决定］稍微做了点变形：

$$\hat{\lambda}_g = -\chi_8 \dot{U} = \chi_8(g - g_n), \quad \chi_8 > 0 \tag{7.57}$$

这一调整过程可以借助图 7-13 来理解。这里，实际增长率由贸易平衡约束所决定。自然增长率被假定为通过改变卡尔多-凡登等式中的系数变量，向需求决定的增长率调整。这一调整过程的问题已经在第 6 章讨论过了，因此对瑟尔沃尔模型的讨论，我们就到此为止。

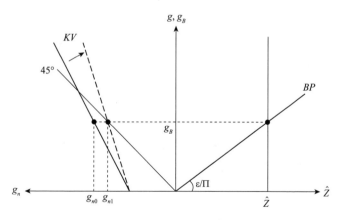

图 7-13　自然增长率向国际收支平衡约束增长率调整

7.7　开放经济的卡莱茨基主义模型

在本章的内容中，到目前为止，我们都没有处理收入分配的问题。但是收入分配以及可能的分配冲突是后凯恩斯主义经济学的重要组成部分，因此有必要在开放经济的条件下进行一些讨论。这是本节的主题，非常自然地，我们将回到在第 3 章、第 5 章及第 6 章构建的卡莱茨基主义模型。我们将从简单的特征开始，然后将花一小节的篇幅处理货币价值变化对工资份额和利润份额的影响；最后，我们将处理一个简化的两国卡莱茨基主义模型。我们的很多灵感来自布勒克尔（Blecker，1989；1999；2011）的工作，他在不久前将卡莱茨基的分析扩展到了开放经济。

7.7.1　再论简单的收入导向型方程

早在 1934 年，在一篇以波兰语发表的文章中，卡莱茨基（Kalecki，1971，p.15）指出，出口的增长，或者更准确地说，净出口的增长将造成国内企业利润的增长。他接着指出，忽略工资的储蓄以及公共部门，"总利润将等于资本家消费加上投资以及外贸余额"。然后卡莱茨基（Kalecki，ibid.，p.84）写道："直接的后果是，如果其他部门保持不变，出口余额的增长将增加利润。"这是正确的，但是贸易余额一般并不被认为是外生因素，因为进口是经济活动内生的。均衡产出水平将是投入项等于漏出项时的收入水平，即投资加上出口等于储蓄加上进口，所有变量都是名义变量：

$$I+X=S+M \tag{7.58}$$

在物量或者实际意义上，我们需要考虑到与进口相联系的是一个不同的价格指数。回到麦康比和瑟尔沃尔对价格所做的假设，我们假定实际消费、投资及出口与价格指数 p_d 相联系，而名义进口则等于 ep_fM，此时 M 指物量意义上的进口。我们接着使用第 5 章使用过的符号，q 表示实际产出，I 表示实际投资，π 表示利润份额，s_p 表示利润的储蓄倾向。进一步地，X 表示外生的实际出口规模，e 表示名义汇率，μ 表示进口国外产品的倾向，是实际产出的函数，于是实际进口为 $M=\mu q$。使用这些符号，等式（7.58）现在重写为：

$$p_dI+p_dX=s_p\pi p_dq+ep_fM=s_p\pi p_dq+ep_f\mu q \qquad (7.58A)$$

将名义出口和名义进口都除以 p_d，由于实际汇率 e_R 被定义为 ep_f/p_d，所以贸易余额 TB 为：

$$TB=(p_dX/p_d)-(ep_fM/p_d)=X-e_RM \qquad (7.59)$$

从等式（7.58A）解出 q，我们可以得到与我们在第 5 章评估产出和实际利润时使用的等式非常类似的两个等式：

$$q=\frac{I+X}{s_p\pi+e_R\mu} \qquad (7.60)$$

$$P=\frac{I+X}{s_p+\mu e_R/\pi} \qquad (7.61)$$

和第 5 章一样，我们看到利润份额的下降将提高产出，并且再一次地，出口的增加将导致产出的增加。进一步地，在目前实际进口取决于实际产出的假定下，其他条件不变，则实际汇率 e_R 的增加，即贸易条件的恶化，将导致实际产出和实际利润的下降。

进一步地，等式（7.61）展示了两件事情。第一，它说明利润份额的下降或者工资份额的上升将导致实际利润的下降。在一个不考虑政府和工资储蓄的封闭经济中，收入分配的变化并不会改变实际利润，但是在这里，引致的进口像引致的税收或者工资储蓄一样，改变了从封闭经济得到的结论。这一影响可以由图 5 - 12 得到阐释。等式（7.61）的第二个有趣特征是，在给定的进口倾向下，更高的出口导致更多的利润。因此，旨在提高贸易盈余的政策会提高商业利润。旨在降低名义工资（相对于劳动生产率）增长率，进而提高利润份额的政策，同样会增加利润，但是会降低产出和就业。于是，企业具有双重的动机来支持压制工资的政策。这些压制工资的政策可以成功地使得国内经济相对于其他国家更有竞争力，进而增加出口、产出和就业。同时，企业将获得更高的利润份额和总利润，但是这对产出和就业就有负向的影响。可见，工人和雇主之间的利益明显可能出现冲突。工资压制政策对产出或者增长的整体效应需要在开放经济的条件下进一步研究。

除了内部的冲突，卡莱茨基还强调了贸易竞技场中的国际冲突。正如布勒克尔（Blecker，1999，p. 130）所指出的，"一个国家竞争力的任何改进都会夺得其他国家的利润收入、市场份额以及就业机会"。布勒克尔把这叫作"国际利润冲突分析"。巴杜里（Bhaduri，1986，p. 139）类似地称之为"贸易关系中的国家经济利益冲突"，并且"国家利益的冲突是不可避免的，因为不可能所有国家同时拥有贸易盈余"。对于那些对此仍怀有疑问的读者，我们可以回到我们用来描述戈德利和克里普斯两国模型时所使用的等式，不过需要将政府支出和税收改为投资和储蓄。我们再次假定有北部和南部两个区域，记为 N 和 S，同时我们将与实际汇率相关的所有复杂因素暂时撇在一边，假设它固定地等于 1。根据巴杜里（Bhaduri，1986，p. 140）的建议，我们将重写出口方程和进口方程，其中 $\bar{M}_i$ 代表外生的进口水平，μ_i 现在表示进口的边际倾向：

$$X_N = M_S = \bar{M}_S + \mu_S q_S \tag{7.62}$$

$$X_S = M_N = \bar{M}_N + \mu_N q_N \tag{7.63}$$

$\bar{M_i}$ 是进口方程中的一个变化参数，其变化反映了由国内收入增长引致的进口增加之外的自主性进口增加。增加 $\bar{M_i}$ 提供了一种评估竞争能力上升或下降的简单方法。类比等式（7.35），我们得到北部区域的产出决定方程：

$$q_N = \frac{(s_{pS}\pi_S + \mu_S)I_N + \mu_S I_S + s_{pS}\pi_S(\bar{M}_S - \bar{M}_N)}{(s_{pN}\pi_N + \mu_N)(s_{pS}\pi_S + \mu_S) - \mu_N \mu_S} \qquad (7.64)$$

北部区域显然能从竞争力的提升（即南部区域竞争力的下降）中得利，而其以牺牲南部区域为代价的产出增加将对南部区域的自主性进口 $\bar{M}_S$ 产生影响。这一点可以通过观察等式（7.64）得到，并且可以验证在相反的情况下，北部区域尽管自主性进口 $\bar{M}_N$ 有所增加，但却在竞争中败下阵来。用收入的某个比例 π 表示利润，我们可以得出与卡莱茨基（Kalecki，1954，p.51）一样的结论，即"如果一国的资本家成功地从其他国家的资本家那里夺得了国外市场，那么他们将提高他们的利润，而这是以其他国家资本家的损失为代价的"。然而，正如我们在处理戈德利和克里普斯模型时所指出的，南部区域投资 I_S 的增加将提升北部区域的产出。因此，巴杜里（Bhaduri，1986，p.139）指出，"贸易国之间的冲突是由经济的彼此依赖性导致的"。虽然有冲突，但也有互利的一面。

> 从有效需求的角度看，贸易国家将会陷入一种矛盾的关系。它们是利益冲突的贸易竞争者，每一方都试图以对方为代价取得更多的贸易盈余。它们也是贸易的合作者，每一方的经济的繁荣都会通过更高的出口额传递给对方。（Bhaduri，1986，p.140）

我们还没有处理汇率变化的影响，这将是下一节的内容。

7.7.2 贸易余额对产能利用率的影响

当额外考虑国际贸易、净出口以及汇率时，再考虑收入分配变化的影响当然会增加一定的复杂性。第一，工资份额增加对国内产生的有利影响可能因为考虑净出口的作用而反转。在第 6 章的后卡莱茨基主义模型中，只要更高的工资份额对盈利能力的挤压作用不是很大，我们就可以很容易地说明经济是工资导向的，并且实际工资、就业可以与实现利润共同增长。"这个令人满意的结论在开放经济模型中需要彻底地调整……有利于工资的再分配和国际竞争能力之间可能的冲突将严重地损害到工资和资本家利益的协调性（Blecker，1989，pp. 406-407）。"

我们对开放经济中收入分配的分析是以海因和沃格尔（Hein and Vogel，2008）为基础的，同时也受到了布勒克尔（Blecker，2011）提出的后卡莱茨基主义模型的启发。我们关注的中心将是产能利用率而不是增长率。我们从第 6 章使用过的储蓄方程和投资方程开始：

$$g^s = s_p \pi u / v \qquad\qquad (6.14)$$

$$g^i = \gamma + \gamma_u u + \gamma_\pi \pi \qquad\qquad (6.25)$$

现在我们要考虑贸易余额，tb，它被表示为资本存量的一个比例。如下面的等式（7.65）所示，贸易余额将是实际汇率 e_R、国内产能利用率 u 以及国外产能利用率 u_f 的函数，参数 β_u、β_{uf} 均为正。一方面，因为 β_u 前面是减号，这意味着更高的国内产能利用率将导致更低的贸易余额。贸易余额因此是内生的。另一方面，国外更高的产能利用率意味着国内贸易余额应该更大。参数 β_e 可以为正，也可以为负。如果它是正的，它表示马歇尔-勒纳条件成立：本国货币的贬值——e_R 上升——将改善贸易条件。当 $\beta_e = 0$ 时，这意味着进口和出口的价格弹性绝对值之和等于 1。

$$tb = \frac{TB}{K} = \frac{X - e_R M}{K} = \beta_0 + \beta_e e_R - \beta_u u + \beta_{uf} u_f \qquad (7.65)$$

因为投入项将等于漏出项，所以有：

$$g^s = g^i + tb \qquad (7.66)$$

于是类比等式（7.58A），我们得到：

$$s_p \pi / v = \gamma + \gamma_u u + \gamma_\pi \pi + \beta_0 + \beta_e e_R - \beta_u u + \beta_{uf} u_f \qquad (7.67)$$

求解国内产能利用率，有：

$$u^* = \frac{(\gamma_0 + \gamma_\pi \pi + \beta_0 + \beta_{uf} u_f + \beta_e e_R) v}{s_p \pi + (\beta_u - \gamma_u) v} \qquad (7.68)$$

这个等式与等式（6.29）非常类似，因为当前的模型不过是开放经济下的后卡莱茨基主义模型。与在后卡莱茨基主义增长模型中一样，利润份额 π 的增长对经济产能利用率的影响是不确定的。自然地，国外更高的经济活动，即更高的 u_f 将对国内产能利用率有正向的影响，我们已经多次指出这一点了。剩下来需要讨论的是实际汇率 e_R 的影响。我们也需要弄清楚实际汇率与收入分配之间的关系。但是，明显地从等式（7.68）可以看出，在马歇尔-勒纳条件成立时，本国货币的贬值（在其他条件不变的情况下，e_R 外生地增加）可以提高产能利用率；即价格弹性的绝对值之和足够高。否则，本币贬值将降低产能利用率。最后，注意到开放经济中的稳态条件没有像在封闭经济中那样严格，因为等式分母中增加了一个正的 β_u（在稳定条件下需要为正）。正如布勒克尔（Blecker，2011，p. 219）所说："国家的贸易开放具有稳定作用，因为更高的国内产能利用率（更高的产出）将提高进口并降低贸易余额，进而阻碍了需求的增加。"

7.7.3 收入分配和实际汇率

为了快点得到结果，我们采用了海因和沃格尔（Hein and Vogel，2008，p.482）的假定，即假定一个开放经济的"生产依赖于进口的投入品，其产出则在国际市场上参与竞争"，我们还假定"进口投入品的价格和参与竞争的国外最终产品价格是外生给定的，并且一步步发生变化"，这些价格记为 p_f。名义汇率 e 和国外的经济活动水平 u_f 也被假定是外生的。下面，我们希望建立实际汇率 e_R 和利润份额 π 之间的关系。

我们从厂商的价格等式开始，这个价格并没有进行完全的垂直整合，需要通过购买商品或者半成品作为投入。正如我们在第 3 章所看到的，对于这样的厂商，我们很容易将原材料投入和劳动投入区分开来，此时价格等式写作：

$$p = (1+\theta)(UDLC+UMC) \tag{3.16}$$

与第 3 章一样，记单位原材料成本和单位直接劳动成本的比率为 $j=UMC/UDLC$，并且在宏观经济层面，单位劳动成本为 $UDLC = w/y$（注意这里不包括间接劳动成本），于是等式（3.16）转化为：

$$p = (1+\theta)(1+j)(w/y) \tag{7.69}$$

注意单位原材料成本等于单位产出所要求的原材料投入数量（即原材料投入与产出的比值），记为 v_m，再将国内产出中的每一项投入乘以价格，即 ep_f。于是比率 j 可以进行分解，而价格 p 此时变成国内价格 p_d，等式（7.69）因此可以写成：

$$p_d = (1+\theta)\left(\frac{w}{y}+ep_f v_m\right) = (1+\theta)\left(1+\frac{ep_f v_m}{w/y}\right)\frac{w}{y} \tag{7.70}$$

这意味着比率 j 等于：

$$j = \frac{ep_f v_m}{w/y} \tag{7.71}$$

回想实际汇率的定义 $e_R = ep_f/p_d$，p_d 为国内价格，p_f 为国外以及原材料价格。于是实际汇率等于：

$$e_R = \frac{ep_f}{(1+\theta)\left(1+\frac{ep_f v_m}{w/y}\right)\frac{w}{y}} \qquad (7.72)$$

最后，让我们进一步回忆增加值中的总利润份额和单位原材料成本与单位劳动成本比值之间的关系，从中我们知道一个更高的 j 比率对应着一个更高的利润份额 π（因为我们不包括间接劳动成本，故增加值中的总利润份额和净利润份额相等）：

$$\pi = m_{va} = \frac{\theta(1+j)}{1+\theta(1+j)} \qquad (3.18)$$

在这个开放经济中，利润份额可以因为两种原因而发生改变：成本加成率发生了变化或者 j 比率进行了调整。让我们先来处理由于成本加成率提高带来的收入分配变化。显然，在这种情况下，利润份额 π 变得更高。那么实际汇率会怎么变化呢？从等式（7.72）可知，由于更高的成本加成率而引起的利润份额增加，伴随着实际汇率的下降，也就是本币的升值。国际竞争力因此下降。利润份额与实际汇率是负相关的。

现在让我们处理名义工资上升的情况（其他条件保持不变）。这意味着 j 比率变得更小，因此利润份额也更小。进而，国内价格变得更高，因此导致实际汇率下降，即本国货币的升值和国际竞争力的下降。在这种情况下，利润和实际汇率具有正向的关系。

最后，名义汇率 e 的变化也会引起收入分配的变化。等式（7.71）清楚地说明 e 的上升将引起 j 比率的上升，这意味着在更高的原材料成本或中间产品成本下，只要成本加成率不变，利润份额将变得更大。但是，正如我们已经讨论过的，经验研究表明厂商很可能会将成本的增加传递出去。那么这对实际汇率有什么影响呢？可以发现，等式（7.72）对 e 的一阶导数为正。名义汇率的增加将导致实际汇率增加。于是，利润份额和实际汇率又表现为正相关的关系。

7.7.4　收入分配变化的影响

我们可以用我们的标准图示来说明收入分配变化的影响，如图 7-14 所示。起点为封闭经济的储蓄曲线和投资曲线的交点 A。我们假定起点处贸易平衡，于是，表示总投资与贸易盈余之和的 $g^i + tb$ 曲线与储蓄曲线也交于点 A，并且有相同的产能利用率 u_0。因为 β_u 的影响，这里的 $g^i + tb$ 曲线要比封闭经济中的 g^i 曲线平坦。现在让我们假定出现一个更高的利润份额 π。与往常一样，储蓄曲线逆时针旋转。在标准的封闭经济卡莱茨基主义模型中，新的均衡点将出现在点 B。在标准的开放经济卡莱茨基主义模型中，忽略引致的实际汇率变化的影响［或者假定等式（7.65）中的（$\beta_e = 0$）］，新的均衡点将出现在点 C。在开放经济的后卡莱茨基主义模型中，

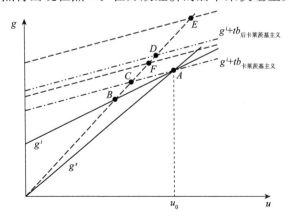

图 7 - 14　后卡莱茨基主义开放经济模型中，利润份额增加的影响

考虑利润份额与投资之间的正向关系（参数 γ_π 的影响），继续忽略引致的实际汇率变化的影响［或者假定等式（7.65）中的（$\beta_e = 0$）］，新的均衡点将出现在点 D。

整个模型也包括了收入分配变化对国际竞争力的影响。这里我们假定 $\beta_e > 0$；换句话说，我们假定马歇尔-勒纳条件成立，并且本国货币实际贬值（更高的 e_R）将改善贸易盈余，导致曲线 $g^i + tb$ 进一步向上移动。当本币名义汇率的贬值（更高的 e）或者名义工资的下降使得利润份额下降时，就会发生这种情形。于是，最后的均衡点将在点 E。相反，如果更高的利润份额是由成本加成率的增加引起的，因为我们知道利润份额和实际汇率之间负相关，则曲线 $g^i + tb$ 将会向下移动，最后的均衡点将是点 F。

这一结果令人困惑。在给定的参数下，开放经济中更高的利润份额或者更低的实际工资最终既可能伴随着更低的经济活动水平，也可能伴随着更高的经济活动水平，这取决于引起实际工资变化的原因（Hein and Vogel，2008，p.483）。最终我们几乎陷入了"怎么样都行"的境地。然而，上述理论可以有助于解释，那些旨在判断一个国家的体制是需求导向型还是利润导向型的经验研究，为什么最终得出了不同的结论。引起收入变化的原因是一个需要考虑的重要内容，而这些经验研究并没有考虑这一因素。

> 对于一个给定的国家，设定一系列行为参数，不同的外生变量冲击（比如工人议价能力、寡头厂商的市场权力或者货币当局的目标实际汇率）可能对收入分配和产能利用率有着不同的影响。因此，同一个国家对于某种冲击可以表现出工资导向的行为……在另外一种冲击下，则可以表现为利润导向的行为。（Blecker，2011，p.233）

因此，我们在这里遇到了一个在一定程度上与我们之前遭遇过的问题类似的问题。当我们试图评估一个封闭经济的需求体制时，间接劳动成本使得这一评估工作比最初设想的还要棘手。但是，在下一小节的讨论中，我们将继续依靠这些需求体制的经验研究结果。

在目前展示的模型中，我们并没有考虑本币贬值对工资需求，进而对国内物价水平的反馈效应。这将是第 8 章的内容，那里将专门讨论通货膨胀。

7.7.5　两国新卡莱茨基主义模型

到目前为止，我们在单一经济体的框架内讨论了新卡莱茨基主义或者后卡莱茨基主义增长模型，其他经济主体行为都是外生的，因而忽略了反馈效应。国际金融危机促使更多国家或明或暗地采取扩大外部盈余的政策以保持国内就业。这些政策经常是以工资约束为基础的，在劳动力市场势力微弱以及全球外包生产扩展的情况下，实行这样的政策要相对容易。它们希望实际工资或者工资份额的削减可以提升实际汇率，进而通过出口部门提振经济和就业。

如果这个经济体采用的是利润导向的总需求体制，并且假定不存在不确定性（与我们所讨论的情况相反），在一国之内实行工资紧缩政策可能就是有效的。但是一旦考虑到世界其他经济体的反馈效应，它还能有效吗？很早以前就有人指出了存在宏观经济悖论的可能性：

> 所有国家都采取竞争性工资削减措施（或者"工资约束"）可能会损害所有国家工人的利益：只要成本加成是灵活的，实际工资就会遭到削减；但是竞争却抵消了各国由此得到的优势，因此就业并不会增加；在这种情况下，多国同时削减工资对收入分配的消极影响可能导致世界范围内需求和就业的

衰退。反过来，如果所有国家的工人的货币工资都有所提高，并且如果国家间的竞争效应被取消，那么世界经济作为整体将可能出现工资导向型增长——只要厂商在工资上升的情况下仍然感受到竞争压力，并被迫削减成本加成率。（Blecker，1989，p. 407）

我们需要回忆表 6-2 的内容，当所有的 G20 国家都处于工资导向的国内需求体制时，其中有一些则处于利润导向的总需求体制。事实上，正如卡帕尔多和伊瑞埃塔（Capaldo and Izurieta，2013）所指出的，称后一种体制为"出口导向"的需求体制可能更为恰当，因为大多数总需求为利润导向的国家，只是通过收入分配对净出口的影响，进而通过与国际贸易相关的价格效应才实现这一点。因此，这些国家倾向于采取亲资本的经济政策以约束工资增长，正如很多认为自己处于类似总需求体制的小国家一样。利用图 7-15，我们可以更好地理解"出口导向型"国家所采取的工资约束策略。图 7-15 描述了实际工资（在给定劳动生产率水平下）和单一国家产能利用率之间的潜在关系。当只考虑国内需求时，两个变量被假定是正相关的；换句话说，国内需求是工资导向的。相反，当进一步考虑贸易平衡的效应时，实际工资和产能利用率的关系既可能是正相关，也可能是负相关，因此总需求既可能是工资导向的，也可能是利润导向的。

图 7-15 说明了这两种可能性。在贸易平衡的假定下画出三条曲线，初始的实际工资为 ω_0，产能利用率为 u_0。实际工资下降到 ω_1，如果只考虑国内的需求效应，则产能利用率将下降到 u_2。[①] 在

[①] 作者这里可能是笔误，原文为 u_1，但根据图上的符号和这里的逻辑，应该为 u_2。原文中的 u_2 则应为 u_1。——译者注

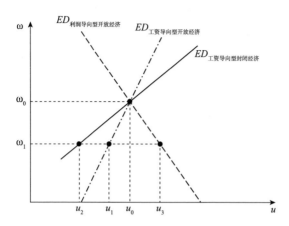

**图 7 - 15　出口导向型需求体制中，工资约束
政策对产能利用率的影响**

一个工资导向型总需求体制中，产能利用率只是下降到 u_1。然而，在一个利润导向型（或者出口导向型）开放经济中，产能利用率反而增加到 u_3，以至于削弱工会以便采取削减工资的亲资本政策实际上将提高经济活动的水平。

　　表 6 - 2 的构建基于以下假设：一个国家一次性提高利润份额一个百分点。为了评估布勒克尔的上述言论，我们可以观察如果所有贸易国家的利润份额同时增加一个百分点将会发生什么。事实上，这就是奥纳兰和格兰尼斯（Onaran and Galanis，2012）所做的工作。表 7 - 11 比较了利润份额一个百分点的增加（包括收入乘数效应）发生在一个国家和同时发生在 G20 所有成员国时的影响。因为 G20 国家代表了大约 80％ 或 85％ 的世界经济活动，这几乎等同于考察整个世界经济的利润份额增加一个百分点时的影响。

表 7 - 11　　比较单一国家利润份额增长一个百分点和所有国家
利润份额同时增长一个百分点的影响

国家	一个国家变化对总需求的影响	所有国家同时变化对总需求的影响
欧元区 12 国	−0.133	−0.245
英国	−0.030	−0.214
美国	−0.808	−0.921
日本	−0.034	−0.179
加拿大	0.148	−0.269
澳大利亚	0.268	0.172
土耳其	−0.459	−0.717
墨西哥	0.106	−0.111
韩国	−0.115	−0.161
阿根廷	0.075	−0.103
中国	1.932	1.115
印度	0.040	−0.027
南非	0.729	0.390

资料来源: Onaran and Galanis (2012, Table 13).

表 7 - 11 展示了所有国家利润份额同时增长将对一些国家的总
需求有负向的作用,而当利润份额的增长只发生在一个国家时,这
些国家的总需求被认为是利润导向的。阿根廷、加拿大、墨西哥和
印度都是这种情况。只有澳大利亚、中国和南非仍然是利润导向
的。而且,奥纳兰和格兰尼斯 (Onaran and Galanis, 2012, p. 40)
进一步计算得到所有 G20 国家利润份额一个百分点的增长将导致全
球 GDP 下跌 0.36 个百分点。这意味着虽然一些国家可以通过削减
工资成功地实行以邻为壑政策,但是从全世界层面来看,这并不是
一个有效的策略。如果所有国家同时采取降低实际工资和提高利润
份额的政策,那么只有一部分利润导向型总需求体制的国家才能从

这些亲资本政策中获利。在全球层面，唯一有效的策略是一个可以预先制止工资削减竞赛的高工资策略。

很多后凯恩斯主义学者在一个两国卡莱茨基主义增长模型的框架下对上述观点进行了讨论，并对两个国家都做了前面的描述（Rezai，2011；von Arnim et al.，2012；Capaldo and Izurieta，2013）。虽然这些学者提出的模型各自存在着差异，但是他们从中得到的结论却非常类似，并且与表 7 - 11 的结果接近。这里，我们不打算再介绍这些模型的代数表达式，而是借助图 7 - 16 来说明他们结论中的要点。

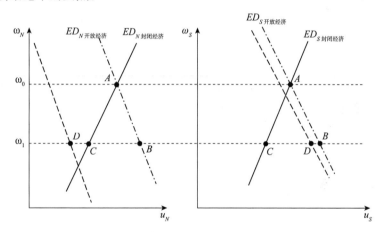

图 7 - 16　所有国家同时削减实际工资对产能利用率的影响

阿尼姆等人（von Arnim et al.，2012）、卡帕尔多和伊瑞埃塔（Capaldo and Izurieta，2013）都在两国模型中考察了两个国家同时决定采取工资约束政策并且降低实际工资的影响。这可以借助图 7 - 16 来说明。图 7 - 16 将图 7 - 15 扩展到两个国家的情况，分别记为 N 和 S。我们假定两个国家实行的都是工资导向型国内需求体制，但是总需求却是利润导向型的。让我们先来处理两个国家情形完全相同的情况。一个国家降低实际工资，而另一个国家的实际工资不变，将会使每一个国家各自从点 A 移动到点 B，进而提高产能利用率。然而，如果两个国家同时对实际工资做同等程度的削减（或者同等程度地提高利润份额），那么两个国家将会保持在最初的 ED 曲线上，并最终到达点 C，对应着更低的产能利用率。在一般情况下，如果两个国家的特征不同，那么在总需求方面，一个国家将仍然是利润导向的（国家 S，在图的右侧），而另一个国家将是工资导向的（国家 N，在图的左侧），在图中表示为进一步移动的曲线 ED 和点 D。这符合奥纳兰和格兰尼斯（Onaran and Galanis，2012）得到的经验结果。

阿尼姆等人（von Arnim et al.，2012，p. 16）很好地总结了工资导向型策略和国家合作中的困难。他们宣称"如果国家在自给自足经济中是工资导向的，在对外贸易中是利润导向的，那么全球化就会形成一种负激励"，因为这些国家可以各自从工资削减政策中得利，但对全球来说，更高的实际工资将更为有利。他们将这视作协调失败的又一个例子，也是囚徒困境的一个例子。"如果每个国家都协调一致地采取有利于劳工的再分配政策，结果将会更好，但是压制劳工的防卫策略却主导了每一个国家。"

事实上，如果我们相信奥纳兰和格兰尼斯（Onaran and Galanis，2012）的经验结果，G20 中较大的成员国无论是在国内还是考虑到国际贸易，实行的都是工资导向型需求体制。因此，存在一些额外的能够产生工资导向型增长策略的合作空间（Lavoie and Stockhammer，2013b）。然而，政府官员需要认识到，工资不仅是企业家的成本，它也是总需求的重要构成，这是本书一贯强调的观点。

实际工资和工资份额上升对总需求的影响可能要比研究所确认

的程度要小，但是在全球层面，它的负面作用并不太可能出现。因此，我们应该追求能够产生更高的实际工资和降低收入不平等的政策。应该采取政策阻止 20 世纪 80 年代金融化以来盛行的工资竞争性削减。地球是一个封闭经济，因此无论何种情况，在全球层面都是一个国内需求体制。既然我们知道所有的国家或者几乎所有国家都处于工资导向型国内需求体制，那么工资导向型增长策略就是世界范围内最好的策略。

第 8 章
通货膨胀理论

到 目前为止，通货膨胀很少被提及。涉及通货膨胀的内容主要在第 6 章，当时我们讨论了琼·罗宾逊的通货膨胀壁垒、杜梅尼尔和莱维的趋向正常产能利用率的调整机制，以及达特的使总需求趋向总供给的调整机制。第 7 章也暗含了通货膨胀对进口原材料或中间产品价格的影响。现在，是时候详细讨论工资和价格膨胀了。

8.1 数量理论和工资-成本加成关系的比较

8.1.1 对加速主义观点的反驳

在主流经济学中，价格通货膨胀主要是一种过剩需求现象。在最简单的形式中，过剩需求源自超额货币供给，更确切地说，是由超额货币供给增长率引起的，这就是货币数量理论的各种版本，包括货币主义。在维克塞尔主义的版本中，其与新共识联系在一起，过剩需求是市场利率较之自然利率过低的结果。更确切地说，随着货币供给的增长，市场利率低于自然利率形成产出缺口，从而导致一个加速的通货膨胀率。这类似于建立在自然失业率或者非加速通货膨胀的失业率基础之上的加速主义观点和垂直的菲利普斯曲线。当实际失业率低于自然失业率时，工资和价格通胀就会加速。因此，通货膨胀率的变化取决于失业率相对于预设的自然值的大小。还有其他一些加速主义观点的变化形式，将产能利用率及稳定通胀的产能利用率联系在一起。

在后凯恩斯主义理论中，货币供给水平不决定价格水平，货币供给的增长率也不决定通货膨胀率。超额货币或者货币化的政府财政赤字不是通货膨胀的近因，即便在20世纪20年代的德国恶性通货膨胀事件中也是如此，比如伯克丁和伯克特（Burkedin and Burkett，1992）、雷（Wray，2012，pp.246-257）；在通常归咎于黄金发现的16世纪英国高通货膨胀事件中也一样，比如阿雷蒂斯和豪威尔斯（Arestis and Howells，2001-2002）。正如我们在第4章所看到的那样，反驳货币数量理论的主要理由是：在后凯恩斯主义的框架内，货币供给是内生的。此外，我们在第4章中也可以看到，后凯恩斯主义者反对自然利息率的概念，我们同样可以在第1章结尾发现，后凯恩斯主义者并不相信自然失业率或者非加速通货膨胀的失业率。正如下面的引文所示，质疑非加速通货膨胀的失业率的存在性和独特性是后凯恩斯主义的一贯原则。事实上，引文的第二部分表明，传统的菲利普斯曲线也受到了后凯恩斯主义者的质疑：

> 实际上，如果真的存在唯一的非加速通货膨胀的失业率，那真是宏观经济政策讨论的终结。目前，我恰好不相信它，并且没有证据支持它的存在。我准备表达这样的价值判断：为了获得更低的失业率，适度偏高的通货膨胀率是一个可接受的代价。但是我不接受如果失业率降低，通货膨胀率必然上升的预定结论。（Godley，1983，p.170）

那么什么是后凯恩斯主义通货膨胀理论的基础呢？后凯恩斯主义者认为"经济主要是一个货币-工资系统"（Weintraub，1978，

p. 66)。主流学者已经发现，货币工资率是解释价格水平的外生变量。正如罗宾逊（Robinson，1962，p. 70）所言，"在我们的模型中，和现实情况一样，任何特定时刻得到的货币工资率水平均是一个历史偶然事件"。在此问题上与数量论不同，凯恩斯写道："价格的长期稳定或不稳定取决于单位工资（或者更确切地说，单位成本）相较于生产效率的提高幅度"（Keynes，1936，p. 309）。

工资是价格的主要决定因素并不必然意味着工资上涨是通货膨胀的主要原因。大多数后凯恩斯主义者认为，通货膨胀是由收入分配冲突所致。这些冲突中有两个是关键性的：一方面是不同工人群体之间的冲突，另一方面是企业内全体劳动部门和非劳动部门之间的冲突。第一种分配冲突与工资-工资螺旋相联系，第二种分配冲突与工资-价格螺旋相联系。这里我们将专注于第二种螺旋。但是在我们处理冲突-诉求型通货膨胀之前，让我们从一个恒等式出发来考察一些简单关系，该等式是货币数量理论恒等式的对立面。这个恒等式由温特劳布（Weintraub，1978，p. 45）提出，是工资-成本加成等式，可以表达如下：

$$p = \kappa w / y \qquad (8.1)$$

这里 κ 是价格在单位劳动成本上的平均加成率。

等式（8.1）是一个宏观等式，其中 w/y 代表实际单位劳动成本，而不是标准单位劳动成本。该等式不能解释通货膨胀，正如数量等式，它是不证自明的，是一种很有趣的描述方式，但是需要理论的支持。考虑到增长率，我们也许可以推导出一个通货膨胀直接来源的事后估计：

$$\hat{p} = \hat{w} - \hat{y} + \hat{\kappa} \qquad (8.2)$$

当加成率上升（$\hat{\kappa} > 0$）导致通货膨胀时，戴维森（Davidson，1972，p. 343）称之为利润通胀。显然在长期内，如凯恩斯所指出的那样，由于利润份额不能永远增加，通货膨胀率就取决于等式（8.2）的前两项之差。"那么，通货膨胀的直接决定因素是，名义货币工资的增长率超出平均劳动生产率的增长率"（Moore，1979，p.133）。这就是凯恩斯所谓的源于工资上涨的"半通货膨胀"，区别于他所谓的由过剩需求引起的"绝对通货膨胀"。在半通货膨胀中，在没有实现充分就业或者完全产能的情况下，工资和价格出现上涨。根据凯恩斯（Keynes，1936，p.302）的观点，半通货膨胀有"较大的历史重要性"，但是它们"不容易实现理论上的一般化"。很多后凯恩斯主义者赞成凯恩斯的观点，在给定经济范畴之外的历史和社会条件下，可以将货币工资率水平视为一个外生变量。"后凯恩斯主义理论接受凯恩斯认为名义工资主要是外生决定的观点"（Eichner and Kregel，1975，p.135）。在本节剩下的部分，我们会试图提供工资通胀变化的一种解释。

主流经济学和后凯恩斯主义经济学关于通货膨胀观点的关键差异在于，对于前者而言，通货膨胀是一种过剩需求现象，而后者则主要将其视为一个供给侧的议题。在后凯恩斯主义看来，尽管价格和工资通货膨胀可能伴随着经济活动的增强，但是过剩需求一般不是价格持续上涨的原因。通货膨胀不是主观稀缺性的产物，它来源于有关合理收入分配的冲突性观点。需求的影响只是一种间接原因，这和前面章节中展示的卡莱茨基模型一致。"过剩需求几乎只是为全面解释提供了一个次要组成部分"（Cripps，1977，p.110）。

对于著名的菲利普斯曲线的不同解释，例证了主流经济学和后凯恩斯主义经济学处理通货膨胀问题的方法分歧。对于主流学者而言，菲利普斯曲线是稀缺性和市场力量作用结果的例子。而在后凯恩斯主义学者看来，更高水平的经济活动能够产生更低的失业率，或者失业率的下降，从而给予劳动者更强的谈判力量。更强的谈判力量能够让劳动者获得更高的实际工资，因为在经济景气的时候，企业可以获得更多利润并更有可能满足劳动者的工资需求（Kaldor，1959，p.293）。凯恩斯也意识到了这一点，他宣称工资增长间歇地与经济活跃联系在一起，这种不连续性"取决于工人的心理活动以及雇主和工会的政策"（Keynes，1936，p.302）。后凯恩斯主义通货膨胀理论的主要特征在于，它基于收入分配的冲突性观点。正如埃希纳和克雷格尔（Eichner and Kregel，1975，p.1308）所言，"通货膨胀过程的核心是相对收入分配问题。"

8.1.2 拓展至开放经济的工资-成本加成等式

当考虑开放经济中企业从国外进口商品或者半成品作为投入时，事情变得稍微有点复杂。正如我们在第 7 章所看到的那样，在这种情况下，企业的定价方程可以写成：

$$p = (1+\theta)(1+j)(w/y) \tag{7.69}$$

这里，j 是单位原材料成本与单位劳动成本的比例（再次忽略直接劳动成本和间接劳动成本的区别）。我们可以再次得到增长率形式：

$$\hat{p} = \hat{w} - \hat{y}_v + \hat{\kappa} + \hat{J} \tag{8.3}$$

这里 $\kappa = (1+\theta)$，$J = (1+j)$。

从这个角度来看，价格通胀的产生有三个原因：名义工资率比劳动生产率增长更快；加成的提高；或者作为投入的进口原材料份额相对于总体劳动成本上升。海因和蒙特（Hein and Mundt，2012，p.15）指出，最后一种情况的发生有三个原因：以外国生产者的货币表示的原材料价格的上涨；本国货币相对于原材料生产者的货币贬值；每单位产品所需原材料的数量增加。显然，等式（8.2）和等式（8.3）表明，在其他条件不变的情况下，当 j 由于刚才给出的三个原因中的任何一个而提高时，实际工资率 w/p 就会降低。在这种原材料从国外进口的经济中，即使企业保持不变的加成率 θ，商品的世界价格上涨也会导致实际工资的下降。这也会引起企业利润份额的上升，除非企业决定降低加成率，像第 3 章已经指出的那样。

因此，我们这里想要说的是，原材料价格中的通货膨胀主要取决于世界市场，它有可能危害存在于利润与工资之间或者利润份额与实际工资之间的分配安排。这点很重要，因为后凯恩斯主义者延续了卡莱茨基的观点，认为尽管产成品和服务的价格只受到经济活动水平或增长率的微弱影响，但商品价格却不是如此。这意味着，当经济增长强劲时，商品价格会上升，从而每单位原材料成本相对于每单位直接劳动成本可能上涨；也就是说，j 可能会提高。当工会努力争取更高的工资以赶上商品价格的上涨时，将通过更高的成本和时滞对产成品价格产生反馈效应（Bloch and Sapsford，1991 - 1992，p. 259）。卡莱茨基很好地解释了这一点，他还强调投机力量的作用，在现代社会中这尤为明显。

一般而言，产成品价格的变化是"成本决定的"，而包括基本食品在内的原材料的价格变化是"需求决定的"。当然，产成品价格受到原材料价格中任何"需求决定的"变化的影响，但是它是通过成本渠道传递这种影响的……由于存在生产能力的储备，产成品的生产是有弹性的。当需求增加时，主要通过增加产量来满足，而价格趋于保持不变……但是原材料的情况则不同……由于短期内供给缺乏弹性，需求的增加导致存量减少，进而引起价格上涨。初始的价格变化可能因额外的投机而加强。有关商品通常是标准化的，并且遵循商品交易所的报价。引起价格上涨的需求增加，通常又会伴随次级的投机需

求。(Kalecki，1971，pp. 43 - 44)

这给通货膨胀理论和政策提出的问题是，"基本商品的价格反映了全球市场的状况"（Bloch et al.，2004，p. 525)。商品价格随着世界总需求的增长而顺周期演变。换句话来说，货币当局对于国内通货膨胀的主要来源之一——原材料成本的上涨没有或者仅有很微弱的控制力，因为商品价格的通货膨胀率取决于商品的世界需求而不是国内需求，卡尔多（Kaldor，1976）也持有这一观点。商品价格增长率的上升对国内产成品价格有直接影响，它还通过影响企业对利润份额的追求和工人对实际工资变动所做的反应来进一步间接影响产成品价格。佩里和克莱因（Perry and Cline，2013）表示，商品价格的下降是 20 世纪 90 年代初期以来美国通货膨胀"超级温和"的主要原因，而货币政策实际没有发挥作用。稳定的通货膨胀不是主流宏观经济学与货币理论及政策完善的结果。

8.2 通货膨胀的诱因

通货膨胀有两个主要诱因：公平诉求和信息传播。我们将依次处理这两个原因。

8.2.1 公平

主流工资和通货膨胀理论与非正统工资和通货膨胀理论的一个主要区别在于，后者很重视公平和正义的诉求，而前者忽视了这一点（Wood，1978，p. 7)。这种区别的另一种表达方式是，非正统的工资理论强调习惯规则，而主流理论则侧重于市场力量。在新古典的通货膨胀理论中，分析的重点在于无序的市场竞争。这些在后凯恩斯主义对通货膨胀的解释中是次要的，非正统通货膨胀理论的核心是公平的规范压力。在后凯恩斯主义理论中，通货膨胀由工资标准、社会习俗、公平和公正等规范价值来解释。这些规范能够对什么是公平相对工资、公平实际工资以及公平利润份额的观念产生影响。它们会影响工资-价格螺旋和工资-工资螺旋。在第 2 章中，理性的消费者关心他在消费等级中的排序，维持收入以实现收支平衡，如同理性工人关注其在工作场所的实际地位和相对其他劳动者的地位一样（Baxter，1988，pp. 211 - 250）。

公平的实际工资很难定义，它们在很大程度上取决于历史经验。公平，包括绝对和相对两个方面，通常是通过历史和习俗确立的（Hicks，1974，p. 65）。人们习惯于将公平与伴随生产率提高的实际工资增加联系在一起，但是这种联系有时也遭到反驳。人们还认为，公平的实际工资和部门生产率无关，而与经济系统的总体生产率相关。过去的经验在决定公平工资中发挥了重要作用。20 世纪 70 年代实际工资的上涨似乎并不公平，因为这一时期的增长率低于 60 年代。20 世纪 90 年代初期以来，停滞的实际工资则可能看起来相当公平。公平取决于期待是什么。公平实际工资的最后实例是，在通货膨胀壁垒的情况下，工人采取实际工资抵制。

　　工人对于公平工资的考察不是简单地与其他人的收入进行比较；它还涉及和他自己过去经验的比较。这使得他抵制货币工资的减少；也使得他抵制工资购买力的下降，甚至是他已经习惯的那种购买力增长率的下降。因此，存在一个价格对工资的反冲，可以称为实际工资抵制。（Hicks，1975，p. 5）

尽管基于公平工资的形式化或者进行模型检验是很困难的，但公平是劳动力市场的一个重要特征。正如我们在第 5 章中看到的那样，一个企业的效率依赖于工人对于他们是否被公平对待的认知。

工资要求基于工人如何理解公平的报酬，这包括相较于企业所能提供的以及相较于其他工人得到或期望得到的。后凯恩斯主义文献中很早就意识到工人关心他们的工资率相较于其他工人的公平性。众所周知，凯恩斯本人也强调了相对工资之于工人和工会行为的重要性。

> 任何意识到相较于他人货币工资减少的个体或者群体，均会遭受实际工资的相对下降，这成为他们进行抵制的充分理由……换句话来说，围绕货币工资的斗争主要影响总的实际工资在不同劳动群体间的分配……部分工人群体的联合是为了维护他们的相对实际工资。（Keynes，1936，p. 14）

虽然罗宾逊将注意力主要集中在通货膨胀壁垒上，但她也承认相对工资的重要性。她写道："货币工资变化的原因与不同工人群体维持或者提高其相对地位的竞争联系在一起"（Robinson，1972，p. 70）。尽管卡尔多后来似乎改变了自己的观点，但他（Kaldor，1964a，p. 143）最开始很少关注工资-工资螺旋，他认为"不同行业和职位的工人为了获取工资的上涨或防止其下降——相较于其他职位得到的工资——进行斗争的结果"，只是价格通货膨胀的一种次要的可能解释。工资-工资型通货膨胀的最明确和最早的阐述者是理查德·卡恩（Richard Kahn），他在1958年的拉德克利夫委员会备忘录中指出，除了市场上劳动力的短缺时期外，通货膨胀的主要原因是"工会和不同部门劳动者之间的竞争性斗争，这种斗争会因为无法达成相对工资的一致意见而加剧"（Kahn，1972，p. 143）。和他之前的凯恩斯一样，卡恩（Kahn，1972，p. 142）说道："任何一个劳动部门独立施加的限制，均是以其他地方工资增加而该部门实际工资下降为代价的。"

一些读者可能会问：基于工人和雇主之间冲突的通货膨胀理论是如何实现的？难道不能证明实际工资和利润可以同时增加吗？冲突的原因如下：首先，更高的利润会鼓励工人要求更高的实际工资。如果这个过程没有限制，则可以实现完全产能，并且马克思主义和新凯恩斯主义的增长与分配模型所强调的通货膨胀壁垒会出现。其次，工人追求的实际工资与企业追求的边际利润相矛盾，这也是后面的通货膨胀模型会重点强调的机制。人们可能会好奇为什么企业追求边际利润而不是利润率。实际上，在目标收益定价等式中，企业会设定一个利润率目标，在正常产能利用率的基础上，这一利润率目标会转化成边际利润目标。即使实际工资和实际利润率一起上升，工人的实际工资目标和企业的加成目标也会相互冲突。在本章后面的部分，当我们将目标收益定价明确引入冲突-诉求通货膨胀模型时，这一点会得到更好的理解。

雇主和工人在收入分配上可能产生冲突还有一个理由。食利者也会索求一部分企业实现的利润。更高的实际利息率会导致雇主提高加成，从而降低实际工资率。企业主和食利者在利润分配上可能存在冲突，这个冲突可能会传导至食利者和工人之间。事实上，工人和食利者之间的冲突通常被视为一种压力，迫使国家采取措施给经济降温并降低通货膨胀率，而食利者会劝说国家保护他们的固定收益免受价格上升的侵蚀（Kalecki，1971，ch.12；Rowthorn，1977）。

8.2.2 信息

公平诉求是通货膨胀的两个诱因之一，信息传递是其二。由于公平在很大程度上是一个相对概念，需要进行比较。这些比较需要企业利润和边际利润、行业利润、工资结构、其他地方达成的协议、其他地方获得的边际收益、最近的工资行情等信息。一些后凯恩斯主义者意识到通货膨胀过程中信息传递的重要性。戴维森（Davidson，1972，p. 344）写道："他人收入快速增长的信息……制造了压力，使得工资-价格型通货膨胀成为当前经济中最危险的问题。"这在高管的报酬中表现得最为明显，最顶层1%人口的收入份额急剧上升。

有人可能会觉得，如果可获得的信息是正确的，那么信息量越大，发生通货膨胀的潜在可能性就越大。这种正向关系被下述事实所解释：如果将一个群体的工资和那些拥有规模更大的工会的群体的工资进行比较，那么这个群体发现自己的工资相较于其他群体而言不公平的概率就越大（Wood，1978，p. 23）。一方面，参照群体越大，生产率增长的绝对差就越大，因此该行业中工资增长和生产率增长之间的潜在差值也越大。另一方面，当信息总体上错误时，更充分的信息也许会减少而不是增加通货膨胀的压力。例如，普通人或组织成员得到的信息通常是有偏的。媒体倾向于仅仅公开最引人注意和骇人听闻的工资待遇，通过提供工资上涨的错误信息增加了通货膨胀的压力。在任何情形下，即使信息是准确和全面的，也只有部分信息会被工会领袖和与之对立的协商小组成员接收。因为在一个程序理性主导的世界中，能够得到处理的信息是有限的，在进行工资谈判的时候，只有部分职业和行业的基本工资率被考虑在内。这解释了为什么一些关键行业的工资上涨通常会对经济中所有行业产生影响。

后凯恩斯主义关于工资上涨如何从一个劳动力市场传递到另外一个的观点，借鉴自工资通货膨胀的制度分析（Burton and Addison，1977；Piore，1979）。新古典学者认为市场力量是工资结构的决定因素，社会习俗与市场机制相冲突，制度主义者则相信工资结构主要由历史规范决定，供求的竞争压力会对规范体系产生影响。与新古典框架下工资传递仅产生于市场力量和价格预期不同，制度主义的劳动经济学家认为存在工资外溢机制，从而使工资上涨传递到具有极为不同经济条件的市场中。

大体来说，外溢机制可能存在两种形式。在第一种形式——广义外溢假说中，一个行业的工资议价依赖于所有行业过去的工资协议，特别是谈判桌上确定的加薪幅度。因而，所有部门劳动力市场之间存在相当大的依存关系，这种依存关系源于每个劳动群体渴望保持其在工人等级中的地位。工资矩阵中任何一点的任何压力都有可能被整体感知。在广义外溢假说的一个调整版本中，只有相似的劳动群体才进入外溢矩阵。这些劳动群体是否具有相似特征，取决于生产的产品类型或所属公司规模。工会通过与工资相近的其他群体进行比较，保持它们在等级中的相对位置。

外溢机制的第二种主要变形或许更贴近现实，是工资领导者行业机制。这个机制认为，只有一个或少数几个行业进入外溢矩阵，所有其他行业的工资议价受到选定的关键领导行业影响，这是产品市场的价格领导者假说在劳动力市场的对应物。后凯恩斯主义者偏好这种类型的传导机制。和价格领导者的情形一样，工资领导者被选择有多个原因。有时最具经济重要性的行业作为一种示范效应被选择：如果一个国家中最强的企业满足了工会的要求，为什么实力较弱的企业会拒绝实行同样的工资增长？埃希纳（Eichner, 1976, p.159）称那些行业为领头羊行业。有时为了获取更大收益，设定的工资领导者是一个占据有利地位的行业：销售和利润都很高，生产率快速增长（Kaldor, 1959, p.294）。

不论外溢机制的具体形式是什么，各种工资议价的主要特征是它们具有模仿性。通过削弱工会，外溢力量可能会减弱，但是它仍然存在。

8.3 基本的冲突-诉求模型

本章剩下的部分旨在基于企业和工人不一致的收入诉求，即基于一些人通常所谓的"实际工资抵制"和另外一些人所谓的"诉求分歧"，来展示一个冲突-诉求的通货膨胀模型。用标准术语来讲，本模型分析的焦点是工资-价格螺旋。作为一种近似，我们会忽略实际经济的反馈效应。工资-工资螺旋会在接下来的小节进行分析，本章将会以冲突-诉求模型在国际部门的一个应用作为结束。

基于冲突-诉求的基本的后凯恩斯主义通货膨胀模型与卡莱茨基（Kalecki，1971，ch. 14）的最后一篇文章密切相关，文章题为《阶级斗争和国民收入分配》（Class struggle and distribution of national income）。此前，卡莱茨基将垄断程度视为外生变量，在这篇文章中他指出，工会有能力要求并实现货币工资率的大幅上涨，从而减少加成。正如第3章的简要讨论所示，卡莱茨基认为企业可以将大部分工资上涨的成本转嫁到消费者身上。但是当工会有充分谈判能力的时候，或至少在产能过剩的时候，可以实现一些有利于工人的再分配。这种观点已被罗森（Rowthorn，1977，p. 179）总结如下："工人阶级通过积极地争取更高的工资从而可以在分配中获益，即使这种斗争的代价是更快的通货膨胀，因为资本家试图保护自己免受价格上涨的损害，但只取得部分成功。"

戴齐尔（Dalziel，1990）回忆说，一些后凯恩斯主义、马克思主义甚至主流经济学的学者已经建立了冲突-诉求的通货膨胀模型。在所有这些模型中，通货膨胀率是关于企业追求的目标加成与处于领导地位的主要劳动议价组织认为公平的实际工资率之间不一致程度的函数，这是剑桥经济政策小组宏观经济模型的核心（Godley and Cripps，1976）。从加成定价等式 $p=(1+\theta)w/y$ 中可以很清楚地看到，设定实际工资目标往往等同于设定加成目标。假定生产力不变，那么企业和工人设定实际工资目标或加成目标之间是没有区别的。在我们的模型中，实际工资率 w/p 简记为 ω，这采纳了达特（Dutt，1987a）的表达方式。很多遵循卡莱茨基传统的其他学者部分或者完全采用了这种表达，例如索耶（Sawyer，1982）、泰勒（Taylor，1985；1991）、萨兰蒂斯（Sarantis，1990-1991）、史密森（Smithin，1994，ch. 9）、卡塞蒂（Cassetti，2003）、塞特费尔德（Setterfield，2007；2009）、戈德利和拉沃（Godley and Lavoie，2007a）。

基本的通货膨胀模型是建立在两个等式的基础上。该模型首先假设工会想要谈判的货币工资增长率是两个要素的函数，这两个要素是：实际工资目标与实际工资率之间的差异、过去的价格通货膨胀率。第二个要素不同于那些认为工资通货膨胀取决于价格通货膨胀预期的模型的标准假设。阿雷蒂斯和索耶（Arestis and Sawyer，2005，p. 962）认为，由于未来是不确定和非遍历的，过去的通货膨胀相较于通货膨胀的预期，对于工资等式来说是更好的变量。内维尔和克里斯勒（Neville and Kriesler，2008，p. 314）指出，预期通货膨胀在劳动议价中不是一个议题：

> 可以明确知道的通货膨胀通常是过去的通货膨胀，因此工资谈判试图将实际工资恢复到通货膨胀前的水平，而不是恢复到预期通货膨胀下的水平……工资要求通常试图弥补由通货膨胀引起的损失，它们并不试图预期通货膨胀。

这与我本人在集体谈判中的经验相吻合。

我们将工会和工人的实际工资率目标记作 ω_w。假设前一期的实

际工资率为 ω_{-1}。通常，新的实际工资率不等于工人的实际工资率目标。工资可能没有完全被指数化，工人也不能获取他们认为公平的实际工资。那么我们可以得到决定工资通货膨胀的等式：

$$\hat{w}=\Omega_1(\omega_w-\omega_{-1})+\Omega_2\hat{p}_{-1} \tag{8.4}$$

参数 Ω_1 表示工会对现实的实际工资与期望的实际工资之间偏差的反应程度。因而 Ω_1 可以视作工人的谈判能力。这与工会认为它们可以获取的公平工资有所区别。工人们可能会觉得，实际工资比他们认为公平的工资低很多，但是他们很少有办法实现他们想要的工资水平。参数 Ω_2 是价格"指数化"率，在完全指数化的情况下它等于1，在一般情况下它小于1。由于指数化参数的引进几乎没有改变我们的分析，因此决定工资通货膨胀的等式可以写成简化形式：

$$\hat{w}=\Omega_1(\omega_w-\omega) \tag{8.5}$$

我们可以用类似的方法得到决定价格通货膨胀率的等式。首先，企业希望转嫁工资上涨的成本。其次，当实际加成低于它们想要设定的加成时，它们会想要提高价格，这两种加成的差异越大，价格通货膨胀率就越高，这可以通过企业设定的实际工资率目标 ω_f 来表示。给定真实的实际工资率，当企业追求更低的实际工资率目标时，它们依靠在劳动和产品市场上的谈判力量，加快价格的通货膨胀。调整参数 Ψ_1 和 Ψ_2 发挥着类似于参数 Ω 的作用，价格的通货膨胀率等式为：

$$\hat{p}=\Psi_1(\omega_{-1}-\omega_f)+\Psi_2\hat{w} \tag{8.6}$$

类似于工资通货膨胀等式，简化版的价格通货膨胀的等式可以很好且不失实质地表示冲突-诉求的价格通货膨胀。忽略工资指数化，等式（8.6）变为[1]：

---

① 等式（8.7）原书有误，ω 疑似遗漏了下标 -1。——译者注

$$\hat{p} = \Psi_1(\omega_{-1} - \omega_f) \tag{8.7}$$

一些读者也许会对等式（8.7）有所质疑。在一个由大公司主导的世界中，似乎企业可以随意要求价格上涨。如果它们有最终定价权，企业怎么可能达不到它们的加成目标或实际工资率目标呢？正如塔林和威尔金森（Tarling and Wilkinson，1985，p.179）所指出的，正如此处所假设的："为什么在一个工资单方面由资本家决定以及在时序上价格跟随工资变化的体系中，分配份额会改变？"我们必须认识到，历史上，价格并不总是跟随工资变化；企业在定价时面临的约束也没有得到探讨，例如外国竞争。事实上，所有企业并不是同质的，高生产率企业的工人可能追求更高的名义工资和实际工资，低生产率的企业为了应对竞争，因而不能提升价格。对于前一种情况，企业需要在工资议价结束之前发布价格表。在成本上涨和价格上涨之间存在一个时滞期。

8.4 冲突-诉求模型的解

根据企业和工会的谈判地位，或者依据工资议价与产品定价间的时滞或逆时滞，会出现不同的情况。我们可以认为在一个没有技术进步并且实际工资率不变即工资通货膨胀率等于价格通货膨胀率的模型中，存在一个长期均衡。在这个均衡中，$\hat{w}$ 和 $\hat{p}$ 相等，边际利润不变；那么等式（8.2）中的变量 $\hat{\kappa}$ 等于 0，从该等式来看，似乎不存在利润通胀，但是从等式（8.4）和等式（8.6）中可以很清楚地看到，企业和工会都会造成价格上涨。他们运用谈判力量或者指数化率来获取他们认为公平的收入份额。当 $\hat{w} = \hat{p}$ 时，长期均衡下的实际工资率为：

$$\omega^* = (\Omega\omega_w + \Psi\omega_f)/(\Omega + \Psi) \tag{8.8}$$

其中，$\Omega=\Omega_1/(1-\Omega_2)$，$\Psi=\Psi_1/(1-\Psi_2)$。

使用上面得到的 ω^*，可以解出工资通货膨胀和价格通货膨胀，我们发现稳定状态下的价格通货膨胀率和工资通货膨胀率与两个实际工资目标之差以及两个指数化参数 Ω_2、Ψ_2 正相关：

$$\hat{w}=\hat{p}=\frac{\Omega\Psi(\omega_w-\omega_f)}{\Omega+\Psi}=\frac{\Omega_1\Psi_1(\omega_w-\omega_f)}{\Omega(1-\Psi_2)+\Psi_1(1-\Omega_2)} \tag{8.9}$$

戴齐尔（Dalziel，1990）指出，从上述均衡关系中至少可以推导出三种情形，其中两种是极端情形。在第一种情形中，企业要么拥有无限大的谈判力量，即 Ψ_1 趋于无穷；要么可以将任何的工资上涨指数化，即 Ψ_2 等于1。将任何工资上涨指数化是塞特费尔德（Setterfield，2009）在略微不同的设定中所选择的。在这两种条件下，等式（8.8）定义的实际工资率都会趋向于企业的实际工资率目标 ω_f。企业不会让边际利润低于目标水平，并且可以立即对工资成本的上涨做出反应。这与本书中隐含的假设一致，大多数经济学家也如此看待加成定价。图8-1展示了企业在实际工资率上有无限大谈判力量的情况。一条垂直的线表示真实的实际工资率等于企业的实际工资率目标 ω_f。通货膨胀率取决于工会的谈判力量以及企业的实际工资目标与工会的实际工资目标之差。

另外一种极端情形是工会在实际工资的制定上有绝对的力量。这种情形能发生要么是因为工会有无限的谈判能力，要么是因为工会可以根据名义价格来进行名义工资的完全指数化。在任何一种条件下，真实的实际工资率都会无限接近工会的实际工资率目标。这种情形似乎与通货膨胀壁垒相一致，在通货膨胀壁垒的情形中，"有组织的劳动者有能力反对实际工资率的任何下降"（Robinson，1962，p.58）。企业完全不能提高加成，也不能降低实际工资率，图8-2展示了这种情形。垂直的线表示工会能够根据它们认为公平的实际工资率水平设定实际工资率。与上一种极端情形相类似，通货膨胀率取决于企业的谈判能力以及真实的实际工资率与企业的实际工资率目标之差。上述两种极端情形的混合意味着两个指数化参数 Ω_2、Ψ_2 接近于 1；这就是失控的通货膨胀，泰勒（Taylor，1991，ch.4）对此做出了详细描述。

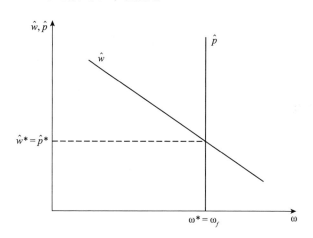

图 8-1 企业对实际工资率有绝对谈判力量时的冲突-诉求通货膨胀模型

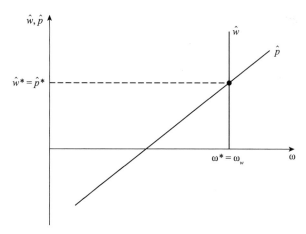

图 8-2 工会对实际工资率有绝对谈判力量时的冲突-诉求通货膨胀模型

最后，是一般的情形，实际工资处于企业和工会设定的实际工资目标之间。当两个群体都没有绝对的谈判力量并且都没有能力将工资或价格上涨完全指数化的时候，就会出现这种一般的情形。不一致的工资诉求是通过通货膨胀和实际工资率的折中来协调的。当没有指数化的时候，这种情形可以比较容易地通过等式（8.5）和等式（8.7）来表示。如图 8-3 所示，以 $\hat{p}$ 标记的向上倾斜的曲线表示各个实际工资情况下的价格通货膨胀率。如果真实的实际工资等于企业的实际工资目标，通货膨胀率为零。以 $\hat{w}$ 标记的向下倾斜的曲线表示各个实际工资情况下的工资通货膨胀率。当实际工资和工会的实际工资目标相等时，工资通货膨胀率为零。通常情况下这永远不会发生，除非企业和工会的实际工资目标相等。

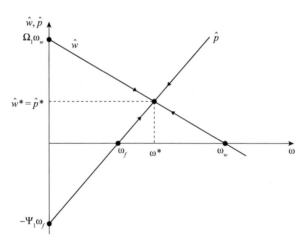

**图 8-3 企业和工会对实际工资率都没有绝对谈判
力量时的冲突-诉求通货膨胀模型**

当价格通货膨胀率 $\hat{p}$ 等于工资通货膨胀率 $\hat{w}$ 时，即在两条曲线相交处，$\hat{p}$ 处于稳态水平。在交点上，实际工资率 ω^* 使得这两种通货膨胀率相等。很容易发现 ω^* 是一个稳定均衡。当实际工资率超

过 ω^* 时，例如在图 8 – 3 中 ω^* 的右边，我们可以看到价格通货膨胀率会高于工资通货膨胀率。随后，实际工资率最终会回到稳态值 ω^*。

8.5   谈判地位变化的影响

在上文所展示的冲突-诉求的通货膨胀基本模型中，通货膨胀率仅仅依赖于企业和工会的谈判力量以及它们的实际工资目标值之差。其他经济因素，比如增长率，被假定为对通货膨胀率没有任何影响。这是一个极端假设，在下一节中会放松这个假设，但值得注意的是罗宾逊在她的增长分析中也采取了这种假设。借鉴卡莱茨基的观点，她认为货币工资"遵循其自身的历史，并或多或少地独立于实际平衡状态所发生的事情"，货币工资的增长率"可以通过改变实际收入的分配来对实际谈判地位做出反应"（Robinson，1972，p.17）。我们可以按照她在该议题上的直觉来检验谈判地位变化对收入分配和实际经济增长率的影响。我们可以依据等式（8.5）和等式（8.7）得到图 8 – 3 的结果，因为指数化对分析的影响很小并且这两个等式很容易用图形来表达。

我们先考察工人谈判地位的变化。图 8 – 4 的上半部分展示了工人实际工资率目标的上涨，从 ω_{w1} 提高到 ω_{w2}。这通过 $\hat{w}$ 曲线的向上平移来表示。可以看到，工会实际工资率目标的上升会最终导致更高的价格和工资通货膨胀率，图中以 $\hat{p}_2^*$ 来表示。此外，新的实际工资率 w_2^* 比工会谈判地位改变之前要更高。这些结果并不出人意料，这与我们对于更激进的劳动力的期望相一致。对工人谈判地位上升的分析会产生类似的结果，但新的向上移动的 $\hat{w}$ 曲线与原来的曲线不平行，因为这两条曲线都从 ω 轴上的同一点处出发。

考察更激进的劳动力会对真实经济产生怎样的影响，是很有趣

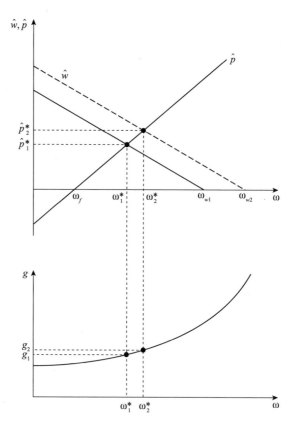

图 8 - 4　工会寻求的实际工资的增加，导致工资通货膨胀率
和价格通货膨胀率更高及积累率更高

的。伴随着更高的通货膨胀率，再分配会有利于工人，因为现在的
实际工资率比工人的谈判地位没有改变之前高。和标准的卡莱茨基
主义增长与分配模型一样，实际工资率的上涨导致更高的产能利用
率和经济增长率。这种正向关系表示为图 8 - 4 的下半部分。实际工
资率和实际增长率之间的正向关系的具体形式取决于均衡增长率的
导数。在标准卡莱茨基主义模型的情况（工资导向型）下，均衡增
长率可以通过利用稳态的产能利用率 [等式（6.16）]，再引入储

蓄方程,因而得到:

$$g^* = \frac{s_p\pi(\gamma - \gamma_u u_n)}{(s_p\pi - \gamma_u v)} \qquad (8.10)$$

上面的等式也可以根据实际工资率 ω 来表示。工资份额是 wL/pq,即 $(w/p)(L/q) = \omega/y = 1 - \pi$。因而均衡增长率等于:

$$g^* = \frac{s_p\left(1 - \dfrac{\omega}{y}\right)(\gamma - \gamma_u u_n)}{s_p\left(1 - \dfrac{\omega}{y}\right) - \gamma_u v} \qquad (8.11)$$

等式(8.11)的一阶导数和二阶导数都是正的,得到图 8-4 中实际工资率和经济增长率的关系曲线形状。因而工人的谈判力量与产出增长率,以及达到完全产能下的就业率之间存在正向关系。这与卡莱茨基(Kalecki,1971,p.163)"工会谈判力量上升带来的工资上涨会导致⋯⋯就业率上升"的观点相一致。这似乎也和主流经济学的通货膨胀分析以及马格林(Marglin,1984b)在固定产能利用率约束下的通货膨胀分析所得到的结果相一致。经济活动的增加——更高的产能利用率或增长率,会伴随着价格通货膨胀的上升。通货膨胀是顺周期变化的,20 世纪 90 年代和 21 世纪初的"大稳健"——低水平和低波动的通货膨胀——可以解释为,由于工人经历了 20 世纪 80 年代初和 90 年代初的大衰退,工会的谈判力量在该时期内被大幅度削弱。在这种情况下,低通货膨胀不会带来更快的产出和生产率的增长,尽管倡议者做出如此承诺。

然而,还未讨论第二种情况——企业谈判地位的改变。假设企业决定接受一个更低的加成,即它们设定一个更高的实际工资率目标 ω_{f2} 来代替 ω_{f1}。这会导致,例如,原材料的单位成本相较于单位工资成本下降,正如讨论等式(8.2)和大稳健时期所解释的那样。这种情况在图 8-5 的上半部分得到了展示,曲线 $\hat{p}$ 向下移动,导致了更高的实际工资率（ω_2^* 代替了 ω_1^*）、更低的价格通货膨胀率和工资通货膨胀率（$\hat{p}_2^*$ 代替了 $\hat{p}_1^*$）。再将视线转向图 8-5 的下半部分，我们可以发现更低的通货膨胀率伴随着更高的增长率。通货膨胀是逆周期的（Dutt，1987a，p.81），主流经济学的观点还没有找到支持这种情况的证据。

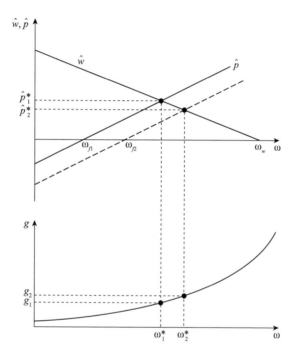

图 8-5　企业寻求的边际成本下降，导致工资通货膨胀率
和价格通货膨胀率更低及积累率更高

这种令人惊讶的结果是由于两个后凯恩斯主义命题的互补效应，这两个命题是：有利于工人的收入再分配会加速增长（当需求是工资导向型的时）；收入冲突的减少会降低通货膨胀。如果企业接受加成目标的减少，这两种效应都会发生，直到达到完全产能利

用率。当然，企业加成目标的上升，即企业实际工资率目标的下降，会产生相反的影响：增长率会降低，而通货膨胀率会提高。这种新的情况被称为滞胀。

除了原材料的单位成本变化外，为什么企业想要增加或者减少它们的边际成本从而达到实际工资目标呢？第 3 章的表 3 - 2 总结了各种可能性，需要特别注意的是，利息率的上升会导致企业追求更高的边际成本目标和更低的实际工资率目标，从而引起更慢的增长和更快的通货膨胀。达特和阿马德奥（Dutt and Amadeo，1993）的模型首先指出了这一点，海因（Hein，2008）充分发展了这一思想。

目前我们的分析是建立在标准卡莱茨基主义模型的基础之上的。但如果涉及后卡莱茨基主义模型并且经济是利润导向型的增长机制，情况会是怎样呢？那么显然，我们的结论需要颠倒过来，如表 8 - 1 所示。每种组合都有可能发生。

表 8 - 1　　　　增长机制和谈判地位的外生变化

增长机制	更强的工会	更强的企业
工资导向型	更快的积累 更高的通货膨胀	更慢的积累 更低的通货膨胀
利润导向型	更慢的积累 更高的通货膨胀	更快的积累 更低的通货膨胀

8.6　工人的内生实际工资目标

到目前为止，我们假设工会和企业设定的实际工资目标不受需求压力存在与否的影响。从标准菲利普斯曲线的角度来看，这似乎是一种极端假设。当考虑需求时，考察模型在多大程度上被修改是很有趣的。在罗森（Rowthorn，1977，p. 219）对冲突-诉求型通货膨胀的表述中，他认为，当出现剩余劳动时，工人的实际工资目标会下降；同样，当存在剩余产能时，企业的加成目标也会下降。当考虑中央银行的反应函数时，这个模型会更加复杂，因为正如第 3 章所指出的那样，更高的利息率会导致企业设立更高的边际成本，因而更低的实际工资目标 ω_f。但是这种更低的目标会自然导致更快的而不是更慢的通货膨胀率，还会损害传统的货币政策运行以及非加速通货膨胀的失业率的稳定性，如果这个失业率存在的话（Hein，2008）。

接下来，我们会在不考虑企业目标的条件下，考察工资通货膨胀和失业率之间的关系。在传统的菲利普斯曲线中，工资通货膨胀率的变化需要失业水平的改变，例如阿雷蒂斯和索耶（Arestis and Sawyer，2005，p.962）正是这样描述工资通货膨胀的。因此，我们也可以说后凯恩斯主义也有非加速通货膨胀的失业率理论，如斯托克哈默（Stockhammer，2008）声称，存在多重可能的非加速通货膨胀的失业率，而不是只有一种。但是，斯坦利（Stanley，2002）指出，这使得非加速通货膨胀的失业率没有任何预测价值。如果我们假设工人的实际工资目标取决于失业水平，一些后凯恩斯主义者也是这样处理的（Dutt，1992c），就会出现有限循环的复杂交互作用等类似现象。这是因为，正如等式（6.71）所示的那样，失业率的变化大约等于自然增长率和实际产出增长率之差。因此，只要这两种比率不相等，失业率就会一直变动。

一些作者通过假设他们仅仅处理短期情况来避免这个问题，短期中资本存量和可使用的劳动力是固定的，因此产能利用率也就代表着失业率。在这个框架下，如之前所指出的那样，很多后凯恩斯主义者认为，存在一定范围内的失业率或产能利用率使得菲利普斯曲线是水平的（Hein，2002；2008；Freedman et al.，2004；Fontana and Palacio-Vera，2007；Kriesler and Lavoie，2007；Hein and Stockhammer，2011）。在当前模型的短期版本中，只有当失业率或产能利用率在那个范围之外时，工人的实际工资目标才会对它们做出反应，因而工资通货膨胀只有在那个范围外才会变化。这在图 8-6 中得到了展现，关于产能利用率的菲利普斯曲线有一个独特的形状。

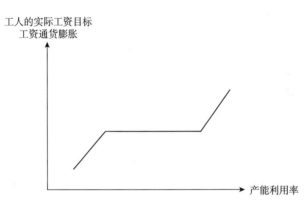

图 8-6　具有中间水平段的后凯恩斯主义菲利普斯曲线

让我们回到长期的版本，我们可以简单假设工人的实际工资率目标是失业增长率而不是失业水平的函数。作为进一步的简化，我们可以假设实际工资率目标是就业率的变化率 $\hat{E}$ 的线性函数，因此工人的实际工资率目标是经济增长率的函数。回溯到等式（6.70），我们得到：

$$\omega_w = \omega_{w0} + \Omega_g(g - g_n) \tag{8.12}$$

为了简化起见，忽略指数化那一项，工资通货膨胀由下面的等式决定：

$$\hat{w} = \Omega_1 [\omega_{w0} + \Omega_g(g - g_n) - \omega] \tag{8.13}$$

等式（8.12）在图 8-7 中得到了展示。如该图所示，假定企业的实际工资目标不变，工人的实际工资目标与经济增长率正相关。等式（8.8）决定的实际工资率 ω^* 是这两个工资率目标的加权平均，因此处于这两个实际工资率目标之间。卡塞蒂（Cassetti，2003）也做出了相同的提议，但未提到工人和企业的目标可以通过利润份额来表达。

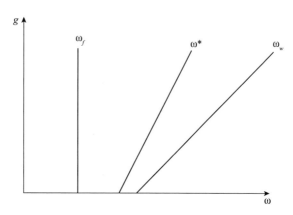

图 8-7　工人的内生实际工资目标和现实的实际工资率

对于等式（8.13），我们可以称它为准菲利普斯曲线。在有关菲利普斯曲线的早期历史当中，实证分析证明工资通货膨胀率受到失业变化率的显著影响（Bowen and Berry，1963）。等式（8.12）和等式（8.13）主要说明只有全球衰退或者对财富的威胁才可能会降低通货膨胀压力。如果失业率是固定的，那些有工作的人就不会感到他们的工作或者收入受到了威胁。构成工人主体的雇佣工人，很少担心失业的可能性。即使失业率很高，工会领导者也很少会牺牲工资增长以换取更好的就业前景。相反，如果失业率正在上升，工人可能会担心自己失业。失业率上升得越快，工人越会感觉自身受到威胁，他们也越有可能放弃实际工资率目标。"换句话来说，后备军的机制不仅需要失业的存在，还需要对有工作者产生威胁"

(Boddy and Crotty，1975，p. 10)。然而，需要注意的是，失业率不能永远上涨（或者下降）。正如本章前面部分所指出的，一些其他机制会使自然增长率内生并收敛于实际增长率。

现在，我们来考察等式（8.11）和等式（8.12）是如何相互作用的。这种相互作用在图8-8中得到了展示。产生于工人和企业的谈判过程的实际工资率，可以由图8-7的ω^*曲线来表示。产生于有效需求过程的增长率，即由实际工资和其他标准卡莱茨基主义增长模型中的参数所决定的增长率，由g^*曲线来表示。如图所示，两条曲线的交点A和B是两个可能的长期均衡点。点A是一个稳定均衡，而点B是一个不稳定均衡。为了说明其原因，我们可以从一些给定的实际工资率出发，比如图中的ω_0。在这个实际工资率上，有效需求条件会产生一个g_0水平的增长率。然而，在这个增长率下，工人会调低他们的实际工资率目标，进而导致一个新的更低水平的实际工资率ω_1。那么接下来会产生一个低于g_0的增长率，这个过程会一直持续到点A为止，因而点A是一个稳定均衡。

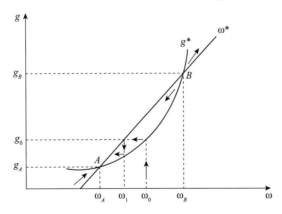

图8-8 结合实际工资的谈判过程和实际工资对有效需求的影响

读者可以进行比较分析。当存在有效需求的正向冲击时，g^* 曲线向上移动，在新的均衡点 A 处，实际工资和产出增长率都会更高。同样地，当工人的谈判力量增强时，ω^* 曲线向右移动，实际工资和产出增长率也会更高。因而卡塞蒂（Cassetti，2003）认为，尽管作为冲突型通货膨胀理论的附加，但只要产能利用率低于 1，"标准卡莱茨基主义的结果是可信的"。

8.7 工资-工资型通货膨胀和生产率增长

到目前为止，我们仅仅从工人和企业之间冲突的角度来解释通货膨胀率，而没有关注工人阶级内部的冲突，这种冲突源于工人很重视保持其在社会经济等级中的位置。本节将工资-工资型通货膨胀加入冲突-诉求型通货膨胀模型中。此外，我们还会讨论技术进步的影响。

工资-工资型通货膨胀的主要特征是，即使企业和工会整体上赞成同一个实际工资目标，通货膨胀依然存在。过去想要迎头赶上的努力造成了工人间大量的互相指责，一些工人群体认为他们在上一轮的工资谈判中处于落后位置。每个工人群体都试图重建他们自己在社会等级中的合理位置，这导致工资有上涨的趋势。前面等式（8.5）中以基本形式表示的工资通货膨胀曲线，需要增加一个反映工资-工资型通货膨胀的常数项 Ω_{ww}：

$$\hat{w} = \Omega_1(\omega_w - \omega) + \Omega_{ww} \tag{8.14}$$

如图 8-9 所示，一旦考虑工资-工资型通货膨胀，除非企业的实际工资目标大于工人的实际工资目标，否则通货膨胀率不可能为零。从图形中我们可以看到，当工人和企业赞成相同的实际工资率

目标 ω_w 时，工资通货膨胀率和价格通货膨胀率是 $\hat{p}_1^*$，而当企业设定的实际工资率目标 $\omega_f > \omega_w$ 时，就不存在通货膨胀。这种不相等似乎是一种特殊情形，事实上很少发生。在第二次世界大战之前，很少观察到长时间的价格稳定。由于企业的实际工资率目标不可能长期超过工会的实际工资率目标，所以人们要么认为工资-工资型通货膨胀假说是错误的，要么认为冲突-诉求型通货膨胀模型中需要加入一些被忽略的变量。生产率的上升可能是支持工资-工资型通货膨胀假说的额外因素，现在，我们来考察这一点。

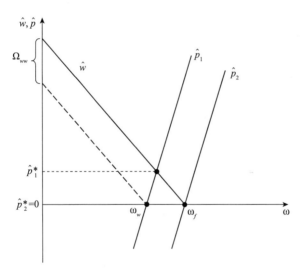

图 8-9 将工资-工资型通货膨胀加入冲突-诉求型通货膨胀模型：
即使企业和工会赞成同一个实际工资目标，通货膨胀率也为正

有很多种方式可以将技术进步加入通货膨胀的基本模型中。我们认为技术进步的速度越快，工资-工资型冲突所引发的工资通货膨胀就越高，即等式（8.14）中的 Ω_{ww} 就越高。这可能是由于存在巨大生产率增长的部门要求名义工资的大幅增长。有高技术进步率的部门获得工资增长，相应地，低技术进步率部门的工人也会要求类

似的工资增长。这就是一些学者所谓的生产率拉动型通货膨胀
(Hicks, 1955)。这与工资-工资型通货膨胀密切相关,我们用 λ 表
示劳动生产率的增长率。从这里开始,为了考虑生产率的变化,我
们重新定义 ω,即 $\omega = (w/p)/y$。因此,现在的 ω 表示工资份额,
或者被称为有效工资水平。在这些假定下,$\hat{w}$ 曲线可以重新表
示为:

$$\hat{w} = \Omega_1(\omega_w - \omega) + \Omega_{ww0} + \Omega_\lambda \lambda \tag{8.15}$$

在企业这一方,可以假定生产率增长会部分或者完全转移到消
费者身上。如果生产率增长以 Ψ_λ 的比例降低价格,那么等式 $\hat{p}$ 可
以重新表示为:

$$\hat{p} = \Psi_1(\omega - \omega_f) - \Psi_\lambda \lambda \tag{8.16}$$

在存在技术进步的情况下,一个不变的 ω 要求 $\hat{w} = \hat{p} + \lambda$。上述
两个等式求解 ω 可以得到:

$$\omega^* = \frac{\Omega_1 \omega_w + \Psi_1 \omega_f + \Omega_{ww0} + [\Omega_\lambda - (1 - \Psi_\lambda)]\lambda}{\Omega_1 + \Psi_1} \tag{8.17}$$

等式 (8.17) 中括号中的部分表示,当企业没有转移给消费者
的生产率增长比例 $(1 - \Psi_\lambda)$ 等于工人想要转移进名义工资增长的
比例 Ω_λ 时,生产率增长对实际工资份额(有效工资率)没有影响。
当 $\Omega_\lambda > (1 - \Psi_\lambda)$ 时,经济是福特主义制,这被法国调节学派称作:
技术进步和工资份额间存在正向关系。当 $\Omega_\lambda < (1 - \Psi_\lambda)$ 时,经济是
反福特主义制:更快的技术进步会导致更低的劳动份额。

当存在技术进步和工资-工资型通货膨胀时,价格通货膨胀率为
零并不要求工会和企业的边际利润份额目标相等,也就是说,工会
和企业的工资份额目标不必相等。图 8-10 提供了不存在价格通货
膨胀时所产生的多种可能情况中的一种。能保证不变的边际利润份
额的有效工资水平 ω^*,位于 $\hat{w}$ 曲线和 $\hat{p} + \lambda$ 曲线的交点。由此产生

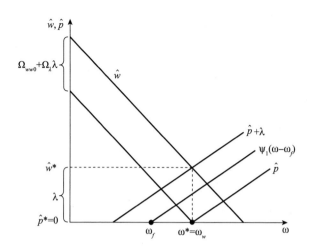

图 8 - 10 包含工资-工资型通货膨胀和技术进步的冲突-诉求型通货膨胀模型：工资通货膨胀和价格通货膨胀的分离

了稳定的工资通货膨胀率 $\hat{w}^*$。$\hat{p}$ 曲线上的垂直投影产生了一个稳定状态的价格通货膨胀率 $\hat{p}^*$，这里它等于零。由于存在技术进步和工资-工资型通货膨胀，在基本通货膨胀模型中不可能出现的情况也会发生。尽管实际工资份额高于企业工资份额目标（$\omega^* > \omega_f$），这里所构建的工资曲线和价格曲线使得价格通货膨胀为零。此外，即使实际工资份额等于工会的工资份额目标（$\omega^* = \omega_w$），仍然存在工资通货膨胀。

8.8 目标收益定价和讨价还价

我们回到内生的实际工资目标和目标收益定价过程。尽管将实际工资目标内生化不会改变冲突-诉求模型的基本分析，但它有助于解答之前遇到的疑问。这个疑问产生于对目标收益定价影响的讨论中。读者可以回忆一下第 6 章，如果企业将目标收益率调整至实际利润率水平，根据等式（6.40）和等式（6.41），经济的产能利用率最终恰好达到它的正常产能利用率水平，这个正常产能利用率是由惯例所预先决定的。在这个卡莱茨基主义增长与分配模型的转化形式中，重现了实际工资和增长率之间的权衡分析。同新古典模型、新马克思主义模型和新凯恩斯主义模型一样，产能利用率变为内生的。为了在模型中保留卡莱茨基主义的特征，需要假设目标收益率的调整不存在或者很缓慢。

我们现在解释，为什么在产能利用率非内生的条件下，目标收益率会完全调整至实际利润率。那么，必须再次注意到，企业不能根据它们的选择来设定具体的加成率。因此，我们必须区分两种成本加成率：实际成本加成率，它产生于讨价还价过程；目标成本加成率，它对应于企业想要加进定价策略中的目标收益率和正常产能利用率。而在工资率方面，我们必须区分两种工资：产生于讨价还价过程的实际工资率，和前面一样记作 ω^*；企业的实际工资率目标，记作 ω_f，对应于企业的目标收益率 r_n。

我们假定，企业根据实际利润率缓慢调整目标收益率（或者正常利润率），如下式所示：

$$\dot{r}_n = \phi_2(r^* - r_n), \quad \phi_2 > 0 \tag{8.18}$$

当目标收益率在两个连续时期相同，即目标收益率和实际收益率相等时，达到一个长期稳定位置。在一个工会有谈判力量的世界里，目标收益率不是与实际工资率而是与企业的实际工资率目标相对应。等式（8.18）描述的过程最终没有将稳定状态的收益率纳入价格之中。这意味着目标收益率的调整过程中所形成的产能利用率不一定是正常产能利用率，因此，尽管存在这个调整过程，产能利用率仍是内生的。回到定义目标收益定价的等式，即等式（5.67），我们可以做出下述区分。

企业的实际工资率目标等于：

$$\omega_f = y_v \left(\frac{u_n - r_n v}{u_n + \sigma f} \right) \tag{8.19}$$

而讨价还价过程中形成的实际工资等于：

$$\omega^* = y_v \left(\frac{u_n - r_n^* v}{u_n + \sigma f} \right) \tag{8.20}$$

其中，r_n^* 是定价等式中所包含的目标收益率。

最初的实际利润率比目标收益率高时的调整过程，如图 8-11 所示。让我们从企业和工人的实际工资率目标相一致的情况开始讨论，如图左侧所示，$\hat{p}_1$ 曲线和 $\hat{w}$ 曲线在 ω 轴相交于同一点，实际工资率为 ω_w。我们得到三重等式：$\omega_w = \omega_{f1} = \omega_1^*$。这意味着，从等式（8.19）和等式（8.20）中我们可以明显知道，企业最开始的目标收益率 r_{n1} 和定价等式中所包含的目标收益率 r_{n1}^* 相等。我们画出与这种情况相对应的利润成本曲线，如图 8-11 右边的 $PC(\omega_w)$ 所示。给定有效需求条件，用 ED 曲线表示，实际产能利用率为 u_1，实际利润率为 r_1。那么实际利润率 r_1 比目标收益率 r_{n1} 要大。结果，企业会根据等式（8.18）缓慢向上调整目标收益率 r_n。等式（8.19）定义的企业的实际工资率目标 ω_f 会开始下降。

现在将会出现两种现象。首先，企业调整它们目标收益率的估值，企业的实际工资率目标和工人的实际工资率目标之间会产生不一致。因此，实际工资率和企业的实际工资率目标不同，企业的目标收益率和加入价格中的目标收益率之间也会产生类似的差别。其次，因为实际工资下降，所以实际利润率下降，下降的实际利润率和上升的目标收益率之间也存在差别。

最终的结果展示在图 8-11 中，企业追求一个实际工资率目标 ω_{f2}，因而目标收益率为 r_{n2}。由于工人的谈判力量，通货膨胀率为

$\hat{p}_2^*$，实际工资率为 ω_2^*。在依据这种实际工资率得到的新的利润成本曲线 $PC(\omega_2^*)$ 下，实际利润率 r_2 和企业的目标收益率 r_{n2} 相等。目标收益率的调整过程导致了一个新的不同于正常产能利用率 u_n 的产能利用率 u_2。尽管存在价格调整机制，超长期的产能利用率仍是内生的。

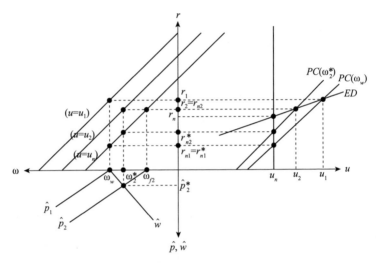

图 8-11 尽管企业家根据实际利润率的价值修正了他们
对于目标收益率的看法，但由于冲突的目标，
实际产能利用率最终不会等于正常产能利用率

这个例子中将实际工资抵制引入了通货膨胀。但是当这个模型和适应性的正常利润率联系在一起时，它保留了卡莱茨基主义模型的显著特征。工人一方谈判力量的存在，使得我们可以回应对卡莱茨基主义增长与分配模型的一个批判：除非正常利润率和实际利润率相等，否则不存在一个真正的长期稳定状态。在上面的模型中，两个比率相等，即实际利润率和企业的目标收益率相等。尽管如此，产能利用率仍然可以不同于它的标准值或正常值。卡莱茨基主

义模型的关键特征——产能利用率的内生性被保留了下来。

8.9　开放经济的通货膨胀

8.9.1　实际汇率对工资通货膨胀和价格通货膨胀的影响

作为本章的最后一个主题，我们回到第 7 章讨论过的开放经济中的卡莱茨基主义模型。读者可能会记得，该模型没有考虑货币贬值对于工资需求和国内价格通货膨胀的反馈效应。我们从基本冲突型通货膨胀模型中以等式（8.5）和等式（8.7）表示的工资通货膨胀和价格通货膨胀等式出发，重新考察前面章节得到的结果。我们延续布勒克尔（Blecker，2011）的方法，他建立的模型与海因和沃格尔（Hein and Vogel，2008）的模型有许多相似之处，该模型是我们开放经济中卡莱茨基主义模型的基础。

通过考虑实际汇率对工资和国内价格的影响，我们对这两个等式稍作修改。布莱克尔认为更高的实际汇率会导致企业制定更低的实际工资目标，从而得到更高的利润份额。这和我们在前面第 7 章的结论相一致，在那里我们可以看到，国内货币的贬值（名义汇率 e 的上升）会通过对进口原材料和中间产品产生影响，从而导致更低的实际工资率。在布勒克尔的论述中，企业的实际工资目标是：

$$\omega_f = \omega_{f0} - \Psi_2 e_R \tag{8.21}$$

将等式（8.7）和等式（8.21）结合在一起，国内价格通货膨胀为 $\hat{p}_d$，它区别于国外价格通货膨胀 $\hat{p}_f$，其表达式为：

$$\hat{p}_d = \Psi_1(\omega - \omega_{f0} + \Psi_2 e_R) \tag{8.22}$$

布勒克尔（Blecker，2011，p.224）也认为更高的实际汇率会对工资通货膨胀产生额外的压力，如等式（8.23）所示，其中的参

数 Ω_2 "在那些工资品进口很重要、工会很强而其他方面比较弱的国家里，会相对比较大"。

$$\hat{w} = \Omega_1(\omega_w - \omega) + \Omega_2 e_R \qquad (8.23)$$

在这些条件下，我们会立刻看到更高的实际汇率 e_R（国内货币的实际贬值）将导致更快的工资通货膨胀和价格通货膨胀。图 8-12 展现了等式（8.22）和等式（8.23），在更高的实际汇率 e_R 下，$\hat{w}$ 和 $\hat{p}_d$ 会移动到图中虚线的位置。新的均衡通货膨胀率比货币贬值之前的通货膨胀率要高。

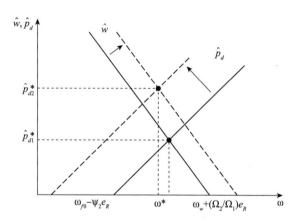

图 8-12　更高的实际汇率（国内货币的实际贬值）导致
更快的工资通货膨胀和价格通货膨胀

8.9.2　开放经济冲突型通货膨胀模型的实际工资率

那么实际工资率会怎么样呢？在基本的冲突型通货膨胀模型中，实际工资率是固定不变的。当 $\hat{\omega}=0$ 时这种情况会发生，由于国内实际工资 $\omega = w/p_d$，所以当 $\hat{w} = \hat{p}_d$ 时，实际工资不变。利用这种关系和等式（8.22）及等式（8.23），我们得到布勒克尔所谓的分配曲线或者 DC 曲线，该曲线上的点是实际工资不变条件下的实际工资和实际汇率的全部组合。这种关系由等式（8.24）给出：

$$\omega^* = \frac{\Omega_1 \omega_w + \Psi_1 \omega_{f0} + (\Omega_2 - \Psi_1 \Psi_2) e_R}{\Omega_1 + \Psi_1} \tag{8.24}$$

同样，我们可以观察实际汇率不变条件下，实际工资与实际汇率的对应值。由于实际汇率 $e_R = e p_f / p_d$，实际汇率的变化为：

$$\hat{e}_R = \hat{e} + \hat{p}_f - \hat{p}_d \tag{8.25}$$

尽管我们可以假定国外的价格通货膨胀是外生给定的，但我们已经知道了国内价格通货膨胀。那么名义汇率 e 的变化会带来什么呢？力求简化，布勒克尔仅考察了一种有管理的浮动汇率的情况，其中货币当局追求实际汇率目标 $\bar{e}_R$，试图将实际汇率缓慢调整至目标汇率。货币当局的调整会使得名义汇率变成：

$$\hat{e} = \Gamma(\bar{e}_R - e_R) \tag{8.26}$$

将等式（8.26）和等式（8.22）联立，并给定等式（8.25）等于零，我们得到布勒克尔所谓的外汇曲线或者 FE 曲线，该曲线上的点是实际汇率不变条件下的实际工资和实际汇率的全部组合。我们得到：

$$e_R = \frac{\hat{p}_f + \Psi_1 \omega_{f0} + \Gamma \bar{e}_R - \Psi_1 \omega}{\Psi_1 \Psi_2 + \Gamma} \tag{8.27}$$

图 8-13 的右侧展示了 DC 曲线和 FE 曲线。FE 曲线是向下倾斜的，DC 曲线有正或负的斜率。当本国货币贬值对实际工资没有影响时，DC 曲线是水平的。我们现在假定，当货币贬值时，工会没有能力获取更高的实际工资，所以我们认为 DC 曲线也有负的斜率（即，$\Omega_2 < \Psi_1 \Psi_2$）。布勒克尔（Blecker，2011，p. 225）保证了图 8-13 右侧的动态稳定性，因此我们可以相信他的论述。图 8-13 左侧的 ED 曲线，展示了第 7 章中的等式（7.68），即开放经济中产能利用率和收入分配之间的关系。为了方便起见，我们在这里重复

一遍：

$$u^* = \frac{(\gamma_0 + \gamma_\pi \pi + \beta_0 + \beta_{uf} u_f + \beta_e e_R)v}{s_p \pi + (\beta_u - \gamma_u)v} \quad (7.68)$$

和第 7 章一样，假设不存在劳动生产率的变化，等式（7.68）中利润份额代表着表示收入分配的变量，这里选择的变量是工资份额，或者更确切地说是实际工资率。图 8-13 的 ED 曲线是向上倾斜的，因而当给定实际汇率时，可以认为经济中的实际工资和产能利用率之间存在正向关系。那么，这样的经济是一种工资导向的国内需求型经济。

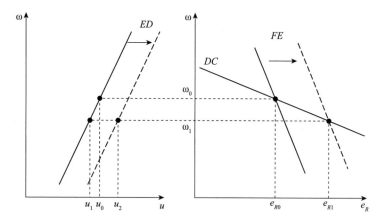

图 8-13 工资导向的国内需求型体制下实际汇率目标的上升对实际汇率和产能利用率的影响

我们可以构建模型来进行一个实验：如果中央银行的实际汇率目标上升，会发生什么呢？也就是说，如果货币当局选择本国货币的实际价值贬值，会发生什么呢？图 8-13 展示了，当出现更高的汇率目标 $\bar{e}$ 时会发生什么。现在 FE 曲线右移，最终将达到一个更高的汇率目标，但是这同样会带来一个更低的实际工资率，从 ω_0 到 ω_1。在一个工资导向的国内需求型经济中，产能利用率从 u_0 变为

u_1。如果等式（7.68）中的系数 β_e 接近于零，这意味着汇率贬值不会改变名义上的贸易平衡，因而进口价格弹性和出口价格弹性的绝对值之和等于 1。在这种情况下，ED 曲线位置不变，货币贬值之后的产能利用率为 u_1。那么我们可以说，这个经济有一个工资导向的国内需求机制和一个工资导向的全球需求机制，因为即使考虑了开放经济的影响，更低的实际工资率和更低的产能利用率还是联系在一起。

为了使经济转向利润导向的全球需求型经济，系数 β_e 的值需要更大。也就是说，进口和出口的价格弹性需要满足马歇尔-勒纳条件，它们的绝对值也需要更大。ED 曲线较大的右移就是这种情形，如图 8-13 中的虚线所示，会产生一个更高的产能利用率 $u_2 > u_0$。在这种情况下，更低的实际工资率和更高的产能利用率联系在一起。这样的经济既是一种工资导向的国内需求型经济，也是利润导向的全球需求型经济。布勒克尔（Blecker, 1989）、巴杜里和马格林（Bhaduri and Marglin, 1990）早就强调了这种可能性。事实上，奥纳兰和格兰尼斯（Onaran and Galanis, 2012）的实证研究表明，如表 6-2 所示，当考虑国际贸易时，一些国家从工资导向的国内需求型转向利润导向型。

图 8-14 展示了如果经济一开始是利润导向的国内需求型经济的情形。ED 曲线现在向下倾斜，更高的实际汇率目标再次使得实际工资率从 ω_0 降到 ω_1。这一次，从图的左侧可以看到，更低的实际工资率产生了更高的产能利用率 $u_1 > u_0$。只要系数 β_e 是非负的，即只要 ED 曲线不向左移，加入实际汇率影响的新的产能利用率最终为 $u_2 > u_0$，如图 8-14 所示。全球需求机制仍是利润导向型的。

因此，我们在本小节所得出的结论是，工资通货膨胀和价格通货膨胀的引入不会改变开放经济中卡莱茨基主义模型的基本结果。

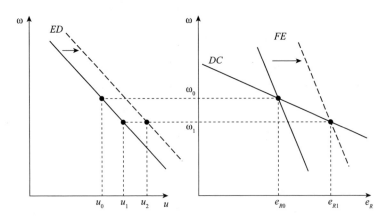

图 8 - 14　利润导向的国内需求型体制下实际汇率目标的
上升对实际汇率和产能利用率的影响

8.10　通货膨胀：一个概述

通货膨胀率一般会通过某种菲利普斯曲线来进行解释。本节的目的在于简要概述到目前为止关于通货膨胀率的各种观点。在第 6 章讨论杜梅尼尔和莱维的模型时，我们提供了一种需求拉动型通货膨胀的观点，这在等式（6.46）中得到了反映。其中，通货膨胀率取决于实际产能利用率和名义产能利用率之差。本章所扩展的卡莱茨基主义模型基于工人和企业诉求之间的冲突，主要是一种成本推动型通货膨胀的理论。这个理论也被称为实际工资抵制的通货膨胀理论，或者是基于诉求分歧的理论。它的主要组成要素参见等式（8.4）和等式（8.6），其中价格通货膨胀取决于当前的工资通货膨胀，而当前的工资通货膨胀取决于过去的价格通货膨胀和两个群体之间的诉求分歧。卡莱茨基主义通货膨胀模型的一个主要特征是：仅发生部分的指数化。最后我们还表明，除了工人和企业的谈判力量外，当本国货币贬值导致进口商品价格上涨或者更高的目标成本加成率时，诉求分歧会上升，进而损害利润获得者和工人之间的分配安排。

我们如何将所有这些因素放进一个类似于菲利普斯曲线的等式中呢？塞拉诺（Serrano，2006）基于三个组成部分得到菲利普斯曲线，我们可以根据该曲线得到下述等式：

$$\hat{p} = \alpha_1 \hat{p}_{-1} + \alpha_2(u - u_n) + \alpha_3(\omega_w - \omega_f) \tag{8.28}$$

等式右边第三项代表了诉求分歧和其他的通常与供给冲击相联系的成本推动因素，比如，由石油或者进口品等商品价格的提高、销售税的上涨、生产率增长的下降、实际利息率的上升等导致的输入型通货膨胀。

因此，等式（8.28）是后凯恩斯主义关于通货膨胀观点的一种简化形式。由于下述两个理由，这个等式可以进一步简化。首先，当产能利用率接近正常产能利用率时，如前面所指出的，菲利普斯曲线可能是水平的，以至于系数 α_2 可能为零。其次，正如我们在第6章所看到的，像塞拉诺那样的斯拉法主义者会认为，经过等式（6.67）所发展的机制，实际产能利用率会趋向于正常产能利用率，所以在长期中我们会得到 $u = u_n$，这样等式（8.28）的第二项会再次消失。因此，无论是经济处于菲利普斯曲线中间的水平区域还是正常产能利用率水平，当现在和过去的通货膨胀率相等时，通货膨胀率等于：

$$\hat{p} = \frac{\alpha_3(\omega_w - \omega_f)}{1 - \alpha_1} \tag{8.29}$$

在后凯恩斯主义关于通货膨胀的观点中，价格通货膨胀主要由历史和文化的特征来进行解释，并与诉求分歧的大小和强度相关，分歧的大小和强度又可能受到过去总需求变化的影响。

第9章

结　语[*]

我希望本书展示了后凯恩斯主义经济学以及其他非正统学派的作品是具有进步意义的研究。后凯恩斯主义经济学家并不是永远依赖于之前的凯恩斯和其他后凯恩斯主义学派创始人的作品；他们也不仅仅是提供对主流经济学的批评。后凯恩斯主义者为他们自己的经济理论做出了实质性的贡献；他们开拓进取，完善过去的缺陷，构建与其他非正统学派相沟通的桥梁，并提供政策和经验分析。

这本书是我对后凯恩斯主义经济学的看法。毫无疑问，其他的后凯恩斯主义者会有不同的看法，但是可能和我所展现的相差不远。显然，因为篇幅有限，我们忽略了一些重要的作品，而且也因为这些作品中的一部分很复杂且需要对经济学和数学有深度理解，不适合这本书的读者。

我写这本书的目的不是培养那些热衷于复制本书或者其他后凯恩斯主义者作品中的想法、技术、模型的人。琼·罗宾逊曾经说过，我们不想让学生用另一套技巧取代一套技巧（主流经济学的技巧）。这本书的目的是帮助学生在错综复杂的作品中找到自己的方

---

* 本章参考了以下文献："Perspectives for post-Keynesian economics", *Review of Political Economy*, 24（2）, May 2012, pp. 321 - 336.

法，并使读者相信存在主流经济学的替代物，以及通过这种替代性
视角可以收获大量的相关分析方法。

我以评论三个议题来结束本书：后凯恩斯主义经济学的未来；
它和生态经济学的关系；以及对后凯恩斯主义的主要政策建议的
总结。

9.1　后凯恩斯主义经济学的未来

9.1.1　忧郁科学的忧郁未来

20 年前，我将讨论非正统经济学的演化称为后古典传统，我
写道：

> 有大量的书籍按照那种传统写作。在过去的 15 年间，有大
> 量专注于后凯恩斯主义或者后古典传统的杂志被创办，其中很
> 多是最近新办的。后凯恩斯主义杂志也有很多种类，后凯恩斯
> 主义经济学的经验作品比以前更加普遍，似乎已经跨越了批判
> 阶段。(Lavoie, 1992b, p. 423)

当前正好也可以这么说，后凯恩斯主义经济学的研究已经取得
了巨大进步。

然而，正如金（King，2002）在他有关后凯恩斯主义经济学历
史的著作中所指出的那样，所有非正统经济学学派，包括后凯恩斯
主义经济学家，在学术上都面临着艰难的时期。尽管替代经济学范
式的杂志发行量大增，有关后凯恩斯主义和非正统研究的出版物有
实质性的增长，但是相关学者要在大学中，尤其是在有博士项目的
经济学系找到工作更加困难。现实情况就是这样，即使发生了全球
金融危机。让院长和招聘委员会的成员相信，他们的学生会从替代

性观点而不是被数学、技术和"不存在替代物"共识的洗脑中受益更多，还需要做什么呢？下述两类事件会提高非正统经济学家在经济学系中的地位。

第一，2007—2008 年金融危机是对未来的警告。在一次采访中（Colander，2001，p.106），相当悲观的保罗·戴维森认为如果发生一些灾难性危机，后凯恩斯主义经济学的总体地位将会提高，即"如果出现大萧条，那么显然可能会产生替代物"。全球金融危机当然会对主流理论产生负面影响，因为记者、政府官员和金融企业认识到主流的经济建议已经失效。斯基德尔斯基提出，已经出现对凯恩斯主义者和凯恩斯观点重新感兴趣的"回归大师"思潮。一些其他或多或少在生前和死后被遗忘的非正统经济学家比如戈德利、卡莱茨基、明斯基等人的理论，在媒体和一些博客中再次受到关注。一些当代的非正统经济学家，比如詹姆斯·加尔布雷斯、史蒂夫·基恩和兰德尔·雷，得到了相当多的关注并凭借自身能力成为了明星经济学家，这给了他们一个向非学术公众传播替代性观点的机会。然而，想要改变经济学系的招聘现状，似乎需要另一次全球衰退甚至全球萧条。

除了这种事件外，第二类现象也会导致许多非正统经济学在经济学科中地位的提升。自从 20 世纪 90 年代初以来，全球的经济学科已经开始走下坡路，学生流失到其他专业，经济学院有时遭到关闭或者被商学院合并。然而过剩的经济学科也进入了其他社会科学，克劳弗德·古德温（Craufurd Goodwin）认为经济学科正在被许多相邻的新领域所取代，比如公共管理、公共关系、社会研究、产业关系、国际发展、经济社会学、政治经济和国际政治经济。金融危机逆转了这种趋势。想要知道危机的原因和解决办法的年轻人，蜂拥加入本科经济学项目。毫无意外，这些求知若渴的年轻学生不会得到满意的答案，甚至通常得不到答案。因此，在中期内，主流经济学系的学生比以前更少，因为他们很快对自己的选择感到失望。经济学系将像神学和考古学一样，失去学生和资金。它们中的一些就会决定提供更多种类的观点和方法，以此来吸引和维系学生，因此会雇用非正统经济学家。

如果经济学系不这么做，那么随着主流经济学家可获得职位数量的缩减，非正统经济学家可能会采纳杰弗里·霍奇逊（Geoffrey Hodgson）的建议。他们"可能必须放弃经济学的标签并找到替代的学科描述"（Labrousse and Vercueil，2008，p. 10）！在法国政治经济学会的领导下，法国正进行着关于创建"经济和社会"这一新领域的严肃的制度性讨论。之前有过一个先例，一些国家创建了"国际政治经济"，该领域涵盖更广泛的政治科学和经济学。厄尔和彭（Earl and Peng，2012，p. 466）建议创建"真实世界的经济学"这一领域，我们似乎很难反对这个名称，这在表 1-1 中已经提出。

后凯恩斯主义经济学是幸运的，网上新的信息技术以及像经济学研究文献（Research Papers in Economics）这样的机构有力地帮助了非正统经济学作品的传播。根据诺瓦雷斯和齐默尔曼（Novarese and Zimmerman，2008）的研究，每篇非正统经济学论文的下载量多于主流经济学论文。因此，即使非正统经济学作者被限制在更不知名的杂志上，并且很少受到大学图书馆的订阅，非正统经济学特别是后凯恩斯主义经济学的观点仍然可以通过这些媒介得到传播。随着金融危机的爆发，非正统经济学家以及他们的想法和学生得到了更多资金支持，特别是来自新经济思想研究院（Institute for New Economic Thinking）的支持。

9.1.2 未来的策略

上面已经概述了可以帮助非正统经济学派和后凯恩斯主义经济

学派提升其在学术界地位的外在事件。那么，后凯恩斯主义经济学家自身可以或者应该怎么做呢？在我的论文（Lavoie，2012）以及和其他作者合作的论文（Lee and Lavoie，2013）中，我已经解决了这个问题。表9-1提供了一些有限的建议。

后凯恩斯主义经济学和主流经济学之间的关系应该是怎样的，是一个会引来最富多样性观点的问题。在这里我认为，几乎任何事情都可能发生，因为一些后凯恩斯主义研究者会很容易地发现主流经济学观点和理论发展的相似点或者错误，而另外一些人会倾向于放弃改良主流经济学。一些学者指出，在任何情况下，跳探戈需要两个人，但很少有主流学者关注非主流经济学。此外，出于策略性原因，博士生可能会喜欢在追求一些流行的主流议题的同时，下意识地在经验分析中引入非主流成分，这被主流学者所忽略。但是，邓肯·弗利（Duncan Foley，2013，p.235）指出这种安全的策略是有风险的，因为"极少数学者在获取博士学位之后能成功地转变方法或者问题领域。"

表9-1 给非正统经济学家或后凯恩斯主义经济学家的建议

建议	作者
停止去尝试改革主流经济学	斯托克哈默和拉姆斯科格勒（Stockhammer and Ramskogler，2009），贝尔嫩戈（Vernengo，2013），黄玉（Hoang-Ngoc，2013）
兼收并蓄，和其他非正统学派合作	邓恩（Dunn，2000），罗森（Lawson，2006），斯托克哈默和拉姆斯科格勒（Stockhammer and Ramskogler，2009），多恩布什和卡佩勒（Dornbusch and Kapeller，2012）
和其他社会科学合作	法恩（Fine，2002）
扩展研究计划	斯托克哈默和拉姆斯科格勒（Stockhammer and Ramskogler，2009）
关注现实世界的问题并关注政治	斯托克哈默和拉姆斯科格勒（Stockhammer and Ramskogler，2009），贝尔嫩戈（Vernengo，2013）

无论什么情形，"很好地与主流对话不是一件坏事，不应该受到阻碍，但是这对非正统经济学研究的发展并不重要"（Vernengo，2013，p. 162）。后凯恩斯主义经济学本身就是鲜活的传统。李（Lee，2013a，p. 106）认为，非正统经济学不是主流经济学或者新古典经济学的对立面，它是"对主流经济学的积极替代物，因此如果主流经济学消失了，非正统经济学仍会不受影响"。

从总体上来看，很多人认为后凯恩斯主义经济学需要更加兼收并蓄，与其他非正统学派有更多合作，这意味着非正统经济学中的多元化。斯托克哈默和拉姆斯科格勒（Stockhammer and Ramskogler，2009，pp. 241 - 242）在策略层面和理论层面寻求多元化：在前一个层面上，他们认为后凯恩斯主义者"应该加强他们和其他非正统经济学的联系以保护本学派的多元化空间"；而在后一个层面上，他们认为"后凯恩斯主义者和其他非正统观点之间的合作存在着潜在的收益"，特别是制度经济学和演化经济学、生态经济学以及马克思主义。邓恩（Dunn，2000，p. 356）认为主流经济学的方法和后凯恩斯主义经济学的方法存在一定程度的不可通约性——李（Lee，2013a，p. 107）也有这种想法——因此他认为如果运用有着兼容方法论的其他非正统传统，争论会更富有成效。

以前，非正统经济学家有一种倾向，要么引用已去世的学者（李嘉图、马克思、凯恩斯）多于在世的学者，要么引用知名的主流经济学家。莱昂哈德·多恩布什和雅各布·卡佩勒（Leonhard Dornbusch and Jakob Kapeller，2012）表明，当后凯恩斯主义经济学家使用等式和计量经济学时，最常见的是引用主流文献，其次引用发表他们论文的杂志中的作者，最后引用非正统经济学杂志中发表的论文。因此同行是最少被引用的！多恩布什和卡普勒认为这是一条通向"范式自我边缘化"的道路。关注其他非正统经济学文献显然会提高非正统经济学杂志的引用排名以及非正统经济学家的地位。当然，在追求这种策略时面临着时间限制：深入了解全部的后凯恩斯主义经济学领域的知识就已经相当费时间了！但是专注于一个领域的研究者会发现，研究其他学派的思想是特别有收获的。

多元化的一种扩展方式是运用其他社会科学。法恩（Fine，2002，p.198）相信非正统经济学"鉴于其可兼容的方法和理论，有潜力在社会科学领域成功地与主流经济学竞争"。他认为非正统经济学的方法和其他社会科学的方法很相似，因为非正统经济学家不沉迷于个体代理人、最优化、技术熟练和资源配置。这可能是事实，但与此同时，大多数社会科学家似乎将经济学家的评估局限于主流经济学，并且似乎不了解替代性经济学的传统。法恩认为只要他们努力去传播自己的观点，非正统经济学家就有在社会科学中繁荣发展的潜力。

表9-1的最后两行指出后凯恩斯主义经济学家应该扩展研究的主题以及关注现实世界的问题，这是接下来我们要处理的内容。

9.2 生态经济学和后凯恩斯主义

斯托克哈默和拉姆斯科格勒（Stockhammer and Ramskogler，2009，p.241）建议扩大后凯恩斯主义处理的问题范围。他们提到了经济增长制度、信息和通信技术、全球化和外包的影响。后凯恩斯主义经济学也缺少国家理论。考虑到问题的重要性和它在学生、年轻学者中引起的关注，最迫切的需要可能是环境问题。到目前为止，后凯恩斯主义者很少研究环境这一主题。这种明显的兴趣缺失可能有两方面的原因。第一，生态经济学家强调自然资源（当前和未来）的稀缺性，而在后凯恩斯主义经济学中，稀缺不是一个主要的议题。第二，生态经济学家旨在降低增长、零增长甚至负增长，而后凯恩斯主义者通常寻求加速经济增长并实现充分就业的方式。

在某种意义上，后凯恩斯主义者缺少对环境问题的关注是相当令人惊讶的，因为在第 2 章讨论消费者选择时已经指出，后凯恩斯主义经济学和生态经济学有很多共同之处。比如生态经济学家和后凯恩斯主义者关注生产而不是交换，关注生产中投入的互补性和非替代性。佩里（Perry，2013）在他对后凯恩斯主义生态经济学的调研中指出，还有其他对于经济运行的共同理解，比如经济关系复杂性和不确定性的存在使得预测特别是长期预测非常困难，这样会导致草率的决策。佩里也提到了一些类型的决定具有不可逆性，以及历史时间的重要性，这可以和一些现象联系在一起，比如时滞和路径依赖。在可能是第一篇真正意义上处理环境问题的后凯恩斯主义文章中，伯德（Bird，1982）提出了五个议题：合意的社会折旧率选择；环境影响大多具有的不可逆性；对与环境问题相关的大量信息的需求；涉及污染或者生态的多维度选择；满足而不是最优化的必要性。

凯恩斯本人似乎赞成并设想了无增长社会的出现。加尔布雷斯也关注资本主义和消费主义带来污染的影响。埃希纳（Eichner，1978，ch.13）用整章来讨论外在供给的限制，其中有几节涉及自然资源的限制，埃希纳将这视为一个严峻的问题。即使如此，并且尽管后凯恩斯主义理论和博尔丁（Boulding）、乔治斯库·罗根（Georgescu Roegen）等处于生态经济学前沿的学者之间有明显的关联，后凯恩斯主义仍很少关注环境问题、原材料的可得性以及增长的可持续性。在新的后凯恩斯主义经济学指南（Holt and Pressman，2001）中没有提及自然资源或者生态问题，尽管旧的指南（Eichner，1979）中有一章关于自然资源和凯恩斯的使用者成本的概念（Davidson，1979）。凯恩斯（Keynes，1936）认为使用者成本与原材料的生产决策高度相关，这意味着未来价格上涨（下降）的预期会减缓（加速）当前的生产决策，因而有助于将预期转化为自我实现的预言。但是，关于使用者成本概念的有效性仍存在争议。

生态经济学家已经多次表示对于斯拉法生产模型的兴趣，因为它不是以给定的禀赋开始，却得出生产循环过程中价格和数量之间的关系，其中包含原材料和能源资源（Judson，1989；Gowdy and Miller，1990），尽管这个模型有时候遭到质疑（Patterson，1998）。事实上，斯拉法主义者很早就关注了可耗竭自然资源的使用问题（Parrinello，1983），谢弗德（Schefold，1985b）特别关注全球气候和温室效应。令人惊讶的是，作为一个不注重不确定性的基础作用的学派，由于考虑到自然资源价格的变化，一些斯拉法主义者居然质疑做出有效预测的可能性。谢弗德（Schefold，2001，p. 316）指出，霍特林（Hotelling）关于可耗竭资源价格的新古典理论认为价格以一种等于利息率的比率随着时间的推移而上升，该理论假定完美预见、完全竞争以及拥有关于未来技术的所有知识，而所有这些假设是完全不现实的。作为例证预测长期中可耗竭资源变化的困难程度，谢弗德追溯到，石油和原材料价格没有如1972年罗马俱乐部所预测的那样上涨，40年后这些资源的供给也没有耗竭。

基本的原因很简单：地球的表面是二维的，但是储藏矿物质的地壳是三维的。挖得更深一点，可以发现更多矿物质，并且采掘成本的上升通常会被技术进步更多地补偿。当然，地理学的细节比这种报酬的考量更加复杂，但是相关的因素是技术和采掘成本、市场力量和需求。（Schefold，2001，p. 317）

最近天然气和石油价格的变化，以及新的采掘技术的普及支持了谢弗德的观点，在隆卡利亚（Roncaglia，2003）的研究中也可以发现这一点。对于自然资源即将枯竭的质疑，由于对未来发明、创新和发现替代性能源的信心而得到增强。我早就持有这种立场："在极端情况下，甚至自然资源都是可再生的：技术进步会带来新的储量或者发现人工合成的替代物质"（Lavoie，1992a，p.55）。虽然大部分可耗竭的物质最终不是可耗竭的，但是生态经济学不仅仅关注原材料或者能源，它还关注环境质量的保护、全球变暖和气候变化等问题。为什么后凯恩斯主义经济学没有正面处理这些问题呢？

斯巴什和瑞安（Spash and Ryan，2012）表明非正统经济学通常对于经济事务中的环境问题没有给予充分关注。米尔曼（Mearman，2005）归纳了后凯恩斯主义对于该问题缺少兴趣的三个原因，从他对一些知名的后凯恩斯主义经济学家的调查中发现了三个最引人注目的解释。第一，后凯恩斯主义者分心于同主流经济学做斗争；第二，他们能够对环境问题进行的分析很少；第三，多数的后凯恩斯主义经济学处理总需求增长的问题。在克罗嫩伯格（Kronenberg，2010）对后凯恩斯主义经济学与生态经济学之间关系的有效调查中，他指出，新古典经济学家将经济学定义为关于稀缺的科学，这使得他们很自然地意识到耗尽自然资源的问题。而后凯恩主义者不存在这个问题，如第 1 章所指出的，他们更关心如何更多地运用现存生产能力的问题。

此外，克罗嫩伯格注意到大部分后凯恩斯主义者专注于宏观主题，而环境问题通常在微观经济学的框架内进行研究。事实上，克罗嫩伯格（Kronenberg，2010，p.1492）为生态经济学"没有时间提出自己的完备的宏观经济理论"感到惋惜。然而，环境议题，尤其是围绕零增长和负增长的问题，显然需要宏观分析。克罗嫩伯格认为生态经济学家应该考虑采用后凯恩斯主义的增长以及宏观经济学动态理论，而不是从零开始建立自己的宏观理论。冯塔纳和索耶（Fontana and Sawyer，2013）、雷扎伊等人（Rezai et al.，2013）进行了这种结合，其中，后一位学者对宏观经济学与生态经济学的结合进行了有益探索，他指出，"尽管将生态思想注入宏观经济学很重要，但是将宏观思想注入生态理论同样也很重要"（ibid.，p.75）。雷扎伊等人认为一个生态宏观理论应该包括后凯恩斯主义宏观经济学，因为这涉及诸如囚徒困境和非自愿失业等相关现象。显然还需要对于信用和货币创造过程更加完善的理解，这个主题作为后凯恩斯主义经济学的一个重要理论，在生态经济学家中引起越来越多的注意（Douthwaite，2012；Loehr，2012；Farley et al.，2013）。环保凯恩斯主义财政的意义——公共支出用于实现更加清洁的环境——也需要宏观经济学分析（Blackwater，2012）。

　　除了克罗嫩伯格和佩里的调查外，最近出版了两本关于生态经济学和后凯恩斯主义之间相互作用的论文集，在后凯恩斯主义理论中尝试环境问题的兴趣越来越明显（Lawn，2009；Holt et al.，2009）。症结在于"后凯恩斯主义者一般建议旨在促进增长的政策"，而"生态经济学家通常认为应该降低增长"（Kronenberg，2010，p.1492），这个冲突很早就被意识到了（Gowdy，1991）。挑战在于调和后凯恩斯主义的充分就业目标以及环保主义者的非增长目标。这种挑战必须包含约束：事实上我们消费者社会的大部分成员希望提高绝对或相对的生活水准，自愿朴素化不是很容易普及（Kallis et al.，2012）。为了解决这个难题，有一些为数不多的办法：降低收入不平等；减少世界人口或者至少停止人口增长；消费者必须确信对于物质产品的积累而言，更多的休闲是更好的，这将会要求立法减少工作时间。

9.3　后凯恩斯主义的经济政策

斯托克哈默和拉姆斯科格勒提供了另外一条建议：做更多关于政策制定者的研究，这条建议得到了贝尔嫩戈（Vernengo，2013）的支持。因此通过总结后凯恩斯主义经济学家提倡的主要政策路线特别是宏观经济政策，以此来结束本书是一个很好的主意。下面的大部分内容借鉴自海因（Hein，2012，ch. 7）和阿雷蒂斯（Arestis，2013），尽管一些建议在前面的章节中已经得到了讨论。我们认为，存在五个政策目标：

- 收入和财富的公平分配。
- 金融稳定。
- 劳动力的充分就业。
- 一个可以接受的通货膨胀率。
- 外部平衡。

这些政策目标事实上并不是后凯恩斯主义经济学所特有的，比如，公平的收入分配对于主流经济学家的含义可能完全不同，他们可能将合理的收入分配和边际生产率联系在一起。同样地，实现金融稳定的含义在每个经济学家看来都会有所不同。因此，我们需要稍微地更具体一些。

现在所有人都很清楚地知道债务拉动型消费繁荣是不可持续的，并且可能会导致金融危机。除了取得贷款更加容易外，后凯恩斯主义者将消费债务的增长归因于利润份额上升以及工资收入的分布更加分散，特别是间接管理劳动的收入份额提高所带来的不平等上升。另外，后凯恩斯主义者相信工资引导型增长所带来的好处。在收入分配方面，后凯恩斯主义者提倡纠正收入和财富不平等分配的政策。这可以通过修改法律来加强工会的谈判力量、制定或者实施提高最低工资的法律、管制公司内顶层和中层收入的分布、禁止管理者的绩效奖金（股票市场的期权和其他激励）等措施来实现。换句话来说，立法的目的是将收入分配拉回到致使收入不平等快速上升合法化的金融化和代理理论出现之前的水平。为了实现这个目标，可能需要对富人施加更高的税率并实行财产税（Piketty，2014）。

后凯恩斯主义者还支持对金融部门的重新管制，因为这有助于削减金融部门的力量和重要性，从而进一步降低收入不平等，重新管制还有助于营造一个更稳定的金融系统。银行家声称他们不能没有的一些金融创新，比如"放款加转销"、次级证券化、场外交易衍生品等应该被取缔。影子银行应该重新回到监管部门的控制之下；大而不能倒的金融机构应该被拆分，正如过去准垄断机构被拆分一样；所有表外业务均应该回到资产负债表业务中。显然，当银行仅仅进行"普通"业务时，金融系统会更加稳定。次贷金融危机还证明了对借款人（比如，获得抵押）的监管条例在被废除之前能发挥稳定效应，因此应该恢复这些条例。

政府的主要目标应该是充分就业，然而这似乎是二战结束之后的主要目标，这些年来该目标让位于通货膨胀和平衡公共预算的目标。事实上，中央银行的目标是确保价格稳定，这是央行对于可持续的经济活动和技术进步所做的最大贡献，这个观点遭到现实经验的多次反驳。主流经济学家试图说服政策制定者放弃需求拉动型充分就业政策，转而提倡通过自然失业率的约束，进行劳动力市场的供给侧结构性改革。但是，非加速通货膨胀的失业率的概念也被实证经验所反驳。因此，我们迫切需要重新定位宏观经济政策。假定充分就业是经济政策的主要目标，为了实现这个目标应该采用什么政策工具呢？

　　第 5 章末已经指出，后凯恩斯主义者通常认为财政政策是合适的工具，符合功能财政。从长期视角来看，一些后凯恩斯主义者认为政府支出与平均税率之比的财政立场是经济活动和就业的关键决定因素（Godley and Cripps，1983）。他们还建议更多的公共投资支出，比如公共住房、公立高校、医院以及更好的基础设施，以及为了实现更好环境的公共投资。只要公共支出与私人投资相反，不是顺周期的，那么公共投资支出能增加经济系统的稳定性，凯恩斯（Keynes，1973，p. 378）在隐含地建议投资的社会化时指出了这一点。从短期视角来看，需要设置强有力的自动稳定器。例如，失业保险项目需要对所有失业者在资金上更慷慨并且让他们都可以获得，这样当经济减速时能够维持有效需求。当失业率上升时，工人和雇主支付的失业保险费用必须不能上涨。高度的累进税制也能产生自动稳定器。公共就业项目本着缓冲就业储备的目的，也可能是重要的自动稳定器。

　　货币政策的作用是什么？大部分后凯恩斯主义者认为它的作用被低估了。第 4 章指出，许多后凯恩斯主义者认为目标的利率应该是名义利率，这里指的是主要的贷款利率或者 AAA 级公司债券的利率，它稍微高于通货膨胀率或者与通货膨胀率加上劳动生产率的增长率相一致。这样做，中央银行不会干扰收入分配。基于通货膨胀率来调整利率能使货币当局对经济施加适当的逆周期影响，经验研究也表明名义利率而不是实际利率，能够对私人支出产生影响。

　　后凯恩斯主义者一直认为改变利率的货币政策，对工资通货膨胀和价格通货膨胀仅仅有微弱和间接的影响。只有当大幅提升利率时，该政策才是有效的，但是（该政策导致的）这些变化通常非常剧烈以至于引起经济衰退，而不仅仅是降低通货膨胀率。全球金融危机再一次证明了降低目标利率——该利率是一种短期利率——不会对实际经济产生太大影响，部分原因在于利率在经济衰退时趋向于上升。总之，中央银行应该设定一个长期利率目标，宣布并执行该利率目标，即使这种举措可能不足以使经济从深度衰退中走出来。

根据后凯恩斯主义观点，由于货币政策不能控制通货膨胀，因此需要其他工具，有人建议回归到收入和工资政策上来。工资大致按照生产率增长率与价格通货膨胀率之和的基准来上涨，而股息增长率不能高于这个基准。当实际利率和生产率增长率保持一致时，这些收入和工资政策就不会过度干扰收入分配。这可以通过指导准则或者如果有必要时通过立法来实现。海因（Hein，2012，p.140）建议，特别是在欧元区内，那些有经常项目盈余的国家的工资增长率应该超过基准水平，而那些出现经常项目赤字的国家的目标工资增长率应该低于该基准水平。他指出，这需要当前连接工会和雇主协会的组织的巨大改变，但是这种改变会产生一些负面影响，其中包括大规模的全球失衡。

国际合作水平将需要得到提高。到目前为止，那些通过扩张性政策来追求高端出口的国家正面临着外部失衡的问题，而问题的部分成因在于它们的贸易伙伴采取紧缩性政策。由于缺少合理的国际合作机制，还需要实施贸易限制特别是资本流动的限制，这在第7章已经得到了讨论。第8章还指出，商品价格通货膨胀的问题是一个全球现象，这个问题不能通过单个国家或者央行得到解决。我们知道，全球总需求的快速增长会导致粮食、金属等商品价格的剧烈波动。卡尔多（Kaldor，1996，p.88）建议通过建立国际调节性库存储备来减轻价格波动并打击破坏稳定的商品投机。

这些政策建议中有一些似乎与政策制定者可以接受的内容不一致。然而，我们需要提出具体和可讨论的方案，即使它看起来并不流行。哈耶克和弗里德曼所坚持的观点在20世纪40年代晚期和20

世纪 50 年代的时候也是不流行的：但他们仍然坚持他们的观点。不论被采纳的可能性大小，坚持提出经济理论和政策的替代性观点，是后凯恩斯主义经济学家的社会责任，因为这些观点是基于现实世界的经济学，而不是基于纯推测性的理想化市场。

9.4　尾声：学生宣言

本章前面提到，下一代的学生可能对大多数经济学系提供的课程不抱幻想，因为这些课程中传授的主流经济学理论不能为全球金融危机提供合理的解释。这似乎正在发生，至少在一些领域内正在发生。2014 年 5 月 5 日，就在我仔细检查这本书的校样时，来自 22 个不同国家的超过 50 个经济学学生组织联合发起"全球学生呼吁经济学多元化"运动并刊登在各国报纸上，他们认为经济学的教学正处于危机之中。这些学生要求引进更多定性的方法和经济思想史；他们要求在其他社会科学的辅助下进行经济学的教学；他们还要求在学习项目中系统地引入非正统经济学传统。我们将看到这样一个呼吁多元化的未来是什么样子的，与此同时，希望这本书能够为那些渴望学习更多关于非正统经济学传统之一——后凯恩斯主义经济学的学生提供一些指导。

参考文献

Adrian, T. and H. S. Shin (2010), "Liquidity and leverage", *Journal of Financial Intermediation*, **19** (3), July, 418 - 37.

Agliardi, E. (1988), "Microeconomic foundations of macroeconomics in the post-Keynesian approach", *Metroeconomica*, **39** (3), October, 275 - 97.

Aglietta, M. (1996), "Systemic risk, financial innovations, and the financial safety net", in G. Deleplace and E. J. Nell (eds), *Money in Motion: The Post Keynesian and Circulation Approaches*, London: Macmillan, pp. 552 - 81.

Aizenman, J. and R. Glick (2009), "Sterilization, monetary policy, and global financial integration", *Review of International Economics*, **17** (4), September, 777 - 801.

Akerlof, G. A. (1982), "Labor contracts as partial gift exchange", *Quarterly Journal of Economics*, **97** (4), November, 543 - 69.

Akerlof, G. A. and R. J. Shiller (2009), *Animal Spirits*, Princeton, NJ: Princeton University Press.

Akhtar, M. A. (1997), *Understanding Open Market Operations*, New York: Federal Reserve Bank of New York, Public Information Department.

Alessie, R. and A. Kapteyn (1991), "Habit formation, interdependent preferences and demographic effects in the almost ideal demand system", *Economic Journal*, **101** (406), May, 404 - 19.

Allain, O. (2009), "La modération salariale: le point de vue (néo-) Kaleckien", *Revue Économique*, **60** (1), January, 81 - 108.

Allain, O. (2014), "Tackling the instability of growth: a Kaleckian-Harrodian model with an autonomous expenditure component", *Cambridge Journal of Economics*, forthcoming.

Allain, O., J. Hartwig and M. G. Hayes (2013), "Effective demand: securing the foundations, introduction to the symposium", *Review of Political Economy*, **25** (4), December, pp. 650 - 52.

Allen, P. R. and P. B. Kenen (1980), *Asset Markets and Exchange Rates: Modeling an Open Economy*, Cambridge: Cambridge University Press.

Altman, M. (1998), "A high-wage path to economic growth and development", *Challenge*, **41** (1), January - February, 91 - 104.

Altman, M. (2001), "A behavioral model of labor supply: casting some light into the black box of income-leisure choice", *Journal of Socio-Economics*, **33** (3), May, 199 - 219.

Altman, M. (2006), "Introduction", in M. Altman (ed.), *Handbook of Contemporary Behavioral Economics: Foundations and Development*, Armonk, NY: M. E. Sharpe, pp. xv-xxii.

Amable, B., R. Boyer and F. Lordon (1997), "The *ad hoc* in economics: the pot calling the kettle black", in A. d'Autume and J. Cartelier (eds), *Is Economics Becoming a Hard Science?*, Cheltenham, UK and Lyme, USA: Edward Elgar, pp. 252 - 75.

Amadeo, E. J. (1986), "Notes on capacity utilization, distribution and accumulation", *Contributions to Political Economy*, **5** (1), March, 83 - 94.

Amadeo, E. J. (1987), "Expectations in a steady-state model of capacity utilization", *Political Economy: Studies in the Surplus Approach*, **3** (1), 75 - 89.

Amstad, M. and A. Martin (2011), "Monetary implementation: common goals but different practices", *FRBNY Current Issues in Economics and Finance*, **17** (7), 1 - 11.

Anand, P. (1991), "The nature of rational choice and *The Foundations of Statistics*", *Oxford Economic Papers*, **43** (2), April, 199 - 216.

Andini, C. (2009), "Teaching Keynes's principle of effective demand within the real wage vs employment space", *Forum for Social Economics*, **38** (2 - 3), July, 209 - 28.

Andreff, W. (1996), "Hétérodoxies ou critique en économie", *Économies et Sociétés*, **30** (9), September, 239 - 52.

Andrews, P. W. S. (1949), *Manufacturing Business*, London: Macmillan.

Andrews, P. W. S. and E. Brunner (eds) (1975), *Studies in Pricing*, London: Macmillan.

Anyadike-Danes, M. and W. Godley (1989), "Real wages and employment: a sceptical view of some recent econometric work", *Manchester School*, **57** (2), June, 172 – 87.

Appelbaum, E. (1979), "The labor market", in A. S. Eichner (ed.), *A Guide to Post-Keynesian Economics*, White Plains, NY: M. E. Sharpe, pp. 100 – 119.

Arena, R. (1987), "L'école international d'été de Trieste (1981 – 1985): vers une synthèse classico-keynésienne?", *Économies et Sociétés*, **21** (3), March, 205 – 38.

Arestis, P. (1990), "Post-Keynesianism: a new approach to economics", *Review of Social Economy*, **48** (3), Fall, 222 – 46.

Arestis, P. (1992), *The Post-Keynesian Approach to Economics*, Aldershot, UK and Brookfield, VT, USA: Edward Elgar.

Arestis, P. (1996), "Post-Keynesian economics: towards coherence", *Cambridge Journal of Economics*, **20** (1), January, 111 – 35.

Arestis, P. (2013), "Economic theory and policy: a coherent post-Keynesian approach", *European Journal of Economics and Economic Policy*, **10** (2), 243 – 55.

Arestis, P. and A. S. Eichner (1988), "The Post-Keynesian and Institutionalist theory of money and credit", *Journal of Economic Issues*, **22** (4), 1003 – 22.

Arestis, P. and P. Howells (2001 – 02), "The 1520 – 1640 'Great Inflation': an early case of controversy on the nature of money", *Journal of Post Keynesian Economics*, **24** (2), Winter, 181 – 204.

Arestis, P. and M. Sawyer (1993), "Political economy: an editorial manifesto", *International Papers in Political Economy*, **1** (1), 1 – 38.

Arestis, P. and M. Sawyer (2003), "Reinventing fiscal policy", *Journal of Post Keynesian Economics*, **26** (1), Fall, 3 – 26.

Arestis, P. and M. Sawyer (2004), "On fiscal policy and budget deficits", *European Journal of Economics and Economic Policies: Intervention*, **1** (2), November, 61 – 74.

Arestis, P. and M. Sawyer (2005), "Aggregate demand, conflict and capacity in the inflationary process", *Cambridge Journal of Economics*, **29** (6), November, 959 – 74.

Arestis, P. and M. Sawyer (2006), "Interest rates and the real economy", in C. Gnos and L. P. Rochon (eds), *Post-Keynesian Principles of Economic Policy*, Cheltenham, UK and Northampton, MA, USA: Edward Elgar, pp. 3 – 20.

Arestis, P. and M. Sawyer (2010), "The return of fiscal policy", *Journal of Post*

Keynesian Economics, **32** (3), Spring, 327 - 46.

Arestis, P. , S. P. Dunn and M. Sawyer (1999), "Post Keynesian economics and its critics", *Journal of Post Keynesian Economics*, **21** (4), Fall, 527 - 49.

Arestis, P. , A. R. González and Ó. Dejuan (2012), "Modelling accumulation: a theoretical and empirical application of the accelerator principle under uncertainty", *European Journal of Economics and Economic Policies: Intervention*, **9** (2), November, 255 - 76.

Ariely, D. , U. Gneezy, G. Loewenstein and N. Mazar (2009), "Large stakes and big mistakes", *Review of Economic Studies*, **76** (2), April, 451 - 69.

Arnon, A. (1993), "The policy implications of classical monetary theory: between the two hands", in G. Mongiovi and C. Rühl (eds), *Macroeconomic Theory: Diversity and Convergence*, Aldershot, UK and Brookfield, VT, USA: Edward Elgar, pp. 110 - 22.

Arnon, A. (2011), *Monetary Theory and Policy from Hume and Smith to Wicksell*, Cambridge: Cambridge University Press.

Arrous, J. (1978), "Imperfection de l'information, incertitude et concurrence", doctoral dissertation, Université de Strasbourg et Université des Sciences Sociales de Grenoble.

Asimakopulos, A. (1970), "A Robinsonian growth model in one sector notation—an amendment", *Australian Economic Papers*, **9** (15), December, 171 - 6.

Asimakopulos, A. (1975), "A Kaleckian theory of income distribution", *Canadian Journal of Economics*, **8** (3), August, 313 - 33.

Asimakopulos, A. (1986), "Finance, liquidity, saving, and investment", *Journal of Post Keynesian Economics*, **9** (1), Fall, 79 - 90.

Asimakopulos, A. (1988), "Post-Keynesian theories of distribution", in A. Asimakopulos (ed.), *Theories of Income Distribution*, Boston, MA: Kluwer, pp. 133 - 58.

Atesoglu, S. (2003 - 04), "Monetary transmission — federal funds rate and prime rate", *Journal of Post Keynesian Economics*, **26** (2), Winter, 357 - 62.

Atesoglu, S. (2005), "Monetary policy and long-term interest rates", *Journal of Post Keynesian Economics*, **27** (3), Spring, 533 - 40.

Auerbach, P. and P. Skott (1988), "Concentration, competition and distribution",

International Review of Applied Economics, **2** (1), January, 42 – 61.

Backhouse, R. E. (2004), "A suggestion for clarifying the study of dissent in economics", *Journal of the History of Economic Thought*, **26** (2), June, 261 – 71.

Baert, P. (1996), "Realist philosophy of the social sciences and economics: a critique", *Cambridge Journal of Economics*, **20** (5), September, 513 – 22.

Bagehot, W. (1873), *Lombard Street — A Description of the Money Market*, Homewood, IL: Richard D. Irwin, 1962.

Bakker, B. B. (1993), "Net foreign assets of Dutch commercial banks, 1984 – 1990", *De Economist*, **141** (3), September, 431 – 42.

Bank of Canada (2004), "Intervention in the foreign exchange market", available at http://www. baileycapitalfund. com/Money%20 Facts/InterventionExchangeMarket. php.

Baran, P. A. and P. M. Sweezy (1968), *Monopoly Capital*, London: Penguin, 1966.

Baranzini, A. and A. Mirante (2013), "The Cambridge post-Keynesian school of income and wealth distribution", in G. C. Harcourt and P. Kriesler (eds), *Oxford Handbook of Post-Keynesian Economics*, volume 1, Oxford: Oxford University Press, pp. 288 – 361.

Baranzini, A. and R. Scazzieri (1986), "Knowledge in economics: a framework", in M. Baranzini and R. Scazzieri (eds), *Foundations of Economics: Structures Inquiry and Economic Theory*, Oxford: Basil Blackwell, pp. 1 – 89.

Barba, A. and M. Pivetti (2009), "Rising household debt: its causes and macroeconomic implications—a long period analysis", *Cambridge Journal of Economics*, **33** (1), January, 113 – 37.

Barbosa-Filho, N. H. and L. Taylor (2006), "Distributive and demand cycles in the U. S. economy—a structuralist Goodwin model", *Metroeconomica*, **57** (3), July, 389 – 411.

Barnes, M. and G. Olivei (2003), "Inside and outside bounds: threshold estimates of the Phillips curve", *Federal Reserve Bank of Boston New England Economic Review*, 3 – 18.

Barro, R. J. and H. I. Grossman (1971), "A general disequilibrium model of income and employment", *American Economic Review*, **61** (1), March, 82 – 93.

Barzel, Y. and R. J McDonald (1973), "Assets, subsistence and the supply curve of labor", *American Economic Review*, **63** (4), September, 621 – 33.

Baskoy, T. (2011), "Business competition and the 2007 – 08 financial crisis: a Post Keynesian approach", in J. Leclaire, T. H. Jo and J. E. Knodell (eds), *Heterodox Analysis of Financial Crisis and Reform: History, Politics and Economics*, Cheltenham, UK and Northampton, MA, USA: Edward Elgar, pp. 124 – 36.

Baskoy, T. (2012), "Market governance", in J. E. King (ed.), *The Elgar Companion to Post Keynesian Economics*, 2nd edn, Cheltenham, UK and Northampton, MA, USA: Edward Elgar, pp. 387 – 91.

Baudrillard, J. (1972), *Pour une critique de l'economie politique du signe*, Paris: Gallimard.

Baumol, W. J. (1982), "Contestable markets: an uprising in the theory of industry structure", *American Economic Review*, **72** (1), March, 178 – 83.

Baumol, W. J. and A. Blinder (2006), *Macroeconomics: Principles and Policy*, 10th edn, Mason, OH: Thomson Higher Education.

Baxter, J. L. (1988), *Social and Psychological Foundations of Economic Analysis*, London: Harvester-Wheatsheaf.

Beed, C. and C. Beed (1996), "Measuring the quality of academic journals: the case of economics", *Journal of Post Keynesian Economics*, **18** (3), Spring, 369 – 96.

Bell, S. (2000), "Do taxes and bonds finance government spending?", *Journal of Economic Issues*, **34** (3), September, 603 – 20.

Bell, S. (2003), "Common currency lessons from Europe: have member states forsaken their economic steering wheels?", in L. P. Rochon and M. Seccareccia (eds), *Dollarization: Lessons from Europe and the Americas*, London: Routledge, pp. 70 – 91.

Bell-Kelton, S. and R. Ballinger (2006), "The monetary policy outcome curve: can the size and structure of public debt undermine policy objectives?", in P. Arestis, M. Baddeley and J. McCombie (eds), *The New Monetary Policy: Implications and Relevance*, Cheltenham, UK and Northampton, MA, USA: Edward Elgar, pp. 129 – 48.

Bellofiore, R. (2013), "Endogenous money, financial Keynesianism and beyond", *Review of Keynesian Economics*, **1** (2), Summer, 153 – 70.

Bénassy, J. P. (1975), "Neo-Keynesian disequilibrium theory in a monetary economy", *Review of Economic Studies*, **42** (4), October, 503 – 23.

Bengston, D. N. (1994), "Changing forest values and ecosystem management", *Society and Natural Resources*, **7** (6), 515 – 33.

Berg, N. and G. Gigerenzer (2010), "As-if behavioral economics: neoclassical economics in disguise?", *History of Economic Ideas*, **18** (1), January, 133 – 66.

Berger, P. (1972a), "Rapports entre l'évolution de la balance des paiements et l'évolution de la liquidité interne", in A. de Lattre and P. Berger (eds), *Monnaie et balance des paiements*, Paris: Armand Colin, pp. 89 – 110.

Berger, P. (1972b), "Interdépandance entre les mouvements de devises et les variations des crédits bancaires", in A. de Lattre and P. Berger (eds), *Monnaie et balance des paiements*, Paris: Armand Colin, pp. 171 – 6.

van den Bergh, J. C. J. M. , A. Ferrer-i-Carbonell and G. Munda (2000), "Alternative models of individual behaviour and implications for environmental policy", *Ecological Economics*, **32** (1), January, 43 – 61.

Berle, A. A. and G. C. Means (1933), *The Modern Corporation and Private Property*, New York: Harcourt, Brace and World.

Bernardo, G. and E. Campiglio (2013), " A simple model of income, aggregate demand and the process of credit creation by banks", Working Paper, New Economics Foundation, available at http://dnwssx417g17s. cloudfront. net/nefoundation/default/page/-/publications/Model _ paper _ web. pdf.

Bezemer, D. (2010), "Understanding financial crisis through accounting models", *Accounting, Organizations and Society*, **35** (7), October, 676 – 88.

Bhaduri, A. (1986), *Macroeconomics: The Dynamics of Commodity Production*, Armonk, NY: M. E. Sharpe.

Bhaduri, A. (2006), "Endogenous economic growth: a new approach", *Cambridge Journal of Economics*, **30** (1), January, 69 – 83.

Bhaduri, A. (2008), "On the dynamics of profit-led and wage-led growth", *Cambridge Journal of Economics*, **32** (1), January, 147 – 60.

Bhaduri, A. (2011a), "Prices or quantities? The common link in the method of Sraffa, Keynes and Kalecki", in R. Ciccone, C. Gehrke and G. Mongiovi (eds), *Sraffa and Modern Economics, Volume II*, London: Routledge, pp. 89 – 96.

Bhaduri, A. (2011b), "A contribution to the theory of financial fragility and crisis", *Cambridge Journal of Economics*, **35** (6), November, 995 – 1014.

Bhaduri, A. , K. Laski and M. Riese (2006), "A model of interaction between the virtual and the real economy", *Metroeconomica*, **57** (3), July, 412 – 27.

Bhaduri, A. and S. Marglin (1990), "Unemployment and the real wage: the economic basis for contesting political ideologies", *Cambridge Journal of Economics*, **14** (4), December, 375 – 93.

Bhaduri, A. and J. Robinson (1980), "Accumulation and exploitation: an analysis in the tradition of Marx, Sraffa and Kalecki", *Cambridge Journal of Economics*, **4** (2), June, 103 – 15.

Bianchi, M. (1990), "The unsatisfactoriness of satisficing: from bounded rationality to innovative rationality", *Review of Political Economy*, **2** (2), July, 149 – 67.

Bibow, J. (2002), "The markets versus the ECB, and the euro's plunge", *Eastern Economic Journal*, **28** (1), Winter, 45 – 57.

Bibow, J. (2009), *Keynes on Monetary Policy, Finance and Uncertainty: Liquidity Preference and the Global Financial Crisis*, London: Routledge.

Bindseil, U. (2004a), *Monetary Policy Implementation: Theory, Past, and Present*, Oxford: Oxford University Press.

Bindseil, U. (2004b), "The operational target of monetary policy and the rise and fall of reserve position doctrine", Working Paper series No. 372, European Central Bank.

Bird, P. J. W. N. (1982), "Neoclassical and post Keynesian environmental economics", *Journal of Post Keynesian Economics*, **4** (4), Summer, 586 – 93.

BIS (2013a), "Basel III liquidity coverage ratio", available at http://www.bis.org/publ/bcbs238.htm.

BIS (2013b), "Basel III: A global regulatory framework for more resilient banks and banking systems", available at http://www.bis.org/publ/bcbs189.pdf.

Bjørnstad, R. and R. Nymoen (2008), "The New Keynesian Phillips curve tested on OECD panel data", *Economics: The Open-Access, Open-Assessment E-Journal*, **2** (23), July.

Black, F. (1970), "Banking and interest rates in a world without money", *Journal of Banking Research*, **1** (3)，Autumn，8－20.

Black，W. K. (2005)，"Control frauds as financial super-predators: how pathogens make financial markets inefficient"，*Journal of Socio-Economics*，**34** (6)，December，734－55.

Blackwater，B. (2012)，"Two cheers for environmental Keynesianism"，*Capitalism Nature Socialism*，**23** (2)，June，51－74.

Blatt，J. (1982)，*Dynamic Economic Systems*，Armonk，NY: M. E. Sharpe.

Bleaney，M. (1976)，*Underconsumption Theories: A History and Critical Analysis*，New York: International Publishers.

Blecker，R. A. (1989)，"International competition, income distribution and economic growth"，*Cambridge Journal of Economics*，**13** (3)，September，395－412.

Blecker，R. A. (1999)，"Kaleckian macro models for open economies"，in J. Deprez and J. T. Harvey (eds)，*Foundations of International Economics: Post Keynesian Perspectives*，London: Routledge，pp. 116－50.

Blecker，R. A. (2002)，"Distribution, demand and growth in neo-Kaleckian macromodels"，in M. Setterfield (ed.)，*The Economics of Demand-led Growth: Challenging the Supply-side Vision of the Long Run*，Cheltenham，UK and Northampton，MA，USA: Edward Elgar，pp. 129－52.

Blecker，R. A. (2005)，"International economics after Robinson"，in B. Gibson (ed.)，*Joan Robinson's Economics: A Centennial Celebration*，Cheltenham: Edward Elgar，pp. 309－49.

Blecker，R. A. (2011)，"Open economy models of distribution and growth"，in E. Hein and E. Stockhammer (eds)，*A Modern Guide to Keynesian Macroeconomics and Economic Policies*，Cheltenham，UK and Northampton，MA，USA: Edward Elgar，pp. 215－39.

Blinder，A. S. and R. Solow (1973)，"Does fiscal policy matter?"，*Journal of Public Economics*，**2** (4)，November，319－37.

Blinder，A. S. , E. R. D. Canetti，D. E. Lebow and J. B. Rudd (1999)，*Asking About Prices: A New Approach to Understanding Price Stickiness*，New York: Russell Sage Foundation.

Bliss, C. J. (1975), *Capital Theory and the Distribution of Income*, Amsterdam: North-Holland.

Bloch, H. and M. Olive (1996), "Can simple rules explain pricing behaviour in Australian manufacturing?", *Australian Economic Papers*, **35** (66), June, 1 – 19.

Bloch, H. and D. Sapsford (1991 – 92), "Postwar movements in prices of primary products and manufactured goods", *Journal of Post Keynesian Economics*, **14** (2), Winter, 249 – 66.

Bloch, H., M. Dockery and D. Sapsford (2004), "Commodity prices, wages, and U. S. inflation in the twentieth century", *Journal of Post Keynesian Economics*, **26** (3), Spring, 523 – 45.

Bloomfield, A. I. (1959), *Monetary Policy under the International Gold Standard*: 1880 – 1914, New York: Federal Reserve Bank of New York.

Boddy, R. and J. Crotty (1975), "Class conflict and macro-policy: the political business cycle", *Review of Radical and Political Economics*, **7** (1), Spring, 1 – 19.

Boggio, L. (1980), "Full cost and Sraffa prices: equilibrium and stability in a system with fixed capital", *Monte dei Paschi di Siena Economic Notes*, **9** (1), 3 – 33.

Boggio, L. (1986), "Stability of production prices in a model of general dependence", in W. Semmler (ed.), *Competition, Instability, and Nonlinear Cycles*, New York: Springer Verlag, pp. 83 – 114.

Boggio, L. (1990), "The dynamic stability of production prices: a synthetic discussion of models and results", *Political Economy: Studies in the Surplus Approach*, **6** (1 – 2), 47 – 58.

Boggio, L. (1992), "Production prices and dynamic stability: results and open questions", *Manchester School of Economic and Social Studies*, **60** (3), September, 264 – 94.

Borio, C. and P. Disyatat (2010), "Unconventional monetary policies: an appraisal", *Manchester School*, 78, Supplement, September, 53 – 89.

Bortis, H. (1997), *Institutions, Behaviour and Economic Theory: A Contribution to Classical-Keynesian Political Economy*, Cambridge: Cambridge University Press.

Bougrine, H. and M. Seccareccia (2004), "Alternative exchange rate arrangements and effective demand: an important missing analysis in the debate over greater North American monetary integration", *Journal of Post Keynesian Economics*, **26** (4), Summer，655 - 78.

Bowen，W. G. and R. A. Berry （1963），"Unemployment and movements of the money wage level"，*Review of Economics and Statistics*，**45** （2），May，163 - 72.

Bowles，S. and R. Boyer （1988），"Labor discipline and aggregate demand: a macro-economic model"，*American Economic Review*，**78** （2），May，395 - 400.

Bowles，S. and R. Boyer （1990），"A wage-led employment regime: income distribution，labour discipline，and aggregate demand in welfare capitalism"，in S. A. Marglin and J. B. Schor （eds），*The Golden Age of Capitalism: Reinterpreting the Postwar Experience*，Oxford: Clarendon Press，pp. 187 - 217.

de Boyer，J. （1998），"Endogenous money and shareholders' funds in the classical theory of banking"，*European Journal of the History of Economic Thought*，**5** （1），Spring，60 - 84.

Boyer，R. （1988），"Formalizing growth regimes"，in G. Dosi，C. Freeman，R. Nelson，G. Silverberg and L. Soete （eds），*Technical Change and Economic Theory*，New York and London: Pinter，pp. 608 - 30.

Boyer，R. （2005），"From shareholder value to CEO power: the paradox of the 1990s"，*Competition and Change*，**9** （1），March，7 - 47.

Boyer，R. （2011），"Post-Keynésiens et régulationnistes: une alternative à la crise de l'économie standard"，*Revue de la régulation*，10，Autumn，available at http://regulation. revues. org/9377 ♯ text.

Boyer，R. and P. Petit （1988），"The cumulative growth model revisited"，*Political Economy: Studies in the Surplus Approach*，**4** （1），23 - 43.

Boyer，R. ，M. Dehove and D. Plihon （2005），*Les crisesfinancières*，Paris: La Documentation Française.

Brennan，D. J. （2014），"Too bright for comfort: a Kaleckian view of profit realisation in the USA: 1964 - 2009"，*Cambridge Journal of Economics*，**38** （2），March，239 - 55.

Brinkman，H. J （1999），*Explaining Prices in the Global Economy: A Post-Keynesian Model*，Cheltenham，UK and Northampton，MA，USA: Edward Elgar.

Brown，C. （1997），"Consumer credit and the propensity to consume: evidence from 1930"，*Journal of Post Keynesian Economics*，**19** （4），Summer，617 - 38.

Brown, C. (2003 – 04), "Toward a reconcilement of endogenous money and liquidity preference", *Journal of Post Keynesian Economics*, **26** (2), Winter, 325 – 40.

Brown, C. (2007), "Financial engineering, consumer credit, and the stability of effective demand", *Journal of Post Keynesian Economics*, **29** (3), Spring, 427 – 55.

Brown, C. (2008), *Inequality, Consumer Credit and the Saving Puzzle*, Cheltenham, UK and Northampton, MA, USA: Edward Elgar.

Brown, E. K. (1981), "The neoclassical and post-Keynesian research programs: the methodological issues", *Review of Social Economy*, **39** (2), October, 111 – 32.

Brown, J. R. , S. M. Fazzari and B. C. Petersen (2009), "Financing innovation and growth: cash flow, external equity and the 1990s R&D boom", *Journal of Finance*, **64** (1), February, 151 – 86.

Brunner, E. (1952), "Competition and the theory of the firm", *Economia Internazionale*, **5** (3 and 4), 509 – 22 and 727 – 44.

Brunner, E. (1975), "Competitive prices, normal costs and industrial stability", in P. W. S. Andrews and E. Brunner (eds), *Studies in Pricing*, London: Macmillan, pp. 18 – 34.

Bruno, O. (1999), "Long-run positions and short-run dynamics in a classical growth model", *Metroeconomica*, **50** (1), February, 119 – 37.

Buiter, W. (2009), "The unfortunate uselessness of most 'state of the art' academic monetary economics", *Financial Times*, 3 March, available at http://blogs.ft.com/maverecon/2009/03/the-unfortunate-uselessness-of-most-state-of-the-art-academic-monetary-economics/#more-667.

Burkedin, R. C. K. and P. Burkett (1992), "Money, credit, and wages in hyperinflation: post-World War I Germany", *Economic Inquiry*, **30** (3), July, 479 – 95.

Burkett, P. (1994), "Book review of *The Economic Surplus in Advanced Economics*, edited by John B. Davis", *Review of Social Economics*, **52** (2), Summer, 114 – 24.

Burton, J. and J. Addison (1977), "The Institutionalist analysis of wage inflation: a critical appraisal", *Research in Labor Economics*, **1** (1), July, 333 – 76.

Cagatay, N. (1994), "Themes in Marxian and post-Keynesian theories of international trade: a consideration with respect to new trade theory", in M. Glick (ed.),

Competition，*Technology and Money*：*Classical and Post-Keynesian Perspectives*，Aldershot，UK and Brookfield，VT，USA：Edward Elgar，pp. 237 – 50.

Caldwell，B. J. (1989)，"Post-Keynesian methodology：an assessment"，*Review of Political Economy*，**1** (1)，March，43 – 64.

Capaldo，J. and A. Izurieta (2013)，"The imprudence of labour market flexibilization in a fiscally austere world"，*International Labour Review*，**152** (1)，March，1 – 26.

Capoglu，G. (1991)，*Prices*，*Profits and Financial Structure*：*A Post-Keynesian Approach to Competition*，Aldershot，UK and Brookfield，VT，USA：Edward Elgar.

Card，D. and A. B. Krueger (1995)，*Myth and Measurement*：*The New Economics of the Minimum Wage*，Princeton，NJ：Princeton University Press.

Carney，M. (2008)，"From hindsight to foresight"，17 December 2008，Bank of Canada，available at http：//www. bankofcanada. ca/wp-content/uploads/2010/03/sp08 – 16. pdf.

Carson，J. (1990)，"Kalecki's pricing theory revisited"，*Journal of Post Keynesian Economics*，**13** (1)，Fall，146 – 52.

Carvalho，F. Cardim de (1992)，*Mr Keynes and the Post Keynesians*：*Principles of Macroeconomics for a Monetary Production Economy*，Aldershot，UK and Brookfield，VT，USA：Edward Elgar.

Caserta，M. (1990)，"The steady-state model of capital utilisation：a comment"，*Studi Economici*，**41** (2)，139 – 53.

Caserta，M. (2002)，"Transitional steady states：a contradiction in terms?"，in P. Arestis，M. Desai and S. Dow (eds)，*Money*，*Macroeconomics and Keynes*：*Essays in Honour of Victoria Chick*，*Volume One*，London：Routledge，pp. 173 – 81.

Cassetti，M. (2003)，"Bargaining power，effective demand and technical progress：a Kaleckian model of growth"，*Cambridge Journal of Economics*，**27** (3)，May，449 – 64.

Cassetti，M. (2006)，"A note on the long-run behaviour of Kaleckian models"，*Review of Political Economy*，**18** (4)，October，497 – 508.

Cecchetti，S. G. (2006)，*Money*，*Banking*，*and Financial Markets*，New York：McGraw-Hill Irwin.

Cesaratto，S. (2013)，"The implications of TARGET2 in the European balance of payments crisis and beyond"，*European Journal of Economics and Economic Policy*：*In-*

tervention, **10** (3), 359 - 82.

Cesaratto, S. (2014), "Neo-Kaleckian and Sraffian controversies on accumulation theory", *Review of Political Economy*, forthcoming.

Chandler, A. D. (1977), *The Visible Hand: The Managerial Revolution in American Business*, Cambridge, MA: Harvard University Press.

Chang, H. J. (2003), *Kicking Away the Ladder: Development Strategy in Historical Perspective*, London: Anthem Press.

Chang, H. J. (2008), *Bad Samaritans: The Myth of Free Trade and the Secret History of Capitalism*, New York: Bloomsbury Press.

Charles, S. (2008), "Corporate debt, variable retention rate and the appearance of financial fragility", *Cambridge Journal of Economics*, **32** (5), September, 781 - 95.

Chattopadhyay, N. , A. Majumder and D. Coondoo (2009), "Demand threshold, zero expenditure and hierarchal model of consumer demand", *Metroeconomica*, **60** (1), February, 91 - 118.

Chaundy, D. (1999), "What is the accommodating item in the balance of payments?", Working Paper No. 122, ESRC Centre for Business Research, University of Cambridge.

Chick, V. (1977), *The Theory of Monetary Policy*, Oxford: Parkgate Books.

Chick, V. (1983), *Macroeconomics After Keynes: A Reconsideration of the General Theory*, London: Philip Allan.

Chick, V. (1986), "The evolution of the banking system and the theory of saving, investment and interest", *Économies et Sociétés*, **20** (8 - 9), August, 111 - 26.

Chick, V. (1995), "Is there a case for Post Keynesian economics?", *Scottish Journal of Political Economy*, **42** (1), February, 20 - 36.

Chick, V. (1998), "On knowing one's place: the role of formalism in economics", *Economic Journal*, **108** (451), November, 1859 - 1959.

Chick, V. and M. Caserta (1997), "Provisional equilibrium and macroeconomic theory", in P. Arestis, G. Palma and M. Sawyer (eds), *Markets*, *Employment and Economic Policies: Essays in Honour of G. C. Harcourt*, *Volume Two*, London: Routledge, pp. 223 - 37.

Ciccone，R. (1986)，"Accumulation and capacity utilization: some critical considerations on Joan Robinson's theory of distribution"，*Political Economy: Studies in the Surplus Approach*，**2** (1)，17 – 36.

Claassen，E. M. (1996)，*Global Monetary Economics*，Oxford: Oxford University Press.

Clarke，Y. and G. N. Soutar (1981 – 82)，"Consumer acquisition patterns for durable goods: Australian evidence"，*Journal of Consumer Research*，**8** (4)，March，456 – 60.

Clifton，J. A. (1977)，"Competition and the evolution of the capitalist mode of production"，*Cambridge Journal of Economics*，**1** (2)，June，137 – 51.

Clifton，J. A. (1983)，" Administered prices in the context of capitalist development"，*Contributions to Political Economy*，2，March，23 – 38.

Clinton，K. (1991)，"Bank of Canada cash management: the main technique for implementing monetary policy"，*Bank of Canada Review*，January，3 – 32.

Coddington，A. (1982)，"Deficient foresight: a troublesome theme in Keynesian economics"，*American Economic Review*，**72** (3)，June，480 – 87.

Cohen A. and G. C. Harcourt (2003)，"Whatever happened to the Cambridge capital controversies?"，*Journal of Economic Perspectives*，**17** (1)，Winter，199 – 214.

Colander，D. (2000)，" The death of neoclassical economics"，*Journal of the History of Economic Thought*，**22** (2)，June，127 – 43.

Colander，D. (2001)，"An interview with Paul Davidson"，*Eastern Economic Journal*，**27** (1)，Winter，85 – 114.

Colander，D. ，R. P. F. Holt and J. B. Rosser (2007 – 08)，"Live and dead issues in the methodology of economics"，*Journal of Post Keynesian Economics*，**30** (2)，Winter，303 – 12.

Commendatore，M. (2006)，"Are Kaleckian models relevant for the long run?"，in N. Salvadori and C. Panico (eds)，*Classical，Neoclassical and Keynesian Views on Growth and Distribution*，Cheltenham，UK and Northampton，MA，USA: Edward Elgar，pp. 288 – 307.

Committeri，M. (1986)，"Some comments on recent contributions on capital accumulation，income distribution and capacity utilization"，*Political Economy: Studies in the Surplus Approach*, **2** (2), 161 - 86.

Committeri, M. (1987), "Capacity utilization, distribution and accumulation: a rejoinder to Amadeo", *Political Economy: Studies in the Surplus Approach*, **3** (1), 91 - 5.

Cook, S. (2008), "Econometric analysis of interest rate pass-through", *Applied Financial Economic Letters*, **4** (4), 249 - 51.

Copeland, M. A. (1949), "Social accounting for money flows", *The Accounting Review*, 24 (July), 254 - 64. Reproduced in J. C. Dawson (ed.) (1996), *Flow-of-Funds Analysis: A Handbook for Practitioners*, Armonk, NY: M. E. Sharpe, pp. 7 - 18.

Copeland, M. A. (1974), "Concerning the origin of a money economy", *American Journal of Economics and Sociology*, **33** (1), January, 3 - 18.

Cordonnier, L. (2006), "Le profit sans l'accumulation: la recette du capitalisme gouverné par la finance", *Innovations: Cahiers d'économie de l'innovation*, **23** (1), 51 - 72.

Cornwall, J. (1972), *Growth and Stability in a Mature Economy*, London: Martin Robertson.

Cornwall, J. (1977), *Modern Capitalism: Its Growth and Transformation*, New York: St. Martin's Press.

Costa-Font, J. , A. McGuire and T. D. Stanley (2013), "Publication selection in health policy research: the winner's curse hypothesis", *Health Policy*, **109** (1), January, 78 - 87.

Cottrell, A. (1994), "Post-Keynesian monetary theory", *Cambridge Journal of Economics*, **19** (6), December, 587 - 605.

Coulbois, P. (ed.) (1972), *Le change à terme: technique, théorie, politique*, Paris: Cujas.

Coulbois, P. (1979), *Finance internationale: le change*, Paris: Cujas.

Coulbois, P. (1982), "Central banks and foreign-exchange crises today", in C. P. Kindleberger and J. P. Laffargue (eds), *Financial Crises: Theory, History and Policy*, New York: Cambridge University Press, and Paris: Éditions de la Maison des Sciences de l'Homme, pp. 195 - 216.

Coulbois, P. and P. Prissert (1974), "Forward exchange, short term capital flows and monetary policy", *De Economist*, **122** (4), July, 283 - 308.

Coulbois, P. and P. Prissert (1976), "Forward exchange, short term capital flows and monetary policy: a reply", *De Economist*, **124** (4), December, 490 – 92.

Courbis, B. , E. Froment and J. M. Servet (1991), "Enrichir l'économie politique de la monnaie par l'histoire", *Revue Économique*, **42** (2), March, 315 – 38.

Coutts, K. and N. Norman (2007), "Global influences on UK manufacturing prices: 1970 – 2000", *European Economic Review*, **51** (5), July, 1205 – 21.

Coutts, K. and N. Norman (2013), "Post-Keynesian approaches to industrial pricing: a survey and critique", in G. C. Harcourt and P. Kriesler (eds), *Oxford Handbook of Post-Keynesian Economics*, Volume 1, Oxford: Oxford University Press, pp. 443 – 66.

Coutts, K. , W. Godley and W. Nordhaus (1978), *Industrial Pricing in the United Kingdom*, Cambridge: Cambridge University Press.

Cowling, K. (1982), *Monopoly Capitalism*, London: Macmillan.

Craig, B. and O. Humpage (2001), "Sterilization intervention, nonsterilized intervention, and monetary policy", Working Paper No. 0110, Federal Reserve Bank of Cleveland.

Cramp, A. B. (1971), "Monetary policy: strong or weak?", in N. Kaldor (ed.), *Conflicts in Policy Objectives*, Oxford: Basil Blackwell, pp. 62 – 74.

Cripps, F. (1977), "The money supply, wages and inflation", *Cambridge Journal of Economics*, **1** (1), March, 101 – 12.

Cripps, F. and W. Godley (1978), "Control of imports as a means to full employment and the expansion of world trade: the UK's case", *Cambridge Journal of Economics*, **2** (3), September, 327 – 34.

Crivelli, R. (1993), "Hysteresis in the work of Nicholas Georgescu-Roegen", in J. C. Dragan, E. K. Sweifert and M. C. Demetrescu (eds), *Entropy and Bioeconomics*, Milan: Nagard, pp. 107 – 29.

Cross, R. (1995), "Is the natural rate hypothesis consistent with hysteresis?", in R. Cross (ed.), *The Natural Rate of Unemployment: Reflections on 25 Years of the Hypothesis*, Cambridge: Cambridge University Press, pp. 181 – 200.

Crotty, J. R. (1990), "Owner-manager conflict and financial theories of investment instability: a critical assessment of Keynes, Tobin and Minsky", *Journal of Post Keynes-*

ian Economics, **12** (4), Summer, 519 – 42.

Cyert, R. M. and J. G. March (1963), *A Behavioral Theory of the Firm*, Englewood Cliffs, NJ: Prentice-Hall.

Cyert, R. M. and H. A. Simon (1983), "The behavioral approach: with emphasis on economics", *Behavioral Science*, **28** (1), January, 95 – 108.

Cynamon, B. Z. and S. M. Fazzari (2008), "Household debt in the consumer age: source of growth—risk of collapse", *Capitalism and Society*, **3** (2), July, 1 – 30.

Dallery, T. (2009), "Post-Keynesian theories of the firm under financialisation", *Review of Radical Political Economics*, **41** (4), December, 492 – 515.

Dallery, T. and T. van Treeck (2011) "Conflicting claims and equilibrium adjustment processes in a stock-flow consistent macroeconomic model", *Review of Political Economy*, **23** (2), April, 189 – 212.

Dalziel, P. C. (1990), "Market power, inflation, and incomes policy", *Journal of Post Keynesian Economics*, **12** (3), Spring, 424 – 38.

Dalziel, P. and M. Lavoie (2003), "Teaching Keynes's principle of effective demand using the aggregate labor market diagram", *Journal of Economic Education*, **34** (4), Fall, 333 – 40.

Danby, C. (2004), "Toward a gendered Post Keynesianism: subjectivity and time in a non-modernist framework", *Feminist Economics*, **10** (3), November, 55 – 75.

Danby, C. (2009), "Post-Keynesianism without modernity", *Cambridge Journal of Economics*, **33** (6), November, 1119 – 33.

D'Arista, J. (2000), "Reforming the privatized international monetary and financial architecture", *Challenge*, **43** (3), May – June, 44 – 82.

D'Arista, J. (2004), "Dollars, debt, and dependence: the case for international monetary reform", *Journal of Post Keynesian Economics*, **26** (4), Summer, 557 – 72.

Davidson, P. (1960), *Theories of Aggregate Income Distribution*, New Brunswick, NJ: Rutgers University Press.

Davidson, P. (1972), *Money and the Real World*, London: Macmillan.

Davidson, P. (1982), *International Money and the Real World*, London: Macmillan.

Davidson, P. (1982 - 83), "Rational expectations: a fallacious foundation for studying crucial decision-making processes", *Journal of Post Keynesian Economics*, **5** (2), Winter, 182 - 98.

Davidson, P. (1983), "The marginal product is not the demand curve for labor and Lucas's labor supply function is not the supply curve for labor in the real world", *Journal of Post Keynesian Economics*, **6** (1), Fall, 105 - 17.

Davidson, P. (1984), "Reviving Keynes's revolution", *Journal of Post Keynesian Economics*, **6** (4), Summer, 561 - 75.

Davidson, P. (1985), "Liquidity and not increasing returns is the ultimate source of unemployment equilibrium", *Journal of Post Keynesian Economics*, **7** (3), Spring, 373 - 84.

Davidson, P. (1989), "The economics of ignorance or the ignorance of economics?", *Critical Review*, **3** (3 - 4), Summer/Fall, 467 - 87.

Davidson, P. (1993a), "The elephant and the butterfly: or hysteresis and Post Keynesian economics", *Journal of Post Keynesian Economics*, **15** (3), Spring, 309 - 23.

Davidson, P. (1993b), "Austrians and Post Keynesians on economic reality: rejoinder to critics", *Critical Review*, **7** (2 - 3), Spring - Summer, 423 - 44.

Davidson, P. (1994), *Post Keynesian Macroeconomic Theory*, Aldershot, UK and Brookfield, VT, USA: Edward Elgar.

Davidson, P. (1996), "Reality and economic theory", *Journal of Post Keynesian Economics*, **18** (4), Spring, 479 - 508.

Davidson, P. (1998), "Post Keynesian employment analysis and the macroeconomics of OECD employment", *Economic Journal*, **108** (448), May, 817 - 31.

Davidson, P. (1999), "Keynes's principle of effective demand versus the bedlam of the New Keynesians", *Journal of Post Keynesian Economics*, **21** (4), Summer, 571 - 88.

Davidson, P. (2000), "There are major differences between Kalecki's theory of employment and Keynes's general theory of employment interest and money", *Journal of Post Keynesian Economics*, **23** (1), Fall, 3 - 26.

Davidson, P. (2003 - 04), "Setting the record straight on *A History of Post Keynesian Economics*", *Journal of Post Keynesian Economics*, **26** (2), Winter, 245 - 72.

Davidson, P. (2008), "Cruder oil prices: market fundamentals or speculation?",

Challenge, **51** (4), July – August, 110 – 18.

Davidson, P. (2009) *The Keynes Solution*, Basingstoke: Palgrave Macmillan.

Davidson, P. (2010), "Black swans and Knight's epistemological uncertainty: are these concepts also underlying behavioral and post-Walrasian theory?", *Journal of Post Keynesian Economics*, **32** (4), Summer, 567 – 70.

Davidson, P. (2010 – 11), "Behavioral economists should make a turn and learn from Keynes and the Post Keynesians", *Journal of Post Keynesian Economics*, **33** (2), Winter, 251 – 4.

Davidson, P. and S. Weintraub (1978), "A statement of purposes", *Journal of Post Keynesian Economics*, **1** (1), Fall, 3 – 7.

Davies, J. E. and F. S. Lee (1988), "A post-Keynesian appraisal of the contestability criterion", *Journal of Post Keynesian Economics*, **11** (1), Fall, 3 – 24.

Davis, J. B. (2006), "The nature of heterodox economics", *Post-Autistic Economic Review*, 40, December, 23 – 30.

Davis, J. B. (2008), "The turn in recent economics and return of orthodoxy", *Cambridge Journal of Economics*, **32** (2), April, 349 – 66.

Deaton, A. and J. Muellbauer (1980), *Economics and Consumer Behavior*, Cambridge: Cambridge University Press.

De Grauwe, P. and M. Grimaldi (2006), *The Exchange Rate in a Behavioral Finance Framework*, Woodstock, UK: Princeton University Press.

Dejuán, Ó. (2005), "Paths of accumulation and growth: towards a Keynesian long-period theory of output", *Review of Political Economy*, **17** (2), April, 231 – 52.

De Largentaye, J. (1979), "A note on the *General Theory of Employment, Interest and Money*", *Journal of Post Keynesian Economics*, **1** (3), Spring, 6 – 15.

De Lucchi, J. M. (2013), "Endogenous money and public foreign debt during the Argentinean convertibility", *Review of Keynesian Economics*, **1** (3), Autumn, 322 – 46.

Del Monte, A. (1975), "Grado di monopolio e sviluppo economico", *Rivista Internazionale di Scienze Sociali*, **83** (3), May – June, 231 – 63.

Deprez, J. (1996), "Davidson on the labor market in a monetary production economy", in P. Arestis (ed.), *Keynes, Money and the Open Economy: Essays in Honour of*

Paul Davidson: *Volume One*, Cheltenham, UK and Brookfield, VT, USA: Edward Elgar, pp. 123 – 43.

Dequech, D. (1999), "Expectations and confidence under uncertainty", *Journal of Post Keynesian Economics*, **21** (3), Spring, 415 – 30.

Descamps, C. and J. Soichot (2003), "Monnaie endogène et réglementation prudentielle", in P. Piegay and L. P. Rochon (eds), *Théories monétaires post Keynésiennes*, Paris: Économica, pp. 99 – 120.

De Soto, H. (2000), *The Mystery of Capital*, London: Bantam Press.

De Vroey, M. (1975), "The transition from classical to neoclassical economics: a scientific revolution", *Journal of Economic Issues*, **9** (3), September, 415 – 39.

Dhar, R. (1999), "Choice deferral", in P. E. Earl and S. Kemp (eds.), *The Elgar Companion to Consumer Research and Economic Psychology*, Cheltenham, UK and Northampton, MA, USA: Edward Elgar, pp. 75 – 81.

Dixon, R. (1986), "Uncertainty, unobstructedness, and power", *Journal of Post Keynesian Economics*, **8** (4), Summer, 585 – 90.

Dobrev, D. (1999), "The currency board in Bulgaria: design, peculiarities and management of foreign exchange cover", Discussion Paper DP/9/1999, Bulgarian National Bank.

Domar, E. D. (1944), "The burden of the debt and national income", *American Economic Review*, **34** (4), December, 798 – 827.

Domowitz, I., R. G. Hubbard and B. C. Petersen (1986), "Business cycles and the relationship between concentration and the price-cost margin", *Rand Journal of Economics*, **17** (1), Spring, 1 – 17.

Dore, R. (2000), "Will global capitalism be Anglo-Saxon capitalism?", *New Left Review*, November – December, 101 – 19.

Dore, R. (2002), "Stock market capitalism and its diffusion", *New Political Economy*, **7** (1), March, 115 – 21.

Dorfman, R., P. A. Samuelson and R. M. Solow (1958), *Linear Programming and Economic Analysis*, New York: McGraw-Hill.

Dornbusch, L. and J. Kapeller (2012), "A guide to paradigmatic self-marginalization:

lessons for post-Keynesian economists", *Review of Political Economy*, **24** (3), July, 469 – 88.

Dosi, G. and M. Egidi (1991), "Substantive and procedural uncertainty: an exploration of economic behaviours in changing environments", *Journal of Evolutionary Economics*, **1** (2), April, 145 – 68.

Dosi, G. , C. Freeman, R. Nelson, F. Silverberg and L. Soete (eds) (1988), *Technical Change and Economic Theory*, London and New York: Pinter.

Dos Santos, C. H. (2006), "Keynesian theorising during hard times: stock-flow consistent models as an unexplored 'frontier' of Keynesian macroeconomics", *Cambridge Journal of Economics*, **30** (4), July, 541 – 65.

Dostaler, G. (1988), "La théorie post-Keynésienne, la Théorie Générale et Kalecki", *Cahiers d'Economie Politique*, 14 – 15, 123 – 42.

Doucouliagos, H. and T. D. Stanley (2009), "Publication selection bias in minimum-wage research? A meta-regression analysis", *British Journal of Industrial Relations*, **47** (2), June, 406 – 28.

Doucouliagos, H. and T. D. Stanley (2013), "Are all economic facts greatly exaggerated? Theory competition and selectivity", *Journal of Economic Surveys*, **27** (2), April, 316 – 39.

Douthwaite, R. (2012), "Degrowth and the supply of money in an energy-scarce world", *Ecological Economics*, 84, December, 187 – 93.

Dow, S. C. (1987), "Money and regional development", *Studies in Political Economy*, 23, Summer, 73 – 94.

Dow, S. C. (1991), "The Post-Keynesian school", in D. Mair and A. G. Miller (eds), *A Modern Guide to Economic Thought*, Aldershot, UK and Brookfield, VT, USA: Edward Elgar, pp. 176 – 206.

Dow, S. C. (1996), "Horizontalism: a critique", *Cambridge Journal of Economics*, **20** (4), July, 497 – 508.

Dow, S. C. (1999), "International liquidity preference and endogenous credit creation", in J. Deprez and J. T. Harvey (eds), *Foundations of International Economics: Post Keynesian Perspectives*, London: Routledge, pp. 153 – 70.

Dow, S. C. (2000), "Prospects for the progress of heterodox economics", *Journal of the History of Economic Thought*, **22** (2), June, 157 – 70.

Dow, S. C. (2005), "Axioms and Babylonian thought: a reply", *Journal of Post Keynesian Economics*, **27** (3), Spring, 385 – 92.

Dow, A. C. and S. C. Dow (1989), "Endogenous money creation and idle balances", in J. Pheby (ed.), *New Directions in Post-Keynesian Economics*, Aldershot, UK and Brookfield, VT, USA: Edward Elgar, pp. 147 – 64.

Downward, P. (1999), *Pricing Theory in Post Keynesian Economics: A Realist Approach*, Cheltenham, UK and Northampton, MA, USA: Edward Elgar.

Downward, P. (2000), "A realist appraisal of post-Keynesian pricing theory", *Cambridge Journal of Economics*, **24** (2), March, 211 – 24.

Downward, P. and F. S. Lee (2001), "Post Keynesian pricing 'reconfirmed'? A critical review of *Asking About Prices*", *Journal of Post Keynesian Economics*, **23** (3), Spring, 465 – 84.

Downward, P. and A. Mearman (2002), "Critical realism and econometrics: constructive dialogue with Post Keynesian economics", *Metroeconomica*, **53** (4), November, 391 – 415.

Drakopoulos, S. A. (1990), "The implicit psychology of the theory of the rational consumer", *Australian Economic Papers*, **29** (55), December, 182 – 98.

Drakopoulos, S. A. (1992a), "Psychological thresholds, demand and price rigidity", *Manchester School of Economics and Social Studies*, **60** (2), June, 152 – 68.

Drakopoulos, S. A. (1992b), "Keynes' economic thought and the theory of consumer behaviour", *Scottish Journal of Political Economy*, **39** (3), August, 318 – 36.

Drakopoulos, S. A. (1994), "Hierarchical choice in economics", *Journal of Economic Surveys*, **8** (2), June, 133 – 53.

Drakopoulos, S. A. (1999), "Post-Keynesian choice theory", in P. A. O'Hara (ed.), *Encyclopedia of Political Economy*, Volume 2, London: Routledge, pp. 887 – 9.

Drakopoulos, S. A. (2008), "The paradox of happiness: toward an alternative explanation", *Journal of Happiness Studies*, **9** (2), June, 303 – 15.

Drakopoulos, S. A. and A. D. Karyiannis (2004), "The historical development of hierarchical behavior in economic thought", *Journal of the History of Economic Thought*, **26** (3), September, 363 – 78.

Dray, M. and A. P. Thirlwall (2011), "The endogeneity of the natural rate of growth for a selection of Asian countries", *Journal of Post Keynesian Economics*, **33** (3), Spring, 451 – 68.

Duesenberry, J. (1949), *Income, Saving and the Theory of Consumer Behavior*, Cambridge, MA: Harvard University Press.

Dullien, S. (2010), "*Macroeconomic Theory and Macroeconomic Pedagogy*— a review of the book edited by Giuseppe Fontana and Mark Setterfield", *European Journal of Economics and Economic Policies: Intervention*, **7** (2), November, 266 – 71.

Dullien, S. (2011), "The New Consensus from a traditional Keynesian and post-Keynesian perspective: a worthwhile foundation for research or just a waste of time?", *Économie Appliquée*, **64** (1), March, 173 – 200.

Duménil, G. and D. Lévy (1990), "Convergence to long-period positions: an addendum", *Political Economy: Studies in the Surplus Approach*, **6** (1 – 2), 265 – 78.

Duménil, G. and D. Lévy (1993), *The Economics of the Profit Rate: Competition, Crises and Historical Tendencies in Capitalism*, Aldershot, UK and Brookfield, VT, USA: Edward Elgar.

Duménil, G. and D. Lévy (1999), "Being Keynesian in the short term and classical in the long term: the traverse to classical long-term equilibrium", *The Manchester School*, **67** (6), December, 684 – 716.

Duménil, G. and D. Lévy (2004), *Économie marxiste du capitalisme*, Paris: La Découverte.

Dumouchel, P. and J.-P. Dupuy (1979), *L'enfer des choses: René Girard et la logique de l'économie*, Paris: Editions du Seuil.

Dunn, S. P. (2000), "Wither Post Keynesianism?", *Journal of Post Keynesian Economics*, **22** (3), Spring, 343 – 64.

Dunn, S. P. (2001), "Bounded rationality is not fundamental uncertainty: a Post Keynesian perspective", *Journal of Post Keynesian Economics*, **23** (4), Summer, 567 – 88.

Dunn, S. P. (2008), *The "Uncertain" Foundations of Post Keynesian Economics*,

London: Routledge.

Dunn, S. P. (2011), *The Economics of John Kenneth Galbraith: Introduction, Persuasion and Rehabilitation*, Cambridge: Cambridge University Press.

Dutt, A. K. (1984), "Stagnation, income distribution and monopoly power", *Cambridge Journal of Economics*, **8** (1), March, 25 – 40.

Dutt, A. K. (1986 – 87), "Wage-rigidity and unemployment: the simple diagrammatics of two views", *Journal of Post Keynesian Economics*, **9** (2), Winter, 279 – 90.

Dutt, A. K. (1987a), "Alternative closures again: a comment on growth, distribution and inflation", *Cambridge Journal of Economics*, **11** (1), March, 75 – 82.

Dutt, A. K. (1987b), "Competition, monopoly power and the uniform rate of profit", *Review of Radical Political Economics*, **19** (4), Winter, 55 – 72.

Dutt, A. K. (1987c), "Keynes with a perfectly competitive goods market", *Australian Economic Papers*, **26** (49), December, 275 – 93.

Dutt, A. K. (1990), *Growth, Distribution and Uneven Development*, Cambridge: Cambridge University Press.

Dutt, A. K. (1991 – 92), "Expectations and equilibrium: implications for Keynes, the neo-Ricardian Keynesians, and the Post Keynesians", *Journal of Post Keynesian Economics*, **14** (2), Winter, 205 – 24.

Dutt, A. K. (1992a), "Stagnation, growth and unproductive activity", in J. B. Davis (ed.), *The Economic Surplus in Advanced Economics*, Aldershot, UK and Brookfield, VT, USA: Edward Elgar, pp. 91 – 113.

Dutt, A. K. (1992b), "Rentiers in post Keynesian models", in P. Arestis and V. Chick (eds), *Recent Developments in Post-Keynesian Economics*, Aldershot, UK and Brookfield, VT, USA: Edward Elgar, pp. 95 – 122.

Dutt, A. K. (1992c), "Conflict inflation, distribution, cyclical accumulation and crises", *European Journal of Political Economy*, **8** (4), December, 579 – 97.

Dutt, A. K. (1995), "Internal finance and monopoly power in capitalist economies: a reformulation of Steindl's growth model", *Metroeconomica*, **46** (10), February, 16 – 34.

Dutt, A. K. (1997), "Equilibrium, path dependence and hysteresis in post-Keynesian models", in P. Arestis, G. Palma and M. Sawyer (eds), *Markets, Unemploy-*

ment and Economic Policy: Essays in Honour of Geoff Harcourt, Volume Two, London: Routledge, pp. 238 - 53.

Dutt, A. K. (2003), "On post Walrasian economics, macroeconomic policy and heterodox economics", *International Journal of Political Economy*, **33** (2), Summer, 47 - 64.

Dutt, A. K. (2006a), " Aggregate demand, aggregate supply and economic growth", *International Review of Applied Economics*, **20** (3), July, 319 - 36.

Dutt, A. K. (2006b), "Maturity, stagnation and consumer debt: a Steindlian approach", *Metroeconomica*, **57** (3), July, 339 - 64.

Dutt, A. K. (2010), "Equilibrium, path dependence and hysteresis in post-Keynesian models of economic growth", in A. Birolo, D. Foley, H. D. Kurz and I. Steedman (eds), *Production, Distribution and Trade : Alternative Perspectives. Essays in Honour of Sergio Parrinello*, London: Routledge, pp. 233 - 53.

Dutt, A. K. (2011), "Growth and income distribution: a post-Keynesian perspective", in E. Hein and E. Stockhammer (eds), *A Modern Guide to Keynesian Macroeconomics and Economic Policies*, Cheltenham, UK and Northampton, MA, USA: Edward Elgar, pp. 61 - 87.

Dutt, A. K. and E. J. Amadeo (1990), *Keynes's Third Alternative: The Neo-Ricardian Keynesians and the Post Keynesians*, Aldershot, UK and Brookfield, VT, USA: Edward Elgar.

Dutt, A. K. and E. J. Amadeo (1993), "A post-Keynesian theory of growth, interest and money", in M. Baranzini and G. C. Harcourt (eds), *The Dynamics of the Wealth of Nations : Growth, Distribution and Structural Change, Essays in Honour of Luigi Pasinetti*, London: Macmillan, pp. 181 - 205.

Dynan, K. E. , J. Skinner and S. P. Zeldes (2004), "Do the rich save more?", *Journal of Political Economy*, **112** (2), April, 397 - 444.

Earl, P. E. (1983), *The Economic Imagination: Towards a Behavioural Analysis of Choice*, Armonk, NY: M. E. Sharpe.

Earl, P. (1986), *Lifestyle Economics: Consumer Behaviour in a Turbulent World*, Brighton, UK: Wheatsheaf.

Earl, P. (ed.) (1988), *Behavioural Economics, Volume 1*, Aldershot, UK and

Brookfield, VT, USA: Edward Elgar.

Earl, P. (1995), *Microeconomics for Business and Marketing*, Aldershot, UK and Brookfield, VT, USA: Edward Elgar.

Earl, P. E. (2010), "Economics fit for the Queen: a pessimistic assessment of its prospects", *Prometheus*, **28** (3), September, 1 – 17.

Earl, P. E. and T. -C. Peng (2012), "Brands of economics and the Trojan horse of pluralism", *Review of Political Economy*, **24** (3), July, 451 – 68.

Editors (2011), "Editorial note", *Cambridge Journal of Economics*, **35** (3), May, 635.

Edwards, S. F. (1986), "Ethical preferences and the assessment of existence values: does the neoclassical model fit?", *Northeastern Journal of Agricultural and Resource Economics*, **15** (2), October, 145 – 50.

Eggertsson, G. B. and P. Krugman (2012), "Debt, deleveraging, and the liquidity trap: a Fisher-Minsky-Koo approach", *Quarterly Journal of Economics*, **127** (3), August, 1469 – 513.

Eichengreen, B. (1984), "Keynes and protection", *Journal of Economic History*, **44** (2), June, 363 – 73.

Eichengreen B. , R. Hausmann and U. Panizza (2002), "Original sin: the pain, the mystery and the road to redemption", available at http://www.financialpolicy.org/financedev/ hausmann2002.pdf.

Eichner, A. S. (1976), *The Megacorp and Oligopoly: Micro Foundations of Macro Dynamics*, Cambridge: Cambridge University Press.

Eichner, A. S. (1978), "Review of *Studies in Pricing* by Andrews and Brunner", *Journal of Economic Literature*, **16** (4), December, 1436 – 8.

Eichner, A. S. (ed.) (1979), *A Guide to Post-Keynesian Economics*, White Plains, NY: M. E. Sharpe.

Eichner, A. S. (1986a), *Toward a New Economics: Essays in Post-Keynesian and Institutionalist Theory*, London: Macmillan.

Eichner, A. S. (1986b), "A comment on a Post Keynesian view of average direct costs", *Journal of Post Keynesian Economics*, **8** (3), Spring, 425 – 6.

Eichner, A. S. (1987), *The Macrodynamics of Advanced Market Economies*, Armonk, NY: M. E. Sharpe.

Eichner, A. S. and J. A. Kregel (1975), "An essay on post-Keynesian theory: a new paradigm in economics", *Journal of Economic Literature*, **13** (4), December, 1293 - 311.

Eisner R. (1996), "The retreat from full employment", in P. Arestis (ed.), *Employment, Economic Growth and the Tyranny of the Market: Essays in Honour of Paul Davidson*, Volume 2, Cheltenham, UK and Brookfield, VT, USA: Edward Elgar, pp. 106 - 30.

Encarnación, J. (1964), "A note on lexicographic preferences", *Econometrica*, **32** (1 - 2), January-April, 215 - 17.

Ennis, H. M. and T. Keister (2008), "Understanding monetary policy implementation", *Federal Reserve Bank of Richmond Economic Quarterly*, 94, Summer, 235 - 63.

Epstein, G. (1994), "A political economy model of comparative central banking", in G. Dymski and R. Pollin (eds), *New Perspectives in Monetary Macroeconomics: Explorations in the Tradition of Hyman P. Minsky*, Ann Arbor, MI: University of Michigan Press, pp. 231 - 77.

Epstein, G. (2010), "Financial flows must be regulated", in H. Bougrine and M. Seccareccia (eds), *Introducing Macroeconomic Analysis: Issues, Questions, and Competing Views*, Toronto: Emond Montgomery, pp. 283 - 306.

Ethier, W. J. (1988), *Modern International Economics*, 2nd edn, New York: Norton.

Etzioni, A. (1988), *The Moral Dimension: Toward a New Economics*, New York: The Free Press.

Evans, D. (1981), "Unequal exchange and economic policies: some implications of the neo-Ricardian critique of the theory of comparative advantage", in J. Livingstone (ed.), *Development Economics and Policy: Readings*, London: Allen and Unwin, pp. 117 - 28.

Farley, J., M. Burke, G. Glomenhoft, B. Kelly, D. F. Murray, S. Posner, M. Putnam, A. Scanlan and A. Witham (2013), "Monetary and fiscal policies for a finite planet", *Sustainability*, 5, 2008 - 26.

Fazzari, F. M. (1994 – 95), "Why doubt the effectiveness of Keynesian fiscal policy?", *Journal of Post Keynesian Economics*, **17** (2), Winter, 231 – 48.

Fazzari, S. M. and T. L. Mott (1986 – 87), "The investment theories of Kalecki and Keynes: an empirical study of firm data, 1970 – 1982", *Journal of Post Keynesian Economics*, **9** (2), Winter, 171 – 87.

Fazzari, S. M. , P. Ferri and E. Greenberg (1998), "Aggregate demand and firm behavior: a new perspective on Keynesian microfoundations", *Journal of Post Keynesian Economics*, **20** (4), Summer, 527 – 59.

Fazzari, S. M. , P. Ferri and E. Greenberg (2008), "Cash flow, investment, and Keynes-Minsky cycles", *Journal of Economic Behavior and Organization*, 65, March, 555 – 72.

Fazzari, S. M. , P. Ferri, E. Greenberg and A. M. Variato (2013), "Aggregate demand, instability, and growth", *Review of Keynesian Economics*, **1** (1), Spring, 1 – 21.

Feiwel, G. R. (1972), "Introduction: notes on the life and work of Michal Kalecki", in M. Kalecki, *The Last Phase in the Transformation of Capitalism*, New York: Monthly Review Press.

Felipe, J. and J. S. L. McCombie (2001), "The CES production function, the accounting identity, and Occam's razor", *Applied Economics*, **33** (10), August, 1221 – 32.

Felipe, J. and J. S. L. McCombie (2005), "How sound are the foundations of the aggregate production function?", *Eastern Economic Journal*, **31** (3), Summer, 467 – 88.

Felipe, J. and J. S. L. McCombie (2006), "The tyranny of the identity: growth accounting revisited", *International Review of Applied Economics*, **20** (3), July, 283 – 99.

Felipe, J. and J. S. L. McCombie (2009), "Are estimates of labour demand functions mere statistical artefacts?", *International Review of Applied Economics*, **23** (2), March, 147 – 68.

Felipe, J. and J. S. L. McCombie (2011 – 12), "On Herbert Simon's criticisms of the Cobb-Douglas and the CES production functions", *Journal of Post Keynesian Economics*, **34** (2), Winter, 275 – 93.

Felipe, J. and J. S. L. McCombie (2013), *Aggregate Production Function and the Measurement of Technical Change: Not Even Wrong*, Cheltenham, UK and Northampton, MA, USA: Edward Elgar.

Ferguson, C. E. (1969), *The Neoclassical Theory of Production and Distribution*, Cambridge: Cambridge University Press.

Fernández-Huerga, E. (2008), "The economic behavior of human beings: the Institutional/Post Keynesian model", *Journal of Economic Issues*, **42** (3), September, 709 –26.

Fiebiger, B. (2013), "A rejoinder to 'Modern Money Theory: a response to critics' ", Working Paper No. 279, Political Economy Research Institute, University of Massachusetts in Amherst.

Fiebiger, B. (2014), "Rethinking the contours of financialization", *Review of Keynesian Economics*, forthcoming.

Fine, B. (2002), "Economic imperialism: a view from the periphery", *Review of Radical Political Economics*, **34** (2), Spring, 187 – 201.

Fishburn, P. C. (1974), "Lexicographic orders, utilities and decision rules: a survey", *Management Science Theory*, **20** (11), July, 1442 – 71.

Fisher, F. M. (1971), "Aggregate production functions and the explanation of wages", *Review of Economics and Statistics*, **53** (4), November, 305 – 25.

Fisher, I. (1933), "The debt-deflation theory of great depressions", *Econometrica*, **1** (4), October, 337 – 57.

Flaschel, P. (2009), *The Macrodynamics of Capitalism: Elements for a Synthesis of Marx, Keynes and Schumpeter*, 2nd edn, Berlin: Springer-Verlag.

Fleming, J. M. (1962), "Domestic financial policies under fixed and flexible exchange rates", *IMF Staff Papers*, **9** (3), November, 369 – 80.

Fog, B. (1956), "A study of cost curves in industry", *Weltwirtshaftliches Archiv*, 77, 44 – 53.

Foley, D. (2013), "Notes on ideology and methodology, with addendum", in F. S. Lee and M. Lavoie (eds), *In Defense of Post-Keynesian Economics and Heterodox Economics: Responses to Their Critics*, London: Routledge, pp. 230 – 40.

Fontana, G. (2003), "Post Keynesian approaches to endogenous money: a time framework explanation", *Review of Political Economy*, **15** (3), 291 – 314.

Fontana, G. (2009), *Money, Uncertainty and Time*, London: Routledge.

Fontana, G. and B. Gerrard (2004), "A Post Keynesian theory of decision making under uncertainty", *Journal of Economic Psychology*, **25** (5), October, 619 – 37.

Fontana, G. and B. Gerrard (2006), "The future of Post Keynesian economics", *Banca Nazionale del Lavoro Quarterly Review*, **59** (236), 49 – 80.

Fontana, G. and A. Palacio-Vera (2007), "Are long-run price stability and short-run output stabilization all that monetary policy can aim for?", *Metroeconomica*, **58** (2), May, 269 – 98.

Fontana, G. and M. Sawyer (2013), "Post-Keynesian and Kaleckian thoughts on ecological macroeconomics", *European Journal of Economics and Economic Policies: Intervention*, **10** (2), September, 256 – 67.

Fontana, G. and M. Setterfield (eds) (2009a), *Macroeconomic Theory and Macroeconomic Pedagogy*, Basingstoke: Palgrave Macmillan.

Fontana, G. and M. Setterfield (2009b), "Macroeconomics, endogenous money and the contemporary financial crisis: a teaching model", *International Journal of Pluralism and Economics Education*, **1** (1 – 2), 130 – 47.

Forstater, M. (1998), "Flexible full employment: structural implications of discretionary public sector employment", *Journal of Economic Issues*, **32** (2), June, 557 – 63.

Forstater, M. and W. Mosler (2005), "The natural rate of interest is zero", *Journal of Economic Issues*, **39** (2), June, 535 – 42.

Fox, J. (2009), *The Myth of the Rational Market: A History of Risk, Reward, and Delusion on Wall Street*, New York: HarperCollins.

Francis, A. (1980), "Company objectives, managerial motivations and the behaviour of large firms: an empirical test of the theory of 'managerial' capitalism", *Cambridge Journal of Economics*, **4** (4), December, 349 – 61.

Franke, R. and W. Semmler (1991), "A dynamical macroeconomic growth model with external financing of firms: a numerical stability analysis", in E. J. Nell and W. Semmler (eds), *Nicholas Kaldor and Mainstream Economics: Confrontation or Convergence?*, London: Macmillan, pp. 335 – 59.

Freedman, C. , G. C. Harcourt and P. Kriesler (2004), "Has the long-run Phillips curve turned horizontal?", in G. Argyrous, M. Forstater, and G. Mongiovi (eds), *Growth, Distribution and Effective Demand: Alternatives to Economic Orthodoxy*, Armonk, NY: M. E. Sharpe, pp. 144 – 62.

Freitas, F. and F. Serrano (2013), "Growth, distribution and effective demand: a research report on the Sraffian supermultiplier and its alternative closure for heterodox growth models", Working Paper, Federal University of Rio de Janeiro, September.

Frenkel, R. (2006), "An alternative to inflation targeting in Latin America: macro-economic policies focused on employment", *Journal of Post Keynesian Economics*, **28** (4), Summer, 573 – 92.

Frenkel, R. (2007), "The sustainability of monetary sterilization policies", *CEPAL Review*, 93, December, 29 – 36.

Friedman, M. (1953), "The methodology of positive economics", in *Essays in Positive Economics*, Chicago, IL: Chicago University Press, pp. 153 – 84.

Fujimoto, T. and D. Leslie (1983), "A two-class model of Keynesian unemployment", *Metroeconomica*, **35** (1 – 2), February, 54 – 71.

Fullbrook, E. (2003), *The Crisis in Economics: The Post-Autistic Economics Movement: The First 600 Days*, London; Routledge.

Fullbrook, E. (2009), "Introduction: Lawson's reorientation", in E. Fullbrook (ed.), *Ontology and Economics: Tony Lawson and His Critics*, London: Routledge, pp. 1 – 12.

Fullbrook, E. (2013), "New paradigm economics", *Real-World Economics Review*, 65, September, 129 – 31.

Fuller, D. and D. Geide-Stevenson (2003), "Consensus among economists: revisited", *Journal of Economic Education*, **34** (4), Fall, 369 – 87.

Fullwiler, S. T. (2003), "Timeliness and the Fed's daily tactics", *Journal of Economic Issues*, **37** (4), December, 851 – 80.

Fullwiler, S. (2005), "Paying interest on reserve balances: it's more significant than you think", *Journal of Economic Issues*, **39** (2), June, 543 – 50.

Fullwiler, S. (2006), "Setting interest rates in the modern money era", *Journal of Post Keynesian Economics*, **28** (3), Spring, 496 – 525.

Fullwiler, S. (2013), "An endogenous money perspective on the post-crisis monetary policy debate", *Review of Keynesian Economics*, **1** (2), Summer, 171-94.

Fullwiler, S. (forthcoming), "Modern central bank operations: the general principles", in B. Moore and L. P. Rochon (eds), *Post-Keynesian Monetary Theory and Policy: Horizontalism and Structuralism Revisited*, Cheltenham, UK and Northampton, MA, USA: Edward Elgar.

Fung, M. V. (2006), "Developments in behavioral finance and experimental economics and post Keynesian finance theory", *Journal of Post Keynesian Economics*, **29** (1), Fall, 19-39.

Galbraith, James K. (1994-95), "John Maynard Nosferatu", *Journal of Post Keynesian Economics*, **17** (2), Winter, 249-60.

Galbraith, James K. (2008), *The Predator State*, New York: Free Press.

Galbraith, John K. (1952), *A Theory of Price Control*, Cambridge, MA: Cambridge University Press.

Galbraith, John K. (1955), *The Great Crash 1929*, Boston, MA: Houghton Miffiin.

Galbraith, John K. (1958), *The Affluent Society*, Boston, MA: Houghton Miffiin.

Galbraith, John K. (1972), *The New Industrial State*, New York: New American Library, 2nd edn (first published 1967).

Galbraith, John K. (1975), *Economics and the Public Purpose*, Harmondsworth: Penguin Books (first published 1973).

Galbraith, John K. (1978), "On post Keynesian economics", *Journal of Post Keynesian Economics*, **1** (1), Fall, 8-11.

Galbraith, John K. (1990), *A Short History of Financial Euphoria*, Harmondsworth: Penguin Books.

Galbraith, John K. (2004), *The Economics of Innocent Fraud: Truth for Our Time*, Boston, MA: Houghton Miffiin.

Garber, P. (2010), "The mechanics of intra euro capital flight", Deutsche Bank, 10 December, available at http://fincake.ru/stock/reviews/56090/download/54478.

Garegnani, P. (1970), "Heterogeneous capital, the production function and the theory of distribution", *Review of Economic Studies*, **37** (3), July, 407-36.

Garegnani, P. (1979), "Notes on consumption, investment and effective demand II", *Cambridge Journal of Economics*, **3** (1), January, 63 - 82.

Garegnani, P. (1983), "Two routes to effective demand", in J. A. Kregel (ed.), *Distribution, Effective Demand and International Economic Relations*, London: Macmillan, pp. 69 - 80.

Garegnani, P. (1990a), "Quantity of capital", in J. Eatwell, M. Milgate and P. Newman (eds), *Capital Theory: The New Palgrave*, London: Macmillan, pp. 1 - 78.

Garegnani, P. (1990b), "Sraffa: Classical versus marginalist analysis", in K. Bharadwaj and B. Schefold (eds), *Essays on Piero Sraffa: Critical Perspectives on the Revival of Classical Theory*, London: Unwin Hyman, pp. 112 - 41.

Garegnani, P. (1992), Some notes for an analysis of accumulation', in J. Halevi, D. Laibman and E. J. Nell (eds), *Beyond the Steady State: A Revival of Growth Theory*, New York: St. Martin's Press, pp. 47 - 71.

Garegnani, P. (2011), "Savings, investment and capital in a system of general intertemporal equilibrium", in R. Ciccone, C. Gehrke and G. Mongiovi (eds), *Sraffa and Modern Economics, Volume I*, London: Routledge, pp. 13 - 73.

Georgescu-Roegen, N. (1950), "The theory of choice and the constancy of economic laws", *Quarterly Journal of Economics*, **64** (1), February, 125 - 38.

Georgescu-Roegen, N. (1954), "Choice, expectations and measurability", *Quarterly Journal of Economics*, **68** (4), November, 503 - 34.

Georgescu-Roegen, N. (1966), "The nature of expectations and uncertainty", in *Analytical Economics*, Cambridge, MA: Harvard University Press, pp. 241 - 75.

Georgescu-Roegen, N. (1971), *The Entropy Law and the Economic Process*, Cambridge, MA: Harvard University Press.

Gerrard, B. (1995), "Probability, uncertainty and behaviour: a Keynesian perspective", in S. Dow and J. Hillard (eds), *Keynes, Knowledge and Uncertainty*, Aldershot, UK and Brookfield, VT, USA: Edward Elgar, pp. 177 - 95.

Gerrard, B. (2002), "The role of econometrics in a radical methodology", in S. C. Dow and J. Hilliard (eds), *Post Keynesian Econometrics, Microeconomics and the Theory of the Firm: Beyond Keynes, Volume One*, Cheltenham, UK and Northampton,

MA, USA: Edward Elgar, pp. 110 – 32.

Gigerenzer, G. (2008), *Rationality for Mortals: How People Cope with Uncertainty*, Oxford: Oxford University Press.

Gigerenzer, G. and R. Selten (2001), "Rethinking rationality", in G. Gigerenzer and R. Selten (eds), *Bounded Rationality: The Adaptive Toolbox*, London: MIT Press, pp. 1 – 12.

Giovannoni, O. (2008), "What did the Fed do when inflation died?", *International Journal of Political Economy*, **37** (2), Summer, 49 – 70.

Godley, W. (1983), "Keynes and the management of real national income and expenditure", in D. Worswick and J. Trevithick (eds), *Keynes and the Modern World*, Cambridge: Cambridge University Press, pp. 135 – 56.

Godley, W. (1992), "Maastricht and all that", *London Review of Books*, **14** (19), 8 October, 3 – 4. Reprinted in M. Lavoie and G. Zezza (eds), *The Stock-Flow Consistent Approach: Selected Writings of Wynne Godley*, Basingstoke: Palgrave Macmillan, pp. 189 – 93.

Godley, W. (1993), "Time, increasing returns and institutions in macroeconomics", in S. Biasco, A. Roncaglia and M. Salvati (eds), *Market and Institutions in Economic Development: Essays in Honour of Paolo Sylos Labini*, New York: St. Martin's Press, pp. 59 – 82.

Godley, W. (1996), "Money, finance and national income determination: an integrated approach", Working Paper No. 167, The Levy Economics Institute of Bard College.

Godley, W. (1999a), "Money and credit in a Keynesian model of income determination", *Cambridge Journal of Economics*, **23** (2), April, 393 – 411.

Godley, W. (1999b), "Open economy macroeconomics using models of closed systems", Working Paper No. 281, Jerome Levy Economics Institute of Bard College.

Godley, W. (1999c), "Seven unsustainable processes", Special Report, Jerome Levy Economics Institute of Bard College. Reproduced in Lavoie and Zezza (eds), *The Stock-Flow Consistent Approach: Selected Writings of Wynne Godley*, Basingstoke: Palgrave Macmillan, pp. 216 – 54.

Godley, W. (2004), "Weaving cloth from Graziani's thread: endogenous money in a simple (but complete) model", in R. Arena and N. Salvadori (eds), *Money, Credit and the Role of the State: Essays in Honour of Augusto Graziani*, Aldershot, UK and Brookfield, US: Ashgate, pp. 127 – 35.

Godley, W (2012), "Macroeconomics without equilibrium or disequilibrium", in M. Lavoie and G. Zezza (eds), *The Stock-Flow Consistent Approach: Selected Writings of Wynne Godley*, Basingstoke: Palgrave Macmillan, pp. 90 – 122.

Godley, W. and F. Cripps (1976), "A formal analysis of the Cambridge Economic Policy Group Model", *Economica*, **43** (172), September, 335 – 48.

Godley, W. and F. Cripps (1983), *Macroeconomics*, London: Fontana.

Godley, W. and M. Lavoie (2005 – 06), "Comprehensive accounting in simple open economy macroeconomics with endogenous sterilization or flexible exchange rates", *Journal of Post Keynesian Economics*, **28** (2), Winter, 241 – 76.

Godley, W. and M. Lavoie (2007a), *Monetary Economics: An Integrated Approach to Credit, Money, Income, Production and Wealth*, Basingstoke: Palgrave Macmillan.

Godley, W. and M. Lavoie (2007b), "Fiscal policy in a stock-flow consistent (SFC) model", *Journal of Post Keynesian Economics*, **30** (1), Fall, 79 – 100.

Godley, W. and M. Lavoie (2007c), "A simple model of three economies with two currencies: the Eurozone and the USA", *Cambridge Journal of Economics*, **31** (1), January, 1 – 23.

Godley, W., D. B. Papadimitriou and G. Zezza (2008), "Prospects for the United States and the world: a crisis that conventional remedies cannot resolve", Strategic Analysis, Levy Economics Institute of Bard College, December.

Goldstein, J. P. (1999), "The simple analytics and empirics of the cyclical profit squeeze and cyclical underconsumption theories: clearing the air", *Review of Radical Political Economics*, **31** (2), Spring, 74 – 88.

Goldstein, J. P. and M. G. Hillard (2009), "Introduction: a second-generation synthesis of heterodox macroeconomic principles", in J. P. Goldstein and M. G. Hillard (eds), *Heterodox Macroeconomics: Keynes, Marx and Globalization*, London: Routledge, pp. 3 – 23.

Goodhart, C. A. E. (1984), *Monetary Theory and Policy: The U. K. Experience*,

London: Macmillan.

Goodhart, C. A. E. , P. C. McMahon and Y. L. Ngama (1997), "Does the forward premium/discount help to predict the future change in the exchange rate?", *Scottish Journal of Political Economy*, **39** (2), May, 129 – 40.

Goodwin, C. (2000), "Comment: it's the homogeneity, stupid!", *Journal of the History of Economic Thought*, **22** (2), June, 179 – 83.

Goodwin, N. , J. A. Nelson, F. Ackerman and T. Weisskopf (2009), *Microeconomics in Context*, 2nd edn, Armonk, NY: M. E. Sharpe.

Goodwin, R. (1967), "A growth cycle", in C. H. Feinstein (ed.), *Socialism, Capitalism and Economic Growth*, Cambridge: Cambridge University Press, pp. 54 – 8.

Gordon, D. M. (1994), "Putting heterodox macro to the test: comparing post-Keynesian, Marxian, and Social Structuralist macroeconometric models of the post-war US economy", in M. A. Glick (ed.), *Competition, Technology and Money: Classical and Post-Keynesian Perspectives*, Aldershot, UK and Brookfield, VT, USA: Edward Elgar, pp. 143 – 85.

Gordon, M. J. (1987), "Insecurity, growth, and the rise of capitalism", *Journal of Post Keynesian Economics*, **9** (4), Summer, 529 – 51.

Gowdy, J. M. (1991), "Bioeconomics and post Keynesian economics: a search for common ground", *Ecological Economics*, **3** (1), March, 77 – 87.

Gowdy, J. M. (1993), "Georgescu-Roegen's utility theory applied to environmental economics", in J. C. Dragan, E. K. Seifert and M. C. Demetrescu (eds), *Entropy and Bioeconomics*, Milan: Nagard, pp. 230 – 40.

Gowdy, J. M. and K. Mayumi (2001), "Reformulating the foundation of consumer choice theory and environmental valuation", *Ecological Economics*, **39** (2), November, 223 – 37.

Gowdy, J. M. and J. L. Miller (1990), "Harrod-Robinson-Read measures of primary input productivity theory and evidence from U. S. data", *Journal of Post Keynesian Economics*, **12** (4), Summer, 591 – 604.

Grabel, I. (1996), "Financial markets, the state and economic development: controversies within theory and policy", *International Papers in Political Economy*, **3** (1),

1 - 42.

Grabel, I. (2006), "A post-Keynesian analysis of financial crisis in the developing world and directions for reform", in P. Arestis and M. Sawyer (eds), *A Handbook of Alternative Monetary Economics*, Cheltenham, UK and Northampton, MA, USA: Edward Elgar, pp. 403 - 19.

Granger, C. W. J. and P. Newbold (1974), "Spurious regressions in econometrics", *Journal of Econometrics*, **2** (2), July, 111 - 20.

Gray, J. and R. Chapman (2004), "The significance of segmentation for Institutionalist theory and public policy", in D. P. Champlin and J. T. Knoedler (eds), *The Institutionalist Tradition in Labor Economics*, Armonk, NY: M. E. Sharpe, pp. 117 - 30.

Graziani, A. (2003), *The Monetary Theory of Production*, Cambridge: Cambridge University Press.

Gregg, P., S. Jewell and I. Tonk (2012), "Executive pay and performance: did bankers' bonuses cause the crisis?", *International Review of Finance*, **12** (1), March, 89 - 112.

Gu, G. C. and F. S. Lee (2012), "Prices and pricing", in J. E. King (ed.), *The Elgar Companion to Post Keynesian Economics*, *Second Edition*, Cheltenham, UK and Northampton, MA, USA: Edward Elgar, pp. 456 - 63.

Gualerzi, D. (2001), *Consumption and Growth: Recovery and Structural Change in the US Economy*, Cheltenham, UK and Northampton, MA, USA: Edward Elgar.

Guerrien, B. (1989), *Concurrence, flexibilité et stabilité*, Paris: Économica.

Guerrien, B. (2009), "Irrelevance and ideology", in E. Fullbrook (ed.), *Ontology and Economics: Tony Lawson and His Critics*, London: Routledge, pp. 158 - 61.

Gyöngyössy, I. (1984), *International Money Flows and Currency Crises*, The Hague: Martinus Nijhoff.

Hagemann, H. (1991), "A Kaldorian saving function in a two-sectoral linear growth model", in E. J. Nell and W. Semmler (eds), *Nicholas Kaldor and Mainstream Economics*, London: Macmillan, pp. 449 - 68.

Hahn, F. H. (1972), *The Share of Wages in National Income*, London: Weidenfeld & Nicolson.

Haight, A. D. (2007 - 08), "A Keynesian angle for the Taylor rule: mortgage rates, monthly payment illusion, and the scarecrow effect of inflation", *Journal of Post Keynesian Economics*, **30** (2), Winter, 259 - 78.

Haines, W. M. (1982), "The psychoeconomics of human needs: Maslow's hierarchy and Marshall's organic growth", *Journal of Behavioral Economics*, **11** (2), Winter, 97 - 121.

Halevi, J. (1985), "The contemporary significance of Baran and Sweezy's notion of monopolistic capitalism", in M. Jarsulic (ed.), *Money and Macro Policy*, Boston. MA: Kluwer-Nijhoff, pp. 109 - 34.

Halevi, J. and P. Kriesler (1991), "Kalecki, classical economics and the surplus approach", *Review of Political Economy*, **3** (1), January, 79 - 92.

Hall, R. L. and C. J. Hitch (1939), "Price theory and business behaviour", *Oxford Economic Papers*, **1** (2), May, 12 - 45.

Hamermesh, D. S. (1986), "The demand for labor in the long run", in O. Ashenfelter and R. Layard (eds), *Handbook of Labor Economics*, Amsterdam: North-Holland, Vol. 1, pp. 429 - 71.

Hamouda, O. F. and G. C. Harcourt (1988), "Post Keynesianism: from criticism to coherence?", *Bulletin of Economic Research*, **40** (1), January, 1 - 33.

Han, Z. and B. Schefold (2006), "An empirical investigation of paradoxes: reswitching and reverse capital reversing in capital theory", *Cambridge Journal of Economics*, **30** (5), September, 737 - 65.

Hanmer, L. C. and A. H. Akram-Lodhi (1998), "In 'the house of the spirits': toward a Post Keynesian theory of the household?", *Journal of Post Keynesian Economics*, **20** (3), Spring, 415 - 434.

Hanson, J. D. and D. A. Kysar (1999a), "Taking behavioralism seriously: the problem of market manipulation", *New York University Law Review*, **74**, 630 - 749.

Hanson, J. D. and D. A. Kysar (1999b), "Taking behavioralism seriously: some evidence of market manipulation", *Harvard Law Review*, **112** (7), May, 1420 - 572.

Harcourt, G. C. (1972), *Some Cambridge Controversies in the Theory of Capital*, Cambridge: Cambridge University Press.

Harcourt, G. C. (1987), "Foreword", in P. Kriesler, *Kalecki's Microanalysis*:

The Development of Kalecki's Analysis of Pricing, Cambridge: Cambridge University Press, pp. xi-xii.

Harcourt, G. C. (2001a), "Post-Keynesian thought", in *50 Years a Keynesian and Other Essays*, Basingstoke, UK: Palgrave, pp. 263 – 85.

Harcourt, G. C. (2001 b), "On Keynes and Chick on prices in modern capitalism", in P. Arestis, M. Desai and S. Dow (eds), *Money, Macroeconomics and Keynes: Essays in Honour of Victoria Chick, Volume One*, London: Routledge, pp. 115 – 23.

Harcourt, G. C. (2006), *The Structure of Post-Keynesian Economics: The Core Contributions of the Pioneers*, Cambridge: Cambridge University Press.

Harcourt, G. C. (2012), *The Making of a Post-Keynesian Economist: Cambridge Harvest*, Basingstoke: Palgrave Macmillan.

Harcourt, G. C. and P. Kenyon (1976), "Pricing and the investment decision", *Kyklos*, **29** (3), September, 449 – 77.

Harris, D. J. (1974), "The price policy of firms, the level of employment and distribution of income in the short run", *Australian Economic Papers*, **13** (22), June, 144 – 51.

Harris D. J. (1978), *Capital Accumulation and Income Distribution*, Stanford, CA: Stanford University Press.

Harrod, R. F. (1933), *International Economics*, Cambridge: Cambridge University Press.

Harrod, R. F. (1939), "An essay in dynamic theory", *Economic Journal*, **49** (193), March, 14 – 33.

Harrod, R. F. (1952), *Economic Essays*, London: Macmillan.

Harrod, R. F. (1972), "Imperfect competition, aggregate demand and inflation", *Economic Journal*, **82** (325), March, 392 – 401.

Harrod, R. F. (1973), *Economic Dynamics*, London: Macmillan.

Harvey, J. T. (1991), "A Post Keynesian view of exchange rate determination", *Journal of Post Keynesian Economics*, **14** (1), Fall, 61 – 71.

Harvey, J. T. (1993), "Daily exchange rate variance", *Journal of Post Keynesian Economics*, **15** (4), Summer, 515 – 40.

Harvey, J. T. (1998), "Heuristic judgment theory", *Journal of Economic Issues*,

32 (1)，March，47 – 64.

Harvey，J. T. (1998 – 99)，"The nature of expectations in the foreign exchange market: a test of competing theories"，*Journal of Post Keynesian Economics*，**21** (2)，Winter，181 – 200.

Harvey，J. T. (2012)，"Exchange rates"，in J. E. King (ed.)，*The Elgar Companion to Post Keynesian Economics*，2nd edn，Cheltenham，UK and Northampton，MA，USA: Edward Elgar，pp. 185 – 9.

Hayek，F. A. (1941)，*The Pure Theory of Capital*，Chicago，IL: University of Chicago Press.

Haynes，W. W. (1964)，"Pricing practices in small firms"，*Southern Economic Journal*，**30** (4)，April，315 – 24.

Hein，E. (2002)，"Monetary policy and wage bargaining in the EMU: restrictive ECB policies，high unemployment，nominal wage restraint and inflation above the target"，*Banca Nazionale del Lavoro Quarterly Review*，**55** (222)，229 – 337.

Hein，E. (2008)，*Money，Distribution Conflict and Capital Accumulation*，Basingstoke: Palgrave Macmillan.

Hein，E. (2012)，*The Macroeconomics of Finance-dominated Capitalism and its Crisis*，Cheltenham，UK and Northampton，MA，USA: Edward Elgar.

Hein，E. (2014)，*Distribution and Growth After Keynes: A Post Keynesian Guide*，Cheltenham，UK and Northampton，MA，USA: Edward Elgar (forthcoming).

Hein，E. and M. Mundt (2012)，"Financialisation and the requirements and potentials for wage-led recovery—a review focusing on the G20"，Working Paper No. 37，Conditions of Work and Employment series，International Labour Office.

Hein，E. and E. Stockhammer (2011)，"A post-Keynesian macroeconomic model of inflation，distribution and employment"，in E. Hein and E. Stockhammer (eds)，*A Modern Guide to Keynesian Macroeconomics and Economic Policies*，Cheltenham，UK and Northampton，MA，USA: Edward Elgar，pp. 112 – 36.

Hein，E. and A. Tarassow (2010)，"Distribution，aggregate demand and productivity growth: theory and empirical results for six OECD countries based on a post-Kaleckian model"，*Cambridge Journal of Economics*，**34** (4)，July，727 – 54.

Hein, E. and L. Vogel (2008), "Distribution and growth reconsidered: Empirical results for six OECD countries", *Cambridge Journal of Economics*, **32** (3), May, 479 – 511.

Hein, E., M. Lavoie and T. van Treeck (2011), "Some instability puzzles in Kaleckian models of growth and distribution: a critical survey", *Cambridge Journal of Economics*, **35** (1), May, 587 – 612.

Hein, E., M. Lavoie and T. van Treeck (2012), "Harrodian instability and the normal rate of capacity utilization in Kaleckian models of distribution and growth—a survey", *Metroeconomica*, **63** (1), February, 39 – 69.

Heiner, R. A. (1983), "The origin of predictable behavior", *American Economic Review*, **73** (4), September, 560 – 95.

Heinsohn, G. and O. Steiger (1983), "Private property, debts and interest or: the origin of money and the rise and fall of monetary economics", *Studi Economici*, **21**, 5 – 55.

Heinsohn, G. and O. Steiger (2000), "The property theory of interest and money", in J. Smithin (ed.), *What is Money?*, London: Routledge, pp. 67 – 100.

Hendry, D. F. (1980), "Econometrics — alchemy or science?", *Economica*, 47, November, 387 – 406.

Henry, J. (1987), "Equilibrium as a process", *Économie appliquée*, **40** (3), 463 – 82.

Henry, J. (1991), *La théorie du commerce extérieur dans le temps historique: une analyse post-Keynésienne*, Paris: Presses Universitaires de France.

Henry, J. (1993), "Post-Keynesian methods and the post-classical approach", *International Papers in Political Economy*, **1** (2), 1 – 26.

Henry, J. and M. Seccareccia (1982), "Introduction: la théorie post-keynésienne: contributions et essais de synthèse", *Actualité Économique*, **58** (1 – 2), January-June, 5 – 16.

Herndon, T., M. Ash and R. Pollin (2014), "Does high public debt consistently stifle economic growth? A critique of Reinhart and Rogoff", *Cambridge Journal of Economics*, **38** (2), March, 254 – 79.

Hewitson, G. (1997), "The post-Keynesian 'demand for credit' model", *Australian Economic Papers*, **36** (68), June, 127 – 43.

Hey, J. D. (1982), "Search for rules for search", *Journal of Economic Behavior and Organization*, **3** (1), March, 65 – 81.

Hicks, J. R. (1950), *A Contribution to the Theory of the Trade Cycle*, Oxford: Clarendon Press.

Hicks, J. R. (1955), "The economic foundations of wage policy", *Economic Journal*, **65** (259), September, 389 – 404.

Hicks, J. (1974), *The Crisis in Keynesian Economics*, Oxford: Basil Blackwell.

Hicks, J. R. (1975), "What is wrong with Monetarism?", *Lloyds Bank Review*, October, 1 – 13.

Hicks, J. (1976), "Must stimulating demand stimulate inflation?", *Economic Record*, 52, December, 409 – 22.

Hicks, J. (1982), *Money, Interest and Wages*, Cambridge, MA: Harvard University Press.

Hicks, J. (1985), "Sraffa and Ricardo: a critical view", in G. A. Caravale (ed.), *The Legacy of Ricardo*, New York: Basil Blackwell, pp. 305 – 19.

Hicks, J. (1990), "Ricardo and Sraffa", in K. Bharadwaj and B. Schefold (eds), *Essays on Piero Sraffa: Critical Perspectives on the Revival of Classical Theory*, London: Unwin Hyman, pp. 99 – 102.

Hoang-Ngoc, L. (2013), "Whither heterodoxy? Or where is heterodox economics going?, in F. S. Lee and M. Lavoie (eds), *In Defense of Post-Keynesian Economics and Heterodox Economics: Responses to Their Critics*, London: Routledge, pp. 241 – 52.

Hodgson, G. (1982), "Theoretical and policy implications of variable productivity", *Cambridge Journal of Economics*, **6** (3), September, 213 – 26.

Hodgson, G. M. (1988), *Economics and Institution: A Manifesto for a Modern Institutional Economics*, Cambridge: Polity Press.

Hodgson, G. (1989), "Post-Keynesianism and Institutionalism: the missing link", in Pheby (ed.), *New Directions in J. Post-Keynesian Economics*, Aldershot, UK and Brookfield, VT, USA: Edward Elgar, pp. 94 – 123.

Hodgson, G. (2004), "Reclaiming habits for Institutional economics", *Journal of Economic Psychology*, **25** (5), October, 651 – 60.

Hodgson, G. (2011), "The eclipse of the uncertainty concept in mainstream economics", *Journal of Economic Issues*, **45** (1), March, 159 – 75.

Holmes, A. (1969), "Operational constraints on the stabilisation of money supply growth", in *Controlling Monetary Aggregates*, Boston, MA: Federal Reserve Bank of Boston, pp. 65 – 77.

Holt, R. P. F. (2007), "What is Post Keynesian economics?", in M. Forstater, G. Mongiovi and S. Pressman (eds), *Post-Keynesian Macroeconomics: Essays in Honour of Ingrid Rima*, London: Routledge, pp. 89 – 107.

Holt, R. P. F. and S. Pressman (eds) (2001), *A New Guide to Post Keynesian Economics*, London: Routledge.

Holt, R. P. F. , S. Pressman and C. L. Spash (eds) (2009), *Post Keynesian and Ecological Economics: Confronting Environmental Issues*, Cheltenham, UK and Northampton, MA, USA: Edward Elgar.

Houthakker, H. S. and L. D. Taylor (1970), *Consumer Demand in the United States: Analyses and Projections*, 2nd edn, Cambridge, MA: Harvard University Press.

Howells, P. (2009), "Money and banking in a realistic macro model", in G. Fontana and M. Setterfield (eds), *Macroeconomic Theory and Macroeconomic Pedagogy*, Basingstoke: Palgrave Macmillan, pp. 160 – 87.

Howells, P. (2010), "The money supply in macroeconomics", in M. Galindo-Martin and C. Spiller (eds), *Issues in Economic Thought*, New York: Nova Science, pp. 161 – 84.

Hudson, M. (2010), *America's Protectionist Takeoff*, 1815 – 1914: *The Neglected American School of Political Economy*, ISLET.

Innes, A. M. (1913), "What is money?", *Banking Law Journal*, May, 377 – 408. Reproduced in L. R. Wray (ed.), *Credit and State Theories of Money: The Contributions of A. Mitchell Innes*, Cheltenham, UK and Northampton, MA, USA: Edward Elgar, 2004, pp. 14 – 49.

Ironmonger, D. S. (1972), *New Commodities and Consumer Behaviour*, Cambridge: Cambridge University Press.

Isaac, A. G. and Y. K. Kim (2013), "Consumer and corporate debt: a neo-Kaleckian synthesis", *Metroeconomica*, **64** (2), May, 244 – 71.

Isard, P. (1995), *Exchange Rate Economics*. Cambridge: Cambridge University Press.

Jean, Y. and M. Vernengo (2008), "Puzzles, paradoxes, and regularities: cyclical and structural productivity in the United States (1950 – 2005), *Review of Radical Political Economics*, **40** (3), Summer, 237 – 43.

Jefferson, T. and J. E. King (2010 – 11), "Can Post Keynesians make better use of behavioral economics?", *Journal of Post Keynesian Economics*, **33** (2), Winter, 211 – 34.

Jespersen, J. (2009), *Macroeconomic Methodology: A Post-Keynesian Perspective*, Cheltenham, UK and Northampton, MA, USA: Edward Elgar.

Jo, T. H. (2013), *Heterodox Economics Directory*, available at http://heterodox-news. com/directory/hed5. pdf.

Johnson, M. D. (1988), "Comparability and hierarchical processing in multialternative choice", *Journal of Consumer Research*, **15** (3), December, 303 – 14.

Johnson, R. D. (2010), "Extracting a revised labor supply theory from Becker's model of the household", *Journal of Socio-Economics*, **39** (2), April, 241 – 50.

Johnston, J. (1960), *Statistical Cost Analysis*, London: McGraw-Hill.

Jorion, P. (2008), *L'Implosion: la finance contre l'économie, ce que révéle et annonce la crise des subprimes*, Paris: Fayard.

Jossa, B. (1989), "Class struggle and income distribution in Kaleckian theory", in M. Sebastiani (ed.), *Kalecki's Relevance Today*, New York: St. Martin's Press, pp. 142 – 59.

Joyce, M., M. Tong and R. Woods (2011), "The United Kingdom's quantitative easing policy: design, operation and impact", *Bank of England Quarterly Bulletin*, **51** (3), 200 – 212.

Judson, D. H. (1989), "The convergence of neo-Ricardian and embodied energy theories of value and price", *Ecological Economics*, **1** (3), October, 261 – 81.

Juselius, K. (2011), "Time to reject the privileging of economic theory over empirical evidence? A reply to Lawson", *Cambridge Journal of Economics*, **35** (2), March, 423 – 36.

Kahn, R. F. (1972), *Selected Essays on Employment and Growth*, Cambridge: Cambridge University Press.

Kahn, R. F. (1977), "Malinvaud on Keynes", *Cambridge Journal of Economics*, **1** (4), December, 375 – 88.

Kahneman, D. (2011), *Thinking Fast and Slow*, Toronto: Doubleday.

Kahneman, D. and J. L. Knetsch (1992), "Valuing public goods: the purchase of moral satisfaction", *Journal of Environmental Economics and Management*, **22** (1), January, 57 - 70.

Kahneman, D. and A. Tversky (1979), "Prospect theory: an analysis of decision under risk", *Econometrica*, **47** (2), March, 263 - 91.

Kaldor, N. (1934a), "A classificatory note on the determinateness of equilibrium", *Review of Economic Studies*, **1** (2), February, 122 - 36.

Kaldor, N. (1934b), "The equilibrium of the firm", *Economic Journal*, **44** (173), March, 60 - 76.

Kaldor, N. (1938), "Stability and full employment", *Economic Journal*, **48** (192), December, 642 - 57.

Kaldor, N. (1956), "Alternative theories of distribution", *Review of Economic Studies*, **23** (2), 83 - 100.

Kaldor, N. (1957), "A model of economic growth", *Economic Journal*, **67** (268), December, 591 - 624.

Kaldor, N. (1959), "Economic growth and the problem of inflation: Part 2", *Economica*, **26** (4), November, 287 - 98.

Kaldor, N. (1960), "Characteristics of economic development", in *Essays on Economic Stability and Growth*, London: Duckworth, pp. 233 - 42.

Kaldor, N. (1961), "Capital accumulation and economic growth", in F. A. Lutz and D. C. Hague (eds), *The Theory of Capital*, New York: St. Martin's Press, pp. 177 - 228.

Kaldor, N. (1964a), "Monetary policy, economic stability and growth", in *Essays on Economic Policy*, Vol. 1, London: Duckworth, pp. 128 - 53.

Kaldor, N. (1964b), "Introduction", in *Essays on Economic Policy*, Vol. 1, London: Duckworth, pp. vii-xxi.

Kaldor, N. (1966), "Marginal productivity and the macro-economic theories of distribution", *Review of Economic Studies*, **33** (4), October, 309 - 19.

Kaldor, N. (1970a), "Some fallacies in the interpretation of Kaldor", *Review of Economic Studies*, **37** (1), January, 1 - 7.

Kaldor, N. (1970b), "The new monetarism", *Lloyds Bank Review*, July, 1 – 17.

Kaldor, N. (1970c), "The case for regional policies", *Scottish Journal of Political Economy*, **17** (3), November, 337 – 48.

Kaldor, N. (1972), "The irrelevance of equilibrium economics", *Economic Journal*, **82** (328), December, 1237 – 52.

Kaldor, N. (1976), "Inflation and recession in the world economy", *Economic Journal*, **86** (344), December, 703 – 14.

Kaldor, N. (1978a), "Introduction", in *Further Essays on Economic Theory*, London: Duckworth, pp. 7 – 24.

Kaldor, N. (1978b), "Causes of the slow rate of economic growth in the United Kingdom", in *Further Essays on Economic Theory*, London: Duckworth, pp. 100 – 138.

Kaldor, N. (1978c), "Introduction", *Further Essays on Applied Economics*, London: Duckworth, pp. vii-xxix.

Kaldor, N. (1980), "Monetarism and UK monetary policy", *Cambridge Journal of Economics*, **4** (4), December, 293 – 318.

Kaldor, N. (1981), *Origins of the New Monetarism*, Cardiff: University College Cardiff Press.

Kaldor, N. (1982), *The Scourge of Monetarism*, Oxford: Oxford University Press.

Kaldor, N. (1983a), "Keynesian economics after fifty years", in D. Worswick and J. Trevithick (eds), *Keynes and the Modern World*, Cambridge: Cambridge University Press, pp. 1 – 28.

Kaldor, N. (1983b), *Limitations of the "General Theory"*, London: The British Academy.

Kaldor, N. (1985), *Economics Without Equilibrium*, Armonk, NY: M. E. Sharpe.

Kaldor, N. (1986), "Limits on growth", *Oxford Economic Papers*, **38** (2), July, 187 – 98.

Kaldor, N. (1996), *Causes of Growth and Stagnation in the World*, Cambridge: Cambridge University Press.

Kaldor, N. and J. Trevithick (1981), "A Keynesian perspective on money", *Lloyds*

Bank Review, July, 1 - 19.

Kalecki, M. (1937), "The principle of increasing risk", *Economica*, **4** (76), November, 441 - 7.

Kalecki, M. (1944), "Professor Pigou on the classical stationary state: a comment", *Economic Journal*, **54** (213), April, 131 - 2.

Kalecki, M. (1954), *Theory of Economic Dynamics: An Essay on Cyclical and Long-Run Changes in Capitalist Economies*, New York: Monthly Review Press Classics, 2009.

Kalecki, M. (1969), *Studies in the Theory of Business Cycles 1933 - 1939*, Oxford: Basil Blackwell.

Kalecki, M. (1971), *Selected Essays in the Dynamics of the Capitalist Economy*, Cambridge: Cambridge University Press.

Kallis, G., C. Kershner and J. Martinez-Alier (2012), "The economics of degrowth", *Ecological Economics*, **84**, December, 172 - 80.

Kania, J. J. and J. R. McKean (1976), "Ownership, control, and the contemporary corporation: a general behavior analysis", *Kyklos*, **29** (2), June, 272 - 91.

Kant, S. (2003), "Extending the boundaries of forest economics", *Forest Policy and Economics*, **5** (1), January, 39 - 56.

Kaplan, A. D. H., J. B. Dirlam and R. F. Lanzillotti (1958), *Pricing in Big Business: A Case Approach*, Washington, DC: Brookings Institution.

Karacaoglu, G. (1984), "Absence of gross substitution in portfolios and demand for finance: some macroeconomic implications", *Journal of Post Keynesian Economics*, **6** (4), Summer, 567 - 89.

Kaufman, B. E. (2004), "The Institutional and Neoclassical schools in labor economics", in D. P. Champlin and J. T. Knoedler (eds), *The Institutionalist Tradition in Labor Economics*, Armonk, NY: M. E. Sharpe, pp. 13 - 38.

Kaufman, B. E. (2010a), "The theoretical foundations of industrial relations and its implications", *Industrial and Labor Relations Review*, **64** (1), October, 74 - 108.

Kaufman, B. E. (2010b), "Institutional economics and the minimum wage: broadening the theoretical and policy debate", *Industrial and Labor Relations Review*, **63** (3), April, 427 - 53.

Keen, S. (2014), "Endogenous money and effective demand", *Review of Keynesian Economics*, forthcoming.

Keister, T., A. Martin and J. McAndrews (2008), "Divorcing money from monetary policy", *FRBNY Economic Policy Review*, **14** (2), September, 41 – 53.

Kemp-Benedict, E. (2013), "Material needs and aggregate demand", *Journal of Socio-Economics*, 44, June, 16 – 26.

Kenyon, P. (1979), "Pricing", in A. S. Eichner (ed.), *A Guide to Post-Keynesian Economics*, White Plains, NY: M. E. Sharpe, pp. 34 – 45.

Kesting, S. (2011), "What is 'green' in the green new deal? Criteria from ecofeminist and post-Keynesian economics", *International Journal of Green Economics*, **5** (1), 49 – 64.

Keynes, J. M. (1930a), *A Treatise on Money*, *Volume I*, *The Pure Theory of Money*, New York: Harcourt, Brace and Company.

Keynes, J. M. (1930b), *A Treatise on Money*, *Volume II*, *The Applied Theory of Money*, New York: Harcourt, Brace and Company.

Keynes, J. M. (1936), *The General Theory of Employment*, *Interest*, *and Money*, London: Macmillan.

Keynes, J. M. (1973), *The Collected Writings of John Maynard Keynes*, London: Macmillan, St. Martin's Press and Cambridge University Press.

iv: *A Tract on Monetary Reform* (1923)

viii: *Treatise on Probability* (1921)

ix: *Essays in Persuasion* (1931)

xii: *Economic Articles and Correspondence*: *Investment and Editorial*

xiii: *The General Theory and After*: *Part I*, *Preparation*

xiv: *The General Theory and After*: *Part II*, *Defence and Development*

xx: *Activities 1929 – 31*: *Rethinking Employment and Unemployment Policies*

xxv: *Activities 1940 – 1944*: *Shaping the Post-War World*: *The Clearing Union*

xxvi: *Activities 1941 – 1946*: *Shaping the Post-War World*: *Bretton Woods and Reparations*

Kim, J. H. and M. Lavoie (2013), "Demand-led growth and long-run convergence in a two-sector model", Working Paper.

Kim, Y. (2012), "Emulation and consumer debt: implications of keeping up with the Joneses", Working Paper 12 - 08, Trinity College Department of Economics.

Kim, Y. (2013), " Household debt, financialization, and macroeconomic performance in the United States, 1951 - 2009", *Journal of Post Keynesian Economics*, **35** (4), Summer, 675 - 94.

Kim, Y. , M. Setterfield and Y. Mei (2014), "A theory of aggregate consumption", *European Journal of Economics and Economic Policies: Intervention*, **11** (1), 31 - 49.

King, J. E. (1995), *Conversations with Post Keynesians*, Basingstoke: Macmillan.

King, J. E. (2001), "Labor and unemployment", in R. C. Holt and S. Pressman (eds), *A New Guide to Post Keynesian Economics*, London: Routledge, pp. 65 - 78.

King, J. E. (2002), *A History of Post Keynesian Economics Since 1936*, Cheltenham, UK and Northampton, MA, USA: Edward Elgar.

King, J. E. (2012a), *The Microfoundations Delusion: Metaphor and Dogma in the History of Macroeconomics*, Cheltenham, UK and Northampton, MA, USA: Edward Elgar.

King, J. E. (2012b), "Post Keynesians and others", *Review of Political Economy*. **24** (2), April, 305 - 19.

King, J. E. (2013), "Should post-Keynesians make a behavioural turn?", *European Journal of Economics and Economic Policies: Intervention*, **10** (2), September, 231 - 42.

Kirman, A. (1989), "The intrinsic limits of modern economic theory: the emperor has no clothes", *Economic Journal*, **99**, Supplement, 126 - 39.

Klamer, A. and D. Colander (1990), *The Making of an Economist*, Boulder, CO: Westview Press.

Knapp, G. F. (1924), *The State Theory of Money*, New York: Augustus M. Kelley, 1973.

Knetsch, J. L. (1990), "Environmental policy implications of disparities between willingness to pay and compensation demanded measures of values", *Journal of Environmental Economics and Management*, **18** (3), May, 227 - 37.

Knight, F. (1940), *Risk, Uncertainty and Profit*, London: The London School of

Economics and Political Science; first published 1921.

Koo, R. C. (2009), *The Holy Grail of Macroeconomics*: *Lessons from Japan's Great Recession*, Singapore: Wiley.

Koutsoyiannis, A. (1975), *Modern Microeconomics*, London: Macmillan.

Koutsoyiannis, A. (1984), "Goals of oligopolistic firms: an empirical test of competing hypotheses", *Southern Economic Journal*, **51** (2), October, 540 – 67.

Krassoi-Peach, E. and T. D. Stanley (2009), "Efficiency wages, productivity and simultaneity: a meta-regression analysis", *Journal of Labor Research*, **30** (3), September, 262 – 8.

Kregel, J. A. (1973), *The Reconstruction of Political Economy*: *An Introduction to Post-Keynesian Economics*, London: Macmillan.

Kregel, J. A. (1984 – 85), "Constraints on the expansion of output and employment: real or monetary?", *Journal of Post Keynesian Economics*, **7** (2), Winter, 139 – 52.

Kregel, J. A. (1986), "Shylock and Hamlet or are there bulls and bears in the circuit?", *Économies et Sociétés*, **20** (8 – 9), August-September, 11 – 22.

Kriesler, P. (1987), *Kalecki's Microanalysis*: *The Development of Kalecki's Analysis of Pricing*, Cambridge: Cambridge University Press.

Kriesler, P. and M. Lavoie (2007), "The new view on monetary policy: the New Consensus and its post-Keynesian critique", *Review of Political Economics*, **19** (3), July, 387 – 404.

Kronenberg, T. (2010), "Finding common ground between ecological economics and post-Keynesian economics", *Ecological Economics*, **69** (7), May, 1488 – 94.

Krugman, P. R. (1998), "It's baaack! Japan's slump and the return to the liquidity trap", *Brookings Papers in Economic Activity*, No. 2, 137 – 205.

Krugman, P. (2009), "Deficits saved the world", *The New York Times Opinion Pages*, 15 July, available at http://krugman. blogs. nytimes. com/2009/07/15/deficits-saved-the-world/.

Krugman, P. (2012), *End This Depression Now*!, New York: W. W. Norton.

Krugman, P. (2013), "The 1 percent solution", *The New York Times Opinion Pages*, 25 April, available at http://www. nytimes. com/2013/04/26/opinion/krugman-theone-percents-solution. html? hp&_ r=O.

Kurz, H. D. (1986), "Normal positions and capital utilization", *Political Economy: Studies in the Surplus Approach*, **2** (1), 37 – 54.

Kurz, H. D. (1990), "Technical change, growth and distribution: a steady state approach to unsteady growth", in H. D. Kurz (ed.), *Capital, Distribution and Effective Demand: Studies in the Classical Approach to Economic Theory*, Cambridge: Polity Press, pp. 210 – 39.

Kurz, H. D. (1993), "Modèle classique et projet Keynesien: réponse à C. Tutin", *Cahers d'économie politique*, **22**, May, 93 – 103.

Kurz, H. D. (1994), "Growth and distribution", *Review of Political Economy*, **6** (4), October, 393 – 420.

Labrousse, A. and J. Vercueil (2008), "Fostering variety in economics: entretien avec Geoffrey Hodgson", *Revue de la régulation*, **2**, January, available at http://regulation. revues. org/document2853. html.

Lachmann, L. M. (1977), *Capital, Expectations and the Market Process*, Kansas City, MO: Sheed, Andrews and McMeel.

Lah, M. and A. Sušjan (1999), "Rationality of transitional consumers: a Post Keynesian view", *Journal of Post Keynesian Economics*, **21** (4), Summer, 589 – 602.

Lancaster, K. (1971), *Consumer Demand: A New Approach*, New York: Columbia University Press.

Lancaster, K. (1991), "Hierarchies in goods-characteristics analysis", in *Modern Consumer Theory*, Aldershot, UK and Brookfield, VT, USA: Edward Elgar, pp. 69 – 80.

Lanzillotti, R. F. (1958), "Pricing objectives in large companies", *American Economic Review*, **48** (5), December, 921 – 40.

Lavoie, M. (1984), "The endogenous credit flow and the Post Keynesian theory of money", *Journal of Economic Issues*, **18** (3), September, 771 – 97.

Lavoie, M. (1985a), "La distinction entre l'incertitude Keynésienne et le risque néoclassique", *Économie Appliquée*, **38** (2), 493 – 518.

Lavoie, M. (1985b), "Credit and money: the dynamic circuit, overdraft economics, and post-Keynesian economics", in M. Jarsulic (ed.), *Money and Macro Policy*, Boston,

MA: Kluwer-Nijhoff, pp. 63 - 84.

Lavoie, M. (1985c), "The Post Keynesian theory of endogenous money: a reply", *Journal of Economic Issues*, **19** (3), September, 843 - 8.

Lavoie, M. (1986a), "Minsky's law or the theorem of systemic financial fragility", *Studi Economici*, 29, 3 - 28.

Lavoie, M. (1986b), "Chômage classique et chômage Keynésien: un prétexte aux politiques d'austerité", *Économie Appliquée*, **39** (2), 203 - 38.

Lavoie, M. (1987), *Macroéconomie: Théorie et controverses postkeynésiennes*, Paris: Dunod.

Lavoie, M. (1992a), "Towards a new research programme for post-Keynesianism and neo-Ricardianism", *Review of Political Economy*, **4** (1), January, 37 - 79.

Lavoie, M. (1992b), *Foundations of Post-Keynesian Economic Analysis*, Aldershot, UK and Brookfield, VT, USA: Edward Elgar.

Lavoie, M. (1994), "A Post Keynesian theory of consumer choice", *Journal of Post Keynesian Economics'*, **16** (4), Summer, 539 - 62.

Lavoie, M. (1995a), "The Kaleckian model of growth and distribution and its neo-Ricardian and neo-Marxian critiques", *Cambridge Journal of Economics*, **19** (6), December, 789 - 818.

Lavoie, M. (1995b), "Interest rates in post-Keynesian models of growth and distribution", *Metroeconomica*, **46** (2), June, 146 - 77.

Lavoie, M. (1996a), "Mark-up pricing versus normal cost pricing in post-Keynesian models" *Review of Political Economy*, **8** (1), January, 57 - 66.

Lavoie, M. (1996b), "Unproductive outlays and capital accumulation with target-return pricing", *Review of Social Economy*, **54** (3), Fall, 303 - 21.

Lavoie, M. (1996c), "Traverse, hysteresis, and normal rates of capacity utilization in Kaleckian models of growth and distribution", *Review of Radical Political Economics*, **28** (4), December, 113 - 47.

Lavoie, M. (1996d), "Horizontalism, structuralism, liquidity preference and the principle of increasing risk", *Scottish Journal of Political Economy*, **43** (3), August, 275 - 301.

Lavoie, M. (1996e), "Monetary policy in an economy with endogenous credit money", in G. Deleplace and E. J. Nell (eds), *Money in Motion: The Post Keynesian and Circulation Approaches*, Basingstoke: Macmillan, pp. 532 – 45.

Lavoie, M. (1996 – 97), "Real wages, employment structure and the aggregate demand curve in a Kaleckian short-run model", *Journal of Post Keynesian Economics*, **19** (2), Winter, 275 – 88.

Lavoie, M. (1997), "Loanable funds, endogenous money and Minsky's financial fragility hypothesis", in A. J. Cohen, H. Hagemann and J. Smithin (eds), *Money, Financial Institutions and Macroeconomics*, Boston, MA: Kluwer Academic, pp. 67 – 82.

Lavoie, M. (1998), "Simple comparative statics of class conflict in Kaleckian and Marxist short-run models", *Review of Radical Political Economics*, **30** (3), Summer, 101 – 13.

Lavoie, M. (2000a), "Le chômage d'équilibre: réalité ou artefact statistique?", *Revue Économique*, **51** (6), November, 1477 – 84.

Lavoie, M. (2000b), "A Post Keynesian view of interest parity theorems", *Journal of Post Keynesian Economics*, **23** (1), Fall, 163 – 79.

Lavoie, M. (2001), "The reflux mechanism in the open economy", in L. P. Rochon and M. Vernengo (eds), *Credit, Growth and the Open Economy: Essays in the Horizontalist Tradition*, Cheltenham, UK and Northampton, MA, USA: Edward Elgar, pp. 215 – 42.

Lavoie, M. (2002 – 03), "Interest parity, risk premia and Post Keynesian analysis", *Journal of Post Keynesian Economics*, **25** (2), Winter, 237 – 49.

Lavoie, M. (2003a), "The tight links between post-Keynesian and feminist economics", in E. Fullbrook (ed.), *The Crisis in Economics: The Post-Autistic Economics Movement: The First 600 Days*, London: Routledge, pp. 189 – 92.

Lavoie, M. (2003b), "Real wages and unemployment with effective and notional demand for labour", *Review of Radical Political Economics*, **35** (2), June, 166 – 82.

Lavoie, M. (2003c), "Kaleckian effective demand and Sraffian normal prices: towards a reconciliation", *Review of Political Economy*, **15** (1), January, 53 – 74.

Lavoie, M. (2003d), "A primer on endogenous credit-money", in L. P. Rochon and

S. Rossi (eds), *Modern Theories of Money: The Nature and Role of Money in Capitalist Economies*, Cheltenham, UK and Northampton, MA, USA: Edward Elgar, pp. 506 - 43.

Lavoie, M. (2006a), "Do heterodox theories have anything in common? A post-Keynesian point of view", *European Journal of Economics and Economic Policies: Intervention*, **3** (1), May, 87 - 112.

Lavoie, M. (2006b), *Introduction to Post-Keynesian Economics*, Basingstoke: Palgrave Macmillan.

Lavoie, M. (2006c), "A post-Keynesian amendment to the New Consensus on monetary policy", *Metroeconomica*, **57** (2), May, 165 - 192.

Lavoie, M. (2006d), "Endogenous money: accommodationist", in P. Arestis and M. Sawyer (eds), *Handbook on Alternative Monetary Economics*, Cheltenham, UK and Northampton, MA, USA: Edward Elgar, pp. 17 - 34.

Lavoie, M. (2006e), "A fully coherent post-Keynesian model of currency boards", in C. Gnos and L. P. Rochon (eds), *Post Keynesian Principles of Economic Policy*, Cheltenham, UK and Northampton, MA, USA: Edward Elgar, pp. 185 - 207.

Lavoie, M. (2008), "Neoclassical empirical evidence on employment and production laws as artefact", *Rivista Economía Informa*, 351, March-April, 9 - 36.

Lavoie, M. (2009a), "Post Keynesian consumer choice theory and ecological economics", in R. P. F. Holt, S. Pressman and C. L. Spash (eds), *Post Keynesian and Ecological Economics: Confronting Environmental Issues*, Cheltenham, UK and Northampton, MA, USA: Edward Elgar, pp. 141 - 57.

Lavoie, M. (2009b), "Cadrisme within a Kaleckian model of growth and distribution", *Review of Political Economy*, **21** (3), July, 371 - 93.

Lavoie, M. (2009c), "Taming the New Consensus: hysteresis and some other post-Keynesian amendments", in G. Fontana and M. Setterfield (eds), *Macroeconomic Theory and Macroeconomic Pedagogy*, Basingstoke: Palgrave Macmillan, pp. 191 - 212.

Lavoie, M. (2010a), "The possible perverse effects of declining wages", *International Journal of Pluralism and Economics Education*, **1** (3), 260 - 75.

Lavoie, M. (2010b), "Surveying short-run and long-run stability issues with the Kaleckian model of growth", in M. Setterfield (ed.), *Handbook of Alternative Theories of*

Economic Growth, Cheltenham, UK and Northampton, MA, USA: Edward Elgar, pp. 132 – 56.

Lavoie, M. (2011a), "History and methods of post-Keynesian economics", in E. Hein and E. Stockhammer (eds), *A Modern Guide to Keynesian Macroeconomics and Economic Policies*, Cheltenham, UK and Northampton, MA, USA: Edward Elgar, pp. 1 – 33.

Lavoie, M. (2011b), "Should Sraffians be dropped out of the post-Keynesian school?", *Économies et Sociétés*, **44** (7), July, 1027 – 59.

Lavoie, M. (2012), "Perspectives for post-Keynesians", *Review of Political Economy*, **24** (2), April, 321 – 36.

Lavoie, M. (2013), "The monetary and fiscal nexus of neo-chartalism: a friendly critique", *Journal of Economic Issues*, **47** (1), March, 1 – 32.

Lavoie, M. and G. Daigle (2011), "A behavioural finance model of exchange rate expectations within a stock-flow consistent framework", *Metroeconomica*, **62** (3), July, 434 – 58.

Lavoie, M. and W. Godley (2001 – 02), "Kaleckian models of growth in a coherent stock-flow monetary framework: a Kaldorian view", *Journal of Post Keynesian Economics*, **24** (2), Winter, 277 – 312.

Lavoie, M. and P. Kriesler (2007), "Capacity utilization, inflation and monetary policy: the Duménil and Lévy macro model and the New Consensus", *Review of Radical Political Economics*, **39** (4), Fall, 586 – 98.

Lavoie, M. and P. Ramírez-Gastón (1997), "Traverse in a two-sector Kaleckian model of growth with target return pricing", *Manchester School of Economic and Social Studies*, **55** (1), March, 145 – 69.

Lavoie, M. and M. Seccareccia (1999), "Interest rate: fair", in P. O'Hara (ed.), *Encyclopedia of Political Economy*, Vol. 1, London: Routledge, pp. 543 – 5.

Lavoie, M. and M. Seccareccia (2001), "Minsky's financial fragility hypothesis: a missing macroeconomic link?", in R. Bellofiore and P. Ferri (eds), *Financial Fragility and Investment in the Capitalist Economy: The Economic Legacy of Hyman Minsky, Volume II*, Cheltenham, UK and Northampton, MA, USA: Edward Elgar, pp. 76 – 96.

Lavoie, M. and E. Stockhammer (2013a), "Wage-led growth: concepts, theories and policies", in M. Lavoie and E. Stockhammer, *Wage-led Growth: An Equitable Strategy for Economic Recovery*, Basingstoke: Palgrave Macmillan, pp. 13 – 39.

Lavoie, M. and E. Stockhammer (2013b), *Wage-led Growth: An Equitable Strategy for Economic Recovery*, Basingstoke: Palgrave Macmillan.

Lavoie, M. and P. Wang (2012), "The 'compensation' thesis, as exemplified by the case of the Chinese central bank", *International Review of Applied Economics*, **26** (3), May, 287 – 302.

Lawn, P. (ed.) (2009), *Environment and Employment: A Reconciliation*, London: Routledge.

Lawson, T. (1985), "Uncertainty and economic analysis", *Economic Journal*, **95** (380), December, 909 – 27.

Lawson, T. (1994), "The nature of post Keynesianism and its links to other traditions: a realist perspective", *Journal of Post Keynesian Economics*, **16** (4), Summer, 503 – 38.

Lawson, T. (1997), *Economics and Reality*, London: Routledge.

Lawson, T. (2006), "The nature of heterodox economics", *Cambridge Journal of Economics*, **30** (4), July, 483 – 505.

Lawson, T. (2009a), "The current economic crisis: its nature and the course of academic economics", *Cambridge Journal of Economics*, **33** (4), July, 759 – 77.

Lawson, T. (2009b), "Heterodox economics and pluralism: reply to Davis", in E. Fullbrook (ed.), *Ontology and Economics: Tony Lawson and His Critics*, London: Routledge, pp. 93 – 129.

Lawson, T. (2009c), "The mainstream orientation and ideology: reply to Guerrien", in E. Fullbrook (ed.), *Ontology and Economics: Tony Lawson and His Critics*, London: Routledge, pp. 162 – 74.

Lawson, T. (2009d), "Provisionally grounded critical ontology: reply to Vroemen", in E. Fullbrook (ed.), *Ontology and Economics: Tony Lawson and His Critics*, London: Routledge, pp. 335 – 53.

Lawson, T. (2009e), "On the nature and role of formalism in economics: reply to

Hodgson", in E. Fullbrook (ed.), *Ontology and Economics: Tony Lawson and His Critics*, London: Routledge, pp. 189 – 231.

Lawson, T. (2013), "What is this school called neoclassical economics?", *Cambridge Journal of Economics*, **37** (5), September, 947 – 83.

Layard, R. , S. Nickell and R. Jackman (1991), *Unemployment: Economic Performance and the Labour Market*, Oxford: Oxford University Press.

Lazonick, W. and M. O'Sullivan (2000), "Maximizing shareholder value: a new ideology for corporate governance", *Economy and Society*, **29** (1), February, 13 – 35.

Lazzarini, A. (2011), *Revisiting the Cambridge Capital Controversies: A Historical and Analytical Study*, Pavia: Pavia University Press.

Lea, S. E. G. , R. M. Tarpy and P. Webley (1987), *The Individual in the Economy: A Survey of Economic Psychology*, Cambridge: Cambridge University Press.

Le Bourva, J. (1992), "Money creation and credit multipliers", *Review of Political Economy*, **4** (4), October, 447 – 66.

Lee, F. S. (1984), "The marginalist controversy and the demise of full cost pricing", *Journal of Economic Issues*, **18** (4), December, 1107 – 32.

Lee, F. S. (1985), "Full cost prices, classical price theory, and long period method analysis: a critical evaluation", *Metroeconomica*, **37** (2), June, 199 – 219.

Lee, F. (1986), "Post Keynesian view of average direct costs: a critical evaluation of the theory and the empirical evidence", *Journal of Post Keynesian Economics*, **8** (3), Spring, 400 – 424.

Lee, F. S. (1988), "Costs, increasing costs, and technical progress: response to the critics", *Journal of Post Keynesian Economics*, **8** (3), Spring, 489 – 91.

Lee, F. S. (1994), "From post-Keynesian to historical price theory, part I: facts, theory and empirically grounded pricing model", *Review of Political Economy*, **6** (3), July, 303 – 36.

Lee, F. S. (1998), *Post Keynesian Price Theory*, Cambridge: Cambridge University Press.

Lee, F. S. (2002), "Theory creation and the methodological foundations of Post Keynesian economics", *Cambridge Journal of Economics*, **26** (6), November, 789 – 804.

Lee, F. S. (2009), *A History of Heterodox Economics: Challenging the Mainstream in the Twentieth Century*, London: Routledge.

Lee, F. S. (2011), "Old controversy revisited: pricing, market structure, and competition", MPRA Working Paper, available at http://mpra. ub. uni-muenchen. de/ 30490/.

Lee, F. S. (2013a), "Heterodox economics and its critics", in F. Lee and M. Lavoie (eds), *In Defense of Post-Keynesian and Heterodox Economics: Response to Their Critics*, London: Routledge, pp. 104–32.

Lee, F. S. (2013b), "Competition, going enterprise, and economic activity", in J. K. Moudud, C. Bina and P. L. Mason (eds), *Alternative Theories of Competition: Challenges to the Orthodoxy*, London: Routledge, pp. 160–73.

Lee, F. S. and J. Irving-Lessman (1992), "The fate of an errant hypothesis: the doctrine of normal-cost prices", *History of Political Economy*, **24** (20), Summer, 273–309.

Lee, F. S. , J. Irving-Lessman, P. Earl and J. E. Davies (1986), "P. W. S. Andrews' theory of competitive oligopoly: a new interpretation", *British Review of Economic Issues*, **8** (19), Autumn, 13–39.

Lee, F. S. and M. Lavoie (eds) (2013), *In Defense of Post-Keynesian and Heterodox Economics: Responses to Their Critics*, London: Routledge.

Le Héron, E. (1986), "Généralisation de la préférence pour la liquidité et financement des banques", *Économies et Sociétés*, **20** (8–9), August–September, 67–93.

Le Héron, E. and T. Mouakil (2008), "A post-Keynesian stock-flow consistent model for dynamic analysis of monetary policy shock on banking behaviour", *Metroeconomica*, **59** (3), July, 405–40.

Leibenstein, H. (1950), "Bandwagon, snob and Veblen effects in the theory of consumer's demand", *Quarterly Journal of Economics*, **64** (1), February, 183–207.

Leibenstein, H. (1978), *General X-Efficiency Theory and Economic Development*, London: Oxford University Press.

Leijonhufvud, A. (1973), "Life among the econ", *Western Economic Journal*, **11** (3), September, 327–37.

Leijonhufvud, A. (1976), "Schools, revolutions and research programmes in economic theory", in S. Latsis (ed.), *Method and Appraisal in Economics*, Cambridge: Cambridge University Press, pp. 65 – 108.

León-Ledesma, M. A. and A. P. Thirwall (2002), "The endogeneity of the natural rate of growth", *Cambridge Journal of Economics*, **26** (4), July, 441 – 59.

Lerner, A. (1943), "Functional finance and the federal debt", *Social Research*, **10** (1), February, 38 – 51.

Lerner, A. (1947), "Money as a creature of the state", *American Economic Review*, **37** (2), May, 312 – 17.

Levine, A. L. (1988), "Sraffa, Okun, and the theory of the imperfectly competitive firm", *Journal of Economic Behavior and Organization*, **9** (1), January, 101 – 5.

Libânio, G. A. (2006), "Unit roots in macroeconomic time series and stabilization policies: a Post Keynesian interpretation", in L. R. Wray and M. Forstater (eds), *Money, Financial Instability and Stabilization Policy*, Cheltenham, UK and Northampton, MA, USA: Edward Elgar, pp. 125 – 40.

Libânio, G. A. (2009), "Aggregate demand and the endogeneity of the natural rate of growth: evidence from Latin American economies", *Cambridge Journal of Economics*, **33** (5), September, 967 – 84.

Lima, G. T. and M. Setterfield (2008), "Inflation targeting and macroeconomic stability as a Post Keynesian economy", *Journal of Post Keynesian Economics*, **30** (3), Spring, 435 – 61.

Littleboy, B. (2013), "Rhetoric in the spirit of Keynes: metaphors to persuade economists, students and the public about fiscal policy", in J. Jespersen and M. O. Madsen (eds), *Teaching Post Keynesian Economics*, Cheltenham, UK and Northampton, MA, USA: Edward Elgar, pp. 117 – 33.

Loasby, B. J. (1976), *Choice, Complexity and Ignorance*, Cambridge: Cambridge University Press.

Lockwood, M. (1996), "Non-compensatory preference structures in non-market valuation of natural area policy", *Australian Journal of Agricultural Economics*, **40** (2), August, 85 – 101.

Loehr, D. (2012), "The euthanasia of the rentier — a way towards a steady-state economy", *Ecological Economics*, 84, December, 232 – 9.

Lombra, R. E. and R. G. Torto (1973), "Federal Reserve defensive behavior and the reverse causation argument", *Southern Economic Journal*, **40** (1), July, 47 – 55.

Lucas, R. (1981), *Studies in Business Cycle Theory*, Cambridge, MA: MIT Press.

Lutz, M. A. and K. Lux (1979), *The Challenge of Humanistic Economics*, Menlo Park, CA: Benjamin/Cummings.

Lux, K. and M. A. Lutz (1999), "Dual self", in P. Earl and S. Kemp (eds), *The Elgar Companion to Consumer Research and Economic Psychology*, Cheltenham, UK and Northampton, MA, USA: Edward Elgar, pp. 164 – 70.

Macedo e Silva, A. C. and C. H. Dos Santos (2011), "Peering over the edge of the short period? The Keynesian roots of stock-flow consistent macroeconomic models", *Cambridge Journal of Economics*, **35** (1), January, 105 – 24.

Mäki, U. (1989), "On the problem of realism in economics", *Ricerche Economiche*, **43** (1 – 2), 176 – 98.

Malinvaud, E. (1977), *The Theory of Unemployment Reconsidered*, Oxford: Basil Blackwell.

Marangos, J. (2004), "A post-Keynesian approach to the transition process", *Eastern Economic Journal*, **30** (3), Summer, 441 – 65.

March, J. G. (1978), "Bounded rationality, ambiguity, and the engineering of choice", *Bell Journal of Economics*, **4** (2), Autumn, 587 – 610.

Marchal, J. (1951), "The construction of a new theory of profit", *American Economic Review*, **41** (4), September, 549 – 65.

Marchal, J. and F. Poulon (1987) *Monnaie et crédit dans l'economie française*, Paris: Cujas.

Marcuzzo, M. C. and E. Sanfilippo (2009), "Profit maximization in the Cambridge tradition of economics", in M. Forstater and G. Mongiovi (eds), *Post-Keynesian Macroeconomics: Essays in Honour of Ingrid Rima*, London: Routledge, pp. 70 – 86.

Marglin, S. A. (1984a), *Growth, Distribution and Prices*, Cambridge, MA: Harvard University Press.

Marglin, S. A. (1984b), "Growth, distribution and inflation: a centennial synthesis", *Cambridge Journal of Economics*, **8** (2), June, 115 – 44.

Marglin, S. A. and A. Bhaduri (1990), "Profit squeeze and Keynesian theory", in S. Marglin and J. Schor (eds), *The Golden Age of Capitalism: Reinterpreting the Postwar Experience*, Oxford: Clarendon Press, pp. 153 – 86.

Marquetti, A. (2004), "Do rising real wages increase the rate of labour-saving technical change? Some econometric evidence", *Metroeconomica*, **55** (4), November, 432 – 41.

Marris, R. (1964a), *The Economic Theory of Managerial Capitalism*, New York: Free Press of Glencoe.

Marris, R. (1964b), *The Economics of Capital Utilization*, Cambridge: Cambridge University Press.

Marselli, R. (1993), "Treasury financing and bank lending-reserves causality: the case of Italy, 1975 – 1990", *Journal of Post Keynesian Economics*, **15** (4), Summer, 571 – 88.

Martin, B. (2008), "Fiscal policy in a stock-flow consistent model: a comment", *Journal of Post Keynesian Economics*, **30** (4), Summer, 649 – 68.

Maslow, A. H. (1954), *Motivation and Personality*, New York: Harper and Row.

Mason, P. L. (1993), "Variable labor effort, involuntary unemployment, and effective demand: irreconcilable concepts?", *Journal of Post Keynesian Economics*, **15** (3), Spring, 427 – 42.

Mason, R. (1998), *The Economics of Conspicuous Consumption*, Cheltenham, UK and Northampton, MA, USA: Edward Elgar.

Mata, T. (2004), "Constructing identity: the Post Keynesians and the capital controversies", *Journal of the History of Economic Thought*, **26** (2), June, 241 – 59.

Mazier, J. and S. Valdecantos (2014), "A multi-speed Europe: is it viable? A stock-flow consistent approach", Working Paper 2014 – 03, CEPN, University of Paris Nord.

McCallum, B. T. (1996) *International Monetary Economics*, Oxford: Oxford University Press.

McCloskey, D. N. (1983), "The rhetoric of economics", *Journal of Economic Literature*, **21** (2), June, 481 – 517.

McCombie, J. S. L. （1982）, "Economic growth, Kaldor's laws and the static-dynamic Verdoorn law paradox", *Applied Economics*, **14** (3), June, 279 – 94.

McCombie, J. S. L. (1987), "Does the aggregate production function imply anything about the laws of production? A note on the Simon and Shaikh critiques", *Applied Economics*, **19** (8), August, 1121 – 36.

McCombie, J. S. L. （1993）, "Economic growth, trade interlinkages, and the balance-of-payments constraint", *Journal of Post Keynesian Economics*, **15** (4), Summer, 471 – 506.

McCombie, J. S. L. (1998), "Are there laws of production? An assessment of the early criticisms of the Cobb-Douglas production function", *Review of Political Economy*, **10** (2), April, 141 – 73.

McCombie, J. S. L. (2000 – 2001), "The Solow residual, technical change, and aggregate production functions", *Journal of Post Keynesian Economics*, **23** (2), Winter, 267 – 97.

McCombie, J. S. L. （2001）, "What does the aggregate function show? Further thoughts on Solow's second thoughts on growth theory", *Journal of Post Keynesian Economics*, **23** (4), Summer, 589 – 616.

McCombie, J. (2002), "Increasing returns and the Verdoorn law from a Kaldorian perspective", in J. McCombie, M. Pugno and B. Soro (eds), *Productivity Growth and Economic Performance: Essays on Verdoorn's Law*, Basingstoke: Palgrave Macmillan, pp. 64 – 114.

McCombie, J. S. L. and R. Dixon (1991), "Estimating technical change in aggregate production functions: a critique", *International Review of Applied Economics*, **5** (1), January, 24 – 46.

McCombie, J. S. L. and A. P. Thirlwall (1994), *Economic Growth and the Balance-of-Payments Constraint*, London: Macmillan.

McKenzie, R. A. （2011）, "Casino capitalism with derivatives: fragility and instability in contemporary finance", *Review of Radical Political Economics*, **43** (2), June, 198 – 215.

McLeay, M. , A. Radia and R. Thomas (2014), "Money creation in the modern economy", *Bank of England Quarterly Bulletin*, First Quarter, 14 – 27.

Means, G. C. (1936), "Notes on inflexible prices", *American Economic Review*, **26** (1), March, Supplement, 23 – 35.

Means, G. C. (1992), "Corporate power in the marketplace", in F. S. Lee and W. J. Samuels (eds), *The Heterodox Economics of Gardiner Means: A Collection'* Armonk, NY: M. E. Sharpe, pp. 318 – 34.

Mearman, A. (2005), "Why have post-Keynesians had (relatively) little to say on the economics of the environment?", *International Journal of Environment, Workplace and Employment*, **1** (2), 131 – 54.

Mearman, A. (2006), "Critical realism in economics and open-systems ontology: a critique", *Review of Social Economics*, **64** (1), March, 48 – 75.

Mearman, A. (2009), "Who do heterodox economists think they are?", available at http://carecon. org. uk/DPs/0915. pdf.

Mearman, A. (2012a), "Heterodox economics and the problems of classification", *Journal of Economic Methodology*, **19** (4), December, 407 – 24.

Mearman, A, (2012b), "Econometrics", in J. E. King (ed.), *Post Keynesian Economics*, 2nd edn, Cheltenham, UK and Northampton, MA, USA: Edward Elgar, pp. 132 – 8.

Melmiès, J. (2010), "New Keynesians versus Post Keynesians on the theory of prices", *Journal of Post Keynesian Economics*, **32** (3), Spring, 445 – 66.

Metcalfe, J. S. (2013), "Schumpeterian competition", in J. K. Moudud, C. Bina and P. L. Mason (eds), *Alternative Theories of Competition: Challenges to the Orthodoxy*, London: Routledge, pp. 111 – 26.

Michl, T. R. (1985), "International comparisons of productivity growth: Verdoorn's law revisited", *Journal of Post Keynesian Economics*, **7** (4), Summer, 474 – 92.

Milberg, W. (1994), "Is absolute advantage passé? Towards a post-Keynesian/ Marxian theory of international trade", in M. Glick (ed.), *Competition, Technology and Money: Classical and Post-Keynesian Perspectives*, Aldershot, UK and Brookfield, VT, USA: Edward Elgar, pp. 219 – 36.

Minsky, H. P. (1957), "Central banking and money market changes", *Quarterly*

Journal of Economics, **71** (2)，May，171 – 87.

Minsky，H. P. (1964)，"Financial crisis, financial systems, and the performance of the economy", in Commission on Money and Credit，*Private Capital Markets*，Englewood Cliffs，NJ：Prentice-Hall，pp. 173 – 289.

Minsky，H. P. (1975)，*John Maynard Keynes*，New York：Columbia University Press.

Minsky，H. P. (1977)，"The financial instability hypothesis：an interpretation of Keynes and an alternative to standard theory"，*Challenge*，**20** (1)，March – April，20 – 27.

Minsky，H. P. (1982)，*Can "It" Happen Again? Essays on Instability and Finance*，Armonk，NY：M. E. Sharpe.

Minsky，H. P. (1986)，*Stabilizing an Unstable Economy*，New Haven，CT：Yale University Press.

Minsky，H. P. (1991)，"The endogeneity of money"，in E. J. Nell and W. Semmler (eds)，*Nicholas Kaldor and Mainstream Economics：Confrontation or Divergence?*，London，Macmillan，pp. 207 – 20.

Minsky，H. P. (1993)，"The essential characteristics of post-Keynesian economics"，Hyman P. Minsky Archive，Paper 19，available at http://digitalcommons. bard. edu/hm _ archive/19.

Minsky，H. P. (1995)，"Financial factors in the economics of capitalism"，*Journal of Financial Services Research*，**9** (3 – 4)，December，197 – 208.

Minsky，H. P. (1996)，"The essential characteristics of Post Keynesian economics"，in E. J. Nell and G. Deleplace (eds)，*Money in Motion*，London：Macmillan，pp. 552 – 81.

Mirowski，P. (2011)，"The spontaneous methodology of orthodoxy, and other economists' affliction in the Great Recession"，in J. B. Davis and D. W. Hands (eds)，*The Elgar Companion to Recent Economic Methodology*，Cheltenham，UK and Northampton，MA，USA：Edward Elgar，pp. 473 – 513.

Mises，L. von (1976)，*Epistemological Problems in Economics*，New York：New York University Press.

Mitchell，W. (2007)，"Econometrics, realism and policy in Post Keynesian economics"，Working Paper，Centre of Full Employment and Equity (CofFEE)，available at http://el. newcastle. edu. au/coffee/pubs/wp/2007/07 – 02. pdf.

Mitchell, W. and J. Muysken (2008), *Full Employment Abandoned: Shifting Sands and Policy Failures*, Cheltenham, UK and Northampton, MA, USA: Edward Elgar.

Mohun, S. (2006), "Distributive shares in the US economy, 1964 – 2000", *Cambridge Journal of Economics*, **30** (3), May, 347 – 70.

Mongiovi, G. (1991), "Keynes, Sraffa and the labour market", *Review of Political Economy*, **3** (1), January, 25 – 42.

Mongiovi, G. (2012), "Sraffian economics", in J. E. King (ed.), *Post Keynesian Economics*, 2nd edn, Cheltenham, UK and Northampton, MA, USA: Edward Elgar, pp. 499 – 504.

Moore, B. J. (1973), "Some macroeconomic consequences of corporate equities", *Canadian Journal of Economics*, **6** (4), November, 529 – 44.

Moore, B. J. (1979), "Monetary Factors", in A. S. Eichner (ed.), *A Guide to Post-Keynesian Economics*, White Plains, NY: M. E. Sharpe, pp. 120 – 38.

Moore, B. J. (1988), *Horizontalists and Verticalists: The Macroeconomics of Credit Money*, Cambridge: Cambridge University Press.

Moore, B. J. (1989), "On the endogeneity of money once more", *Journal of Post Keynesian Economics*, **11** (3), Spring, 479 – 87.

Moore, B. J. (1991), "Money supply endogeneity: reserve price setting or reserve quantity setting?", *Journal of Post Keynesian Economics*, **13** (3), Spring, 404 – 13.

Moore, B. J. (1994), "The demise of the Keynesian multiplier: a reply to Cottrell", *Journal of Post-Keynesian Economics*, **17** (1), Fall, 121 – 34.

Moore, B. J. (2001), "Some reflections on endogenous money", in L. P. Rochon and M. Vernengo (eds), *Credit, Interest Rates and the Open Economy: Essays on Horizontalism*, Cheltenham, UK and Northampton, MA, USA: Edward Elgar, pp. 11 – 30.

Moore, B. J. (2004), "A global currency for a global economy", *Journal of Post Keynesian Economics*, **26** (4), Summer, 631 – 54.

Moore, B. J. (2006), *Shaking the Invisible Hand: Complexity, Endogenous Money and Exogenous Interest Rates*, Basingstoke: Palgrave Macmillan.

Moosa, I. A. (2002), "A test of the Post Keynesian hypothesis on expectation formation in the foreign exchange market", *Journal of Post Keynesian Economics*, **24** (3), Spring, 443 – 58.

Moosa, I. A., (2004), "An empirical examination of the Post Keynesian view of forward exchange rates", *Journal of Post Keynesian Economics*, **26** (3), Spring, 395 – 418.

Moreno-Brid, J. (1998 – 99), "On capital flows and the balance of payments constrained growth model", *Journal of Post Keynesian Economics*, **21** (2), Winter, 283 – 98.

Moreno-Brid, J. (2003), "Capital flows, interest payments and the balance of payments constrained growth model: a theoretical and empirical analysis", *Metroeconomica*, **54** (2 – 3), May, 346 – 65.

Mosler, W. (1995), *Soft Currency Economics*, West Palm Beach, available at http://moslereconomics. com/mandatory-readings/soft-currency-economics/.

Mosler, W. (1997 – 98), "Full employment and price stability", *Journal of Post Keynesian Economics*, **20** (2), Winter, 167 – 82.

Mosler, W. (2002), "A critique of John B. Taylor's 'Expectations, open market operations, and changes in the federal funds rate' ", *Journal of Post Keynesian Economics*, **24** (3), Spring, 419 – 22.

Mosler, W. (2010), *The 7 Deadly Innocent Frauds of Economic Policy*, USA: Valance Co.

Mosler, W. and M. Forstater (1999), "General framework for the analysis of currencies and commodities", in P. Davidson and J. Kregel (eds), *Full Employment and Price Stability*, Cheltenham, UK and Northampton, MA, USA: Edward Elgar, pp. 166 – 77.

Moss, S. J. (1978), "The post-Keynesian theory of income distribution in the corporate economy", *Australian Economic Papers*, **17** (31), December, 303 – 22.

Moss, S. J. (1980), "The end of orthodox capital theory", in E. J. Nell (ed.), *Growth, Profits, and Property: Essays in the Revival of Political Economy*, Cambridge: Cambridge University Press, pp. 64 – 79.

Mott, T. (1985 – 86), "Towards a post-Keynesian formulation of liquidity preference", *Journal of Post Keynesian Economics*, **8** (2), Winter, 222 – 32.

Mott, T. and E. Slattery (1994), "The influence of changes in income distribution on aggregate demand in a Kaleckian model: stagnation vs exhilaration reconsidered", in

P. Davidson and J. A. Kregel (eds), *Employment, Growth and Finance*, Aldershot, UK and Brookfield, VT, USA: Edward Elgar, pp. 69 - 82.

Mundell, R. (1961a), "The international disequilibrium system", *Kyklos*, **14** (2), May, 153 - 72.

Mundell, R. (1961b), "Flexible exchange rates and employment policy", *Canadian Journal of Economics and Political Science*, **27** (4), November, 509 - 17.

Mundell, R. (1963), "Capital mobility and stabilization policy under fixed and flexible exchange rates", *Canadian Journal of Economics and Political Science*, **29** (4), November, 475 - 85.

Munier, F. and Z. Wang (2005), "Consumer sovereign and consumption routine: a reexamination of the Galbraithian concept of the dependence effect", *Journal of Post Keynesian Economics*, **28** (1), Fall, 65 - 82.

Myatt, A. (1986), "On the non-existence of a natural rate of unemployment and Kaleckian underpinnings of the Phillips curve", *Journal of Post Keynesian Economics*, **8** (3), Summer, 447 - 62.

Naastepad, C. W. M. and S. Storm (2010), "Feasible egalitarianism: demand-led growth, labour and technology", in M. Setterfield (ed.), *Handbook of Alternative Theories of Economic Growth*, Cheltenham, UK and Northampton, MA, USA: Edward Elgar, pp. 311 - 30.

Naples, M. I. (1987), "Cyclical and secular productivity slowdown", in *The Imperiled Economy*, Book 1, New York: Union for Radical Political Economics, pp. 159 - 70.

Ndikumana, L. (1999), "Debt service, financing constraints, and fixed investment: evidence from panel data", *Journal of Post Keynesian Economics*, **21** (3), Spring, 455 - 78.

Nell, E. J. (1978), "The simple theory of effective demand", *Intermountain Economic Review*, **9** (2), Fall, 1 - 33.

Nell, E. J. (1985), "Jean Baptiste Marglin: a comment on growth, distribution and inflation", *Cambridge Journal of Economics*, **9** (2), June, 173 - 8.

Nell, E. J. (1988), *Prosperity and Public Spending: Transformational Growth and the Role of Government*, Boston, MA: Unwin Hyman.

Nell, E. J. (1992), "Demand, pricing and investment", in *Transformational Growth and Effective Demand: Economics After the Capital Critique*, London: Macmillan, pp. 381 – 451.

Nell, E. J. (1998), *The General Theory of Transformational Growth: Keynes After Sraffa*, Cambridge: Cambridge University Press.

Nell, E. J. and M. Forstater (eds) (2003), *Reinventing Functional Finance: Transformational Growth and Full Employment*, Cheltenham, UK and Northampton, MA, USA: Edward Elgar.

Nesvetailova, A. (2007), *Fragile Finance: Debt, Speculation and Crisis in the Age of Global Credit*, London: Palgrave Macmillan.

Neville, J. W. and P. Kriesler (2008), "Expectations and unemployment", in L. R. Wray and M. Forstater (eds), *Keynes and Macroeconomics After 70 Years: Critical Assessments of* The General Theory, Cheltenham, UK and Northampton, MA, USA: Edward Elgar, pp. 309 – 20.

Nenovsky, N. and K. Hristov (1998), "Financial repression and credit rationing under currency board arrangements for Bulgaria", Discussion Paper DP/2/1998, Bulgarian National Bank.

Nichols, L. M. and N. Norton (1991), "Overhead workers and political economy macro models", *Review of Radical Political Economics*, **23** (1 – 2), Spring – Summer, 47 – 54.

Nikiforos, M. and D. K. Foley (2012), "Distribution and capacity utilization: conceptual issues and empirical evidence", *Metroeconomica*, **63** (1), February, 200 – 229.

Nisticò, S. (2002), "Classical-type temporary positions: a cost-plus model", *Journal of Post Keynesian Economics*, **25** (1), Fall, 83 – 102.

Nordhaus, W. and W. Godley (1972), "Pricing in the trade cycle", *Economic Journal*, **82** (327), September, 853 – 82.

Norman, N. (1996), "A general Post Keynesian theory of protection", *Journal of Post Keynesian Economics*, **18** (4), Summer, 509 – 32.

Norman, N. (2008), "How to recognize a good Post Keynesian", Working Paper, available at http://www.postkeynesian.net/ucamonly/Norman180111paper4.pdf.

Novarese, M. and C. Zimmerman (2008), " Heterodox economics and the dissemination of research through the Internet: the experience of RePEc and NEP", *On the Horizon*, **16** (4), 198 – 204.

Nurkse, R. (1944), *International Currency Experience: Lessons of the Inter-War Period*, Geneva: League of Nations.

Obstfeld, M. and K. Rogoff (1995), "Exchange rate dynamics redux", *Journal of Political Economy*, **103** (3), June, 624 – 60.

Obstfeld, M., J. C. Shambaugh and A. M. Taylor (2005), " The trilemma in history: tradeoffs among exchange rates, monetary policies, and capital mobility ", *Review of Economics and Statistics*, **87** (3), August, 423 – 38.

O'Donnell, R. M. (1989), *Keynes: Philosophy, Economics and Politics*, London: Macmillan.

O'Donnell, R. M. (1990), "An overview of probability, expectations, uncertainty and rationality in Keynes's conceptual framework", *Review of Political Economy*, **2** (3), November, 253 – 66.

O'Donnell, R. M. (1991), "Keynes on probability, expectations and uncertainty", in R. M. O'Donnell (ed.), *Keynes as Philosopher-Economist*, New York: St. Martin's Press, pp. 3 – 102.

O'Donnell, R. M. (2013), "Two post-Keynesian approaches to uncertainty and irreducible uncertainty", in G. C. Harcourt and P. Kriesler (eds), *Oxford Handbook of Post-Keynesian Economics*, Volume 2, Oxford: Oxford University Press, pp. 124 – 42.

O'Hara, P. A. (2007a), "Heterodox political economy specialization and interconnection—concepts of contradiction, heterogeneous agents, uneven development", *European Journal of Economics and Economic Policies: Intervention*, **4** (1), May, 99 – 120.

O'Hara, P. A. (2007b), "Principles of institutional-evolutionary political economy—converging themes from the schools of heterodoxy", *Journal of Economic Issues*, **41** (1), March, 1 – 41.

Okun, A. M. (1981), *Prices and Quantities*, Washington, DC: The Brookings Institution.

Onaran, Ö. (2011), "Globalisation, macroeconomic performance and distribution", in E. Hein and E. Stockhammer (eds), *A Modern Guide to Keynesian Macroeconomics and Economic Policies*, Cheltenham, UK and Northampton, MA, USA: Edward Elgar, pp. 240 – 66.

Onaran, Ö. and G. Galanis (2012), "Is aggregate demand wage-led or profit-led? National and global effects", Working Paper No. 40, Conditions of Work and Employment Series, International Labour Office.

Orléan, A. (1999), *Le pouvoir de la finance*, Paris: Odile Jacob.

Osberg, L. (1995), "Concepts of unemployment and the structure of employment", *Économie Appliquée*, **48** (1), 133 – 56.

Palley, T. I. (1991), "The endogenous money supply: consensus and disagreement", *Journal of Post Keynesian Economics*, **13** (3), Spring, 397 – 403.

Palley, T. I. (1994), "Competing views of the money supply process: theory and evidence", *Metroeconomica*, **45** (1), February, 67 – 88.

Palley, T. I. (1996a), *Post Keynesian Economics: Debt, Distribution and the Macro Economy*, London: Macmillan.

Palley, T. I. (1996b), "Accommodationism versus structuralism: time for accommodation", *Journal of Post Keynesian Economics*, **18** (4), Summer, 585 – 94.

Palley, T. I. (2002), "Pitfalls in the theory of growth: an application to the balance-of-payments-constrained growth model", in M. Setterfield (ed.), *The Economics of Demand-led Growth: Challenging the Supply-side Vision of the Long Run*, Cheltenham, UK and Northampton, MA, USA: Edward Elgar, pp. 115 – 25.

Palley, T. I. (2005), "Class conflict and the Cambridge theory of distribution", in B. Gibson (ed.), *Joan Robinson's Economics: A Centennial Celebration*, Cheltenham, UK and Northampton, MA, USA: Edward Elgar, pp. 203 – 24.

Palley, T. I. (2006), "A post-Keynesian framework for monetary policy: why interest rate operating procedures are not enough", in C. Gnos and L. P. Rochon (eds), *Post-Keynesian Principles of Economic Policy*, Cheltenham, UK and Northampton, MA, USA: Edward Elgar, pp. 78 – 98.

Palley, T. I. (2008), "Institutionalism and new trade theory: rethinking comparative advantage and trade policy", *Journal of Economic Issues*, **42** (1), March, 195 – 208.

Palley, T. I. (2010a), "The politics of paying interest on bank reserves: a criticism of Bernanke's exit strategy", *Challenge*, **53** (3), May – June, 49 – 65.

Palley, T. I. (2010b), " Inside debt and economic growth: a neo-Kaleckian analysis", in M. Setterfield (ed.), *Handbook of Alternative Theories of Economic Growth*, Cheltenham, UK and Northampton, MA, USA: Edward Elgar, pp. 293 – 308.

Palley, T. I. (2011), "A theory of Minsky super-cycles and financial crises", *Contributions to Political Economy*, 30, June, 31 – 46.

Palley, T. I. , L. P. Rochon and M. Vernengo (2012), "Statement of the co-editors, economics and the economic crisis: the case for change", *Review of Keynesian Economics*, **1** (1), October, 1 – 4.

Palumbo, A. (2009), "Adjusting theory to reality: the role of aggregate demand in Kaldor's late contributions to economic growth" *Review of Political Economy*, **21** (3), July, 341 – 68.

Palumbo, A. (2011), " On the theory of the balance-of-payments-constrained growth", in R. Ciccone, C. Gehrke and G. Mongiovi (eds), *Sraffa and Modern Economics*, *Volume II*, London: Routledge, pp. 240 – 59.

Palumbo, A. and A. Trezzini (2003), "Growth without normal capacity utilization", *European Journal of the History of Economic Thought*, **10** (1), Spring, 109 – 36.

Panico, C. (1985), "Market forces and the relation between the rates of interest and profits", *Contributions to Political Economy*, **4**, March, 37 – 60.

Panico, C. (1988), *Interest and Profit in the Theories of Value and Distribution*, London: Macmillan.

Parenteau, R. (2010), "Of Godley geometry and the fatal deceit of the eurozone", power-point presentation, 28 June.

Parguez, A. (1980), "Profit, épargne, investissement: éléments pour une théorie monétaire du profit", *Économie Appliquée*, **33** (2), 425 – 55.

Parguez, A. (1999), "The expected failure of the European Economic and Monetary Union: a false money against the real economy", *Eastern Economic Journal*, **25** (91), Winter, 63 – 76.

Parguez, A. (2012 – 13), "The fundamental and eternal conflict: Hayek and Keynes on austerity", *International Journal of Political Economy*, **41** (4), Winter, 54 – 68.

Parguez, A. and M. Seccareccia (2000), "The credit theory of money: the monetary circuit approach", in J. Smithin (ed.), *What is Money?*, London: Routledge, pp. 101 – 23.

Park, M. S. (1995), "A note on the Kalecki-Steindl steady-state approach to growth and distribution", *Manchester School*, **63** (3), September, 297 – 310.

Park, M. S. (1997), "Accumulation, capacity utilisation and distribution", *Contributions to Political Economy*, **16**, 87 – 101.

Paroush, J. (1965), "The order of acquisition of durable goods", *Econometrica*, **33** (1), January, 225 – 35.

Parrinello, S. (1983), "Exhaustible natural resources and the classical method of long-period equilibrium", in J. A. Kregel (ed.), *Distribution, Effective Demand and International Economic Relations*, London: Macmillan, pp. 186 – 99.

Pasinetti, L. L. (1974), *Growth and Income Distribution: Essays in Economic Theory*, Cambridge: Cambridge University Press.

Pasinetti, L. L. (1977), *Lectures in the Theory of Production*, Cambridge: Cambridge University Press.

Pasinetti, L. L. (1981), *Structural Change and Economic Growth*, Cambridge: Cambridge University Press.

Pasinetti, L. L. (1993), *Structural Economic Dynamics: A Theory of the Economic Consequences of Human Learning*, Cambridge: Cambridge University Press.

Pasinetti, L. L. (2007), *Keynes and the Cambridge Keynesians: A Revolution in Economics to be Accomplished*, Cambridge: Cambridge University Press.

Patinkin, D. (1965), *Money, Interest and Prices*, 2nd edn, New York: Harper and Row.

Patterson, M. (1998), "Commensuration and theories of value in ecological economics", *Ecological Economics*, **25** (1), April, 105 – 25.

Payne, J. E. (2006 – 07), "More on the transmission mechanism: mortgage rates and the federal funds rate", *Journal of Post Keynesian Economics*, **29** (2), Winter, 247 – 59.

Peach, R. , R. Rich and A. Cororaton (2011), "How does slack influence inflation?", *Federal Reserve Bank of New York Current Issues in Economics and Finance*,

17 (3), 1-7.

Pencavel, J. (1986), "Labor supply of men: a survey", in O. Ashenfelter and R. Layard (eds), *Handbook of Labor Economics*, Vol. 1, Amsterdam: North-Holland, pp. 3-102.

Penrose, E. T. (1959), *The Theory of the Growth of the Firm*, Oxford: Basil Blackwell.

Peps-Economie (2013), "L'enseignement de l'economie dans le supérieur: bilan et perspectives", *L'Économie politique*, **58**, April, 6-23.

Pérez Caldentey, E. (2007), "Balance of payments constrained growth within a stock-flow framework", in United Nations ECLAC, *Caribbean Development Report*, Volume 1, pp. 196-221, available at http://www.eclac.cl/publicaciones/xml/3/32653/1.155revla.pdf.

Perrotini, I. and H. Y. D. Tlatelpa (2003), "Crecimiento endógeno y demanda en las economías de américa del norte", *Momento Económico*, **128**, July-August, 10-15.

Perry, N. (2013), "Environmental economics and policy", in G. C. Harcourt and P. Kriesler (eds), *The Oxford Handbook of Post-Keynesian Economics*, Volume 2, Oxford, Oxford University Press, pp. 390-411.

Perry, N. and N. Cline (2013), "Wages, exchange rates, and the Great Inflation Moderation: a post-Keynesian view", Working Paper No. 759, Levy Economics Institute of Bard College.

Petit, P. (2005), "Managerial capitalism by any other name", *Challenge*, **48** (5), September-October, 62-78.

Phelps-Brown, E. H. (1957), "The meaning of the fitted Cobb-Douglas function", *Quarterly Journal of Economics*, **71** (4), November, 546-60.

Piketty, T. (2014), *Capital in the Twenty-First Century*, Cambridge, MA: Harvard University Press.

Piore, M. (ed.) (1979), *Unemployment and Inflation: Institutionalist and Structuralist Views*, White Plains, NY: M. E. Sharpe.

Pivetti, M. (1985), "On the monetary explanation of distribution", *Political Economy: Studies in the Surplus Approach*, **1** (2), 73-103.

Pizano, D. (2009), "A conversation with Professor Joan Robinson", in D. Pizano, *Conversations with Great Economists*, New York: Jorge Pinto Books, pp. 81 - 108.

Plihon, D. (2002), *Rentabilité et risque dans le nouveau régime de croissance*, Paris: La Documentation Française.

Pollin, R. (1991), "Two theories of money supply endogeneity: some empirical evidence", *Journal of Post Keynesian Economics*, **13** (3), Spring, 366 - 96.

Pollin, R. (1996), "Money supply endogeneity: what are the questions and why do they matter?", in G. Deleplace and E. J. Nell (eds), *Money in Motion: The Post Keynesian and Circulation Approaches*, London: Macmillan, pp. 490 - 515.

Pollin, R. (2005), "Evaluating living wage laws in the United States: good intentions and economic reality in conflict?", *Economic Development Quarterly*, **19** (3), August, 3 - 24.

Pollin, R. (2008), "Considerations on interest rate exogeneity", Working Paper No. 177, Political Economy Research Institute, University of Massachusetts in Amherst.

Pollin, R. (2010), "Austerity is not a solution: why the deficit hawks are wrong", *Challenge*, **53** (6), November - December, 6 - 36.

Poole, W. (1970), "Optimal choice of monetary policy instruments in a simple stochastic macro models", *Quarterly Journal of Economics*, **84** (2), May, 197 - 216.

Posner, R. A. (2009a), *A Failure of Capitalism*, Cambridge, MA: Harvard University Press.

Posner, R. A. (2009b), "How I became a Keynesian: second thoughts in the middle of a crisis", *The New Republic*, 23 September, available at http://www. tnr. com/print/article/how-i-became-keynesian.

Prasch, R. (1996), "Reassessing the theory of comparative advantage", *Review of Political Economy*, **8** (1), January, 37 - 56.

Prasch, R. (2000), "Reassessing the labor supply curve", *Journal of Economic Issues*, **34** (3), September, 679 - 92.

Prasch, R. (2004), "How is labor distinct from broccoli? Some unique characteristics of labor and their importance for economic analysis and policy", in D. P. Champlin and J. T. Knoedler (eds), *The Institutionalist Tradition in Labor Economics*, Armonk, NY: M. E. Sharpe, pp. 146 – 58.

Pratten, S. (1996), "The closure assumption as a first step: Neo-Ricardian economics and Post-Keynesianism", *Review of Social Economy*, **54** (4), Winter, 423 – 43.

Prescott, E. C. (1998), "Needed: a theory of total factor productivity", *International Economic Review*, **39** (3), August, 525 – 52.

Prissert, P. (1972), "Politiques monétaries, mouvements de capitaux à court terme et euro-dollars en régime de taux de change fixes", *Économie Appliquée*, **25** (2 – 3), 299 – 323.

Pucci, M. and B. Tinel (2010), "Public debt and tax cuts in a SFC model", paper presented at the FMM conference in Berlin, available at http://www. boeckler. de/pdf/v_2010_10_29_pucci_tinel. pdf.

Rada, C. (2012), "The economics of pensions: remarks on growth, policy and class conflict", Working Paper, University of Utah.

Rada, C. and L. Taylor (2006), "Empty sources of growth accounting and empirical replacements à la Kaldor and Goodwin with some beef", *Structural Change and Economic Dynamics*, **17** (3), September, 486 – 500.

Radonjić, O. and S. Kokotović (2014), *Keynes, Minsky and Financial Crises in Emerging Markets*, Belgrade: University of Belgrade.

Radzicki, M. J. (2008), "Institutional economics, post-Keynesian economics, and system dynamics: three strands of a heterodox braid", in J. T. Harvey and R. F. Garnett (eds), *Future Directions for Heterodox Economics*, Ann Arbor, MI: The University of Michigan Press, pp. 156 – 84.

Rassuli, A. and K. Rassuli (1988), "The realism of Post Keynesian economics: a marketing perspective", *Journal of Post Keynesian Economics*, **10** (2), Spring, 455 – 73.

Reich, M. (1984), "Segmented labour: time-series hypothesis and evidence", *Cambridge Journal of Economics*, **8** (1), March, 63 – 81.

Reinhart, C. M. and K. S. Rogoff (2010), "Growth in a time of debt", *American Economic Review*, **100** (2), May, 573 – 8.

Renversez, F. (1996), "Monetary circulation and overdraft economy", in G. Deleplace and E. J. Nell (eds), *Money in Motion: The Post Keynesian and Circulation Approaches*, London: Macmillan, pp. 465 – 88.

Reynolds, P. J. (1987), *Political Economy: A Synthesis of Kaleckian and Post Keynesian Economics*, Brighton, UK: Wheatsheaf Books.

Rezai, A. (2011), "The political economy implications of general equilibrium analysis in open economy macro models", Working Paper 11/2011, Department of Economics, New School for Social Research.

Rezai, A, L. Taylor and R. Mechler (2013), "Ecological macroeconomics: an application to climate change", *Ecological Economics*, **85** (January), 69 – 76.

Riach, P. (1995), "Wage-employment determination in a Post Keynesian world", in P. Arestis and M. Marshall (eds), *The Political Economy of Full Employment*, Aldershot, UK and Brookfield, VT, USA: Edward Elgar, pp. 163 – 75.

Ricardo, D. (1951), *Principles of Political Economy and Taxation*, 3rd edn, Vol. 1 of the *Works and Correspondence of David Ricardo*, edited by P. Sraffa, Cambridge: Cambridge University Press.

Rider, C. (1982), "Trade theory irrelevance", *Journal of Post Keynesian Economics*, **4** (4), Summer, 594 – 601.

Rima, I. (1984a), "Whatever happened to the concept of involuntary unemployment?", *International Journal of Social Economics*, **11** (3 – 4), 62 – 71.

Rima, I. (1984b), "Involuntary unemployment and the respecified labor supply curve", *Journal of Post Keynesian Economics*, **6** (4), Summer, 540 – 50.

Rizvi, S. A. T. (2006), "The Sonnenschein-Mantel-Debreu results after thirty years", *History of Political Economy*, **38** (Supplement), 228 – 45.

Robbins, L. (1932), *An Essay on the Nature and Significance of Economic Science*, London: Macmillan (3rd edn, 1984).

Robinson, J. (1937), *Introduction to the Theory of Employment*, London: Macmillan.

Robinson, J. (1952), *The Rate of Interest and Other Essays*, London: Macmillan.

Robinson, J. (1956), *The Accumulation of Capital*, London: Macmillan.

Robinson, J. (1962), *Essays in the Theory of Economic Growth*, London: Macmillan.

Robinson, J. (1964), "Pre-Keynesian theory after Keynes", *Australian Economic*

Papers, **3** (1 - 2), June, 25 - 35.

Robinson, J. (1966), *An Essay on Marxian Economics*, 2nd edn, London: Macmillan (1st edn 1942).

Robinson, J. (1969), "A further note", *Review of Economic Studies*, **36** (2), April, 260 - 62.

Robinson, J. (1970), "Quantity theories old and new, a comment", *Journal of Money, Credit and Banking*, **2** (4), November, 504 - 12.

Robinson, J. (1971), *Economic Heresies: Some Old-fashioned Questions in Economic Theory*, London: Macmillan.

Robinson, J. (1973), *Collected Economic Papers, Volume IV*, Oxford: Basil Blackwell.

Robinson, J. (1975), "The unimportance of reswitching", *Quarterly Journal of Economics*, **89** (1), February, 32 - 9.

Robinson, J. (1977), "Michal Kalecki on the economics of capitalism", *Oxford Bulletin of Economics and Statistics*, **39** (1), February, 7 - 17.

Robinson, J. (1978), "Keynes and Ricardo", *Journal of Post Keynesian Economics*, **1** (1), Fall, 12 - 18.

Robinson, J. (1980), "Time in economic theory", *Kyklos*, **33** (2), May, 219 - 29.

Robinson, J. and J. Eatwell (1973), *An Introduction to Modern Economics*, London: McGraw-Hill.

Rochon, L. P. (1999), *Credit, Money and Production: An Alternative Post-Keynesian Approach*, Cheltenham, UK and Northampton, MA, USA: Edward Elgar.

Rochon, L. P. (2001), "Horizontalism: setting the record straight", in L. P. Rochon and M. Vernengo (eds), *Credit, Interest Rates and the Open Economy: Essays on Horizontalism*, Cheltenham, UK and Northampton, MA, USA: Edward Elgar, pp. 31 - 68.

Rochon, L. P. and B. J. Moore (eds) (2014), *Post-Keynesian Monetary Theory and Policy: Horizontalism and Structuralism Revisited — Reflections and Development*, Cheltenham, UK and Northampton, MA, USA: Edward Elgar, forthcoming.

Rochon, L. P. and S. Rossi (2004), "Central banking in the monetary circuit", in

M. Lavoie and M. Seccareccia (eds), *Central Banking in the Modern World: Alternative Perspectives*, Cheltenham, UK and Northampton, MA, USA: Edward Elgar, pp. 144 – 63.

Rochon, L. P. and S. Rossi (2011), "Monetary policy without reserve requirements: central bank money as means of final payment on the interbank market", in C. Gnos and L. P. Rochon (eds), *Credit, Money and Macroeconomic Policy: A Post-Keynesian Approach*, Cheltenham, UK and Northampton, MA, USA: Edward Elgar, pp. 98 – 115.

Rochon, L. P. and S. Rossi (2013), "Endogenous money: the evolutionary versus the revolutionary views", *Review of Keynesian Economics*, **1** (2), Summer, 210 – 29.

Rochon, L. P. and M. Setterfield (2008), "The political economy of interest-rate setting, inflation, and income distribution", *International Journal of Political Economy*, **37** (2), Summer, 5 – 25.

Rochon, L. P. and M. Setterfield (2012), "A Kaleckian model of growth and distribution with conflict-inflation and Post Keynesian nominal interest rate rules", *Journal of Post Keynesian Economics*, **34** (3), Spring, 497 – 520.

Rogers, C. (1983), "Neo-Walrasian macroeconomics, microfoundations and pseudo-production models", *Australian Economic Papers*, **22** (40), June, 201 – 20.

Rogers, C. (1989), *Money, Interest and Capital: A Study in the Foundations of Monetary Theory*, Cambridge: Cambridge University Press.

Rogers, C. (2011), "The failure of Woodford's model of the channel system in a cashless economy", *Journal of Money, Credit and Banking*, **43** (2 – 3), March – April, 553 – 63.

Romer, D. (2013), "Short-run fluctuations", University of California, Berkeley, available at http://elsa.berkeley.edu/~dromer/papers/ISMP%20Text%20Graphs%202013.pdf.

Roncaglia, A. (1978), *Sraffa and the Theory of Prices*, New York: John Wiley.

Roncaglia, A. (1995), "On the compatibility between Keynes's and Sraffa's viewpoints on output levels", in G. C. Harcourt, A. Roncaglia and R. Rowley (eds), *Income and Employment in Theory and Practice*, New York: St. Martin's Press, pp. 111 – 25.

Roncaglia, A. (2003), "Energy and market power: an alternative approach to the economics of oil", *Journal of Post Keynesian Economics*, **25** (4), Summer, 641 – 60.

Rosser, J. B. Jr. (1999), "Complex dynamics in New Keynesian and Post Keynesian models", in R. J. Rotheim (ed.), *New Keynesian Economics/Post Keynesian Alternatives*, London: Routledge, pp. 288 – 302.

Rossi, S. (2006), "Cross-border transactions and exchange rate stability", in L. P. Rochon and S. Rossi (eds), *Monetary and Exchange Rate Systems: A Global View of Financial Crises*, Cheltenham, UK and Northampton, MA, USA: Edward Elgar, pp. 191 – 209.

Rousseas, S. (1986), *Post Keynesian Monetary Economics*, Armonk, NY: M. E. Sharpe.

Rowthorn, R. E. (1977), "Conflict, inflation and money", *Cambridge Journal of Economics*, **1** (3), September, 215 – 39.

Rowthorn, B. (1981), "Demand, real wages and economic growth", *Thames Papers in Political Economy*, Autumn, 1 – 39.

Roy, R. (1943), "La hiérarchie des besoins et la notion de groupes dans l'économie de choix", *Econometrica*, **11** (1), January, 13 – 24.

Roy, R. (2005), "The hierarchy of needs and the concept of groups in consumer choice theory", *History of Economics Review*, **42**, 50 – 56. Partial translation of Roy (1943).

Rumsfeld, D. (2003), available at http://www. youtube. com/watch?v=GiPe1OiKQuk.

Runde, J. (1990), "Keynesian uncertainty and the weight of arguments", *Economics and Philosophy*, **6** (2), October, 275 – 92.

Runde, J. (1994), "Keynesian uncertainty and liquidity preference", *Cambridge Journal of Economics*, **18** (2), June, 129 – 44.

Rymes, T. K. (1971), *On Concepts of Capital and Technical Change*, Cambridge: Cambridge University Press.

Ryoo, S. and P. Skott (2013), "Public debt and full employment in a stock-flow consistent model of a corporate economy", *Journal of Post Keynesian Economics*, **35** (4), Summer, 511 – 28.

Salmon, F. (2009), "A recipe for disaster: the formula that killed Wall Street", *Wired*, 17 March, available at http://www. wired. com/techbiz/it/magazine/17 – 03/wp _ quant? currentPage=all.

Samuelson, P. (1962), "Parable and realism in capital theory: the surrogate production function", *Review of Economic Studies*, **29** (3), June, 193 – 206.

Samuelson, P. A. (1969a), "Classical neoclassical theory", in R. W. Clower (ed.), *Monetary Theory*, London: Penguin, pp. 170 – 90.

Samuelson, P. (1969b), "The role of money in national economic policy", in *Controlling Monetary Aggregates*, Boston, MA: Federal Reserve Bank of Boston, pp. 7 – 15.

Samuelson, P. (1979), "Paul Douglas's measurement of production functions and marginal productivities", *Journal of Political Economy*, **87** (5), October, 923 – 39.

Samuelson, P. (2007), "Reflections on how biographies of individual scholars can relate to a science's biography", in P. A. Samuelson and W. A. Barnett (eds), *Inside the Economist's Mind: Conversations with Eminent Economists*, Oxford: Blackwell, pp. viii-x.

Sarantis, N. (1990 – 91), "Distribution and terms of trade dynamics, inflation, and growth", *Journal of Post Keynesian Economics*, **13** (2), Winter, 175 – 98.

Sardoni, C. (2002), "On the microeconomic foundations of macroeconomics: a Keynesian perspective", in A. Arestis, M. Desai and S. Dow (eds), *Methodology, Microeconomics and Keynes: Essays in Honour of Victoria Chick*, *Volume Two*, London: Routledge, pp. 4 – 14.

Sargent, T. J. (1993), *Bounded Rationality in Macroeconomics*, Oxford: Oxford University Press.

Sarkar, P. (1993), "Distribution and growth: a critical note on stagnationism", *Review of Radical Political Economics*, **25** (1), March, 62 – 70.

Sasaki, H. (2011), "Conflict, growth, distribution, and employment: a long-run Kaleckian model", *International Review of Applied Economics*, **25** (5), September, 539 – 57.

Sawyer, M. C. (1982), *Macro-Economics in Question*, Armonk, NY: M. E. Sharpe.

Sawyer, M. C. (1989), *The Challenge of Radical Political Economy*, London: Harvester Wheatsheaf.

Sawyer, M. C. (1995), "Comment on Earl and Shapiro", in S. Dow and J. Hillard (eds), *Keynes, Knowledge and Uncertainty*, Aldershot, UK and Brookfield, VT, USA: Edward Elgar, pp. 303 – 11.

Sawyer, M. C. (2001a), "Kalecki on money and finance", *European Journal of the History of Economic Thought*, **8** (4), Winter, 487 – 508.

Sawyer, M. (2001 b), "Minsky's analysis, the European single currency and the global financial system", in R. Bellofiore and P. Ferri (eds), *Financial Keynesianism and Market Instability: The Economic Legacy of Hyman Minsky*, *Volume* 1, Cheltenham, UK and Northampton, MA, USA: Edward Elgar, pp. 179 – 93.

Sawyer, M. (2010), "Crises and paradigms in macroeconomics", *European Journal of Economics and Economic Policies: Intervention*, **7** (2), November, 283 – 302.

Sawyer, M. (2011), "Re-thinking macroeconomic policies", in C. Gnos and L. P. Rochon (eds), *Credit, Money and Macroeconomic Policy: A Post-Keynesian Approach*, Cheltenham, UK and Northampton, MA, USA: Edward Elgar, pp. 268 – 88.

Sawyer, M. C. , S. Aaronovitch and P. Samson (1982), "The influence of cost and demand changes on the rate of change of prices", *Applied Economics*, **14** (2), April, 195 – 209.

Schefold, B. (1983), "Kahn on Malinvaud", in J. Eatwell and M. Milgate (eds), *Keynes's Economics and the Theory of Value and Distribution*, Oxford: Oxford University Press, pp. 229 – 46.

Schefold, B. (1984), "Sraffa and applied economics: are there classical supply curves?", Centro Di Studi Economice Avanzati, Conference on Streams of Economic Thought, Trieste-Udine.

Schefold, B. (1985a), "On changes in the composition of output", *Political Economy: Studies in the Surplus Approach*, **1** (2), 105 – 42.

Schefold, B. (1985b), "Ecological problems as a challenge to classical and Keynesian economics", *Metroeconomica*, **37** (1), February, 21 – 61.

Schefold, B. (1997), *Normal Prices, Technical Change and Accumulation*, London: Macmillan.

Schefold, B. (2001), "Critique of the corn-guano model", *Metroeconomica*, **52** (3), August, 316 – 28.

Schefold, B. (2011), "Comment on Garegnani", in R. Ciccone, C. Gehrke and G. Mongiovi (eds), *Sraffa and Modern Economics*, *Volume I*, London: Routledge, pp. 74 - 87.

Schefold, B. (2013), "Only a few techniques matter! On the number of curves on the wage frontier", in E. S. Levrero, A. Palumbo and A. Stirati (eds), *Sraffa and the Reconstruction of Economic Theory*, Volume 1, *Theories of Value and Distribution*, Basingstoke: Palgrave Macmillan.

Scherer, F. M. (1970), *Industrial Market Structure and Economic Performance*, Chicago, IL: Rand McNally.

Schoder, C. (2012), "Endogenous capital productivity in the Kaleckian growth models: theory and evidence", available at http://www. boeckler. de/pdf/p_imk_wp_102_2012. pdf.

Schor, J. (1987), "Class struggle and the macroeconomy: the cost of job loss", in *The Imperiled Economy*, Book 1, New York: Union for Radical Political Economics, pp. 171 - 82.

Schumpeter, J. A. (1934), *The Theory of Economic Development*, Cambridge, MA: Harvard University Press.

Schumpeter, J. A. (1943), *Capitalism, Socialism and Democracy*, New York: Harper.

Schumpeter, J. A. (1954), *History of Economic Analysis*, New York: Oxford University Press.

Scitovsky, T. (1976), *The Joyless Economy*, Oxford: Oxford University Press.

Seccareccia, M. (1984), "The fundamental macroeconomic link between investment activity, the structure of employment and price changes: a theoretical and empirical analysis", *Économies et Sociétés*, **18** (4), April, 165 - 219.

Seccareccia, M. (1991a), "An alternative to labour-market orthodoxy: the post-Keynesian/ institutionalist policy view", *Review of Political Economy*, **3** (1), January, 62 - 78.

Seccareccia, M. (1991b), "Salaire minimum, emploi et productivité dans une perspective post-Keynésienne", *L'Actualité économique*, **67** (2), June, 166 - 91.

Seccareccia, M. (1994), "Credit money and cyclical crises: the views of Hayek and Fisher compared", in M. Colonna and H. Hagemann (eds), *Money and Business Cycles: The Economics of F. A. Hayek*, *Volume I*, Aldershot, UK and Brookfield, VT, USA:

Edward Elgar, pp. 53 – 73.

Seccareccia, M. (2012), "Understanding fiscal policy and the new fiscalism", *International Journal of Political Economy*, **41** (2), Summer, 61 – 81.

Semmler, W. (1984), *Competition, Monopoly and Differential Profit Rates*, New York: Columbia University Press.

Sen, A. (ed.) (1970), *Growth Economics*, London: Penguin.

Sen, A. K. (1977), "Rational fools: a critique of the behavioral foundations of economic theory", *Philosophy and Public Affairs*, **6** (4), Summer, 317 – 44.

Sent, E. -M. (2004), "Behavioral economics: how psychology made its (limited) way back into economics", *History of Political Economy*, **36** (4), Winter, 735 – 60.

Serrano, F. (1995a), "Long period effective demand and the Sraffian supermultiplier", *Contributions to Political Economy*, 14, 67 – 90.

Serrano, F. (1995b), "The Sraffian multiplier", PhD dissertation, Faculty of Economics and Politics, University of Cambridge.

Serrano, F. (2006), "Mind the gap: hysteresis, inflation dynamics and the Sraffian supermultiplier", available at http://www. ie. ufrj. br/datacenterie/pdfs/download/texto_10_10. pdf.

Serrano, F. and R. Summa (2014), "Mundell-Fleming without the LM curve: the exogenous interest rate in an open economy", *Review of Keynesian Economics*, **2** (4), forthcoming.

Setterfield, M. (1993), "Towards a long-run theory of effective demand: modeling macroeconomic systems with hysteresis", *Journal of Post Keynesian Economics*, **15** (3), Spring, 347 – 64.

Setterfield, M. (1999), "Expectations, path dependence and effective demand: a macro-economic model along Keynesian lines", *Journal of Post Keynesian Economics*, **21** (3), Spring, 479 – 502.

Setterfield, M. (2002), "Introduction: a dissenter's view of the development of growth theory and the importance of demand-led growth", in M. Setterfield (ed.), *The Economics of Demand-led Growth: Challenging the Supply-side Vision of the Long Run*, Cheltenham, UK and Northampton, MA, USA: Edward Elgar, pp. 1 – 18.

Setterfield, M. (2003), "What is analytical political economy?", *International*

Journal of Political Economy, **33** (2), Summer, 4 – 16.

Setterfield, M. (2006), "Is inflation targeting compatible with Post Keynesian economics?", *Journal of Post Keynesian Economics*, **28** (4), Summer, 653 – 72.

Setterfield, M. (2007), "The rise, decline and rise of income policies in the US during the post-war era: an institutional-analytical explanation of inflation and the functional distribution of income", *Journal of Institutional Economics*, **3** (2), August, 127 – 46.

Setterfield, M. (2009), "Macroeconomics without the LM curve: an alternative view", *Cambridge Journal of Economics*, **33** (2), March, 273 – 93.

Setterfield, M. (2012), "The remarkable durability of Thirlwall's Law", in E. Soukiakis and P. A. Cerqueira (eds), *Models of Balance of Payments Constrained Growth: History, Theory and Empirical Evidence*, Basingstoke: Palgrave Macmillan, pp. 83 – 110.

Shackle, G. L. S. (1971), *Expectations, Enterprise and Profit*, London: Allen and Unwin.

Shackle, G. L. S. (1972), *Epistemics and Economics*, Cambridge: Cambridge University Press.

Shackle, G. L. S. (1984), "Comment on the papers by Randall Bausor and Malcolm Rutherford", *Journal of Post Keynesian Economics*, **6** (3), Spring, 388 – 93.

Shaikh, A. (1974), "Laws of production and laws of algebra. The humbug production function", *Review of Economics and Statistics*, **56** (1), February, 115 – 20.

Shaikh, A. (1980a), "Laws of production and laws of algebra: humbug II", in J. Nell (ed.), *Growth, Profits, & Property: Essays in the Revival of Political Economy*, Cambridge: Cambridge University Press, pp. 80 – 95.

Shaikh, A. (1980b), "The laws of international exchange", in E. J. Nell (ed.), *Growth, Profits and Property: Essays in the Revival of Political Economy*, Cambridge: Cambridge University Press, pp. 204 – 35.

Shaikh, A. (1990), "Humbug production function", in J. Eatwell, M. Milgate and P. Newman (eds), *Capital Theory*, London: Macmillan, pp. 191 – 4.

Shaikh, A. (2005), "Non-linear dynamics and pseudo production functions", *Eastern Economic Journal*, **31** (3), Summer, 347 – 66.

Shaikh, A. (2007a), "A proposed synthesis of classical and Keynesian growth",

SCEPA Working Paper 2007 – 1, available at http://www.newschool.edu/scepa/pu-blications/workingpapers/SCEPA%20Working%20Paper%202007 – 1. pdf.

Shaikh, A. (2007b), "Globalization and the myths of free trade", in A. Shaikh (ed.), *Globalization and the Myths of Free Trade: History, Theory, and Empirical Evidence*, London: Routledge, pp. 50 – 68.

Shaikh, A. (2009), "Economic policy in a growth context: a classical synthesis of Keynes and Harrod", *Metroeconomica*, **60** (3), July, 455 – 94.

Shaikh, A. (2010), "Reflexivity, path dependence and disequilibrium dynamics", *Journal of Post Keynesian Economics*, **33** (1), Fall, 3 – 16.

Shaikh, A. (2012), "Rethinking microeconomics: a proposed reconstruction", Working Paper No. 06/2012, Department of Economics, The New School for Social Research.

Shapiro, C. and J. E. Stiglitz (1984), "Equilibrium unemployment as a worker disci-pline device", *American Economic Review*, **74** (3), June, 433 – 44.

Shapiro, N. (1977), "The revolutionary character of post-Keynesian economics", *Journal of Economic Issues*, **11** (3), September, 541 – 60.

Shapiro, N. (1981), "Pricing and the growth of the firm, *Journal of Post Keynesian Economics*, **4** (1), Fall, 85 – 100.

Shapiro, N. and T. Mott (1995), "Firm-determined prices: the post-Keynesian con-ception", in P. Wells (ed.), *Post-Keynesian Economic Theory*, Amsterdam: Kluwer Academic, pp. 35 – 48.

Shapiro, N. and M. Sawyer (2003), "Post Keynesian price theory", *Journal of Post Keynesian Economics*, **25** (3), Spring, 355 – 67.

Sharif, M. (2003), "A behavioural analysis of the subsistence standard of living", *Cambridge Journal of Economics*, **27** (2), March, 191 – 207.

Sheard, P. (2013), "Repeat after me: banks cannot and do not lend out reserves", Re-search Note, Standard and Poor's Rating Services, available at http://www.standardandpoors.com/spf/upload/Ratings _ US/Repeat _ After _ Me _ 8 _ 14 _ 13. pdf.

Sherman, H. J. (2010), *The Roller Coaster Economy: Financial Crisis, Great Re-cession and the Public Option*, Armonk, NY: M. E. Sharpe.

Shipley，D. D. （1981），"Pricing objectives in British manufacturing industry"，*Journal of Industrial Economics*，**29** （4），June，429 – 43.

Simon，H. A. （1955），"A behavioral model of rational choice"，*Quarterly Journal of Economics*，**69** （1），February，99 – 118.

Simon，H. A. （1962），"The architecture of complexity"，*Proceedings of the American Philosophical Society*，**106** （6），December，467 – 82.

Simon，H. A. （1976），"From substantive to procedural rationality"，in S. J. Latsis （ed. ），*Method and Appraisal in Economics*，Cambridge：Cambridge University Press，pp. 129 – 48.

Simon，H. A. （1979a），"On parsimonious explanations of production relations"，*Scandinavian Journal of Economics*，**81** （4），459 – 74.

Simon，H. A. （1979b），"Rational decision making in business organizations"，*American Economic Review*，**69** （4），September，493 – 513.

Simon，H. A. （1997），*An Empirically Based Microeconomics*，Cambridge：Cambridge University Press.

Sippel，R. （1997），"An experiment on the pure theory of consumer's behaviour"，*Economic Journal*，**107** （444），September，1431 – 44.

Skidelsky，R. （1986），*John Maynard Keynes，Volume Two：The Economist as Saviour，1920 –1937*，London：Macmillan.

Skidelsky，R. （2009），*Keynes：The Return of the Master*，London：Allen Lane.

Skott，P. （1981），"On the Kaldorian saving function"，*Kyklos*，**34** （4），November，563 – 81.

Skott，P. （1989a），*Conflict and Effective Demand in Economic Growth*，Cambridge：Cambridge University Press.

Skott，P. （1989b），*Kaldor's Growth and Distribution Theory*，Frankfurt am Main：Peter Lang.

Skott，P. （2010），"Growth，instability and cycles：Harrodian and Kaleckian models of accumulation and income distribution" in M. Setterfield （ed. ），*Handbook of Alternative Theories of Economic Growth*，Cheltenham，UK and Northampton，MA，USA：Edward Elgar，pp. 108 – 31.

Skott, P. (2012), "Theoretical and empirical shortcomings of the Kaleckian investment function", *Metroeconomica*, **63** (1), February, 109 – 38.

Skott, P. and S. Ryoo (2008), "Macroeconomic implications of financialisation", *Cambridge Journal of Economics*, **32** (6), November, 827 – 62.

Smithin, J. (1988), "On flexible wage policies", *Économies et Sociétés*, **22** (3), March, 135 – 53.

Smithin, J. (1994), *Controversies in Monetary Economics: Ideas, Issues and Policy*, Aldershot, UK and Brookfield, VT, USA: Edward Elgar.

Smithin, J. (1996), *Macroeconomic Policy and the Future of Capitalism: The Revenge of the Rentiers and the Threat to Prosperity*, Cheltenham, UK and Northampton, MA, USA: Edward Elgar.

Smithin, J. (1997), "An alternative monetary model of inflation and growth", *Review of Political Economy*, **9** (4), October, 395 – 410.

Smithin, J. (2001), "International monetary arrangements", in R. P. F. Holt and S. Pressman (eds), *A New Guide to Post Keynesian Economics*, London: Routledge, pp. 114 – 25.

Smithin, J. (2002 – 03), "Interest parity, purchasing power parity, 'risk premia', and Post Keynesian analysis", *Journal of Post Keynesian Analysis*, **25** (2), Winter, 219 – 36.

Smithin, J. (2004), "Macroeconomic theory, (critical) realism, and capitalism", in P. A. Lewis (ed.), *Transforming Economics: Perspectives on the Critical Realist Project*, London: Routledge, pp. 55 – 75.

Smithin, J. (2009), *Money, Enterprise and Income Distribution: Towards a Macroeconomic Theory of Capitalism*, London: Routledge.

Solow, R. M. (1957), "Technical change and the aggregate production function", *Review of Economics and Statistics*, **39** (2), August, 312 – 20.

Soros, G. (2010), *The Soros Lectures at the Central European University*, New York: PublicAffairs.

Spash, C. L. (1998), "Investigating individual motives for environmental action: lexico-graphic preferences, beliefs, attitudes", in J. Lemons, L. Westra and R. Goodland (eds), *Ecological Sustainability and Integrity: Concepts and Approaches*, Dordrecht, Boston, MA and London: Kluwer Academic Publishers, pp. 46 – 62.

Spash, C. L. and N. Hanley (1995), "Preferences, information and biodiversity preservation", *Ecological Economics*, **12** (3), March, 191 – 208.

Spash, C. L. and A. Ryan (2012), "Economic schools of thought on the environment: investigating unity and division", *Cambridge Journal of Economics*, **36** (5), September, 1091 – 121.

Spaventa, L. (1970), "Rate of profit, rate of growth and capital intensity in a simple production model", *Oxford Economic Papers*, **22** (2), July, 129 – 47.

Spencer, O. A. (2006), "Work for all those who want it? Why the neoclassical labour supply curve is an inappropriate foundation for the theory of employment and unemployment", *Cambridge Journal of Economics*, **30** (3), May, 459 – 72.

Sraffa, P. (1960), *Production of Commodities by Means of Commodities: Prelude to a Critique of Economic Theory*, Cambridge: Cambridge University Press.

Stanley, T. D. (1998), "New wine in old bottles: a meta-analysis of Ricardian equivalence", *Southern Economic Journal*, **64** (3), January, 713 – 17.

Stanley, T. D. (2002), "When all are NAIRU: hysteresis and behavioural inertia", *Applied Economic Letters*, **9** (11), September, 753 – 7.

Stanley, T. D. (2004), "Does unemployment hysteresis falsify the natural rate hypothesis? A meta-regression analysis", *Journal of Economic Surveys*, **18** (4), September, 589 – 612.

Stanley, T. D. (2005a), "Beyond publication bias", *Journal of Economic Surveys*, **19** (3), July, 309 – 45.

Stanley, T. D. (2005b), "Integrating the empirical tests of the natural rate hypothesis: a meta-regression analysis", *Kyklos*, **58** (4), November, 611 – 34.

Stanley, T. D. and S. B. Jarrell (1989), "Meta-regression analysis: a quantitative method of literature surveys", *Journal of Economic Surveys*, **3** (2), 161 – 70.

Stanley, T. D. , S. B. Jarrell and H. Coucouliagos (2010), "Could it be better to discard 90% of the data? A statistical paradox", *American Statistician*, **64** (1), February, 70 – 77.

Steedman, I. (1979a), *Trade Amongst Growing Economies*, Cambridge: Cambridge University Press.

Steedman, I. (ed.) (1979b), *Fundamental Issues in Trade Theory*, London: Macmillan.

Steedman, I. (1980), "Heterogeneous labour and classical theory", *Metroeconomica*, **32** (1), February, 39 – 50.

Steedman, I. (1992), "Questions for Kaleckians", *Review of Political Economy*, **4** (2), April, 125 – 51.

Steindl, J. (1952), *Maturity and Stagnation in American Capitalism*, New York: Monthly Review Press, 1976.

Steindl, J. (1979), "Stagnation theory and stagnation policy", *Cambridge Journal of Economics*, **3** (1), March, 1 – 14.

Steindl, J. (1982), "The role of household saving in the modern household", *Banca Nazionale del Lavoro Quarterly Review*, March, 69 – 88.

Stevens, T. H., J. Echeverria, R. J. Glass, T. Hager and T. A. More (1991), "Measuring the existence value of wildlife: what do CVM estimates really show?", *Land Economics*, **67** (4), November, 390 – 400.

Stiglitz, J. E. and B. Greenwald (2003), *Towards a New Paradigm in Monetary Economics*, Cambridge: Cambridge University Press.

Stockhammer, E. (2004), *The Rise of Unemployment in Europe: A Keynesian Approach*, Cheltenham, UK and Northampton, MA, USA: Edward Elgar.

Stockhammer, E. (2005 – 06), "Shareholder value orientation and the investment-profit puzzle", *Journal of Post Keynesian Economics*, **28** (2), Winter, 193 – 216.

Stockhammer, E. (2008), "Is the NAIRU theory a monetarist, New Keynesian, Post Keynesian or Marxist theory?", *Metroeconomica*, **59** (3), July, 479 – 510.

Stockhammer, E. (2011), "The macroeconomics of unemployment", in E. Hein and E. Stockhammer (eds), *A Modern Guide to Keynesian Macroeconomics and Economic Policies*, Cheltenham, UK and Northampton, MA, USA: Edward Elgar, pp. 137 – 64.

Stockhammer, E. and P. Ramskogler (2009), "Post-Keynesian economics — how to move forward", *European Journal of Economics and Economic Policies: Intervention*, **6**

(2)，November，227 – 46.

Storm，S. and C. W. M. Naastepad （2012），*Macroeconomics Beyond the NAIRU*，Cambridge，MA：Harvard University Press.

Storm，S. and C. W. M. Naastepad （2013），"Wage-led or profit-led supply：wages，productivity and investment"，in M. Lavoie and E. Stockhammer （eds），*Wage-Led Growth：An Equitable Strategy for Economic Recovery*，Basingstoke：Palgrave Macmillan，pp. 100 – 124.

Strotz，R. H. （1957），"The empirical implications of a utility tree"，*Econometrica*，**25** （2），April，269 – 80.

Summers，L. （1985），"On economics and finance"，*Journal of Finance*，**40** （3），July，633 – 5.

Sylos Labini，P. （1949），"The Keynesians"，*Banca Nazionale del Lavoro Quarterly Review*，November，238 – 42.

Sylos Labini，P. （1971），"La théorie des prix en régime d'oligopole et la théorie du développement"，*Revue d'économie politique*，**81** （2），marsavril，244 – 72.

Taleb，N. N. （2007），*The Black Swan：The Impact of the Highly Improbable*，New York：Random House.

Tariing，R. and F. Wilkinson （1985），"Mark-up pricing，inflation and distributional shares：a note"，*Cambridge Journal of Economics*，**9** （2），June，179 – 85.

Tarshis，L. （1980），"Post-Keynesian economics：a promise that bounced?"，*American Economic Review*，**70** （2），May，10 – 14.

Taylor，J. B. （1993），"Discretion versus policy rules in practice"，*Carnegie-Rochester Conference Series on Public Policy*，39，December，195 – 214.

Taylor，L. （1983），*Structuralist Macroeconomics：Applicable Models for the Third World*，New York：Basic Books.

Taylor，L. （1985），"A stagnationist model of economic growth"，*Cambridge Journal of Economics*，**9** （4），December，381 – 403.

Taylor，L. （1990），"Real and money wages，output and inflation in the semi-industrialized world"，*Economica*，57，August，329 – 53.

Taylor，L. （1991），*Income Distribution，Inflation and Growth：Lectures on*

Structuralist Macroeconomic Theory, Cambridge, MA: MIT Press.

Taylor, L. (2004), *Reconstructing Macroeconomics: Structuralist Proposals and Critiques of the Mainstream*, Cambridge, MA: Harvard University Press.

Taylor, L. (2008), "A foxy hedgehog: Wynne Godley and macroeconomic modelling", *Cambridge Journal of Economics*, **32** (4), July, 639 – 63.

Taylor, L. (2012), "Growth, cycles, asset prices and finance", *Metroeconomica*, **63** (1), February, 40 – 63.

Taylor, L. and S. A. O'Connell (1985), "A Minsky crisis", *Quarterly Journal of Economics*, **100**, Supplement, 871 – 85.

Taylor, L. and C. Rada (2008), "Debt-equity cycles in the 20th century: empirical evidence and a dynamic Keynesian model", in P. Flaschel and M. Landesmann (eds), *Mathematical Economics and Capitalist Dynamics: Goodwin's Legacy Continued*, London: Routledge, pp. 219 – 46.

Tcherneva, P. (2006), "Chartalism and the tax-driven approach", in P. Arestis and M. Sawyer (eds), *A Handbook of Alternative Monetary Economics*, Cheltenham, UK and Northampton, MA, USA: Edward Elgar, pp. 69 – 86.

Terzi, A. (2010), "Keynes's uncertainty is not about white or black swans", *Journal of Post Keynesian Economics*, **32** (4), Summer, 559 – 66.

Thirlwall, A. P. (1979), "The balance of payments constraint as an explanation of international growth rate differences", *Banca Nazionale del Lavoro Quarterly Review*, **32** (128), March, 45 – 53.

Thirlwall, A. P. (2011), "Balance of payments constrained growth models: history and overview", *PSL Quarterly Review*, **64** (259), December, 307 – 51.

Thirlwall, A. P. and M. N. Hussain (1982), "The balance of payments constraint, capital flows and growth rate differences between developing countries", *Oxford Economic Papers*, **34** (3), November, 498 – 509.

Tobin, J. (1969), "A general equilibrium approach to monetary analysis", *Journal of Money, Credit, and Banking*, **1** (1), February, 15 – 29.

Tobin, J. (1980), *Asset Accumulation and Economic Activity*, Chicago, IL: University of Chicago Press.

Tobin，J. (1982)，"Money and finance in the macroeconomic process"，*Journal of Money，Credit，and Banking*，**14** (2)，May，171 – 204.

Todd，P. M. and G. Gigerenzer（2003），"Bounding rationality to the world"，*Journal of Economic Psychology*，**24** (2)，April，143 – 65.

Toporowski，J. (2000)，*The End of Finance*，London：Routledge.

Toporowski，J. (2005)，*Theories of Financial Disturbances*，Cheltenham，UK and Northampton，MA，USA：Edward Elgar.

Toporowski，J. (2008)，"Minsky's induced investment and business cycles"，*Cambridge Journal of Economics*，**32** (5)，September，725 – 37.

Tomer，J. F. (2007)，"What is behavioral economics?"，*Journal of Socio-Economics*，**36** (3)，June，463 – 79.

Trezzini，A. (1995)，"Capacity utilisation in the long run and the autonomous components of aggregate demand"，*Contributions to Political Economy*，14，33 – 66.

Trezzini，A. (1998)，"Capacity utilisation in the long run：some further considerations"，*Contributions to Political Economy*，**17**，53 – 67.

Trezzini，A. (2011a)，"The irreversibility of consumption as a source of endogenous-demand-driven economic growth"，*Review of Political Economy*，**23** (4)，October，537 – 56.

Trezzini，A. (2011b)，"Steady state and the analysis of long-run tendencies：the case of neo-Kaleckian models"，in R. Ciccone，C. Gehrke and G. Mongiovi (eds)，*Sraffa and Modern Economics*，*Volume II*，London：Routledge，pp. 129 – 51.

Trigg，A. B. (1994)，"On the relationship between Kalecki and the Kaleckians"，*Journal of Post Keynesian Economics*，**17** (1)，Fall，91 – 110.

Trigg，A. B. (2004)，"Deriving the Engel curve：Pierre Bourdieu and the social critique of Maslow's hierarchy of needs"，*Review of Social Economy*，**62** (3)，September，393 – 406.

Trigg，A. B. （2008），"Quantity and price systems：toward a framework for coherence between post-Keynesian and Sraffian economics"，in J. T. Harey and R. F. Ganett Jr. (eds)，*Future Directions for Heterodox Economics*，Ann Arbor，MI：University of Michigan Press，pp. 127 – 41.

Tucker，P. (2004)，"Managing the central bank's balance sheet：where monetary policy meets financial stability", *Bank of England Quarterly Bulletin*, **44** (3), Autumn, 359 – 82.

Tuñez-Aria, N. (2006), "Does public deficit mean inflation? A reflection on the Kaleckian and Minskian tradition", *European Journal of Economics and Economic Policies: Intervention*, **3** (1), May, 151 – 67.

Tversky, A. (1972), "Elimination by aspects: a theory of choice", *Psychological Review*, **79** (4), July, 281 – 99.

Tymoigne, E. (2009), *Central Banking, Asset Prices and Financial Fragility*, London: Routledge.

United Nations (2009), *System of National Accounts 2008*, New York: United Nations.

van Treeck, T. (2009), "A synthetic, stock-flow consistent macroeconomic model of financialisation", *Cambridge Journal of Economics*, **33** (3), May, 467 – 93.

van Treeck, T. and S. Sturn (2012), "Income inequality as a cause of the Great Recession? A survey of current debates", Working Paper No. 39, Conditions of Work and Employment Series, International Labour Office.

Vatn, A. (2009), "Combining Post Keynesian, ecological and institutional economic perspectives", in R. P. F. Holt, S. Pressman and C. L. Spash (eds), *Post Keynesian and Ecological Economics: Confronting Environmental Issues*, Cheltenham, UK and Northampton, MA, USA: Edward Elgar, pp. 114 – 38.

Veblen, T. (1899), *The Theory of the Leisure Class*, London: Macmillan.

Vera, L. V. (2006), "The balance-of-payments-constrained growth model: a north-south approach", *Journal of Post Keynesian Economics*, **29** (1), Fall, 67 – 92.

Vergeer, R. and A. Kleinknecht (2010 – 11), "The impact of labor market deregulation on productivity: a panel data analysis of 19 OECD countries (1960 – 2004)", *Journal of Post Keynesian Economics*, **33** (2), Winter, 371 – 407.

Vernengo, M. (2013), "Conversation or monologue? On advising heterodox economists, with addendum", in F. S. Lee and M. Lavoie (eds), *In Defense of Post-Keynesian Economics and Heterodox Economics: Responses to Their Critics*, London: Routledge, pp. 158 – 71.

後凯恩斯主义经济学：　新基础

Vianello, F. (1985), "The pace of accumulation", *Political Economy: Studies in the Surplus Approach*, **1** (1), 69 – 87.

Vianello, F. (1989), "Effective demand and the rate of profit: some thoughts on Marx, Kalecki and Sraffa", in M. Sebastiani (ed.), *Kalecki's Relevance Today*, New York: St. Martin's Press, pp. 164 – 90.

Vickrey, W. (1997), "A trans-Keynesian manifesto (thoughts about an asset-based macro-economics)", *Journal of Post Keynesian Economics*, **19** (4), Summer, 495 – 510.

von Arnim, R., D. Tavani and L. Barbosa de Carvalho (2012), "Globalization as co-ordination failure: a Keynesian perspective", Working Paper 02/2012, Department of Economics, New School for Social Research.

Walsh, V. (2011), "Rationality in reproduction models", in R. Ciccone, C. Gehrke and G. Mongiovi (eds), *Sraffa and Modern Economics*, *Volume I*, London: Routledge, pp. 453 – 67.

Watts, M. J. and N. G. Gaston (1982 – 83), "The 'reswitching' of consumption bundles: a parallel to the capital controversies?", *Journal of Post Keynesian Economics*, **5** (2), Winter, 281 – 8.

Webb, S. (1912), "The economic theory of a legal minimum wage", *Journal of Political Economy*, **20**, December, 973 – 98.

Weeks, J. (2012), "What is economics? Parable for our time", *Insight*, available at http://www.insightweb.it/web/content/what-economics-parable-our-time.

Weintraub, E. R. (1975), *General Equilibrium Analysis: Studies in Appraisal*, Cambridge: Cambridge University Press.

Weintraub, S. (1958), *An Approach to the Theory of Income Distribution*, Philadelphia, PA: Clifton.

Weintraub, S. (1978), *Capitalism's Inflation and Unemployment Crisis*, Reading, MA: Addison-Wesley.

Weintraub, S. and P. Davidson (1973), "Money as cause and effect", *Economic Journal*, **83** (332), December, 1117 – 32.

Weiss, L. W. (1980), "Quantitative studies of industrial organisations", in M. Intriligator (ed.), *Frontiers of Quantitative Economics*, Volume 1, Amsterdam:

934

North-Holland, pp. 362 – 403.

Weisskopf, T. E. (1979), "Marxian crisis and the rate of profit in the postwar US economy", *Cambridge Journal of Economics*, 3 (4), December, 341 – 78.

Wells, P. (1983), "A Post Keynesian view of liquidity preference and the demand for money", *Journal of Post Keynesian Economics*, **5** (4), Summer, 523 – 36.

Werner, R. (2005), *New Paradigm in Macroeconomics*, Basingstoke: Palgrave Macmillan.

Werner, R. (2012), "Towards a new research program on banking and the new economy—implications of the Quantity Theory of Credit for the prevention and resolution of banking and debt crises", *International Review of Financial Analysis*, 25, December, 1 – 17.

Whalen, C. (2013), "Post-Keynesian Institutionalism after the Great Recession", *European Journal of Economics and Economic Policy: Intervention*, **10** (1), April, 12 – 27.

Whitesell, W. (2006), "Interest rate corridors and reserves", *Journal of Monetary Economics*, **53** (6), September, 1177 – 95.

Wiles, P. (1973), "Cost inflation and the state of economic theory", *Economic Journal*, **83** (330), June, 377 – 98.

Wilson, M. C. (2010), "Creativity, probability and uncertainty", *Journal of Economic Methodology*, **16** (1), March, 45 – 56.

Winslow, E. G. (1989), "Organic interdependence, uncertainty and economic analysis", *Economic Journal*, **83** (396), June, 377 – 98.

Wojnilower, A. M. (1980) "The central role of credit crunches in recent financial history", *Brookings Papers on Economic Activity*, **11** (2), 277 – 326.

Wojnilower, A. M. (1983) "Transmuting profits into interest or how to free financial markets and bankrupt business", in L. H. Meyer (ed.), *Improving Money Stock Control: Problems, Solutions, and Consequences*, Boston, MA: Kluwer-Nijhoff, pp. 179 – 192.

Wojnilower, A. M. (1985), "Private credit demand, supply, and crunches — how different are the 1980's?", *American Economic Review*, **95** (3), May, 351 – 6.

Wolfson, M. H. (1996), "A Post Keynesian theory of credit rationing", *Journal of Post Keynesian Economics*, **18** (3), Spring, 443 – 70.

Wolfson, M. H. (2012), "Credit rationing", in J. King (ed.), *The Elgar Companion to Post Keynesian Economics*, 2nd edn, Cheltenham, UK and Northampton, MA, USA: Edward Elgar, pp. 115 - 21.

Wood, A. (1975), *A Theory of Profits*, Cambridge: Cambridge University Press.

Wood, A. (1978), *A Theory of Pay*, Cambridge: Cambridge University Press.

Wray, L. R. (1989), "Two reviews of Basil Moore", *Journal of Economic Issues*, **23** (4), December, 1185 - 9.

Wray, L. R. (1990), *Money and Credit in Capitalist Economies: The Endogenous Money Approach*, Aldershot, UK and Brookfield, VT, USA: Edward Elgar.

Wray, L. R. (1992), "Alternative theories of the rate of interest", *Cambridge Journal of Economics*, **16** (1), March, 69 - 91.

Wray, L. R. (1995) "Keynesian monetary theory: liquidity preference or black box horizontalism?", *Journal of Economic Issues*, **29** (1), March, 273 - 80.

Wray, L. R. (1997), "Deficits, inflation, and monetary policy", *Journal of Post Keynesian Economics*, **19** (4), Summer, 543 - 72.

Wray, L. R. (1998), *Understanding Modern Money*, Cheltenham, UK and Northampton, MA, USA: Edward Elgar.

Wray, L. R. (1999), "The development and reform of the modern international monetary system", in J. Deprez and J. T. Harvey (eds), *Foundations of International Economics: Post Keynesian Perspectives*, London: Routledge, pp. 171 - 99.

Wray, L. R. (2000), "Modern money", in J. Smithin (ed.), *What Is Money?*, London: Routledge, pp. 42 - 66.

Wray, L. R. (2006a), "When are interest rates exogenous?", in M. Setterfield (ed.), *Complexity, Endogenous Money and Macroeconomic Theory: Essays in Honour of Basil J. Moore*, Cheltenham, UK and Northampton, MA, USA: Edward Elgar, pp. 271 - 89.

Wray, L. R. (2006b), "To fix or to float: theoretical and pragmatic considerations", in L. P. Rochon and S. Rossi (eds), *Monetary and Exchange Rate Systems: A Global View of Financial Crises*, Cheltenham, UK and Northampton, MA, USA: Edward Elgar, pp. 210 - 31.

Wray, L. R. (2008), "Money manager capitalism and the commodities market bubble", *Challenge*, **51** (6), November – December, 52 – 80.

Wray, L. R. (2009), "The rise and fall of money manager capitalism: a Minskian approach", *Cambridge Journal of Economics*, **33** (4), July, 807 – 28.

Wray, L. R. (2012), *Modern Money Theory: A Primer on Macroeconomics for Sovereign Monetary Systems*, Basingstoke: Palgrave Macmillan.

Wrenn, M. V. (2007), "What is heterodox economics? Conversations with historians of economic thought", *Forum of Social Economics*, **36** (2), October, 97 – 108.

Yellen, J. (1980), "On Keynesian economics and the economics of post-Keynesians", *American Economic Review*, **70** (2), May, 15 – 19.

Yordon, W. J. (1987), "Evidence against diminishing returns in manufacturing and comments on short-run models of output-input behavior", *Journal of Post Keynesian Economics*, **9** (4), Summer, 593 – 603.

You, J. I. (1994), "Macroeconomic structures, endogenous technical change and growth", *Cambridge Journal of Economics*, **18** (2), April, 213 – 33.

Zambelli, S. (2004), "The 40% neoclassical aggregate theory of production", *Cambridge Journal of Economics*, **28** (1), January, 99 – 120.

Zezza, G. (2008), "U. S. growth, the housing market, and the distribution of income", *Journal of Post Keynesian Economics*, **30** (3), Spring, 375 – 402.

图书在版编目（CIP）数据

后凯恩斯主义经济学：新基础/（加）马克·拉沃
著；孟捷等译.--北京：中国人民大学出版社，
2021.6
　　ISBN 978-7-300-29214-4

　　Ⅰ.①后…　Ⅱ.①马…　②孟…　Ⅲ.①后凯恩斯经济
学　Ⅳ.①F091.348.1

中国版本图书馆 CIP 数据核字（2021）第 055107 号

后凯恩斯主义经济学：新基础
马克·拉沃　著
孟捷　主译
孟捷　袁辉　骆桢　李怡乐　张雪琴　等译
Houkaiensi Zhuyi Jingjixue：Xinjichu

策划编辑	王晗霞
责任编辑	商晓辉
助理编辑	冯亚娇
营销编辑	韩　冰
装帧设计	彭莉莉　木景 MUJING

出版发行	中国人民大学出版社		
社　　址	北京中关村大街 31 号	**邮政编码**	100080
电　　话	010 - 62511242（总编室）	010 - 62511770（质管部）	
	010 - 82501766（邮购部）	010 - 62514148（门市部）	
	010 - 62515195（发行公司）	010 - 62515275（盗版举报）	
网　　址	http://www.crup.com.cn		
经　　销	新华书店		
印　　刷	涿州市星河印刷有限公司		
规　　格	147mm×210mm　32 开本	**版　　次**	2021 年 6 月第 1 版
印　　张	30.125　插页 6	**印　　次**	2021 年 6 月第 1 次印刷
字　　数	724 000	**定　　价**	198.00 元